Stress, Coping, and Development

| 제2판 |

스트레스, 대처,
그리고 발달

Carolyn M. Aldwin 지음
강성록, 양재원, 유현경, 정유진 옮김

Σ 시그마프레스

스트레스, 대처, 그리고 발달

발행일 | 2015년 1월 5일 1쇄 발행

저자 | Carolyn M. Aldwin
역자 | 강성록, 양재원, 유현경, 정유진
발행인 | 강학경
발행처 | (주)시그마프레스
편집디자인 | 이미수
교정 · 교열 | 류미숙

등록번호 | 제10-2642호
주소 | 서울특별시 영등포구 양평로 22길 21 선유도코오롱디지털타워 A401~403호
전자우편 | sigma@spress.co.kr
홈페이지 | http://www.sigmapress.co.kr
전화 | (02)323-4845, (02)2062-5184~8
팩스 | (02)323-4197

ISBN | 978-89-6866-194-5

Stress, Coping, and Development
An Integrative Perspective, 2nd Edition

＊ 책값은 뒤표지에 있습니다.

이 도서의 국립중앙도서관 출판시도서목록(CIP)은 서지정보유통지원시스템 홈페이지 (http://seoji.nl.go.kr)와 국가자료공동목록시스템(http://www.nl.go.kr/kolisnet)에서 이용하실 수 있습니다.(CIP제어번호: CIP2014037206)

# 역자 서문

스트레스와 전혀 무관한 날이 하루라도 있을까? 스트레스는 우리가 일상생활에서 가장 흔하게 사용하는 단어 중의 하나일 정도로, 현대인들은 스트레스 홍수의 시대에 살고 있다. 그리고 스트레스에 어떻게 대처하는가도 매우 중요한 관심사가 되고 있다. 특별한 전문 지식이 없더라도 이러한 스트레스와 대처가 신체 및 정신건강과 직 · 간접적으로 관련되어 있음을 어렵지 않게 이해하고 있을 것이다.

학문적인 영역에서, 이 책의 번역을 준비하는 동안 한국에 출판되어 있는 스트레스 관련 전문서적을 대부분 살펴보았다. 몇몇 훌륭한 서적이 눈에 띄긴 했지만 심리학적인 관점에 근거해서 스트레스와 대처에 대한 전반적인 내용을 아우르는 서적은 매우 부족한 실정이었다. 한국에서 출판되는 논문들에서도 기본적인 용어의 정의가 모호하거나 통일되지 않은 채 사용되기도 하고, 잘못된 개념을 가지고 연구된 논문들도 종종 접하게 되었다.

나는 석사 과정에서 북한 이탈주민의 외상후 스트레스 장애 척도를 개발하는 연구를 했던 터라 외상후 스트레스 장애뿐만 아니라 스트레스 전반에 대한 심도 있는 공부를 하고 싶었다. 박사 과정을 준비하면서 당시 캘리포니아주립대학교에 계셨던 Carolyn Aldwin 교수님에게 무작정 이메일을 보냈다. Aldwin 교수님은 다음 학기부터 오리건주립대학교로 자리를 옮기게 되니, 그곳으로 지원하라는 답장을 주셨다. 그렇게 지도교수와 대학원생으로 인연을 맺게 되었다.

첫 학기의 부산함과 영어 울렁증으로 스트레스 받던 때, 논문 학점을 위한 첫 미팅에서 Aldwin 교수님은 내게 아직 완성되지 않은 책 한 권을 주시며 매주 한 장씩 읽고 토론을 하자고 하셨다. 다른 학생들은 겨우 1학점짜리 논문 학점에 별다른 공부를 하지 않는다고 들었기 때문에, 다른 수업과 조교 업무에 더해진 이 수업이 그리 달가울 리가 없었다. 게다가 매 시간 일대일 토론을 해야 하니 정말 열심히 준비하고, 집중해야 했다. 수업이 끝나고 나면 늘 녹초가 되곤 했지만, 학자로서의 지식과 안목이 정말 부족했다는 점을 깨닫게 해주고, 지적 갈증을 채워준 내 인생 최고의 수업이었다. 이 모든 것이 학과장으로 매우 바쁜 와중에도 오직 나만을 위한 시간을 내준 Aldwin 교수님의 열정과 친절함이 없었더라면 불가능했을 것이다. 얼마 후 그 책은 정식으로 출간이 되었고, 나중에 한국에 돌아가면 꼭 번역을 해야겠다고 마음먹었다.

이 책은 기본적으로 교류주의(transactionism)의 관점에 비중을 두면서 생리학, 심리학, 사회학, 인류학 등에서 바라보는 스트레스와 대처에 대한 내용을 폭넓게 다루고 있다. 스트레스와 대처의 정의에 관한 문제로부터 생리학적 이해, 연구에 필요한 통계학적 문제들뿐만 아니라 스트레스, 대처와 정신건강, 신체건강의 관계 등을 폭넓게 다루고 있다. 또한 최근에 활발하게 연구가 진행되고 있는 외상적 스트레스에 대한 대처와 스트레스나 외상을 경험한 후의 인간 성장에 대한 부분에도 많은 지면을 할애하고 있다. 그리고 *The Development of Coping*(2007)이란 논문에서 Skinner와 Zimmer-Gembeck 교수가 지적한 바와 같이, 전 생애적인 발달 측면에서 스트레스와 대처를 이해하는 데 탁월한 관점을 제공하고 있다.

그리고 이 책은 사회문화적인 관점에서 스트레스와 대처를 어떻게 이해할 수 있는지에 대한 틀을 제시하고 있다. 그러나 이 책의 대부분이 서양적인 시각과 문화에 근거를 두고 있으므로, 우리나라에는 우리에게 특정적인 스트레스와 이에 대한 효과적인 대처가 필요하다. 예를 들어, 신체적인 증상을 동반하는 우울증인 화병(火病)은 DSM-IV에서 한국 특유의 문화적인 배경을 가지고 있는 문화 관련 증후군의 하나로 정의되고 있다. 그리고 혜민 스님의 '놓아버리라' 고 하는 말씀은 서양 관점에서 보면 지극히 회피적이고 수동적인 대처전략으로 볼 수 있지만, 그 의미는 다분히 적극적이며 능동적인 의미를 내포하고 있다. 이 책을 통해 한국적 상황에 맞는 스트레스와 대처 연구들이 더 활성화되는 발판이 되었으면 한다.

스트레스와 대처를 공부하는 사람들에게 좋은 길잡이가 되어 줄 수 있는 교재가 없다는 점은 또 다른 스트레스원이 될 것이다. 그러한 측면에서 이 책은 다양한 분야에서 스트레스와 대처를 연구하는 학자나 대학원생들에게 매우 유용한 길잡이가 될 것이라고 확신한다. 대학 학부 수준의 교재로는 다소 어려울 수 있으나 핵심 개념을 이해하거나 중요한 내용만을 선별하여 교육한다면 유용하게 활용할 수 있을 것이다. 모쪼록 많은 분에게 도움이 되었으면 하는 바람이다.

이 책을 번역하는 것은 많은 분의 노력이 있어 가능했다. 우선 연세대학교 학부대학의 양재원 교수, 훔볼트주립대학교 아동발달학과의 유현경 교수, 전북대학교 아동학과의 정유진 교수는 본인의 요청에 기꺼이 번역 작업에 동참해 주었다. 개인 사정으로 이번 작업에 동참하지는 못했지만, 번역 작업 내내 조언과 격려를 아끼지 않았던 전소영 박사님과 최요원 박사님께 특별한 감사를 전하고 싶다. 안세준 군은 원고를 꼼꼼하게 읽고 많은 아이디어를 주었다. 그리고 이 책이 빛을 볼 수 있는 기회를 주신 (주)시그마프레스의 강학경 사장님, 고영수 부장님, 편집을 해주신 이미수 과장님, 교정과 교열을 맡아 주신 류미숙 과장님에게도 감사의 말을 전한다.

대표역자 강 성 록

저자 서문

　　　　　　　　1994년에 이 책의 초판이 출판된 이후, 스트레스와 대처과정에 대한 연구는 폭발적인 증가를 보였다. 10년의 시간이 지나는 동안 스트레스에 대한 논문 186,000개와 대처에 대한 논문 37,000개가 추가되었다. 스트레스와 대처연구자들이 지난 12년 동안 축적한 지식은 상당히 많은 진전이 이루어졌으므로 확실히 개정이 필요하다. 그러나 논문의 방대한 양으로 인해 모든 논문을 살펴보는 것은 불가능하므로, 분야에서 중요한 논문과 특정한 영역의 훌륭한 논문들에 의존하여 선택할 수밖에 없었다. 가능한 한 포괄적으로 수용하려고 노력하였으며, 나 스스로도 많이 배우는 계기가 되었다.

　　제2판을 위해 각 장의 거의 모든 부분을 전반적으로 업데이트하였으며, 흥미로운 새로운 영역에 대해 상당한 시간을 쏟았다. 이 새로운 영역은 스트레스 관련 성장(Stress-Related Growth, SRG, 제15장), 상호대처를 포함한 대처의 사회·문화적 측면(제13장), 그리고 경험표집, 정서조절, 종교적 대처와 같은 대처에 대한 새로운 접근(제7장)을 포함한다. 또한 우리는 스트레스의 생리학에 대한 더 복잡한 지식(제4장)을 갖추게 되었고, 이러한 변화는 제2판에 반영이 되었다. 대처와 신체건강을 다룬 제11장은 대처와 생리학에 대한 새로운 부문을 포함하고 있다. 아동과 성인의 발달적 대처연구에 대해 다룬 제14장은 상당히 확장되었는데, 새로우면서 미래가 밝은 자기조절에 대한 강조뿐만 아니라 아동기 발달에서의 많은 새로운 대처연구들을 포함하고 있다. 또한 초기 성인기와 중년기에 대한 새로운 부분도 포함되어 있다. 마지막 제16장에서는 스트레스와 대처연구에 대한 중요한 패러다임이 되길 바라는 점들이 포함되었다. 그것은 발달에 있어서 의도성에 대한 토의를 확장한, 아동발달에서의 자기조절 접근과 성인발달의 새로운 자아발달 접근을 결합한 것이다.

지난 12년간 중요한 논란들 또한 있었다. 1980년대에 정의에 관한 문제들로 인해 스트레스 연구를 포기하자는 주장이 있었다. 1990년대에는 비슷한 이유로 대처에 관련된 연구를 포기하자는 주장 또한 있었다. 이러한 주장은 '아기를 목욕물과 함께 버리는 것'과 같이 사소한 일 때문에 귀중한 것을 버리는 것이며, 미성숙한 주장이라는 생각이 든다. 중요한 점은 대처는 복잡하다는 것이다. 약 30년 전에 Pearlin과 Schooler(1978)가 대처연구에 있어 특효약은 없음을 경고했고, 연구들은 이 점을 지지해 왔다. 모든 사람에게, 모든 장소에서, 항상 적용되는 단 하나의 전략이란 존재하지 않는다. 그보다는 대처의 속성과 효과들은 상당히 맥락적이고, 개인의 동기와 대인 간의 역동성, 그리고 상황이나 문화에 특정적인 요인들을 반영한다. 따라서 단순한 답을 바라는 사람들은 당황하게 되고, 그로 인한 혼란스러움으로 대처연구 자체를 포기할 수도 있음을 이해한다.

이와 반대로, 나에게 있어서 이러한 점은 적응의 복잡성으로 들어가는 훌륭한 창을 제공하는 호기심을 자극하는 수수께끼와 같다. 왜 문제중심적 대처가 한 형태의 문제에는 효과적이지만, 다른 문제에는 그렇지 않을까? 질병궤적의 한 시점에서는 효과적이고, 다른 시점에서는 그렇지 않을까? 왜 정서중심적 대처들은 부정적 정동을 감소시키지만, 종종 심리적 고통과 실제적으로 관련이 있을까? 대처 척도들이 다소 미완성인 것은 사실이지만, 상당히 유망한 정교화된 척도들이 존재한다. 이러한 생각 끝에 제8장에 영어가 아닌 다른 언어로 출간된 척도들을 포함하여 업데이트된 대처척도 목록을 제시하였다. 또한 제8장에는 대처의 회고적 측정 대 경험표집 측정 간의 논쟁에 대한 새로운 개관을 포함하였다.

또한 지난 12년 동안 다변량적·종단적 자료분석에 대한 분석적 도구의 양적인 도약이 있었다. 따라서 이러한 새로운 기법에 대해 간략하게 개관하는 것을 포함하여 연구방법에 관한 제9장을 업데이트하였다. 초판에서는 분석적 기법들이 아직은 모형들의 정교함을 따라가지 못한다는 문제점을 기술하였다. 현재 새롭고 복잡한 분석적 기법들이 그 정교함을 따라잡고 있다. 그러나 그 기법들만의 '마술과 같은 언어들'을 사용하고 있기 때문에, 지난 5년 내에 졸업한 사람들이 아니면, 그 용어나 사용법, 가정에 익숙하지 않다. 이러한 용어들을 비수학적으로 기술함으로써 LISREL, 잠재 성장 곡선, 위계 선형 모형, 모든 종류의 종단적 궤적들의 바다에 빠진 사람들에게 생명줄을 제공하고자 하였다.

나는 스트레스의 긍정적 측면 또는 스트레스 관련 성장(SRG)에 관련된 연구들이 실제로 시작된 것(제15장)에 대해 특히 기쁘다. 물론 비판이 없지는 않지만, 나의 생각으로는 긍정심리학의 전체 분야는 상당히 순조롭게 발전하고 있다(Lazarus, 2003 참조). 또한 지난 10년간의 종교성의 전반적인 증가를 반영하면서 종교적 대처의 중요성이 전면에 나타나고 있으므로, 제16장은 왜 종교적 대처가 종종 효과적인지에 대한 새로운 관점을 제공하였다.

그러나 긴밀하게 관련된 분야들은 완전하게 동일한 구성개념이 아니라면, 비슷한 개념을 나타내기 위해 다른 용어를 사용하는 것은 여전히 사실이다. 예를 들어, 발달심리학에는 자기조절에 관한 연구가 많이 있다(Eisenberg & Zhou, 2000 참조). 성인발달 연구에서의 일차 통제와 이차 통제(Schulz & Heckhausen, 1998), 조절과 동화과정(Brandtstädter, 1999), 문제중심적 대처와 정서중심적 대처는 유사하다. 인지심리학에서는 인지적 퇴화를 보상하는 데 사용되는 과정들에 대한 관심들이 매우 많이 발생했다(Dixon, 1996 참조). 또한 이 분야의 연구자들은, 예를 들어 보상이 의식적인지 또는 무의식적인지에 대한 논의처럼 대처연구에서 제기된 것과 유사한 많은 이슈에 대해 고민하고 있다(Dixon & Bäckman, 1995 참조). 다시 말하지만, 한 개인이 완벽하게 모든 분야를 검토하는 것은 불가능하지만, 나는 최소한 다른 사람들이 자신들의 연구에 유용한 정보를 얻기 위해 타 분야의 발전들을 살펴보기를 희망한다. 그리고 나는 이러한 다른 분야들이 스트레스와 대처 연구의 풍부함으로부터 이익을 얻기를 바란다.

언제나처럼 나는 이 책에 기여한 많은 사람들에게 빚을 지고 있다. 자신들의 연구물을 보내준 모든 동료에게 감사함을 전하고 싶다. 이 모든 연구를 인용하기는 불가능하였으나 최선을 다하였다. 대학원생인 Daria Boeninger가 상당히 체계적으로 선행연구 검색과 연구들을 찾는 데 많은 시간을 할애해 주었기 때문에, 본 개정이 가능했다. 대학원 제자이자 현재 동료인 Diane Gilmer와 Loriena Yancura 박사는 스트레스와 대처연구들을 검토하는 다른 작업을 함께해 왔고, 이를 본 개정에 많이 사용하였다. 다른 제자이며 동료인 Ana Paula Cupertino 박사는 본 개정의 첫 번째 초고를 조직화하고, 이에 대한 참고문헌을 찾는 데 도움을 주었다. 또한 브라질에서 내가 작업을 할 수 있는 조용한 장소를 제공해 주었으며, 이는 본 개정을 마무리하는 데 상당한 도움을 주었다. 코네티컷대학교에 재직 중인 Crystal Park 박사는 거의 모든 장을 읽고, 매우 중요한 지적들을 해주었다. 오리건주립대학교에 재직 중인 Megan McClelland 박사는 발달과 관련된 부분을 읽고, 상당한 도움이 되는 제안들을 해주었다. 캘리포니아대학교(데이비스 캠퍼스)에서 2004년 봄학기에 노화와 적응 수업을 수강했던 대학원생들과 오리건주립대학교에서 2005년 겨울 학기에 전 생애 스트레스와 대처 수업을 수강했던 대학원생들은 초고를 읽고 주요한 피드백을 주었다. 대학원생인 강성록은 본 책을 특히 꼼꼼하게 읽어주었으며, Amanda Taylor는 참고문헌의 최종 편집을 도와주었다. 원고를 작성하는 데 상당한 도움을 주었던 Sandra Frye에게 감사함을 전한다. 언니 Mary Bisson 박사[현재 뉴욕주립대학교(버팔로 캠퍼스)의 생물학과장을 그만둔 것에 기뻐하고 있다.]와 Lois Aldwin(면역계 분석 전문가인 생화학자)은 스트레스의 생물학적 측면을 이해하는 데 있어서 나의 비밀병기들이었다. 두 언니 모두 상당히 곤란한 주제들을 설명하고 질문에 답변하는 데 있어서 한결같은 인내심을 발휘했다. 편집자인 Seymour Weingarten은 수없이 마감기한을 지키지 않은 것에 대해 극도의 인내심을 보여주었다. 또한 자신들의 삶에서의 극도로 고통스러웠던 스트레스와 외상 대처 경험을 관대하게 공유해 주었던 규범적 노화연구 (normative aging study)와 데이비스 종단연구(Davis longitudinal study) 참여자들에게도 감사함을 표한다. 자신들의 투쟁을 상기하여 적응적 과정에 대한 많은 고찰을 가능하게 했고, 이는 회복탄력성과 스트레스 관련 성장(SRG)에 대한 내 연구의 원동력이었다.

  마지막으로 남편이자 동료인 Rick Levenson 박사는 변함없는 힘을 주었다. 그가 사람과의 상호작용에서 유머를 대처전략으로 능숙하게 사용하는 것에 대해 깊이 감사한다. 남편은 대안적인 관점을 취할 수 있도록 해주었으며, 처음에는 당연해 보였지만 조금 더 살펴보면 뭔가 부족함이 있었던, 나의 답변들을 더 깊게 살펴볼 수 있도록 격려해 주었다. 또한 이 개정을 위해 우리의 집을 장식했던 논문더미에 대해 그다지 불평하지도 않았다. 남편의 인내심과 유머에 경의를 표하며, 이 책을 그에게 바친다.

Carolyn M. Aldwin

추천 서문

신 옥스퍼드 영어사전(2005)의 제2판에서는 스트레스를 '부정적 또는 상당히 부담이 큰 상황으로 인한 정신적 또는 정서적 압박 또는 긴장'으로, 대처는 '어떠한 어려운 것을 효과적으로 다룰 수 있는 능력'으로, 그리고 발달은 '성장 또는 발전의 특정화된 상태'로 정의하고 있다.

스트레스, 대처 그리고 발달(Stress, Coping, and Development) 제2판의 독자들은 때때로 이 책의 내용을 효과적으로 다루는 데 있어서 어느 정도의 정신적 긴장을 경험할지도 모른다. 그러나 그 노력에 대해 상당한 보상을 받을 것이다! Carolyn Aldwin의 통합적 관점은, 1994년 이 책의 초판이 출판된 이후 발표된 수천 개의 학문적 저서와 수백 개의 새로운 대처 척도의 결과를 낳은 일련의 스트레스 연구에 대한 독자들의 이해를 높일 것이다.

나는 Aldwin 박사가 이 대대적 규모의 작업에 사용한 학문 범위에 경외감을 표한다. 그 학문은 인류학에서 사회학, 발달심리학까지, 또한 면역학에서 신경분비학과 철학, 그리고 비교종교학까지 아우르고 있다. 제시된 각 관점들은 (세포복원기제부터 '마음챙김 대처'까지) 스트레스와 대처연구의 경계선을 확장시킨다.

Aldwin 박사는 이 학문 분야의 용감한 연구자들이 맞닥뜨릴 수 있는 개념 및 측정과 관련된 문제들의 미로를 탐색하도록 도움을 주는 데 있어 탁월한 일을 해낸다. 실제로 이 책의 3분의 2 정도는 위의 내용을 다루고 있다. 또한 Aldwin 박사는 상당히 복잡한 대처연구에 유용한 통계적 이슈들을 소개하고 있다.

Aldwin 박사의 방법론적 이슈들에 대한 설득력 있는 논의는 어떠한 역설을 시사한다. 대처연구에서의 통계적 모형은 더 정교해졌지만, 스트레스와 대처전략의 실제 측정은 여전히 미숙하며, 대체로 놀랄 만한 비율로 증가하고 있는 자기보고 질문지(1994년에 약 70개의 '대처 척도'가 2006년도에는 200개 이상으로 증가)에 의존하고 있다.

Aldwin 박사는 스트레스와 대처에 관한 연구가 개인의 시간에 따른 삶과 그 개인이 성장하는 사회적·문화적 맥락에 초점을 맞추면서, 교류적이고 종단적 관점을 취할 필요가 있음을 설득력 있게 주장하고 있다. 그러나 본 책의 마지막 3분의 1(대처와 건강, 스트레스와 대처의 발달적 변화, 그리고 심리사회적 발달의 원동력으로서의 스트레스 등과 같은 주제)에서 살펴본 연구들에서, Aldwin 박사는 '외상적 스트레스 대처'와 '변환적 대처'에 초점을 맞춘 몇몇 종단연구만을 인용했다.

관련 분야에서 상당한 삶의 역경에도 불구하고 긍정적 적응으로 이끄는 과정인 회복탄력성 현상에 대한 연구는 과히 폭발적이다. 현재 북미, 유럽, 호주, 그리고 뉴질랜드에는 이러한 현상에 대해 아동기부터 성인기까지 확장한 대규모 종단연구가 12개 이상 존재한다. 이러한 연구의 결과들은 현재의 스트레스와 대처 관련 연구들의 결과와 의미 있게 관련시킬 수 있다.

나는 큰 역경을 극복하기 위한 인간의 비범한 능력을 관찰하고 기술하는 데 전문가로서의 삶의 대부분을 보냈다. 우리 세대에게 외상적 스트레스에 대처할 수 있는 기회를 주었던 제2차 세계대전의 가장 암울한 시절 동안 덴마크인 물리학자이자 시인인 Peit Hien이 쓴 Grook(격언)을 읽는 것이 때때로 도움이 된다는 것을 발견했다. Grook은 Aldwin 박사가 이 책의 마지막 장에서 기술한 적응에 대한 이론의 주요한 개념들 중의 하나인 지혜에 대해 다루고 있다.

> 지혜로 가는 길이란?
> 글쎄, 말하기에는 평범하고 간단하지 :
> 실수하고, 실수하고, 또 다시 실수하고,
> 그렇지만 더 적게, 적게, 적게.

나는 이 책이 행동과학 분야에서 그러한 길을 찾는 데 있어 기꺼이 학문적 경계를 넘고자 하는 대학원생과 경험이 풍부한 전문가에게 도움을 줄 수 있는 안내서가 될 것임을 믿어 의심치 않는다.

Emmy E. Werner, Ph.D.
캘리포니아주립대학교 데이비스 캠퍼스

차례

제 1 장

서론과 본서의 목적

Thomas Kuhn(1970)은 패러다임의 전환(paradigm shift : 세상의 본질에 관한 근본적 가정이 변화한다.)이 과학과 사회에서 이따금 발생한다는 점을 입증했다. 대표적인 패러다임의 전환 예는 질병의 세균병원설의 우세와 상대성 이론 등이 있다. 나는 현재 우리가 인과적 환원주의(causal reductionism)에서 교류주의(transactionism)로의 또 다른 패러다임의 전환을 겪고 있다고 믿는다. 간단히 말해서 인과적 환원주의에서의 사건 발생은 그 사건의 근본적인 원인으로 환원되는 것을 의미하는 데 반해, 교류주의에서의 사건 발생은 여러 요인의 상호 영향으로부터 발생하는 것으로 이해된다. 이러한 패러다임의 전환은 연구와 임상 실무뿐만 아니라 사회조직과 우리가 매일의 삶을 어떻게 살아가는지에 이르기까지 깊은 영향을 미친다.

과거의 환원주의 패러다임과 새로운 교류주의 패러다임 간에는 여전히 명백한 긴장감이 존재한다. 이는 아마도 지난 20여 년간 게놈 과학이 폭발적으로 성장했다는 점에서 가장 분명히 알 수 있다. 한편으로는, 복잡한 여러 현상들의 기저에 있는 메커니즘들을 더 명확하게 이해하도록 해준 인간 게놈 프로젝트(human genome project)로부터 발생한 거대한 양의 정보들은 환원주의 모델을 강화하는 것으로 비쳐질 수 있다. 그러나 그러한 많은 양의 정보는 또한 수학과 통계학을 이용하여 많은 정보를 통합하도록 한 시스템 생물학 접근법(systems biology approach)이 태동하게 하였다(Pennisi, 2003). 이 기법을 이용하여 생물학자들은 세포신호, 태아의 사지발달, 그리고 효모가 영양 환경에서 어떻게 변화에 적응하는지 등과 같은 복잡한 주제들을 탐구하고 있다.

이러한 패러다임의 전환은 과학의 다양한 분야에서 발생하고 있다. 이는 마음과 신체 간의 관계, 인간과 환경 간의 관계에 관한 학문 분야에서 가장 현저하다. 그러나 생물학과 아원자 물리학(subatomic physics) 등 다른 분야에서도 교류주의적 패러다임으로 전환되고 있다. 나는 본서에서 스트레스의 심리적·육체적 효과와, 대처 노력에 따라 어떻게 조절되는지에 대한 연구가 심리사회적·생의학적 과학에서 이러한 패러다임의 전환에 영향을 미치는 데 도움이 된다는 점을 다룰 것이다. 본서의 주요 초점은 스트레스, 대처, 적응 연구의 맥락 안에서, 마음과 신체, 인간과 환경 간의 교류를 탐구한 다양한 분야의 문헌으로부터 도출될 것이다.

마음-신체 교류

17세기에 데카르트는 마음과 신체 간의 근본적 이원론을 제안했다. 마음은 추상적 사고와 언어에 관여하는 것으로 간주되며, 이는 독립적이고 신체의 작용과 구별된다(Eccles & Robinson, 1984). 이러한 데카르트의 이원론은 생의학 과학에 기초하여 환원주의 패러다임의 초석이 되어 왔다. 이원론에서 신체에 대한 생리학적 연구는 과학에, 마음과 영혼에 대한 고려는 철학에 할당되었다. 추가적으로 마음과 신체는 완전히 다른 요인들로부터 영향을 받으며, 마음과 신체 간의 소통은 거의 이루어지지 않는 것으로 가정되었다.

데카르트의 이원론은 질병 모델이나 기초생의학 모델에 표현되어 있다(Virchow, 1863). 지난 150여 년간 유행했던 이 모델은 질병이 신체의 정상적 기능을 파괴하는 박테리아, 바이러스, 독소, 다양한 발암물질과 같은 외부 동인(external agent)에 기인한다고 간주해 왔다. 외부 동인이 건강에 손상을 입히고, 그 손상이 어떻게 회복될 수 있는지에 관한 메커니즘에 연구가 집중되었다. 이 모델은 나중에 내부 동인(internal agent), 즉 불완전한 유전자에 기인한 손상을 포함하는 것으로 확장되었다.

환원주의 모델의 기저에 있는 가정은 a→b→c와 같은 단일방향의 인과관계이다. 생의학적 용어로, 이는 시스템 b의 생화학적 기능을 파괴하는 동인 a에 노출됨으로써 질병이 발생하며, 이것은 다시 증상 c를 일으킨다는 점을 의미한다. 이러한 증상들은 오직 항생제를 사용하여 신체로부터 공격적인 동인을 제거하거나 생화학적 균형을 복구함으로써 시스템 b의 기능을 회복시킬 수 있을 때에만 감소될 수 있다. 인과관계에 관한 이러한 가정은 신체의 기본적인 생화학적 구조에 대한 연구에 집중하도록 하였고, 알려진 지식의 양은 방대하다. Kuhn(1970)의 말을 빌리자면, 이러한 패러다임은 지식을 증진하는 데 매우 성공적이었다.

그러나 어떤 가정도 한계점의 근원을 그 안에 내포하고 있다. 생리학과 생화학에 대하여 더 많이 알아갈수록 정보의 복잡성은 광대하게 증가하였다. 단순한 인과관계 모델은 많은 현상을 묘사하는 데 적절하지 않다는 점이 점차적으로 명백해졌다(von Bertalanffy, 1969). 다른 시스템들의 생리학적 조절은 여러 변인 간의 매우 복잡한 일련의 순환고리를 포함하기 때문에, 점점 더 많은 조건과 제한점이 단순한 인과관계 모델에 놓이게 되었다. 비록 침입하는 세균이나 박테리아가 특정 질병의 **필요 조건**을 만들 수 있을지 몰라도, 그들이 병을 만들어내는 **충분 조건**은 아닐 것이다(오히려 질병은 숙주 시스템과 질병 동인 간의 매우 복잡한 상호작용에 기인한다.).

예를 들어, 염증과 특히 폐와 같은 장기기관의 손상을 유발하는 결핵 박테리아에 감염되었을 때 결핵이 발생한다는 점이 손쉽게 증명될 수 있다. 특징적인 증상은 피로감과 피와 가래를 동반한 기침 등이다. 목표가 되는 장기기관이 손상됨에 따라 결국 사망에 이르게 된다. 이러한 증상은 항생제, 적당한 영양과 휴식, 그리고 필요한 경우 영향을 받은 장기의 손상된 부분을 제거하는 수술을 통해 완화될 수 있다. 그러나 결핵과 다른 질병들의 역학연구는 점점 더 많은 사람들이 질병에 걸리는 것보다 박테리아나 바이러스 동인에 노출되거나 박테리아나 바이러스 동인을 옮긴다는 점을 증명하였고, 질병 모델이 숙주 저항(host resistance : 모든 사람이 침입하는 동인에 의해 동일하게 영향을 받지는 않는다.)의 개념을 포함하는 것으로 확장되어야만 했다. 결핵과 다른 많은 질병에 대한 숙주 저항 연구는 면역계의 발견을 가져왔다. 면역계는 신체가 침입하는 동인을 파괴할 수 있고, 독소를 고립시키고 제거하며 장기손상의 복구를 도울 수 있는 매우 복잡한 시스템이다. 많은 경우 질병의 증상은 동인에 의한 능동적인 손상보다는 침입한 동인을 제거하기 위한 신체의 시도를 의미한다.

그래서 질병의 단순한 인과관계 모델은 여러 동인 간의 상호작용을 증명하는 매우 복잡한 모델로 대체되어야만 한다. Kuhn(1970)이 지적한 바와 같이, 모델에 많은 조건과 제한점이 있을수록 다루기에 더 어려워지고, 패러다임의 전환을 통해 다른 모델로 대체되기 더 쉽다.

그러나 질병 상태를 유도하는 상호작용의 복잡성에 대한 이러한 높아진 이해가 생리학적 환원주의에서 마음–신체 교류주의로의 패러다임의 전환을 가져오기에는 충분하지 않다. 누군가는 Virchow의 모델(1863)을 포기하지 않은 채 세부적으로 어떤 기관계를 연구할 수 있다. 그것은 누군가 환원주의가 와해되는 분석수준에 걸친 상호작용을 연구하기 시작할 때에만 가능하다.

Von Bertalanffy(1969)의 말을 빌리면 단순한 인과관계 메커니즘은 폐쇄계를 가정한다. 즉, 내적으로 상호작용하고 상대적으로 외부 힘에 대해 면역성이 있는 제한적인 수의 변인이 존재한다. 예를 들면, 순환계에 대한 고전적인 교과서는 심장, 정맥과 동맥, 모세혈관과 소동맥 등의 성분과 자율신경계의 교감/부교감신경계와 같은 조절자들을 묘사한다. 그러나 순환계를 연구하기 시작하고 순환계가 어떻게 병드는지 자세히 연구할수록, 순환계는 폐쇄계가 아니라 외부 힘에 의해 영향을 받는 다양한 성분으로 이루어진 개방계임이 점차로 분명해진다. 순환계는 자율신경계뿐만 아니라 신경내분비계와 면역계를 통하여 중추신경계와도 상호작용한다. 그리고 사람이 먹고, 담배 피우고, 마시는 것뿐만 아니라 운동을 하는지 여부와 어떻게 운동하는지 등의 개인적 행동에 의해서도 영향을 받는다. 다른 영향은 개인의 삶에서의 스트레스 수준, 성격, 인지 스타일, 그리고 사회적 관계를 포함한다.

그러므로 신체의 작용에 대해 더 자세히 이해하도록 해준 의학 모델과 생리학적 환원주의에 의해 제공된 도구들은 또한 그 패러다임의 제한점을 드러냈다. 어떠한 기관계도 완벽하게 폐쇄계일 수는 없다. 오히려 모든 것은 신경내분비계와 면역계를 통한 두뇌의 조절 대상이다(Ornstein & Thompson, 1984).

심리과학은 데카르트의 이원론을 일방향의 생리학적 환원주의로 표현한 생의학 과학을 모방하였다. 즉, 심리학적 과정은 신경생리학적 토대로 환원될 수 있다는 것이다. 이러한 관점의 가장 극단적인 진술은, 마음이 두뇌의 '수반현상'으로 보여졌다는 것이다. 많은 복잡한 모델들이 정신질환에 관한 현대의 정신과적 이론들에 존재하지만, 주도적인 경향은 여전히 인과관계를 생화학적 메커니즘의 탓으로 간주한다. 예를 들어, 자살한 어떤 우울증 환자가 비자살자보다 낮은 세로토닌 수준을 보인 것을 발견하면, 기본 가정은 자살행동의 원인을 신경전달물질의 불균형으로 돌리고, 약물을 통하여 신경전달물질의 균형을 회복하는 방법으로 우울 장애를 치료하는 것이다. 그러나 동일하게 타당한 대안 설명은, 자살 생각이 세로토닌의 불균형을 만들어내거나 둘 사이에 서로를 강화하는 순환고리가 있을 가능성이 있다는 점이다. 확실히 우울증을 감소시키는 데 있어서 인지행동치료가 효과적이거나 항우울제보다 우수하다는 사실(Cloaguen, Cottraux, Cucherat, & Blackburn, 1998)은 우울증이 생리학과 경험 간의 복잡한 상호작용을 포함하고 있음을 나타낸다. 이는 Caspi와 동료들(2003)에 의해 수행된 최근 연구에서 밝혀졌는데, 그들의 연구는 우울증이 세로토닌 흡수를 조절하는 유전자의 대안적인 형태와 스트레스 생활사건 노출 사이의 상호작용 결과임을 증명하였다.

마음이 오직 뇌에 환원될 수 있는 것은 아니라는 논거는 신경심리학과 언어학 문헌에 기반한 Eccles와 Robinson(1984), 물리학에 근거한 Walker(1970)에 의해 제안되었다. 마음과 두뇌의 관계를 묘사하기 위해 Popper와 Eccles(1977)가 '이원-상호작용주의(dualist-interactionism)'라는 용어를 제안하였으나, 교류주의의 구성개념이 이 관계를 설명하는 데에는 더 적절할 것이다. Lazarus(1966; Lazarus & Folkman, 1984), Appley와 Turnbull(1986)과 같은 교류주의자들에 따르면, 두 개의 동인이 상호적으로 어떤 현상을 만들어내기는 하지만, 독립적이며 불변함을 유지하므로, 이원 상호작용주의 모델은 불완전하다고 한다. 반면에 교류주의는 두 개의 동인이 독립적이 아니라 교류에 의해 상호 영향을 미친다고 가정한다.

그림 1.1은 독립변인 또는 결과의 현상으로서의 정서를 이용하여 생리학적 환원주의, 상호작용주의와 교류주의 간의 차이점을 보여주고 있다. 맨 위의 환원주의 모델에서 화살표는 두뇌가 정서의 원인임을 의미한다. 예를 들어, 오래된 단순한 모델에서 세로토닌은 부정적인 정서의 원인이 된다고 가정된다. 가운데 그림은 상호작용주의를 의미하는데, 두뇌와 마음(인지) 모두 정서에 영향을 미친다. 스트레스 용어를 사용하였을 때, 위협 평가는 아드레날린을 과도하게 생산해 내는 유전적 성향과 결부되어 과도한 불안감을 만들어낸다. 교류주의에서 종속변인(이 경우에는 정서)은 다시 두뇌와 마음 모두에게 영향을 미친다. 그래서 두뇌와 마음은 정서를 통하여 서로에게 영향을 미치게 된다.

교류주의자의 관점에서 볼 때, 마음은 두뇌의 작용에 더 이상 단순하게 환원될 수 없으며, 내 동료 연구자가 별나게 밝혔다시피, 두뇌는 마음의 단순한 수반현상도 아니다. 오히려 신체의 상태가 인지적·정서적 과정에 영향을 미치는 동안, 마음의 상태는 신체의 작용에 영향을 미친다. 양자는 교류의 결과로서 변화될 수 있다. 예를 들면, 지속적인 불안은 생리학적 기능과 평가과정 모두에 영향을 미칠 수

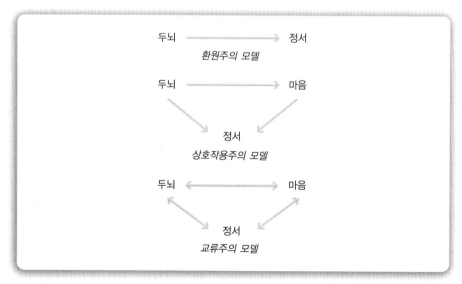

■■ **그림 1.1** 정서의 인과적 모델 간 비교

있다.

우울증에 관한 정신과적 이해는 단순한 신경화학적 불균형 모델에서 두뇌의 구조에 다시 초점을 두는 방향으로 점차적으로 전환되고 있다. 가장 흥미진진한 연구 영역은 스트레스, 해마의 크기와 기능, 우울증 간의 상호관계를 포함한다. 외상적 또는 만성적 스트레스는 코르티솔과 같은 스트레스 호르몬 수준을 높일 수 있으며, 이는 해마를 차별적으로 손상시킨다(Sapolsky, 1999). 결국 해마의 크기는 우울증과 연관되어 있다(Do, Payne, Levy, MacFall, & Steffens, 2002). 어떤 항우울제는 생화학적 불균형을 변화시키는 것이 아니라 해마에서 새로운 뉴런의 성장을 촉진하여 작용한다는 것이 현재의 관점이다(Manji 등, 2003). 이러한 시스템에서 대처의 역할은 아직 조사되지 않았지만, 매우 중요한 관련이 있다는 점은 분명하다.

Sperry(1993)는 이러한 심리학에서의 인지적 혁명이 일반적으로 과학에서의 현존하는 패러다임의 전환에 대한 기초를 형성해 왔다고 제안하였다. 외견상으로 단순한 양방향 화살표의 추가는 과학을 수행하는 방법뿐만 아니라 일상사에서도 많은 면에서 매우 큰 시사점을 가진다. 신체는 더 이상 때때로 복구를 필요로 하는 기계적인 장치가 아니다. 강조점은 특히 급격하게 노화되는 노년기 인구에 대한 만성질환의 유병률을 고려할 때, 질병 예방 모델로 서서히 전환되어 가고 있다. 사람들은 심리적 스트레스가 그들의 신체에 미치는 영향을 점점 더 많이 알게 되었으며, 다양한 방법을 통하여 그러한 영향을 감소시키기 위해 노력할 수 있다. 지난 20여 년간 캘리포니아에서 스트레스 관련 장애나 근로자들의 보상 청구가 가파르게 증가했다. 다른 측면에서, 현재 수백만의 미국인은 그들의 심리적 상태를 잘 다루어 나가는 데 도움이 되는 방법으로서 신체 단련을 열광적으로 추구하고 있다. 요약해서 말하면, 우리의 삶은 이러한 패러다임의 전환의 직접적인 결과로 인해 엄청나게 변화했다.

교류주의의 패러다임은 적응 연구에 대해서도 더 많은 시사점을 제공해 주었다. 이러한 시사점은 심리학의 범위에서는 아직 완전하게 이해되고 있지는 않았다. 어떠한 과학적 노력에서도 가정을 시험하고, 세상이 어떻게 기능한다고 여겨지는지에 대한 시사점을 이해하고, 가설을 형성하는 일은 매우 중요하다. 스트레스와 대처에 관한 연구들은 적응에 있어서 교류적 과정의 역할을 시험하기 위해 실험실을 만들었다. 그래서 본서의 추가적인 목적은 스트레스, 대처, 그리고 발달에 대한 교류주의 패러다임의 시사점을 탐구하는 것이다.

교류주의의 두 가지 가정은 특히 스트레스와 대처연구와 관련이 있다. 첫째, 변인들은 수준 내, 그리고 수준 간 모두에서 상호 간에 영향을 미친다. 만약 마음과 두뇌가 교류하면, 두뇌에 의해 조절되는 신체기관계들은 마음과 이어서 마음에 영향을 미치는 어떤 것(예 : 사회와 문화)에 의해 영향을 받기 쉬워진다. 그래서 외견상으로 분명한 분석수준 — 사회문화적, 심리학적, 생물학적 — 은 모두 연결되어 있다. 그리고 문화나 사회가 어떻게 구조를 이루고 있는가는 직접적인 자원의 할당(Pearlin, 1989)을 통해서뿐만 아니라 특유의 심리적 상태와 스트레스 수준(Colby, 1987)에 영향을 미침으로써 개인의 생리적 안녕에 시사점을 제공한다.

둘째, 필연적으로 교류주의 모델은 교류의 초점이 변화한다는 발달과정을 암시한다. 그래서 발달과학에서 이와 유사한 패러다임의 전환은, 시간이 지남에 따라 서로 영향을 미치는 변화가 있다는 것을 가정하는 역동적 시스템 이론(dynamic systems theory)을 포함한다(예 : Ford & Lerner, 1992). 대부분의 스트레스 이론가들은 즉각적인 상황에 집중하고, 예를 들어 평가가 어떻게 대처에 영향을 미치고, 이것이 다시 결과와 평가과정 모두에 영향을 미치는지를 보이려고 노력한다. 그러나 교류주의 모델은 마음과 신체가 그들의 교류의 결과로서 변화된다는 강한 가능성을 암시한다. Schonpflug(1985)와 Hobfoll(2002)과 같은 이론가들은 스트레스와 대처에 관한 경제적 모델에서 이러한 점을 자원 고갈-보존(resource depletion-conservation)으로 암시하였다. 그러나 스트레스 교류가 배타적으로 부정적인 결과를 가진다고 가정할 만한 근거가 없으며, Meichenbaum(Meichenbaum & Cameron, 1983)의 스트레스 면역이론(stress inoculation theory)과 Dienstbier(1989)의 스트레스성 '강인함'(stress-induced 'toughness')의 개념에서 암시되고 있는 바와 같이, 오히려 긍정적인 결과도 함께 가져올 수 있다. Aldwin과 Stokols(1988)는 스트레스 상호작용으로부터 발생할 수 있는 긍정적이거나 부정적이거나 단기간이거나 장기간에 걸친 모델링 변화를 위한 다양한 접근법을 제시하였다. 실제로, '외상후 성장(post-traumatic growth)'에 관한 전체적인 영역은 심리학에서 가장 흥미진진하고 새로운 영역 중의 하나이다(Tedeschi & Calhoun, 2004 참조).

인간-환경 교류

교류주의는 환경적(예 : 사회문화적) 관점과 발달적 관점을 생의학적 지식과 연결할 수 있다는 점에서 스트레스와 대처연구에 폭넓은 영향을 미친다. 그림 1.2는 환원주의자, 상호작용주의자, 교류주의자 관점에서 보는 대처의 시각을 나타낸다. 그림 1.2의 윗부분은 대처행동의 환원주의자 또는 자극과 반응 모델을 나타낸다. 이 모델에서 대처행동은 환경적 스트레스 자극에 대한 단순한 반응으로 비쳐진다. 그림 1.2의 중간부분은 상호작용주의자 모델을 나타낸다. 대처는 개인과 환경적 특성의 기능으로 가정된다. 예를 들어, 대처전략의 사용은 정서성(Bolger, 1990)과 같은 성격 특성뿐만 아니라 스트레스원이나 환경적 요구의 유형(Mattlin, Wethington, & Kessler, 1990)에 의해서도 영향을 받는다.

일반적인 교류주의 관점(Lazarus & Folkman, 1984 참조)은 단일 스트레스 삽화(stress episode)의 맥락 안에서만 교류를 연구한다. 이 모델에서 개인적 · 환경

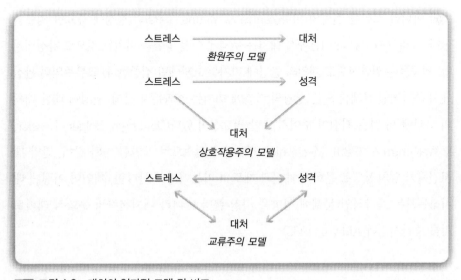

■■ 그림 1.2 대처의 인과적 모델 간 비교

적 변인들은 대처반응의 유형을 결정하는 평가에 영향을 미친다. 이어서 대처 결과물은 평가과정에 영향을 미치게 된다. 그러나 그림 1.2의 아랫부분을 보면, 대처 결과물은 스트레스 맥락 안에서 평가과정에 영향을 미칠 뿐만 아니라 사람과 환경 모두에 영향을 미칠 것이라는 점을 시사한다. 예를 들어, 어떻게 특정한 스트레스 상황에 대처하는가는 대처 레퍼토리를 추가하거나 환경에 대한 통제나 비통제에 대한 관점을 변경시킬 수도 있다(예 : 통제 소재 또는 설명 스타일). 그리고 개개인이 문제에 어떻게 대처하는가는 특정한 문제가 해결되는가의 여부뿐만 아니라 문제가 다른 개인에게 일어나는가의 여부와 어떻게 일어나는가에 영향을 미침으로써 환경을 변경시킬 수 있다. 예를 들어, 인종차별이나 성차별을 해결하기 위한 법적 행동은 다른 개인이 유사한 문제들에 대처하는 수단을 제공할 수 있다. 그래서 교류주의자 관점의 영향은 개인적 스트레스 맥락을 넘어서 더 폭넓은 발달적 또는 사회적 상황으로 확장된다.

스트레스와 대처연구에서 환경은 원래 상호작용주의자의 용어, 즉 자극이나 스트레스의 원천, 또는 드물게 스트레스에 대처하는 자원의 원천(예 : 사회적 지지)으로 비쳐졌었다. 그러나 교류주의자의 관점은, 환경이 단순히 자극이나 자원으로서의 기능보다 더 확장된 역할을 가지고 있음을 시사한다. 예를 들어, 신체적 · 사회적 환경들은 대처전략의 선택(de Ridder, 1997; Mechanic, 1978; Thoits, 1986)뿐만 아니라 그러한 전략의 영향(Zautra & Manne, 1992)의 형성에 중요한 역할을 한다. 그리고 대부분의 이론에서 대처는 문제에 어떤 영향을 미치는 것으로 가정되지만, 연구들은 일반적으로 개인의 안녕에 미치는 효과에만 집중한다. 교류주의의 관점에서 즉각적인 문제든 또는 상황의 다름에 미치는 효과든지 간에, 환경에 대한 대처의 효과에 더 많은 관심이 주어져야 할 필요성이 있다(DeLongis, Bolger, Kessler, & Wethington, 1989). Mechanic(1978)이 급진적으로 제안한 바와 같이, 만약 대처전략이 일차적으로 문화적 패턴과 제도의 기능이라고 한다면, 개인이 어떻게 대처하는가는 즉각적인 문제에 영향을 미칠 뿐만 아니라 대처전략의 문화적 레퍼토리를 증가시킨다(Aldwin, 1985).

본서의 구성

본서는 심리학과 생의학에서 패러다임 전환의 관점으로부터 서론에 제시된 주제들을 탐구한다. 그러나 다양한 반대파들이 현상이나 변화의 다른 방향에 대한 논쟁을 함에 따라, 패러다임의 전환은 많은 불일치와 논쟁거리를 동반한다. 이러한 불일치는 스트레스와 대처의 영역에서 명백하다. 어떤 특정한 스트레스와 대처에 관한 학파나 이론을 알리는 것을 시도하기보다는, 우리는 '어둠 속에서의 코끼리' 입장을 취할 것이다(시각장애인이 코끼리를 만지는 것을 상상해 보라.). 즉, 어떠한 학파나 이론도 완벽하고 올바를 수 없다. 다양한 접근법들은 모두 강점과 제한점을 가지고 있고, 어떤 환경에서 접근법들은 충돌하는 것이 아니라 사실상 '코끼리'의 다른 부분들을 다루고 있는 것이다. 다른 접근법들에 기초하는 역사적 맥락과 개념적 가정들을 조사함에 있어서, 우리는 그 분야에서의 논쟁의 본질을 명확히 하고, 의견 충돌이 정확히 어디에 놓여 있는지, 그리고 가능하다면 어떻게 다른 접근법들이 통합될 수 있는지를 밝히고자 노력할 것이다.

특히 심리학에서 연구 방법이 이론적 개념화에 뒤떨어진다는 점 또한 사실이다. 그래서 연구 수행과 해석에 관련된 핵심적인 방법론적 이슈들 또한 고려될 것이다. 다시 강조하자면 우리는 특정 기법을 변호하기보다 스트레스와 대처가 측정되는 다양한 방법의 강점과 약점, 그리고 어떤 기법들이 다른 연구질문과 맥락에 유용할 수 있을 것인지 논의할 것이다.

다른 과학 분야와 함께 심리학 분야는 많은 막다른 골목에 부딪혀 왔다. 이는 부분적으로 심리학자들이 이론적 모델을 구성하기 위해 단순화된 가정을 만들었기 때문이기도 하지만, 그들의 연구(일정 부분 임상적 작업)가 일상생활의 현실로부터 유리되었기 때문이기도 하다. 많은 면에서 이러한 유리는 유용하였다. 최선의 심리학 연구는 종종 '전통적 지혜'가 확실하게 틀렸다는 점을 보여왔다. 그러나 Watson이 사고를 근골격계의 미세한 작업으로 환원하거나 Hull이 기억을 근육작용으로 환원하려고 노력한 때와 같이, 이러한 유리는 가정이 막다른 골목에 부딪히도록 한 책임 또한 있을 수 있다. 그래서 심리학을 일상사의 맥락에 놓는 것은 잘못된 가정들에 대한 점검으로써 중요할 뿐만 아니라, 학생들에게 그들의 경험을 심리학적 이론에 연결하도록 하는 가교로서의 교훈적인 도구이기도 하다.

이러한 세 가지의 이론, 방법, 그리고 관련성에 대한 관계는 본서의 구조에 영향을 미친다. 제2장은 스트레스 연구에 있어서의 개념적 이슈들에 관해 논의하며, 우리의 일상사에 스트레스의 구성개념이 왜 중요한지, 그리고 그것이 어떻게 연구되었는지가 중요하다는 점을 논의한다. 제3장은 스트레스에 대한 다양한 정의에 대해 논의하였고, 그러한 정의에 녹아 있는 가정들이 수행된 연구의 유형에 어떻게 영향을 미쳤는지를 알아본다. 생리학에 미친 스트레스의 영향에 대한 지식은 지난 10년간 비약적으로 발전해 왔으며, 이러한 업데이트는 그 주제에 관한 새로운 장(제4장)에 기여함으로써 증가된 지적 교양을 반영할 것이다. 제5장은 스트레스 측정과 방법론에 관한 이슈들을 다루고 있으며, 매일의 스트레스 과정평가뿐만 아니라 생태 순간 평가(ecological momentary assessments)에 관한 새로운 기법에 대해서도 특별히 관심을 둔다.

스트레스 문헌이 광범위하게 검토되는 동안, 놀랍게도 대처문헌에 관한 철저한 개관은 매우 드물었다(Aldwin & Yancura, 2004; Folkman & Moskowitz, 2004 참조). 이어지는 장들은 그 간격을 메우고자 하였다. 스트레스 연구에 대한 장들과 유사하게, 제6장은 대처연구의 개념적 이슈들, 제7장은 대처의 정의들, 제8장은 대처전략의 측정을 다룬다. 대처의 요인 구조에서의 안정성과 변화에 대한 이슈도 검토될 것이다. 부록 8.1은 연구자와 학생 모두에게 유용한 상호작용들에 대한 참고문헌 목록을 포함한다. 제9장은 대처의 효과를 이해하는 데 도움을 주는 방법론적 · 통계학적 이슈들을 다룬다. 새로워진 구조모형 방정식, 위계적, 그리고 종단적 모델들을 추가함으로써 통계와 연구설계 섹션에 대한 이해가 증진되었다.

제10장은 대처와 정신건강 결과물에 대한 문헌을 검토하며, 제11장은 대처와 신체건강 결과물을 다룬다. 신경내분비계와 면역계에 대한 이해는 지난 10년 동안 폭발적으로 증가하였으며, 우리가 볼 수 있듯이, 대처와 건강 결과에 대한 문헌은 그것을 따라가기 위해 노력해 왔다. 제12장은 개인이 어떻게 외상에 대처하는지를 조사하고 있으며, 9 · 11 테러 공격의 여파에 대처하는 섹션을 포함한다.

스트레스 연구의 주요 제한점은 순전히 심리학적 노력이었다는 것이다. 그러나 사회적 · 문화적 맥락들이 스트레스와 대처과정에 영향을 미친다는 인식이 증가하고 있다. 제13장은 평가와 대처과정에서의 대인 간 사회적 영향을 입증하고, 의료인류학 연구는 대처가 작동하는 방식에 대한 우리의 관점을 어떻게 급격하게 변경시켰는지를 보여주는 작지만, 점증하고 있는 연구를 개관한다.

본서는 또한 좀 더 폭넓은 발달적 맥락에서 스트레스와 대처에 대한 연구를 논의의 대상으로 삼는다. 특정 집단(아동과 노인)의 대처문헌을 개관할 뿐만 아니라 전 생애에 걸쳐 대처의 변화에 대한 이론적 개관을 제공함으로써, 부분적으로 제14장에서 그 목적을 달성하였다. 그래서 제15장은 스트레스 관련 성장(stress-related growth, SRG)에 관한 연구들을 개관한다. 스트레스에 대한 부정적인 측면에 몰두한 나머지, 우리는 성장과 발달의 자극제로서의 스트레스, 그리고 더 큰 숙달감과 이해에 대한 일생 동안의 탐색 징후로서의 변환적 대처(transformational coping)와 같은, 스트레스의 긍정적인 측면들을 간과하였는지도 모른다. 이 분야에 대한 연구가 지난 12년간 매우 증가하는 동안, 문헌 개관은 매우 드물었으며, 이 장에 대한 개정판은 그러한 간극을 다룰 것이다.

제16장은 본서에서 발전된 다양한 주제들에 대한 요약과 그러한 것들이 본 장에서 지지되고 있는 교류주의자의 관점과 어떻게 연관되어 있는지를 다룬다. 그리고 적응에 관한 결정론적 모델과 비결정론적 모델들을 검토한다. 본서의 초판이 발행된 후 13년의 시간 동안, 특히 긍정심리학의 맥락에서 두드러진(Seligman & Csikszentmihalyi, 2000), 성인발달과 적응에서 의지의 중요성에 대한 더 많은 수용이 이루어졌다(Brandtstädter, 1999 참조).

요약하면 스트레스와 대처의 범주 안에서, 연구자와 학생들로 하여금 특정 접근법과 평가기법들이 그들에게 가장 큰 연관성을 가지고 있는지 잘 결정하도록 하기 위해서, 본서는 개념적 · 방법론적 논쟁의 본질에 대한 통찰들을 제공한다. 추가적으로 발달심리학 — 특히 성인 발달심리학 — 과 스트레스와 대처연구들로부터 제공되는 적응의 본질에 대한 이해를 통합하는 것은 두 분야를 모두 향상시킬 것이다. 적응연구에 발달적 관점을 추가하는 것은 사용되는 결과 측정의 유형을 재고하는 데 자극제가 될 수 있다. 그리고 발달심리학에 적응 관점을 추가하는 것은, 아동기와 성인기 모두의 발달을 향상시키는 데 있어서 환경의 역할에 대한 더 큰 통찰을 제공할 수 있다.

제 2장

스트레스가 왜 중요한가

스트레스의 구성개념은 다양한 수준에서 중요하다. 첫째, 스트레스는 평소에 서점, 신문, 텔레비전 뉴스 프로그램에서 볼 수 있는 바와 같이, 본질적으로 흥미를 끈다. 둘째, 스트레스는 심리사회적 적응 모델들과 매우 높은 관련성이 있다. 우리가 볼 수 있듯이, 교류주의자의 관점은 현재의 많은 정신장애 모델들을 포괄한다. 셋째, 스트레스는 또한 생의학적 적응 모델들과도 관련성이 있으며, 건강, 좋은 건강의 유지, 그리고 질병의 치료에 관한 우리의 생각을 변환시켜 왔다.

본질적 흥미

스트레스 사건은 사람들에게 거의 동등하지 않은 중요성을 가진다. 예를 들어, 저녁 뉴스는 우선적으로 스트레스 사건에 관한 정보를 전송하는 수단이다. 사건이 우리에게 직접적인 영향을 주든 아니든 간에 말이다. 텔레비전 뉴스는 자연재해, 사고와 비극, 경제적 혼란, 권력자들 간의 투쟁(일반적으로 정치인에 관한 것이지만, 가끔 영화배우나 스포츠 스타에 관한 것도 있다.), 사망, 범죄와 처벌에 우선적으로 초점을 맞춘다. 긍정적인 사건은 거의 보도되지 않으며, 엄청난 역경이나 핸디캡을 극복하기 위해 싸우는 개인의 맥락에서 종종 보도된다.

우리의 일상적 대화의 많은 부분은 자신이나 다른 사람들에게 발생하는 스트레스 사건에 초점을 둔다 : 죽음, 이혼, 직업문제, 자동차 사고, 학교나 직장에서의 문제, 질병(크든 작든), 그리고 매일의 '사소한 사건들', 즉 놓친 버스, 자동차 문제, 관료주의적인 불편, 그리고 직장에서 복사기의 고장. 확실히 멜로드라마는 등장인물들에게 발생했거나 그들에 의해 유발된 부정적인 생활사건들에 초점을 맞춘다.

이러한 관심의 이유에 대해서는 추측해 볼 수밖에 없다. 아마도 다른 사람이 사투를 벌이거나 비통해 하는 모습을 보는 것은 카타르시스의 형태, 즉 고대 그리스 사람들이 생각했던 바와 같이, 안전한 맥락에서 불행과 분노로부터 벗어나는 방법을 제공한다. 그래서 직장에서 비윤리적인 관행에 직접적으로 맞서는 것보다는 부정한 정치가들에 대한 분노를 표현하는 것에 더 편안함을 느낄지 모른다.

스트레스에 대한 흥미는 아마도 진화적 기능을 가지고 있을 것이다. 지난 20년 간의 많은 연구는 고양된 정서가 기억을 향상시킨다는 점을 증명해 왔다. 즉, 우리는 정서적으로 강렬한 사건들을 더 잘 기억하는 것 같다(Davidson, 2003). 이러한 현상은 편도체의 기저측 부분뿐만 아니라 해마와 같은 다른 신경구조에 의해 조절되는 것으로 보인다(McGaugh, 2002). 외상의 원천을 기억함으로써 우리는 우리의 실수로부터 더 많이 배우고, 미래의 위험한 상황들을 더 회피하는 것일지도 모른다. 유사하게 다른 이들이 직면하는 위험과 외상을 보면서 우리는 그러한 것들을 회피하고자 하는 희망에서 위험의 원천을 배울지도 모른다. 또는 다른 이들이 문제를 다루는 데 사용한 대처전략 — 성공적이든 그렇지 않든 간에 — 을 간접적으로 배울지도 모른다. 흥미롭게도 어떤 학자들은 외상후 스트레스 장애(post-traumatic stress disorder, PTSD)에서 보이는 '회상(flashback)' 기억의 일부는 평범하고 더 산만한 외상기억과는 질적으로 다르다고 주장하였다(Brewin, 2003).

스트레스에 대한 흥미는 더 폭넓은 사회적 맥락에서도 볼 수 있다. 오래전 Durkheim(1933)은 집단 장면에서의 정서적 각성은 주로 지역사회와 집단의 단결 심을 향상시키는 기능을 가지고 있다고 가정하였다. 미식축구 게임과 같이 많은 대중이 포함된 집단의식에 일반적으로 적용되기는 하지만, 스트레스 사건에 대한 뉴스 보도를 통한 정서의 각성은 직접적이든 간접적이든 간에 커뮤니타스 (communitas)를 증가시키는 기능을 할 수 있다. 예를 들어, 주요 자연재해에 대한 보도는 구조 노력을 묘사하는 동시에, 시청자가 어떻게 도움(일반적으로 구호 단체에 돈이나 물품을 제공하는 것)을 줄 수 있는지에 대한 정보를 제공함으로써 직접적인 참여를 유도하기도 한다. 적어도 재해에 관한 뉴스 보도는 지역사회나 국가에서 공유된 사회적 맥락과 대화의 주제를 제공한다.

그래서 스트레스에 관한 본질적인 흥미는 심리적, 생물학적, 그리고/또는 사회 적 원인에 근거를 두고 있을 것이다. 이유가 무엇이든 간에 스트레스와 스트레스 에 대한 대처는 학계나 일반적인 지역사회의 많은 사람들에게 본질적으로 흥미 있 다는 점은 분명하다. 또한 스트레스 연구는 심리사회적 적응 모델과 생의학적 질 병 모델에 큰 영향을 미치고 있다.

심리사회적 적응 모델들에 대한 스트레스의 관련성

초기의 정신질환 모델들은 심리적 문제의 근원으로서의 내적 과정들에 주로 초점 을 두었다. 예를 들어, 정신분석학에서는 정신질환이 주로 심리성적 단계에서 초기 아동기의 고착(fixation)에 기인하는 원초아(id), 자아(ego), 그리고 초자아(super-ego) 간의 숨겨진 또는 무의식적인 갈등과 관련 있다고 보았다. 환경적 사건들은 이러한 갈등을 촉발시킬 수 있을지 모르지만, 주요한 문제는 개인 안에 놓여 있다. 유사하게, 생의학적 모델들은 증상을 신경전달물질의 불균형과 관련짓고자 하였 는데, 이는 심리적 고통(psychological distress)의 기저에 있는 인과적 메커니즘 으로 생각된다. 만약 우울한 사람이 낮은 세로토닌 수준을 보인다면, 이는 세로토 닌의 부족이 우울증상을 야기한다고 간주되었다. 두 유형의 모델에서 정신질환의 원인이나 원천은 오로지 개인의 성질에 달려 있다.

반면에 사회학자와 인류학자들은 심리적 고통과 그것이 표현되는 방식 모두를 유발하는 데 있어서 사회와 문화가 중요한 역할을 담당한다고 강조해 왔다. 예를 들어, Hollingshead와 Redlich(1953)는 사회적 계급과 정신질환 간의 관계를 처음 언급하였다. 낮은 사회경제적 지위집단은 정신분열증을, 상위계급 집단은 신경증을 더 많이 보고하는 경향이 있다. 이러한 관점에서 추측건대, 정신질환의 기원은 개인에게 있는 것이 아니라, 사회적 구조와 긴장(strain)이 사회 내에서 퍼지게 되는 방식 등과 같은 환경 안에 있는 것일지 모른다(개관을 위해 National Advisory Mental Health Council, 1996 참조). 오래된 관점에서 보면 가난한 사람들과 같이 사회 안에서 미미한 역할을 가진 사람들은, 규범적인 사회적 역할과 행동으로 여겨지는 것에 대하여 부적절하게 사회화되었기 때문에 정서적 · 사회적 장애의 증상을 더 많이 나타낼 가능성이 있다(Howell, 1973). 물론, 이것은 사회경제적 상태나 정신질환 중 어느 것이 먼저 발생하는지에 대하여 논쟁을 불러일으켰다. 하향 이동 가설(downward mobility hypothesis)은, 심리적 문제를 가지고 있는 개인이 경제 시장에서 잘 수행하지 못하는 경향이 있기 때문에 더 낮은 사회적 계급의 일원이 된다고 주장한다. 반면 사회적 인과 이론(social causation theory)은 정신질환을 불러일으키는 문제를 만들어 내는 사회적 구조 안에서의 지위가 문제라고 주장한다.

예를 들어, 어떤 이들은 정신건강에 가장 큰 영향을 미치는 것은 종종 소수인종인 낮은 계급에 속하는 개인들에 대한 경제적 불평등과 차별이라고 주장한다. 일반 대중에 비해 몇 배의 우울증을 보였던 미국 원주민들의 우울증 연구는, 지각된 차별이 우울증과 매우 강력하게 관련되어 있음을 발견하였다(Whitbeck, McMorris, Hoyt, Stubben, & LaFromboise, 2002). 문제는 지배적인 사회에서 역할에 대한 미숙한 사회화가 아니었다. 전통적인 미국 원주민 업무에 종사했던 개인들은 그렇지 않은 사람들보다 더 낮은 수준의 우울증 비율을 나타냈다. 유사하게, Chandler, Lalonde, Sokol과 Hallett(2003)은 캐나다에서 미국 원주민 청소년의 높은 자살률에 관한 보고서를 조사했다. 부족의 전통적인 문화를 보존하고 발전시키기 위한 활동(종종 권리 폐지에 대해 정부에 청원하는 것을 통해)에 활발하게 참여했던 부족은 저항하지 않은 부족에 비해 현저하게 자살률이 낮았다.

인류학자들은 이상행동을 구성하는 것은 개인의 정신역동보다 문화적 규준의 결과임을 관찰해 왔다. 오래전에 Margaret Mead(1928)가 지적한 바와 같이, 어떤 문화에서 수용되는 행동은 다른 문화에서는 비정상적이며 치료를 받아야 하는 질환으로 간주될 수 있다. 정신질환의 기원에 있어서 문화의 중요성을 설명하기 위해, 인류학자들은 필리핀의 'amok'나 알류트족의 'bear illness'와 같이, 특정 문화에만 존재하는 질병이나 장애의 존재를 지적하였다(Kleinman, 1980; Kleinman & Seeman, 2000 참조). (이러한 두 질환들은 의식적인 방법이기는 하지만 극단적인 폭력의 대중적 표출을 포함한다.) 그래서 문화는 정신질환의 형성과 표현 모두에 매우 중요한 역할을 담당한다(이 주제에 관한 추가적인 토의는 제13장 참조).

스트레스와 심리사회적 적응 모델들은 정신질환의 기원에 관한 이러한 이질적인 관점들 간의 연결을 가능하게 할 수 있다. 스트레스 모델들은 정신건강에 대한 환경 영향의 중요성을 인정하지만, 스트레스에 대한 취약성에 있어서 개인 간 차이도 인정한다. 그래서 정신질환에 대한 책임은 개인의 '잘못'이나 사회적 역할과 문화적 규준에서 심리적 고통을 야기하는 다양한 요인들이 있음에 대한 인식으로 옮겨가고 있다. 그중 일부는 개인적 통제를 벗어날지도 모른다. Turner(2003)는 지난 반세기 동안의 연구가 축적된 불행이나 스트레스에의 노출이 사회적 계급과 정신질환 간의 관계에 있어서 변량의 많은 부분을 설명하는 강력한 증거를 제시해 왔다고 주장한다.

스트레스 취약성의 구성개념은 매우 중요한데, 왜냐하면 적응에 대한 다른 접근법들을 함께 묶을 수 있기 때문이다. 스트레스 취약성은 개인적 또는 사회적 특성의 기능일지도 모른다. 개인적 취약성은 인생 초기에 외상적 상황에의 노출이나 조울증에 대한 생물학적 성향 등과 같은 개인사에 근거할지도 모른다. 그래서 이 구성개념은 정신건강에의 정신역동적 접근법과 생물학적 접근법 모두를 포함할 수 있다. 그러나 취약성은 특정 사람들이 스트레스 사건을 경험하기 쉽게 만들 수 있는 가난, 인종차별, 적은 경제적 기회 등(Evans, 2004; Pearlin, 1989; Turner, 2003)과 같은 사회적 환경에서의 위치에 근거할지도 모른다. 그들은 사건에 특히 부정적인 반응을 할지도 모르고, 회복하는 데 더 오랜 시간이 걸릴지도 모른다. 그럼에도 불구하고 취약성 구성개념은 개인적 문제가 사회적 또는 신체적 환경에 기인할지도 모른다는 점과 또한 적응에 대한 환경적 접근법들을 포함할 수 있다는 점을 인정한다.

다른 구성개념은 적합도(goodness of fit)이다(Kahana, Lovegreen, Kahana, & Kahana, 2003; Magnusson & Toerestad, 1992). 동일한 환경은 어떤 사람들에게는 스트레스가 높을 수 있다. 왜냐하면 그들이 가지고 있지 못한 능력이나 선호되는 것을 요구하기 때문이다. 그러나 그러한 능력이나 선호되는 것을 소유하고 있는 사람들에게는 편안하거나 자극이 되는 환경일 수 있다. 예를 들어, 어떤 이는 예측 가능하고 일상적인 임무의 작업 환경을 선호할 수 있고, 혼돈스럽고 예측 불가능한 임무로 채워진 더 비구조화된 환경을 다루는 데 어려움을 겪을 수 있다. 다른 사람은 첫 번째 환경이 따분하고, 두 번째 환경은 도전적이며 자극적이라고 할지도 모른다. 그래서 적합도 구성개념은 맥락주의의 중요성을 인식하며, 심리학에서 인과적 절대성은 매우 드물다고 단언한다. 단순하게 말하면 상황은 환경을 변화시킨다. 환경적 상황은 개인에 대한 효과에 의해서 평가될 필요성이 있고, 개인의 적응은 특정한 환경적 제약의 맥락에서 이해될 필요성이 있다.

그래서 심리사회적 적응에 대한 스트레스와 대처 접근법은 사람과 환경 모두의 공헌을 인정하며, 최적의 적응을 제공하는 특정한 환경적 맥락과 개인적 기술과 자원을 이해하고자 한다. 더 나아가 교류주의자의 관점은 사람과 환경이 스트레스와 대처에 대한 독립적 공헌자가 아니라 상호적으로 영향을 미친다는 점을 강조한다.

생의학적 적응 모델들에 대한 스트레스의 관련성

2,000년 이상 철학자들과 과학자들은 마음과 신체가 독립된 실체인지 통합된 실체인지, 그리고 만약 통합된 실체라면 관계의 본질은 무엇인지에 대한 논쟁을 벌였다(Eccles & Robinson, 1984 참조). 신체건강에 대한 스트레스의 효과 연구는 마음과 신체가 어떻게 상호작용하는지를 체계적으로 조사하는 데 큰 자극제였다.

제1장에서 논의한 바와 같이, 생의학적 질병 모델은 Virchow(1863)에 의해 100

년보다 더 이전에 언급되었으며, 개인이 외부 동인 때문에 병들게 된다고 명시하였다. 동인이 알려진다면 잠재적으로 어떤 질병도 치료할 수 있다. 외부 동인(세균이나 다른 독소)이 신체를 감염시키고, 증상을 일으키는 구조적·생리적 변화를 만들어 내기 때문에, 사람은 감기에 걸리거나 심장발작을 일으키거나 암에 걸리게 된다. 만약 동인이 식별되고 중화된다면 신체는 회복된다.

그러나 현재 이 모델은 너무 단순한 것으로 폭넓게 인식되고 있다. 감기 바이러스나 결핵에 노출되는 모든 사람이 질병을 앓는 것은 아니다. 오히려 개인의 건강상태는 환경적 힘과 생리적 회복탄력성 간의 역동적인 상호작용을 반영한다. 후자는 부분적으로 심리적 상태에 영향을 받는다는 증거가 증가하고 있다. 지난 20년간 성격, 스트레스, 대처, 사회적 지지 등을 포함한 다양한 심리사회적 요인이 건강에 영향을 미친다는 연구가 폭발적으로 나타났다(Aldwin & Gilmer, 2004; Dickerson & Kemeny, 인쇄 중 2004, Kiecolt-Glaser, McGuire, Robles, & Glaser, 2002; Krantz & McCeney, 2002; Kubzansky & Kawachi, 2000 참조).

스트레스가 신체건강에 영향을 미칠 수 있다는 아이디어는 전혀 새로운 것이 아니다. 속담에 '상심하여 죽다' 또는 '명을 재촉하다' 라는 말이 있다. 유사하게 사람들은 '무서워 죽을 것 같은' 상태가 될 수 있으며, 두려움은 '밤새 머리카락을 하얗게 세어지도록' 할 수 있다. 새로운 점은 우리가 스트레스와 건강 간의 관계를 매개하는 생리학적 경로를 발견하기 시작했다는 것이다. 이러한 경로들은 신경내분비계와 면역계 간의 상호작용을 포함한다. 이러한 관계들을 연구하는 분야는 정신신경면역학(psychoneuroimmunology)이라 불린다(Ader, 1981; Ader, Felten, & Cohen, 1991).

정신신경면역학은 정신이나 마음, 신경내분비계, 면역계 간의 관계뿐만 아니라 건강이나 질병에 대한 취약성의 유지에 있어서 이러한 관계들의 역할에 대한 이해를 추구한다. 그림 2.1은 정신신경면역학의 원리를 설명하는 기본적이거나 포괄적인 모델을 나타낸다. 스트레스는 부정적인 정동이나 정서를 활성화시킨다. 우리는 스트레스 삽화에 반응하여 화가 나거나 슬프거나 좌절감을 느낄지 모른다. 그와 같은 정서를 동반하는 잘 알려진 생리적 변화가 있다. 심장이 두근거리거나, 깊게 숨을 쉬거나(심장박동률과 호흡률의 증가), 홍당무가 되거나 죽은 사람처럼 창백

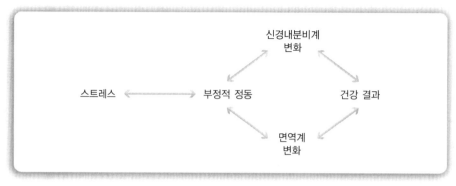

■■■ **그림 2.1**　스트레스와 건강의 표준 정신신경면역학 모델

해지거나(말초의 혈관 확장의 변화), 또는 위장의 '초조'(부교감신경계 활성화의 감소)를 느낄지 모른다. 마음과 신체 간의 인과관계의 방향성에 대해서는 약간 다른 견해를 가지고 있기는 했지만, 100년 전에 William James(1890)와 Walter Cannon(1915)은 정서와 신경내분비계 간의 연결을 인식하였다(제4장 참조). 그림 2.1을 보면 모든 관계는 양방향임을 알 수 있다.

그림 2.1은 또한 스트레스와 정서가 면역계에 영향을 미침을 보여준다. 1964년에 Solomon과 Moos가 '정신신경면역학'이라는 용어를 만들어 내긴 했지만, 1980년 대 초반에 Ader와 Cohen(1982)이 주목할 만한 발견을 하기 전까지는 널리 쓰이지 않았다. 고전적 조건화 기법을 이용하여 그들은 실험실 쥐에게 소음과 면역계의 기능을 억제하는 약물 주사를 연합하였다. 몇 차례 시행을 거친 후, 그들은 약물 대신 염분을 주사하였다. 쥐들이 소음을 들었을 때 면역기능은 여전히 억제되었다. Ader는 소음에 대한 지각과 면역계 반응 간의 자극-반응 관계를 증명하였다. 다른 말로, 면역계는 학습될 수 있을 뿐만 아니라 심리적 자극에 대하여 반응할 수 도 있었다.

이러한 최초의 발견 이후에 수백 건의 연구가 마음과 두뇌, 그리고 면역계 간에 밀접한 관련이 있음을 증명하였다(개관을 위해 Gruenewald & Kemeny, 2007; Kiecolt-Glaser 등, 2002; Rabin, 1999 참조). 예를 들면, T임파구와 같은 면역 세포에는 신경전달물질과 카테콜아민을 위한 수용기 영역이 있다(Smith, 1991). 말하자면, 이는 면역계가 마음에 반응하도록 구조화되어 있으며, 우연이 아니라 어떤 이유로 진화했음을 암시한다. 그리고 열을 유발할 때, 면역계는 신경기능을 변경시킬 수 있다는 명백한 증거가 있다(Dantzer, 2004).

Cannon(1915)의 관점에서, 신경내분비계가 어떤 의미에서 강력한 정서와 스트레스에 반응한다는 것은 완벽한 진화론적 의미가 있다. 극단적 활성화인 '투쟁-도피(fight-flight)' 반응은 유기체로 하여금 스트레스 상황에서 더 활발하게 반응(더 격렬하게 싸우거나 빨리 도망치거나)하도록 해준다는 점에서 매우 적응적이다. 우리는 다음과 같은 경험을 해왔다. "나는 너무 놀랐어! 살면서 그렇게 빨리 달려 본 적이 없어!" 스트레스는 또한 고통 경험을 차단하고 심하게 부상당한 상태에서도 어떤 기능을 하도록 만들 수 있는 베타 엔돌핀 수준을 증가시킬 수 있을지도 모른다. 그러나 면역계가 스트레스와 정서에 반응하는 것이 왜 적응적인가? 우리가 화가 났을 때는 질병이 발생하는 것을 의미하는가?

스트레스의 효과가 면역계 억제의 맥락에서만 이해된다면, 이는 이해하기 어려운 일이다. 최소한 처음에 스트레스는 또한 면역계를 활성화시킨다(Kiecolt-Glaser 등, 1992; Monjan, 1981). 그와 같은 활성화는 증가된 수행을 요구하는 순간에 사람이 질병에 걸리게 되는 것을 일시적으로 막아줄지도 모른다는 점에서 매우 적응적이다. (나는 학생들이 기말시험 직전이나 중간보다는 기말시험 직후에 감기에 걸리는 경향이 있다는 점을 종종 관찰해 왔다!) 만약 누군가 상처를 입으면, 활성화된 면역계는 감염을 막도록 도울 수 있으며 회복을 도울 수도 있다. 그래서 면역계 활성화는 적응적 도전에 대해 필수적인 반응일지도 모른다.

그러나 시험과 같이 상대적으로 가벼운 스트레스원들은 면역기능을 억제할지도 모른다(Marucha, Kiecolt-Glaser, & Favagehi, 1998). 그리고 만성적 스트레스원(Cohen 등, 1998; Glaser, Kiecolt-Glaser, Malarkey, & Sheridan, 1998)이나 외상적 상황(Solomon, Segerstrom, Grohr, Kemeny, & Fahey, 1997)은 특히 침입적 사고와 같은 외상후 스트레스 장애의 증상을 발달시킨다면 상당한 기간 동안, 심지어는 수년 동안 면역기능을 억제할 수 있다(Ironson 등, 1997).

도전과 위협에 최적으로 반응하기 위해서는 마음과 신경내분비계, 그리고 면역계가 동시에 활성화되어야만 한다. 정서는 모든 계를 함께 묶는 '접착제'라고 폭넓게 가정된다. 다른 말로 정적 정서와 부적 정서는 스트레스와 생리학적 결과 간의 관계를 매개할지도 모른다.

그림 2.1에서와 같이 스트레스는 정서를 활성화하는 것으로 가정되는데, 이는 신경내분비계에 영향을 미치고, 이는 다시 면역계에 영향을 미친다. 종합해 보면, 이러한 것들이 건강의 전반적인 상태에 영향을 미친다. 그러나 이러한 모델은 너무 단순할지도 모른다. 스리마일섬의 자연재해에 관한 Baum과 그의 동료들의 연구(Baum, Fleming, & Singer, 1983)는, 스트레스의 출현이 정서적 충격과는 독립적으로 신경내분비계와 면역계기능에 영향을 미칠 수 있음을 보여주었다. Cohen, Tyrell, 그리고 Smith(1993)는, 스트레스가 감기 바이러스에 대한 민감성에 미치는 영향은 부정적 정동을 통해 매개되지 않는다는 점을 발견했다. 유사하게 Yancura, Aldwin, Levenson과 Spiro(1996) 또한 대사증후군에 대한 대처의 효과는 정동을 통하여 매개되지 않았음을 발견하였다. 개인은 아마도 억압 때문에 그들의 정서를 정확하게 보고하지 못하거나, 혹은 스트레스, 신경내분비계, 그리고 면역계 간의 다른 경로들이 존재하는 것으로 보인다. 성격(Segerstrom, 2000)과 사회적 지지(Uchino, Cacioppo, & Kiecolt-Glaser, 1996)가 중요한 역할을 담당할지도 모른다. 그래서 그림 2.2는 흥미로운 대안 경로를 묘사한다.

오늘날 생물학에서 가장 흥미 있는 영역 중의 하나는 스트레스의 효과를 감소시키기 위한 세포기반 메커니즘의 발견이다. 열 충격 단백질(heat shock proteins, hsps)은 매우 복잡한 시스템인데, 다양한 방법으로 세포수준에서 스트레스의 효과를 완화시킬 수 있다. 여기에는 활성산소(free radicals 또는 reactive oxygenating species, ROS)를 제거하거나 구조적 손상을 지속시켰던 단백질 재접기(refolding proteins)를 하거나, DNA가 메커니즘을 복원하도록 돕거나, 매우 손상된 세포가 세포자연사(apoptosis)를 수행하도록 돕는 등의 활동을 포함한다(Sartori & Scherrer, 2003). 또한 열 충격 단백질은 면역기능의 조절에 포함될지도 모른다(Pockley, 2003). 그러나 단 하나의 연구논문만이 심리사회적 요인과 열 충격 단백질을 연구하였다(Lewthwaite, Owen, Coates, Henderson, & Steptoe, 2002).

요약하면, 스트레스 연구는 생의학적 적응을 이해하는 데 관련이 매우 높다. 이는 마음, 신경내분비계, 그리고 면역계가 어떻게 밀접하게 연관되어 있는지를

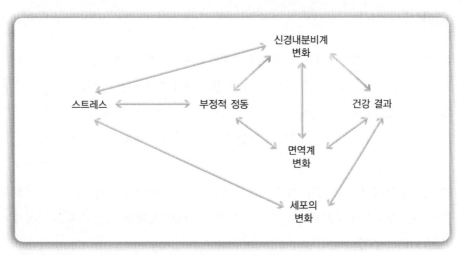

■ 그림 2.2 스트레스와 건강의 수정된 정신신경면역학 모델

나타내 준다. 스트레스 연구는 신체적 안녕을 이해하는 데 더 전체적이거나 다차원적 접근이 필요함을 시사한다. 또한 이는 오랜 로마의 격언인 *Mens sana, mens corpora*(건강한 마음, 건강한 신체)에 대한 지지를 제공한다.

스트레스 분야에 대한 가장 공통적인 불만은 스트레스의 구성개념이 일관성이 없다는 점이다. 제3장에서 살펴볼 바와 같이, 연구 분야와 가정 시스템에 따라 연구자들은 스트레스의 다른 정의를 사용한다. Kasl(1983)과 같은 일부 연구자들은 스트레스 구성개념이 너무 애매하고 무정형이어서 이를 폐기해야 한다고까지 제안하였다.

그러나 스트레스의 다양한 정의들은 다양한 노력을 통하여 형성된 매우 중요한 결과로서의 구성개념이기 때문에 정확하게 존재한다고 주장할 수 있다. 다양한 연구 분야와 철학적 전통들은 스트레스를 정의하는 데 있어서 그들만의 접근법을 제시해 왔다. 스트레스는 인류학과 사회학, 발달, 성격, 사회, 임상, 지역사회, 그리고 환경심리학, 그리고 생리학과 의학에 연계되어 있는 다차원적이며 중복 규정되는 현상이다. 이러한 점이 여러 학문 분야에 걸친 정의의 애매모호함을 형성할지는 몰라도, 이는 또한 다른 분야들을 통합하는 비할 데 없는 기회를 제공하기도 한다.

요약

심리사회학적인 아인슈타인이 행동과 사회과학의 '장 통합 이론'을 발견할 것 같지는 않지만, 스트레스 구성개념은 다양한 분야에서 과학적 접근법들을 통합할 수 있는 공통의 토대를 제공한다. 그래서 스트레스 구성개념은 환경적, 심리적, 그리고 신체적 요인들 간의 상호작용이 보일 수 있는 뼈대를 제공한다. 스트레스 구성개념은 그렇게 함으로써 교류주의자의 체계 안에서 인간의 적응에 관한 더 포괄적인 이해를 제공하는 과학과 임상적 노력의 많은 다른 영역을 연결하는 교량 역할을 한다. 그와 같이 스트레스는 오늘날 임상과 사회과학에서 가장 중요한 구성개념 중의 하나일 것이다.

제 3 장

스트레스의 정의

'스트레스'라는 용어는 일상적으로 사용되는 용어로, 그 의미가 간단해서 일부의 부수적인 설명이 필요한 경우를 제외하고는 별다른 정의가 필요하지는 않은 것 같다. 무엇보다도 우리는 우리에게 스트레스를 주는 것이 무엇인지를 알며, 일반적인 표현에서 스트레스를 받을 때의 느낌이 어떤 것인지를 안다. 옥스퍼드 영어사전에 따르면, 스트레스라는 용어가 최소한 18세기부터 사용되었다고 한다. 문제는 이 용어가 일상적으로 사용되다 보니 그 의미가 매우 다양하다는 것이다. 예를 들어, 이 단어는 명사와 동사로 모두 사용된다. 명사로서 '스트레스'는 외부사건 또는 내적 상태를 의미할 수 있다. 유사하게 동사로서 '스트레스'는 '스트레스를 준다'는 의미의 능동태일 수도, '스트레스를 받다'는 의미의 수동태일 수도 있다.

'스트레스'라는 용어를 외부사건을 의미하는 것으로 이해한다면, 어떤 종류의 사건을 가리키는 것일까? 실직과 같은 부정적 사건만을 스트레스라고 할 것인가,

아니면 승진과 같이 긍정적 사건도 스트레스가 될 수 있을까? 중대한 사건만이 스트레스가 되는 것일까, 아니면 소소한 사건들도 역시 골칫거리일까? 스트레스는 부정적인 결과를 가져오는 사건들로 이해해야 할까, 아니면 스트레스 사건이 때로는 긍정적 결과를 가져올 수 있을까? 스트레스가 내적 상태를 가리킨다면 이것의 의미는 정서적인 고통일까, 아니면 생리적인 것일까?

일부 연구자들은 외부사건을 의미할 때에는 '스트레스원(stressor)'이라는 용어를 사용하며, 내적 스트레스 상태에는 '긴장(strain)'이라는 용어를 사용하기도 한다(Pearlin & Schooler, 1978). 그러나 교류주의자의 관점에서 스트레스를 지각할 때 인지적인 평가과정의 중요성을 감안한다면, 이와 같은 내·외부 상태에 대한 구분은 정당화하기 어렵다.

더군다나 생리학, 생화학, 신경생리학과 같은 생물과학 분야부터 정신분석, 성격, 학습이론, 발달심리 및 사회생태학과 같은 심리과학 분야를 거쳐 인류학, 사회학, 군사학과 같은 사회과학 분야에 이르기까지 다양한 분야에서 스트레스에 대해서 연구를 해왔다. 따라서 스트레스라는 용어의 의미가 영역에 따라 다양하게 사용되면서 그 의미가 혼란스러워졌다는 것은 놀라운 일은 아니다. 스트레스에 대한 연구는 전투 중인 사람, 원통을 천천히 도는 쥐, 출퇴근 교통정체로 힘들어하는 사람, 시장에 팔려나가는 돼지, 시험을 치는 학생, 불발탄을 해체하는 사람, 생산라인에서 일하는 노동자, 가뭄이 나무에 미치는 영향, 전국민의 대규모 혼란 등과 같이 다양한 주제를 포함한다. 그래서 일부 학자들은 스트레스라는 용어가 거의 모든 곳에 사용되면서 무정형의 용어로 어디에도 적용될 수 없다고 보고, 이 용어를 사용하지 말자고 주장하기도 하였다(Kasl, 1983).

그러나 여러 이유 때문에 스트레스라는 용어를 버리자고 하는 비판은 목욕물을 버린다고 아이까지 버리는 격이라 할 수 있다. 첫째, 대부분 연구자들의 연구에서 스트레스의 의미는 상당히 명확한 편이다. 스트레스의 동물 모형에 대한 연구를 수행하는 생리학자들은 생리적 상태로서 스트레스에 관심을 가지고 신경내분비와 면역계 반응의 세부사항에 대해 초점을 맞춘다. 몇몇 예외를 제외하고 심리학자와 사회학자들은 외부사건이나 그에 대한 정서적인 반응이라는 정의에 초점을 맞춘다. 둘째, 다양한 분석수준에서 스트레스와 관련한 연구가 진행된다는 사실은 부정적이라기보다는 긍정적이라고 볼 수 있다. 이전 장에서 언급한 바와 같이, 스트레스는 다양한 학문 영역에서 논의되고, 이를 통합할 수 있는 하나의 방식이 될 수 있다. 사실 정신신경면역학이라는 영역이 바로 이러한 시도라고 할 수 있다.

스트레스가 널리 쓰인다고 그 용어가 모호하거나 잘못 정의되는 방식으로 사용되는 것은 아니다. 또한 이는 실생활과 구체적인 관련성이 거의 없는, 단지 학술적으로 만들어진 것도 아니다. 그보다는 스트레스는 인간-환경의 교류를 통해서 만들어지며, 과잉각성 혹은 과소각성을 통해 나타나는, 심리적 혹은 생리적인 고통을 낳는 경험을 의미한다. 이제부터 우리가 보겠지만, 이와 같은 스트레스에 대한 포괄적 정의는 이와 관련한 다양한 영향을 확인하고 연구할 때 사용되어 온 대부분의 요소들을 포함한다.

스트레스 과정의 요소

스트레스라는 용어의 사용을 둘러싼 혼동을 자세히 살펴보기 위해, Mason(1975)은 스트레스의 정의 혹은 스트레스가 사용되는 방식을 세 가지로 확인하였다. 스트레스는 (1) 유기체의 내적 상태(때로는 '긴장'의 의미), (2) 외적 사건(또는 '스트레스원'), (3) 사람과 환경 간의 교류에서 나타나는 경험을 의미한다. 표 3.1은 Mason의 범주에 근거한 스트레스 과정의 다양한 요소를 보여준다. 표에 나온 내용은 각각의 연속적인 세로줄로만 참고해야 한다는 점을 명심하라. 교감신경 활성화는 외상 또는 만성적인 역할 긴장에서도 나타날 수 있다. 사소한 사건은 단기적 혹은 만성적일 수 있다 등. 이 표는 스트레스 과정의 매우 방대하고 복잡한 것을 간단히 보여주기 위한 편의를 위한 것이다.

표 3.1에 제시된 것처럼 유기체의 내적 상태로서의 스트레스는 생리적·정서적·세포적 반응을 의미한다. 스트레스에 대한 생리적 반응은 신경내분비와 면역계의 기능은 물론 신경중추와 말초신경계에 초점을 맞춘다. 지난 10년간 세포 차원에서 스트레스 보호기제에 대한 관심이 꾸준히 증가하였다. 활성산소종(reactive oxygen species, ROS)이라고도 알려진 활성산소(free radicals)와 같은 신체적 스트레스원은 DNA를 포함한 다양한 분자의 배열을 손상시키고, 제대로 작동

■ 표 3.1 스트레스 과정의 요소

긴장		스트레스원		교류	
생리학적 반응	정서적 반응	스트레스 종류	시간적 관점	인지적 평가	강도
교감신경 활성화	부정적 정동	외상	지속기간	해/손실	약함
부교감 신경억제	정서적 무감각	생활사건	발생의 급속성	위협	중간
다른 신경내분비 자극/억제	낮은 긍정적 정동	사소한 사건들/일상의 스트레스원	변동	도전	강함
면역 억제/증대		혐오적인 물리적 환경		호의	모호
열 충격 단백질 활성화		만성적인 역할 긴장		타인에 대한 염려	
DNA 복구 기제 억제/증대		누적된 역경		짜증	
				어쩔 줄 모르는	
				통제 가능/통제 불가능	

하지 못하게 하는 자유 전자(free electron)를 가지고 있기 때문에 세포 내 조직을 파괴한다.

수치심, 죄책감이나 지루함도 스트레스 반응으로 여겨지기도 하지만, 일반적으로 스트레스에 대한 정서적 반응은 불안, 분노, 슬픔과 같은 부정적인 느낌을 의미한다(Lazarus, 1991). 스트레스 연구에서의 초점은 부정적 정동에 대한 것이 일반적이지만, 대립과정(opponent processes) — 즉 고공낙하를 하는 사람들이 초기의 극심한 공포(terror) 이후 고양된 감정을 느끼는 것처럼, 부정적 감정에 대한 반발로 긍정적 정서 상태가 일어나는 것 — 의 형태로서 긍정적 감정에도 또한 관심을 가진다(Solomon, 1980, 제12장 참조). 하지만 정서적 무감각 또한 발생할 수 있으며, 이는 외상이나 사별이나 질병의 말기 진단을 받을 때와 같은 극심한 스트레스 생활사건에서 흔히 나타난다.

스트레스가 부정적인 생리적 효과를 야기한다고 보는 것이 일반적인 가설이지만, 스트레스는 여러 다양한 요인에 따라 때때로 부정적이거나 혹은 긍정적일 수 있는 활성화 효과가 있다고 보는 것이 더 정확할 것이다. 나중에 다시 다루겠지만, 스트레스는 세포 또는 유기체의 수준에서 이후 발생할 수 있는 스트레스원에 대한 회복탄력성을 가져올 수도 있다(제15장 참조).

스트레스의 정의에 대한 두 번째 유형은 외적 환경을 의미한다. 스트레스에 대한 초기 연구들은 전쟁과 자연재해와 같은 주요한 외상에 초점을 맞추었다. 이러한 범주는 이후 결혼, 이혼, 사별, 실직이나 취업 등과 같은 주요한 생활사건을 포함하는 것으로 확장되었다. 다른 연구자들은 소음, 과밀이나 공해와 같은 유해한 환경적 특성에 초점을 맞추었다. 불행한 결혼생활에서의 만성적인 역할 긴장이나 빈곤과 같은 더욱 일반적인 문제에 초점을 맞추기도 하였으며, 일부는 일상생활에서의 사소한 사건이나 일상의 스트레스원을 연구하기도 하였다.

스트레스의 지속기간, 발생의 급속성, 연결, 확산과 같이 연구할 가치가 많은 스트레스의 시간적 관점도 있다. 동물연구에서 보면 스트레스가 단기적인지, 만성적인지 아니면 간헐적인지에 따라 스트레스의 생리학적 효과는 매우 다른 것 같다(Dienstbier, 1989). 또한 사별에 대한 연구에서는 죽음이 얼마나 급작스러운지가 부정적 효과의 심각도에 영향을 주는 것 같다(Parkes & Weiss, 1983). 마지막으로 스트레스원은 제한적인 효과를 보일 수도 있으며, 여러 영역에 영향을 미칠 사건 연쇄의 시작일 수 있다. 연쇄반응은 '연결(linkage)'이라고 한다(Pearlin, 1989). 예를 들어, 실직은 장기적인 경제적 어려움으로 이어지고, 이것은 다시 이혼으로 이어지며, 이는 다시 자녀들과 소원해지는 현상 등으로 이어진다.

마지막으로 스트레스는 사람과 환경의 교류, 특히 한 개인이 가진 자원과 지각된 도전 혹은 요구 간의 부조화로부터 나타나는 경험으로 특징지을 수 있다. 이런 도식에서 해, 손실, 위협 또는 도전의 인식과 같은 개인의 스트레스에 대한 인지적 평가는 정서 또는 생리적 반응으로 나타날 수 있다(Lazarus & Folkman, 1984). 이러한 연구자들은 스트레스가 어떻게 지각되고 평가되는지 여부, 지각된 특성(예 : 위협, 해, 손실), 그 문제의 심각성에 초점을 맞춘다.

전부는 아닐지라도 대부분의 연구자들은 스트레스 과정의 주요한 요소들에 대해 동의할 것이다. 그러나 다양한 학파 간에 근본적으로 의견 불일치가 있는 부분은 있다. 이러한 차이는 일반적으로 다음의 둘 중 하나에 해당한다. 첫째, 유기체 상태로서 스트레스와 관련하여, 연구자들은 스트레스에 대한 반응이 일반적인지 혹은 특정적인지에 대해서 의견이 나뉜다. 즉, 모든 스트레스원이 하나의 일반적인 반응을 일으키는지, 아니면 각기 다른 스트레스원이 특정한 반응을 불러일으키는지에 대해서 의견이 다르다. 둘째, 연구자들이 강조하는 다양한 요소 간의 인과관계의 방향성에 대해서 의견이 나뉜다. 다시 말해서 스트레스에 대한 인지, 정서 또는 생리적 반응 중 무엇이 먼저인지에 대해서 의견이 다르다. 예를 들어, 우리가 스트레스에 대해 생리적 반응이 먼저이고 그다음 정서적인 것이 나타나는가, 아니면 정서적 반응이 생리적 반응과 인지적 과정들을 이끌어 내는가? 추가적으로 연구자들 간에 사람과 환경 간의 인과적 방향성에서도 의견이 각기 다르다. 환경이 정서 · 생리적 반응의 원인이 되는가, 아니면 개인의 내적 상태가 환경에 대한 지각을 바꾸고 문제가 나타나게 되는가?

이제부터는 Mason(1975)이 처음 상세화한 체계를 이용하여 스트레스의 개념에 대한 주요한 논쟁을 살펴볼 것이다. 우리는 다양한 논쟁에 추가적인 통찰을 제공하는 시도를 해볼 것이며, 다른 입장들을 통합할 수 있는 방법들에 대해서 제안해 보고자 한다.

유기체 상태로서의 스트레스

큰 시험을 앞두고 당신의 신체가 어떤지 생각해 보라. 얼굴은 상기되거나 창백해질 것이고, 손바닥은 땀에 젖을 것이며, 손은 약간 떨리고, 입은 마를 것이다. 이런 것들이 말초신경계의 반응이다. 만약 당신의 위장이 들떠 있고 심장이 요동치고 호흡이 가빠지기 시작한다면, 자율신경계의 반응일 것이다. 둘은 모두 내분비계와 함께 교감과 부교감신경계가 매개되어 이루어진다. 그래서 이를 신경내분비 스트레스 반응이라고 한다.

이제 학기말시험 주간에 당신이 어떤 느낌일지에 대해서 생각해 보라. 당신은 아마 감기나 치은염에 걸렸을지도 모른다. 알레르기나 궤양은 점점 나빠지고, 발진이 나타날지도 모른다. 이는 스트레스에 대해 흔히 나타나는 면역계 반응이다. 이런 스트레스의 생리학에 대한 이해는 이 책의 첫 번째 판이 나온 후 지속적으로 발전하였으며, 따로 한 장(제4장)을 이런 반응에 대해 기술하였다. 그럼에도 불구하고, 우리가 스트레스에 대해 반응하도록 생리적으로 구조화되어 있으며, 스트레스 반응은 우리 신체의 거의 모든 체계에 관여한다는 것을 이해하는 것은 매우 중요하다.

외부사건으로서의 스트레스

역사적으로 스트레스는 유기체에 악영향을 주는 외부의 유해한 사건으로 비쳐졌다. 지난 천 년간 사람들은 스트레스 사건이나 생활방식 때문에 죽을 수 있다는 것이 상식이었다. '죽을 것 같이 무섭다'거나 '상심해서 죽다'거나 '과도한 노동으로 요절한다'는 표현을 써왔다. 스트레스의 외부적인 출처는 물리적인 것이거나 사회문화적인 것일 수 있다.

신체적 스트레스원

신체적 스트레스원은 즉각적으로 신체적인 위협을 주는 외상(예 : 고속의 차, 태풍, 화재)과 오염, 소음과 같이 감지하기 힘들지만 위해한 영향을 주는 혐오스러운 환경적 조건을 포함한다. 내부환경이 좋지 않은 건물이 감지하기 어려운 신체적 스트레스원의 좋은 예이다. 꽉 막힌 건물에서 노동자들은 적은 양이지만 포름알데히드(카펫 안감이나 사무용 가구에 흔한 물질), 페인트 잔류물, 세정제 화합물, 복사기에서 나오는 유독가스 등의 해로운 화학물질에 노출되어 있을 수 있다. 이런 것들은 즉각 알아차리기는 어렵지만 두통, 눈 통증, 발진, 바이러스성 감염에 대한 취약성을 높일 수 있다. 적절하지 않은 형광등의 깜빡거림은 편두통을 야기할 수 있으며, 중앙집중식 냉난방 시스템은 습도를 낮춰 점막을 자극하고 코피를 나게 하거나 호흡기 감염에 취약하게 한다. 환기가 잘 되지 않는 것은 감염원을 증가시킬 수 있다. 잘못 설계된 작업장은 역학적인 스트레스를 일으키고, 이것은 눈과 근육의 긴장을 높일 수 있다. 타이피스트, 컴퓨터 사용자, 슈퍼마켓 계산원, 음악가들은 반복적인 행위로 손목 터널 증후군과 같은 부상에 취약해질 수 있다.

Evans와 Jacobs의 흥미로운 연구(1982)에 따르면, 좋지 않은 공기와 같은 신체적인 스트레스원은 사회적인 것과 상호작용하면서 증상을 증가시키는 결과를 초래한다. Evans는 LA의 오염된 지역 주변에 살고 있는 거주자들이 맑은 공기가 있는 지역에 사는 사람들에 비해 스트레스 생활사건에 노출될 때 더 많은 증상을 보인다는 것을 발견했다. 가난의 부정적인 결과 중 일부는 유해한 스트레스원이 되는 환경에서 사는 것에서 기인하는 것일 수 있다(Evans, 2004).

사회문화적 스트레스원

심리학자들은 실직이나 이혼과 같은 스트레스 생활사건이 무작위로 발생한다거나 각 개인이 가지고 있는 심리적인 문제에 의해 발생하다고 보지만, 사회학자들은 생활사건의 원천들을 사회체계에 뿌리 박혀 있는 것으로 보는 경향이 있다. Pearlin(1989)은 스트레스가 한 개인의 서열과 역할뿐 아니라 사회적 자원분포의 함수로 유발된다고 주장하였다. 사회적 자원이 부족하면 스트레스 생활사건의 가능성을 증가시키거나 혹은 그것이 발생했을 때 스트레스의 정도를 고조시킨다. 예를 들어, 어떤 학생이 수입이 적을 경우 오래된 중고차를 살 수밖에 없다. 이런 자동차는 더욱 고장나기 쉽고, 수리할 돈은 없어서 거주지의 임대료, 식비와 자동차 수리 중에 선택하기가 쉽지 않고, 스트레스의 심각성은 증가한다. 스트레스성 생활사건은 연결되어 있어서, Pearlin의 용어로 표현하면, 주요 사건은 이차적인 스트레스원으로 연결된다. 예를 들어, 대학생이 적절한 이동 수단을 갖지 못하면, 매우 필요한 직업을 잃을 수 있다. 이차적인 스트레스원은 주요 사건과 비교해서 스트레스의 정도가 덜 한 것은 아니며, 상황에 따라서 더 심각한 괴로움이 될 수 있다.

브라질에서 스트레스와 대처에 대한 강의를 할 때, 대학생들의 자가용을 예로 활용한 적이 있다(Aldwin, 2002). 놀랍게도 학생들은 이 예를 듣고 킥킥거리기 시작하였다. 그 이유를 물었더니 학생들은 그 예에 대해서 매우 놀랐다고 이야기했다. 그들 중 어느 누구도 차를 갖고 있지 않았으며, 대신 그들은 언덕의 꼭대기에 있는 학교의 대중교통수단을 이용하거나 걸어서 혹은 자전거를 이용하여 통학하고 있었다. 가장 부자인 학생도 오토바이를 가지고 있을 뿐이었다. 명백하게도 문화는 각 개인이 어떤 종류의 스트레스원에 직면하고 있는지에 영향을 준다!

Calhoun(1962)은 외부 환경 스트레스에 대한 초기 연구 중 하나인, 과도한 밀집이 쥐에 미치는 연구를 수행하였다. 그는 제한된 환경에서 쥐들의 개체수를 늘렸다. 이 조건에서 쥐들의 사회병리적 현상이 증가하였고, 싸움과 강탈을 포함한 다양한 형태의 공격적인 특징을 보였다. 밀집되었다는 것보다 더욱 중요한 것은 음식과 물 등 기본적인 필수요소들에 대한 접근성이었다. 음식까지 가는 통로가 매우 좁은 하나일 때 폭력이 가장 심했으며, 동일한 음식의 양일지라도 여러 통로가 있을 경우 밀집의 부정적 영향은 줄어들었다. 다시 말하자면, 생존에 충분한 수준이라면 적은 양의 자원이 스트레스에 필수적인 것은 아니며, 자원 분배의 불평등성이 더욱 문제라는 것이다. 이후 진행된 연구들에서 밀집되었다는 것이 인간에게도 스트레스이며, 가난이 함께 있을 때, 그 영향력은 훨씬 악화된다는 것이 확인되었다(Evans & Saegert, 2002).

사회적 역할의 구조 또한 스트레스를 부가할 수 있다. Pearlin(1989)은 만성적인 역할 긴장을 네 가지 유형으로 나누었다. 할 일이 너무 많은 것과 같이 역할 과부하가 역할 긴장의 하나가 될 수 있다. 대인관계 갈등(배우자, 자녀 혹은 동료들과의 논쟁)이나 역할 내 갈등(예 : 자녀 양육과 업무 역할 간의 갈등) 역시 역할 긴장의 원천이 될 수 있다. 역할에 얽매일 수밖에 없는 것(예 : 재정적인 의무 때문에 힘겨운 직장을 그만둘 수 없는 것)이나 역할 재구조화(예 : 부모를 부양해야 하는 딸)도 문제가 될 수 있다. 빈민촌, 특히 폭력적인 동네에 사는 것처럼 주변과 관련한 비공식적 혹은 선택적 역할로부터의 스트레스도 있을 수 있다(예 : 친구나 사회조직 구성원과의 갈등).

Pearlin(1989)은 사회적 · 개인적 맥락이 스트레스원의 결과를 결정하는 데 중요하다는 점을 강조하였다. 모든 역할의 종료나 재구조화가 스트레스를 일으키는 것은 아니다. 스트레스를 주는 역할을 그만둔다는 것은 매우 긍정적이기도 하다(예 : 싫어하던 일을 그만둔다거나 어려운 결혼생활을 그만두는 것). 그러므로 스트레스원을 사회적 · 개인적 맥락에 대한 고려 없이 평가할 수 없다. 흥미롭게도 Schrier와 Evans(2003)는 진화적으로 낡은 스트레스원은 최신의 것보다 오히려 더 적응하기 쉬울 수 있다고 주장하였다. 새로운 스트레스원에 노출된 아이들이 오래된 스트레스원에 노출될 때에 비해 더 많은 코르티솔을 분비한다는 점이 발견되기도 하였다.

심리사회적이고 사회문화적인 스트레스원은 서로 중첩될 수 있다. 가난한 아동들의 환경이 그러한 대표적인 예라 할 수 있다. Evans의 연구(2004)는 이런 아동들은 가정폭력과 갈등, 위험한 이웃, 공기 및 수질오염에 더 많이 노출된다는 점을 보여주었다.

시간적 특성

스트레스의 시간적 차원, 특히 스트레스의 지속성과 같은 문제도 더 많이 연구될 만한 가치가 있다. 동물을 대상으로 한 연구에 따르면, 스트레스원이 단기인지, 장기인지 아니면 간헐적인지에 따라서 스트레스의 생리학적 영향은 매우 달라질 수 있다(Dienstbier, 1989). 다음은 규범적 노화연구에서 전투 노출 척도에 대한 시범연구를 수행할 때 내가 느낀 바였다. 이 척도는 애초 베트남전의 경험을 근거로 개발되었고, 문항들은 지난 24개월간의 경험을 묻고 있었다. 내가 인터뷰한 한 상선제대군인(merchant marine veteran)은 제2차 세계대전 중 5년을 넘게 바다에 있었다고 한다. 그는 전투 작전을 단 몇 차례밖에 보지 못했지만, 독일군의 잠수함 위협은 항시 존재하였다. 실제 전투에 노출된 것은 불과 2주에 불과하였으나, 전투에 대한 위협은 5년을 넘는 기간 내내 지속되었던 그는 어떻게 그 척도에 응답을 해야 하는지 확실치 않았다. 그는 간헐적으로 심한 스트레스를 경험하고, 대체로 낮은 수준의 지속적인 스트레스를 경험하였다. 그 사람은 18개월의 임무수행 기간 동안 중간 정도로 전장에 노출되었던 베트남 참전 군인과 비교할 때 경험한 스트레스가 높을까, 낮을까? Dienstbier(1989)가 가정한 것처럼, 스트레스가 간헐적이었기 때문에 복구나 회복이 용이할 것인가, 아니면 독일 잠수함에 대해서 항시 경계 상태에 있는, 매일매일의 만성적인 낮은 수준의 스트레스가 Selye(1956)가 가정했던 것처럼 소진 상태를 만들어 냈을까?

발병의 급작성은 스트레스와 관련한 또 다른 흥미로운 주제이다. 한편으로 우리는 정리해고를 기다리는 것과 같이 문제를 예측하고 있는 상태 그 자체가 매우 스트레스라는 것을 안다. 암에 걸려서 천천히 오랫동안 죽어가는 것보다는 심장마비로 급작스럽게 죽는 것이 더 낫지 않을까라는 것이 일반적으로 얘기되는 바이다. 그러나 문제를 예상할 수 있다는 것은 우리가 그것에 정서적으로 그리고 실질적으로 준비를 할 수 있다는 것을 의미한다. 경험 많은 낙하산 부대원은 일반적으로 낙하할 때 심혈관계 반응이 심하지 않지만 갑자기 낙하하는 경우에는 그렇지 않다고 밝혀졌다. Epstein(1982)은 비행기에서 잠이 들었던 고공낙하 전문가의 예를 제시하였는데, 그 전문가는 낙하할 때 심혈관 반응이 초심자와 매우 유사하게 급상승하였다고 한다. Epstein은 이것이 낮잠으로 인해 충분히 준비할 만한 시간이 부족했기 때문이라고 생각하였다. 왜냐하면 그 낙하산 부대원은 평상시와 달리 정상적인 대처행동을 하지 못하였고, 그의 반응은 더욱 심각하게 나타났기 때문이다.

만약 문제의 발생이 점진적이라면 정상적인 평가과정을 방해할 수 있다. 생태학자들은 '느린 파국(slow catastrophe)'이라는 새로운 용어를 만들었으며, 이는 인구과잉이나 온실효과와 같이 점진적으로 시작하지만, 장기적으로는 재앙의 결과를 초래할 수 있는 경우를 일컫는다. 그러므로 시간적 유형은 대처행동이나 스트레스원의 영향과 관련하여 중요한 의미를 갖는다.

개인과 환경 간의 상호작용으로서의 스트레스

Lazarus의 관점(Lazarus & Folkman, 1984; Lazarus, 1991)에서 보면, 스트레스를 외부사건으로만 묘사한다는 것은 스트레스의 지각과 해석에서의 개인차를 무시하는 것이다. 어떤 한 시점에서 한 개인에게 스트레스인 것이 다른 사람 혹은 동일인의 다른 시점에서는 스트레스가 아닐 수 있다. 예를 들어, 실직은 10대 청소년과 중년의 남자에게는 각기 다른 의미 혹은 다른 결과를 낳을 수 있다. 청소년이 패스트푸드점에서의 일자리를 잃었을 때에는 다른 곳에서 쉽게 일을 찾을 수 있다. 반면에 중년의 공장 근로자나 관리자는 다른 일거리를 잡기 매우 어려울 것이다. 그러므로 실직이라는 동일한 사건일지라도 개인과 사회적 맥락에 따라 스트레스가 많을 수도, 적을 수도 있다.

이 모형에 따르면 스트레스는 환경의 요구와 개인의 자원 간의 조합으로 볼 수 있으며, 인지적 과정이 중심이 된다. Lazarus에 따르면, 스트레스의 지각 혹은 평가는 환경의 요구 정도와 개인이 그 요구에 대해 대처할 수 있는 자원의 정도에 달려 있다. 이론적으로 한 개인은 문제가 있다는 것을 인식하고 나면, 그 문제를 해결하기 위해 어떤 자원이 필요한지를 확인하게 된다. 스트레스는 환경적 상황에서 요구하는 바와 그 개인이 이를 다룰 수 있는 능력 간의 불균형에 의해 발생한다. 예를 들어, 차가 고장이 나면 누구나 어느 정도 스트레스를 경험한다. 그러나 만약 차를 수리할 수 있는 기술이나 능력 혹은 돈이 있는 경우에는 그 정도가 줄어든다. 그러나 만약 차에서 생활하는 집 없는 사람의 경우에는 극심한 스트레스를 경험하게 될 수 있다.

Lazarus와 Folkman의 이론(1984)에서 평가의 유형은 일반적으로 해, 위협, 손실, 도전, 호의의 다섯 가지 유형으로 나눠 볼 수 있다. 그러나 다른 사람의 문제에 대한 염려(Aldwin, 1990)와 같이, 또 달리 중요한 유형들이 있을 수 있다. 또한 하나의 스트레스원에 하나의 평가와 하나의 정서모형(Smith & Lazarus, 1993)은 개념적으로는 명쾌해 보일지 모르지만, 일상생활의 복잡성을 포착하지는 못하는 것 같다. 노인 1,000여 명을 대상으로 한 연구에서 우리는 대부분의 사람들이 최소 2개 이상의 평가를 활용하였으며, 하나만을 사용하는 경우는 드물다는 것을 확인하였다(Aldwin, Sutton, Chiara, & Spiro, 1996). 시범적인 연구에서 앞서 언급한 다섯 가지 평가가 모든 상황에 적합한 것은 아니라는 것을 발견하고, 우리는 세 가지 평가를 추가하였다. 어떤 문제들은 단순히 짜증스러운 것이었으며, 다른 사람(대체로 친한 친구나 친척)의 문제에 대한 걱정들도 있었고, 다른 문제 유형은 단순히 다음에 무엇을 할지 모르는 것과 같은 것들이 있었다. 추후연구에서 대부분의 남자들은 평가와는 상관없이 문제에 대해 분노감을 표출하기도 하였다(Yancura, Aldwin, & Spiro, 2002). 이는 아마도 남자들이 문제에 대해 미국의 문화권에서 슬픔이나 비통함보다는 분노감을 표현하는 것이 더 받아들여지기 때문인 것 같다.

평가의 또 다른 중요한 측면은 문제의 심각도이며, 이는 Folkman과 Lazarus(1980)가 '이차적인' 평가라고 명명한 것과 부분적으로 관련된다. 문제의 심각도에 대한 지각은 앞서 언급한 바와 같이, 환경적 요구와 개인적 자원 간의 불균형과 관련된다.

사회학적 접근의 학자들은 이 모형에서 평가의 우선성에 대해서 종종 반대를 한다. 그들은 실업률과 같이 주관적 지각에 의존하지 않는 객관적인 외부 환경이 있음을 지적한다. 그리고 인지적 평가를 스트레스의 중심에 두는 것은 합리적인 인지적 과정을 지나치게 강조하는 것이며, 이는 스트레스가 객관적 요인과는 관련 없이 주관적 지각에 의존함을 암시한다(Hobfoll, 1989 참조).

그러나 인지적 평가의 접근이 환경에 대한 고려를 경시한다는 생각은 오해이다. 스트레스는 환경과 개인 둘 다의 산물이라는 점을 이해할 수 있어야 한다. 명백하게 어떤 환경적 특성은 너무나 압도적이어서 거의 전체적으로 스트레스를 일으킬 수 있다(전쟁이나 대규모 지진과 같이 주요한 외상이 이런 예라 할 수 있다.). 그러나 대부분 환경은 모호하여 개인적 해석에 따라 달라질 수 있다. 이런 해석이 어떻게 일어나는지에 대한 이해 없이는 한 개인의 스트레스에 대한 경험과 반응을 이해하는 것은 불가능하다.

스트레스에서 평가과정을 중심적으로 생각하는 것은 물리적 원천보다는 사회적 원천에 적용된다. 대부분의 사람들은 우리가 거의 인식하지 못하는 신체적 위험의 임박한 원천에 대해서 어떤 생각 없이 반응한다(예 : 과속하는 버스를 피하는 것). 또한 나쁜 내부 환경의 건물에 있는 것과 같이 미묘한 스트레스원은 그 원천에 대해서 인식조차 하지 못하는 상태에서 부정적인 영향을 끼친다. 그러나 반복적으로 노출되면 사람들은 신체적 위험의 임박한 원천에 대한 평가를 배울 수 있으며, 이를 통해 특별한 대처전략을 개발할 수 있다는 것도 또한 맞다. 사람들은 매일 약간의 잘못된 움직임도 죽음으로 이어질 수 있는 고속도로를 이용한다. 보스턴에서 사는 사람들은 살인적인 운전자들의 위험을 피하는 법을 특별한 노력 없이 배운다. 낙하산 부대원은 지면으로부터 높이 떨어진 허공에 뛰어드는 것을 좋아하기도 한다. 천식과 같이 만성적인 호흡기 질환이 있는 사람은 폐쇄된 건물에서 아주 미묘한 문제도 참기 어려울 수 있다. Calhoun의 쥐를 대상으로 한 실험(1962)에서처럼 물리적 원천에 대한 접근성의 지각이 실제 그 원천의 수준보다 더 중요할 수 있다. 그러므로 평가과정은 신체적 스트레스원에서도 중요한 역할을 할 수 있다.

Lawton과 Nahemow(1973)의 환경 유능감(environmental competence)이라

는 구성개념은 이러한 주장과 관련된다. 이 이론은 애초 노화와 인간-환경 모형의 맥락에 널리 알려진 것으로, 이에 따르면 노인의 기능적 능력은 환경의 어려움과 개인의 자원 간의 상호작용을 반영한다. 어떤 환경들은 너무 어려워서 누구든 유능감을 갖기가 너무 어렵다. 가령, 5,364m에 달하는 에베레스트의 베이스캠프는 매우 어려운 환경일 것이다. 반면에 대부분의 노인전문 요양시설과 같은 상황은 너무 쉬워서 어떤 자극이 되거나 도전이 되는 것이 거의 없을 수 있다. 그러나 대부분의 환경은 이 두 극단적인 상황의 중간 어디쯤에 있다. 2층에 침실이 있는 복층 건물은 대부분의 노인에게 문제가 되지 않는다. 그러나 심각하게 이동에 어려움이 있는 노인의 경우, 그 환경은 매우 어려울 것이다. 그래서 한 사람의 능력만을 평가함으로써 기능적인 가능성을 결정할 수는 없다. 그보다는 환경적인 자원에 대한 지식이 중요하다. 마찬가지로 환경이 스트레스인지의 여부는 그 환경 안에 있는 개인들의 자원에 대한 지식 없이는 결정할 수 없다.

스트레스의 평가 모형에 대한 또 다른 중요한 비판은 정서가 아닌 인지의 우선성을 강조한다는 것이다. 몇몇의 이론가들은 정서가 우선적이고, 사람들은 어떤 사건에 대해 정서적인 반응 때문에 그 문제가 존재한다는 것을 인식한다고 주장한다.

스트레스에 대한 반응에서 정서와 인지의 역할

James-Lange 대 Cannon

James-Lange 가설(James, 1890; Lange & James, 1922)에서는 스트레스에 대한 신체의 정서적인(본능적인) 반응이 의식적 반응에 우선하며, 또 그것의 원인이 된다고 본다. 우리는 뛰기 때문에 무서워하는 것이며, 싸우기 때문에 화가 난다는 것이다. 그러나 Cannon(1929)은 (시상에서 기원하는 경로의) 신경과정이 우선한다고 믿었다. Cannon은 신체 장기는 매우 느린 반응을 보이고, 스트레스에 대한 지각과 반응은 매우 빠르게 일어난다고 지적하였다. 그러므로 중립적인(예 : 정신적인) 과정이 먼저 일어나는 것이다. Schachter와 Singer(1962)는 James-Lange 가설을 증명하고자 피험자들에게 교감신경을 활성화시키는 아드레날린을 주사하였고, 그에 반대되거나 혹은 그에 맞는 환경에 배치하였다. 아드레날린을 주사한 피험자들은 환경에 대해 강한 반응을 보였고, 그들은 환경의 맥락에서 자신들의 정서를 '명명'했다. 그러나 이런 연구는 대체로 다른 연구들에서 재현되지는 못했다(Marshall & Zimbardo, 1979).

Lazarus 대 Zajonc

스트레스 반응에서 인지와 정서 반응 중 무엇이 우선하는가와 관련한 James-Cannon 논쟁과 유사하게, 최근에 와서는 Lazarus(1982, 1984)와 Zajonc(1984) 간의 논쟁이 있다. Lazarus는 평가의 인지적 과정이 그 상황이 잠재적으로 위협적인지 아니면 위해한 것인지를 결정하는 중심적인 요소라고 주장하였으며, 따라서 인지는 한 개인이 스트레스를 지각하고 그것에 대해 정서적으로 반응하는 것을 결정한다고 보았다. 반면에, Zajonc는 단순한 인식을 인지와 동일시할 수 없으며, 스트레스에 대한 정서적인 반응은 인지적 반응 이전에 혹은 그것과는 상충하여 나타난다고 주장하였다.

이 논쟁은 정서와 인지의 정의가 무엇인지에 달려 있다. Zajonc의 인지에 대한 정의는 암묵적으로 논리적이고 의식적인 생각이라는 것과 유사하며, 반면에 Lazarus의 정의는 더 일반적 인식과 유사하다. 사람이 스트레스에 대해 반응하기 전에 그것을 인식하는 것이 필요한 것은 사실이다. 그러나 이 인식이 주로 정서적이거나 합리적인 것일까? 다시 말하자면 사람들은 무서워하거나 두려워하고, 그러고 나서 그 감정에 대한 이유를 찾는 것일까, 아니면 어떤 상황을 위협적인 것으로 정의내리고 인식한 후 정서적으로 반응하는 것일까?

그 답은 둘 다이다. 어떤 경우 우리는 먼저 반응하고, 나중에 생각한다. 또 다른 경우, 우리는 어떤 상황에서 위협이 된다는 것을 인식하기 전까지 화가 나지 않을 수 있다. 이 논쟁에서 암묵적인 가정은 의식이란 일원화되어 있고, 모든 신경학적 과정에는 순서가 있다는 것이다. 먼저 정서가 있고 다음에 인지가 있다거나 혹은 그 역의 순서처럼 말이다. 그러나 최근의 많은 신경심리학적 연구결과를 보면, 의식은 단일하지 않다는 점이 명확하다. 이는 종종 다양하거나 평행하는 과정의 체계이며, 때에 따라서는 다소 상호 독립적이기도 하다(이와 관련한 개관은 Carver

& Scheier, 1999 참조).

요약하자면 인간이 환경적 조건을 냉철하게 분석하고 논리적인 결론에 이르는 이성적인 존재가 아니라는 차원에서, 스트레스 이론에서 평가의 중심성에 대한 비판은 올바르다. 그러나 이것은 평가과정에 대한 희화라고 생각한다. 스트레스 조건에 대한 인식은 다양한 방식으로 일어날 수 있다. 우리는 뭔가 잘못된 것 같고 위험이 임박해 있다는 이야기를 듣는 것처럼 문제를 직감하고, 멈춰 서서 뭔가 잘못됐는지를 확인할 수 있다. 또한 우리는 논리적인 분석을 통해서 현재의 행동이 점차적으로 어떤 해가 될 것이라는 것을 알 수도 있다. 그리고 마치 군인이 뭔가가 다가온다는 것을 충분히 인식하기도 전에 직감적으로 몸을 피하는 것처럼, 우리의 신체는 정신이 위험을 인식하기도 전에 반응할 수도 있다. 이런 것들은 그것이 의식적이건 무의식적이건, 혹은 합리적인이건 비합리적이건 간에 모두 평가과정의 예들이다. 사람들은 뭔가 대처하기 전에 문제가 무엇인지를 인식해야 한다는 것이 나에게는 사실처럼 보인다. 그러나 어떤 유해한 신체적 스트레스원은 지각이 불가능하다는 예외가 있을 수 있으며, 인식이라는 것에서 그런 예외를 고려해야 한다.

사실 Lazarus의 이후 작업(1991, p. 153)에서는 상황에 의미를 부여하는 두 가지 양식이 있으며, 그중 하나는 의식적이고, 의도적이며, 의지적인 통제하에 있는 것이고, 또 다른 하나는 자동적이고, 무의식적이며, 통제할 수 없는 것이라는 명제를 강조하였다. 또한 이들 두 양식은 자주 동시적이고 평행적인 방식으로 작동되며, 사실 모순될 수도 있다. Epstein(1994)은 '이성적'과 '경험적'의 이분법을 사용하였다. 이것은 공포증의 예에서 가장 잘 드러날 수 있다. 한 개인은 의식적으로는 엘리베이터나 비행기에서 사고가 날 것이라는 점은 통계적으로 매우 가능성이 낮다는 것을 잘 인식하고 있을지라도 공포스러워할 수 있다. 따라서 인지와 정서는 서로에게 정보를 준다. 사람들은 스스로를 진정시키기 위해서 논리를 사용하는 듯하며, 과도한 정서적 반응을 인지적으로 합리화하는 듯하다.

요약

스트레스 과정에 다양한 요소가 있다는 것에는 별다른 반론이 없을 것이다(표 3.1 참조). 스트레스 연구자들 간의 차이는 개별적인 요소들에 얼마만큼의 강조점을 두느냐와 그 요소들 간의 인과관계 방향성에 대한 불일치 때문에 나타난다. 때로는 논쟁이 건강하고, 우리의 지점이 어디쯤인지를 명확히 한다. 그러나 때로는 실제로는 스트레스 과정에 대해 비슷한 관점을 묘사한 것들의 순서를 놓고 반목이 발생한다.

교류주의적 관점은 그러한 모든 요소의 중요성을 인정한다는 점에서 포괄적이다. 스트레스는 부분적으로 환경의 함수이지만, 부분적으로 심리적이건, 호르몬이건, 면역계의 차원이건 간에 한 개인의 내적 특성의 함수이기도 하다. 여기서 어떤 하나를 무시한다는 것은 비상식적이다. 그보다는 그 교류가 어떤 방식으로 일어나는지 탐색하는 것이 훨씬 더 중요하다. 또한 어떤 맥락인지와 어떤 개인인지에 달려 있기 때문에, 요소들의 차이는 다소간 중요하다고 가정할 수 있을 것 같다. 요소들 간의 다양한 인과의 방향성이 존재할 수 있기 때문에, 정확한 인과의 순서는 덜 중요하다. 중요한 요점은 스트레스 과정의 어떤 요소들이 특정 맥락에서 중요한가이며, 연구나 임상현장에서 적절한 개념과 도구들이 활용되어야 한다는 점일 것이다.

제 4 장

스트레스의 생리학

앞 장에서 밝힌 바와 같이 인간의 신체는 스트레스에 대한 반응에 있어서 '구조화되어 있다'. 일반적으로 스트레스 반응에 대해서 생각할 때 우리는 빨라진 심장박동률, 더 높아진 경계, 그리고 에너지 분출에 대한 역량과 같은 신경내분비 반응을 생각한다. 면역계 또한 스트레스에 반응하며 스트레스 반응을 조절한다. 그러나 계통발생적으로 매우 오래된 세포수준에서의 스트레스 반응 메커니즘도 있다. 다시 말해 스트레스 반응 메커니즘은 아메바, 식물, 동물과 같이 단순한 기관에서 발견된다. 확실히 스트레스에 대처하도록 설계된 생리학적 시스템의 수와 중복성은 스트레스에 반응하는 능력이 적응에 있어 매우 중요함을 시사한다.

스트레스에 대한 신경내분비계 반응

일반적 스트레스 반응

표 4.1에 있는 교감신경계의 기능을 살펴보면, 교감신경계의 증가된 각성이 행동을 취하려고 하는 유기체를 준비시킨다는 점을 분명히 알 수 있다. 혈액은 장과 다른 성장 관련 활동으로부터 전환되며, 뇌와 가로무늬근으로 이동한다. 혈압, 심장박동률, 호흡률은 증가하며, 이는 더 많은 산소가 뇌와 근육으로 흐를 수 있도록한다. 혈당의 증가는 더 많은 에너지를 제공하며, 혈액 응고의 증가는 상처로부터보호해 준다. 이러한 변화들은 유기체의 일부분이 더 많은 신체적 · 정신적 노력을하는 것을 가능하게 해준다. 입모(立毛)는 털이 난 종에게 중요하다. 예를 들어, 입모는 고양이가 더 크고 위협적으로 보이도록 해주며, 물리는 것으로부터 보호해주는 역할을 한다.

Walter Cannon(1939)은 이러한 종류의 교감신경계 각성을 '투쟁-도피 반응'이라고 명명하였다. 위협이나 스트레스에 반응하여 투쟁-도피 반응은 정신적 · 신체적 능력을 동원함으로써 유기체가 그와 같은 도전에 더 효과적으로 대응하는 것을 가능하게 해준다. 사람들은 종종 아침에 조깅을 하는 것보다 개에게 쫓기고 있을 때 더 빨리 달리는 것을 경험한다. 운동선수들은 수행의 최정점에서 '흥분된

▨▨ 표 4.1 자율신경계의 기능

교감신경계
- 혈압, 심장박동률, 호흡률, 발한(發汗)의 증가
- 혈당과 혈액 응고의 증가
- 동공 확장
- 입모(닭살)의 원인이 됨
- 침, 점액, 위장 운동의 감소
- 혈액을 장으로부터 뇌와 가로무늬근으로 전환

부교감신경계
- 소화의 통제
- 신체 자원의 유지와 보존
- 혈압, 심장박동률, 호흡률 등의 감소
- 일반적으로 교감신경계 활동과 반대이나 함께 활동할 때도 있음

다'거나 '아드레날린이 흐른다'와 같이 이야기한다.

위의 예는 정확한 표현이다. 1915년에 Cannon은, 고양이가 짖어대는 개에게 노출되었을 때, 에피네프린 또는 아드레날린이 혈류에 방출됨을 보고하였다. Cannon은 위협의 지각이 시상(현재는 시상하부로 알려져 있음)을 활성화하며, 이는 신장 위쪽에 있는 부신을 활성화하는 호르몬을 방출하도록 뇌하수체를 자극한다고 가정하였다. 부신수질은 교감신경계 활성화를 자극하는 에피네프린(아드레날린)과 노르에피네프린(노르아드레날린)을 방출한다(그림 4.1 참조). 그러므로 투쟁-도피 반응이다. 일단 위협이 제거되면 혈압, 심장박동률, 호흡률을 감소시키고, 위장의 활동을 증진시키는 생장 상태로 신체를 되돌림으로써, 부교감신경계 활동은 신체를 **항상성(homeostasis)**의 상태로 되돌린다.

잠재적인 심장혈관계 질병을 가진 사람에게 갑작스러운 교감신경계의 각성 효과는 뇌졸중이나 심근경색(심장마비)을 유도할 수 있다. 그러나 장기화된 교감신경계의 각성은 상대적으로 건강한 사람에게조차 심각한 신체문제와 죽음을 일으킬 수 있다. Cannon은 지역의 '마법사 의사'에게 저주를 받은 호주 원주민의 예를

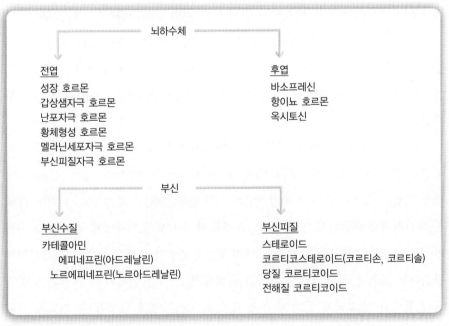

■■■ **그림 4.1** 신경내분비계의 구성요소

묘사하였다. 그는 질병과 같은 명백한 유기체의 문제가 없었음에도 불구하고, 며칠 후에 죽음을 맞이했다. Cannon은 이러한 현상을 '부두 죽음(voodoo death)' ('vodun'은 카리브해와 브라질에서만 발견되기는 하지만)이라고 명명하였고, 이를 교감신경계의 지나친 활성화 때문이라고 생각했다. 근본적으로 혈압의 증가는, 액체가 혈관계로부터 나와서 둘러싼 조직으로 흘러가도록 함으로써 순환하는 혈액량을 감소시킨다. 만약 이러한 과정이 오랫동안 지속되면, 혈액량은 적절한 혈압 수준을 유지하는 데 충분하지 않고, 소동맥은 혈류를 증가시키기 위해 팽창하며, 혈압은 현저하게 낮아지는데, 이는 쇼크와 심장혈관계 정지를 일으킨다. 이러한 반응은 음식과 음료수의 부족에 의해 악화될 수 있으나(원주민은 저주를 받은 후 음식과 액체를 소화하는 것을 멈췄을지도 모른다.), 이는 스트레스의 직접적 효과이다. 그래서 문자 그대로 '겁에 질려 죽을' 수 있다.

동물도 또한 겁에 질려 죽을 수 있다. 예를 들면, 심지어 길든 동물도 마찬가지인데, 동물의 수송은 죽음을 초래할 수 있다(Backstrom & Kauffman, 1995). 돼지에게 나타나는 이러한 현상을 돼지 스트레스 증후군(porcine stress syndrome)이라고 한다. 사망률은 야생 동물 사이에서 더 높다. 역설적으로 인구과잉 지역에서 사냥으로부터 사슴을 보호하기 위해 다른 지역으로 수송하는 것은, 부분적으로 스트레스로 인해 종종 죽음을 초래한다. 나는 바그너 음악 축제 동안 놀라서 죽은 베를린 동물원의 오카피(아프리카산 기린과 동물)에 관한 런던 타임스 기사를 읽은 기억이 있다. 확실히 '발키리의 기행(The Ride of the Valkyrie)'은 너무 무섭다!

Cannon은 어떠한 위협도 투쟁-도피 반응을 만들어 냈으며, 그러한 반응은 어떠한 스트레스(신체적 또는 사회적)에 대해서도 일반적 반응(general response)이라고 믿었다. 그는 서로 직접적인 연관이 있든 없든 간에, 신체가 모든 위협에 대해서 유사하게 반응한다고 믿었다. 즉, 조상들이 육식성 포식자에게 했던 것과 마찬가지로, 우리는 감독관으로부터의 부정적인 수행평가에 대해 동일한 교감신경계 활성화를 보인다. 갑작스러운 신체적 위협에 반응하여, 신체가 매우 빨리 도망치거나 향상된 힘(그리고 혈액 응고 능력)으로 포식자에게 대항할 수 있도록 해준다. 그러나 동일한 생리적 반응은 일반적으로 사회적 · 언어적 도전에 대해서는 적절하지 않다(비록 뇌로 향하는 증가된 혈류가 재치 있는 응답 — 늘 언제나 그런 것은 아니지만 — 을 하도록 도와주기는 하지만). 신체적 폭력은 고용주의 제재에 대한 적절한 반응이 아니다(불행하게도 작업 관련 폭력이 늘어나고 있기는 하지만).

40년 전, Dubos(1965)는 현대의 도전에 있어서 직접적인 생리적 반응을 억제할 필요성은 **적응 질병**(diseases of adaptation)을 초래한다고 주장했다. 예를 들어, 실질적인 도주나 싸움의 신체적 표출을 하지 않은 혈압과 혈액 응고의 증가는 고혈압과 심장혈관계 질병을 일으킬 수 있다. 그래서 Dubos는 언어적 · 사회적 도전이 신체적 활동으로부터 수반되는 방출이 아닌 직접적인 신체 위협인 것처럼, 현대의 심장혈관계 질병의 급속한 확산은 부분적으로 언어적 · 사회적 도전에 대한 신체의 반응으로부터 기인한다고 믿었다.

Hans Selye(1956)의 'physiology of dirt'는 두 가지 방향에서 Cannon의 투쟁-도피 이론을 확장했다. 첫째, Selye는 부신피질이나 부신의 최상층에서 방출되는 코르티코스테로이드(corticosteroid)에 관심을 집중했다. 둘째, Selye는 스트레스에 대한 반응을 세 단계로 묘사함으로써, Cannon의 항상성 과정을 확장했다. 1단계인 경고단계는 Cannon의 투쟁-도피 반응과 유사하지만, 부신뿐만 아니라 시상하부 뇌하수체 축(hypothalamic-pituitary axis)을 포함하고 있다. 그러나 Selye는 유기체가 스트레스원에 익숙해진다는 점을 주목했다. 2단계인 적응단계(역자주 : 저항단계라고도 함)는 생리적 항상성 또는 아마도 확장된 기능으로의 회귀를 의미한다. 3단계인 소진단계에서, 만약 스트레스가 지속된다면 유기체는 질병에 걸리거나 죽음에 이를 수 있다.

Cannon과 Selye의 모델은 스트레스에 대한 일반적 반응을 가정한다는 점에서 유사하다. 그래서 고양된 교감신경계 반응은 스트레스원이 신체적 포식자이거나 대학 시험인지 여부, 그리고 스트레스를 받는 유기체가 사람인지 쥐인지 여부에 상관없이 발생할 것이다. 그러나 최근의 연구자들은 스트레스원이나 개인에 따라 변할 수 있는 스트레스에 대하여 더 특정적 반응이 있음을 제안하고 있다.

스트레스에 대한 특정적 반응

다방면으로 심신의학(psychosomatic medicine) 분야는 스트레스 반응에 대한 개인차에 근거를 두고 있다. Alexander(1950)는 다른 정서적 상태가 다른 심신질환의 기저가 된다고 제안하였다. 예를 들어, 천식이 어머니로부터의 분리에 기인한 무의식적 괴로움을 포함하는 반면, 심장질환은 적대감의 만성적 패턴과 관련이 있다고 생각되었다. 다른 유형의 환경적 스트레스는 특정한 정서적 충돌을 일으킬 수 있으며, 이는 특정 시스템의 낮거나 또는 높은 각성을 불러일으키며, 결국에는 유기체의 문제를 유발한다.

기저에 있는 무의식적 충돌의 존재를 확립하는 것이 어렵다는 점을 가정할 때, 심신이론(psychosomatic theory)은 '허약한 장기' 이론을 발전시켰다. 즉, 개인의 생리적(유전적) 약점에 따라 스트레스는 다른 질병을 유발하였다(Wiener, 1977 참조). 이 모델에서 스트레스는 개인의 체질적 약점에 따라 심장질환이나 천식을 유발하는 것으로 생각된다. 예를 들어, 적대감이 높은 사람은 낮은 사람보다 스트레스하에서 더 큰 혈압 증가를 보임으로써, 적대감이 심장질환을 유발할 수 있다는 메커니즘을 제공한다(Hardy & Smith, 1988).

Lazarus와 동료들의 초기 연구(Lazarus, Averill, & Opton, 1974에 개관되어 있음)는 스트레스에 대한 생리적 반응에 개인차가 존재함을 시사하였다. 그들은 종말기관에 미치는 스트레스의 효과나 교감신경계 각성의 표면상 징후를 조사했다. 이는 심장박동률, 호흡률, 그리고 피부에서의 발한 양을 반영하는 전기 피부 반응(galvanic skin response, GSR)을 포함한다. 그들은 반응 패턴에 있어서 개인차를 발견했다. 예를 들어, 어떤 이는 스트레스에 반응하여 심장박동률이 증가한 반면, 다른 이는 땀을 더 흘렸음에도 불구하고 심장박동률이 감소하였다. 교감신경계 각성이 발생한 동안, 이러한 각성의 표현은 개인마다 차이가 있었다. 그래서 스트레스에 대한 생리적 반응 패턴에는 개인차가 있을 것이다.

추가적으로 다른 스트레스원의 유형이 다른 생리적 반응을 만들어 낸다는 초기 증거가 있었다. Mason(1971)은 쥐와 원숭이로 하여금 배고픔, 부적절한 영양, 추위 등 다른 스트레스 유형을 경험하게 하였다. 그는 스트레스 유형에 따라 변화하는 특정적 신경내분비 반응과 같은 '스트레스원 프로파일'이 존재함을 발견하였으며, 스트레스 반응은 일반적이 아니라 특정적이라는 결론을 내렸다.

스트레스에 대해 개인차가 있다는 것뿐만 아니라 상황–특정적 반응이 존재한다는 점과 스트레스의 생리학은 처음에 생각했던 것보다 훨씬 더 복잡하다는 점은 현재 잘 확립되어 있다. 예를 들어, 교감신경계 내에는 독립적으로 활성화될 수 있는 다른 하위 시스템이 존재한다(Jänig & McLachlan, 1992). 그리고 우리는 신체의 다른 스트레스 조절 시스템 간의 타이밍과 상호작용에 대해 훨씬 더 많이 알고 있다.

교감신경계는 스트레스원에 대한 즉각적인 반응을 만들어 내며, 2개의 주요한 하위 시스템으로 구성된다(Cevirtz, 2000). 이 두 하위 시스템은 카테콜아민(에피네프린과 노르에피네프린, 또는 아드레날린과 노르아드레날린으로 불림)의 방출을 만들어 낸다. 첫 번째 시스템에서 교감신경계 뉴런은 목표기관을 자극하고, 즉각적

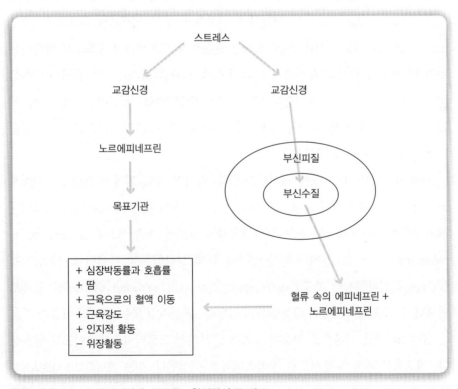

■■ 그림 4.2 교감신경계의 스트레스 활성화의 두 경로

으로 심장박동률과 호흡률을 증가시키고, 위장활동을 감소시키기 위해 노르에피네프린을 이용한다. 이는 더 빨리 근육에 도달하기 위해 더 많은 혈액 순환이 가능하도록 하고, 근육에 더 많은 영양분을 공급하며, 운동활동에 의해 발생하는 젖산과 같은 독소를 제거해 준다. 또한 노르에피네프린은 근육강도와 정신활동을 증가시키는 데 기여한다. 두 번째 시스템도 부신수질을 경유하는 간접적인 방법으로 카테콜아민의 방출을 이끌어 낸다. 교감신경-부신수질(sympathetic-adrenomedullary, SAM) 시스템에서, 교감신경은 에피네프린과 노르에피네프린을 혈류로 방출하기 위해 직접적으로 부신수질을 자극하며, 다음으로 또한 목표기관에도 영향을 미친다(그림 4.2 참조). 실제로 경로들은 매우 풍부하며, 적응을 위해 스트레스에 즉각적으로 반응할 수 있다는 점의 중요성을 나타낸다.

시상하부 뇌하수체 부신피질 축과 동화/이화작용의 균형

카테콜아민은 독성이 있으며 지나치게 오래 노출되면 활성화된 장기에 해를 입힌다(Sapolsky, 1998). 그래서 시상하부 뇌하수체 부신피질(hypothalamic-pituitary-adrenocortical, HPA)의 활성화는 단순하게 스트레스 반응으로써 발생하는 것이 아니라, 신체가 교감신경계 노출의 독소 효과를 감소시키기 위해 노력하는 방식이다. 예를 들어, 교감신경계는 면역계의 염증반응을 자극하며(아래 참조), 이것이 장기화되면, 다양한 기관계에 손상을 줄 수 있다. HPA 활성화는 이 손상을 막기 위해 면역계를 억제한다.

HPA 시스템은 그림 4.3에 제시되어 있다. 화학적 독소, 기계적 스트레스(신체적 노력이나 열과 추위에의 노출 등), 그리고 심리사회적 문제(더 정확히는 위협이나 해의 지각) 등의 스트레스원은 부신피질자극 호르몬 방출 호르몬(corticotropin-releasing hormone, CRH)을 분비하기 위해 시상하부를 자극한다. 다음으로, CRH는 부신피질자극 호르몬(adrenocorticotropic hormone, ACTH)을 혈류로 방출하기 위해 뇌하수체의 내측엽을 자극한다. 부신피질 또는 부신의 바깥쪽 부분은 콜레스테롤을 성분으로 사용하는 지용성 분자인 코르티코스테로이드를 방출한다. 세포벽은 또한 부분적으로 콜레스테롤로 구성된다. 이는 **코르티코스테로이드가 세포막을 가로지르고 신체의 모든 세포에 들어갈 수 있도록 한다.** 이것이 왜 스트레스

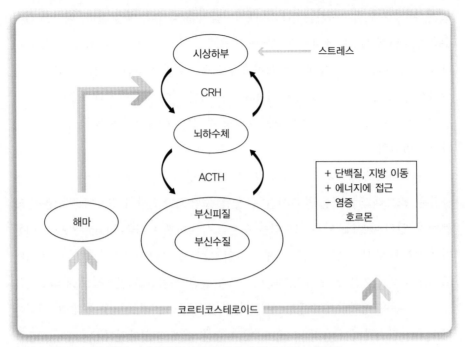

그림 4.3 시상하부 뇌하수체 부신피질(HPA) 축의 스트레스 활성화

가 거의 모든 기관계에 영향을 미칠 수 있는가 하는 점이다.

코르티코스테로이드는 당질 코르티코이드와 전해질 코르티코이드로 구분된다. 당질 코르티코이드는 광범위한 효과를 가지고 있다. 당질 코르티코이드는 면역 기능을 억제하고, 신진대사율을 높이며, 포도당을 신체로 방출하도록 자극할 수 있다. 또한 당질 코르티코이드는 성 호르몬에 영향을 미칠 수 있어서 생식력에도 영향을 미친다. 스트레스원의 기간에 따라, 당질 코르티코이드는 성장 호르몬을 자극하거나 억제할 수 있다(Sapolsky, 1998). 전해질 코르티코이드는 칼슘 신진대사와 같은 시스템을 조절한다.

HPA 활성화는 활성화하는 데 약 20분 정도 소요되는 느린 시스템이지만, 스트레스원에 대해 더 지속적으로 반응하도록 해준다. 문제는 당질 코르티코이드에 장기간 노출되면 독소 효과를 나타낸다는 점이다. 오랜 기간 동안의 면역 억제는 박테리아나 바이러스와 같은 감염 동인에 취약하게 만들 수 있으며, 또한 암세포에 대한 면역계의 감시를 방해할 수 있다. 그래서 당질 코르티코이드 수준이 너무 높으면, 이 수준을 감소시키는 피드백 메커니즘이 존재한다. 예를 들면, 해마에 있는 수용기는 혈액 시스템에서의 코르티솔 양을 점검하고 조절하는 것을 돕는다. 그러나 높은 수준의 코르티솔에 지속적이고 반복적으로 노출되면 이러한 수용기를 손상시킬 수 있다. Sapolsky(1992, 1999)는 이러한 점이 코르티솔의 조절을 악화시킬 수 있으며, 노년기의 기억문제를 유발할 수 있는 해마의 손상을 초래할지 모른다고 제안하였다.

그러나 때때로 외상후 스트레스 장애와 같이 장기적인 만성 스트레스에 노출된 사람은, 스트레스 반응을 증가시킬 수 있는 능력을 소진하여 코르티솔 수준이 고갈될 수 있기 때문에, 낮은 코르티솔 수준을 유지하게 된다(Yehuda, 2000). 이는 매우 심각한 문제가 될 수 있다. 예를 들어, 낮은 코르티솔 수준은 혈압과 혈액의 포도당 수준 증가를 요구하기 때문에, 그와 같은 사람들은 만성적으로 피로감을 느끼고 운동을 정확하게 수행할 수 없다. 작용하는 스트레스 반응에 대해, 이러한 시스템은 단순하게 반응할 수 없으며, 사람은 쉽게 피로해진다(Gruenewald & Matsumoto, 1999).

Epel, Burke, 그리고 Wolkowitz(2007)는 스트레스에 대한 신경내분비 반응을 적절하게 이해하기 위해서는 시스템 접근이 필요하다고 주장하였다. 특히 어떤 호르몬 수준의 증가보다 '동화/이화작용의 균형(anabolic/catabolic balance)'이 더 중요할 수 있다. 일반적으로 동화과정은 뼈, 근육, 피부, 그리고 다른 조직의 건강한 성장을 가져오는 반면, 상호보완적인 이화과정은 연료 또는 지속적인 재구조화 과정을 위해 성분을 분해한다. 예를 들어, 골 밀도는 역동적 과정을 반영하는데, 칼슘은 뼈세포에 축적(동화과정)되지만, 근육 수축과 같은 다른 기능이 필요할 때에는 뼈세포로부터 빠져나온다(이화과정). 코르티솔과 카테콜아민은 에너지를 형성하기 위해 물질을 고장내기 때문에 이화작용을 하는 반면, 성장 호르몬과 성 호르몬(에스트로겐과 테스토스테론)은 골 부피와 근육 크기를 증가시키고, 적절한 세포에 지방을 축적하는 등의 작용을 하기 때문에 동화작용을 한다. 스트레스에 대한 지속적 노출(그리고 높은 수준의 코르티솔)은 동화/이화작용의 균형을 붕괴시킬지도 모르며, 이는 근육 부피, 골 밀도를 감소시키고 복부에 지방을 축적하는 결과를 초래하게 된다(Dallman, Pecoraro, & la Fleur, 2005).

도피, 투쟁 또는 제휴하기?

Cannon의 유명한 '투쟁-도피' 반응은 너무 단순하다는 점과 스트레스 반응의 사회적 요소를 무시했다는 점에서 비판을 받고 있다. Taylor 등(2000)은 여성의 스트레스 반응은 옥시토신-에스트로겐-내발성의 오피오이드 시스템(oxytocin-estrogen-endogenous opioid system)의 특징을 더 가지고 있다고 가정해 왔다. 이 시스템은 애착과 돌봄 시스템의 신경학적 토대를 구성한다.

옥시토신은 시상하부뿐만 아니라 난소와 고환에서 분비되는 호르몬이다. 처음에 옥시토신은 수유와 돌보는 행동뿐만 아니라 '어머니의 반응성(maternal responsiveness)'에 있어서 중요한 요인으로 인식되었다. 그러나 옥시토신은 남성에게도 발견되었으며, 사정과 성적 행동에 중요한 역할을 할지도 모른다. 옥시토신은 스트레스와 코르티솔에 의해 억제되지만, 특히 사회적 지지가 있을 때 스트레스의 부정적 효과를 감소시키며, 불안을 완화시키는 것으로 밝혀졌다(Heinrichs, Baumgartner, Kirschbaum, & Ehlert, 2003).

Taylor 등(2000)은, 임신한 여성이나 유아의 엄마가 스트레스하에서 달아나는 것은 어렵거나 불가능할 것이며, 또한 그들의 자손을 위험에 빠뜨릴 것이라고 주장한다. 그러므로 Taylor 등은, 외부 스트레스원 존재 시 여성들에게 유아를 신경 쓰는 것은 진화적으로 중요하다고 제안한다. 그리고 실험연구는 여성이 스트레스하에서 남성들보다 더 사회적 지지를 추구하는 경향이 있음을 밝힌다. 그러므로 Taylor 등은 Cannon의 투쟁-도피의 이분법에 더해 '보살피고 친구되기(tend and befriend)' 차원을 추가하였다.

다른 연구(Aldwin & Gilmer, 2004)에서 우리는 이러한 유형의 제휴가 남성의 적응에 있어서도 중요할 것이라고 제안하였다. 확실히 현장연구는 남성이 여성보다 종종 더 큰 사회망을 가지고 있고, 여성보다 적은 범위이긴 하지만 스트레스 상황에서 사회적 지지를 추구한다는 점을 보여준다(Taylor, 인쇄 중). 남성도 스트레스 상황에서 그들의 가족과 친구들을 보호하고자 한다. 스트레스 반응의 사회적 측면에 대한 이러한 인식은 Cannon의 이차원적 반응의 중요한 확장이다. 그러므로 우리는 투쟁, 도피, 제휴를 포함하는 스트레스 반응의 삼위일체 모델(triune model of stress responses)을 제안하였다. 이러한 세 차원은 성격, 성별, 맥락적 영향뿐만 아니라 스트레스 반응에서의 개인차에 대한 더 복잡한 이해를 가능케 해준다. 예를 들어, 적대적인 사람은 스트레스에 대한 반응으로 투쟁을 선택할 가능성이 높은 반면, 수줍은 사람은 도망칠 가능성이 높다는 가설을 세울 수 있다. 여성이 스트레스 상황에서 제휴할 가능성이 높기는 하지만, 남성과 여성 모두 어린아이가 관련되면, 그들은 스트레스 반응을 더 방어적으로 변경할 것이다. 물론, 세계무역 센터 건물의 붕괴와 같은 극단적 사례에서 개인은 얼마나 오랫동안 달렸는지도 모른 채 맹목적으로 달리고 있는 자신을 발견할 수 있을지 모른다. 그러나 이 삼위일체 모델이 스트레스 영역을 체계화할 수 있는 유용한 방법인지 여부에 대해서는 더 지켜봐야 할 것이다.

스트레스에 대한 면역 반응

면역계는 외부 위협과 내부의 기능부전에 대한 신체 반응을 조절하는 매우 복잡한 메커니즘이다(이 주제에 대한 개관을 위하여 Aldwin & Gilmer, 2004; Cohen & Herbert, 1996; Gruenewald & Kemeny, 2007; Kiecolt-Glaser 등, 2002; Rabin, 1999 참조). 외부 위협은 박테리아, 바이러스, 기생충, 독소 등이 있으며, 내부 위협은 기능부전 세포로 구성된다. 면역계에서 가장 놀라운 점 중의 하나는 자기와 다른 것을 구별하는 법을 배운다는 점이다. 인간의 신체에 있는 각각의 세포들은 **인체 백혈구 관련 분자**(human leukocyte-associated (HLA) molecule)라고 불리는, 그 사람에게 독특한 식별자를 가지고 있다. 이러한 분자는 세포막에 있으며, 유전적으로 결정되어 있고, 면역계가 박테리아, 바이러스, 기생충과 같은 침입자들로부터 그 자신의 세포를 즉시 구별할 수 있도록 해준다. 예를 들어, 혈류에 증식하는 박테리아는 면역계에 의해 이물질로 인식되어 공격을 받게 된다. 바이러스는 스스로 증식할 수 없으나, 그들 자신의 복제품을 만들기 위해 세포의 DNA나 RNA를 차지하여 작동한다. 통상 이것은 세포막 표면의 변화를 만들어 내고, 이러한 변화가 면역계에게 침입자를 알려준다. 그러나 면역계 성분인 T 세포를 차지할 뿐만 아니라 세포 내에 숨고, 쉽게 인식될 수 있는 세포막 변화를 만들지 않는 것으로 보이기 때문에, AIDS 바이러스는 특히 치명적이다. 이 때문에 면역계가 이러한 위험한 세포들을 인식하는 것이 어렵다.

면역계는 꽃가루나 먼지와 같은 비활성 분자에 의해서도 활성화될 수 있다. 그래서 항원은 면역계를 활성화하는 모든 것을 의미한다. 그리고 면역계는 전암세포(치료를 하지 않으면 암으로 발전할 세포, precancerous cells)와 같은 부전기능을 시작하는 세포들을 인식할 수 있다.

선천 면역

침입자에 대한 가장 단순한 면역 반응 유형은 선천 면역(innate immunity) 또는 비특이성 방어(nonspecific defenses)라고 불리며, 병원체를 제거하는 열, 구토, 배변, 배뇨 등이 있다(Dantzer, 2004). 그러나 이러한 방어 유형은 매우 큰 대가를 치를 수 있다. 높은 열(화씨 105°C 이상)은 실명, 두뇌손상, 죽음을 유발할 수 있다. 구토와 설사는 음식이나 물에 의해 전파되는 질병을 제거하는 매우 효과적인 방법이기는 하지만, 구토와 설사에 의한 탈수와 전해질의 불균형은 치명적일 수 있다. 실제로, 개발도상국에서 유아 사망률의 주된 원인 중의 하나가 설사이다. 그래서 면역계는 '세포 면역(cellular immunity)'이라고 불리는, 더 효과적이고 덜 대가를 치르는 형태의 방어체계를 형성한다.

선천 면역에서 포식세포(phagocyte)와 같은 세포[과립성 백혈구(granulo-cytes), 단핵백혈구(monocytes), 호중구(neutrophils) 등]는 침입자를 인식하고 문자 그대로 침입자를 '먹어치운다'. '*phagos*'는 그리스어로 '먹는다'는 의미이다. 이러한 세포들은 순환계를 돌아다니거나 코를 가득 채우는 세포들과 같이 때때로 세포막에 붙어 있고, 어떤 침입자가 오든 간에 삼켜버린다. 대식세포(macrophages)는 특정 유형의 세포에 대하여 림프구(lymphocytes)의 지시를 받으며, 호중구처럼 세포 수의 10배를 먹을 수 있기 때문에, 포식세포와 비슷하지만 더 효과적이다(Guyton & Hall, 1996). **호염기성 세포**(basophils)는 세포를 먹지는 않지만 대신 기생충과 같은 침입자를 죽이기 위해 유독한 화학물질을 분비한다.

획득 면역

선천 면역과 반대로, '획득 면역(acquired immunity)'(역자 주 : 후천 면역이라고도 함)은 면역계가 특정 유형의 항원을 식별하기 위해 '배우고', 그 항원에 특정적인 도구를 발전시킨다.

그리고 면역계는 기억을 가지고 있다. 일단 특정 유형의 면역 반응이 학습되면, 항원과 싸우는 데 어떤 성분이 필요한지를 기억하고, 필요한 때에 그 특정한 성분을 더 생산할 것이다. 이러한 점이 왜 어린아이들이 발생하는 모든 감염에 대해 그와 같이 민감한지에 대한 한 이유이다. 어린아이들의 면역계는 문자 그대로 박테리아와 바이러스의 '단어'를 배우는 중이다. 특정한 유형의 박테리아나 바이러스에 노출될 때까지, 어린아이들은 적절한 항체를 가지고 있지 못할 것이다(그들이 간호 받지 못하고 어머니의 면역 방어를 사용할 수 없는 한).

예방접종은 죽거나 매우 약한 박테리아나 바이러스를 투여함으로써 작동하고, 이를 통해 어린이들의 면역계는 심각한 질병에 걸릴 위험에 노출되지 않은 채 올바른 항체를 만드는 것을 배울 수 있다. 감염에 대한 감마 글로불린(gamma globulin) 주사와 같은 예방접종은 적절한 항체(IgG)의 복사본을 면역계에게 직접적으로 제공함으로써 기능을 수행한다. 그러나 바이러스는 매우 빠르게 돌연변이가 될 수 있고, 면역계는 항상 돌연변이에 대해 새로운 항체를 발전시켜야만 한다. 이것이 왜 매년 감기 주사를 맞아야 하는지에 대한 이유이다. 박테리아도 빠르게 돌연변이가 될 수 있고, 항생물질의 지나친 사용과 올바르지 못한 사용은 박테리아의 약물내성 변종을 만들어 낼 수 있다. 예를 들어, 사람이 필요한 모든 항생물질의 전량을 얻지 못하면, 모든 종류의 박테리아가 죽지 않게 되고, 살아남은 박테리아는 약물내성이 더 클 것이다.

그리고 만약 박테리아나 바이러스의 특정 변종에게 매우 알맞은 **매개체**(vectors)나 숙주가 제공되면, 더 강력한(또는 더 전염성이 강한) 형태로 발전할 수 있다(Whiteside 등, 1993). 예를 들어, 노숙자는 결핵에 매우 알맞은 매개체이다. 영양과 수면결핍, 스트레스 때문에 노숙자는 종종 매우 약해진 면역계를 가지고 있다. 결핵 바이러스는 공기를 통해 전염되며, 많은 사람이 있는 노숙자 쉼터에서 기침에 노출되는 것은 결핵 감염을 위한 완벽한 환경이다. 의료 혜택의 부족으로 인해 노숙자는 결핵이 상당히 진행되고 난 이후에야 치료를 받고자 할 것이며, 그들의 혼잡한 생활 환경은 감염을 완벽하게 파괴하는 데 필요한 시간 동안 항생물질을 꾸준하게 복용하는 것을 어렵게 할지도 모른다. 공중위생관리자들은 노숙자의 건강과 안녕에 대한 무관심이 전염성이 강한 형태의 결핵을 극적으로 증가시키는 결과를 초래할 수도 있음을 우려한다(Villarino, Geiter, & Simone, 1992).

그래서 면역계는 새로운 적을 인식하고, 새로운 항체를 만들어 내는 것을 지속적으로 학습해야 한다. 그러나 학습에서 오류가 발생할 수 있고, 면역계는 정상적 세포를 공격할 수도 있는데, 이는 류머티스성 관절염과 같은 자기면역질환(autoimmune diseases)을 만들어 낼 수 있다. 때때로 바이러스는 자연적으로 발생하는 단백질과 매우 유사한 항체를 생산하고, 면역계는 이를 혼돈하여 '좋은' 단백질을 공격할 수 있다. 다발성경화증(multiple sclerosis, MS)과 일부 제 I 형 당뇨병(Type 1 : 인슐린 의존적인)은, 특히 성인기에 발생했을 때 면역계가 당뇨병에서 인슐린을 생산하는 신경초(nerve sheaths)나 베타세포(beta cells)를 혼돈하는 항원을 발생하는 침입 바이러스 때문인 것으로 생각된다. 그래서 바이러스는 면역계가 결정적 기능을 침범하도록 함으로써 유기체를 망가뜨릴 수 있다.

면역계에는 많은 성분이 존재하며, 연구자들은 여전히 하위 성분들을 식별하고 있다. 그러나 획득 면역의 성분은 일반적으로 2개로 분할된다 : 체액 면역(humoral immunity)과 세포 면역(cellular immunity). 체액 면역은 항체나 면역 글로불린(immunoglobulins)을 포함하며, 세포 면역은 침입자(또는 기능부전세포)에 대하여 직접적으로 도전하거나, 체액 면역(B 세포)을 매개하는 다양한 세포 유형을 포함한다(T 세포, NK 세포). T 세포와 B 세포가 골수에 있는 전구세포(precursor cells)로부터 얻을 수 있는 반면, T 세포는 흉선(thymus)에서 성숙한다.

체액 면역

포식세포(또는 T 세포)와 달리, B 세포는 항원을 삼키거나 용해(깨서 열다)하지 않는 대신 항체를 생성한다. 면역 글로불린이라고 불리는 이 항체는 특정적으로 항원을 함께 접합시키거나 묶어서 신체로부터 손쉽게 제거될 수 있는 복잡한 단백질 사슬이다. 다른 항체는 항원을 T 세포 또는 basinophils로부터 구별하는 데 기여하며, 다음에 그들의 세포를 용해하여(종종 과산화수소를 이용하여) 항원을 파괴한다. 다른 경우에 대식세포 또는 T 세포는 항원과 B 세포를 식별할 수 있으며, 항체를 생산하기 위하여 그들을 자극하며, 이 특정 유형의 항원을 응집시킨다.

다섯 가지 유형의 항체 또는 면역 글로불린이 있다 : IgA, IgD, IgE, IgG, IgM. (나는 이것을 기억하기 위해 순서가 틀리기는 하지만, 머리글자 MADGE를 이용한다.) 각각의 항체에는 많은 하위 유형이 있음에 유념하라. 항체는 일반적으로 특정한 항원에 특정적이며, 비록 항체의 분자 모양이 유사할지라도, 교차 반응(cross-reactivity)이 일어날 수 있다. 때때로 항체는 하나 이상의 항원에 반응할지도 모르며, 이는 다특이성(multispecificity)이라 불린다.

세포 면역

세포 면역(cellular immunity)은 활성화되거나 성숙한 T 세포를 의미한다. 아직 잘 이해되지 않는 과정을 통하여, 흉선은 미성숙한 T 세포[또한 로제트(rosettes)라 불림]를 처리하고, 그들을 특정한 유형의 T 세포로 분화하며, 특히 항원을 인식할 수 있는 T 세포를 선택한다. 흉선은 또한 자기-반응적인 T 세포를 파괴하기도 한다.

많은 다른 유형의 세포들이 있는데, 이들을 명명하는 관례는 다소 차이가 있다. 세포독성 T 세포(cytotoxic T, cT)와 같은 어떤 유형의 T 세포는 비정상적인 세포를 직접적으로 인식하고 용해하기도 하는데, 이는 T 세포가 박테리아나 바이러스에 감염된 암세포이거나 일반적으로 세포막에 잘못된 HLA(human leukocyte antigen, 인체 백혈구 항원) 복합체(이식기관과 같이)를 가지고 있기 때문이다. 이러한 것들은 주효세포(effector cells)라 불리기도 한다. 반면에, CD4+ 세포로 알려지기도 한, 도움 T 세포(helper T cells)는 직접적으로 세포를 용해하지는 않지만, 대신 면역계의 다른 부분을 자극하는 사이토카인(cytokines)이라 불리는 분자들을 생성한다. 인터류킨(interleukins)이라고도 알려진 사이토카인은 여러 가지 기능을 가지고 있으나, 일반적으로 의사소통을 돕기도 하고, 면역계의 다른 부분을 조절하기도 한다. 예를 들어, 인터류킨-4(IL-4)는 항체를 생산하기 위해 B 세포를 자극하는 반면, 인터류킨-2(IL-2)는 세포의 성숙을 돕는다. 대식세포는 T 세포를 증식하는 원인이 되는 인터류킨-1(IL-1)을 방출한다. IL-6는 염증과정에 포함되어 있다.

유기체가 항원에 노출될 때, T 세포의 숫자(뿐만 아니라 면역계의 다른 성분도)가 매우 증가한다. 이는 부분적으로 도움 T 세포와 대식세포의 자극적인 영향 때문이다. 이것은 염증과 다른 면역 증상을 유발한다. 예를 들어, 열, 아픔, 콧물, 통상 감기나 독감과 관련된 무기력은 침입한 바이러스에 대한 면역계 활동의 부작용이다. 벌에게 쏘였을 때 나타나는 홍조, 압통, 부기도 동일한 것이다. 알레르기 반응과 천식은 IgE의 부적절하거나 지나친 증식 때문이다. 유사하게 담과 상처의 고름은 죽은 박테리아와 면역세포를 의미한다. T 세포의 큰 증가는 생리적으로 매우 대가가 크며, 이는 면역계가 무기력을 유도하여 T 세포에게 가용한 에너지 공급을 재설정할 수 있는 것으로 여겨진다.

단기적으로는 염증 반응이 필요한 반면, 장기적으로 염증 반응은 본래 스스로 독성이 있으며, 자기면역질환, 만성적으로 염증이 생긴 신경, 그리고 심지어는 심장질환을 일으킬지 모른다. 이는 광범위하게 염증과정으로 생각되고 있다. 그래서 면역계는 면역 반응을 감소시키기 위해 **억제 T 세포**(suppressor T cells, CD8 cells로도 알려져 있음)를 사용한다. 다양한 측면에서, CD4+ 대 CD8 세포의 비율은 어느 한 성분의 절대적 수준보다 더 좋은 면역계의 건강 척도일지도 모른다.

기억 T 세포(memory T cells)는 특정한 항원을 인식할 수 있는지 여부를 확인하기 위해 면역계가 찾아보는 '도서관'을 구성한다. 만약 특정한 항원이 그 도서관에 있다면, 면역계는 흉선이 특정한 침입자를 내쫓기 위해 필요한 정확한 항체를 알아내는 데 걸리는 기간보다 더 빨리 적절한 세포증식을 자극할 수 있다. 이것은 면역계가 질환의 발생을 막을 수 있도록 해준다. 즉, 면역계는 침입자들이 폭넓게 증식할 수 있는 기회를 갖기 전에 침입자들을 제압할 수 있다. 그래서 어떤 점에서는 면역계는 실질적으로 나이가 들어감에 따라 더 효과적이 되는데, 최소한 노년기 이전까지, 더 적은 로제트(T 세포)가 있고, 면역체계가 예전에 본 적이 없는 새로운 침입자에게 도전을 시작하는 데 더 많은 시간이 걸릴 때가 바로 그러한 경우이다(Weksler & Szabo, 2000).

자연살해세포(natural killer (NK) cells)는 중요한 면역계 성분으로 관심이 증가되고 있다. T 세포와 B 세포와 달리, NK 세포는 필요한 전감각(presensitization) 없이 바이러스와 기생충을 독립적으로 공격할 수 있다(Murasko & Bernstein, 1999). 또한 낮은 수준의 NK 세포는 만성적인 바이러스 감염과 자기면역질환과 관련이 있다(Whiteside, Bryant, Day, & Herberman, 1990). 더 중요하게, NK 세포는 종양 증식과 싸울 때 감시기능을 한다. 현재 잘 알려지지 않은 메커니즘에 의해, NK 세포는 종양세포로 변이되는 세포를 식별할 수 있는 능력을 가지고 있다. 이러한 세포들을 파괴함으로써, NK 세포는 암에 대항하여 싸울 수 있도록 돕는다. 환경에 따라 전암세포는 매우 자주 발생할 수 있으므로, 약화된 NK 세포 체계는 심각한 결과를 초래할 수 있다.

면역계 분석

면역계 분석에는 구조적 측정과 기능적 측정의 두 가지의 기본적 방법이 있다. 구조적 분석은 면역계 항체나 세포의 특정 유형의 수를 세는 것을 말하며, 면역기능을 측정할 수 있는 가장 보편적이고 신뢰할 만한 방법을 구성한다(Virella, 1993). 그러나 B 세포와 T 세포의 단순한 숫자세기는 면역능력의 좋은 지표가 되지 못할 것이다. 이러한 세포들이 얼마나 잘 기능하는지를 결정하는 것이 더 중요할 것이다. B 세포의 기능은, 미토겐(mitogens)에 의해 자극될 때, 얼마나 많은 항체를 생산할 수 있는지 여부에 의해 일반적으로 결정된다(통상 PHA 또는 'con A 증식분석'이라 불림). 연구자들은 어떤 비율의 세포를 NK 세포가 용해할 수 있는지를 결정하고, CD4+/CD8 반응도를 검사한다. 그러나 반응도는 일정하게 수량화하기가 어렵고, 분석의 일부가 신뢰도가 낮을 뿐만 아니라 실험 분위기(실험실 간 차이 또는 실험실 내 시간 차이)에 영향을 받을지도 모른다.

스트레스와 면역기능

스트레스와 면역계기능 간의 관계는 복잡하지만, 스트레스와 다른 심리사회적 요인들은 면역계의 다양한 성분들(항원, CD4+/CD8 비율, NK 세포 등)의 기능과 관련이 있다(개관을 위하여 Aldwin & Gilmer, 2004; Cohen & Herbert, 1996;

Gruenewald & Kemeny, 2007; Kiecolt-Glaser 등, 2002; Rabin, 1999; Solomon & Benton, 2001 참조). 부분적으로 스트레스의 충격은 스트레스원의 기간과 강도에 달려 있다. 실험실 스트레스원과 같이 매우 짧은 기간의 자극은 실질적으로 면역기능을 증가시키거나 자극할 수 있다. 그러나 학생의 시험과 같은 급성 스트레스원은 다양한 면역기능을 억제한다. 만성적인 스트레스의 영향은 가장 심오하고 오래 지속된다. 예를 들어, 많은 부양 스트레스 연구는 스트레스원이 없어진 이후에도 면역 억제(immunosuppression)가 오래 지속될 수 있다는 점을 시사한다(Glaser 등, 1998).

그럼에도 불구하고 실험적으로 스트레스-면역계-질환 사슬을 만드는 것이 어렵다고 증명되었지만(Kaplan, 1991), 매우 잘 통제된 몇몇 연구가 이 사슬을 구조화하기 시작했다. Cohen, Tyrrell과 Smith(1991)는 다른 종류의 스트레스가 바이러스 감염(얼마나 많은 감기 바이러스가 노출 이후에 증식되었는가)과 감기 증상의 '성공'과 관련이 있다는 실험연구를 수행하였다. 추가적으로 Cohen 등(1998)은 만성적인 대인관계 스트레스를 보고한 사람들이 코감기 바이러스에 노출된 이후 감기가 더 심해진다는 점을 보여주었다. Kiecolt-Glaser, Page, Marucha, MacCallum과 Glaser(1998)는 스트레스 상황하에서의 학생들이 사이토카인(염증과 치료과정을 조절하는) 수준이 더 낮았고, 일부 실험적으로 유도된 부상은 치료에 더 많은 시간이 소요됨을 보고하였다. 그러나 대부분의 연구, 특히 인간연구는 인과관계가 아닌 상관관계 연구였다. 그러므로 인과관계에 의해 조명되어야 한다.

다양한 방법으로 이미 아픈 사람에게서 스트레스, 면역 억제, 질환이 연결되어 있다는 점을 밝히는 것은 어렵지 않다. Zautra 등(1998)은 류머티스성 관절염을 앓고 있는 여성들을 연구했는데, 대인관계 스트레스원이 T 세포와 IL-2에서 면역계 변화와 관련 있으며, 이는 질병의 활동에 대한 내과 의사의 평가와 관련이 있다는 점을 보였다. 유사하게 스트레스는 HIV 양성 반응자에게 낮은 CD4+ 세포 수와 관련이 있었으며, 이는 종종 더 빠른 질병의 진행과 관련이 있었다(Nott & Vedhara, 1999).

스트레스가 면역계에 영향을 미치는 메커니즘은 현 시점에서는 완전히 이해되지 않지만, 중추신경계와 면역계는 복잡한 양방향 관계를 맺고 있고, 최소한 동물에게는 두뇌가 면역계 과정을 추적 관찰한다는 증거가 있다(Dunn, 1989). 면역계의 많은 성분들이 기능하기 위해 소통해야 한다는 점을 고려할 때, 면역계 세포에 신경전달물질을 위한 수용기 위치가 있다는 점은 놀랍지 않다. [신경전달물질은 '소통 펩티드(communication peptides)'라고 명명하는 것이 더 적절할지 모른다. 왜냐하면 신경전달물질은 신체의 거의 모든 기관에서 발견되고, 단순히 신경의 명령을 전달하는 데 국한되는 것처럼 보이지 않기 때문이다.] 그리고 면역계에서의 변화는 아마도 인지적 · 심리적 효과를 가지고 있는 듯하다(개관을 위하여 Dunn, 1989; Smith, 1991 참조). 그래서 스트레스에 의해 유발된 정서, 신경내분비 기능, 그리고 면역계는 교류적 틀에서 유용하게 조사될 수 있다.

스트레스에 대한 세포의 저항

세포도 스트레스를 받을 수 있고, 이는 세포의 기능부전, 심지어는 죽음까지 이끌어 낼 수 있다. 생화학적 독소, 방사선, 열, 추위에의 노출 등 세포수준에서 스트레스를 만들어 낼 수 있는 요소들은 많다. 아마도 가장 광범위하게 퍼져 있는 스트레스의 원천은 활성산소종(ROS)이며, '활성산소(free radicals)'라고도 한다. 활성산소는 통상 산소인 분자이며, 불균형한 전자 수를 가지고 있다. 이는 세포에서 산소가 에너지가 되는 과정에서 발생하거나, 면역계에 의해 과산화수소나 과산화물과 같은 활성산소와 함께 그들을 내뿜어서 박테리아와 다른 침입자를 파괴하고자 할 때 발생된다. 활성산소는 특히 세포의 힘의 원천인 미토콘드리아와 같은 민감한 세포기관에서 단백질의 형태를 손상시킴으로써, 심각하게 세포의 기능을 파괴할 수 있다.

세포가 스트레스로부터 자신을 보호할 수 있는 방법은 다양하다. 과산화물 불균등화효소(superoxide dismutase, SOD)와 같이 자연적으로 발생하는 산화방지제가 있는데, 이는 여분의 전자를 흡수하거나 분배할 수 있으며, 이를 통해 활성산소에 대응한다. 비타민 C, 리포산, 그리고 아세틸카르니틴과 같은 화학물질도 산화방지제의 역할을 하며, 세포를 보호하는 데 기여한다(Calabrese, Giuffrida, Calvani, & Butterfield, 2006; Hagen, Moreau, Suh, & Visioli, 2002).

세포수준에서 다른 스트레스-보호 메커니즘은 DNA 복구 메커니즘과 열 충격 단백질(hsps)이 있다. 열 충격 단백질은 손상된 단백질을 본래의 적절한 구조로 복원시키고, 복구에 필요한 효소를 조절하는 등 많은 기능을 가지고 있다(Sartori & Scherrer, 2003). 열 충격 단백질은 열 스트레스를 받는 식물에서 처음 확인되었기 때문에 그와 같은 이름이 부여되었다. 이러한 DNA 복구 메커니즘과 열 충격 단백질의 중요성은 많은 종에 잘 보존되었다는 점, 즉 박테리아로부터 포유류에 이르기까지 거의 모든 살아 있는 세포에서 발견된다는 것과 노화과정의 주요한 조절자일지 모른다는 사실 때문에 강조되고 있다(Calabrese 등, 2006; Jurivich, Qiu, & Wek, 1997).

앞에서 언급한 바와 같이, 오직 하나의 논문만이 심리사회적 요인과 열 충격 단백질을 연구하였다(Lewthwaite 등, 2002). 그들은 낮은 사회경제적 수준, 높은 사회적 고립, 높은 수준의 심리사회적 고통(오직 여성에게서만)을 가지고 있는 사람에게서 높은 수준의 열 충격 단백질을 발견하였다. 심리사회적 요인이 어떻게 세포수준에서 스트레스 저항과 취약성에 영향을 미칠 수 있는지는 현 시점에서는 알려진 바가 없다.

요약

신경내분비 반응, 면역 반응, 세포 반응을 포함하여 신체가 스트레스의 효과에 반응하고 대응하는 데에는 복잡한 많은 방법이 있다. 어떤 의미에서 스트레스에 대한 일반적이고 특정적 반응을 강조하는 접근법들은 경쟁적이라기보다는 상호보완적이다. 스트레스는 SAM과 HPA 체계뿐만 아니라 면역계와 세포 반응의 동원을 포함한다. 그러나 일반적 틀 안에서, 반응도의 패턴이나 스트레스원의 특징에 있어서 개인차에 기인하는 편차가 있을 것이다. 어떤 접근법이 적절한지 여부는 조사 중인 특정적 스트레스원이나 스트레스에 대한 반응에 달려 있다. 다른 유형의 문제나 스트레스원은 다른 수준의 분석을 요구한다.

예를 들어, 스트레스 반응에 있어서 정확한 신경내분비 프로파일을 획득하는 것은 현장 환경에서는 거의 불가능할지 모른다. 수면 패턴, 영양, 활동수준 등의 가

외 요인(confounding factors)은 통제될 수 없다. 그와 같은 환경에서는, 더 일반적인 교감신경계 각성의 측정이 더 적절할 것이다. 그러나 더 정확한 생리적 측정은 적대감과 관상동맥성 심장질환과 같은 성격, 스트레스원들, 특정 질병 결과 간의 메커니즘을 정의하고자 하는 연구를 위해 필요할 것이다. 그럼에도 불구하고, 스트레스는 분명히 모든 신체에 영향을 미치고, 대처와 같은 심리사회적 요인이 스트레스의 효과를 조절하는 역할은 본서의 나머지 부분을 차지할 것이다.

제 5 장

스트레스 연구에서 설계와 측정 이슈

지난 25년 동안의 스트레스의 효과에 관한 연구량은 놀랄 만하다. Vingerhoets와 Marcelissen(1988)의 개관에 따르면, 1976년부터 1985년까지 10년간 거의 10,000개의 논문이 발표되었다. 1986년 이후, 스트레스에 관한 60,000개의 논문이 심리학계에 발표되었다! PubMed 검색은 총 238,000개가 넘었다! 분명히 모든 문헌의 총괄적인 개관은 이 책뿐만 아니라 그 어떤 책으로도 무리일 것이다. 그러나 몇 가지 일반적인 관찰을 할 수는 있다. 더 나아가 중요한 연구설계 이슈들이 드러났으며, 이에 대한 이해는 적절한 스트레스 연구를 위해 필요하다고 여겨진다. 이 장에서는 다양한 유형의 스트레스 척도(stress instrument)에 관해 간단히 개관하도록 하겠다.

일반적인 관찰

요통과 두통에서부터 심장병, 그리고 아마도 암에 이르기까지 거의 모든 질병에 있어서, 스트레스가 부정적인 건강 결과와 관계가 있다는 점은 의심의 여지가 없다(다양한 질병에 대해 스트레스의 건강 효과에 대한 개관은 Aldwin & Gilmer, 2004; Duijts, Zeegers, & Borne, 2003; Krantz & McCeney, 2002; Turner & Wheaton, 1995; Vitaliano, Zhang, & Scanlan, 2003 참조). 스트레스의 광범위한 효과에 대한 기제는 신경내분비와 면역계 내에 있으나(제4장 참조), 세부사항은 아직 계속 연구되고 있다. 그러나 일반적인 관찰은 가능하다.

Holmes와 Rahe(1967)의 초기 가정과는 반대로, 긍정적인 스트레스 사건들은 부정적 건강 효과를 나타내지 않는 것으로 보인다. 대부분의 연구들에 의하면, 긍정적인 사건보다 부정적이거나 바람직하지 않은 사건이 증상을 촉진시킨다고 한다(Rabkin & Streuning, 1976; Turner & Wheaton, 1995). 일관적이지는 않지만 실질적으로 긍정적인 사건들이 부정적이거나 바람직하지 않은 사건들에서 오는 역효과를 완화시키거나 완충시키기도 한다는 연구도 있다(Doyle, Wolchik, Dawson-McClure, & Sandler, 2003; Reich & Zautra, 1981). Thoits(1983)는 바람직하지 않은 사건들이 심리적 증상들의 예측변인이기는 하나, 총 합계된 사건이 신체건강 증상의 더 나은 예측변인이라고 주의를 주었다. 소위 말하는 긍정적인 사건도 부정적인 특징을 가지고 있기 때문이다. 승진 또는 새로운 직장은 초기에는 업무량 증가를 수반하거나, 결혼은 처음에는 다소 불안할 수도 있다. 일반적으로 이혼과 같은 부정적인 사건 경험은 결혼과 같은 긍정적인 사건을 경험하는 것보다 좀 더 심각한 건강 결과를 야기할 수 있다.

더 나아가 통제 불가능한 스트레스원은 통제 가능한 스트레스원들보다 일반적으로 더 고통스럽다고 여겨진다(Reich & Zautra, 1981). 예를 들어, 사직이 해고보다 스트레스가 덜할 것이다. 비슷하게 이혼을 요구하는 쪽이 이혼을 당하는 쪽보다 스트레스가 덜할 것이다(Wilder & Chiriboga, 1991). 사건 통제력은 자연재해나 그 밖의 다른 외상이 왜 스트레스가 높은지를 설명해 줄 수 있다.

포괄적이기는 하나 스트레스 연구에 있어 기억해야 할 가장 중요한 점은, 스트레스와 건강 결과의 관계는 상대적으로 효과크기(effect size)가 보통이라는 점이다. 스트레스와 건강 결과의 상관관계는 일반적으로 0.20~0.40 범위이다. 종합적으로 볼 때 이것은 긍정적인 결과로서, 인류가 스트레스에 회복탄력성이 있다는 것이다. 실험실 쥐와는 다르게, 우리는 약간의 어려움 때문에 질병에 걸리지 않는다는 것이다!

그러나 스트레스를 경험하는 모든 사람이 아프지 않고, 질병에 걸리더라도 질병종류는 병원균 노출 정도, 질병에 대한 유전적 성향, 영양상태 등에 달려 있기 때문에, 스트레스와 건강 사이의 보통 수준의 관계는 스트레스 요인과 특정 질병 사이의 명확한 인과관계 성립을 밝히는 데 어려움을 준다. 스트레스를 새로운 질병의 원인으로 밝히는 것보다(그러나 Cohen 등, 1991 참조), 류머티스성 관절염처럼 스트레스와 이미 존재하는 상태의 발현 사이의 관계를 성립하는 것이 훨씬 더 쉽다(Revenson & Felton, 1989). 스트레스와 심장혈관계 질병 발병의 상관은 다소 약하고 불일치하는 반면, 스트레스와 환자의 좋지 않은 결과 사이에는 더 강한 상관이 있다(Aldwin & Gilmer, 2004).

스트레스 연구에서의 설계 이슈

스트레스와 건강연구 설계에 있어서 고려해야 할 추가 문제점들이 있다. 첫째, 연구 시 사건의 시기는 어떠한가, 그리고 특정 건강 결과는 무엇인가? 특정 병환, 특히 심장병이나 암 같은 만성적 질병은 수십 년이 걸릴 수도 있다. 특정한 스트레스원이 병의 원인이라고 주장하는 것이 과연 타당한가? 물론 스트레스가 잠복기의 병리를 질병으로 촉발시키는 계기가 될 수도 있는데, 이렇게 병리가 미리 존재한 경우에는 스트레스와 질병 사이의 관계를 예상하는 것이 타당하다. 유사하게, 상대적으로 감기처럼 잠복기가 짧은 질병의 경우 1년 전에 발생했던 사건에 의해 영향을 받았다고 할 수가 없는데, 그 사건이 일상생활에 지속적인 영향을 끼치지 않는 이상 말이다. 따라서 어떤 연구이든지 스트레스원의 시기와 특정 질병의 개연적인 병인에 관한 이슈를 고려해야만 한다.

둘째, 적합한 스트레스원 형태들이 특정 연령대나 민족집단에서만 발견된 것인지 여부를 고려해야 한다. 특정 인구에 대한 부적절한 문항들은 다양한 집단에서의 스트레스와 건강 결과 사이의 관계에 대해 잘못된 결론을 이끌 수 있다. 예를 들어, Paykel(1983)의 초기 조사는 노년층에서 스트레스와 건강 사이의 관계를 거의 발견하지 못했는데, 이는 당시 연구되었던 사건의 유형이 노년층보다는 젊은이들에게 좀 더 적절했기 때문이었다. 특정 연령에 맞는 척도들이 개발되었을 때에만 스트레스와 건강의 관계가 나타났다(Aldwin, 1990). 인생 주기, 사회 구조, 그리고 문화적 가치들이 특정한 형태의 스트레스원의 발생과 다양한 사건들이 받아들여지는 방법을 결정할 수 있다는 점을 고려할 때(제13장, 제14장 참조), 연구에서 사용한 스트레스 척도는 문화적으로 발달적으로 적합해야 할 필요가 있다.

아직 해결되지 않은 또 다른 문제는 행복에 미치는 스트레스의 영향이 축적[cumulative, 즉 합산(additive)]되는 것인가, 또는 배가(multiplicative)되는 것인가 하는 것이다. 대부분의 스트레스 연구는 스트레스가 축적된다고 가정한다. 스트레스가 증가함에 따라 증상, 부적 정도 등의 직접적인 선형적 증가가 있다. 생활사건 숫자 내지는 순위의 합계에 따라 나타내지며, 이는 결과 측정과 관계가 있다. 그러나 스트레스 효과가 배가된다는 것도 전적으로 가능하다. 두 가지 스트레스가 높은 사건을 겪는다는 것은 스트레스 효과를 배가시킬 수도 있다. 예를 들어, Rutter(1981)의 초기 연구에 의하면, 대부분의 어린이들은 부모의 죽음과 같은 한 가지 주요 스트레스 사건에 대처할 수 있다. 그러나 부모의 죽음과 함께 생활고 혹은 생존 부모의 정신질환 등 스트레스가 높은 다른 상황을 겪는다는 것은 매우 견디기 힘들다(Aldwin, Levenson, & Spiro, 1994, 노년 정신건강에 미치는 전투 노출의 비선형적 효과의 입증된 예 참조).

스트레스는 점근적 효과(asymptotic effect) 가능성도 있는데, 세 가지 혹은 더 많은 스트레스원 이후, 증상 증가는 최고치를 기록할 수도 있다. Brown과 Harris (1989), 그리고 Surtees(1989)가 이러한 문제들을 제기하기 시작했지만, 간단히 말해, 우리는 스트레스와 다양한 건강 결과 사이의 용량 반응 곡선(dose-response curve)에 대해 잘 알지 못하거나, 개인들의 곡선이 어떠한지 알지 못한다. 그럼에도 불구하고 축적된 스트레스는 단일의 생활사건보다 더 부정적인 결과를 보일 것이라고 여겨진다(Evans, 2004).

스트레스 효과의 기간도 논의가 필요하다. 보편적으로 볼 때 단순히 사소한 사건의 효과는 하루 이틀 사이에 사라지는 반면(DeLongis, Folkman, & Lazarus, 1988), 스트레스가 높은 생활사건의 정신과적 효과는 6개월에서 1년까지 지속된다(Depue & Monroe, 1986; Norris & Murrell, 1987). 그러나 외상 논문들이 제시하길 진주만 생존자(Wilson, Harel, & Kahana, 1989), 그리고 제2차 세계대전 전쟁 포로들(Page, Engdahl, & Eberly, 1991)처럼, 외상후 스트레스 장애(post-traumatic stress disorders)는 수십 년 동안 지속될 수도 있다. 일반 군인들에 대한 연구에서도 보여진 것처럼, 전투 노출 영향은 50년이 지난 후에도 감지될 수 있다(Aldwin & Levenson, 2005; Spiro, Schnurr, & Aldwin, 1994).

사회심리 현상의 신체적 영향에 관심을 두는 학계 내에서 대부분의 스트레스 연구는 개념적인 해석과 스트레스 측정, 그리고 장애물 극복에 중점을 두어 왔다. 따라서 용량 반응과 스트레스 효과의 시기 등 기본적인 질문들이 아직 확실히 해결되지 않았다는 것은 놀라운 일이 아니다. 공평하게 말하자면, 스트레스의 효과는 매우 확률적인 현상이며, 무수한 상황적, 그리고 개인 요소들에 달려 있다는 것을 인정해야 한다. 명확한 곡선을 발견한다는 것은 가능하지 않을 것이다. Parkes와 Weiss(1983)의 기록에서 남편을 잃은 첫해에 관상동맥성 심장질환으로 인한 사망률이 일시적으로 증가하는 것처럼, 기껏해야 전집 위험률(population risk rates)을 발견할 수 있는 정도일 것이다. 그러나 전집 위험으로부터 개인 위험으로 일반화하는 것은 생태학적 오류를 범하지 않고는 불가능하다고 여겨진다. 확실히 대부분의 최신 스트레스 연구는 스트레스 반응에 대한 개인차를 중요하게 여기고 있고, 우리가 후에 언급할 것처럼, 스트레스원에 노출되는 것보다 개인이 스트레스에 어떻게 대처하는지가 심리학적 · 신체적 반응에서 더욱 중요하다고 많은 이들이 주장해 왔다.

인과적 방향성에 관한 문제점

스트레스 연구에 있어 가장 곤란한 설계 이슈 중의 하나는 스트레스, 성격, 건강 간의 상호관계이다. 스트레스가 건강과 연관이 있다는 강력한 증거에도 불구하고,

이 관계에 인과 방향성을 가늠하는 것은 문제가 있다. 한편으로는, 높은 스트레스 점수는 나쁜 건강 상태의 이유라기보다는 반영이라고 할 수 있다. 예를 들어, 만성적 장애성 질병을 앓고 있는 사람은 일상적 가사에 고충을 겪을 것이고, 경제, 직장, 그리고 결혼생활과 관련해서 더 역할 긴장을 느끼며, 부정적인 생활사건을 더 경험할 수도 있다. 다른 한편으로는, 주로 스트레스와 건강에 대한 자기보고에 의존한 연구들에서 보이는 큰 문제는 세 번째 요소인 성격이 두 가지 평가 유형과 혼입되고, 허위관계를 형성하는 것이다.

인과 방향성에 관한 이러한 문제점들은 문헌에서 고전적인 일련의 교차를 야기했다. Lazarus와 그의 동료들(DeLongis, Coyne, Dakof, Folkman, & Lazarus, 1982; Kanner, Coyne, Schaefer, & Lazarus, 1981; Lazarus & Folkman, 1984)은 스트레스의 주관적 평가는 건강 결과 예상에 더 효과적이라고 주장해 왔는데, 그들은 개인에게 있어 사건의 의미를 중요하게 여기기 때문이다. 개인의 특성(믿음, 가치, 신념), 그리고 맥락적 요소(스트레스원의 시기와 기간)는 특정 사건이 스트레스 정도에 함께 영향을 미칠 수도 있다.

다양한 요소들 때문에 직장에서 해고된 것은 스트레스 효과에 있어서 일정함의 부재의 아주 좋은 예를 보여준다. 예를 들어, 해고의 스트레스 정도는 연령, 해고된 직장에 대한 헌신 등 개인적인 요소에 따라 다를 수 있다(예 : 16세에 맥도날드에서 해고되는 것은 50세에 간부급 직장을 잃는 것보다 스트레스가 덜할 것이다.). 또는 실직은 맥락적 요소에 따라 스트레스가 더 높을 수도 있다. 예를 들어, 일반적으로 높은 실업률은 실직 기간을 연장시킬 수도 있고, 최근 집 장만으로 인해 은행잔고가 바닥났을 수도 있고, 또는 배우자도 실직을 당했을 수도 있다. 따라서 Lazarus의 주장에 의하면, 소위 특정 생활사건에 '생활변화 단위'를 부여하는 생활사건 스트레스의 객관적 평가는 이러한 개인의 차이를 고려하지 않으며, 스트레스의 주관적 평가가 '객관적'인 평가보다 본질적으로 더 나은 건강 결과 예상변인이다.

사건의 의미에서 개인차를 중요하게 여기는 것은 Wortman과 Silver(1989)의 사별에 대한 연구에서 부각되었다. 그들의 연구에 따르면 배우자 사별에서 오는 스트레스가 높을 것이라는 일반적인 예상과는 반대로, 사별한 배우자의 거의 1/3

이 사망 후 1년가량 스트레스를 별로 받지 않았다.

Lazarus와 그의 동료들의 입장에 도전하면서, Dohrenwend, Dohrenwend, Dodson과 Shrout(1984)는 사전 정신건강 상태와 개인의 평가에 의존하는 스트레스의 주관적 측정의 잠재적 혼입을 비판했다. 예를 들어, 그것은 우울증을 겪거나 정서성 수준이 높은 사람은 일상적인 사건을 스트레스가 높다고 인식할 가능성이 있을 것이다. 우리는 최악의 상황을 상상하고, 매우 작은 문제에도 과잉반응을 보이는 사람들에 대해 잘 알고 있다. 따라서 Dohrenwend와 그의 동료들은, 스트레스의 주관적 지표는 정신건강 문제를 야기한다기보다는 반영하는 것이라고 주장한다. 그들의 주장에 의하면, 오로지 객관적인 스트레스 척도만이 심리사회적 스트레스가 심리적·신체적 건강에 문제를 일으킨다는 점을 입증할 수 있다.

이에 대한 답변으로서 Lazarus, DeLongis, Folkman과 Gruen(1985)은 임상심리학자들에게 정신건강 문제를 반영할 만한 예상 목록을 작성하라고 했고, 그 목록을 제외한 뒤 자료를 재분석했다. Rowlison과 Felner(1989)가 증명한 것처럼, 그들은 이렇게 '오염되지 않은' 문제들이 생활사건보다 더 나은 신체건강 예측변인이라는 것을 밝혔다.

갈등 고조 상황에서 Schroeder와 Costa(1984)는 생활사건(그리고 일반적인 스트레스 척도)이 성격 특성 및 기존 건강 상황과 혼입된다는 점을 비판했다. 그들은 '오염된' 생활사건─기존 건강 상태와 성격 반영을 나타내는─을 '오염되지 않은' 것들로부터 분리했다. 예를 들어, '공과금 지불문제'는 신경증에 의해 오염되었다고 평가될 수도 있는 반면, '해고당한' 것은 좀 더 객관적인 스트레스원으로 여겨진다. 그들은 '오염된' 생활사건만이 건강 결과와 연관이 있고, "오염된 요소들은…… 전반적인 사건-질병 연관성을 증폭시킨다."(p. 860)고 결론지었다.

결국, Maddi, Bartone, 그리고 Pucetti(1987)는 이론적 논리의 부재와 사용된 분류 절차(grouping procedure)의 명확성 결여를 이유로, Schroeder와 Costa의 순위 방법을 비판했다. 예를 들어, 공과금 지불의 어려움은 실직에서 연유한 것일 수도 있기에, '오염된' 그리고 '오염되지 않은'으로 구분하는 것은 허위적이고 지지받을 수 없는 차이를 만든다고 주장했다. 그들은 자신들이 개발한 분류 절차를 사용했고, '오염되지 않은' 생활사건들은 소위 말하는 오염된 사건들보다 횡단적,

종단적 모두에서 실질적으로 더 나은 건강 예측변인임을 발견했다.

양측 주장의 문제점은 이러한 연구들이 스트레스원이 혼입된다고 여겨지는 요소, 즉 예전의 정신건강과 정서성을 평가하지 않았다는 것이다. 자기보고 자료에 근거해, 사건이 상황적 우연 또는 개인의 부적응에 따른 것인지를 판단하는 것은 불가능하다. 자신의 잘못이 아니더라도 회사가 중요한 계약을 놓쳤기 때문에 실직할 수도 있다. 어떤 이는 음주관련 문제가 있었는데, 상사가 경제침체를 이유로 문제 있는 직원을 해고할 수도 있다. Dohrenwends, Costa와 동료들이 제의한 문제들은 추정되는 혼입 동인을 평가한 종단적 자료를 통해 답할 수 있을 것이다.

동료들과 나는 두 종단적 연구를 통해 이러한 문제들을 검토했다. 첫 번째 연구에서 우리는 정신건강과 경제적 스트레스 간의 관계를 연구했다(Aldwin & Revenson, 1987). 정신건강과 경제적 스트레스 기저선 측정을 했고, 실업률이 몇 점 정도 오른 1년 뒤에 후속 측정을 했다. 1차 연구 시 정신건강 상태가 좋지 않았던 사람들은 경기가 나빠진 2차 연구시기에 경제적 부담을 보고할 가능성이 더 높았는데, 그들이 스트레스를 경험할 가능성이 더 높았기 때문이다. 1차 시기의 정신건강을 통제했음에도 불구하고, 경제적 스트레스는 2차 시기에도 부정적 건강 효과를 나타냈다. 이것은 이전 정신건강 상태와 혼입이 아니라, 스트레스가 정신건강에 부정적인 영향을 주었다고 할 수 있는 것이다.

후속연구 역시 성격, 스트레스, 그리고 정신건강을 연구하기 위해 종단적 자료를 사용했다(Aldwin, Levenson, Spiro, & Bossé, 1989). 규범적 노화연구 기록을 이용해, 우리는 1975년 평가된 정서성 척도를 사용했고, 1985년에는 생활사건, 사소한 사건, 정신건강 척도를 대규모 노인 남성 집단에 실행했다. 우리는 Dohrenwend 부부, Schroeder와 Costa의 우려를 확인하면서, 생활사건과 사소한 사건들이 10년 전의 성격 평가와 비슷한 정도(~.20)로 상관관계가 있다는 것을 증명했다. 즉, 정서성이 높은 개인은 무려 10년 뒤에도 언쟁, 그리고 생활사건들을 더 많이 보고하는 경향이 있었다. 앞서 존재하던 정서성을 통제한 상황에서도, 생활사건과 사소한 사건은 둘 다 정신건강에 독립적 변량으로서 영향을 미쳤다.

한마디로 성격, 스트레스, 건강은 어느 정도까지는 서로 혼입한다는 것이다. 이러한 혼입은 횡단적 연구에서 특히 인식되어야 하는 반면, 종단적 연구들은 성격이나 이전 건강 상태와는 상관없이 스트레스가 부정적인 건강 결과를 야기할 수 있다는 것을 입증해 왔다.

성격, 스트레스, 건강 사이의 인과적 방향성에 관한 논쟁은 스트레스 과정의 본질에 대한 유용한 통찰력을 제공해 왔다. 스트레스 과정을 혼입으로만 생각하기보다 성격, 스트레스, 건강 사이의 양방향성(또는 다방향성)은 교류주의자의 관점을 강력히 지지한다. 단방향성 인과관계에 치중함으로써 단지 몇 가지 과정만을 강조하게 된다(스트레스가 건강문제를 야기하는가, 아니면 반영하는가? 또는 성격이 모든 것의 원인인가?). Dohrenwend 부부와 성격심리학자들의 염려는 실질적이다. 스트레스의 인식은 이전 성격과 정신건강 반영의 일부다. 그러나 그것은 정확히 말하자면 교류주의자들의 관점이다. 평가(appraisal)는 개인과 환경의 기능이다. 그럼에도 불구하고 스트레스가 정신적 · 신체적 건강, 그리고 성격 변화에까지 매우 실질적이고 독립된 영향을 미친다는 점을 감소시키지 않는다(Aldwin, Sutton, & Lachman, 1996b; Schnurr, Rosenberg, & Friedman, 1993 참조).

스트레스 연구설계와 인과적 방향성에 있어서, 이러한 문제들은 스트레스가 측정될 수 있는 여러 가지 방법을 고려할 때 명심해야만 한다.

다양한 스트레스 측정 접근방법

연구자가 스트레스를 어떻게 측정할지는 연구질문과 스트레스가 개념화되는 방법에 달려 있다. 일반적으로 환경 요구(environmental demands) 내에서 스트레스를 정의하는 연구자들은 극도로 스트레스가 높은 환경이나 개인의 생활사건을 연구하는 반면, 개인과 환경 간의 교류를 강조하는 정의를 선호하는 이들은 일상적인 스트레스원이나 문제 등을 연구한다. 스트레스는 실험실 상황에서 정신수학 내지는 냉압력 테스트(아주 차가운 물에 팔을 담글 때의 고통) 등의 표준화된 스트레스원을 사용해 연구될 수도 있다. 다양한 접근법의 전체적 목적은 비슷하다. 자기보고나 스트레스의 생리적 지표를 이용하여 스트레스가 어떤 식으로 건강 결과(신체적 혹은 정신적 건강)와 연관이 있는지를 판가름하기 위한 것이다(물론 스트레스의 전조 혹은 전집 내 분포를 조사하는 연구는 예외다.).

실질적으로 다양한 스트레스 측정방법들의 차이점은 명확하지 않고 개념 및 척도 차원에서 중복된다. 마치 생활사건과 외상에서 보이는 것처럼, 사소한 사건과 만성적 역할 긴장의 차이는 선명하지 않을 수도 있다. 전투 참전자들 간의 외상후 스트레스 장애(PTSD)를 연구하는 임상학자들은 두 부류 내에 질적 차이가 있다고 주장한다. 외상은 회상, 악몽, 과각성에 의해 특정지어지는 생리적 상태를 이끄는 반면, 생활사건은 '그냥' 우울증과 불안을 야기한다. 차이점이 단순히 스트레스 정도의 차이인가? 언제 교통사고가 외상 경험, 생활사건, 또는 그냥 '사소한 사건' 인가?

부분적으로, X축의 기간과 Y축의 심각도에 의해 정의된 이차원적인 공간을 사용해 스트레스의 다양한 개념을 차별화할 수 있다(그림 5.1 참조). 외상은 상대적으로 짧은 기간이며, 자신 혹은 다른 이들의 생명을 위협할 정도의 심각도로 특정지을 수 있다. 반면에, 즉각적으로 생명을 위협하지는 않지만, 장기간 지속되는 조건들은 만성적 역할 긴장으로 간주될 수 있다. 전쟁으로 인해 폐허가 된 곳이나 빈곤과 폭력이 난무하는 지역에 사는 것과 같은 생활환경은 단기 외상이 간간히 끼어드는 만성 스트레스의 조합이라고 할 수 있다. 생활사건은 기간이 다양할 수도

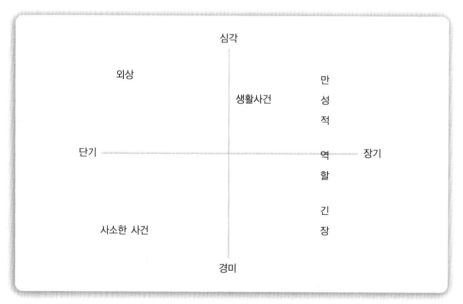

■■ **그림 5.1** 다양한 스트레스 개념의 기간과 심각도의 비교

있으나, 정해진 종료점이 있다는 점에서 역할 긴장과는 다르다. 예를 들어, 지속되는 결혼문제는 역할 긴장인데, 이혼은 별거와 함께 시작되고 이혼 서류에 도장을 찍었을 때 마무리가 되는 생활사건이다. 만성적 역할 긴장은 생활사건이 될 수도 있고, 그 반대의 경우이기도 하다. 사소한 사건은 보통 작은 문제로 단기간의 사건이다. 그러나 사소한 사건은 계속 진행 중인 생활사건이나 심각성이 악화될 수 있는 역할 긴장이라는 상황 내에 속해 있을 수도 있다. 약속시간에 늦은 배우자를 기다리는 것은 그저 사소한 사건일 수도 있다. 그러나 만약에 배우자가 만성적으로 늦는 것이 관계에 있어 중요한 논쟁이라면, 사소한 사건일지라도 스트레스를 매우 높게 받을 것이고, 별거라는 생활사건의 계기가 될 수도 있다.

Baum, Cohen과 Hall(1993)은 급성과 만성 스트레스원을 구별하는 방법으로 단순히 기간만을 사용하는 것에 대해 세 가지 문제점을 지적했다. 앞서 언급한 것처럼, 구별은 다소 임의적일 수 있다. 예를 들어, 급성 건강문제를 가진 사람이 병을 완치하는 성공적인 수술을(적어도 큰 차도가 보이는) 했을 수도 있다. 그러나 재발에 대한 끊임없는 두려움에 시달릴 수도 있다. 더 나아가 급성 스트레스원은 평가에 변화를 초래할 수도 있고, 만성적 스트레스로 발달할 수 있다. 예를 들어, 남편이 외도를 경험한 여성은 극도로 민감하게 변할 수도 있고, 악의가 없는 상황조차도 잠재적으로 위협적으로 여길 수도 있다. 마지막으로 만성 스트레스원에 관해 신기한 점은 사람들이 적응해 나가고, 적응할 수도 있으며, 어떤 면에서는 만성문제조차도 지각하지 못한다는 것이다. 고속도로 운전은 좋은 예이다. 이는 초보운전자들 대부분에게 무서운 것이었다. 그러나 매일 운전을 함으로써 염려가 줄게 되었다. 물론, 교통사고는 주요 사망 원인 중의 하나이고, 미국인들에게 외상의 중요한 원인이기는 하다(Norris, 1992).

스트레스를 측정하는 다양한 방법을 비교한 연구들이 발견한 바에 따르면, 다양한 척도는 연구의 독특한 변량에 기여한다. 예를 들어, Serido, Almeida, 그리고 Wethington(2004)은 만성 스트레스와 일상 문제에 관한 4개의 모델을 비교했다. 의외로 만성 역할 긴장과 일상 문제들 사이에 겹치는 부분은 거의 없었고, 이 둘은 심리학적 스트레스에 독립적으로 기여했다.

다음은 모든 스트레스 지표 혹은 스트레스가 측정되는 방법의 완벽한 목록은 아니다. 스트레스에 가장 기본적인 접근방법을 안내하고자 할 뿐이다. 유사실험연구에서 쓰인 자기보고 스트레스 지표에 중점을 두었으나, 실험실연구 또한 간단히 논의될 것이다.

외상

외상은 자연과 과학기술 재해, 전쟁과 기근 등 전쟁 관련 문제, 개인 외상의 세 가지 형태로 나누어 볼 수 있다.

자연과 과학기술 재해

자연재해는 토네이도(Wallace, 1956), 대형화재(Lindemann, 1944), 지진(Nolen-Hoeksema & Morrow, 1991) 등을 포함한다. 과학기술 재해는 스리마일섬(Baum 등, 1983) 또는 체르노빌(Giel, 1991)과 같은 핵발전소 문제와 버팔로 크리크 침수(Erikson, 1976)처럼 대형 공업용 폐기물의 부적절한 처리에서 오는 문제들을 일컫는다.

대형 재해에는 몇 가지 특징이 있다. 첫째, 그러한 사건이 일어날 것이라는 경고가 거의 없다. 자연 혹은 과학기술 재해는 매우 순식간에 일어나고, 2004년 인도네시아에서 발생했던 쓰나미처럼 사전 통보가 거의 없다. 경고가 있을지라도 홍수나 허리케인 같은 날씨에 관련된 재해의 경우, 사람들은 보통 경고를 무시하거나 최소화한다(Janis & Mann, 1977).

둘째, 재해는 보통 상대적으로 순식간에 일어난다. 지진, 토네이도, 화산 폭발, 또는 핵재난 등은 뚜렷이 구분되는 시간 내에서 일어난다. 재난 후 여파는 더욱 긴 기간 동안 지속되며 재해는 매우 집중된 스트레스원이다(장기 환경재해는 만성적 스트레스원으로 이해하는 것이 나을 수도 있다.).

셋째, 재해는 인명손실을 포함하여 극심한 위협을 수반한다. 개인, 그리고 가족들이 위험에 처할 뿐만 아니라, 주로 대규모로 생존자들은 다른 이들의 죽음을 목격할 수도 있다.

넷째, 자연과 과학기술 재해는 개인이 통제권을 행사할 기회를 거의 주지 않는다. 지진이나 홍수가 났을 때, 가능한 한 탈출 내지는 도피하는 것 이외에 거의 할 수 있는 일이 없다. 흥미롭게도, 구조 내지는 구호활동을 통해 통제를 행사하려고 한 사람들은 사건 이후, 최소의 심리적 외상을 보일 수 있다(Erikson, 1976).

마지막으로, 재해는 많은 사람들에게 동시에 발생한다. 재해는 개인 혹은 고립된 사건이 아니라, 일반화된 혼돈(아수라장)처럼 느껴질 것이다. 참사를 겪는 희생자가 세상이 멸망할 것이라고 느끼는 것은 전혀 놀라운 일이 아니다. 이러한 상황은 초기 스트레스가 높지만, 사건 이후에는 지역사회 지원을 위한 기회 역시 제공한다. 재난 후 사람들은 모두 얼마나 도움을 주었는지, 협력적이었는지, 또는 다른 이들을 돕기 위한 영웅적 행동에 경외심을 가졌는지에 대해서 이야기할 것이다. 1989년 샌프란시스코의 로마 프리에타 지진은 좋은 예이다. 대부분의 인명손실은 오클랜드의 저소득 지역의 고속도로 연결목이 붕괴되었기 때문이었다. 방송에서는 자신의 목숨을 내걸고 차량에 갇힌 사람들을 구하려 했던 일반 시민들을 보여줬다. 물론, 지역사회의 물리적·사회적 구조가 손상되고, 사람들이 분산된 경우에는 지역사회 화합은 일어나지 않는다(Erikson, 1976). 이러한 재해의 집단 성향이 개인의 생활사건과는 다른 중요 특성이라고 할 수 있다.

전쟁

대규모로 일반 지역사회에 일어나며, 극도로 위협적이며, 죽음에 이를 수 있다는 점에서 전쟁은 과학기술 재해와 비슷한 점이 있다. 또 다른 한편으로는 일반적으로 충분한 경고가 있다(물론, 진주만이나 세계무역센터처럼 기습공격도 있다.). 전쟁은 상대적으로 긴 시간에 걸쳐 벌어진다는 점에서 다른 재해와는 다르다. 더 나아가 병사들(때로는 시민들)이 방어나 공격 작전에 가담하는데, 이는 통제감을 산출할 수 있다. 이러한 목적 있는 행동은 주로 부대 내의 다른 병사들과 협동 아래 이루어지며, 상당한 사회적 유대감을 야기할 수 있다.

전투의 외상적 본질과 군인, 시민, 그리고 환경에 미치는 유해 영향에 대해 논쟁할 이는 없겠지만, 전투가 개인에게 미치는 꽤 흥미로운 긍정적인 영향이 있다. Elder와 Clipp(1989)은 이러한 영향에 대해 처음으로 연구했는데, 전쟁은 숙달감과 자존감을 증진시키고, 대처기술을 향상시키며, 지휘기법과 전우애 발달 등을 불러일으킨다(Wilson 등, 1989 참조). 실질적으로 군대 경험을 긍정적으로 여기는 참전 제대군인들은 훗날 외상후 스트레스 장애 증상을 덜 경험했다(Aldwin 등, 1994). 또한 중간 정도의 전투 노출은 장기간 심리적 기능을 향상시킬 수도 있다(Schnurr 등, 1993). (긍정적 측면의 스트레스에 관한 논의는 제15장 참조).

개인 외상

재해나 전쟁과는 다르게, 생명을 위협하는 외상은 개인이나 몇몇 사람들에게만 발생한다. 외상은 큰 사고와 강간, 근친상간 등 강력범죄를 포함할 수 있다. 심각한 부상, 생명을 위협하는 사고나 범죄들은 외상으로 분류되어야만 한다. 소매치기를 당하는 것과 거의 죽기 전까지 구타를 당하는 것, 파티에서 과음 후 생각지도 않았던 이와 하룻밤을 보내는 것과 납치되어 총으로 위협을 당하며, 연거푸 성폭행을 당하는 것은 질적으로 다르다. 개인 문제를 다루는 데 있어 사소한 사건, 생활사건, 외상의 차이를 제대로 구분하지 못하는 것은 극심한 외상 삽화를 경시하게 하고, 사소한 사건들을 극도로 부풀리게 한다. 외상 자체가 개인의 평생에 영향을 미친다는 것이 입증되었기에(제12장 참조), 학계는 이러한 구분을 유지해야 한다.

극심한 스트레스 측정

자연과 과학기술 재해 연구는 극심한 스트레스 아래에서 보이는 인간행동에 대한 흥미로운 관점을 제공한다. Wallace(1956)가 기술한 것처럼 충격을 받았을 때 보이는 행동과 유사하다고 할 수 있다. 그러나 의미상으로 볼 때 재해는 극도로 드물다. 지난 몇 년간 고문 혹은 전투와 같은 특정 외상평가를 위한 척도가 개발되어 왔다(Miller, 1997 참조).

　예를 들어, 전투 노출 척도(Combat Exposure Scale)는 참전 제대군인 연구에 자주 쓰이는 척도이다(Keane 등, 1989). 이 척도는 전투 경험의 다양한 요소들을 파악함으로써 스트레스원의 측면을 수량화한다(표 5.1 참조). 적군의 포격, 죽은 전우의 목격, 사살 등을 포함한다. 전투의 다른 스트레스 특징을 확인할 뿐만 아니라, 그러한 특징들의 강도와 기간도 수량화하는 시도가 있었다. 이러한 형태의 과학기술 재해의 정확한 환경 영향을 세분화하기 위한 이러한 접근방법은 다른 재해

▣ 표 5.1   전투 노출 척도의 질문

1. 귀하는 전투 정찰을 나가거나 다른 위험한 임무를 수행한 적이 있습니까?
2. 귀하는 적군의 사격, 공습, 또는 포화를 받아 본 적이 있습니까?
3. 귀하는 적에게 포위를 당해 본 적이 있습니까?
4. 귀하의 소속 부대원 중에 전사자, 부상자, 실종자가 몇 퍼센트(%)나 발생했습니까?
5. 귀하는 적을 향해 총을 쏘거나 교전해 본 경험이 몇 차례나 있습니까?
6. 귀하는 전투 현장에서 아군이든 적군이든 상관없이 총(포탄)에 맞은 사람을 얼마나 자주 보았습니까?
7. 귀하는 임무 수행 중 부상이나 전사를 당할 뻔하였던 위험이 몇 차례나 있었습니까?
   (예 : 빗발치는 총탄으로 고착, 포위, 매복공격, 행렬로부터 이탈 등)

출 Keane, Fairbank, Caddell, Zimmering, & Bender(1985)

에도 일반화될 수 있을 듯하다. 그러나 우리가 아는 바로는, 그러한 척도를 출판한 이는 아무도 없다.

대안방법은 일반적 외상을 평가하는 것으로 이는 생애 중 전투, 성폭행, 또는 자연재해 등 극도의 스트레스원에 노출된 것을 뜻한다. Norris(1992)는 간단한 체크리스트를 개발했는데, 이는 환경 특징이나 외상의 심리적 충격을 평가하려고 하지 않았다. 그러나 이는 어느 정도의 인구가 다양한 외상을 경험하는지를 조사하는 아주 유용한 역학조사 방법으로 사용되었다. 흥미롭게도 외상후 스트레스 장애의 가장 큰 요인은 전쟁이나 자연재해가 아니라 자동차 사고였다.

일반적인 외상은 상대적으로 새롭고 흥미로운 연구 분야이다. 외상 노출이 일반적인 생활사건이나 성격 특징보다 건강 결과와 치사율의 더 나은 예측변인이라는 의견도 있다(Felitti, 1991; Hallstrom, Lapidus, Bengston, & Edstrom, 1986; Scherg & Blohmke, 1988). 더 나아가 유아기 외상 경험의 평생 영향에 대한 관심도 점차 늘어나고 있다(Felitti 등, 1998; Goodwin & Stein, 2004; Kessler & Magee, 1993).

생활사건

생활사건은 일반적으로 사별, 이혼, 또는 실직 등 개인이 겪는 큰 사건으로 여겨진다. 심장병 전문의인 Wolff(1950)는 환자들에게 일지를 쓰라고 했는데, 많은 이들이 아프기 전까지 6개월에서 1년 정도 스트레스가 높은 사건을 경험했다고 썼다. 그는 긍정적이거나 혹은 부정적인 변화는 대처 에너지를 필요로 하고, 개인이 질병에 걸리게 된다고 제시했다. 긍정적인 사건의 예는 새로운 직장이나 결혼이고, 부정적인 사건은 실직 내지는 이혼이다. 최근 사건 스케줄(schedule of recent events, SRE)은 사건들의 일반적인 목록인 반면, 사회 재적응 평가척도(social readjustment rating scale, SRRS)는 각 문항마다 '객관적인' 평가를 추가했다 (Homes & Masuda, 1974; Holmes & Rahe, 1967). 수백 명의 응답자들은 적응의 정도 혹은 각각의 사건이 수반한다고 여겨지는 '생활변화 단위'(lifechange units = LCUs)를 평가했다(표 5.2 참조). 500개의 조사범위 중, 응답자들은 평균

■■■ **표 5.2** 사회 재적응 평가척도에서의 샘플 문항

순위	문항	생활변화 가치 평균
1	배우자의 죽음	100
2	이혼	73
3	별거	65
4	징역	63
5	친지의 죽음	63
6	개인 부상 혹은 질병	53
7	결혼	50
8	해고	47
9	은퇴	45
10	재결합	45
11	가족의 건강 변화	44
12	임신	40
13	성생활 문제	39
14	새로운 가족	39
15	사업 재적응	39

☂ Holmes & Rahe(1967) 자료

적으로 배우자의 죽음이 가장 큰 생활변화를 요구한다고 답했으며, 따라서 이 생활변화에 가장 높은 '생활변화 단위'를 주었다. 과거에 특정 숫자보다 더 많은 생활변화 단위를 가진 사람들은 질병에 걸릴 위험이 높은 것으로 고려되었다.

생활사건 측정

Holmes와 Rahe의 사회 재적응 평가척도(SRRS)의 개발 이후, 스트레스 생활사건 척도의 숫자가 우후죽순으로 급증했다. 정신 역학 연구 인터뷰(Psychiatric Epidemiological Research Interview)가 지역사회 질문지로 자주 이용되고 (Dohrenwend, Krasnoff, Askenasy, & Dohrenwend, 1978), 생활 경험 질문지 (Sarason, Johnson, & Siegel, 1978)가 대학교 환경에서 널리 이용된다. 아동과 청소년(Coddington, 1972), 스페인어를 쓰는 인구(Cervantes, Padilla, & Salgado de Snyder, 1990), 아프리카계 미국인(Watts-Jones, 1990), 그리고 노년층 (Aldwin, 1990; Krause, 1986; Murrell, Norris, & Hutchins, 1984) 등 특정 인구 조사를 위해 개발된 척도들도 있다. 스트레스 생활사건 척도의 목록은 Turner 와 Wheaton(1995)을 참고하기 바란다. Zalaquett과 Wood(1997) 또한 매우 유용한 몇 가지 스트레스 측정의 개관을 제공한다.

이러한 목록들은 몇 가지 특징을 보이는데, 여전히 다양한 스트레스원을 포함하면서도 상대적으로 간단하다(일반적으로 100 문항 이하). 목록들은 간단한 체크리스트나 스트레스 평가척도를 포함하기도 한다. 체크리스트는 응답자들에게 연구기간(보통 1년) 동안 발생한 특정 사건이 스트레스가 높았는지 아닌지를 표시하라고 한다. 이에 반해 스트레스 평가척도는 응답자들에게 그 문제가 얼마나 스트레스가 높았는지를, '스트레스가 전혀 없었다'부터 '스트레스가 매우 높았다'까지 4 또는 5점 척도를 이용하도록 한다.

스트레스 역사 연구에 있어 중요한 논쟁은 과연 '객관적인' 평가[즉, 사건이 수반한다고 추정되는 변화나 스트레스 정도를 보여주기 위해 평가자들이 개발한 가중치로서 체크리스트 또는 스트레스 평가척도(지각된 스트레스)]를 사용하는가 하는 점이었다(예 : Chiriboga, 1992). 기본적으로 어떤 전략이 쓰이는지는 연구자가 응답자의 주관적인 스트레스 경험 혹은 상대적으로 '객관적인' 스트레스 정도에 관심이 있느냐에 달려 있다(p. 71 '인과적 방향성에 관한 문제점' 참조). 사건 의미의 중요성에 대한 이론적 강조를 위해, Turner와 Wheaton(1995)은 간단한 스트레스성 생활사건 체크리스트가 주관적 평가척도만큼이나 건강 결과를 잘 예측한다고 밝혔다.

일반적으로 생활사건 척도 기간은 6개월에서 18개월 정도인데, 이에 있어 학자들은 개인의 기억력 정확도를 문제 삼았다. 스트레스 생활사건 목록은 자기보고 측정이고, 신뢰도와 타당도가 문제일 수 있다. 즉, 사람들은 다수의 질문지에 비슷하게 답할 것인가? 그리고 척도가 개인의 인생에 있어 스트레스를 정확하게 반영할 것인가?

내적 신뢰도와 같이 성격 특징 검사를 위해 개발된 척도의 표준 심리측정적 속성이 생활사건 체크리스트에도 적용될 수 있다고 가정하는 것은 흔히 일어나는 착오이다. 내적 일관성 계수(Chronbach's alpha)와 같이 내적 신뢰도 측정은 어떤 문항들이 근본적인 구조를 이루고 있는지를 검사하는 것이다. 생활사건이 환경적 변화를 반영하는 경우에, 그것들은 서로 높은 상관관계를 보여서는 안 된다. 예를 들어, 은퇴나 이혼 같은 생활사건들은 직교적이다. 더 나아가 검사-재검사 신뢰도를 조사한 연구에서는, 응답자들이 새로운 스트레스 생활사건을 경험했기 때문에, 또는 전에 보고했던 생활사건이 기간 내에 포함되지 않기 때문에 답변들이 변했는지를 밝혀내는 것은 매우 어려울 수 있다. 여전히 스트레스성 생활사건에 대한 기억이 부정확할 수 있다는 것은 의심의 여지가 없다(Jenkins, Hurst, & Rose, 1979; Raphael, Cloitre, & Dohrenwend, 1991).

Kessler와 Wethington(1986; Brown, 1989에 인용됨)은 생활사건 보고에 부정확함의 세 가지 요소를 보고했다. 응답자는 연구자가 얻고자 하는 정보의 정도를 파악하지 못할 수도 있고, 특정 문제를 밝히는 것이 부끄러울 수도 있으며, 또는 실질적으로 잊었을 수도 있다. 생활사건 체크리스트를 기입한 사람들은 '망원화' 하는 경향이 있는가 하면 최근에 일어난 일을 마치 예전에 일어난 사건처럼 부정확하게 기억하는 경우도 있다(Wethington, Brown, & Kessler, 1995). Brown (1989)의 주장에 의하면, 그가 개발한 생활사건과 어려움 스케줄(Life Events and Difficulties Schedules, LEDS)을 이용한 반구조적 면접(semistructured interview)은 지지적 상황 제시와 자기 표출을 격려함으로써 생활사건 보고의 어려움을 극복할 수 있다. 게다가 면접은 생활사건의 정확한 시기를 가늠할 수 있는 달력과 같은 도움을 제공한다(Wethington 등, 1995).

이러한 문제점들에 있어 학자들은 스트레스와 그 영향 평가의 대체방법을 찾고자 네 가지 방법을 시도하였는데, 역할 긴장(만성적 스트레스), 사소한 사건, 생태 순간 평가, 실험실 실험이 그것이다.

역할 긴장과 만성적 스트레스

사회학자, 지역사회 심리학자, 그리고 사회생태학자들은 스트레스를 개인에게 대략 무작위로 벌어지는 사건이라기보다는 체계적 상황 현상으로 검토한다. 특히 사회학자들은 특정 사회나 문화에서의 구조적 특징이 어떻게 개인이 경험하는 스트레스에 영향을 주는지, 거시적 차원의 병리학 지표 변화를 초래하는지 주의 깊게 살펴본다(Mechanic, 1974; Pearlin, 1989).

Wheaton(1996, p. 57)은 만성적 스트레스를 '사회환경 구조 내에 위치한 지속적 개방적 문제'라고 정의한다. 그는 아홉 가지 형태의 만성적 스트레스를 밝혔다. 위협은 지속적 피해의 가능성이라 할 수 있고, 취약적 특징을 지닌다. 폭력적인 배우자나, 우범지역 혹은 전쟁지역에 사는 것 등은 만성적 위협 때문에 생기는 스트레스의 예이다. 그러나 그는 만성적 스트레스의 형태로서 개인의 정체성을 위협한다고도 본다. 예를 들어, 대학에 입학한 학생들은 주로 우수한 학생이었다(고등학교 시절). 그러나 대학에서의 기대치는 훨씬 높고, 학생은 'A' 학생으로서의 정체성 자체가 흔들리는 것을 발견하곤 한다. 특히 미처 해결되지 못한 문제들을 반영할 때, 장기간 갈등은 만성적 스트레스의 주요한 원인이다. 불확실성 역시 만성적 스트레스를 높일 수 있고, '결과를 위한 원하지 않는 기다림'이라고 할 수 있다 (Wheaton, 1996, p. 62). 예를 들어, 회사가 문을 닫을지도 모른다는 불확실성은 높은 스트레스를 지닌다. 때에 따라서는 좋든 나쁘든 해결책이 있다는 것은 어떤 일이 일어날지 알 수 없는 것보다 덜 스트레스를 준다.

요구와 복합성은 주로 역할 과부하의 특징들인데, 특히 개인이 '떨쳐버릴 수 없는 다양하고, 독립적이며, 즉각적, 그리고 통제 불가능한 요구들에 의해 끌려간다고 느끼는' 것이라고 할 수 있다(Wheaton, 1996, p. 58). 현재의 경기 침체기에서 경제학자들은 노동자 생산성 증가를 과장해서 선전해 왔다. 그러나 그것은 간단히 말해, 우리가 더 많이 일을 하거나, 보통 두세 사람이 일하던 것을 맡아 한다든가 혹은 전보다 훨씬 적은 지원을 받으면서 일을 한다는 것이다. **역할 저부하** 역시 문제가 될 수 있고, 지루한 미래가 보이지 않는 일과 관계가 있다. 유사하게 저보상은 개인의 업무나 행동이 적절히 보상받지 못하는 상황을 말한다.

구조적 제약은 자원 부족과 선택의 제한을 야기할 수 있는 사회환경적 문제들을 뜻한다. 예를 들어, 매우 빈곤한 지역에 거주하는 것은 식료품점, 직장, 좋은 학교 등 기본적인 서비스 접근에 어려움이 있다.

Wheaton(1996)은 우선 개방형 질문을 통해 개인에게 자주 일어나는 문제들을 물어봄으로써 만성적 스트레스 척도를 고안했다. 내용 분석은 90문항을 나타냈는데, 이는 60문항 정도로 좁혀졌다. 표 5.3은 표본 문항을 보여준다.

직무 스트레스

직장과 연관된 스트레스는 역할 스트레스를 연구하는 사회학자들에게 관심을 받아왔다. 스트레스원은 업무량, 업무 속도, 위험하거나 유독한 작업 상황, 좋지 않은

■■■ **표 5.3** 스트레스 측정 질문지로부터의 만성적 스트레스 표본

- 당신은 한 번에 너무나 많은 것을 하려고 한다.
- 당신은 자신이나 자녀들이 필요한 것들을 살 충분한 돈이 없다.
- 당신의 상사나 직장 동료들과 갈등이 많다.
- 당신은 직장이나 직업을 바꾸고 싶지만 바꿀 수 없을 것만 같다.
- 당신은 배우자와 갈등이 많다.
- 당신은 자녀가 있었으면 하지만 그럴 수가 없다.
- 당신은 사교생활을 할 충분한 시간이 없다.
- 당신은 강도를 당하거나 폭행을 당할 것이라고 자주 두려워한다.
- 살고 있는 곳이 너무나 오염되었다.
- 당신의 교회 혹은 종교단체가 너무나 많은 것을 요구한다.
- 당신은 병들거나 곧 돌아가실 부모가 있다.

🐢 Wheaton(1996) 자료

환경, 상사, 직원, 동료 혹은 고객과의 대인관계 불화, 민족성 또는 성별에 근거한 차별, 직장의 사회 조직에 연관된 불만 등이 포함될 수 있다(Hepburn, Loughlin, & Barling, 1996). 직무 환경 척도(Work Environment Scale)(Moos & Moos, 1983)는 직장에서 나타나는 스트레스원의 다양한 예를 보여주는 좋은 참고자료이다. 지난 수십 년 동안 직무 스트레스의 형태와 결과를 기술한 연구는 꽤 많이 진행되어 왔다.

생활사건 스트레스 연구처럼 몇몇 학자들은 특정 직업군에 중점을 두는 반면, 다른 학자들은 좀 더 일반적인 직무 역할문제를 연구해 왔다. 특정 직장 스트레스 연구의 고전적 예는 Rose(1978)의 항공 교통 관제사에 관한 연구이다. 경계를 늦추지 않기 위해 꽤 많은 노력이 필요하기 때문에, 감시작업은 매우 스트레스가 높은 편이다. 항공 교통 관제사는 많은 비행기의 움직임을 관측하고 조정해야 할 뿐만 아니라, 오류 결과가 매우 심각하다는 것을 명심해야만 한다. 판단 실수나 주의 부족은 잠재적으로 수백 명의 사망을 초래할 수 있다. 따라서 Rose의 연구에서 상승된 혈압, 위궤양 등 스트레스와 관련된 질병률이 높게 발견되는 것은 당연한 일이다. 최신 연구들은 교대 근무 등에서 보이는 구조적 문제에 중점을 두었는데, 이는 근로자의 생체리듬을 방해할 수 있고, 무수한 건강문제를 일으킬 수 있다(Parkes, 2002 참조).

많은 연구들이 개인과 환경 사이의 관계에 중점을 둔다. 그러한 연구의 좋은 예는 Carrere, Evans, Palsane과 Rivas(1991)의 샌프란시스코 버스기사들에 관한 연구로, 매우 높은 스트레스 수치를 보여주었다. 그들은 단지 몇 분만 늦더라도 심한 벌칙이 부과되는 빡빡한 시간표를 지켜가면서, 도심의 교통에 대처해야만 할 뿐만 아니라 적대적이거나 위험하기까지 한 대중을 감당해야만 한다. 그러나 모든 버스기사들이 스트레스원에 똑같이 반응하는 것은 아니다. 침착한 B형 성격의 버스기사들보다 A형 성격을 지닌 버스기사들은 자신의 직업 환경을 스트레스가 높다고 인식했고, 높은 소변 카테콜아민 수치를 나타냈다.

직무 스트레스 논문들의 중심 구성개념은 통제이다. 10여 년이 넘는 조립라인 작업 환경에 관한 연구를 통해, 스웨덴의 Frankenhauser와 그녀의 동료들(1980)은 개인의 업무량 자체보다는 업무 완급을 통제할 수 없다는 것이 더 큰 문제임을 확실히 밝혔다. 조립 라인의 속도에 전혀 통제력이 없다고 믿는 이들에 비해, 통제력 환상을 지닌 근로자들은 훨씬 낮은 소변 카테콜아민 수준을 보였다.

Karasek과 Theorell(1990)의 연구는 직장 스트레스의 일반화된 이론을 잘 보여주는 예이다. 통제에 관한 연구를 바탕으로, Karasek과 Theorell은 스트레스 경험은 책임과 통제력 두 요소 간의 상호작용으로부터 발생한다고 가정했고, 특히 '직무 자유재량'과 '심리학적 요구'라고 칭했다. 스트레스가 높은 직업은 개인이 막중한 책임은 있으나, 업무 수행 방법에 대한 통제력은 없는 경우로 비서직, 음식점 종업원, 그리고 공장 근로자들이다.

활동적인 직업은 요구는 매우 많으나 통제력 또한 가능하다. 의사, 변호사, 경영 간부 등 권위 있는 직업들이다. 과학자, 수리공, 건축가처럼 통제력은 높으나 상대적으로 낮은 요구의 직업도 있는데, 아마도 스트레스가 가장 낮은 업종이라고 여겨진다. 경비원, 관리인 등 수동적인 직업은 통제력의 기회가 거의 없고, 심리학적 요구 또한 낮다. 이러한 직업은 보통 수준의 스트레스를 준다고 여겨지나 지겹고 '정신적 둔화' 상태라고 여겨진다. Karasek과 그의 동료들이 몇몇 종단 연구를 통해 밝힌 바에 따르면, 고책임/저통제력 근로자들은 관상동맥 심장질환 및 사망에 이르기 쉽다고 한다(Cottington & House, 1987; Karasek & Theorell, 1990).

따라서 직무 역할 스트레스는 신체적, 사회적, 그리고 심리학적 요구를 수반하며, 이러한 스트레스에 대처하기 위한 적절한 자원의 부재는 유해한 결과를 낳을 수 있다. 그러나 대부분의 학자들은 무직 상태가 직무 스트레스보다 더욱 스트레스가 높다는 데 동의한다. Coyne과 DeLongis(1986)는 특히 여성에게 있어 관계 스트레스가 직무 스트레스보다 더 유해한 결과를 가질 수 있다고 주장했다(Almeida, McGonagle, Cate, Kessler, & Wethington, 2003).

빈곤

빈곤은 다양한 스트레스원 노출과 연관이 있다(Evans & English, 2002). 수십 개의 연구가 낮은 사회경제적 지위를 가진 사람들이 높은 질병률과 치사율을 나타낸다는 것을 밝혔다(Adler, Epel, Castellano, & Ickovics, 2000; Marmot, 2003). 이것은 사적 의료체계를 갖춘 국가와 사회주의적 의료체계를 갖춘 국가 모두에서 보이는데, 차이점은 의료 서비스 접근 불공평 때문이 아니다. 낮은 사회경제적 지위는 더 나쁜 건강행동 버릇(예 : 높은 흡연율, 비만율, 낮은 운동량)과 관계가 있는 반면, 이러한 변인들의 통제 시 관계는 약화되나 사라지지는 않는다. 더 나아가, 이러한 상관관계는 여성의 유방암과 프랑스에서의 간경화를 제외한, 거의 모든 질병에 있어 국제적으로 나타난다. 미국에서는 2010년까지 경제적 계층 사이에 보이는 이러한 의료 불평등을 없애기 위한 주요 계획을 세웠다. 아마도 이러한 불평등의 한 이유는 만성적 역할 긴장 노출 차이라고 할 수 있다.

만성적 역할 긴장

한 가지 역할에 중점을 두기보다 Pearlin과 Schooler(1978)는 특정 사회 역할에 관련된 지속적인 문제로 정의되는 만성적 역할 긴장은 고립된 생활사건보다 개인의 스트레스에 대한, 더 나아가 행복의 더 나은 예측변인이라고 주장해 왔다. 그들은 부부, 부모, 직업, 그리고 가계 경제 등 네 가지의 중요한 역할에 중점을 두어왔고, 이러한 영역 내에 발생하는 긴장과 문제 대처전략 평가척도를 개발했다.

Pearlin과 Schooler의 척도에서 부부 긴장은 배우자의 거절, 주고받기의 비상호성, 그리고 역할 기대 불만족 등을 포함했다. 부모 긴장 범주는 자녀가 부모의 행동 기대수준에 미치지 못함과, 부모의 포부와 가치에 부합하지 못하고, 부모의 지위 무시 등을 포함했다. 직업 긴장은 네 가지 범주가 있는데, 부적절한 보상, 직업 환경의 유해, 몰개성화, 그리고 역할 과부하를 포함했다. 마지막으로 가계 경제 긴장은 생필품 구매 및 공과금 지불의 어려움을 포함했다. Pearlin과 Schooler는 역할 긴장은 특정 역할과 관련한 정서적 스트레스와 관련이 있다고 밝혔다. 그 후 연구들(Pearlin, Lieberman, Menaghan, & Mullan, 1981)도 생활사건의 효과는 주로 역할 긴장에서의 변화를 통해 매개됨을 증명했다. 다시 말해서, Pearlin과 그의 동료들은 생활사건들이 배우자, 자녀, 직장, 또는 금전과 지속적인 관계를 방해하기 때문에 생활사건이 유해한 영향을 끼친다고 주장했다.

개인의 적응 어려움에 영향을 미치는 역할문제들은 종합적이다. 예를 들어, Brown과 Harris(1978)는 가장 우울증에 걸리기 쉬운 여성들은 5세 미만의 어린 자녀를 둔 미혼부모임을 밝혔는데, 생계유지를 위한 경제적 어려움과 사회적 고립을 겪기 때문이다. 유사하게, 대부분의 사람들은 은퇴를 스트레스가 높다고 생각하지 않으나, 경제적 어려움이나 중요한 건강문제 혹은 사별문제 등을 겪는 사람들은 스트레스가 높은 경험이라고 여긴다(Bossé, Aldwin, Levenson, & Workman-Daniels, 1991). 다시 말해, 기본적 지출을 위한 충분한 자금이 없거나 사별이나 질병으로 인해 은퇴생활의 꿈이 사라질 경우 은퇴는 문제가 될 수 있다.

다른 학자들은 한 역할에서의 스트레스가 다른 역할의 스트레스에 어느 정도 영향을 미치는지, 혹은 영역이 상대적으로 독립적인지에 중점을 두어 왔다(Pearlin 등, 1996). 일반적으로 영역 간에 확장되는 스트레스원들은 스트레스가 더 높으며, 특정 영역 내에만 머무르는 스트레스원보다 더욱 부정적인 건강 효과가 있다. 남성들은 직무 스트레스가 부부관계에 영향을 미치는 반면, 여성들은 부부 스트레스가 직무 스트레스를 야기한다(Coyne & DeLongis, 1986). 또한 Serido 등(2004)은 만성적 역할 긴장은 사소한 문제들에서 오는 심리적 스트레스에 영향을 미칠 수도 있음을 보여줬다. 예를 들어, 가정 요구(만성적 스트레스)에 통제력이 거의 없다고 느끼는 사람은 직무에 관련된 사소한 사건들에 스트레스가 높다고 보고했다.

역할 긴장 접근방법은 심리적 고통의 체계화된 사회적 원인이 있을 수 있다는 점을 제안하기 때문에 흥미롭다. 성격심리학자들이 주장하는 것처럼 신경증에 관련이 있다기보다는(McCrae & Costa, 1990), 스트레스는 우리의 삶이 사회문화적 환경에 의해 구조화되는 방법의 결과라고 여겨진다. 이것을 이해 못하는 것은 유감스러운 실수를 초래할 수도 있다. 예를 들어, 1990년대의 로스앤젤레스 폭동 중, 지역 뉴스에 나온 임상심리학자는 폭동자들이 좀 더 나은 대처기술을 배웠다면, 그들은 폭력을 통해 자신들의 분노를 표출하지 않았을 것이라고 제안했다. 이것은 로스앤젤레스 중남부 지역의 115,000개의 제조업 일자리 중 80,000개의 손실과 경제 구조 변화에 의해 생긴 거대한 실업문제를 간과한 발언이었다. 대부분 개인이 구조적 변화에 효과를 미칠 만한 충분한 권력이 있지 않는 한, 집단행동으로부터 발생되는 스트레스는 개인의 대처 노력이 아닌 집단적 행동에 의해서만 효과적으로 대처될 수 있을 것이다. 이 문제는 제13장에서 더 자세히 언급하도록 하겠다.

많은 부분에서 연구 중심은 역할 관련 긴장에서 만성적 스트레스로 전환되었고 (Lepore, 1995), 특히 만성질병과 만성질병을 돌보는 돌봄 영역에서 그러하다 (예 : Gottlieb, 1996). 특히, 돌봄자(caregiver) 문제는 광범위하게 연구되었다 (Gottlieb & Wolf, 2002; Kiecolt-Glaser 등, 2002; Vitaliano 등, 2003; Zarit, Todd, & Zarit, 1986 참조). 많은 노년층은 만성질병을 겪고 있고, 치매 같은 일부 문제들은 심각한 돌봄자 문제를 제기한다. 흥미롭게도 순조로운 적응 시, 돌봄자 역할은 시간이 지남에 따라 스트레스가 덜하다고 여겨질 수도 있다(Townsend, Noelker, Deimling, & Bass, 1989). 실질적으로 Beach, Schulz, Yee와 Jackson (2000)의 연구는 거의 반 이상이 넘는 돌봄자들이 스트레스가 높다고 보고하지 않았고, 대신에 병든 사랑하는 사람을 돌보는 데서 오는 이점을 보고했다. 그럼에도 불구하고 돌봄자 스트레스와 건강문제 사이에는 작지만 지속적인 관계를 보여준다. 알츠하이머 환자를 돌보는 배우자는 특히나 문제가 있는 것으로 보이고(Vitaliano 등, 2003), 건강에 대한 이러한 부정적인 효과는 사랑하는 이의 죽음 후 1년 넘게 지속될 수도 있다(Kiecolt-Glaser 등, 2002).

사소한 사건 : 일상적 스트레스원 또는 매우 작은 스트레스원

Lazarus와 Folkman(1984)은 스트레스가 높은지 여부를 결정하는 데는 개인의 상황 평가가 주요 요소이며, 일상 스트레스 및 사소한 사건들은 상대적으로 드문 생활사건들보다 건강에 더 큰 효과가 있다고 주장했다. 이러한 것들은 환경문제 (소음, 공기오염), 기계기능 마비, 줄 서있기 등을 포함한다. 간략형 사소한 사건 척도(Brief Hassles Inventory; DeLongis 등, 1988)에서 발췌한 예를 표 5.4에 제시하였다.

사소한 사건들은 일지 형식을 통해 연구되었다. 몇 달 전에 일어났던 일에 대해 질문을 하는 것보다 당일 발생한 문제의 양과 심각도를 물어보는 것이다. 보편적으로 연구 기간은 일주일 정도이다. 이 방법은 생활사건 척도에서 나타나는 회상의 어려움을 방지하고자 개발된 것이었다. 더 나아가 어떤 사건이든지 긍정적 · 부정적 양측면을 가지고 있을 수 있다는 것을 방법적으로 인정한다고 할 수 있다. 따

- 동료와 어울리는 데 문제점
- 상사 혹은 감독관과의 사소한 문제
- 식사 계획 또는 준비
- 너무 많은 일
- 오락 및 취미생활을 할 시간이 부족함
- 방해가 너무 많음
- 골칫거리 이웃
- 가족을 위한 충분한 시간이 없음
- 생필품 물가 인상
- 약물의 부작용
- 수면 부족
- 외로움
- 스스로 표현 불가

🔁 일반적으로 어제, 일주일 전, 혹은 한 달 전, 얼마나 어렵게 또는 자주 이러한 일들이 있었는지 평가하도록 요구한다는 점에서 시간 제한적이다(DeLongis 등, 1988 참조).

라서 사소한 사건뿐만 아니라 '행복감' 역시 평가하도록 한다.

지난 10년 동안, 일지 형태의 여러 가지 척도가 나왔는데, 보통 일반적인 문제에 중점을 두거나 실시를 용이하게 하기 위해서 간소화되었다(다양한 척도 검사를 위해서 Lepore, 1995 참조). 대부분의 척도들이 자기보고인 반면, Almeida, Wethington과 Kessler(2002)는 전화 통화를 기본으로 한 일상 스트레스원 접근 방법인 스트레스 사건 일상 척도(Daily Inventory of Stressful Events, DISE)를 창안했다. 스트레스 사건 일상 척도(DISE)와 다른 일상의 사소한 사건 척도들은 제한된 시간 내에 여러 번 시행된다는 점에서, 생활사건이나 만성적 스트레스 척도와는 차이가 있다. 피험자 간 변량과 피험자 내 변량을 구분할 수 있게 해주고 (Mroczek, Spiro, Almeida, & Pafford, 2006), 스트레스와 고통 같은 건강 결과 사이의 관계를 검사하는 연구들은 피험자 간 혹은 피험자 내 분석을 하느냐에 따라 다른 결과 양상을 보여준다(제9장 참조).

몇몇 연구들은 사소한 사건들이 생활사건들보다 심리적 · 신체적 건강 결과의 더 나은 예측변인이라는 점을 시사하였다(DeLongis 등, 1982; Holahan,

Holahan, & Belk, 1984; Kanner 등, 1981; Rowlison & Felner, 1989; Weinberger, Hiner, & Tierney, 1987). 생활사건과 사소한 사건이 회귀방정식에 대입되었을 때, 건강 결과에 대한 사소한 사건의 공헌은 생활사건과 건강 결과 간의 상관관계를 약화시키거나 사라지게 하기도 한다.

그러나 이러한 연구들은 생활사건과 사소한 사건 척도의 다른 통계적 분포를 고려할 때, 주의 깊게 살펴보아야만 한다. 희귀하다고 여겨지는 생활사건들에 있어, 생활사건 척도는 일반적으로 매우 낮은 평균을 보이며(일반적으로 1~2문항 정도) 푸아송 분포를 지닌다(즉, 대부분의 사람들이 0~2문항 사이를 보고하며, 2개의 생활사건 이후 급속히 저하된다.). 반면에, 사소한 사건 척도는 좀 더 광범위한 문제를 다루며, 좀 더 나은 변량과 분포를 보이는 경향이 있다. 통계학적으로 볼 때, 더 나은 변량을 지닌 척도는 매우 편포된 변량을 지닌 척도들에 비해 좀 더 나은 상관관계를 지니고 있다(물론, 결과변인의 분포에 달려 있기는 하다.). 따라서 건강 결과를 예측하는 데 있어, 생활사건에 비해 사소한 사건의 장점은 어느 정도 통계적 인위성 때문이라고 할 수 있다. 예를 들어, 몇 번 교통 체증에 걸린 것보다 배우자를 잃는 것이 건강 효과가 거의 없다라고는 믿기 힘들다는 것이다.

그러나 사소한 사건의 체계적 패턴이 건강 결과에 대한 우수한 예측력을 지닌다고 할 수 있다. 만성적 역할 긴장을 가짐으로써, 건강 결과에 대한 생활사건의 효과는 사소한 사건 증가를 통해 매개된다고 할 수 있다(Aldwin, Levenson, Spiro, & Bossé, 1989; Wagner, Compas, & Howell, 1988). 사소한 사건들이 생활사건들보다 더 무력하다고 할 수도 있을 것이다. 실질적으로 한때, Lazarus(1990)는 일상의 사소한 사건들을 만성적 역할 긴장과 동일시했다. 이것은 다소 성급했었을 수도 있다. 이미 언급했던 것처럼, Almeida와 그의 동료(Almeida & Horne, 2004; Serido 등, 2004)는 그럼에도 불구하고 매우 흥미로운 방법으로 상호작용할지도 모르는 독특한 스트레스의 근원이 존재한다는 점을 보여주었다.

생태 순간 평가

Larson, Csikszentmihalyi와 Graef(1980)는 생태 순간 평가(Ecological Momentary Assessments, EMAs)라는 독특한 방법을 창안했다. 응답자들은 무작위로 혹은

미리 지정된 시간에 울리는 호출기를 받고, 개인들은 그 순간에 하고 있던 것을 기록한다. 이 방법은 상황적 혹은 일시적 특정 정보를 반영하는 데 매우 유용할 수 있다. 이러한 방법을 사용한 초기 연구는 섭식장애를 지닌 어린 소녀들은 특히 부엌에서의 엄마와의 갈등 이외에, 다른 가족들과 비정상적으로 높은 수준의 갈등을 보고하지 않을 수도 있다는 것을 밝혔다.

Stone과 그의 동료들(1998), 그리고 Jamner와 동료들(Henker, Whalen, Jamner, & Delfino, 2002) 같은 스트레스 연구 학자들은 이 분야의 방법 개발에 공을 세웠다. 응답자들은 지정된 혹은 무작위 간격으로 울리도록 프로그램된 포켓용 컴퓨터(personal digital assistant, PDA)를 받는다. 짧은 질문내용도 수록되어 있는데, 응답자들은 PDA에 직접 입력할 수 있고, 자료는 자동적으로 연구자의 컴퓨터에 보내진다. Stone과 그의 동료들은 이러한 것들이 일상 스트레스와 대처과정을 좀 더 자세히 기록할 수 있게 해줄 것이라고 굳게 믿은 반면, 다른 학자들은 의문을 품었다. 우선, 일상 회고 보고와 생태 순간 평가 사이의 일치는 상관관계가 0.7과 0.8로 꽤 높다. 생태 순간 평가와 일지 사이의 불일치가 있을 때, 어떤 것이 더 정확한지는 확실하지 않다. 사람들이 단순히 밤에 일지를 기록할 때 그날의 사건을 잘못 기억하는 것인가? 사건에 대한 개인의 기억을 변화시킬 만한 어떤 심리적 과정이 있는가? 또는 사람들이 PDA 질문에 응답하는 데 너무 서두르는 것인가? 더 나아가, PDA에 입력된 질문 형태가 너무 간단하기도 하고, 생태학적 타당도에 문제가 있을 수도 있다.

그럼에도 불구하고 이 새로운 기능은 꽤 흥미롭다. PDA는 흡연과 같은 것도 감지할 수 있고, 따라서 스트레스와 다른 유해한 건강 습관의 촉발제를 분석할 수도 있다.

어떤 척도를 쓸 것인가

생활사건, 만성적 역할 긴장, 그리고 사소한 사건들은 개념적으로 통계적으로 연관되어 있으나, 그들은 독립된 구성개념이고, 다른 문제들을 간과하면서 특정한 한 문제를 측정하는 것은 부적절할 것이다. 직업을 예로 들면, 높은 임금의 노조가 있는 직장에서 해고되는 것(생활사건)은 의료혜택이 없는 낮은 임금의 직장으로 이직하도록 하며(역할 긴장), 더 긴 출퇴근 시간을 견뎌야 한다(사소한 사건). 이러한 다른 단위의 스트레스원의 폭포 효과(cascade effect)는 독립된 개념일지라도 통계적으로 혼입될 수 있다(흥미롭게도, 이러한 폭포 효과는 다른 방향으로 진행될 수도 있다. 너무 긴 출퇴근 때문에 사직을 할 수도 있고, 그다음 직장이 더 나쁠 수도 있다.).

한 변인이 다른 변인과 경쟁하는 형태의 다변량 회귀 통계방법을 쓰기보다는, 경로분석(path analysis) 혹은 구조방정식 모형(structural equation modeling, SEM)을 사용하는 것이 더 낫다. 이러한 방식들은 건강 결과에 있어 생활사건과 사소한 사건들의 경쟁보다 결합효과(joint effect)를 검토 가능하게 한다. 일반적으로 대안적 스트레스 척도들은 서로 상관관계를 가지고 있으나, 건강 결과에는 각각 독립된 변량으로 작용한다고 여겨져 왔다(Aldwin 등, 1989; Zautra, Reich, & Guarnaccia, 1990). 생활사건과 만성적 역할 긴장(Pearlin 등, 1981), 그리고 만성적 역할 긴장과 사소한 사건들(Serido 등, 2004)도 같은 경우라고 할 수 있다(내가 아는 한 스트레스 척도의 세 가지 형태가 관련되어 있다는 점을 밝히고자 한 연구는 없다.). 따라서 이 시점에서 우리가 아는 한 이러한 형태들이 어떻게 작용하는지 좀 더 명확한 개념이 확립될 때까지, 우리는 꾸준히 스트레스를 검토하는 다양한 방법을 시도하는 것이 바람직할 것이다.

임상 면접

어떤 이들은 스트레스 질문지 자기보고가 정확하지 않다고 주장한다. 앞서 말한 것처럼 사람들은 지극히 사적인 문제의 노출을 원하지 않을 뿐만 아니라, 연구자가 어떤 유형의 정보를 원하는지 모를 수도 있고, 혹은 자신의 감정을 잘 분류해서 보고할 만한 무엇으로 나타나지 않을 수도 있다. Brown(1989)은 반구조화된 면접을 개발했는데, 생활사건과 어려움 스케줄(life events and difficulties schedules, LEDS)은 도움이 되는 맥락을 제공하고, 좀 더 포괄적인 보고를 위해 구조화된 조사기법을 제공한다.

우편 설문지에 대한 내 경험으로 볼 때, 일반적인 지역사회 표본보고 중 25% 정도는 지난 달에 아무런 크고 작은 문제가 없었다고 보고한다. 규범적 노화연구에서 남성들을 상대로 스트레스와 대처에 대한 자기보고 질문지 예비조사를 했을 때, 비슷한 비율의 남성이 아무런 문제가 없다고 보고했다. 그러나 면접에서는 이 부류 중 많은 이들이 문제를 드러냈다. 때로는 문제를 해결해서 그것을 더 이상 문제거리로 여기지 않았다. 죽어가는 아내를 돌보는 돌봄자와 같이 만성적 역할 긴장을 겪고 있는 남성들도 있었는데, 최근 갑작스러운 위기사항이 없는 한, 그들은 자신들이 '문제'를 가지고 있지 않다고 여겼다. 자기보고 형태보다 면접으로 변환함으로써 우리는 '문제가 없다'라고 보고하는 남성들의 숫자를 10% 미만으로 감소시킬 수 있었다(Aldwin, Sutton, Chiara, & Spiro, 1996).

상대적으로 잘 알려지지 않은 새로운 분야를 연구할 때나, 에이즈나 근친상간 같이 매우 민감한 주제를 연구할 때, 혹은 문화나 연령(아동, 노인) 때문에 스트레스원에 대한 다른 의견을 가질 수도 있는 인구집단을 연구할 때, 임상 면접은 특히 유용할 수 있다. 예를 들어, 보편적인 스트레스 설문지는 'La Immigré(이민자)'에 대해 염려하거나, 문화적 금기사항을 부수거나, 조상을 욕되게 하거나 혹은 미혼의 딸이 처녀성을 잃은 것 등 다양한 문화에서 스트레스의 충분한 요소가 될 수 있는 것들을 연구할 수 있는 문항들을 포함하지 않는다. 면접은 시간이 지남에 따라 문제가 어떻게 변화하는지, 다른 영역을 침범하는지 여부 등과 관련해서 스트레스 과정을 더 잘 이해하는 데 도움을 줄 수도 있다. 그러나 매우 완벽한 조사(꽤 지루해질 수 있는)가 있지 않거나, 혹은 만약 응답자가 거론하지 않는다면, 응답자가 단순히 이야기를 하지 않은 것인지, 아니면 진짜 그런 일이 일어나지 않았는지 확실하지 않을 수도 있기에, 스트레스 사건이나 사소한 사건 목록은 면접에서의 기억을 도와줄 수 있다. 더욱이 면접 실행은 시간과 인원이 필요하며, 부호화하는 데도 시간이 필요하기에 면접은 설문지보다 훨씬 더 비용이 많이 든다. 결과적으로 매우 작은 표본에 국한되게 된다. 따라서 다른 방법과 마찬가지로 스트레스 면접은 매우 유용할 수 있으나 제한점을 지니고 있다.

실험실 스트레스원

통제된 실험실 실험들은 생물정신사회적 현상(biopsychosocial phenomena)에서의 인과관계를 밝히는 한 가지 방법이다(Aronson, 1980). 실험실 스트레스 실험의 대부분이 동물을 대상으로 실행되는 반면, 일부는 인간을 대상으로 하기도 한다. 실험실에서 인간을 상대로 하는 스트레스원의 형태는 약한 전기 충격, 암산, 그리고 한랭승압 실험 정도이다. 한랭승압 실험과정에서, 연구 대상자의 팔을 흐르는 찬물에 담갔을 때 순식간에 매우 고통스럽게 변하는데, 이는 별다른 해가 없다(심장질환이 없는 경우). 또 다른 과정은 일상적 생활 상황을 흉내낸 것으로, Frankenhauser(1980)의 연구처럼 조립 라인을 사용하거나, 또는 포경수술이나 산업재해와 같은 비참한 내용의 영화를 보여주는 것이다(Lazarus, Speisman, Markoff, & Davison, 1962). 보편적으로 사용되는 다른 방식은 사회 압력이나 대중 연설처럼 약한 스트레스원을 통한 평가이다(Blascovitch & Katkin, 1993; Feldman, Cohen, Hamrick, & Lepore, 2004). 실험실에서 스트레스를 연구하는 장점은 스트레스원들이 명확하게 정의되고, 제한적이며, 신경계, 내분비계, 면역계 등의 특정 반응 등이 자세히 검토된다는 점이다. 실험실연구들은 또한 A형 사람들이 스트레스에 더 큰 심리적 반응을 보이는지 여부 등, 스트레스 과정의 특별한 요소 검토에 매우 유용하다.

실험실연구의 유용성에 대한 고전적 예는 Lazarus와 그의 동료들의 초기 연구이다(Lazarus 등, 1962). 그들은 대학생들에게 매우 스트레스가 높은 영화를 보여줬고 사용되는 평가방법을 조작했다. 예를 들어, 어떤 사람들은 영화 주인공에게 동정심을 갖도록 요청을 받았고, 다른 이들은 임상적 분리를 사용하도록 요구받았다. Lazarus는 스트레스에 심리적 반응은 사람들이 사용하는 인지과정 방법에 영향을 받는다는 것을 증명할 수 있었다.

그러나 실험실 상황에서 사람들(그리고 동물들)이 경험할 수 있는 스트레스 형태와 양에는 윤리적 제한이 있다. Ader(1981)의 강력한 주장에 따르면, 실험실 쥐를 천천히 돌아가는 드럼통에 넣는 것은 뇌분비계와 면역기능에 큰 변화를 초래할 만큼 충분히 스트레스가 높은 상황이고, 전기 충격, 통제, 음식부족, 사회적 고립,

그리고 익사 직전까지의 수영 등은 불필요하다. 또한 실험실연구를 실질적 스트레스 삽화로 일반화하는 것은 심각한 문제점이 있다. 만약 암산을 할 때 A형 사람이 B형 사람보다 혈압 상승을 보여주지 않는다면, 교통 체증 시 끼어드는 차에 대해 이 두 유형이 똑같이 침착하게 대응한다는 뜻인가?

최근 Kiecolt-Glaser와 그녀의 동료들(Marucha 등, 1998; Glaser 등, 1999)은 스트레스의 생리학을 연구하는 데 흥미로운 방법을 고안해 냈다. 그들은 사람들의 피부나 잇몸에 아주 작은 상처를 낸 뒤, 회복 기간에 있어 자연주의적 스트레스원의 효과(의학도들의 시험에서처럼)와 회복의 생리학(예 : 감염과 싸우기 위해 면역계를 가동시키는 것)을 연구한다. 이것은 자연주의적 스트레스원과 통제된 실험실 방법을 접목시킨 것으로 현장과 실험실연구 사이의 매우 유용한 교차형 방법이라고 할 수 있다.

생리적 반응의 현장 평가에서 사용되는 상대적으로 새로운 방법들 가운데, 이동식 심장 모니터와 원격 측정 기기가 있다. 응답자는 호출기를 지니고서 임의 간격으로 그 상황에 무엇을 하고 있는지 기록한다. 이 방법은 실질적 현장 스트레스원에 반응하는 심장박동 등 생리적 반응을 감시할 수 있다. 이 방법은 분명한 몇 가지 제한점을 가지고 있다. 규정을 준수하는 데 문제가 있을 수도 있는데, 상황에 따라 개인이 하고 있는 일을 중지하고 기록을 할 수 없을 수도 있고, 현장기록이 분실될 수도 있다. 또한 제한된 생리적 반응만이 연구될 수 있는데, 소변이나 혈액 채취 등은 사용될 수가 없다. 그러므로 현시점에서 실험실연구는 스트레스의 신경 내분비학을 연구하는 데 필수적이다.

요약

다양한 스트레스 척도를 감안할 때, 연구에서 어떤 형태의 스트레스가 조사되어야 하는지는 토론이 필요하다. 개인의 스트레스 삽화, 생활사건, 사소한 사건, 만성적 역할 긴장, 그리고 생태 순간 평가와 실험실연구를 통한 연구는 상당히 설득력 있는 주장이다. 어떤 방식을 선택할 것이냐는 특정 연구 질문과 건강 결과의 유형에 따라 달라진다. 확실히 실험실연구는 스트레스 단계에 있어 지역적 차이를 검토할 수 없을 것이다. 어떤 면에서 볼 때, '가장 완벽한' 연구는 특정 사건을 특정 건강 결과에 연관시키는 것이다(예 : 사별과 심장마비). 그러나 그러한 특정 사건은 좀처럼 드물고, 확실히 스트레스와 건강 사이에는 좀 더 일반적인 관계가 있다고 할 수 있다.

연구의 시간적 매개변인(parameter)과 측정되는 건강 결과의 유형은 스트레스 척도 선택을 이끌어야만 한다. 오르내리고 즉각적인 건강 결과(혈압 혹은 면역 측정)를 측정하는 연구에서는, 더 과정 지향적(일상 스트레스원)이거나 시간, 심각도, 스트레스원의 기간을 통제할 수 있는 실험실 연구를 사용해야만 한다. 작년에 일어났던 중요 생활사건이 필연적으로 현재의 심리적 과정 측정에 영향을 미치리라고 예상해서는 안 된다. 그러나 질병과 같이 중요 건강 결과를 조사하는 데 있어서, 상대적으로 작은 스트레스가 심장마비나 암을 발병하게 하지는 않을 것이고, 그러한 연구는 심각한 생활사건이나 만성적 역할 긴장, 외상 등에 중점을 두어야만 한다.

이러한 모든 방법이 타당하며, 우리가 스트레스라고 부르는 일반적인 구성개념의 중복된 지표라고 할 수 있다. 제1장에 소개된 코끼리와 시각장애인의 일화에서처럼, 각 형태의 방법은 우리로 하여금 큰 문제의 일각만을 연구하도록 해준다. 생활사건이나 사소한 사건만, 혹은 만성적 역할 긴장이나 실험실연구만을 해야 한다고 주장하는 것은 코끼리를 이해하기 위해서는 코, 귀, 다리, 혹은 꼬리만 검토해야 한다는 것과 유사하다. 전체적 코끼리를 구상하기 위해서는 우리가 할 수 있는 한 다양한 방법으로 스트레스를 연구해야만 한다.

스트레스가 건강에 부정적인 영향을 준다는 것은 확실한 반면, 스트레스원을 겪는 모든 사람이 질병에 걸리거나 스트레스를 경험하지는 않는다. 스트레스 경험에 있어서 사람들은 다른 자원과 취약성을 가지고 있으며, 이것은 스트레스의 효과를 중재할 수도 있다. 개인이 스트레스나 주요 외상에 어떻게 대처하는지는 스트레스 자체의 발생보다 정신건강 결과에 더 중요하다는 증거가 늘어나고 있다. 개인이 신체적 질병에 어떻게 대처하는지는 결과에 영향을 미칠 수도 있고, 사망을 재촉하거나 지연시킬 수 있는 대처전략들도 있다. 따라서 이 책의 나머지 부분들은 대처방법 연구와 개념화를 위한 다양한 방법을 검토할 것이다. 다시 말해 척도, 설계, 그리고 통계적 문제들의 조사, 결과와의 관계 조사와 상황이 결과를 어떻게 변화시킬 수 있는지에 대해 검토할 것이다. 마지막으로, 대처에 대한 문화적 영향을 조사하고, 대처가 어떻게 발달하는지를 조사할 것이다.

제 6 장

대처는 왜 중요한가

간편 옥스퍼드 영어사전 1955년 개정판에서 'cope'(역자 주 : '대처하다'라는 뜻으로 주로 쓰임)의 정의를 찾아본 적이 있다. 놀랍게도 간략본인 그 사전에서의 정의는 다음과 같이 다양하였다 : 1. 오래된 망토, 2. 기독교 성직자가 입는 제복, 3. 망토나, 차양 또는 둥근 천장과 닮은 어떤 것, 4. 거푸집의 덮개 또는 바깥 부분. 이 단어는 또한 '장막을 비치하다', '강하게 부딪치다'를 의미한다. 또한 동사 'cope'가 '매의 부리를 자르다', '앵무새의 부리를 묶거나 막다'는 의미가 있으므로 축산업과도 연관성이 있다. 이 단어는 전투에서의 충격이나 맞닥뜨림을 의미할 수도 있고, 'coping'은 주로 벽돌을 쌓는 일이나 미장이 일을 의미한다.

이 수많은 정의 중 최근 이 단어의 쓰임새(역자 주 : 즉 '대처하다'라는 의미로 쓰이는 것)에 대한 힌트가 될 수 있는 단 하나는 '자신이 어떠한 것과 어울리거나 어울린다고 증명하다' 또는 '어떤 것에 충분히 만족한다'에 있다. 이 용어에 대한 사용과 문화가 얼마나 변화해 왔는지를 암시하기 위해, 1981년판 옥스퍼드 미국 사전에서는 '성공적으로 관리하다(to manage successfully)'를 'cope'의 주요 정의로 제공하고 있다.

현대 미국문화는 스트레스와 이에 대한 대처에 집착하고 있다. 이러한 관심의 예들은 모든 미디어에서 쉽게 찾을 수 있다. 주변의 자기계발서들은 개인적인 단점이나 이성, 일, 질병, 부모, 자녀들과 같은 문제들을 다루는 최고의 방법에 대해서 현명한(또는 그리 현명하지 않는) 충고를 제공한다. 매일 많은 독자들은, 다양한 현자들이 개인적인 문제와 가족 또는 동료들 사이에서의 언쟁 또는 예의범절, 애완동물, 화분, 연세든 부모님, 건강, 재정적 문제 등 다양한 영역에서의 문제들을 해결하고자 하는 조언을 제공하는 신문 칼럼을 열광적으로 읽는다. 보스턴글로브는 '비밀 이야기(confidential chat)'로 명명된 칼럼을 정기적으로 실었다. 이 칼럼에서 사람들은 문제에 대해 기술하고 다른 사람으로부터 조언을 구한다. 사람들은 솔을 뜨기 위해서는 어떻게 특정한 유형들을 찾는지와 같이 사소한 문제부터 지나치게 활동적인 아동을 다루거나 다른 주로 이사를 가야 하는지와 같은 주요한 문제들에 대한 답을 구한다.

똑같은 현상들은 방송미디어에서도 볼 수 있다. 토크쇼는 은퇴와 관련된 문제들과 같은 비교적 일상적인 문제들로부터 이상하고 자극적인 문제들까지 일상생활의 문제들을 다룬다. 패널에는 심리학자나 변호사와 같은 '공식적인' 전문가들과 비슷한 경험을 한 적이 있는 개인들처럼 '비공식적인' 전문가들이 포함된다. 또한 텔레비전에서는 생명을 위협하거나 흉한 상처를 남기는 다양한 질병들에 대처하고 있는 개인들과 가족들을 그리는 '이번 주 최고의 질병'과 같은 프로그램을 방영한다. 일일 연속극은 괴로운 상황에 있는 사람들을 그릴 뿐 아니라, 문제에 대처하는(대체적으로 거짓말이나 속임수, 절도, 복수 등의 가장 최고로 부정적인 방법들을 사용함) 역할 모델을 보여주기도 한다. 리얼리티쇼에서는 몇몇 사람들의 대처기술과 생존기술을 시험하기 위한 놀랄 만한 문제들을 제시하기도 한다.

사람들은 또한 정신과 의사나 심리학자, 사회사업가, 종교인과 같은 공식적인 지원 자원에 의지하기도 한다. 또한 오래된 관습에 따라서 미용사나, 바텐더, 점성술사, 예언가, 영매와 같은 사람들에게 의지하기도 한다.

이에 대한 관심은 학문적 논문들에서도 나타난다. Coelho, Hamburg와 Adams (1974)가 스트레스, 대처와 적응(*Stress, Coping, and Adaptation*)이라는 책을 출간한 이후, PsychInfo에서 검색해 본 결과 38,000개가 넘는 대처에 관한 논문이 나타났다. 이러한 연구들은 대처의 구조에 관한 일반적인 것에서부터 개인들이 어떻게 특정한 스트레스원, 특히 만성적인 질병에 대처하는가에 관한 특정한 방법에 이르기까지 다양하다(이에 관한 문헌고찰은 제10장과 제11장 참조).

대처에 대한 폭발적인 관심은 몇 개의 영역에서 그 뿌리를 찾아볼 수 있다. 스트레스 연구와 함께, 사람들이 어떻게 스트레스에 대처하는지를 연구하는 것에 대한 중요성은 크게 세 개의 영역으로 나뉠 수 있다. 대처 자체에 대한 관심, 심리적 적응 모델에 대한 연관성, 생의학적 적응 모델과의 연관성이 그것이다. 각각의 영역에서 왜 대처에 대해 흥미를 가지게 되었는지를 살펴볼 것이다.

대처 자체에 대한 관심

사람들이 어떻게 대처하는가를 연구하는 것은 그 자체로 흥미로운 일이다. 스트레스는 일상의 많은 부분을 차지하므로, 사람들이 어떻게 성공적으로 스트레스를 다루는지에 관한 것은 개인에게 직접적 연관이 있다. 앞서 밝힌 바와 같이, 미디어에서 대처전략들을 광범위하게 다루는 것은 그 중요성을 증명한다. 이는 마치 자신의 삶에서 숙달감과 통제가 필요한 경우, 사람들은 그것이 진짜든 혹은 꾸며낸 것이든 간에 타인들이 사용하는 대처전략들을 관찰함으로써 새로운 전략을 획득하는 것에 대해 끊임없는 관심을 가지고 있는 것과 같다.

대처 그 자체에 대한 관심은 대처에 관련된 신화적 이야기 — 어떠한 중요한 일을 성취하기 위해 놀랄 만한 역경에 맞서는 영웅에 대한 이상향 — 에서 일부 기인한다. 그러나 대처라는 용어의 사용이 빠르게 변화하고, 위에서 밝힌 바와 같이, 그 개념에 대한 관심이 폭발적인 것은 대처에 관한 관심이 사회적 변화(말하자면, 사회적 특성에서의 가능한 변화뿐 아니라 사회적 역할의 요구에서의 변화) 때문이라는 것 또한 시사한다.

신화이야기적 근원

'스트레스에 대처한다'라고 하는 개념은 어려운 상황하에서 영웅적 행동에 대한 기본적인 흥미에 그 근원이 있다. 영웅들은 어떤 개인적인 혹은 집단을 위한 더 높은 목표를 찾는 과정에서 힘든 상황들을 용감하게 극복하는 사람들이다. 동화 속에서 젊은 왕자는 아름다운 공주를 얻기 위해서 용이나 악마들을 정복해야 한다. 아서왕의 기사들은 악랄한 기사들과 침입군에 대항해 용감하게 싸웠다. 영웅들은 또한 건국의 아버지나 혁명 리더들, 군 저명인사이거나, 성인 또는 종교적 지도자와 같이 비범한 개인적 특성들과 관련된 인물이다. 현대적 영웅들은 크게 세 가지 기본 유형으로 나뉠 수 있다. 신체적 어려움을 극복한 사람들, 사회적 격변기 동안 리더십을 보여준 사람들, 또는 어떠한 이유로든 다른 사람들에게 영감을 주는 개인적 외상을 극복하고 있는 사람들이 그 세 유형이다.

신체적 어려움을 극복한 영웅들에는 탐험가, 우주인, 전쟁 영웅과 항공기의 성능을 시험하는 파일럿들이 있다. 이러한 남성들과 소수의 여성은 용감함을 보여주고 생명을 위협하는 위험에 맞선다. Chuck Yeager의 폭발하는 실험용 초음속 제트기에서 불타고 있는 낙하산을 달고 점프 수트를 입은 채로 탈출하여 생존하는 능력은 주목할 만한 예이다(Yeager & Janos, 1985). 어떤 영웅들은 타인을 보호하기 위해 자신들의 생명을 내놓기도 한다. 9 · 11 사태 당시 세계무역센터에서 사람들을 구하려고 했던 뉴욕 경찰관과 소방관들의 용기는 최근에 잘 알려진 예시이다.

텔레비전은 오랫동안 록 스타들과 배우들로 영웅을 대신해 오면서, 현재 실제 삶에서의 영웅들에 대한 더 많은 관심을 뒤늦게 만들고 있다. 공영방송은 수많은 위험을 동반하는 외지에서의 실제 탐험을 그리는 모험 시리즈를 방영한다. 다른 방송국에서는 용감함으로 회자된 경찰관들의 실제 경험을 그 당사자가 설명하는 형식의 재연 프로그램을 방영한다. 불행하게도 영웅을 현대 대중문화에서 재조명하려는 최근 리얼리티 쇼의 시도는 다소 조작적이고, 궁극적으로는 시시해 보인다.

이와 관련해 최근에 볼 수 있는 변형은 영화에서의 영웅들을 실제 영웅들과 혼동하는 것이다. 캘리포니아의 유권자들이 아놀드 슈왈제네거를 2003년에 주지사로 선택한 이유는, 그가 상황 속으로 뛰어들어서 어떠한 사람도 해결할 수 없는 문제를 해결하는 영웅으로 출현했기 때문이라고 확신한다. 물론 캘리포니아의 경제적 문제는 극복할 수 없는 문제인 것 같았고, 어떤 문제도 해결할 수 있는 사람으로 자신의 영화 속 이미지를 이용하여 자신을 어필하였다.

개인적으로 큰 위험에도 불구하고, 어떤 영웅들은 사회적 병폐를 물리칠 수 있거나, 격동기에 리더십을 발휘할 수 있는 용기와 완결성을 지니고 있다. 미국에서는 마틴 루터 킹과 로버트 케네디 같은 사람들이 제도화된 인종적 편견에 맞서는 저항을 주도하였고, 그 노력 때문에 저격을 당했다. 구소련에서는 안드레이 사하로프와 나탄 샤란스키와 같은 사람들이 전체주의의 억압에 저항한 대중의 항거에서 극심한 고통을 겪어냈다. Sharansky(1988)의 저서, 악을 두려워 말라(Fear No Evil)는 구소련 수용소의 수모에서도 자신의 인간적 완결성을 지키기 위한 대처전략들을 뛰어나게 제시하고 있다.

또 다른 실제 인물의 영웅적 행동은 신체적 한계와 생명을 위협하는 질병들을 힘과 위엄으로 맞서는 것에서 비롯된다. 루 게릭은 장애를 수반하는 치명적 질병인 근위축성 측삭경화증를 겪었던 야구선수이다. 양키 구장에서 팬들에 대한 감명 깊은 고별사는 장애와 죽음에 직면할 때의 꿋꿋한 용기와 불굴의 의지를 보여주는 고전적인 예로 남아 있다. 게릭의 유명한 고별사는 프로 농구선수인 매직 존슨이 자신은 에이즈 바이러스에 감염되었다는 것을 발표한 것, 사지마비 환자를 대표하려 했던 크리스토퍼 리브의 용기 있는 노력, 그리고 사이클 선수인 랜스 암스트롱이 투르 드 프랑스(Tour de France)에서 최초로 일곱 번 연속 우승하기 위해 암을 이겨냈던 놀랄 만한 회복을 보여준 최근의 사례들과 유사성이 있다.

사람들이 어떻게 스트레스에 대처하는가에 관한 관심의 많은 부분은 강인함, 완결성과 불굴의 의지와 같은 존경 받는 특성들과의 연결성 때문이다. 그러나 대처에 대한 학문적 연구들은 그러한 관심들을 많이 반영하지 않는다. 강인함, 용기, 불굴의 의지, 용감성이라는 단어나 이러한 개념들을 조작화하려는 노력들은 과학적인 연구들에서 최소한 상당히 최근까지는 나타나지 않았다. 대신 행동 계획을 세우는 것과 같은 문제중심적 대처(problem-focused coping)와 소망적인 생각을 하는 등의 정서중심적 대처전략들(emotion-focused coping strategies)을 살펴볼 것이다. 이러한 고찰을 통해, 우리가 그 과정들에 대해서는 아는 것이 별로 없다는 사실도 함께 논의할 것이다. Aldwin과 Levenson(1987)이 지적한 바와 같이, 부정적 결과들과 연관되어 있는 대처전략들이 무엇인지에 관해서는 잘 알려져 있지만, 상대적으로 긍정적인 결과들과 관련 있는 대처전략들에 대해서는 거의 알려지지 않았다. 그러나 최근에 긍정심리학(Seligman & Csikszentmihalyi, 2000)의 대두는 확실하게 이러한 심리학에서의 불균형을 바로잡으려는 시도이다. 실제로 Peterson과 Seligman(2004)은 이러한 '성격 강점과 장점들'을 측정하는 도구들을 개발했다.

사회적 역할 변화

대처에 대한 최근의 높은 관심은, 사람들이 개인적인 문제를 다루는 데 있어서 큰 어려움을 겪고 있으며, 지난 몇 년 동안의 주요한 사회적 격변을 반영하는 것이기도 하다. 추후 제13장에서 논의할 것처럼, 개인이 스트레스를 다루는 일반적인 방법은 대체로 특정한 문제들을 다루는 수용할 수 있는 방법들이 무엇인지를 나타내는 사회적 규범들에 의해 좌우된다. 사회적 변화에 따라 이러한 규범들은 종종 적용될 수 없게 되고, 새로운 문제와 기존의 문제들을 모두 다루기 위한 새로운 방법들이 마련되어야 한다. 불행히도 이러한 방법을 마련하는 것은 개인적인 수준에서 주로 이루어진다. 즉, 개인들은 문제들에 대처하는 새로운 방법을 알아내고, 그러한 새로운 대처 형태를 강화시키기 위해 사회적 혹은 법적 체계에서의 변화를 가져올 수 있는지를 탐색하여야 한다.

지난 50년간 새로운 문제들을 만들어 내고 기존의 문제들을 다루는 새로운 방법들을 요구하는 큰 사회적 변화가 있었다. 여성의 노동시장 진출, 사회계층의 유동성, 인종차별 폐지와 가족구조의 변화는 더 이상 사회적으로 이미 결정되거나 일상화된 방법이 없으므로 새로운 문제를 야기했다. 사람들은 새로운 방법을 배워야 하고, 새로운 해결책을 마련해야 한다. 따라서 가능한 다양한 방법들에서 정보를 찾는 것은 놀라운 일이 아니다.

관리직에 고용된 최초의 흑인 또는 최초의 여성 법률사무사 파트너라는 지위를 생각해 보자. 직장에서 문제를 다루는 기준이 되는 방법들은 이러한 사람들에게 적합하지 않을 수 있다. 이러한 사람들은 회사문화의 기대에 쉽게 맞지 않고, 그들의 비전통적인 역할에서의 존재 그 자체는 새로운 해결책을 요구하는 새로운 문제를 발생시킨다. 예를 들면, 1970년대 중반에 이루어진 의료종사자 학교에 재학 중인 여성들은 많은 학교들이 여학생을 수용할 만한 기초시설이 없다는 것을 알았다. 일례로 맞는 사이즈의 수술용 장갑도 없고, 여자 인턴이나 레지던트들을 위한 대기실도 없었다(Women's Action Program, 1976). 흑인과 여성의 능력에 대한 일반적인 가정과 사회적 상호작용에 대한 가장 적합한 접근법의 필요성이 제기되었고, 변화가 선구자적인 개인과 동료들의 상호작용 형태에서 이루어져야 했다.

노동시장에 여성들의 유입이 일과 개인적인 삶에서의 새로운 어려움을 발생시킨 것이 그 예이다. 40년 전에는 중산층 여성들 사이에서는, 주로 남편이 될 만한 사람들을 만나는 수단으로 직장을 이용해 왔던 젊은 미혼 여성만이 주로 직업을 가지고 있었다. 요즘에는 여성들이 자신의 일을 개인적 생활과 분리시키고 있고, 이전의 연인과 일을 해야 하기 때문에 일어날 수 있는 복잡한 문제들을 피하기 위해서 동료들과 데이트하는 것을 꺼린다. 따라서 여성들은 원하지 않는 성행동의 진전들을 다루는 새로운 방법을 배울 필요가 있었고, 법적 구조에서 제도적 변화가 있어야 했다. 한 예로, 여성들과 남성들은 직장에서의 성추행이나 폭력에 대한 보호를 위해서 고소를 위협수단으로 사용할 수 있다. 이와 유사하게, 흑인과 다른 인종 소수자와 성 소수자들은 무의식적이고 의식적인 심한 편견들에 대처하는 새로운 방법들을 발견해야 했으며, 적응의 새로운 형태를 정당화하고 대처에 대한 새로운 자원을 제공하는 방법으로 법정을 이용해 왔다. 따라서 사회역할에서의 변화는 대처의 새로운 방식을 찾아내기 위해 사회적 그리고 또한 개인적 수준에서 새로운 문제들을 만들어 낸다.

여성 역할의 변화는 또한 가족구조의 변화를 예견했다. Elder와 Caspi(1988)는 대공황시기와 제2차 세계대전 동안 여성의 노동시장 진출은 부부 역할에 대한 기대에 상당한 영향을 미쳤고, 이는 결국 이혼율 증가에 영향을 미쳤다고 주장했다. 따라서 배우자 사이에 관계를 맺는 오래된 방법은 여성이 더 많은 경제적 영향력을 미침에 따라 변화하였고, 이 변화는 여성이 불행한 결혼을 떠나는 것을 가능케 하였다. 부모님의 상호작용을 관찰하는 것에 기초하여 남성과 여성이 결혼생활에 가졌던 기대들은 더 이상 적합하지 않았다. 그리고 사람들은 역할 요구와 그 결과로 오는 갈등에 대처하는 새로운 방법들을 요구했어야만 했다. 상당히 높은 이혼율은 가족 내 상호작용의 새로운 형태를 만드는 데 있어 개인들이 직면하는 어려움의 하나를 나타낸다.

이 결과 결혼 역할과 이혼율의 변화가 자녀를 양육하는 데 새로운 어려움을 야기하였다. 맞벌이 부부 가족에서 아이를 맡길 곳을 관리하는 능력은 새로운 기술을 요구한다. 조부모에게 맡긴다거나, 가사도우미를 고용하거나, 한 명만 정규직으로 일을 하거나, 서로 다른 근무시간에 일을 한다든지, 가족 또는 기관보육시설을 이용하거나, 집에서 할 수 있는 사업을 시작한다든지, 혹은 이러한 것들 중 몇가지를 함께 사용하는 것들이 해결방안이 될 수 있다.

이혼 가정에서는 이러한 일들이 더욱 어려워진다. 미국 자녀의 절반이 부모 이혼을 경험하게 된다(Grych & Fincham, 1997). 베이비부머와 X 세대가 이 문제를 다루어야만 하는 첫 번째 코호트였다. 지친 부모가 되는 것을 어떻게 해결할 수 있는지, 주말 아빠가 된다거나, 공동양육권을 가진 상황에서 이전 배우자와의 법적인 관계를 어떻게 유지해야 하는지, 또는 새 배우자를 가족에게 어떻게 소개해야하는지. 이러한 사회적 역할의 큰 변화를 볼 때, 사람들이 그들의 인내를 상실해가는 것은 놀라운 일이 아니다. 사람들은 이미 준비된 답이 있건 없건 사회 변화로 인한 새로운 문제들을 처리하도록 강요당하고, 예시들을 위해서 서로에게 그리고 미디어에 관심을 기울인다. 반가운 소식은 사람들은 어떤 환경에도 적응한다는 것이다. 이혼이 규범에 가까운 것이 되어 감에 따라, 이혼 자녀들은 이전 세대에서 그랬던 것처럼 낙인이 찍히지 않는다. 사회 제도는 새로운 현실에 적응해 나간다. 공동 양육권은 이제 드문 것이라기보다는 새로운 규범이고, 적응한다는 것은 험악한 법적 전쟁이기보다는 이혼 합의의 중재로 가는 추세이다. 이러한 변화가 일어난 이유는 부모가 자신들의 이혼을 어떻게 다루는가 하는 것이 상당히 자녀들의 안녕과 장기간의 결과에 영향을 미친다는 것이 알려졌기 때문이다(Hetherington, Elmore, Chase-Lansdale, Kiernan, & Friedman, 2004). 따라서 거시경제적인 변화는 사회적 변화를 이끌었고, 이 변화는 가족에게 영향을 미쳤다. 부모가 이러한 변화에 어떻게 대처하는지가 직접적으로 자녀의 안녕에 영향을 미친다(Conger & Conger, 2002). 그리고 이는 사회 변화에 대처하는 사람들이 이러한 전환에 스트레스를 덜 받도록 하는 사회적 제도 안에서의 변화를 요구한다.

사회적 특성의 변화

대처에 대한 폭넓은 관심은 또한 사회적 특성 변화를 반영하는 것일 수 있다. Riesman(1961)에 따르면, 20세기 중반에 미국의 국가적 특징은 내면 지향적인(inner-directed) 인구, 즉 그들의 동조(conformity)는 인생 초기에 내면화된 일련의 목표들을 획득하는 경향을 가진 사람들에서, 외향 지향적인(outer-directed) 인구, 다시 말해 동조가 타인의 기대와 선호도에 민감해진 경향을 가진 사람들로 변화하였다(p. 8).

나는 목표뿐 아니라 선호되는 적응전략들도 과거에는 내면 지향적인 유형이었다고 생각한다. 과거의 전략들은 '정직이 최선의 정책이다', '어떠한 어려움도 굳세게 견뎌라', '당신이 이미 받은 복을 세어 보라'와 같은 속담에서 명백해진다. 이러한 금언들은 문제를 다루는 데 있어서 선호되는 유형을 반영한다. 즉, 정직하기, 감정 억제하기(특히 남자들에게)와 문제에 대한 책임 수용하기와 같은 명예의 코드들과 관련이 있다. 삶의 문제들에 직면했을 때, 이러한 '내적 컴퍼스'들이 무엇이 옳은 행동인지를 설명해 준다. 예를 들어, 권위에 복종하고, 국가와 가족에 충성하고, 거짓말이나 속임수 또는 훔치지 않는 것들이 그것이다.

외향 지향성이 증가함에 따라, 개인들은 좀 더 비슷한 상황의 다른 사람들의 행동과 또래들이 무엇을 수용할 수 있는 전략으로 여기는지를 더욱 살핀다. 내적 컴퍼스는 상황주의와 가치의 상대성이라는 예민한 감각으로 대치된다. 어떠한 상황에서 무엇이 도덕적으로 옳은 행동이어야 하는지에 대한 내적 지침보다는, 외향 지향적인 사람은 즉각적인 상황에서 타인들의 의견과 자신들의 행동에 대한 즉각적인 결과에 더 관심을 가질 것이다. 따라서 적응과정을 굉장히 복잡하게 만들면서, 각각의 문제는 독특해지고, 그 문제만의 해결책이 요구된다.

외향 지향적인 입장의 이점은 융통성과 그 상황에서 타인의 요구에 빈번하게 민감해질 수 있다는 것이다. 그에 반대로, 단점은 개인들을 또래 압력에 지나치게 시달리게 하고, 지속적인 선택이나 결정을 요구하게 한다는 것이다. 사람들이 자신들의 대처 레퍼토리를 늘리려고 하고, 필요할 경우 전략에 대한 조언을 구하기 위해서 타인에게 의지하는 것도 당연하다.

대처의 심리사회적 적응 모델과의 연관성

제2장에서 심리사회적 적응 모델들에 대한 스트레스라는 구성개념의 기여점 두 가지를 살펴보았다. 하나는 환경적 요인과 개인적 요인들을 스트레스에 대한 취약성이라는 개념을 통해 정신질환의 발생과 결합시킬 수 있는 것이고, 다른 하나는 적합도(goodness of fit)에 대한 개념 — 즉, 심리사회적 적응은 부분적으로 상황이 요구하는 것과 개인의 능력 사이의 조화 — 이다.

또한 대처에 관한 연구들은 개인이 스트레스에 반응하고 다루는 방법이 다양한 요인의 조합이라는 것을 보여줌으로써 환경적 관점과 개인적인 관점을 통합한다. 대처행동을 복합적으로 결정하는 것은 적응에서의 유연성을 가능케 한다. 사람들은 환경에서의 긴급한 상황과 자신의 취향 모두를 고려하기 위해 무엇을 할 수 있는지를 수정한다. 한 사람이 대처를 어느 정도 하는가 하는 것은 부분적으로 환경적 요구와 개인 자원 간의 '적합도'의 문제이기도 한다.

몇몇 사람들은 대처를 '잘하는' 사람과 '못하는' 사람으로 분류할 수 있다고 믿는다. 이들은 한 영역에서의 능력은 일반적으로 다른 영역에서도 나타나는 개인적인 특징이라고 가정한다. Aldwin(1982a)은 일과 가정이라는 두 가지 다른 영역에서 중년 남녀의 대처에 대한 연구에서 이 가정을 살펴보았다. 중간급 관리자였던 남성들은 일과 관련된 상황에서 주로 상당히 복잡한 문제중심적 대처전략을 사용하면서 능력 있는 대처기술을 보여주었다. 그러나 가족과 관련된 상황에서, 남성들은 능력이 떨어진다고 느꼈고 "우는 아이를 달래지 않고, 부인이 하도록 한다."와 같은 말을 하였다. 반대로 여성들은 가족과 관련된 문제를 다루는 데 능숙하였다. 그러나 주로 낮은 직급의 비서나 점원으로 일하는 몇몇 여성들은 일과 관련된 상황에서 덜 숙련되고 정서중심적 대처전략을 사용하는 경향이 높았다. 따라서 어떤 한 사람이 '능력 있는 대처자' 또는 '능력 없는 대처자'라고 하는 것은 대체적으로 그 사람이 특정한 환경적 맥락에서 사용하는 기술의 유형에 따른다.

따라서 스트레스에 대한 대처의 구성개념은 스트레스 모델의 두 가지 기여점을 재강조한다. 그러나 이 개념은 세 가지 측면에서 심리사회적 적응에 대한 이해를 넓히기도 한다. 첫째, 스트레스 패러다임에 대처라는 구성개념을 더하는 것은 사람들이 환경 상황에 대해 수동적인 반응자가 아니며, 태어나면서 갖는 기질에 의해서만 이끌려 가는 것도 아님을 의미한다. 환경 상황에 적극적으로 반응함으로써 사람들은 어려움을 극복하고 적응하는 것을 배운다. 사람들은 자신을 변화시킬 뿐만 아니라 자신의 환경을 수정하는 것 또한 학습한다.

둘째, 대처의 학습된 행동으로서의 특성은 심리적 문제를 치료하는데도 그 시사점을 지닌다. 미국문화를 포함하여 많은 문화권에서 심리적 문제나 정신질환은 오명을 받아 왔다. 그리고 이러한 문제들로 도움을 청했던 사람들은 의심을 받아 왔다. 1970년대 초반, 미국 민주당 상원의원인 토머스 이글턴이 한때 우울증으로 치료를 받았었다는 사실을 밝혔을 때 부통령 후보 자리에서 즉각 사퇴해야 했다. 이러한 오명은 심리적 이상들이 주로 타고난 신체적 또는 심리적 문제들에 기인한다는 생각들에서 자라난 당연한 결과물이다. 최근에 '정상적'인 사람들도 특정한 문제들을 다루는 데 어려움을 겪을 수 있고, 누구라도 새로운 기술을 배울 수 있다는 인식이 증가한 것은 정신질환에 대한 편견을 다소 감소시키고 있다.

셋째, 대처는 유연하고 어느 정도 학습된다는 생각은 특정한 문제의 치료를 목적으로 하는 개입 프로그램의 발달을 가능케 한다(Folkman & Moskowitz, 2004). 스트레스와 대처에 대한 접근법은 어떤 사람들이 결점을 타고난다기보다 특정한 문제들에 대처하는 데 적합한 기술을 갖지 못한 것이라고 주장한다. Minuchin (1974)과 같은 치료자들은 어떤 개인들은 문제 상황을 다루는 데 있어서 문제를 없애기보다는 유지하는 데 기여하는 부적응적 방법들을 배우므로, 새로운 전략들이 학습될 수 있다고 주장하였다. 1992년 대통령 선거 기간 동안 민주당 후보인 빌 클린턴은 형제 중 한 명의 알코올 남용을 치료하기 위해서, 그리고 앨 고어는 아들의 심각한 질병을 치료하는 데 도움을 얻기 위해서 가족치료를 받았음을 인정했다. 이에 대한 낙인은 거의 없었다. 이러한 행동의 변화는 어떻게 개인이 문제들에 대처해야 하는가와 관련된 사회적 규범들이 변했음을 반영한다. 그러나 이때에도 이 두 후보자는 이것은 특정상황에 관련된 문제들이었고, 자신들의 전반적인 정신적 건강을 반영하는 것은 아님을 알리는 데 주의를 기울였다.

정서적 또는 심리적 문제들에 대한 낙인을 거둠으로써, 심리사회적 적응에 대한 스트레스와 대처 접근은 더 많은 사람들이 어떤 특정한 일련의 문제들을 다루는 데 필요한 기술들에 접근할 수 있도록 하였다. 결국 모든 사람은 스트레스를 받고 있고, 대처기술을 더 많이 배우는 것에 대해서 낙인은 거의 존재하지 않는다. 예를 들어, 스트레스 관리에 관한 수업은 지금은 직장에서 일상적으로 제공되고 있고, 자녀를 학대할 위험에 처해 있는 부모들을 위한 전화상담 서비스는 부모 스트레스 핫라인으로 불린다. 확실히 어떤 사람들은 다른 사람들에 비해 더 취약하다. 그러나 한 개인이 자신들이 어떤 특정한 유형의 문제들을 다루는 데 도움이 필요하다는 것을 인식하는 것은 신경질적이거나, 히스테리적이거나 또는 우울증이 있다는 것을 인정하는 것보다는 훨씬 쉬운 일이다.

대처기술을 배우는 것이 치료의 단 한 가지 목적이라는 것을 의미하는 것은 아니다. 그것과는 상당한 거리가 있다. 물론 치료는 약물투여와 자기이해와 같은 다른 많은 측면들을 포함한다. 그러나 대처기술에 초점을 맞춤으로써, 그렇지 않을 경우 심리치료에 대한 낙인찍힘 가능성을 감수하지 않을 사람에게 더 쉽게 접근할 수 있다.

따라서 스트레스에 대처한다는 구성개념은, 이 개념이 심리사회적 적응에서 타고난 유연성을 가능케 한다는 측면에서 선호된다. 스트레스가 인간과 환경 사이의 상호(또는 교류)작용에서 비롯된다는 것을 고려한다면, 문제와 수반되는 부정적 정동을 관리하는 것은 여러 가지 요인의 작용이다. 적응은 환경적인 변화와 개인적인 변화를 모두 요구할 것이다. 대처라는 개념의 강점은 유연성(즉, 대처 상황의 요구사항과 개인적 욕구를 모두 반영할 수 있는 능력)에 있다. 따라서 적응전략은 쉽게 변할 수 있다. 사람들은 자신에 관한 것이든, 환경관리에 관한 것이든 어려움을 극복할 수 있는 기술을 학습할 능력이 있다.

생의학적 적응 모델과의 연관성

스트레스와 자기보고적 신체건강의 상관관계가 .20에서 .30인 것을 볼 때, 흔히 스트레스는 건강 변량을 중간수준 정도로 설명한다. 다시 말하자면, 모든 사람이 스트레스 상황에서 질병을 얻는 것은 아니거나, 더 정확히 말해서 스트레스 삽화의 모든 경험이 질병으로 이끄는 것은 아니다. 이러한 사실이 구성개념의 취약성을 나타내는 스트레스 연구에서의 문제점으로 종종 해석되지만, 또 다른 해석은 이러한 상대적으로 낮은 상관관계는 사실상 긍정적이라는 것이다. 즉, 이는 인간이 실험실의 쥐와 달리 모든 스트레스원 때문에 병에 걸리지 않는 인간 적응능력의 효력을 입증하는 것이다.

그렇다면 문제는 왜 스트레스가 어떤 경우에는 질병으로 발전하고, 어떤 경우에는 그렇지 않는지를 밝히는 노력을 하는 것이다. 분명히 많은 관련 요인들이 있다. 신체적 강인함이 그 하나이다. 어떤 사람은 유전적으로 어떤 특정한 질병에 취약하지 않은 반면, 어떤 사람은 양호한 신체 상태를 가지고 있을 수도 있는데, 이는 많은 연구에서 스트레스의 부정적 영향에 대한 보호요소라고 밝혀졌다. 영양 상태와 즉각적인 건강 상태(예 : 피곤 정도)도 요인들이다.

대처전략을 연구하는 자극제는 스트레스에 대한 반응에 있어서 개인차의 인식의 직접적인 결과이다. 대처는 스트레스의 부정적 영향을 어떤 식으로든 감소시킨다는 것이 주요 아이디어이다(대처전략을 매개변인, 중재변인, 또는 완충변인으로 논의하는 것에 관해서는 제9장 참조).

그러나 어떻게 스트레스 완충이 일어나는지에 대해서는 정확히 연구해야만 한다. 실제로 소수의 연구들이 이 과정을 증명해 보였다(자세한 내용은 Aldwin & Yancura, 2004 참조). 대처의 완화효과를 살펴보는 연구들은 심리적 결과를 주로 사용하는 반면, 양호한 건강상태를 측정하는 연구들은 실제로 사용한 최근 대처전략을 거의 측정하려 하지 않고, 단순히 질병에 걸리지 않는 사람은 대처를 잘하는 사람이라고 가정한다. Pearlin과 Schooler(1978)에 의하면, 이 사안을 더 복잡하게 만드는 것은, 연구자들이 어떠한 상황하에서 모든 사람에게 유익한 특효약 같은 대처전략을 발견한다는 것은 불가능하다는 것이다. 대신 우리는 대처행동의 분류를 정의할 필요가 있고, 어떤 것이 어떠한 상이한 상황하에서 또 어떠한 사람에게 효과적인지를 밝힐 필요가 있다. 그럼에도 불구하고, 대처와 신체건강의 관련성을 밝힐 수 있다면, 이는 예방의학에 대한 흥분할 만한 가능성을 여는 것이다. 사람들은 스트레스를 효과적으로 다루는 것을 배움으로써 자신들의 건강을 지킬 수 있게 될 수 있다.

대처의 개념이 생의학적 적응에 중요한 점은, 개인이 어떻게 질병에 대처하는가 하는 점이다. 다시 말해서, 사람들이 일단 아프고 나면 어떤 특정한 적응적 수행에 대면해야 하는 것은 필수적이다. 만성적 또는 다른 심각한 질병의 경우에, 의학적 규제를 따르고, 정서적 안정성을 유지하고, 의학 전문요원들과 효과적인 관계를 확립해야 한다. 질병 진행의 개인차는 부분적으로는 개인들이 이러한 적응적 임무에 어떻게 대처하는가에 달려 있다(Moos & Schaefer, 1984). 많은 새로운 연구들은 어떻게 대처하는지가 질병의 진행과정과 생존 시간에 영향을 미칠 수 있음을 제안한다(제11장 참조).

적응, 대처, 정서적 반응 구별하기

적응은 방어, 숙달감, 그리고 대처전략을 포함하는 대단히 중요한 개념이다(White, 1961). 또한 일반적인 적응 또는 관리기술, 대처전략과 정서적 반응을 구별하는 것이 중요하다.

모든 사람은 자신들이 삶을 다루는 데 도움이 되는 관리기술을 발전시킨다. Aspinwall과 Taylor(1997)는 선행적 대처(proactive coping)라는 개념을 발전시켰다. 이 선행적 대처는 문제 발생을 방지하는 데 사용된다. 이를 닦는 것은 충치와 잇몸질환을 예방하기 위한 것이고, 학교나 직장에 제시간에 도착할 수 있도록 아침 준비시간을 개선하고, 지하철로 출근할 것인지 차로 출근할 것인지도 결정해야 하며, 직장에서의 일상적인 업무를 처리하기 위한 통상적인 순서를 만들기도 하고, 어떻게 아이들을 달랠 것인지 등을 배운다. 이러한 것들이 일상화되고 스트레스를 미연에 방지하는 매일의 기술이 되면, 이러한 것들은 더 이상 대처전략이 아니라 생활관리기술이다(Aldwin & Brustrom, 1996). White(1961, p. 48)의 지적과 같이, "어떠한 사람도 대처로 63번째 학교 가는 상황을 택하지는 않을 것이다."

관리기술은 문제에 대처하는 것을 배우는 것으로부터 발달될 수 있지만, 일상적이 되면, 비록 대처 자원 또는 Antonovsky(1979)가 명명한 일반화된 저항 자원이 될 수 있더라도, 대처전략이라고 여겨지지 않는다(제8장에서 살펴보겠지만 관리기술은 대처전략과 다르다.). 대처양식은 문제를 다루는 특징적인 방법으로 여겨지는 반면, 관리기술은 문제를 피하거나 예방하기 위해서 사용되는 상황적으로 특수한 기술이다.

예기적 대처(anticipatory coping)와 같은 전략들은 관리기술과 대처양식 사이의 경계를 가로지른다(Aspinwall & Taylor, 1997; Folkman & Moskowitz, 2004). 예기적 대처는 가까운 미래에 일어날 가능성이 있는 문제들을 예방하거나 최소화하는 데 계획된 행동들을 포함한다. 예를 들어, 늦은 밤에 운전하기 전에 충분히 기름이 있는지를 확인하는 것은 기름이 떨어지거나 친구에게 전화해서 데리러 오라고 하는 것보다는 선호된다. 또한 이러한 행동들이 매일 일상의 일부분이 될 정도가 되면(예 : 다음 주 통근 때 월요일 아침에 줄을 서있지 않으려고 토요일 오후에 항상 기름을 가득 채우는 것), 이는 관리기술이다. 그러나 예기적 행동이 상대적으로 새로운 문제를 위한 것이라거나 이에 대한 결과가 확실치 않다면, 이는 대처전략에 가깝게 될 것이다.

최근까지 의학적 절차(Bush, Melamed, Sheras, & Greenbaum, 1986)와 예상되는 충격에 대한 실험실연구들(예 : Thompson, Dengerink, & George, 1987)을 제외하고는 예기적 대처에 대한 연구가 거의 이루어지지 않았다. 그러나 지난 몇 년간 예기적 대처와 선행적 대처에 대한 접근법을 다룬 연구들이 적지만 지속해서 증가하고 있다(Greenglass, 2002; Schwarzer, 2001; Schwarzer & Knoll, 2003).

다른 한편, 비자발적인 정서적 반응을 대처전략으로 보아서는 안 된다. 못을 밟아서 겪는 고통을 참는 것은 일반적으로 대처전략 그 자체로 여겨지지 않는다. 그리고 슬프거나 우울한 것은 대체적으로 스트레스와 대처과정의 결과로 여겨진다. 그러나 감정을 **표현**하는 것(잘 운다는지, 누군가에게 소리를 지르는 것, 고통 때문에 신음하기)은 목적이 있으므로 정서중심적 또는 문제중심적 대처(또는 둘 다)로 볼 수 있다. 자발적, 비자발적 반응 사이의 구분은 때때로 다소 흐릿하므로 다소 임의적이다(Compas, Connor, Osowiecki & Welch, 1996 참조). 그러나 대처전략과 그 전략들이 목표로 하는 결과 사이의 구별은 중요하다. 만일 처음부터 구별되지 않는다면, 어떠한 전략이 어떠한 상황에서 효과적인가 하는 객관적인 지표를 절대 알 수 없을 것이다(Lazarus, 1983).

대처전략은 문제와 그에 수반되는 부정적 정서를 관리하는 것을 지휘하는 인지와 행동 모두로 구성된다고 여겨진다(Folkman & Lazarus, 1980). 교류적 도식에서, 스트레스원은 문제를 다루는 데 필요하다고 여겨지는 자원의 부족을 지각하는 것으로부터 발생한다. 따라서 일단 자원이 생기면, 그 상황은 스트레스로 여겨지지 않는다. 물론 그 상황(혹은 그 상황의 의미)이 변화하지 않고, 일상들이 적합할 경우에 그렇다. 고속도로 운전을 생각해 보자. 초보 운전자에게 고속도로 운전은 매우 큰 스트레스 과정이다. 운전자는 자각을 유지해야 하고, 어떻게 차선에 진입하는지를 알아야 하고, 다른 운전자들의 의도가 무엇인지 읽을 수 있어야 하기 때문이다. 일단 그 업무에 통달하게 되면, 고속도로 운전은 대처행동이라기보다는 관리기술에 더 가깝게 된다. 물론 어떤 상황의 변화로 인해, 그 일의 난이도가 증가하지 않은 경우(예 : 위험한 운전상황)에만 관리기술로 여겨진다.

의미의 변화 또한 대처전략을 요구한다. 단순한 관리기술을 요구하는 일상의 교통 체증은, 만일 그 체증으로 인해 중요한 약속에 늦을 것 같다면, 갑자기 스트레스가 될 것이다. 대처전략들은 일상적 또는 만성적인 부정적 정동과 스트레스 상황을 관리하는 업무에서 의식적이거나 무의식적인 노력을 요구한다는 특징이 있다.

요약

대처연구는 난관 투성이다(Coyne, Thompson, & Racioppo, 2000; Lazarus, 2000; Somerfield & MaCrae, 2000 참조). 앞으로 보겠지만 어떻게 대처를 개념화하고 측정할 것인가에 대한 어려운 질문들이 많이 있다. 게다가 어떤 사람들은 대처연구가 스트레스와 성격 간의 상호작용 연구로 대체되어야 한다고 믿기도 한다. 그러나 대처전략은 그것 자체로 중요하다. 그 자체에 대한 많은 관심뿐 아니라 스트레스와 대처행동에 초점을 맞추는 것은 적응과정의 유연성에 대한 시사점을 갖고 있고, 문제에 도움을 구하는 것에 대한 낙인을 없앨 수도 있다.

더욱이 스트레스와 대처과정에 대한 연구는 심리학에서의 방법적 돌파구를 제시한다. 대다수의 기존 연구들은 자기보고된 성격, 태도 또는 감정 중 하나에 관심을 두거나, 반대로 실험적 상황에서 관찰된 성격들에 초점을 둔다. 어떠한 특정한 맥락에서 **자신들의 지각과 행동을 체계적으로** 자기보고하도록 하기 위해 협조된 노력을 하는 것은 심리학 분야에서 처음 있는 일이었다. 우리가 볼 수 있듯이, 자기보고 설문지의 출현은 많은 개념적 · 방법적 어려움을 야기시켰으나, 전체적으로는 심리학에 제공하는 시사점만으로도 학계를 흥분시켰다.

제 7 장

대처의 이론적 접근

이전 장에서 살펴본 바와 같이, 대처연구들은 스트레스에 대한 반응에 개인차가 있음을 인식하는 것에서 비롯된다. 즉, 비슷한 스트레스라 할지라도 다른 사람들에게 상이한 효과를 미칠 수 있다. 예를 들면, 직장에서 상사에게 지적을 받은 경우, 사람에 따라 다른 반응을 보일 수 있다. 이것쯤이야 하고 그냥 넘기는 사람도 있을 것이고, 상사의 판단이 잘못된 것이라며 논쟁을 벌이는 사람도 있을 것이다. 울면서 하루 종일 동료들에게 불평을 하기도 할 것이고, 화를 내면서 사표를 내거나, 폭력을 휘두르며 상사를 협박할 수도 있을 것이다. 또 어떤 사람은 자신이 갖고 있는 문제를 인지하고 직업에서의 능력을 향상시키기 위해 노력을 하는 경우도 있는 반면, 사무실 내에서 일어나고 있는 정치적인 세력에 편입하여 그 상사에게 피해를 입히는 행동을 하기도 할 것이다. 이처럼 한 스트레스에 대한 다른 반응들에는 어떠한 것이 있는지, 그리고 이렇게 상이한 반응들이 어떻게 안녕과 관련이 있는가에 관한 것을 이해하는 데 대처전략을 연구하는 목적이 있다.

대처에 미치는 요인들을 살펴볼 때, 연구자 또는 임상가가 어떠한 이론적인 성향을 갖는지에 영향을 받는다. 대처전략이 개인적인 차이 때문이라고 믿을 경우, 성격의 특성, 가치, 혹은 어떠한 일을 하는가를 살펴보게 될 것이다. 위에서 사용된 상사에게 지적을 받은 직장인의 예를 다시 살펴보면, 제시된 다양한 반응들은 정서성(emotionality)과 같은 개인적인 특성의 차이로 볼 수 있다. 즉, 정서성이 낮은 사람의 경우 이것쯤이야 하고 넘어가는 반면, 정서성이 높은 사람은 울거나 신체적 또는 언어적인 공격성으로 반응할 것이다. 이와 반대로, 자신의 문제를 인식하고 사회적으로 적절한 방법으로 반응한 사람의 경우 좀 더 성숙하고 자아의식이 강한 사람이라고 생각해 볼 수 있다. (마지막에 제시된, 권모술수에 능한 대처는 거의 연구가 되지 않았다.)

개인성향에 기반한 접근법(a person-based approach)은 환경적 일관성(environmental constancy)을 가정하고 있다. 즉, 같은 상황(상사로부터의 꾸중)에 대해서 개인은 항상 같은 반응을 할 것이라는 주장이다. 이에 반해, 상황에 기반한 접근법(a situation-based approach)은 개인은 환경적 요구나 상황적인 특성에 따라 다른 대처전략을 사용한다고 주장한다. 즉, 자극의 특성을 고려해야 한다는 것이다. 예를 들면, 상사의 지적이 합당할 경우, 자신의 문제를 인지하는 것이 적절한 반응이겠지만, 그렇지 않은 경우에는 화를 내는 것도 이해할 수 있는 반응이다.

대처전략은 대인관계에서 일어난다는 점을 생각해 볼 때, 상대방의 특성 또한 어떠한 대처전략을 사용할 것인가에 영향을 미칠 수 있다. 직원이 이전에 꾸중을 한 상사에게 성추행을 당했다고 가정해 보자. 이 경우 그 직원이 신경증적 반응을 보이면서 사표를 내려고 하는 반응을 이해할 수 있을 것이다. 또는 하루 종일 다른 사람에게 어떤 일이 일어났는지를 얘기하는 것은, 그 직원이 상사를 대상으로 소송을 할 경우, 다른 직원들의 지지를 받을 수 있을 것인지를 알아보기 위한 방법일 수도 있다.

마지막으로, 근무조건의 구조와 같은 상황의 거시적 특성도 고려해 볼 수 있다. 상사를 음해하려는 권모술수적인 대처는 그 직장상사의 무능력으로 인해 사무실이 제기능을 못할 경우 사용될 수 있을 것이다. 하지만 회사의 조직체계가 견고하다면, 구성원 조직을 변화하는 것은 거의 불가능할 것이다. 이와 달리 정직한 구성원일지라도 다른 사람을 직위에서 쫓아내기 위해 자신들의 근무조건을 참을 수 없게 만드는 권모술수에 의지할 수도 있을 것이다.

제1장에서 논의된 점에서와 같이, 개인성향에 기반한 접근법은 '개인 → 대처'를, 상황에 기반한 접근법은 '상황 → 대처'를 가정한다. 스트레스와 대처연구자들이 인정하는 상호주의자 접근법은 '개인 + 상황 → 대처'를 주장한다. 따라서 상사의 지적에 분노로 반응하는 사람은 높은 적대감을 지니고 있을 뿐 아니라, 그 지적이 합당하지 않았던 것이라고 생각해 볼 수 있다.

제1장에서 논의된 바와 같이, 네 번째 접근방법은 교류주의이다. 위의 예에서, 사람, 상황, 대처는 시간이 지나는 과정에서 서로에게 영향을 미친다(그림 1.2 참조). 이 교류주의 접근법은 좀 더 포괄적이고 맥락적인 상황에 대한 인식을 요구하며(Lazarus & Folkman, 1984), 하나의 대처행동이 미친 영향에 따라 그 이후 대처행동이 변화할 수 있음을 시사한다. 정부조직에서 무능한 상사는 그 직원을 비합리적으로 꾸짖었을 때, 직원의 입장에서는 그 상사가 조직이 원활하게 작용하는 데 방해가 될 수 있을 것이다. 그렇지만 권모술수적인 행동에 기댐으로써 그 직원은 조직의 많은 자원을 탕진하는 관료적 행태에 불을 지필 것이다. 즉, 구성원이 대부분의 시간을 사무실 내 정치적 활동에 소비하면서 실제적으로 해야 하는 일들에는 시간을 쓰지 않게 된다. 따라서 그러한 권모수술적인 대처전략은 상황을 악화시키고, 나아가 그 직원은 최소한 얼마 동안은 더 많은 스트레스를 받게 된다. 이 시점에서 직원이 자신의 대처전략을 다시 살펴보고 지금의 행동을 계속할 것인지, 그리고 수정한다면 어떤 식으로 수정할 것인지를 결정할 수 있다. 따라서 사람, 상황, 행동은 순환과정에 서로 얽혀 있게 되지만, 본질적으로 이러한 과정은 또한 발달적으로 이해할 수도 있다(제15장 참조).

본 장에서는 대처에 관한 개인성향에 기반한 접근법과 상황에 기반한 접근법을 모두 살펴보고, 항상성이나 상황에 따른 변화와 같은 대처와 관련된 연구에서의 기본적인 논쟁점들을 다룰 것이다. 이와 더불어, 선행적 대처(proactive coping)와 예기적 대처(anticipatory coping), 생활관리기술, 의미의 중요성에 초점을 맞춘 대처의 영역으로 확장된 최신의 모델들도 살펴볼 것이다.

개인성향에 기반한 대처의 정의

대처를 연구함에 있어 개인성향에 기반한 접근법들은 성격적 특성들이 어떻게 스트레스에 대처하는가를 결정한다고 본다. 개인성향에 기반한 접근법들은 대략 정신분석, 성격 특성, 지각 양식의 세 가지 학파로 나누어 볼 수 있다.

정신분석적 전통

대처전략에 관한 연구는 내적 갈등에 초점을 두는 방어기제에 관한 정신분석학적 설명에서 그 근원을 찾아볼 수 있다. Anna Freud(1966)에 따르면, 방어기제란 자아(ego)가 불안감을 피하고 충동적 행동이나 감정, 혹은 본능을 통제하는 수단이다. 기본적으로 불안감은 원초아(id)와 초자아(superego) 간의 무의식적인 갈등에서 비롯된다. 현실을 시험하고 외부의 요구와 개인적 요구 사이에 중재를 강조하는 자아는 현실을 왜곡하거나 본능적인 요구들을 다른 형태로 변화시킴으로써 본인이 감당하기 힘든 불안감에 대해 방어하려고 노력한다. 방어기제는 주로 어떠한 증상으로 나타나며, 자동적이고, 확실한 반응이 그 특징이다.

　Anna Freud(1966)는 억제, 부정, 투사, 반동형성, 히스테리, 강박행동, 승화와 같은 주요한 방어기제를 분류하였다. 억제와 부정은 상황 또는 감정을 인정하는 것을 거부하는 다양한 형태를 포함한다. 직장상사와 불화를 겪은 위의 예시에서, 억제를 하는 경우 그 상황에 대해서 생각하지 않으려 할 것이고, 부정을 하는 경우에는 말 그대로 그 상황이 일어났다는 것을 잊어버리고, 어떤 사람이 상황에 대해서 물어보면, 그 상황이 일어난 것을 부정할 것이다. 반대로 히스테리적인 사람은 망각보다는 하루 종일 화장실에서 운다거나 상황을 확대시키면서 현실에 적절하지 않는 방법으로 그 상황에 몰입할 것이다. 강박적인 사람은 이와는 또 다른 방식으로 몰입을 하게 된다. 예를 들어, 이후에 그 상사가 어떠한 업무를 줄 경우에 자신이 하는 일의 각 단계를 확인 또 확인하는 데 시간을 투자함으로써, 제출기한을 넘기게 된다.

　투사와 반동형성은 사건에 대한 자신의 감정을 떨쳐버리려는 점에서 비슷하다. 투사에서는 공격적인 사람의 경우 상사의 지적이 타당하지 않다고 생각하고, 자신에게는 앙심을 품고 있기는 하지만, 일 자체는 괜찮다고 느낄 수 있다. 반동형성에서는 자신의 감정을 변환시킨다. 예를 들어, 분노를 존경으로 바꾸는 경우이다. 그러나 실제로 업무능력을 향상시키려고 하지 않거나 그 상사가 어쩔 수 없이 실수를 저지를 경우 과하게 화를 내는 등과 같이 이후에 적절하지 않게 반응하게 된다. 이에 반해, '성숙하게' 상황에 대처하는 사람의 경우는 분노를 다음에 주어진 업무를 더 잘 처리하기 위해 사용함으로써 승화시킨다. 이 예에서 그 직원이 기자라고 가정한다면, 이 사람은 비판적인 정치 폭로기사를 쓰거나, 청소원이라면 마루를 박박 문지르는 것과 같은 신체적인 행동으로 분노를 활용할 것이다.

이 모델에서 개인이 사용하는 대처행동은 실제적인 환경 자극이나 개인이 문제를 해결하기 위해 무엇을 하는 것과는 거의 연관이 없다. 그보다는 방어기제의 핵심은 감정을 조절하는 데에 있다. 즉, 무엇이든 해서 불안감을 감소시키는 것이다. 따라서 스트레스 상황으로 야기되는 행동, 감정, 인지는 유아기에 발달되므로 잘 변하지 않는 개인적인 성격구조에 의해 결정된다.

방어기제는 잠깐 동안 사용되기도 하고, 극심한 외상 상황에서는 습관적이 되기도 한다. 예를 들어, 사랑하는 사람의 갑작스러운 죽음에 대한 일반적인 초기 반응은 부정일 것이다. 교통사고로 아들의 죽음에 직면하게 될 때, 이해할 수 있는 반응은 "이럴 수가! 누군가가 실수한 거야. 영안실에 있는 건 우리 아들이 아니고 다른 사람이었어."라고 생각하는 것이다. 그러나 엄마가 아들이 죽었음을 인정하지 않고, 계속해서 매일 저녁 상에 아들의 식사를 준비할 경우에는 부정이 습관적인 것이 될 수 있다. 개인성향을 기반으로 하는 접근에서는 일시적인 부정과 지속적인 부정 모두 성격구조에 기인한 것이다.

Shapiro(1965)는 인간은 자신이 주로 사용하는 특정한 기제에 의해 특징지어질 수 있다고 제안했다. Shapiro는 네 가지의 주요 기제에 주목했다. 강박적 형태는 경직성, 자율성 경험 왜곡, 그리고 현실잊기 등으로 특징지어진다. 피해망상의 경우 또한 현실을 잊지만 의심을 하는 것이 특징이다. 히스테리적인 사람은 억압적 사고와 과다한 정서성을 갖는 것이 그 특징인 데 반해, 충동적인 사람은 신속하고 생각없는 행동과 계획이 부족한 것이 그 특징이다. 이 접근법은 주로 부적응에 초점을 두는 것을 그 한계점으로 둘 수 있다. 정신분석학자 중 일부는 적응적인 위계를 제안함으로써 이 접근법을 피하려고 시도하였다.

방어기제 위계

주로 방어기제로서 대처 노력을 이해하는 데 있어서 한 가지 문제점은, 방어기제가 그 정의에서 현실을 왜곡한다는 점에서 부적응적이라는 것이다. 그러나 대다수가 최소한 대부분의 경우 부적응적이지 않다. Vaillant(1977)는 어떠한 방어기제는 건강하고 적응적이라고 확실하게 전제하여 방어기제를 재정의함으로써 이러한 한계점을 극복하려 했다.

Vaillant(1977)은 정신적으로 건강하다고 판단된 남자 대학생을 종단적으로 연구한 그랜트 연구 자료(1930년대에 시작됨)를 분석하였다(Valliant, 1993; Vaillant & Mukamal, 2001). Valliant는 적응기제의 발달과 어떻게 이러한 기제들이 장기간 결과와 연관이 있는지에 초점을 두었다. 비록 Vaillant는 적응이 '인간 스스로와 자신의 주위 세계를 변화' 시키는 것을 요구하는 것임을 인식했음에도 불구하고(1997, p. 13), 정서조절과 자아통합의 보존에 집중하였다.

Vaillant는 방어기제를 투사적인 것에서 성숙한 기제 순서로 정리하고, 이 위계적 순서는 전 생애를 걸쳐 발달적으로 일어난다고 하였다(표 7.1 참조). Vaillant는 방어기제를 사용하는 것이 타고난 병리적인 것이라는 전통적인 정신분석한 이론에서 벗어나 어려운 상황에서 자아통합을 유지하기 위한 것이라고 주장하였다. 그러나 높은 수준의 방어기제가 낮은 수준의 방어기제보다 더 효과적이고 적응적인 것이라고 생각하였다. 미국정신건강의학회(American Psychiatric Association)는 방어를 주로 적응 위계로 설명하고 있다(Cramer, 2000).

표 7.1에서 보는 바와 같이, Vaillant는 투사적, 미성숙한, 신경증적인, 성숙한 기제, 이렇게 네 수준의 방어기제를 규명하였다. 위계적 순서는 주로 각 방어기제에서 얼마나 많은 현실적 왜곡이 일어나는지에 따른 것이다. 즉, 낮은 수준의 방어기제에서는 더 많은 현실왜곡이 일어나므로 더 병리적이다. 다시 위의 예로 돌아가서, 본인의 분노를 상사의 탓으로 돌리는 공격적으로 상황을 대처하는 사람의 경우 미성숙한 기제를, 비현실적인 존경으로 변환시키는 사람의 경우는 신경증적인 기제를 사용하는 것이다. 이에 반해, 상황을 승화하는 사람은 성숙한 기제를 사

제1수준. 투사적 기제
  부정
  왜곡
  망상적 투사

제2수준. 미성숙한 기제
  환상
  투사
  건강염려증
  수동공격성 행동(자아에게서 등 돌리기)
  행동화

제3수준. 신경증적 기제
  지능화(고립화, 강박적 행동, 원상복구, 합리화)
  억압
  반동형성
  치환(전환, 공포증)
  해리

제4수준. 성숙한 기제
  승화
  이타심
  억제
  예기
  유머

🔖 Vaillant(1977)

용한다. Vaillant의 도식에서, 투사적 기제는 부정, 즉 어떠한 상황이 일어났다는 것을 인정하지 못하는 것과 같은 주요 망상이 일어난다. 망상적 투사는 그 상사가 자신을 파멸시키기 위해 오랫동안 작업을 해왔다는 것과 같은 편집증적 환상을 포함한다. 이러한 편집증은 신체적 폭력과 같은 극단적 반응을 동반한다.

  Vaillant는 이러한 위계적 분류를 아이비리그 학교의 특정한 한 학급의 남학생을 대상으로 한 그랜트 연구의 참가자를 면담한 자료에 적용하였다. 그 결과, 초기 청년기에서 중년기까지 각자의 특징적인 방어기제는 미성숙한 것에서 성숙한 쪽으로 변화하였다. 인생 후반에 미성숙한 기제를 사용한 남성들은 직업적 성취와 결혼 안정성으로 정의된 적응성과 성공도가 낮은 것으로 나타났다. 또한, 성숙한 대처방식을 발달시킨 사람들이 더 행복하고 더 오래 사는 경향을 보였다. 그리고 이러한 결과는 낮은 사회경제적 지위를 가진 집단에 속한 남녀 모두를 대상으로 한 종단연구에서도 비슷하게 나타났다(Vaillant, 1993; Vaillant & Mukamal, 2001).

Vaillant(1993)는 자아가 성숙하는 방법을 각각 신경생물학, 사회학습이론, 동화-각인의 측면에서 세 가지의 모델을 제시하였다. 신경생물학적인 관점에서는, 신경의 성숙 진행은 성인기까지 계속된다고 본다. 즉, 이 관점은 개인이 상반되는 상황을 더 잘 참아내고, 승화를 사용할 수 있게 되는 것과 같은 더 높은 차원의 자아를 발달시키는 것이 가능하다고 가정한다. 사회학습 관점에서는 인간은 학습과정과 사회적 지지를 통해 더 성숙한 방어기제를 배우게 된다. Vaillant(1993)은 "학습은 유전만큼이나 어떠한 기제를 선택할 것이냐에 주요한 영향을 미치고, 승화는 피학증보다 덜 유해하며, 이타성은 반동형성보다 더 나은 결과를 가지고 오며, 유머는 재치보다 더 많은 친구를 갖게 해준다."라고 결론지었다. 더불어, 사회적 지지는 안정성과 자아존중감을 향상시키고 더 성숙한 방어기제를 사용하도록 강화함으로써 방어의 성숙함을 촉진한다.

Vaillant는 위의 두 모델에 비해 자아발달의 동화모델이 더 완전한 것이라고 여겼다. Vaillant는 '회복탄력성에 가장 중요한 것은 사회적 지지가 아니라 그러한 지지를 내면화하는 능력'이라고 하였다(p. 332). 그리고 성인이 사랑하는 사람을 내면화하는 몇 가지 방법을 매우 미성숙한 통합(incorporation)과 내사(introjection)에서부터 더 성숙한 이상화와 동일시(identification)로 유형화하였다. 기본적으로, 통합 또는 내사에서는 인간은 무의식적으로 '소화되지 않은' 중요한 타인을 받아들이게 된다. 영화 '싸이코(Psycho)'에서 노먼 베이츠가 고인이 된 어머니의 정체감을 자신의 것으로 받아들인 것을 극단적인 한 예로 들 수 있다. 더 성숙한 이상화 또는 동일시에서는, 인간은 우리가 사랑하는 사람의 부정적, 긍정적인 측면 모두를 인지하고 통합한다.

여전히 Vaillant는 계획을 하고 예기하는 사람에게도 방어기제는 무의식적인 것이라고 주장하였다. Vaillant는 "편집증적인 사람들은 자신의 의지대로 이타주의 자가 될 수 없다."고 했으나, 한편으로는 "그렇지만 치료, 성숙화, 그리고 사랑하는 관계를 통해서 인간은 자신을 속이는 더 성숙한 형태를 배울 수 있다."라고 하였다. 그러므로 Vaillant는 적응에 있어서 무엇이 의식적이고 무의식적인가 하는 것에 대해 매우 양가적이다. 한편으로, 적응은 무의식적이지만, 또 다른 한편으로는 더 성숙한 대처기제의 발달과 사용은 최소한 의식적인 노력을 통해서 이루어진다.

Haan(1977)은 광범위한 정신역동적 틀에서 적응과정의 개념과 방어기제를 통합하려고 시도하였다. 그러나 Vaillant의 접근과는 달리 Hann은 방어기제는 근본적으로 병리적이고, 사용되는 방식이 의식적 과정을 반영하는지 혹은 무의식적 과정을 반영하는지에 따라 적응의 위계성을 구조화한다고 주장하였다. Haan은 3개의 모델에서 표현될 수 있는 10개의 포괄적인 자아과정을 규명하였다(표 7.2). 첫

■■■ 표 7.2 Haan의 대처, 방어, 단편화 속성에 대한 기술

대처 과정	방어 과정	단편화 과정
선택을 포함하는 것처럼 보이며, 그러므로 유연적이고 목적지향적인 행동들임	선택에서 멀어지므로 융통성 없고 고정되어 있음	반복적이고, 일상적이며, 자동화된 것처럼 보임
미래를 향한 것이며 현재의 요구를 설명함	과거로부터 멀어짐	개인마다 다른 가정을 적용
현 상황의 현실적 요구를 지향	현재 요구의 측면들을 왜곡	체계를 폐쇄하고 현재에 반응하지 않음
의식적이고 전의식적인 요소들을 통합하는 구별된 과정 사고를 포함	미분화된 사고를 포함하며 상황의 일부가 아닌 요소들을 포함	정동적 요구에 의해 주로 결정됨
혼란스러운 정동을 경험에 대해 유기체가 측정해야 하는 필요로 작동	불가사의하게 혼란스러운 감정들이 사라질 것이라는 가정들로 작동	사람을 정동으로 휩싸이게 함
개방적이고, 질서정연하며, 조절된 방법으로 정동적 만족의 다양한 형태를 가능케 함	속임수에 의한 만족을 얻게 함	어떤 충동에 대한 조절되지 않은 만족감을 얻게 함

📖 Haan(1977)에서 인용. ⓒ 1977 by Academic Press. 허락하에 인용

번째 유형인 대처(coping)는 의식적이고, 유연적이며, 목표지향적일 뿐 아니라 정서를 적절히 표현할 수 있게 한다. 두 번째 유형인 방어(defensive)는 강제적이고, 부정적이며, 경직되어 있다. 또한 방어는 문제 자체보다는 불안감으로 돌려진다. 세 번째 유형은 단편화(fragmentation) 또는 자아 실패라고도 하는데, 상호주관적 현실(intersubjective reality)을 가장 많이 왜곡하며, 자동적이고 의례적이며 비이성적인 특성을 지니고 있다.

10가지의 포괄적 과정은 또다시 인지적 기능, 반사적-개입적(reflexive-intraceptive) 기능, 주의집중 기능, 정서-충동조절 기능의 네 가지 기능으로 나뉜다. 이러한 자아과정은 불안감을 감소하도록 할 뿐만 아니라, 인지적 기능을 조절하고, 자아반영적인 능력을 제공하며, 주의집중할 수 있도록 한다.

Hann의 도식에서, 한 가지의 포괄적인 과정은 세 가지 유형으로 여러 수준의

■■ 표 7.3 Haan의 자아방어기제 분류체계

일반적 과정	방법		
	대처	방어	단편화
인지적 기능			
1. 차별화	객관성	고립	구체성
2. 분리	지성	합리성 추구	단어들의 일관성 없는 나열, 신조어
3. 수단-목표	상징화	논리적 분석, 이성화	작화
반사적-개입적 기능			
4. 지연반응	의심 참아내기	부동화	불확실성
5. 민감성	공감성	투사	망상
6. 시간 복귀	회귀	자아 회귀	보상작용의 상실
주의집중 기능			
7. 선택적 의식	집중	부정	주의산만, 고착화
정서-충동조절 기능			
8. 주의전환	승화	치환	정서적 선점
9. 변환	대치	반동 형성	불안정 교체
10. 규제	억제	억압	몰개인화, 기억상실

병리증상을 갖고 다양하게 표현될 수 있다. 표 7.3에서 보는 바와 같이, 세 번째 인지적 기능, 즉 '수단-목표 상징화(means-ends symbolization)'는 최소한 대처 유형에 있어서는 문제중심적 대처라고 볼 수 있다. 이 유형에서 수단-목표 상징화는 문제를 논리적으로 분석하는 것, 다시 말해 문제를 해결하기 위한 노력에 깔려 있는 과정에서 표현된다. 방어유형에서 수단-목표 상징화는 합리화(rationaliza-tion) 또는 자신의 행동을 정당화시키는 노력으로 나타난다. 이에 반해, 단편화에서는 수단-목표 상징화는 자신을 방어하기 위해 이야기를 꾸며내는 상황과 같은 작화(confabulation)로 악화된다.

Haan은 인간은 자신들이 대처할 수 있을 상황에서는 대처를 하고, 방어를 해야할 때만 방어를 한다고 주장하였다. 다시 말하면, 스트레스가 덜한 상황일 때, 자아는 목표 지향적이면서 유연한, 그리고 정서적인 현실성에 가까우면서도, 감정적인 표현을 가능하게 하는 대처를 하게 된다. 그러나 스트레스가 심한 상황에 처할 경우에는, 자아는 너무 지나치거나 적은 현실 왜곡을 통해 통합을 지키려고 한다. 방어기제는 부정적이고, 융통성이 없으며, 문제보다는 불안감으로 향한다. 단편화에서는 명확하게 주관적 현실을 부정한다. 단편화는 자동적이고, 형식적이며, 비이성적이고, 개인이 갖고 있는 어떤 일정한 절차와 관련이 있다. 성공적인 자아과정이란 그 내용이나 효과에 의해 정의되는 것이 아니라 자아과정이 사용되는 선험성(a priori)에 의해 정의된다. 발달은 방어적인 형태에서 대처 형태로 변화해 가면서 자신의 행동의 대해 발전적인 통제력을 획득하는 것이다.

Hann의 이론은 매우 긍정적이고 흥미로우나, 몇 가지 한계점을 가지고 있다. 주요 문제점은 세 가지의 유형을 적응적인 과정에서 부적응적 과정으로 선험적 분류를 하는 것과 세 가지의 유형이 어떠한 조건에 사용되는가에 관한 주장에 있다. Hann의 이론은 정확한 분류를 하려고 한다. 예를 들면, 지나치게 스트레스가 많지 않을 때에는 이성적인 대처유형을 사용한다. 이에 반해 스트레스가 과도할 경우에는 방어 형태를 사용한다(이는 프로이트의 고전적 비유인 수압체계의 확장이라고 볼 수 있다.). 그러나 우리가 흔히 관찰하는 것처럼 전쟁터나 재해와 같은 극단적으로 환경적인 어려움에 처해 있을 때 인간은 이성적이고, 집중된 방식으로 행동할 수 있고, 실제로 그렇게 행동한다(제12장 참조).

Vaillant와 같은 학자들은 방어기제가 반드시 병리적인 것은 아니라고 주장해 왔다. 한 예로, 어떤 경우에 부정은 개인의 내구력을 회복할 수 있도록 잠깐 숨 돌릴 틈을 주는 긍정적인 효과도 있을 수 있다(Lazarus, 1983). Horowitz(1976, 1986)는 원치 않은 감정을 대신하기 위한 부정이나 감각의 무감각화하는 단계의 측면에서, 극단적으로 스트레스적인 사건의 후유증을 기술하였다. 무의식적이고 방어적일 수 있지만, 이러한 과정이 스트레스적인 사건에 적응하고 이겨낼 수 있도록 한다는 측면에서 병리적인 것이 아니라고 주장한 것이다. 이러한 과정은 정보들이 점차적으로 통합되어 개인을 지나치게 당황하지 않게 한다.

위계적이고 목적론적인 체계와 관련한 주요 문제점은 이 체계들이 주류 문화의 유형의 표현이라는 점에서, 한 가지 문화에만 국한될 수도 있다는 것이다. 일례로 미래 지향적이고 차별적인 사고라든지, '개방적이고, 정렬이 되어 있고, 완화된' 등의 감정을 표현하는 단어에서처럼, 대처를 구별하는 기준은 명확하게 문화와 관련이 있다. 제13장에서 기술할 바와 같이, 어떠한 문화에서는 간접적인 감정 표현이나 감정을 내보이지 않는 것을 더 선호하는 것에서 보는 바와 같이, 감정을 조절하는 방식은 문화마다 다를 수 있다.

대처에 대한 정신분석적 접근은 질적인 면담 자료를 사용하는 경향이 있는데, 이러한 자료는 대체적으로 그 양이 많고, 힘든 일상생활의 예시들이 포함된다. 한 시점에서 어떤 사람들은 자신이 의식하지 못하는 방어기제를 사용한다는 것은 거의 확실하다. 일상생활의 문제(Aldwin, Sutton, & Lachman, 1996b 참조)와 상당히 심각한 문제들(Aldwin, Sutton, Chiara, & Spiro, 1996)에 대해 어떻게 대처하는지에 관한 1,000건이 넘는 면담을 시행하거나 감독을 한 연구들에서, 부정과 같은 방어기제를 사용한 면담의 경우는 상대적으로 더 직설적으로 이루어진 면담과는 질적으로 매우 달랐다. Lazarus(1995)는 방어기제가 포함된 면담 유형의 특징으로 높은 비일관성을 지적했다. 실제로, 부정과 같은 방어를 사용했다고 분류하는 경우는, 그 면담의 내용이 명확하게 비일관적인 경우이다. 예를 들어, 문제가 심각하다고 평가를 했음에도, 그 문제로 인해 부정적인 감정은 경험하지 않았다고 하는 경우이다. 이 경우 그 이후에 화가 났는지 혹은 슬펐는지에 대해 추후질문을 한다면 피면담자는 "아, 그거는 생각을 안 해 봤네요."와 같은 대처기제를 사용해서 반응할 것이고, 그에 대해 어떻게 대처했는지를 물어본다면, 그 피면담자는 화가 나지 않았기 때문에 대처를 하지 않았다고 대답한다.

방어기제에 대한 척도개발이나 양적 지표를 개발하는 것은 더 문제일 수 있다. Hann(1977), Bond, Gardiner, Christian과 Sigel(1983)은 방어기제를 측정하기 위해 척도를 개발했다. 그러나 Cramer(2000)는 이러한 척도개발 시도에 대해 논리적으로 맞지 않는다고 비판을 했다. 즉, 방어기제들이 무의식적이라는 것을 전제할 때, 자기보고 형식을 통해서 방어기제를 측정한다는 것은 문제가 있다는 것이다. 자기회고에서 어떤 사람들은 자신이 과거에 부정이나 투사를 했다는 것을 깨달을 수도 있지만, 대부분의 사람들은 그렇지 않을 것이다. 실제로 이러한 척도를 사용한 심리측정은 제대로 이루어지지 않는다(Cramer, 2000).

그러나 의식과 무의식 구별은 '자발적/비자발적' 이라는 용어로 대체될 수 있다. Compas와 그의 동료들(1996)은 만성적인 스트레스에 대한 많은 반응들이 실제적으로 비자발적이라고 지적했다. 예를 들면, 반복되는, 거슬리는 생각들은 비자발적이다. 실제로 걱정하느라 밤을 지샌 사람의 경우는, 이러한 비자발적 과정을 통제하는 것이 어렵다는 것을 쉽게 생각할 수 있다. 더욱이 우리는 자발적인 전략과 비자발적인 전략을 번갈아 가면서 사용한다. 사람들은 침입적이고, 반복적인 생각과 같은 문제행동들과 인지들을 통제하는 방법을 배울 수 있을 것이다. 이러한 통제방법의 학습에 대한 한 예로, Kornfield(1993)는 거리를 유지하고 계속되는 순환을 단절하기 위한 노력으로 순서를 부여하거나 특정한 순서를 이름 지을 것을 제안했다.

개인은 만성적 스트레스를 해결하기 위해 사용하는 어떠한 과정들을 알아채지 못할 수 있다. Repetti와 그녀의 동료들은 직업과 관련된 스트레스의 영향으로서 사회적 행동에서의 변화를 추적하는 일련의 연구들을 시행하였다(Repetti & Wood, 1996 참조). 연구결과는 스트레스를 많이 받는 경우, 사람들은 그날 밤에 가족과의 상호작용을 잘 하지 않으려는 경향이 있음을 보여주었다. 그러나 사회적 상호작용을 하지 않으려는 것은 스트레스를 감소시키려는 자발적이거나 의식적인 노력이라기보다는 자동적인 반응에 가깝고, 사람은 이를 대처전략으로 인지하지 못할 수도 있다(Repetti, & Wood, 1996, p. 196). 부부가 쓴 일지를 이용한 연구에서 Bolger, Zuckerman과 Kessler(2000)는 가장 효과적인 사회적 지지는 수혜자에 의해 인지조차 되지 못했다고 보고했다. 또한 Compas와 동료들(1996)도 만일 그 상황에 익숙해질 경우, 의식적인 행동들은 빠르게 무의식적이거나 반사적이 된다고 지적했다. 따라서 적응은 복잡한 역동성을 통해 무의식적·반의식적·의식적인 생각과 행동을 모두 포함할 수 있을 것이다.

성격 특성으로서의 대처

초기의 대처 관련 연구들은 어떻게 특정한 종류의 스트레스에 다르게 반응하는가 하는 것을 주요 연구문제로 삼고, 개인이 적응을 하는 유형이나 대처양식에 따라 몇 가지 유형으로 구별하였다. 가장 초기에 이루어진 연구의 예는 은퇴에 적응하는 데 있어서 사람들이 사용하는 은퇴 방식을 특성화한 질적 연구이다(Reichard, Livson, & Peterson, 1962). 이 연구는 은퇴자들을 다섯 가지 유형으로 구별하였다. 흔들의자 은퇴자(rocking-chair men)는 흔들의자에 앉아 세상이 돌아가는 것을 수동적으로 바라보는 것에 만족을 하는 것과 같은 유형이다. 이에 반해, 무장한 은퇴자(armored men)는 지역사회 활동이나 여행을 하는 것과 같이 삶에 대해 상당히 적극적인 자세를 취하면서, 불안감을 피하기 위해 지나치게 활동적인 특성을 띤다. 화나 있는 은퇴자(angry men)는 대부분의 시간을 외부에 대해 불평을 하면서 지내면서 상당히 불만족하는 반면, 자기혐오 은퇴자(self-haters)는 자기 스스로에 대해 불평을 한다. 마지막으로, 성숙한 은퇴자(mature men)는 스스로를 받아들이고 후회를 거의 하지 않는다. 각 유형의 특성을 볼 때, 위에서 제시된 반응들은 단지 은퇴에 대한 반응이라기보다는, 개인의 일생에서 대부분의 사건들에 대해 보인 반응일 것이라고 유추해 볼 수 있다.

Wortman과 Silver(1989)도 이와 유사하게 사별 후 사람들이 보이는 네 가지의 안정적 대처양식을 유형화했다. 놀랍게도 스트레스를 결코 받지 않는 것처럼 보이는 사람들이 있는 반면, 어떤 사람들은 급성 애도자(acute grievers)로, 만성적인 애도자(chronic grievers), 그리고 지연된 반응을 경험하는 사람들로 구별되었다.

Millon(1982)은 "성격유형은 개인이 생활 속 사건에 어떻게 접근하는가 하는 방식을 특징짓는다. 그리고 질병의 원인이 될 수도 있고, 질병을 어떻게 다룰 것인가와도 연관된 것이 바로 이러한 전형적인 대처방법들이다(p. 11)."라고 하였다. Lipowski(1970), Leigh와 Reiser(1980)의 연구를 바탕으로, Millon은 특징적으로 건강과 관련된 문제를 다루는 여덟 가지 방법을 묘사했다. 내향적인 대처양식을 사용하는 사람들은 최소화(minimization)라고 불리는 인지적인 대처양식을 사용하면서 정서적으로 변화가 크지 않은 경향이 있다. 이런 사람들은 자신들의 문제를 무시하거나 부정하거나 이성화시키고, 주로 조용하고 말이 없는 편이다. 또한 자신들의 병이 가지고 올 상황들을 염두에 두지 않고 혼자 조용히 있기를 바란다.

이와 반대로, 협조적인 양식을 사용하는 사람들은 스스로에 대해 책임지지 않아도 된다고 생각하는 한 조언들을 잘 따른다. 이러한 사람들은 보살핌과 확신을 받는 것이 필요하므로 질병을 '안도'로 여길 수도 있다. 사교적인 대처양식을 사용하는 사람들의 경우에는 의지할 만하지는 않지만, 말이 많고, 외향적이며 매력적인 경향이 있다. 이러한 사람들은 질병을 주의를 끌기 위한 하나의 전략으로 보고, 심각한 문제를 처리하는 것을 거부한다.

건강을 회복하고자 하는 동기가 강한 사람은 자신감 있는 양식(confident style)으로 구분된다. 아프다는 것을 독립적이고 강한 자아 이미지에 대한 위협으로 간주한다. 자신들의 상태에 지나치게 걱정하므로 타인을 무시하는 것처럼 보이거나 건방져 보일 수도 있다.

비슷한 유형으로는 강압적인 양식(forceful style)이 있는데, 이 유형의 사람들은 공격적이고, 적개심이 있고, 지배하려고 한다. 아픈 사람의 역할을 받아들이는 것을 꺼리고, 강압적으로 문제를 해결하려 한다. 때로는 자신들이 부주의하게 운동을 하거나 심장마비가 발생하는 동안 계단을 올라가서 생기는 부상의 심각성을 무시하는 정도까지 이른다.

존경하는 양식(respectful style)을 사용하는 사람들 또한 질병은 나약한 것으로 보고 문제를 감추거나 거부하고 싶어 한다. 적대적인 유형과는 달리, 존경하는 양식의 사람들은 지나치게 책임감이 있으므로, 모범적인 환자가 된다. 그러나 융통성 없는 일과를 유지해 나가기도 하는데, 이는 질병이 일상생활에 지장을 주는 것에 대처하는 것을 어렵게 한다.

마지막으로, 민감한 양식(sensitive style)인 사람들은 오랜 기간 동안 고통스러워하고, 자기를 희생하는 사람일 수 있다. 이러한 사람은 남들이 안심시키려고 하는 것을 거절하고 상당히 많이 불평을 한다는 점에서 까다로운 환자일 수도 있다.

어떠한 측면에서, 위에서 설명한 유형들은 개인이 아픈 상황에서 행동하는 방식들을 좀 더 복합적으로 설명할 수 있게 한다는 점에서 단순히 접근-회피 이분법(하단에서 설명)보다는 더 선호될 수 있다. 위의 유형들은 또한 임상적으로 유용할 수 있고, 방어기제에 기반한 설명에 기초한 병리학을 반드시 수반하지 않는다. 그럼에도 불구하고 신체적인 질병에 잘 대처하는 사람들은 임상전문가들의 주의를 끌지는 않을 것이므로 이러한 유형들의 대부분은 병리학을 포함하는 방법으로 설명된다. 하지만 이러한 유형의 틀을 사용하는 임상가들은 적절하지 않은 방법으로 사람들을 어떠한 틀에 짜맞추어 넣을 수도 있다. 임상가들의 민감성과 기법에 따라, 같은 환자더라도 자아 의존적일 수도 있고, 불평이 많은 사람일 수도 있고, 거부적이거나 순종할 수도 있을 것이다. 즉, 엄격한 성격 접근은 개인의 행동에 영향을 미칠 수 있는 환경적 요소를 간과한다.

지각 양식으로서의 대처

정신분석학적 견해와는 달리, 대처에 대한 지각 양식(perceptual styles) 접근은 개인이 어떻게 정서를 다루는가보다는 정보를 어떻게 처리하느냐에 더 초점을 둔다. 가장 초기의 유형은 억압-민감화(repression-sensitization)이다(Byrne, 1964). 억압하는 사람들은 정보를 회피하거나 억누르는 반면, 민감화하는 사람들은 정보를 탐색하고 확대한다. 이러한 이분법은 다른 형태로 문헌에서 나타나는데, 그 예로 둔감-예민(Averill & Rosenn, 1972), 선택적 부주의-선택적 주의(Kahneman, 1973), 감소자-확대자(Petrie, 1978), 무딘-감시하는(Miller, 1980; Miller & Mangan, 1983), 그리고 거부-주의(Mullen & Suls, 1982) 등이 있다. 최근 가장 자주 쓰이는 용어는 접근-회피(approach-avoidance)를 들 수 있다(이 구성개념에 관한 개관을 위해 Roth & Cohen, 1986 참조).

Lazarus와 동료들(1974)은 억압-민감화 유형에 대해 세 가지 주요 비판점을 제안했다. 먼저, 억압-민감화의 측정은 불안감과 높은 상관성이 있다. 둘째, 상황에 따라 지각 양식은 별로 일관성이 있지 않다. 마지막으로, 상황-특정적 측정은 어떠한 특정한 상황에서는 유용하다고 밝혀지기는 했지만(Miller & Mangan, 1983 참조), 억압-민감화의 일반적인 측정은 실제 대처행동을 예측하지 않는다(Cohen & Lazarus, 1973).

이와 더불어 개인이 입력된 정보를 처리하는 과정은 양식이라기보다는 하나의 패턴일 수도 있음이 제기되었다. Horowitz(1976)와 Lazarus(1983)는, 개인은 부정과 침입 사이를 오고 간다고 주장하였다. Pennebaker, Colder와 Sharp(1990)는 이러한 대처이론 유형을 '대처의 단계모델'이라고 하였다. 예를 들어, 폭력 외상은 처음에는 자아를 위협하고, 부정 또는 무뎌짐이 그 당사자를 보호하기 위해 매우 유용하게 작용할 것이다. 그러나 지나친 부정은 그 사람이 적절한 조치를 취할 수 없도록 할 것이고, 이는 계단을 올라가다가 심장의 통증을 느낀 한 중년 남성이 응급실에 가기보다는 자신은 심장마비가 아니라고 증명하려고 하는 예에서 볼 수 있다. 침입단계에서는, 퇴역 군인이나 성폭행 피해자들이 회상을 경험할 때처럼 형상이나 기억들이 물밀듯이 다시 떠오를 수 있다.

Stroebe와 Schut(1999, 2001)는 대처의 이중처리모델(dual process model of coping)을 제안했다. 이 모델은 개인이 긍정적 평가와 부정적 평가, 접근과 회피 대처 등을 오고 간다는 것을 제안하고 있다. 이러한 성향 각각은 상이한 목적을 갖고 있고, 문제의 단계와 사용 가능한 자원의 정도에 따라서 이 두 가지 접근법이 모두 필요할 수 있다.

어떤 사람들은 부정과 방해받음 사이를 급격하게 오고 가는 반면, 또 다른 사람들은 부정을 희망을 유지하는 방법으로 사용하기도 한다. Lazarus(1983)가 재차 설명했듯이, 말기 암환자들은 오늘은 내년 휴가 계획을 계획했다가, 그 다음날에는 자신이 앞으로 단 몇 주 동안만 살 수 있을 것이라는 것을 알기 때문에 울 것이다. 삶의 영역에 따라 접근과정 또는 회피과정을 어느 정도 사용할 것인지는 사람마다 다를 수 있다. 중년기 남녀(지금 이전세대)를 연구한 나의 박사논문에서, 남자는 업무와 관련해서는 문제중심적 대처를 매우 자주 사용하였고, 집에서는 정서중심 또는 회피 대처를 사용하였다. 이에 반해, 여자는 이와 상반되는 전술을 사용하였다(Aldwin, 1982a). 사람들은 자신들이 적절한 대처 자원을 갖고 있어서 문제에 대처하는 데 있어서 편안함을 느낄 때에는 접근전략을 사용하고, 자신이 불편하다고 느끼는 상황에서는 회피전략을 사용할 가능성이 많은 것일 수 있다. 따라서 개인이 갖고 있는 대처양식 그 자체가 있다기보다는, 한 개인은 자신과 상황 사이의 상호작용 또는 상호과정에 따라 대처 양상(modalities)으로서 접근-회피 중에 하나에 주목할 수 있다. 단, 몇 소수의 사람들은 일관되게 접근 또는 회피, 즉 하나의 유형으로 특징지어질 수도 있다.

대처전략을 두 개의 광범위한 양상으로 이분화하는 것은 몇 가지 이점이 있다. 간략하고 명쾌하므로 다양한 전략들을 폭넓은 수로 유형화하는 데 사용될 수 있다. 어떤 사람들의 경우는 대처전략을 두 개 또는 세 가지의 광범위한 범주로 다시 나누어야 한다고 주장해 왔다(Amirkhian, 1990; Endler & Parker, 1990). 그러나 이러한 주장은 그 개념을 단순화한다는 위험성을 지니고 있다. 결국, 어떤 사람이 효과적인 대처의 구성요소를 이해하는 데 관심이 있다면, 단순하게 어떻게 그 문제에 '접근했는가'를 이해하는 것만으로는 충분하지 않다. 그 접근법의 질에 대해서 알아야만 한다. 즉, 그 접근법이 조직적인지 비조직적인지 또는 적대적인지 순종적인지 또는 자기 주장적인지를 살펴보아야 한다는 것이다. 예를 들면, 문제를 회피할 경우 일주일 내내 술을 마시는 것으로 회피를 하는지, 아니면 그 문제를 잊기 위해서 조금 오랫동안 독서를 하면서 회피를 하는지를 알아야 한다. 더욱이 앞에서 살펴본 것처럼, 접근과 회피는 서로 배타적인 범주가 아니다. 이 두 유형이 어떻게 사용되는가는 서로 겹칠 수 있다는 것은 상당히 중요한데, 예를 들면, 어떠한 사람이 자신의 책임감을 거부함으로써 감정을 둔화시키면서도 문제중심적 대처를 사용할 수도 있다(Aldwin, 1991). 그러므로 접근과 회피의 구성개념은 원리를 조직화하는 데는 유용할 수 있지만, 대처를 이해하는 데 있어서 지나치게 획일적으로 강요되어서는 안 된다.

성격과 대처

성격이 스트레스 상황에서 스트레스 평가와 대처전략의 사용 모두에 영향을 미친다는 사실은 분명하다(O'Brien & DeLongis, 1997; Watson, David, & Suls, 1999). 신경증성이 높은 사람은 더 많은 스트레스 사건과 사소한 부정적 사건을 더 많이 보고하고, 술이나 다른 약물 복용이나 부정 등과 같은 정서적 고통이 증가하는 방법으로 대처를 하는 경향을 보인다. 그러나 스트레스와 대처과정을 성격적 특성으로 축소시키는 것은 잘못된 것이다. 한 종단적 연구는 정서성, 일상의 사건, 그리고 사소한 사건들이 서로 연관이 되어 있기는 하지만, 심리적 고통 변량에 독립적으로 기여함을 밝혔다(Aldwin 등, 1989). Bolger의 연구(1990; Bolger & Zuckerman, 1995)는 성격이 대처에 영향을 미치기는 하지만, 대처는 신경증성과 같은 성격요인과 심리적 고통의 사이를 매개해 주는 역할을 한다는 사실을 보여준다. 대체로 성격은 문제중심적 대처보다는 정서중심적 대처변인에 대해 더 잘 설명해 준다(Hooker, Frazier & Monahan, 1994; Long & Sangster, 1993). Folkman과 동료들(Folkman, Lazarus, Dunkel-Schetter, DeLongis, & Gruen, 1986)의 연구도 이와 같은 주장을 지지한다. Folkman 등은 5번에 걸쳐서 대처를 측정한 연구에서, 정서중심적 대처가 중간적 수준에서 안정적이지만 이차적 평가(예측하건대, 문제중심적 대처 또한)는 그에 비해 그 변화가 큼을 밝혔다.

Aldwin 등(1996b)은 교류적 접근에 기반하여 성격과 대처의 관계를 살펴보았다. 이 연구자들은 현재 성격과정을 강화하거나 다른 것을 움직이게 하는 피드백 기제가 있음을 제안하였다. 높은 숙달감을 가진 사람들은 문제중심적 대처를 더 많이 사용할 것이라고 예상할 수 있다. 문제중심적 대처가 성공적이었을 경우는 숙달감에 대한 지각이 강화될 것이다. 이와 비슷하게 정서성이 풍부한 사람은 정서적 고통을 강화하고 악화하는 전략들을 사용할 가능성이 더 높다. 그러나 문제들을 성공적으로 대처하는 데 실패를 반복하면, 자신의 숙달감에 대한 믿음은 흔들리고, 따라서 미래의 숙달감의 정도도 감소할 것이라고 유추해 볼 수 있다. 이와 반대로, 처음에는 신경증성이 높았지만 성공적으로 문제를 해결한 사람에게는 자신들의 숙달감 및 긍정적 정서 정도가 상승할 것이고, 따라서 신경증성은 감소할 것이라고 예상할 수 있다. 실제로 Mroczek과 Kolarz(1998)는 주로 원래는 신경증성이 높고 이후에 감소한 사람들 사이에서, 나이가 들어감에 따라 긍정적인 정서가 증가함을 발견하였다. Fournier, de Ridder와 Bensing(2003)도 다발성 경화증 환자들 사이에서는 시간이 흐름에 따라 낙관주의가 감소함을 보고하였다.

대처의 상황적 결정요인

성격이론과 상반되게, 대처에 대한 상황적 요소 접근법의 창시자들은 개인이 문제를 해결하기 위해 사용하는 전략의 유형은 환경적 요구에 따라 달라진다고 주장한다. 다시 말하자면, 서로 다른 스트레스 유형의 특성들은 서로 다른 상황유형과 대처 과정을 지지한다.

임의로 예를 들자면, 한 개인이 배우자 죽음에 대처하는 방법은 그 사람이 관절염 때문에 발생하는 제약이라든지, 임시 해고된 이후에 새로운 직장을 구하는 데 사용하는 방식과는 매우 다르다. 초기의 연구들은 종종 상세한 관찰기법을 사용하여서 재난과 같은 특정한 문제에 대처하는 사람들의 경험을 상세히 묘사하였다. 그 연구들은 일상생활에서의 특정한 행동보다는 인생의 주요한 변화 또는 문제들에 대한 개괄적이고 일반적인 적응과정에 초점을 두었다. 한편으로는, 이러한 연구는 전형적으로 소수의 사람들을 집중적으로 관찰하고 면접과 개인적 관찰에 의존한다는 점에서는 정신분석학과 그리 다르지 않다. 그러나 이론적이라기보다는 경험적인 성향이라는 점에서는 다르다. 즉, 대처의 상황적 결정요인을 연구하는 사람들은 모든 맥락과 문제에 적용할 수 있는 인간행동의 전반적인 모델을 발전시키기보다는 단순히 '어떻게 사람들이 특정한 스트레스원에 반응하는가'에 관해 질문을 던졌다.

대처의 상황적 결정요인 접근법은 Wallace(1956)의 토네이도에 대한 심리적 반응에 대한 기술, Lifton(1968)의 히로시마 폭격 생존자들에 대한 연구와 Erikson(1976)의 볼더강에서 발생한 재난에 관련한 연구와 같은 많은 고전적인 연구들을 생산해 냈다. 물론, 이러한 단순한 질문이 대부분의 경우 복잡한 답을 이끌어내고, 위에서 언급한 학자들은 특히 인간의 본성에 대한 통찰력을 제공하는 일반적인 과정들을 발견했다.

개인은 스트레스원의 유형에 따라 다양한 방식으로 반응한다는 것을 보여주는 많은 증거들이 있다(상세한 개관을 위해서는 Folkman & Moskowitz, 2004; Mattlin 등, 1990 참조). 상황을 분류할 수 있는 다양한 방법들이 있는데, 그중 하나는 그 상황이 이미 손해를 끼쳤는지(예 : 상실과 같은 것), 추후 손해를 끼칠 가능성이 있는지(예 : 위협을 동반하는 경우), 아니면 긍정적인 결과를 가져올 가능성이 있는지(예 : 그 상황이 도전으로 보일 수 있음)를 결정하는 것이다(Brown & Harris, 1978; Lazarus, 1966; McCrae, 1984). 이와 다르게, 스트레스원을 내용의 유형에 따라, 예를 들어 질병인지, 죽음인지, 대인 간의 문제인지, 또는 사소한 부정적 사건들인지에 따라 분류할 수도 있다(Billings & Moos, 1984; Folkman & Lazarus, 1980; Mattlin 등, 1990). 일반적인 연구전략은 개인에게 다양한 문제들을 말하게 한 후, 문제들 간의 대처전략을 비교해 보는 것이다. 이러한 연구들은 종단적으로 이루어지는 경우가 잦다.

예를 들면, Folkman과 Lazarus는 연구 대상자를 1년 동안 매달 추적을 해서, 각 월에 생긴 문제들에 대해서 말하도록 하였다. 대체적으로, 사람들은 질병이나 죽음과 같은 상실을 경험하는 상황에서는 좀 더 정서 지향적인 대처전략을 사용했던 데 반해, 어떠한 상황을 위협이나 도전이라고 평가할 경우에 대처전략은 실제적이고 대인 간 문제 지향적인 경향이 있었다. 따라서 개인은 대처기술을 상황의 요구에 따라 맞추는 것이다.

Pearlin과 Schooler(1978)는 다섯 가지 주요한 사회적 역할에 따라 스트레스원을 분류하였다 : 일, 결혼생활, 부모, 가정의 경제, 건강. 이 연구자들은 각각의 다른 사회적 역할에서 확연하게 다른 대처전략이 사용됨을 발견하였다. 예를 들어 자녀를 훈육하는 경우, 즉 부모로서의 역할과 관련된 문제에 대처하는 데 사용하는 전략들은 다른 사회적 역할인 직장에서 직장 상사와 겪는 어려움을 해결하는데 적절하지 않을 것이다. 더욱이 같은 전략이라고 할지라도 상황에 따라 다른 효과를 가져오기도 한다. 예를 들자면, Pearlin과 Schooler 연구에서 문제중심적 대처가 대인 간 문제를 다루는 데 있어서는 심리적 고통을 감소시킬 수 있지만, 직장에서는 거의 효과가 없었다.

인지적 접근

대처에 대한 인지적 접근은 네 가지 가정에 기초한다. 첫째, 인간이 문제를 어떻게 대처하느냐 하는 것은 상황에 대한 평가에 크게 좌우된다. 일반적으로 평가는 상황이 별 영향이 없는지 또는 손해나 손실과 같은 위협적인 것인지, 아니면 도전인 지에 대한 의식적인 평가로 여겨진다(Lazarus & Folkman, 1984). 어떤 상황이 별 영향이 없다면, 대처는 필요하지 않다. 이론적으로 상황이 위협적이거나 도전 적인 상황들인 경우, 그 문제를 해결하거나 제거하려는 시도를 하게 된다(문제중 심적 대처). 이에 반해, 어떤 상황이 손해나 손실을 가져온다면 일시적 대처를 이 끌어 낼 가능성이 높은데, 이는 스트레스원에서 비롯된 부정적인 정서를 감소하거 나 그 정도를 줄이려는 시도이다. 따라서 인지적 모델에서는 적응은 의식적인 것 이다. 즉, 개인은 그 문제의 유형과 심각성 등을 평가한 후, 이전 경험을 바탕으로 어떻게 그 문제들을 대처해 나갈 것인가를 결정한다.

둘째, 인지적 접근은 개인은 어떠한 대처전략을 선택하는 데 있어서 유연하며, 특정한 문제의 요구에 따라 전략들을 수정한다고 가정한다. 즉, 어떠한 정도의 상 황의 구체성을 가정하는 것이다. 즉, 개인은 문제에 접근하는 방식에 있어서 일관 적이지 않고, 그보다는 환경적 여건을 고려한다. 대처양식(coping styles)은 인지 적 접근론에서는 배척당하는데, 왜냐하면 대처양식이라는 용어가 대처는 개인적 인 성향이나 환경적 요구의 조합이라기보다는 일관적인 — 성격의 기능 — 것으로 보고 있기 때문이다. 따라서 인지이론가들은 어떠한 사람은 반드시 어떤 특정한 문제에 대해 대처전략들을 보고한다고 믿었다.

셋째, 대처효과는 각각 문제와 정서에 목표를 둔 문제중심적 대처와 정서중심적 대처전략 모두를 포함한다고 가정하였다. 인지이론가들은 대처 노력을 위계적으 로 나열하려 하지 않았다. 정서 통제가 한 문제를 해결하거나 다루는 노력들을 활 성화시킬 것임에도 불구하고, 문제를 해결하거나 만족스럽게 관리하는 것이 정서 를 관리하는 가장 좋은 방법의 하나일 것이다.

개인은 의식적으로 자신의 정서를 조절한다는 것에는 의심의 여지가 없고 (Stanton & Franz, 1999), 이는 성인발달 이론들에 흥미로운 시사점이 있다. 정 신역동 이론에 따르면, 정동은 방어라는 무의식적 기제를 통해 자아에 의해 자동 적으로 조절된다. 이와 달리, 인지적 모델에 따르면 자아는 적극적이고 의식적으 로 내적·외적 과정 모두를 관리하려고 노력을 기울인다. 제16장에서 나타난 바와 같이, 스트레스를 관리하는 데 있어서의 자기결정(self-determination)이라는 개념은 성인발달 이론에 흥미로운 시사점을 지니고 있다.

마지막으로, 인지적 이론들도 적응의 위계성을 가정하지는 않다. 그보다는 인지적 이론들은 실증주의자의 접근법을 취한다. 즉, 임무는 어떠한 특정한 상황에서 어떠한 대처전략을 사용해야 하는지, 그 전략들이 어떠한 조건들에서 긍정적인 적응을 촉진하거나 혹은 그렇지 않은지를 알아내는 것이다. 예를 들어, 부정이 필연적으로 부적응과 관련되어 있다는 것을 가정하기보다는, Lazarus(1983)는 부정이 유용할 수 있는 여건들을 기술하였는데, 개인들에게 전혀 희망적이지 않은 상황에서 희망을 간직할 수 있도록 하는 것과 같은 경우이다.

현재 대다수의 대처연구자들은 인지적 접근법의 일부분을 받아들이고 있다는 것은 합당한 일이라고 생각한다. 많은 연구들이 일반적으로 체크리스트 형태로 되어 있는 대처행동에 대한 자기 보고에 기초하고 있다. 그러나 암묵적이든 혹은 명시적이든 그리고 목표로 하는 상황을 구체화하거나 혹은 그렇지 않거나 하든지 간에 많은 연구자들은 대처전략의 사용을 성격의 작용으로 여기고 있다(예 : MaCrae & Costa, 1986). 그리고 대처전략이 어느 정도 인간과 환경 모두의 작용이라는 것이 논쟁의 대상이다(그러나 Hooker 등, 1994 참조).

De Ridder와 Kerssens(2003)는 성격과 환경의 대처에 대한 상대적 기여도를 연구하기 위해 20개의 비네트를 고안해 냈다. 이 비네트는 불확실성, 사회적 맥락, 관심의 유형에서 다양하였다. 대상자 내 변량이 대상자 간 변량보다 컸다는 것이 밝혀졌다. 다시 말하자면, 성격은, 특히 성격을 총합으로 볼 때는, 대처에 영향을 미친다. 그러나 사람들은 자신들의 대처전략을 상황적 요구에 따라 다양화시킨다.

대처에 대한 인지적 접근은 최근 많은 비판을 받고 있다. 어떠한 사람들은 대처를 연구하는 데 들이는 수많은 노력이 실제 지식적 측면과 적응과정에 대한 이해를 높이는 것과 관련된 내용을 거의 산출하지 못한다고 생각한다(Coyne & Racioppo, 2000). 또한 어떤 사람은 대처가 대체적으로 항상 사회적 맥락에서 발생하고, 상호관계의 사회적 역동성이 잘 연구되지 않고 있다고 주장하고 있다(Hobfoll, 2001). 일부 사람들은 문제 상황에서만의 대처를 연구하는 것은 불분명한 결과를 산출할 수 있고, 예기적 대처 또는 선행적 대처와 같은 좀 더 광범위한 적응과정을 살펴보아야 한다는 점을 지적한다(Aspinwall & Taylor, 1997;

Greenglass, 2000). 그러나 일부 사람들은 긍정적 대처(Folkman & Moskowitz, 2000; Frydenberg, 2002; Snyder, 2000), 특히 '의미 부여'의 중요성(Schwarzer & Knoll, 2003)에 많은 관심을 기울일 것을 주장한다. 또 개인이 사용하는 구체적인 전략들은 그 효능감에 비해서 그 중요성이 떨어진다고도 주장한다(Gottlieb & Rooney, 2004; Zautra & Wrabetz, 1991). 따라서 대처에 관한 좀 더 최근의 이론적 접근들 중 몇 가지를 살펴보려 한다.

대처와 적응에 대한 최근의 접근

과거 몇 년 동안 새로운 이론적 접근들로 대처에 대한 연구들이 확장되고 강화되어 왔다. 이러한 새로운 이론적 접근들은 크게 다섯 가지 영역으로 나뉜다. 대처 범위를 관리 기술뿐 아니라 선행적 대처와 예기적 대처로까지의 확장, 긍정적 대처와 의미 부여, 대처의 사회적 측면을 정교화하기, 종교적 대처, 그리고 대처 효능감에 대한 연구들이다. 이러한 새로운 접근들이 짧게 소개될 것이다. 좀 더 자세한 사항은 외상, 건강과 발달에 대한 구체적인 내용을 다루는 다른 장에서 다루어질 것이다.

대처에 대한 동기적 접근

Skinner와 Wellborn(1994)은 스트레스와 대처에 대한 동기적 접근법을 옹호해왔다. 이 관점에서 스트레스는 다른 사람과 연결성, 자율성과 유능감과 같은 기본적인 심리적 욕구가 위협을 받을 때 발생한다. 그러므로 대처는 "개인이 심리적 고통 상황에서 어떻게 자신의 행동, 정서와 동기적 성향을 조절하는가를 기술하는 조직적 구성개념이고, 대처는 이러한 요구 충족을 유지하고, 복원하고, 보충하고, 바로잡는 사람들의 노력까지를 포함한다."(p. 112) 이 이론은 장기적 결과와 단기적 결과를 구분하는 데 있어서, 명시적으로 그 속성에 있어서 발달적이다. 단기적 결과에서 대처는 개인의 상황에 참여를 조절(단순히 상황에서 물러서 있는 것과 반대하여)하는 데 기여한다. 이와 달리 장기적 결과는 성격과 사회적·인지적 영역에서의 발달을 의미한다. 정서조절로서의 대처의 개념이 아동심리 연구(Eisenberg,

Fabes, & Guthrie, 1997)에서 더욱 우세해지고 있는데, 이에 관해서는 제14장에서 더 자세히 다룰 것이다.

대처 범위의 확장

만성적 질병 대처에 관한 개관에서 Aldwin과 Brustrom(1997)은 대처전략의 사용이 시간에 따라 감소함을 지적하였다. 사람들을 만성적 스트레스원의 심각성 또는 출현을 최소화하기 위해, 그 스트레스원을 다루는 일상들을 발전시킨다. 예를 들어, 천식이나 고혈압 또는 당뇨병과 같은 만성적 질병에 대해 약을 먹는 것이나, 식단, 운동에 관한 일상적인 행동들을 발전시키는 것은 문제를 심하게 하거나 이러한 질병들이 진행되는 것을 지연해 줄 수 있다. 병을 처음에 진단 받을 시, 사람들은 자신들에게 잘 맞는 일상적 방법들을 찾을 때까지 수많은 다양한 대처전략을 시도할 것이다. 그래서 해결해야 하는 위기의 수가 적어지고 어떠한 전략들이 더 효율적인가를 알아낸 결과, 실제로는 시간에 따라 사용하는 대처전략의 수는 감소한다. 이러한 행동들이 일상화되면, 그 행동들은 더 이상 적극적인 대처 노력이라기보다는 만성적인 상황을 관리하는 습관적인 방법들로 생각된다.

Aspinwall과 Talyor(1997)는 대처전략들 중에서 예기적 대처와 선행적 대처를 구분하였다. 대처전략은 스트레스적인 문제와 현재 있는 부정적 정서를 조절하려는 적극적 노력들인 데 반해, 예기적 대처는 일어날 것이 분명한 사건들의 부정적 효과를 최소화할 수 있도록 하기 위해 사용되는 전략들이다(Folkman & Lazarus, 1985). 예를 들어, 어떤 사람이 중간고사가 확실히 일어날 것을 안다면, 시험에 대비해서 공부를 하는 것이 지각된 스트레스 정도를 감소시키고 최적의 수행을 증진시킬 수 있다. 반대로, 선행적 대처는 좀 더 일반적인 "잠재적으로 스트레스적인 상황이 일어나는 과정에 있을 경우, 그것이 일어나기 전에 일어나지 않게 하거나 그 형태를 수정하기 위해 행해지는 노력"(Aspinwall & Taylor, 1997, p. 417)을 의미한다. 선행적 대처는 다음의 다섯 단계를 포함한다.

1. **자원 축적.** 이 단계는 '비올 때를 대비해 저축해 두기' 정도로 불릴 수 있을 것이다. 앞서 언급한 바와 같이, 스트레스의 정의에는 개인의 자원 정도를 넘

어서는 상황이 포함된다. 물질적·사회적 재화와 함께 시간적 자원도 포함한다. 다시 말해, 일정을 너무 과도하게 잡지 않음으로써 예상치 못했던 문제를 다룰 시간을 가질 수 있다.

본 저자의 연구팀은 선행적 대처척도를 개발해 왔다(Kelly & Aldwin, 2001; Kelly, Shiraishi, & Aldwin, 2003). 비교문화적 관점을 확보하기 위해서, 우리는 그 척도를 실험실에서 브라질 출신의 학생에게 보여주었다. 어려운 때를 대비해서 저축하기, 미리미리 점검해 두기와 같은 문항들을 보면서(표 7.4 참조), 그 학생은 웃음을 터트리며 "너무 미국적인걸요! 브라질 사람들에게 선행적 대처가 어떤 건지 아세요? 그건 매일 밤마다 카페에서 시간을 보내고, 그러면 무슨 일이 잘못됐을 때 도움을 줄 많은 친구들이 생기는 거예요!"라고 했다. 각 문화마다 어떠한 종류의 자원이 스트레스에 대처하는 데 있어서 가장 중요한 것인지에 대해서는 다양한 아이디어가 있을 것이다.

2. **잠재 스트레스원의 식별.** 이 단계는 무엇이 잘못될 수도 있다는 내적 신호에 대한 민감성과 환경을 선택할 수 있는 능력을 포함한다. 청소년들은 특히 주어진 상황 또는 계획된 행동에 내재된 잠재적인 위험들을 잘 무시하고, 이것은 왜 청소년들이 사고를 잘 일으키는 경향이 있는지에 관한 이유가 될 것이다. 오래전에 본 연구팀에 있던 한 대학생(지금은 유명한 인지신경과학자임)이 서부 심리학회 회의를 가는 여정 동안 하와이 시골길에서 80마일로 운전하라고 말했다. 그 도로가 80마일 정도의 속도에 적합하도록 폭이나 표면의 매끄러움, 커브길, 갓길 등이 잘 설계되었다는 점에서 그 학생의 말이 옳았다. 그러나 굉장히 느리게 가는 농장용 차량, 잘 보이지 않는 집 진입로처럼 상당히 위험할 수 있는 사회적 위험요소들이 있었다. 이는 25세 미만은 하와이에서 왜 렌트카 이용이 허락되지 않는지를 말해 줄 것이다!

3. **초기 평가.** 일단 잠재적 문제들을 발견하고 나면, 초기 평가과정이 중요한 문제가 된다. 초기 평가과정에서 그 사람은 상황의 잠재적 중요성과 일어날 수 있는 가능성을 알려고 한다. 예를 들어, 걸음마기 자녀를 둔 엄마들이 아이들의 행동으로부터 일어날 수 있는 잠재적 위험요소를 눈여겨보는데, 이는

다음의 행동들을 얼마나 자주 하는지를 1에서 5 중 하나를 고르시오. 1 = 전혀 하지 않는다.
5 = 항상 한다. (만일 해당 사항이 없을 경우 0을 쓰시오.)

0 = 해당 사항 없음 1 = 전혀 하지 않는다 2 = 거의 하지 않는다 3 = 가끔 한다 4 = 자주 한다 5 = 항상 한다

1. 나는 집을 사거나 대학 등록금을 내기 위한 것처럼 큰 돈을 쓸 것을
   대비하여 저축을 하고 있다. _____

2. 나는 차에 구급상자를 비치하고 있다. _____

3. 나는 매년 정기 검진을 받는다. _____

4. 나는 이웃에 문제가 있는지 주의 깊게 본다. _____

5. 차 안에서 잘 모르는 소음은 무시한다. _____

6. 나는 수표책의 잔고를 맞추어 놓는다. _____

7. 나는 은퇴할 때를 대비해 따로 돈을 모아놓는다. _____

8. 나는 차의 기름을 떨어뜨린다. _____

9. 나는 약속에 늦는다. _____

10. 나는 결코 지적받지 않을 것 같다. _____

11. 나는 몇 달 전에 미리 휴가계획을 세운다. _____

12. 나는 공과금을 늦게 낸다. _____

13. 나는 내 친구의 문제에 관여하지 않는다. _____

14. 나는 주위 환경을 주시하고, 있을 수 있는 위험에 주의를 기울인다. _____

15. 나는 마감일 전날에 과제나 해야 할 일을 한다. _____

16. 나는 아플 때만 병원에 간다. _____

17. 나는 위급상황을 대비해 돈을 따로 떼어두는 것이 어렵다. _____

18. 나는 아주 중요한 일이 아니라면 내 아이들의 문제에 대해서 듣고
    싶지 않다. _____

19. 나는 문제가 발생하기 전에 내 파트너의 요구를 알아채기 위해 노력한다. _____

20. 나는 치아 스케일링을 받는다. _____

21. 나는 한 위기상황 다음에 또 다른 위기상황을 겪는다. _____

22. 나는 차 엔진오일을 교환한다. _____

23. 나는 이웃의 노인을 살핀다. _____

24. 나는 치실을 사용한다. _____

25. 나는 신용카드 잔액을 갖고 있다. _____

26. 나는 운동을 한다. _____

27. 나는 직장에서 자신의 문제는 자신이 해결해야 한다고 믿는다. _____

28. 나는 아이들이 집에 있을 때 집이 안전할 수 있도록 한다. _____

29. 나는 일찍 일을 끝낸다. _____

30. 나는 어떤 일을 계획하려 하지 않을 때 일을 더 잘한다. _____

실제로 문제가 발생할 경우 상당히 민첩하게 행동할 수 있게 한다.

4. **초기 대처 노력.** 잠재적 문제들을 발견하면서, 사람들은 그 문제를 미연에 방지하기 위한 행동을 취할 수 있다. 예를 들면, 캘리포니아대학교 데이비스 캠퍼스에 있는 대학 실험실에서의 분석을 위해 보스턴에 있는 동료들이 질소로 얼려서 저장한 혈액 샘플을 보낸 적이 있다. 데이비스에 있는 동료들에게 그 혈액 샘플이 도착했다고 이메일을 보냈지만 답장을 받지 못했다. 몇 시간 뒤, 혈액 샘플이 제대로 보관되지 않을 것을 염려해서, 소포가 어디 있는지 알아보기로 했다. 이것은 행운을 가져온 전략이 되었는데, 왜냐하면 그 소포가 주소가 잘못 지정이 되어서, 비서는 나중에 처리하려고 옆으로 치워 놓았었다. 운 좋게도, 그 소포가 어디 있는지를 알 수 있었고, 아무런 문제없이 때에 맞춰서 찾을 수 있게 되었다.

5. **도출과 피드백 사용.** 다섯 번째이자 마지막 단계는 그 사건이 실제로 일어났는지, 사전에 행해진 노력들이 효과적이었는지, 그리고 그 스트레스원에 대해서 무엇을 배웠는지를 결정하는 일이다. 바로 이전에 제시된 예에서, 사전에 노력(동료에게 이메일을 보낸 것)은 답을 받지 못했고, 그래서 나는 그 노력이 효과적이지 않아서 걱정을 했으며, 그 이후 그 사건(소포의 잘못된 배달)이 실제로 일어났는지를 확인해 보았다. 운 좋게도, 더 심각한 문제, 즉 샘플들이 손상을 입었다든지 못쓰게 되었다든지 하는 일은 방지되었다. 이러한 상황에서, 나는 강박증을 조금 가지고 있는 것이 나쁘기만 한 것은 아닌 것을 알게 되었다.

Schwarzer와 Knoll(2003)은 조금 다른 도식을 제안했는데, 그들은 네 가지 유형의 대처를 구별했다. 반응적, 예기적, 선행적, 예방적 대처가 그 네 가지 유형이다. 반응적 대처는 과거나 현재 스트레스원을 다룰 때 사용되는 데 반해, 예기적 대처는 가까운 미래에 일어날 수 있는 위험을 다루는 데 사용된다. 그러나 두 학자는 예방적 대처와 선행적 대처를 구별하였다. 예방적 대처는 Aspinwall과 Taylor가 말한 선행적 대처와 비슷하지만, Scharzer와 Knoll(2003, p. 396)은 기존의 선행적 대처에 개인적 성장 부분을 첨가하였다. "선행적 대처는 도전할 만한 목표와 개인적 성장을 촉진하는 자원을 축적하는 노력을 반영한다. 대처는 위험관리가 아닌 **목표관리**가 된다. 사람들은 성장을 위한 기회를 만들어 내고 건설적인 행동의 경로들을 개시한다는 점에서 반응적인 것이 아니라 선행적이다." 다시 말하자면, 빈곤에 찌든 삶에서 탈출하기 위해 대학을 다니는 것은 선행적 대처라고 볼 수 있다. 선행적 대처는 어떠한 특정한 위협을 다루는 것이라기보다는 어떠한 특정한 문제들을 최소화하거나 피하기 위해서 자신의 목표 구조를 재조직화하는 것이다. 물론, 이것을 통해서 완전히 새로운 문제들에 직면할 수도 있겠지만, 어떤 특정한 목표를 가진 맥락에서는, 그러한 문제들은 바람직하지 않은 스트레스원보다는 도전으로 평가될 수도 있을 것이다. 몇몇의 다른 학자들은 동기적 요소 또는 목표 지향성을 발달적 틀 안에서의 대처와 결합하는 것을 시작하였는데, 이 내용은 제14장에서 살펴볼 것이다.

의미 부여

사람들은 흔히 상당히 스트레스를 받는 상황에서 의미를 찾으려고 한다. '의미 부여', 또는 인지적 재구성은 한 문제를 이해하려는 노력을 포함한다. 일반적으로 긍정적인 전략으로 여겨지고, 밝은 측면을 찾는 것이나, 문제 안에서 이점을 찾으려고 노력하는 것이 특징이다. 어떤 연구자들은 의미 부여는 외상(Mikulincer & Florian, 1996)이나 주요 상실(Wortman, Battle, & Lemkau, 1997)과 같은 극심한 스트레스원을 다룰 때 가장 자주 사용되기도 한다고 제안한다.

인지적 재구성은 현재 인지적-동기적 구조를 재조직화하거나 사건의 재해석과 재평가를 포함할 수 있다. 예를 들어, 의대를 가려고 하는 학생이 시험을 못봤을 경우, 그 학생은 이것을 주의를 주는 신호라고 해석하고, 더 많이 노력할 것이다. 또, 어떤 사람의 경우는 의대가 자신이 진짜로 원하는 것이 아니라고 결정하고 자신이 더 선호하는 전공으로 바꿀 수 있게 되어서 안심할 수도 있다.

Folkman과 Moskowitz(2000)는 상황적 의미 부여(situational meaning making)와 전반적 의미 부여(global meaning making)를 구별하였다. 이 두 학자는 상황적 의미 부여가 평가과정에 더 가깝지만, 여전히 대처에 연관이 있다고 주장하였다. 의미를 상황에 결합시키는 것으로 하는 대처는 긍정적 정동과 관련이 있다. 반대로, 전반적 의미는 좀 더 세상에 대한 근본적인 가정들을 의미한다. Taylor (1983)는 적응의 세 가지 측면을 발견하였다. 의미, 숙달감, 그리고 자기향상이 그것이다. 전반적인 의미 부여는 극심한 외상 또는 심각한 상실의 상황에서 가장 분명할 수 있고, 이에 관해서는 제12장에서 상세히 다룰 것이다.

의미를 찾는 일은 상당히 고통스러운 과정이고 최소한 초기에는 더 많은 스트레스와 연관되지만(Lieberman, 1996; Wortman 등, 1997), 외상후 성장을 위한 단계를 설정하기도 한다(Aldwin & Sutton, 1998; Tedeschi, Park, & Calhoun, 1998). 의미 부여의 긍정적인 또는 부정적인 효과에 관해서 서로 상반되는 증거들이 있다. Davis, Nolen-Hoeksema와 Larson(1998)은 의미 탐색(sense making)과 이점 찾아내기(benefit finding)를 구별하였다. 의미 탐색은 긍정적이든 부정적이든 그 이유를 찾아낸 것인 데 반해, 이점 찾아내기는 보다 긍정적인 것이다.

Tennen과 Affleck(2002, p. 401)은 이점을 재확인하는 것(benefit reminding)은 그 자체로 대처전략이고 주장하였다. "대처전략으로서의 이점 재확인(benefit reminding)은 상황의 스트레스적인 효과를 완화하기 위해 노력이 필요한, 이점을 인지하는 것으로 개념화할 수 있다." 예를 들자면, 아이가 심각한 부상을 입은 부모는 계속해서 "더 나쁜 일이 있을 수도 있었어. 일단 아이가 살아 있잖아."라는 생각을 반복할 수 있다. Park과 Blumberg(2002)는 의미 부여가 외상을 갖고 있는 사람들 사이에서 글쓰기를 통한 개입의 효과를 중재한다고 주장하였다. 시간이 지나면서, 의미 부여는 상황을 스트레스로 평가하는 것과 거슬리는 생각들을 감소시켰다. 대처전략으로서의 의미 부여의 중요성은 제8장에서 더 상세히 살펴볼 것이다.

대처의 사회적 측면

지난 세기 동안 대처가 단순히 개인적 노력이 아니라는 인식이 확산되었다. 즉, 대처는 사회적 진공 상태에서 일어나는 것이 아니다. 어떤 연구자들이 말한 것처럼 "론 레인저(역자 주 : 서부 영화의 주인공)도 톤토(역자 주 : 론 레인저의 미국 원주민 조수)가 있었다."(Dunahoo, Hobfoll, Monnier, Hulsizer, & Johnson, 1998) Lepore(1997)는 스트레스원 — 특히 만성적 스트레스 — 는 거의 항상 개인뿐만 아니라 가족에게도 영향을 미친다고 지적하였다. O' Biren과 DeLongis(1997)는 개인이 어떻게 대처하는가는 가족 내 다른 사람들의 대처를 용이하게 하기도 하고, 방해하기도 한다고 주장하였다. 그 예를 들자면, 도구적인 도움이든, 조언 또는 정서적 지지든 간에, 사회적 지지는 양자관계에 있는 사람이 문제를 대처할 수 있는데 도움을 준다. 그러나 커플이 사용하는 대처전략들 사이에는 불일치가 상당히 자주 존재한다. 예를 들어, 자녀가 만성적인 또는 생명에 위협을 줄 수 있는 질병에 걸렸을 경우, 남편들은 주로 정서적 반응을 억제하고, 부인들이 정서를 표출하지 못하도록 적극적으로 노력한다. 이러한 대처는 자신의 스트레스를 억누르고, 시간이 경과함에 따라 소외감과 외로움을 느끼게 하고, 결혼 스트레스로 이어질 수 있다(Gottlieb & Wagner, 1991).

또한 사람들은 자신들을 더 만족시키는 전략과 배우자를 만족시키는 전략 사이에서 하나를 선택해야 할 수도 있다. 그 예로, Coyne과 Smith(1991)는 남편이 심장마비가 걸렸던 부부관계에서의 대처를 연구하였다. 부인들이 문제를 최소화하는 방법으로 대처하려고 한다면, 남편들은 스트레스를 적게 느끼겠지만, 부인들은 더 많이 느낄 수 있다. 그러나 부인들이 자신의 스트레스를 감소시키기 위해 대처를 한다면, 그것은 남편들의 스트레스를 증가시킬 것이다. 이 경우 대부분 진퇴양난의 상황이 벌어진다. 즉, 대립적 대처와 정서적 스트레스를 표현하는 것은 배우자 측에서는 철회(withdrawal)와 회피를 일으키게 하고, 이는 일어날 수 없는 일을 상상하거나 과거를 되새김질하는 것과 같은 비건설적이고 부적응적인 대처를 증가시키게 된다. 그리고 이러한 행동은 종종 정서적 스트레스가 증가되는 결과를 가져온다. 그러나 배우자가 지지적이지 않기 때문에 정서적 스트레스를 억누르는 것은 서로 간의 거리를 멀게 하고 결혼생활에 대한 압박감을 증가시킨다.

O' Brien과 DeLongis(1997)는 개인들, 특히 만성적 스트레스하에 있는 사람들은 관계중심적 대처를 사용할 필요가 있다고 하였다. 관계중심적 대처는 공감적 대처(empathetic coping)와 타협하기(compromising)라는 두 개의 일반적인 전략을 포함한다. 공감적 대처 사용은 양자관계에서 두 명 모두의 적은 스트레스와 관련이 있다. 공감적 대처의 좋은 예는 Preece와 DeLongis(2005)의 연구에서 제시되었다. 이들의 연구에서 한 노인이 치매를 앓고 있는 부인의 주 부양자였다. 이

부부가 제일 좋아하는 활동 중 하나는 부인에게 남편이 목욕을 시켜 주는 것이었다. 그러나 그 부인이 혼란을 느끼는 것이 점점 심해지자, 더 이상 남편을 알아보지 못하게 되었고, 남편이 목욕을 시켜 주려고 할 때마다 매우 스트레스를 받았다. 그 남편은 목욕을 강제로 시키려 하기보다는, 남자에게 씻겨지는 것이 수치스럽다는 것을 이해했다. 그리고 여자 가정건강보조원을 집으로 오게 해서 부인을 목욕시키게 했고, 부인은 이를 받아들였다. 이 남편은 부인의 관점에서 문제를 바라보고 그 문제에 대한 답을 찾기 위해서, 자신이 상처받았고 거부당했다는 감정은 제쳐둘 만큼 지혜로웠다.

그렇지만 만성적 스트레스를 다루는 부담은 적절한 관계 대처를 하는 것을 더욱 어렵게 할 수도 있다. '대처 비용'(Lepore, 1997)으로 인해, 배우자의 스트레스 — 또는 일반적으로 관계적 문제 — 를 다루기 위해 사용할 수 있는 자원은 줄어들 것이다. 이는 심한 장애가 있는 자녀가 있는 것과 같은 심각한 만성적 스트레스를 겪고 있는 가족들 사이에서 발생하는 높은 이혼율을 설명할 수 있을 것이다.

타협하기는 관계 대처에 있어서 또 다른 중요한 전략이지만, 아직은 심도 있게 연구되지 않았다(Preece & DeLongis, 2005). 상호 대처를 연구하는 데 있어서 더 많은 연구가 필요하다.

종교적 대처

나는 대학원생일 때, 버클리 스트레스와 대처 프로젝트에서 실시한 대처방법 체크리스트 개정 작업에서 첫 번째 결과의 '기타'에 관한 분석을 하겠다고 자원했었다. 이 척도에서 누락된 주요 대처 반응은 기도를 하는 것이었다. 일반적인 상식으로, 많은 사람들은 심각한 문제에 직면했을 때 기도를 한다. 면접을 글로 옮긴 것을 읽으면서, 기도를 사용하는 것은 매우 복잡한 것이라는 것이 분명해졌다. 어떤 경우에 사람들은 기도를 문제중심적 대처의 근원으로 사용하기도 하지만(예 : 치료를 바란다든지 다른 형태의 물질적 도움을 요청한다든지 하는 것), 어떨 때는 기도에서 마음의 평안을 찾는 것처럼 단순히 정서중심적 대처였다. 어떤 경우에는 기도는 사회적 지지의 요소를 포함했다. 예를 들어, 사람들은 교회 사람들이 자신 또는 자신이 사랑하는 사람을 위해 기도한다는 것을 알 때 편안함을 느낀다. 또한 어떤 경우에는, 신을 자신들의 문제에 대해서 말할 수 있는 사람으로 볼 수도 있다. 그 예로, 한 여성에게 자신의 문제에 대해서 누구와 이야기하는가를 물어봤을 때, 하나님이라고 답을 했다. 더 구체적으로 질문을 하자, 그 여성은 하나님만이 자신이 이야기하는 유일한 사람이라고 말했다. 이는 코딩과 관련된 문제를 발생시켰다. 즉, 사회적 지지 중 한 형태로 '신 또는 하느님'을 포함시키지 않았다.

Pargament, Koenig과 Perez(2000)는 종교적 대처가 의미, 통제, 편안함/영성, 친밀감/영성, 그리고 삶의 변화라는 다섯 가지의 주요 기능이 있다는 가설을 세웠다. 모든 종교는 상황을 이해하고 해석하기 위한 틀을 제공한다. 사람들은 신의 의지 또는 업보나 숙명이 어떻게 우리 삶에 영향을 미치고 있는지를 이해하기 위해 노력한다. 또한 종교는 적어도 통제할 수 없는 상황에서 통제되고 있다는 환상을 줄 수 있다. 신의 가호 안에 있거나 알라신 또는 부처님에게 피신을 하고 있다는 데에서 편암을 느끼는 것은 안도감과 아주 극심한 스트레스 상황에서조차도 평화를 제공한다. 종교는 또한 타인과의 친밀감이나 동지애를 발전시키기도 한다.

많은 방법으로, 종교 커뮤니티는 이미 형성된 사회적 지지체계이다. 대부분의 종교는 어떤 일정한 사회 안정망을 제공한다. 모르몬교는 스트레스를 겪는 구성원들에게 물질적 지원 및 정서적 지원을 제공할 수 있도록 커뮤니티를 구역으로 나눈다. 가난한 사람을 돕는 것은 이슬람의 다섯 가지 주요 교리 중 하나이고, 교단(sangha)은 불교의 세 가지 주요 교리 중 하나이다.

마지막으로, 종교는 개인 삶을 변화시킬 수 있는 힘을 가지고 있을 수도 있다. 세계의 종교들에는 수많은 성스러운 신들의 예가 있다. 10단계 프로그램들은 융이 처음으로 제안한 스트레스적인 시간들을 성스러운 것에 마음을 열라는 것에 기초한다. Pargament와 동료들(2000)은 대처의 이러한 다른 기능들을 측정하려고 시도했다.

지난 100년간, 종교적 대처에 관한 수많은 연구들이 출간되었다(개괄적 내용은 Harrison, Koenig, Hays, Eme-Akwar와 Pargament, 2001 참조). 종교적 대처의 유행은 주로 임상 환자나 병원에 입원한 사람들을 대상으로 연구되었다. 이러한 연구대상에서, 종교적 대처의 사용은 약 60~90% 정도로 높았다. 대체적으로,

종교적 대처의 사용은 더 나은 정신적 건강과 연관이 있었지만, 신체적인 건강에 있어서는 서로 일치하지 않는 결과들이 더 많이 밝혀졌다.

그러나 종교적 대처가 한결같이 유익하다고 생각하는 것은 오산이다. Pargament 와 동료들(2000)은 종교적 대처의 부정적 측면이 있음을 밝혀냈다. 구체적으로 살펴보면, 신이 자신들을 버렸고 벌주고 있다고 생각하거나 같은 교회에 있는 사람들에게 평가를 받거나 평가하는 느낌은 단지 부정적 영향이 있을 뿐 아니라 심각한 질병이 있는 환자들에서는 죽음을 재촉하기도 하는 듯하다(Pargament, Koenig, Tarakeshwar, & Hahn, 2001).

대처 효능감

마지막으로, 주요 경향 중 하나는 대처연구가 대처 효능감의 인지라는 것이다. 어떤 면으로는 대처전략의 선택은 그 전략을 어떻게 행할 것인가보다 덜 중요하기도 할 것이다. 예를 들면, Aldwin과 Revenson(1987)은 효능감과 문제중심적 대처전략 사이에 상호작용이 있음을 보여주었다. 상대적으로 적은 대처전략을 사용하였지만, 자신들이 문제를 해결하였다고 생각하는 사람들은 제일 적은 심리적 고통을 받았다. 자신들이 상대적으로 문제중심적 대처를 적게 사용하였지만, 그 문제를 잘못 다루었다고 생각하는 사람들은 가장 심한 고통을 받았다. 이와 유사하게 대인 간 협상을 효율적으로 사용하는 사람들은 고통을 받지 않았지만, 소용없는 많은 대인 간 협상을 사용하는 사람은 극심하게 고통을 받았다.

요약

대처는 실제로 존재하거나 예상되는 문제들과 수반하는 부정적 정서들을 다루는 전략의 사용이라고 정의된다. 개인들은 적극적으로 그 문제를 해결하려고 시도하는 반면, 그들의 정서적 반응과 전략들은 항상 완전히 의식적인 것은 아닌 듯하다. 사회적·문화적 환경은 스트레스에 대한 평가와 대처전략 사용에 직접적이고 미묘하게 영향을 미친다. 따라서 대처는 과도하게 결정된 현상이다.

지난 한 세기 동안, 대처 분야는 어떠한 특정한 문제를 다루는 개인의 생각 이상으로 확장되어 왔다. 그보다 지금은 개인들은 자신들의 삶에서 스트레스의 발생과 빈도를 증가 또는 감소시키는 방향으로 적극적으로 작업한다. 더불어 개인들은 사회적 진공상태에서 대처하지 않는다. 우리들은 사회적 지원이 대처에 중요하다는 사실을 오랫동안 알고 있었고, 현재에는 어떤 한 사람의 대처가 같은 환경 내에 다른 사람의 대처에 따라 촉진되거나 방해받을 수 있다는 것을 알고 있다. 대처는 환경 내 타인에게 영향을 끼친다. 개인에게 있어서 도움이 되는 것은 배우자 또는 자녀들에게 더 문제를 야기하게 할 수 있고, 혹은 반대의 경우가 생길 수도 있다. 개념화나 측정의 많은 문제들이 여전히 연구되어야 하지만, 의미의 중요성은 대처 분야에서 가장 먼저 고려되어야 한다. 마지막으로, 대처는 초월성(transcendence)을 포함하는 것이라고 이해되므로 개인 이상의 것으로 여겨진다. 개인은 의미를 찾거나 자신들의 삶을 변화시키기 위해서 더 상위의 권력과 종교적 커뮤니티와의 관계를 이용할 능력이 있으며, 실제로 이용을 한다. 그러나 종교적 대처 사용조차도 순수한 은혜는 아닐 것이다.

다른 말로 하자면, 대처는 아주 복잡한 방법으로 적응에 영향을 미친다. 만일 세상이 아주 단순해서 심리학자들이 도구적 행위를 하면 모든 문제가 해결될 것이라거나, 하나님을 믿으면 모든 일이 괜찮아질 것이라고 조언을 할 수 있다면 좋을 것이다. 그러나 그것은 그리 쉽지가 않다. 대처는 적응이라는 비용을 포함하고 있고, 그것은 사회적 환경을 제한하거나 또는 사회적 환경에 의해 제한된다. 제10장에서 살펴볼 내용처럼, 단순히 어떤 문제를 해결하려는 노력은 항상 잘되는 것은 아니다. 더욱이 개인이 사용하는 대처전략을 평가하는 일은 특유의 어려움을 포함하고 있고, 어떠한 척도도 대처의 모든 측면을 측정하는 것을 의도하지는 않는다.

제 8 장

대처전략의 측정

오늘날 학계에서 가장 논란이 되는 주제는 대처 측정 방법에 관한 것이다. 대부분 사람들이 대처가 건강에 미치는 스트레스의 효과를 이해하는 데 매우 중요한 변인이라는 점에 동의하는 반면, 대처를 어떻게 측정하는가에 관해서는 거의 모든 사람들이 합의점을 찾지 못하고 있다. 그 이유는 우리가 심리학과 사회과학에서 새로운 방법론들을 발전시키고 있는 과정에 있기 때문이라고 생각한다.

전통적으로, 심리학은 세 가지의 기본적 방법론에 의존해 왔다. 첫 번째 방법인 실험 또는 실험실에 기초한 연구에서는, 특정화되거나 통제된 상황에서 자극과 반응이 확실하게 정의되고 측정된다. 두 번째 방법인 성격연구는 지필검사법에 기초하여 측정하는 것에 의존해 왔다. 지필검사법에서는 연구대상이 자신의 특성(예 : "나는 대체적으로 친절하고 인내심이 있다.")이나 가치를 반영하는 다양한 선호성을 기술하는 것이다(예 : "나는 책을 읽는 것보다는 바다로 카약을 타러 가는 것을 더 선호한다."). 성격연구에서 내적 신뢰도와 교차시간 신뢰도 같은 심리측정적 특성들은 매우 중요하고, 외적 타당성은 다른 지필검사법 도구와 비교하여 주로 테스트된다. 세 번째 방법인 질적 연구는 사람들이 실제 상황에서 무엇을 생각하고 행동하는지를 살펴보고, 주로 인류학자와 질적 사회학자 또는 임상가들에 의해 주로 사용되어 왔다. 질적 연구방법의 고전적 예로, Coles(1977), Erikson(1976), 또는 Lifton(1968)들의 연구를 살펴보기를 바란다. 이 세 연구자는 사람들을 면접하고 자신의 문화나 과정에 대한 통찰력에 근거하거나 다양한 코딩기법을 사용함으로써 현장연구를 실시하였다. 최근에 질적 연구의 숫자가 눈에 띄게 증가하고 있는데, 이는 질적 연구만을 주로 다루는 새로운 학회지가 생기는 것으로 알수 있다.

스트레스 연구에서 자신들이 경험한 사건들을 표준화된 자기보고서에 작성할 것을 요구하는데, 이는 우리가 이제까지 본 바로는 신뢰도와 타당도에서 많은 문제들을 내포하고 있다. 대처연구에서는 표준화된 형식을 사용하여 사람들에게 어떠한 특정한 상황에서 했던 일이나, 어떻게 행동했는지뿐만 아니라 어떠한 생각을 했고, 자신들의 정서를 어떻게 처리했는지까지 물어본다. 다시 말해서 성격연구와 질적 분야 연구에서 차용하여 이 두 가지 다른 기법을 혼합하여 왔다. 그리고 이러한 측정법들을 정확히 어떻게 구성할 것인지, 그리고 그 신뢰도와 타당도에 대한 평가는 대체적으로 시행착오를 거치면서 이루어져 왔다. 나는 이후의 대처 척도는 처음에 나왔던 측정법들에 비해 여러 면에서 상당한 향상을 이루어졌다고 믿지만 말이다. 연구방법들이 서로 충돌하는 것처럼, 그 두 가지 기법의 전제와 그 목표는 여러 가지 측면에서 상충된다. 따라서 논란이 야기된다.

이 논란을 가중시키는 몇 가지 기본적인, 그러나 서로 관련이 있는 논란들이 있다. 먼저, 우리가 개인들의 안정적인 특성이라고 생각하는 **대처양식**(coping styles)을 측정할 것인가, 아니면 상대에 따라 혹은 환경에 의해 달라지는 요구에 따라 변화하는 전략, 즉 **대처과정**(coping process)을 측정할 것인가? 둘째, 문항의 내용이 다양한 상황에 적용될 수 있을 만큼 일반적인 것이어야 하는가, 또는 어떠한 특정한 종류의 상황에 관련된 것이어야 하는가? 셋째, 우리가 대처전략에 대한 복잡하고 풍부한 기술을 원하는가(종종 정신건강적으로 정리되지 않은), 또는 좀 더 복잡한 묘사의 기저를 이루는 것으로 여겨지는 단순화된 측면들을 알아내려고 노력해야 하는가? 넷째, 우리가 대처 노력을 측정하는 척도 문항들에 범주를 사용해야 하는가, 아니면 특정한 하나의 대처전략 사용여부를 말해 줄 수 있는 이분법적 척도를 사용해야 하는가?

마지막으로, 선행연구들에서 몇 가지 새로운 논의점들이 등장하고 있다. 이러한 논쟁들에는 대처 측정을 하는 데 있어서 요인적 구조의 안정성을 포함한다. 또한, 대처를 회고적으로 기술하는 것에 대한 정확성에 대해서도 경험표집법(experience sampling)이 우수한 기법이라는 주장으로 인해 도전받고 있다. 마지막으로, 어떠한 연구들에서는 대처를 측정하는 서술적이거나 질적인 방법을 살펴보기 시작하기도 하였고, 다른 경우에는 조건법적 서술(counterfactual)을 이용하는 것과 같은 대처전략의 특정한 형태에 초점을 맞추기도 한다.

이번 장에서는 이러한 문제들을 하나씩 살펴볼 것이다. 또한, 부록 8.1은 최근에 사용되고 있는 다양한 대처 도구를 제9장에서 기술된 유형들에 따라 기술하였다.

대처양식 대 대처과정

대처연구는 사람들이 스트레스에 반응하고 스트레스를 다루는 방법에 있어 개인차가 있다는 광범위한 관찰에 근거한다. Stouffer(1949)가 행한 미군과, 지금은 외상후 스트레스 장애라고 불리는 전투 피로증(combat fatigue)에 대한 초기 연구 이후, 어떤 사람들은 단순히 주요한 외상을 다룰 수 있는 자원을 갖고 있지 못하므로, 스트레스가 있을 때 상당히 빠르게 정신과적 문제들을 보일 수 있음은 잘 알려져 있다. 예를 들어, 제2차 세계대전 전투 사상자 중 1/3에 가까운 사람들이 본질적으로 정신과적이었다(Friedman, 1981). 이후, 연구들은 부정적인 스트레스 반응으로 이끄는 개인적 요인과 환경적 요인들을 밝히는 데 집중하였고, 이는 종종 서로 충돌하는 세 가지의 기본적 성향으로 구분된다.

임상심리학자와 성격심리학자들은 스트레스에 대한 취약성(또는 회복탄력성)과 관련된 성격요인들에 초점을 맞춰 왔다. 이러한 요인들은 개인의 안정적 특성으로 가정되고, 주로 대처양식으로 일컬어진다. 반대로, 사회학자와 사회심리학자들은 개인의 어떠한 부분에 대해 취약성이나 회복탄력성으로 이끄는 환경이 조직화되는 방법들을 살피는 경향이 있다. 즉, 그들은 자원에 접근하는 데 있어서 구조적 장애물을 조사한다.

교류적 또는 과정적 접근은 이러한 두 가지 성향을 통합하려 하고, 인간과 개인 간의 역동적 교류를 가정한다(제7장 참조). 다시 말하자면, 대처는 개인 내에서 상황적 맥락에 따라 다르고, 어떠한 상황 내에서 개인차들에 따라 다양하다. 상황에 대한 효과에 따라 반응을 변화시키므로, 대처전략은 복잡하고 역동적이라고 가정된다.

방법론적으로 이야기할 때, 이러한 접근법들이 처음 봤을 때는 상당히 비슷하다는 점에서 혼란을 가져올 수 있다. 대부분 지필검사, 즉 다양한 대처전략들을 기술해놓은 질문지법에 의존한다. 이러한 관점들 사이의 방법적 구분은 주로 응답자들에게 주어지는 대처 문항들에 대한 지시문에 놓여 있다. 이러한 점은 많은 연구자들에게 간과되는 점이다.

우리가 관찰해 왔던 바처럼, 대처양식이나 특성 접근법들은 스트레스에 대한 반응의 차이를 설명하는 개인들의 안정적인 특성이 있음을 가정한다. 따라서 이러한 접근법들은 전통적으로 대처양식을 나타내는 표준화된 자가묘사 성격 특성 형식을 사용한다(Hann, 1977). 최근의 접근법들은 대체로 응답자들에게 **특정한 문제를 부여하지 않고**, 문제를 다루기 위해 대체적으로 무엇을 하는지를 묻는다(Endler & Parker, 1990, 1994). 따라서 대처양식 접근법은 환경적 요구에 대한 것은 고려하지 않은 채, 모든 스트레스원에 관계없는 개인 내 일치성을 가정한다. COPE (Carver, Scheier, & Weintraub, 1989)와 같은 도구들은 대처양식이나 과정을 측정할 수 있게 하는 대안적 지시 유형을 사용하고 있음을 염두에 두어야 한다.

이와 대조적으로, Pearlin과 Schooler(1978)와 같은 사회학자들은 대처전략의 선택은 주로 사회적 맥락, 특히 역할요구의 기능이라고 가정한다. 사회학자들은 "배우자와의 문제에 어떻게 대처하십니까?" 또는 "자녀 양육문제에 있어서 어떻게 대처하십니까?"와 같은 질문을 던질 것이다. 따라서 사회적 접근은 특정한 역할과 관련 있다. 예를 들어, 배우자와의 더 나은 의사소통을 확립하기 위해 노력한다든지, 또는 말을 듣지 않는 아이에게 좋아하는 것을 제안하는 것과 같이 사회적 접근은 특정한 역할과 관련된 역할 긴장과 연결되어 있다. 이러한 접근법은 역할 요구 내에서는 일관성을 가정하지만, 역할 간 비일관성을 가정한다.

과정 접근법(process approach)은 상황이나 역할 내 또는 상황이나 역할 간 일관성을 가정하지 않는다. 그보다 이 접근법은 응답자들에게 지난 주 혹은 지난 달 동안 발생했던 어떠한 특정한 스트레스 상황에서 무엇을 했는지를 회상하게 한다. 몇몇 학자들은 그 전해에 일어났던 생활사건과 대처를 연결하기도 한다(예 : Moos, Brennan, Fondacaro, & Moos, 1990). 일부 학자들은 일지 접근법을 사용한다. 일지 접근법은 응답자들에게 매일 저녁 하루 동안 있었던 문제들과 관련된 질문지를 작성하라고 요구하거나(Stone & Shiffman, 1992), 경험표집기법을 사용한다(Stone 등, 1998). 과정 접근법들은 대처전략에 미치는 개인적 영향과 환경적 영향을 모두 살펴보는 것을 가능하게 한다.

대처를 측정하는 데 대한 이러한 모든 접근법에는 많은 방법론적 문제가 있다. 대처양식에 기반을 둔 접근법은 세 가지 가정을 지닌다. 첫 번째, 대처양식의 일반적인 자기기술은 어떠한 특정한 상황에서의 실제적 행동으로 신뢰성이 있게 변한다는 것이다. Lazarus와 동료들은 이에 대해 이의를 제기하였다. 예를 들어, Cohen과 Lazarus(1973)의 초기 연구는 수술에 대처할 때 사용되는 억압-민감화의 특성 측정값과 실제적인 접근-회피 간에 관계를 발견하지 못했다. 의학적 상황에서 좀 더 특정한 접근-회피 행동들을 사람들에게 묘사하도록 했다면 결과가 좀 더 정확했을 것이기는 하다(Miller, 1980). 또한 신경증이 높은 사람은 스트레스 환경에서 정서중심적 대처를 더 많이 사용한다는 주장도 있다(Bolger, 1990). 그러나 전반적으로 대처전략이 특정한 성격적 특성과 일대일로 연결될 수 있다는 증거는 아직 없다. 이에 대한 대안으로 일부 학자들은 응답자가 일반적으로 문제를 어떻게 대처하는지 물어볼 수 있는데, 이는 두 번째 가정에 이르게 한다.

두 번째 가정은 개인이 상이한 형태의 문제들에 일관적으로 대처한다는 것이다. 시간에 따른 대처를 연구해 온 몇몇의 논문들은 다소 중간 정도의 상관관계(상관계수가 .20에서 .30 사이)를 밝혀냈다(Fondacaro & Moos, 1987; McCrae, 1989). 그리고 대처행동에서의 상황적 차이가 있는지를 살펴본 연구들은 항상 그 차이들을 발견했다(예 : de Ridder, 1997; Folkman & Lazaru, 1980; Mattlin, Wethington, & Kessler, 1990). 또한, 개인들이 시험이나(Folkman & Lazarus, 1985) 유방암(Heim, Augustiny, Schaffner, & Valach, 1993)과 같은 주어진 문제들에 대처하는 방법 또한 다양한 상황적 요구에 따라 시간이 변화하면서 변한다.

Ogrocki, Stephens와 Kinney(1990)는 상태(과정)으로서의 대처 측정도구와 특성으로서의 대처 측정도구 사이의 관계를 연구하였다. 알츠하이머를 겪고 있는 가족의 돌봄자에게 가정과 양로원이라는 두 가지 상황에서 돌봄문제에 일반적으로 어떻게 대처하는가에 대해 질문하였다. 상태-특성 측정값은 상관계수 범위가 .25에서 .47로 중간 정도 관계가 있었다. 특성 측정값이 전반적 안녕감 측정값과 더 강한 상관관계가 있었다. 그러나 다른 상황에서는 상태 측정도구 내 상관관계가 특성 측정도구 내 상관관계보다 더 강했다. 이러한 사실은 상태 측정도구가 특성 특정도구보다 대처행동을 더 정확하게 측정함을 제안한다. Ptacek, Smith, Espe와 Raffety(1994)는 일지 측정도구의 평균값과 회고적 측정방법 사이에는 그 안정계수가 .47에서 .58로 중간 정도의 상관관계가 있기는 했지만, Carver와 Scheier(1994)는 대처양식과 대처과정 측정도구들은 서로 상관관계가 약했음을 밝혔다. 또한, 정서중심적 대처는 문제중심적 대처보다 더 일관적이었다 (Folkman 등, 1986). 그럼에도 불구하고, 대처양식 측정도구는 약한 상관관계를 보였고, 실제적인 문제에 사용된 대처 측정도구와 그나마 가장 나은 상관관계가 나타났다(Todd, Tennen, Carney, Armeli, & Affleck, 2004).

사람들은 어떻게 문제에 대처하는가를 물어보는 질문지에 습관적으로 대답하는 경향이 있는 것은 사실이다. 그리고 이것은 대처양식이 존재한다는 주요 증거일 수 있다. 그러나 개인이 일반화된 대처양식을 기술하는 것이 특정한 상황에서의 대처행동을 정확하게 나타내는 것인지가 주요 관심일 것이다(Folkman & Lazarus, 1980; Carver & Scheier, 1994 참조).

일화적 증거는 연구자들로 하여금 사람들이 자신이 한다고 믿는 것을 실제로 행하는지에 관해서 의문을 갖게 했다. 사람들은 자신들이 하는 일에 대해 본인들이 적응적인 전략들만을 사용한다고 생각하면서 스스로의 수행에 대해서 과대평가할 수도 있다. 80세 응답자는 내가 왜 사람들이 스트레스에 어떻게 대처하는가를 연구하는가에 대해 이해하지 못했다. "모든 사람들이 앉아서 문제를 분석하고 나서 침착하고 이성적으로 해결한다는 걸 알잖아."라고 했다. 그 당시 50세였던 그 응답자의 부인은 웃음을 터뜨리면서, "당신은 당신 인생에서 한 번도 그런 적이 없었어요!"라고 말했다. 슬프게도 몇 달 후 부인이 사망했을 때, 그 응답자의 주요 대처 행동은 우울을 물리치기 위해서 많은 일을 하는 것이었다(지역 내 전문대에서 수업 6개를 수강했다.). 그 수업에서 모두 F를 받은 후에는 술과 함께 몇 달 동안 잠만 잤고, 그리고 나서는 병원신세를 졌다. 모든 문제를 이성적으로 분석할 수 있는 것은 아니다. 그리고 자신들이 생각하는 일반적인 대처 방법은 스트레스를 경험할 때 보이는 실제적인 행동과는 매우 다를 수 있다.

과정 접근법들은 이러한 문제들을 해결하기 위해 응답자들에게 아주 구체적인 삽화(그리고 가능하면 가장 최근의 삽화)를 상기하고, 그 삽화에 대처하는 데 있어서의 인식과 행동을 이야기하도록 요청한다. 이는 자기표현에 있어서 왜곡을 최소화하는 더 정확한 기법이라는 것을 가정한다. 이 기법을 사용해서, 사람들이 서로 다른 문제 형태에 대해 응답할 때, 그들의 대처전략들을 수정한다는 것이 확실하게 밝혀졌다(Billings & Moos, 1984; de Ridder, 1997; Folkman & Lazarus, 1980; McCrae, 1984; Mattlin 등, 1990). 확실히 상황적 요구에 따라 우리는 다른 전략들을 사용한다. 예를 들어, 울고 있는 아이를 달래는 방법은 시험을 대비해 공부할 때 사용하는 전략과는 다르다는 것을 생각해 보면 알 수 있다.

그러나 응답자가 보고하는 대처 인식과 행동을 발현하기 위한 기제로서, 최근의 스트레스 삽화에 의존하는 것은 또 다른 어려움을 야기한다. 주요한 어려움 중 하나는 행동을 야기하는 문제의 유형이 다양하다는 데 있다. 예를 들면, 우리가 실시한 한 조사에서 응답자들에 의해 보고된 문제는 남자친구와의 가벼운 말다툼에서부터 식당 강도사건에서 손자가 살해당한 것까지 다양했다(Aldwin & Revenson, 1987). 이 맥락에서 대처전략의 개인적 다양성을 연구하는 것은 스트레스의 가변성과 필연적으로 혼재되어 있다. 어떤 사람은 지각된 문제의 스트레스 정도, 문제의 일반적 유형(예 : 건강, 애도, 일 또는 대인 간 갈등과 관련된 것)과 같은 상황적 특성을 통제하거나, 그 문제가 안녕감에 위협이 되는 것인지 또는 이미 해를 입힌 것인지 등과 같은 평가적 특성을 통제하는 방법을 통해 이러한 문제를 감소시킨다

(McCrae, 1984). 그러나 여전히 자극에서의 가변성이라는 문제는 존재한다. 일 관련 스트레스원과 같은 광범위한 분류로도 대처전략의 선택에 영향을 미치는 문제 특성들에서 확연한 차이점이 존재할 수 있기 때문이다. 예를 들면, 화가 잔뜩 나 있는 상사를 다루는 전략은 고장난 기계를 고치기 위해 사용되는 전략과는 다른 전략이 요구된다.

이러한 어려움을 해결하는 방법은 비슷한 스트레스원(수술이나 특정한 질병 등)을 겪고 있는 대상자들을 연구하는 것이다. 대학 내에서 쉽게 피험자를 찾을 수 있기 때문에, 스트레스와 대처 관련 연구자들에게 선호되는 스트레스 상황은 중간고사나 기말고사이다. 이러한 기법들을 이용하여 연구자들은 대처가 성격 특성(Bolger, 1990; Friedman 등, 1992; Long & Sangster, 1993), 상황적 요구(Folkman & Lazarus, 1986; Heim 등, 1993; Mattlin 등, 1990) 및 상황의 사회적 · 물리적 특성에 영향을 받는 확실하게 유동적인 과정임을 밝혔다(Mechanic, 1978).

De Ridder(1997, 2000)는 사람들에게 문제의 통제감과 같은 스트레스원의 특성을 체계적으로 달리하는 상이한 시나리오를 개인들에게 보여주는 실험방법을 사용하여 상당히 수준 있는 논문을 게재해 왔다. 이러한 방법으로 de Ridder는 어떻게 대처전략이 상황에 따라 변화하며, 대처전략의 사용에 대한 성격과 환경의 상대적 기여를 동시에 연구할 수 있었다. 전반적으로, 물론 성격이 다른 상황에서의 전략 선택에 영향을 미치기는 하지만, 성격보다는 스트레스원의 특성들이 대처전략들의 다양성을 더 잘 설명하였다.

과정 측정을 사용할 것인지, 아니면 양식 측정을 사용할 것인지를 결정하는 주요한 기준은 현재 설정한 연구 질문이어야 한다. 학생들이 특정한 하나의 시험을 얼마나 잘 치를 것인지를 알고 싶다면, 학생들이 그 시험을 얼마나 대비하고 있는지(과정 측정)를 아는 것이 중요하다. 그러나 한 학생의 전반적인 학점을 예측하려고 한다면, 그 학생이 일반적으로 시험에 어떻게 대처하는지를 아는 것(양식 측정)이 더 나을 것이다. 생활사건과 사소한 사건 간의 논쟁과 비슷하게, 과정 측정은 즉각적인 결과를 예측하는 데 더 유리하고, 양식 측정은 장기간 결과를 예측하는 데 더 나을 수 있다(Tennen, Affleck, Armeli, & Carney, 2000).

연구자들이 최근 이러한 문제를 해결하는 또 다른 방법은, 적용하려고 하는 상황이나 측정되는 전략들에 특성화된 대처 척도를 개발하는 것이다. 이러한 점은 특정 질병에 특정적인 척도들이 매우 많음을 설명해 준다(부록 8.1 참조). 사람들에게 만성질환으로 생기는 문제들을 해결하기 위해서 무엇을 하는가를 물어보는 것은, 이러한 두 개의 접근을 연결하기 위한 방법이다. 외상적 상황에서 사후가정(counterfactuals) 사용과 같은 상당히 구체적인 전략들에 초점을 맞추는 경우도 그러하다.

나는 사람들의 일반화된 행동에 대한 묘사를 신뢰하지 않으므로, 나의 선호는 과정 측정에 있다. 이것의 좋은 예로, 우울한 사람들은 자신 스스로와 상황을 무기력하고 희망이 없다고 표현한다. 그러나 스트레스 상황에서 사용하는 실제적 전략들을 연구한 결과, 우울한 사람들은 우울하지 않은 사람들보다 더 많은 전략을 사용하였다(Coyne, Aldwin, & Lazarus, 1981; Folkman & Lazarus, 1986). 그들이 스트레스 전략에 있어서 비효율적일 가능성이 크기는 하지만 말이다(이것이 왜 많은 다른 전략유형을 사용하는지의 이유가 될 것이다.). 대처는 상황에 따라 변화한다고 믿으므로, 10년 전 조사한 대처에 관련한 삽화 하나를 가지고 어떤 사람이 심각한 만성질환으로 쇠약하게 될 것임을 예상하려고 시도하지는 않을 것이다. 따라서 이러한 문제는 어느 정도 개인적 선호와 학문적 선호, 그리고 연구자가 갖고 있는 특정한 연구주제와 관련되어 있다.

회고적 접근법 대 경험표집 접근법

최근 대처양식 대 과정의 논쟁점에 대한 흥미로운 변형이 있었다. 과정 지향적 연구자들이 대처양식에 대한 전반적인 질문보다는 특정한 상황에서 사람들이 어떻게 대처하는가 하는 질문이 더 정확한 데이터를 제고할 수 있음을 주장해 오고 있지만, 몇몇 학자들은 특정한 상황을 기반으로 한 대처 보고는 회고적이기 때문에 부정확하다고 주장하고 있다. 대처과정 측정법은 주로 개인에게 특정한 문제를 찾으라고 하는데, 그 문제는 며칠 전이나 몇 주 전 심지어 몇 달 전에 발생한 것일 수 있다(또는 외상을 연구하는 학자들의 경우, 어떤 경우는 몇 년 전일 수도 있음). 모든 이러한 시간 척도는 회고적 편파를 갖기 쉽다. 즉, 사람들은 무엇을 했는지 정확하게 기억을 못할 수 있고 실제보다 자신들의 대처 노력을 더 긍정적(또는 부정적)으로 기억할 수도 있다.

또한, 상황 보고에 기반한 대처 자료에 관련된 주요한 문제는 사람들의 가장 최악의 경우를 연구하는 것이다. 어떠한 조사든지 1/3 응답자 정도가 문제를 갖고 있지 않다고 보고했다. 이는 아마도 이 응답자들이 실제적으로 문제가 없었거나(결국 불행한 사람들만을 연구하게 된다.), 상황을 '문제'라고 여기지 않았기 때문일 수도 있다. 설문지 응답과 인터뷰 내용을 비교해 본 예비연구에서, '문제 없음' 비율은 10%까지 감소할 수 있음을 밝혀냈다(Aldwin, Sutton, Chiara, & Spiro, 1996). 질문지에 '스트레스 없음'이라고 보고한 사람들은 인터뷰에서 문제가 있음을 밝혔고, 이는 부분적으로는 우리가 인식시켜 주는 일을 하기도 하지만, 확실하게는 인지적 재구성의 과정이 있었기 때문이다.

예를 들어, 질문지에 자신의 삶을 '완벽하게 괜찮음, 문제 없음'으로 보고한 사람 중 몇 명의 남성들은 인터뷰에서 말기 환자인 부인의 주 돌봄자라는 것을 이야기했다. 이 남성들은 집안일을 하고, 약복용 스케줄을 챙기고, 병원에 데려가는 일들을 하면서 적극적으로 부인을 위해 정서적·도구적 지원을 제공하였다. 이들은 자신들의 인터뷰에서 분노와 미래에 대한 걱정들을 보고하였고, 집안일이나 일, 또는 정원 가꾸기 등의 일을 하면서 정신을 분산시키는 등 자신들이 정서를 관리하기 위해 사용하는 전략들에 대한 정보도 제공하였다. 그러나 만일 부인의 건강이 지난 주에 안정적이었다면(질문지에서의 기간), 이 사람들은 문제가 있다고 인식하지 않았다. 자신들의 개인적 삶으로부터 대중적 자기표현(public self-presentation)을 분리시키는 것을 해나갔다. 자신들을 '문제 없음'이라고 정의함으로써, 이 남성들은 자신의 자기표현을 조절(그리고 아마도 자신들의 정서조절도 포함)하는 사회적 관습들을 사용한다.

문제를 성공적으로 해결해 온 사람들은 돌이켜서 생각할 때, 그것을 문제라고 인식하지 못할 수 있다는 사실도 염려하는데, 이는 타당하다. 예를 들어, 노인들을 위한 정부주거시설에서 자기보고식 스트레스와 대처 측정도구를 사전 시험했을 때, 한 80대 노인은 확실하게 쇠약한 상태였음에도 불구하고, 자신은 지난달에 어떠한 문제도 없었다고 주장했다. 그 노인이 문제가 있지 않느냐는 나의 유도 질문에 강력하게 부인하는 대답을 엿들은 사회복지사가 "왜, 그거 기억나지 않으세요? 지난주에 부인하고 크게 싸우셨고, 부인이 칼을 선생님에게 던지셨잖아요!"라고 말했다. 거기에 대한 노인의 대답은 이러했다. "그래, 근데 그 칼은 나를 비켜갔고, 그러니까 그건 진짜 문제가 아니었어!"(Aldwin, 1992)

대안적 접근으로는 생태 순간 평가(ecological momentary assessment, EMA)나 경험표집(experience-sampling, ES) 접근법을 사용하는 것이다. 이러한 유형의 접근에서는 사람들에게 시계나 PDA가 주어지고 하루에 비정규적 시간이나 정해진 시간에 알람이 울린다. 그러면 사람들이 그 시간에 문제가 있는지, 어떻게 그 문제에 대처하고 있는지, 그리고 어떻게 느끼는지를 보고하도록 한다. Stone과 동료들(1998)은 하루 일을 회상하는 접근법조차도 이러한 접근법과 비교했을 때는 부정확하다고 주장하였다. 이 두 유형의 측정값이 총 변량 중 50%만을 공유하였다. 그러나 사실상 이 두 측정값의 상관계수는 .7에서 .8이었다. 따라서 몇몇의 학자들이 지적한 바와 같이, 만일 이 두 측정치의 불일치가 있다면, 어떤 것이 더 정확한지를 결정하는 것은 어렵다. Folkman과 Moskowitz(2004)가 지적한 것처럼 경험표집설계 또한 문제가 있을 수 있다.

> 연구대상은 반복적으로 자신들의 대처 노력을 회상하도록 요구된다. 이는 연구대상들이 자신들이 이미 보고했다고 생각하기 때문에, 어떤 대처를 보고하지 않을 수 있는 결과를 초래할 수 있다. 더욱이 순간에 초점을 두는 것은 매우 구체적이고, 확실한 사건들만을 보고하는 결과를 초래할 수 있으므로, 계속되는 문제들이나 추상적이고 복잡한 문제들을 놓칠 수 있다. 그리고 순간 평가는 특정한 생각이나 행동의 언어적 보고를 이끌어 낸다. 따라서 의미를 찾는 것과 같이 회상의 장점으로 더 잘 인식되는 대처의 광범위한 개념화를 간과할 수 있다. (pp. 749~750)

더욱이 어떤 사람은 EMA 연구설계에서 보고에 대한 부담을 최소화해야 하므로, 측정도구는 상당히 축약되거나 때로는 내적 타당도가 의심스러운 짧은 하나의 문항으로 이루어진 척도로 이루어진다. 그럼에도 불구하고 EMA 연구설계는 스트레스와 대처, 그리고 정서적 상태의 가변성이나 변동을 더 잘 잡아낼 수 있고, 그

수준도 변동하는 고통과 같은 건강문제와 더 연관성이 높다(Tennen 등, 2000). EMA와 다른 일지과정 접근법은 분석하는 데 어려움이 있는데, 이에 관해서는 제9장에서 추가적으로 논의할 것이다.

요인구조 불안정성

과정–지향적 대처 도구를 옹호하는 반응으로, 대처양식의 간결성을 선호하는 연구자들은 대처의 과정 측정은 심리측정 면에서 깔끔하지 못하다고 주장한다. 특히 몇몇 학자들(Amirkian, 1990; Coyne & Racioppo, 2000; Endler & Parker, 1990; Somerfield & McCrae, 2000)은 가장 일반적으로 사용되는 과정 측정도구인 '대처방법 척도(ways of coping scale, WOCS)(Folkman & Lazarus, 1980; Folkman 등, 1986)의 불안정한 요인구조와 하위척도의 낮은 내적 신뢰도에 대해서 비판해 왔다. Schwarzer와 Schwarzer(1996)는 현존하는 모든 척도들은 요인구조의 안정성에 문제가 있음을 지적하였다. 즉, 이 문제는 WOCS만 한정된 것은 아니다.

이러한 논리성에 따르면, 대처의 과정 측정을 사용해서 상황에 따라 나타나는 어떠한 변화들은 주로 상황적 맥락 그 자체가 주요하게 기여하기 때문이기보다는 측정도구의 비신뢰성 때문이다. 단지 접근–회피 대처에 초점을 맞춤으로써, Amirkian(1990)뿐만 아니라 Endler와 Parker(1990)는 자신들의 대처양식 측정도구가 심리측정적으로 과정 측정도구보다 더 우수함을 밝혀낼 수 있었고, 따라서 특성 측정이 과정 측정에 비해 우수하다고 주장하였다.

이러한 주장과 관련된 문제는, 이 연구자들이 좋은 성격적 도구의 구성요소에 대한 기준을 세우고, 그 기준들을 현장 도구에 부적절하게 적용한다는 것이다. 성격 특성은 개인의 안정적 특징을 다루어야만 한다. 따라서 이러한 특성들은 높은 측정–재측정 신뢰도가 있어야 한다. 더욱이 성격 측정법들에서 자기묘사는 어느 정도 부정확하다고 가정되며, 그래서 하나의 구성개념을 끌어내기 위해 몇 개의 서로 다른 문항들을 사용하여 높은 내적 신뢰도의 결과를 만들어 내는, 상당히 중복되는 점이 있다.

그러나 현장상황에서 사용하기 위해 고안된 과정 측정도구들은 안정적이지 않도록 고안되었다. 이러한 도구들은 그 정의상 믿을 수 없는 다양성과 변화를 이끌어 내기 위한 것이다. 더욱이 문항을 기술하는 데 있어서 어느 정도의 불확실성이 의도적으로 이루어졌으므로, 그 문항들은 다양한 상황에 적용된다. 따라서 한 문항의 의미가 상황에 따라 변화하는 것은 그리 놀랄 만한 일이 아니므로, 요인구조 역시 조금씩 변한다. 그러나 이처럼 변하는 요인구조는 적절치 않은 척도의 결과라기보다는 측정도구가 현실을 정확히 반영하는 것으로 여겨질 수 있다. 예를 들어서, 대인 간 긴장을 포함하는 문제들이 있을 때 취할 수 있는 적합한 행동으로 그 문제의 원인인 사람에게 얘기하는 것이 있다. 그러나 자전거 타이어를 교체하거나 하는 실질적인 문제를 다루는 데 있어서는 그 문제의 원인인 사람에게 이야기하는 것은 적합한 것이 아니다(타이어가 펑크 난 것은 자연스럽게 일어난 것이고, 누군가의 방해에 의해서 일어난 것이 아니라는 것을 가정했을 경우). 따라서 사람들이 대처하는 상황의 특성에 따라 문항들이 다소 다르게 묶여진다는 것은 당연한 것이다.

　실제적으로 상황에 따른 요인구조의 변화는 우리에게 상황 요구의 유형에 대해 많은 것을 알려준다. 예를 들면 류머티스성 관절염이나 암과 같은 심각한 질병을 겪고 있는 환자들로 이루어진 사람들을 대상으로 할 경우(Dunkel-Schetter, Feinstein, Taylor, & Falke, 1992), WOCS의 요인구조는 체계적으로 변화할 수 있다. 이는 심각한 질병은 대처 패턴을 변화시키는 것을 보여주지만, 이것이 WOCS가 문제가 있음을 의미하지는 않는다. de Ridder(1997)는 상황 특성들이 체계적으로 변화하는 실험설계를 사용해서, 요인구조의 변화는 상황적 요구들의 변화를 의미 있는 방법으로 반영한다는 것을 명확하게 보여주었다.

　요인구조와 내적 신뢰도는 또한 대처가 시간에 따라 변화하는 과정이기 때문에 변화할 수도 있다. "처음에는 이렇게 했고, 그러고 나서는 저렇게 했다."(Coyne, 1992)라는 것을 말해 줄 수 없다는 점에서 지필검사도구가 시간에 따른 전략의 변화과정을 나타낼 수 없음은 사실이다. 그러나 이 도구의 비신뢰성은 사실상 대처과정의 변화를 반영하는 것일 수도 있다. 어떠한 특정한 삽화와 관련된 대처전략의 체크리스트를 살펴보는 것은 사람들이 자신들이 무엇을 했는지를 기술함에 있어서 주목할 만한 비일관성을 보여줌을 나타낸다. 예를 들어, 응답자들은 "행동에 대한 계획을 세우고 그것을 따랐다."와 "어떤 일도 할 수 없을 것이라고 결정했다."에 종종 체크를 했다. 현실에서는 이 두 개가 상반된 내용이 아닐 수도 있다. 이러한 전략들은 연속적인 것일 수도 있다. 즉, 사람들은 처음에는 문제를 해결하기 위해 노력하지만, 실패를 하고, 이후에 어떠한 것도 할 수 없을 것이라고 결정할 수 있다. 또는 처음에는 아무것도 할 수 없을 것이라고 평가했지만, 좀 더 찬찬히 살펴보고 나서는 적극적인 개입의 가능성을 발견했을 수도 있을 것이다. 또 이 두 문장은 그 문제의 다른 면들을 나타낼 수도 있다. 남편은 부인이 죽어간다는 사실에 대해 아무것도 할 수 없다는 고통스러운 깨달음에 도달했어도, 여전히 부인의 고통과 불편함을 감소시킬 수 있는 적극적인 방법을 취할 수 있다. 따라서 대처 측정도구에 적극적인 전략과 수동적인 전략 모두에 체크하는 것은 전혀 상반된 것이 아닐 수도 있다. 그러나 하위척도의 내적 신뢰도와 요인구조의 교차성 및 안정성을 떨어뜨린다.

Skinner, Edge, Altman과 Sherwood(2003)는 문헌에 존재하는 대처전략과 서로 다른 요인의 복잡성을 정리하는 작업을 실시하였다. 그들은 요인구조의 문제를 훌륭하게 검토하였으며, 대처전략에 대한 요인구조 문제는 대처전략이 상호 배타적이지 않다고 결론지었다. 즉, 대처전략들은 다양한 기능을 가질 수 있고, 대처 전략의 의미와 효율성은 상황에 따라 달라질 수 있다. 더욱이 전략들이 상황에 따라 접근으로도, 회피로도 보일 수 있고, 또는 회피적 전략들은 이후에 문제중심적 대처를 촉진시킬 수 있으므로, 접근-회피와 같은 단순한 이분법적 구분을 사용해서는 도움이 되지 않는다고 Skinner와 그의 동료들은 주장하였다.

그 예로 인지적 재평가를 들어보자. 근본적으로 사별과 같은 통제할 수 없는 스트레스원은 단순히 접근기반의 대처전략으로 수정될 수 없다. 이러한 상황에서, 인지적 재평가 노력은 적합하고 효율적이다. 즉, 미망인은 남편이 죽기 전 몇 달 동안 혹은 몇 년 동안 겪었던 고통의 정도를 생각해 볼 때, 남편의 죽음은 기꺼이 받아들일 수 있다는 생각으로 스스로를 편안하게 할 수 있을 것이다. 이는 회피적 전략으로 해석될 수는 없다.

반대로, 인지적 재평가는 문제를 회피하는 방법이 될 수도 있다. 예를 들어, 상사 또는 동료와 꼭 맞서야 되는 상황을 "아, 이건 그렇게 중요한 문제는 아니야."라고 말하면서 피할 수 있을 것이다. 그러나 장기적으로 볼 때 상황을 해결하려는 노력이 부족한 것은 문제를 악화시키는 결과를 낳는다. 마지막으로, 인지적 재평가는 문제중심적 노력을 촉진할 수도 있다. 젊은 운동선수는 "내가 이기지 못하면, 장학금을 받지 못해서 대학을 들어가지 못할 거야. 그러면 내 인생은 실패야."라고 생각한다면, 그 결과로 다가올 시합에 대해서 상당히 긴장할 수 있다. 이러한 상황에서, "그래, 내가 잃을 게 뭐가 있어? 이기면 좋지. 이기지 않더라도, 대학에 갈 수 있는 다른 길을 찾을 거야."와 같은 적절한 인지적 재평가는 그 운동선수가 시합에 나가서 잘할 수 있을 정도로 편안하게 만들 수도 있다.

그러므로 인지적 재평가와 같은 정도로 중요한 전략으로는 접근전략, 회피전략 또는 상황에서 할 수 있는 가능한 것들이 될 수 있다. 또한, 그 효과는 상황에 따라 달라진다. Mattlin과 그의 동료들(1990)은 문제중심적 대처를 수반하지 않는다면, 재평가는 사별과 같은 상실을 다루는 데 가장 효과적이라는 것을 밝혔다. 따라서 대처전략의 혼합은 특정한 한 전략의 효율성에 영향을 줄 수 있다. 이것은 많은 다른 정서중심적 전략들, 예를 들어 주의분산과 같은 것에도 적용된다. 책을 읽거나, 친구와 영화를 보러 가거나 또는 텔레비전을 보는 것은 더 효과적인 문제중심적 노력을 가능하게 하는 회복적 기능을 할 수도 있다. 그러나 문제해결을 위한 다른 노력들을 하지 않고 주의분산을 사용하는 것은 부적응적이다.

Skinner와 그의 동료들(2003)은, 연구자들이 위계적 접근을 해야 한다고 제안하였다. 즉, 더 분화된 대처전략 유형의 일차적 요인과 일차적 요인을 포함하는 일반적인 중요한 방식을 식별하는 이차적 요인을 제안한다. 흥미롭게도, Skinner와 동료들이 발견한 대처의 13개의 잠재적 상위 '군(families)'은 WOCS의 초기 요인분석과 비슷하고, 문제해결, 지지 추구, 도피, 인지적 재구성, 사회적 철회, 정보 추구와 정서조절/표현을 포함한다. 그러나 Skinner와 동료들은 또한 반추, 협상, 위임, 적대, 자기연민, 그리고 자기분산과 수용의 다소 특이한 혼합을 포함한다.

추가적으로, 상위 요인구조들은 기본적으로 문항들이다. 그러나 그들이 지적한 바와 같이, 그 상위 순위구조가 무엇이 되어야 하는지는 아직 확실하지는 않지만,

더 단순한 상위 순위를 갖고 있는 위계적 구조와 관련된 개념은 장점이 있다. 그럼에도 불구하고 개인이 일반적인 대처전략을 사용해야 하는지, 특정한 대처전략을 사용해야 하는지에 대한 딜레마를 해결하는 데 도움이 될 수 있다.

일반적 대처전략 대 특정적 대처전략

관련된 논의점은 대처측정에서 문항들의 일반성(generalizability) 또는 특정성(specificity)과 연관된다. 만일 척도가 주어진 상황에 상당히 특정적으로 고안되어 있다면, 그 상황에서는 잘 적용이 될 수 있겠지만, 다른 상황에 일반화될 수는 없을 수 있다. 반대로, 척도가 그 단어 선택이 모호해서 많은 상황들과 관련이 있게 고안되었을 경우, 그 척도는 어떠한 상황에 잘 맞아떨어지지 않을 수 있다. 예를 들어서 '행동에 대한 계획을 세우고 그것을 따른다'는 많은 상황에 적용될 만큼 충분히 모호하지만, 그 모호함 때문에 어떤 특정한 상황에서는 덜 유용할 것이다. 반대로, '단추 대신 벨크로(역자 주 : 나일론제 접착천)를 달았다'는 류머티스성 관절염에 대처하는 사람들에게는 유용한 전략이지만, 대부분의 다른 상황에서는 적용할 수 없다.

대처양식을 연구하는 사람들은 명백하게 일반적인 형태로 기술된 단어들로 이루어진 대처 도구들을 선호한다. 벨크로를 단추 대신 사용하는 것이 성격 기능과 직접적으로 관련되어 있다고 전제하기는 힘들 것이다(자조모임의 동료들이나 간호사들의 제안이었다면 그 반대의 경우이다.). 반대로, 문제에 이성적으로 접근하는 것과 문제에 대한 해결점을 찾는 데 있어서 인내심을 갖는 것은 상당히 성격적인 특성일 수 있다. 그러나 한 사람의 인내심이라는 것은 다른 사람에게도 인내심이거나, 또는 어떤 사람의 관점에서는 쓸데없는 일을 하고 있는 것처럼 보이지만 스스로는 인내하고 있다고 볼 수 있다. 따라서 행동의 특정한 예를 드는 것은 사용되는 실제적 대처행동을 더 정확하게 측정할 수 있도록 한다.

이는 특정한 문제들에 대처하는 데 유용한 대처들을 밝히려고 할 때 특히 중요하다. 예를 들어, 한 임상가는 내담자가 류머티스성 관절염과 같은 만성질병 등의 특정한 문제들을 다룰 수 있도록 도움을 주는 데 사용될 지침을 만들 수도 있다.

인내에 대한 격려는 동기를 부여하는 반면, 캔 또는 병을 따는 다양한 방법이라든지 단추를 벨크로로 대신하는 것 등과 같은 특정한 제안들이 더 의미가 있을 수 있다.

또한, 특정적 대처 척도는 특정한 스트레스원 유형에 대한 흥미로운 이론적 질문들을 더 구체적으로 논의하는 데 사용할 수 있다. 이러한 전략들의 예로 자기비난(Davis, Lehman, Silver, Wortman, & Ellard, 1996; Delhanty 등, 1997), 취소(Davis, Lehman, Wortman, & Silver, 1995), 일시적 방향성(Holman & Silver, 1998)이 있다. 특정한 질문에 따른 문제는 구성개념의 다소 다른 버전들이 상반된 결과를 이끌 수도 있다는 것이다. 예를 들어서, 일반적으로 자기비난은 더 높은 수준의 심리적 스트레스와 연관이 있다. 그러나 어떠한 외상적 상황에서 자기비난은 사실상 통제감을 제공할 수도 있다(Janoff-Bulman, 1979; Frazer, 1990도 참조). 신체적 공격을 받았던 여성은 자신이 창문을 열어놓았다거나 낯선 차에 다가갔기 때문이라고 자신을 비난할 수도 있다. 예상컨대 만일 그녀가 앞으로 이러한 행동을 하지 않는다면, 안전할 수 있을 것이다. 이러한 입장과 반대로, 연구결과들은 취소라는 대처전략의 효과와 관련이 있다. 이는 조건법적 서술(만일 내가 ~을 하지 않았다면)의 사용을 포함한다. Davis와 동료들(1995)은 일반적 반추를 통제했을 때도 외상에 대처하는 경우, 취소를 더 많이 사용할수록 더 많은 스트레스를 보고함을 밝혔다.

또한, 특정 측정도구는 상황에 따른 대처전략의 안정성과 변화 등의 대처연구에서의 기본적인 질문들을 연구에 사용할 수 없다. 그리고 상황(그리고 연구들)에 따른 대처전략을 비교하기 위해서는 일반적으로 기술된 척도가 필요하다. 그러나 이는 우리가 아는 바와 같이 예언 타당도가 부족할 수 있다.

Lazarus(1990)는 중간적 접근을 제안하였다. 다시 말해 사람들은 WOCS와 같은 일반적 대처 척도를 사용하지만, 그 척도를 특정한 상황에 맞게 수정한다는 것이다. 이론적으로 이 접근은 한 연구에 대한 예언 타당도의 손실을 최소화하면서 어느 정도의 연구간 비교를 가능케 한다. 그러나 Endler와 Parker(1990)는 이러한 접근을 방법론적 측면에서 비판해 왔다. 그들의 입장에서 볼 때, 문항을 빼거나 더하는 것은 척도의 요인구조에 영향을 미치고, 이는 대처전략의 구조에 대한 동의에 다다르는 데 어려움을 증가시킨다.

그럼에도 불구하고, 부록 8.1에 상세하게 열거된 특정 상황에 대한 척도의 급격한 증가가 말해 주는 바와 같이, 특정한 상황에 맞추어진 척도에 대한 관심은 여전히 많다. 다른 가능성은 Skinner와 그의 동료들(2003)에 의해 제안된 접근법을 택하는 것이다. 위계적 구조를 밝힐 수 있다면, 이론적으로는 이차적 요인을 유지하면서 일차적 요인들에 대한 상황 특정적 전략을 밝힐 수도 있을 것이다. 그러나 이차적 요인을 구성하는 것이 무엇인지는 해결되지 않은 문제이다. Skinner와 그의 동료들(2003)은 다음과 같이 흥미로운 제안을 하였다.

> 장기적인 발달적 영향, 주관적인 경험, 그리고 그것들의 현재의 질의 이 세 가지 요인을 기초로, 대처군을 좋은 것인지 나쁜 것인지를 구별할 수 있다. 한 사람이 대처체계를 받아들인다면, 이는 단지 그 개인의 대처 방법뿐만 아니라 중심 단위로서 특정한 스트레스원과 요구, 개인적인 평가와 현재 가능한 개인적·사회적 자원을 포함하므로 대처의 특정한 형태는 전체 체계의 상태에 대한 진단으로 이루어질 수 있다. 이러한 구별을 하는 데 있어서 관심 있는 목표 상태는 유기체에 이익 또는 해가 되는지, 다시 말해 개인이 요구를 다룰 수 있는지 아니면 그 요구에 휘둘리는가 하는 것이다. (p. 230)

이는 대처에 대한 흥미로운 심리측정적 접근법이 될 수 있지만, 한 연구에서 특정한 대처 문항을 측정하는지 또는 일반적인 대처 문항을 측정하는지는 연구목적에 따라 다르다. 한 연구의 설계에서 사용되는 방법은 항상 연구질문에 따른다. 이러한 점은 아무리 강조해도 지나치지 않다.

평가척도

대처 척도는 응답자에게 특정한 전략을 사용했는지 여부를 나타내도록 요구하는 이분법적 문항으로 된 단순한 체크리스트이거나, 각 전략을 얼마만큼 사용했는지를 나타내도록 하는 각 문항에 대한 평가척도와 같은 것이 있다. 각 접근법은 장점과 한계점을 갖고 있다.

이분화된 문항들은 전략이 사용되는 방법들에 대해 적은 정보를 제공한다. 우리가 이미 살펴본 것처럼, 특정한 전략이 얼마만큼 사용되는지는 그것이 효과적인지 혹은 부적응적인지에 많은 영향을 미칠 수 있다. 예를 들어, 주의분산을 조금 사용하는 것은 도움이 될 수 있지만, 지나치게 의지하는 것은 해로울 수 있다. 이분법적 문항으로 된 척도들은 적은 변량을 갖고 있고 비대칭적일 가능성이 많으므로, 이는 예언 타당도를 제한한다. 또한 이분적 문항으로 이루어진 척도의 내적 신뢰도는 평가척도를 사용하는 문항보다 더 낮은 경향이 있다.

평가척도를 사용하는 것은 내적 신뢰도와 예언 타당도에서 이점이 있다. 또한 약점도 있다. 대처전략 척도상의 문항들은 거의 예외 없이 인지와 행동의 다양한 조합이다. 그리고 같은 평가척도는 문항의 행동유도성 특성들에 따라 다르게 해석될 필요가 있을 것이다. 한 연구에서, Stone과 그의 동료들(Stone, Greenberg, Kennedy-Moore, & Newman, 1991)은 "당신은 다음의 각 전략들을 얼마만큼 사용하십니까?"(전혀 사용하지 않음, 거의 사용하지 않음, 약간 사용함, 많이 사용함)라는 말이 네 가지 다른 방법(빈도, 기간, 노력, 유용성)으로 해석될 수 있으므로, WOCS 개정판에 대한 평가척도를 비판하였다. 예를 들어, 하나의 문제에 대해 의미 있는 일을 할 수 있는 사람에게 여러 번 말할 수도 있다. 또는 한 번이지만 오랫동안 할 수도 있고, 그 사람에게 이야기하기 위해 많은 노력을 기울이고 계획했을 수도 있다. 각 상황에 따라, 응답자들은 '어느 정도' 또는 '많이'를 의미할 수도 있을 것이다. Stone과 동료들의 입장에서 볼 때, 사람들은 각 문항의 척도를 해석하는 데 똑같은 방법으로 하지 않을 수 있으므로, 이러한 것은 수용할 수 없는 것이다.

어떤 사람과 문항들에서 정도(extent)라는 것은 한 가지만을 의미하고, 다른 사람들과 문항들에게 그 정도는 여러 가지 중의 하나를 의미한다. 우리의 관심사는 확실하다. 기간, 빈도, 유용성과 노력을 합한 평가를 의미하는 것은 무엇일까? 잘 알려지지 않은 방법으로 서로 다른 차원을 측정하는 하나의 척도는 해석 가능하지 않은 척도가 될 수 있다. 두 명의 피험자가 각각 5분 동안 월세가 오른 것에 대해서 공격적이고 적대적인 집주인에게 불평한다고 가정해 보자. 이 두 사람은 그 문제를 일으킨 사람에게 접근하는 정도를 WOC에 평가한다고 할 때, 첫 번째 사람은 대화 시간이 짧았으므로 이 문항에 낮은 점수를 줄 수 있다. 반대로, 두 번째 사람은 이 까다로운 집주인에게 다가서기 위해서 많은 노력을 기울였기 때문에, 높은 점수를 줄 수도 있다. 사실상 실제 대처행동은 비슷한데도 불구하고, 그 척도는 첫 번째 사람보다는 두 번째 사람 쪽의 대처를 더 많이 반영할 수도 있다. 따라서 대처 문항을 평가하는 데 다른 차원을 사용하는 대상자의 문제는 특정한 상황과 행동이 평가될 때 심각한 문제가 될 수 있다. (Stone 등, 1991, p. 657)

두 주인공이 각각 치료자를 만나는 우디 앨런의 영화 '애니 홀(Annie Hall)'의 한 장면이 생각난다. 애니 홀은 일주일에 세 번씩 성관계를 하는 것은 너무 많이 하는 것이라며 불평한다. 애니 홀의 연인은 일주일에 세 번만 성관계를 하므로, 성관계를 거의 하지 않는다고 불평한다. 거의 똑같은 행동이 사람들에게는 매우 다른 의미를 갖고 있을 수 있다.

이러한 교류주의적 접근은 어떠한 일이 일어났는가를 아는 것은 개인에게 일어난 일의 의미를 아는 것보다는 덜 중요하다는 사실에 기초한다. 치료자의 관점에서, 애니홀과 그 연인이 일주일에 성관계를 얼마나 하는지 아는 것은, 한 사람은 부담스럽다고 느끼고, 상대방은 부족하다고 느낀다는 것을 아는 것보다는 중요한 문제가 아니다. 유사하게, Stone의 예시에서, 두 사람 모두가 5분 동안 자신들의 집주인에게 말했을 수 있지만, 두 번째 사람은 말을 더 잘하지 않는 사람이므로, 첫 번째 사람보다 집주인에게 이야기하는 것이 더 힘들었을 수도 있다. 따라서 대처 노력의 기간이 똑같다고 할지라도, 노력, 동원, 그리고 어쩌면 결과는 같지 않다. 그 업무가 더 어려운 학생은 어쩌면 감정적 에너지를 더 많이 써야 했을 수 있다. 그러므로 대처전략을 더 많은 노력으로 평가하는 것이 적절할 수 있다. 더욱이, 두 번째 학생의 혈압과 카테콜아민 반응이 더 강하다고 할 수 있는데, 이는 더 높은 대처 평가 사용을 유지하게 할 수 있다고도 가정할 수 있다.

나는 버클리 스트레스와 대처 프로젝트에서 이분척도에서 4점 평가척도로 바꾸기로 결정했을 때, 그 프로젝트의 일원이었다. 우리는 평가척도를 어떻게 기술하는가에 대해 상당히 오래 고민하였다. 우리는 빈도, 기간 또는 노력을 반영하는 기술을 사용하는 것에 대해 고심하였다. 그러나 어떤 것은 몇몇 문항보다는 다른 문항에 더 적합하다는 점에서 우리는 이것을 포기해야 했다. Stone과 그의 동료들이 올바르게 지적한 바와 같이 노력, 빈도, 기간은 서로 겹치지만 똑같은 구성개념은 아니다. 만일 어떤 사람이 하나의 대처전략을 한 번만 사용했지만, 꽤 오랫동안 혹은 꽤 집중적으로 사용했다면 어떨까? 우리는 이러한 어려운 문제를 풀 수 없었고, 어쩔 수 없이 주관적이고 모호한 용어인 '각 전략을 당신이 사용한 정도'를 사용하는 것으로 돌아갔다. 그러나 척도에 덧붙이기에는 불명확해도 쏟은 대처 노력의 정도는 무시하기에는 너무도 중요하다는 것을 잘 알고 있었다.

부분적으로 어떤 것을 측정하는 어려움은 하이젠베르크의 불확정성 원리 때문이다. 본질적으로, 측정과정 그 자체는 그것이 측정하는 것을 왜곡한다. 이분법적 문항을 사용하는 것은 사람들이 어떤 대처를 사용했는가를 더 확실하게 암시한다는 데 있어서 더 객관적이지만, 이는 그 대처전략이 얼마나 사용되는지를 측정하지 않음으로써, 한 사람의 대처 사용에 대한 그림을 왜곡할 수 있다. 우리가 살펴본 바와 같이, 약간의 주의분산이나 인지적 재평가는 너무 많이 사용하는 것과는 다를 수 있다. 반대로, 평가척도를 첨가하는 것은 좀 더 주관적인 평가일 수 있으므로 그림을 왜곡할 수 있다. 그러나 그것은 주관성이 더 복잡하고, 어쩌면 더 정확하게 사용된 대처 노력에 대한 그림을 제공하고 예언 타당도를 높일 것이라고 주장할 수도 있다. 몇몇 이분법적 문항을 가진 간단한 척도와 주관적으로 평가된 많은 문항으로 이루어진 더 복잡한 척도를 모두 사용했을 때, 일반적으로 후자가 심리적·신체적 결과에 대한 더 나은 예언변인이라는 것을 발견했다.

그럼에도 불구하고, 척도에 있어서 '탄력 있는 잣대'를 사용하자는 생각은 수월하지는 않다. 그러나 만일 Stone의 연구설계를 평가척도(또는 이분법적 문항)에 일반적으로 적용한다면, 같은 정도의 회복탄력성은 출현하지 않을 것이다. 우리가 살펴본 바와 같이, 단순한 빈도조차도 여러 사람에게 다양한 많은 방법으로 해석될 수도 있고, 이분법적 문항조차도 서로 다른 해석이 가능할 수 있다. 예를 들어서, 만일 위 예시의 두 학생이 집주인에게 복수를 하려는 생각을 순간적으로 했다고 치자. 한 학생은 다른 학생보다 통제력이 약하므로 당연히 "어떻게 그 상황이 결론지어질 것인가에 대해 비현실적인 환상을 갖는다."라는 것에 체크를 했다. 다른 학생은 그 생각이 너무 순식간이어서 실제로 할 수 있을 것이라고 느끼지 않을 수 있다. 많은 인지적 대처전략들의 불명확성을 고려해 볼 때, 어떤 사람이 "그래,

누군가 이것을 실제로 했어."라고 말할 수 있는 역치는 어디일까? 또는 이 문제에 관련해서, 대처양식 측정도구에 "그래, 이 문항은 나에게 일반적으로 맞는 말이야." 또는 "아니야, 이 문항은 대체적으로 나에게 맞는 말이 아니야."라고 할 수 있을까?

나의 가설은 사람들이 일반적으로 심리적 평가 문항에 대한 응답형식을 해석할 때 언제나 개인차가 있다는 점이다. 만일 이것이 옳다면, 엄격한 실존주의자는 모든 심리적 평가에 대해 의문을 제기해야 한다고 주장할 것이다. 그러나 실용주의자는 이는 단순히 측정도구 오류 중 하나라고 주장할 것이다. 심리학자가 사용하든 생물학자 또는 물리학자가 사용하든 간에, 모든 측정도구는 다양한 수준의 오류, 또는 하이젠베르크의 용어를 사용하자면, 불확정성에 대한 허용오차가 있다. 그러나 종종 오차의 다양한 원인들이 있고, 어떤 경우에 하나의 원인을 감소하려는 노력은 다른 원인을 증가시키기도 한다. 심리학자들은 같은 구성개념을 측정하기 위해 여러 개의 문항을 사용함으로써 오류를 감소하려는 노력을 한다. 그러나 심리학, 특히 성격심리학이나 인지사회심리학은 그 정의 자체가 주관적 경험을 다룬다. 오류는 때때로 줄여지는 것이 아니라 이용되기도 한다.

요약

앞에서 살펴본 바와 같이, 대처전략의 측정은 여전히 큰 논쟁거리이다. 대처양식 이론가들은 적은 수의 전략을 측정하는 것을 선호하는데, 이는 상황과 시간을 가로지르는 안정적 전략이 있고, 의식적일 수도 있고, 무의식적일 수도 있음을 가정한다. 사회학자와 사회심리학자들은 주로 상황 특정적인 여러 전략을 살펴보는 경향이 있는데, 이는 대처는 적극적이고, 의식적이며, 사회화의 문제라는 것을 전제한다. 특정한 상황에 적용될 법한 몇 개의 전략들을 알아내도록 노력하면서, 과정 이론가들은 이러한 두 접근법 모두를 취하려고 노력하고, 대처는 전반적으로 의식적이라고 믿는다. 따라서 과정이론가들은 임상가들로부터는 성격 특성에 충분한 주의를 기울이지 않았음을 비판받고, 사회학자들에게는 상황적 요구에 부주의했음을 비판받는다. 과정 접근법 내에서도, 회고적 측정법, 일지과정 측정법,

또는 EMA 연구설계 중 어떤 것이 가장 적합한가 하는 논의도 제기된다. 설계 복잡성의 증가는 자료분석의 복잡성의 증가를 가져오는데, 이에 관해서는 제9장에서 살펴볼 것이다.

부록 8.1. 대처 척도 목록

1987년에 Aldwin과 Revenson은 20개가 넘는 대처 척도를 찾아내어 이를 목록으로 정리하였다. 이 책 초판에는 그 목록을 업데이트하여 70개가 넘는 참고문헌이 되었고, 이를 이 장의 부록으로 실었다. 다음 페이지에 제시한 문헌은 2004년 현재 200여 개의 대처 척도 참고문헌의 일부 목록이다. 대부분 출판된 것이지만, 다른 연구에서 자주 사용되거나 인용된 몇 개의 발표원고나 출판되지 않은 매뉴얼도 포함하였다.

여기에 실린 목록은 초판의 목록과는 다음 세 가지의 중요한 차이점이 있다. 첫째, 초판 목록은 다른 언어로 출판된 학회지를 구하거나 읽는 어려움 때문에 영어로 출판된 척도에 초점을 맞추었다. 그러나 대처연구는 세계적인 추세가 되어 가고 있고, 많은 연구가 유럽과 아시아에서도 이루어졌으므로, 최소한 이러한 노력을 인지하고 있다는 것이 중요하다고 느꼈다. 이러한 연구들의 대다수는 독일에서 이루어졌고, 그 목록을 독일과 다른 유럽 언어(프랑스어, 스페인어, 체코어, 노르웨이어, 네덜란드어 포함), 아시아 언어와 기타 등으로 구별하였다. 이탈리아, 러시아, 이집트를 포함한 다른 국가에서도 연구가 이루어졌음이 확실하나 현실적인 문제로 주로 PsychInfo에 의지해서 참고문헌을 찾았고, PsychInfo에는 이러한 국가들의 학회지는 포함하지 않는다. 본 참고문헌 목록에 포함되지 않은 척도를 고안한 다른 국가에 있는 동료들에게 사과를 전한다.

둘째, 아동과 청소년을 대상으로 한 척도의 수가 상당히 급증해 왔다. 따라서 소아과적 척도(임상 현장에서 사용되거나 특정한 질병에 사용)와 특정한 모집단(예 : 운동선수)과 같은 하위범주를 포함하는 범주들을 따로 분류하였다.

셋째, 학계에는 외상 상황에서 조건법적 서술의 사용, 유리한 점 찾아내기 또는 종교적 대처와 같은 상당히 특성화된 전략을 평가하는 척도를 고안하려는 경향이 있다. 따라서 이러한 척도의 유형을 포함하는 새로운 범주를 추가하였다.

그러나 주목적이 불안감이나 적대감 혹은 일반화된 능력이나 발달 등의 다른 개념들을 측정하는 척도는 여전히 배제하였다. 이러한 척도들이 대처의 하위척도들을 포함하지만, 주된 초점은 대처가 아니므로 생략되었다. 간간히 개관 논문들은 이 개관에 나열되는 것보다 더 많은 척도를 포함하기도 한다.

정신역동적, 면접 또는 관찰 접근법

Aldwin, C. M., Sutton, K. J., Chiara, G., & Spiro, A., III. (1996). Age differences in stress, coping, and appraisal: Findings from the Normative Aging Study. *Journals of Gerontology: Psychological Sciences, 51B,* P179.

Andrews, G., Singh, M., & Bond, M. (1993). The Defense Style Questionnaire. *Journal of Nervous and Mental Disease, 181,* 246-256.

Bond, M., Gardiner, S. T., & Siegel, J. J. (1983). An empirical examination of defense mechanisms. *Archives of General Psychiatry, 40,* 333-338.

Brown, G., & Harris, T. (1978). *Social origins of depression: A study of psychiatric disorder in women.* New York: Free Press.

Diaz-Guerrero, R. (1979). The development of coping style. *Human Development, 22,* 320-331.

Gleser, G., & Ihilevich, D. (1969). An objective instrument for measuring defense mechanisms. *Journal of Consulting and Clinical Psychology, 33,* 51-60.

Harburg, E., Blakelock, E. H., & Roeper, P. J. (1979). Resentful and reflective coping with arbitrary authority and blood pressure: Detroit. *Psychosomatic Medicine, 41,* 189-202.

Horowitz, M. J., & Wilner, N. (1980). Life events, stress, and coping. In L. Poon (Ed.), *Aging in the 1980s* (pp. 363-374). Washington, DC: American Psychological Association.

Joffe, P., & Naditch, M. P. (1977). Paper and pencil measures of coping and defense processes. In N. Haan (Ed.), *Coping and defending* (pp. 280-297). New York: Academic Press.

Plutchik, R., & Conte, H. R. (1989). Measuring emotions and their derivatives: Personality traits, ego defenses, and coping styles. In S. Wetzler & M. M. Katz

(Eds.), *Contemporary approaches to psychological assessment: Clinical and experimental psychiatry* (pp. 239-269). Philadelphia: Brunner/Mazel.

Vaillant, G. (1977). *Adaptation to life*. Boston: Little, Brown.

Vaillant, G. E. (1993). *The wisdom of the ego*. Cambridge, MA: Harvard University Press.

Wiedl, K. H., & Schottner, B. (1991). Coping with symptoms related to schizophrenia. *Schizophrenia Bulletin, 17,* 525-538.

Zeidner, M., Klingman, A., & Itskowitz, R. (1993). Children's affective reactions and coping under threat of missile attack: A semiprojective assessment procedure. *Journal of Personality Assessment, 60,* 435-457.

Zeitlin, S. (1980). Assessing coping behavior. *American Journal of Ortho-Psychiatry, 50,* 139-144.

대처양식 또는 성격 접근법

Beckham, E. E., & Adams, R. L. (1984). Coping behavior in depression: Report on a new scale. *Behaviour Research Therapy, 22,* 71-75.

Brandtstädter, J., & Renner, G. (1990). Tenacious goal pursuit and flexible goal adjustment: Explication and age-related analysis for assimilative and accommodative strategies of coping. *Psychology and Aging, 5,* 58-67.

Byrne, D. (1964). Repression-sensitization as a dimension of personality. In B. A. Maher (Ed.), *Progress in experimental personality research* (Vol. 1, pp. 170-220). New York: Academic Press.

Carver, C. S., Scheier, M. F., & Weintraub, J. K. (1989). Assessing coping strategies: A theoretically-based approach. *Journal of Personality and Social Psychology, 56,* 267-283. (Note: This can be scored in terms of coping styles or situation-based coping strategies.)

Cohen, C. I., Teresi, J., Holmes, D., & Roth, E. (1988). Survival strategies of older homeless men. *Gerontologist, 28,* 58-65.

Dunahoo, C. L., Hobfoll, S. E., Monnier, J., Hulsizer, M. R., & Johnson, R. (1998). There's more than rugged individualism in coping. Part 1: Even the Lone Ranger had Tonto. *Anxiety, Stress, and Coping: An International Journal, 11*(2), 137-165.

Endler, N., & Parker, J. D. A. (1990). Multidimensional assessment of coping: A critical evaluation. *Journal of Personality and Social Psychology, 58,* 844-854.

Endler, N. S., & Parker, J. D. A. (1994). Assessment of ultidimensional coping: Task, emotion, and avoidance strategies. *Psychological Assessment, 6,* 50-60.

Epstein, S., & Meier, P. (1989). Constructive thinking: A broad coping variable with specific components. *Journal of Personality and Social Psychology, 57*(2), 332-350.

Feifel, H., Strack, S., & Nagy, V. P. (1987). Degree of life-threat and differential use of coping modes. *Journal of Psychosomatic Research, 31,* 91-99.

Hall, D. T. (1972). A model of coping with role conflict: The role behavior of college educated women. *Administrative Science Quarterly, 17,* 471-487.

Hamilton, J. A., Haier, R. J., & Buchsbaum, M. S. (1984). Intrinsic Enjoyment and Boredom Coping scales: Validation with personality, evoked potential and attention measures. *Personality and Individual Differences, 5,* 183-193.

Kaiser, D. L. (1991). Religious problem-solving styles and guilt. *Journal for the Scientific Study of Religion, 30,* 94-98.

Marcus, G., & Forster, J. (1988). Assessing self-efficacy during marital separation. *Journal of Divorce, 11,* 77-85.

Martin, R. A., & Lefcourt, H. M. (1983). Sense of humor as a moderator of the relation between stressors and moods. *Journal of Personality and Social Psychology, 45,* 1313-1324.

Miller, S. M. (1980). When is a little information a dangerous thing- Coping with stressful events by monitoring versus blunting. In S. Levine & H. Ursin (Eds.), *Coping and health* (pp. 145-170). New York: Plenum.

Millon, T., Green, C. J., & Meagher, R. B. (1979). The MBHI: A new inventory for the psychodiagnostician in medical settings. *Professional Psychology, 10,* 529-539.

Mullen, B., & Suls, J. (1980). The effectiveness of attention and rejection as coping styles: A meta-analysis of temporal differences. *Journal of Psychosomatic Research, 26,* 43-49.

Nolen-Hoeksema, S., & Morrow, J. (1991). A prospective study of depression and posttraumatic stress symptoms after a natural disaster: The 1989 Loma Prieta earthquake. *Journal of Personality and Social Psychology, 61*(1), 115-121.

Roger, D., Jarvis, G., & Najarian, B. (1993). Detachment and coping: The construction and validation of a new scale for measuring coping strategies. *Personality and Individual Differences, 15*, 619-626.

Rosenbaum, M. (1980). A schedule for assessing self-control behaviors: Preliminary findings. *Behavior Therapy, 11,* 109-121.

Weinberger, D. A., & Schwartz, G. E. (1990). Distress and restraint as superordinate dimensions of self-reported adjustment: A typological perspective. *Journal of Personality, 58*(2), 381-417.

Wells, J. D., Hobfoll, S. E., & Lavin, J. (1997). Resource loss, resource gain, and communal coping during pregnancy among women with multiple roles. *Psychology of Women Quarterly, 21*(4), 645-662.

상황에 기반한 접근법

일반적

Aldwin, C. M. (1994, August). *The California Coping Inventory*. Paper presented at the Annual Meeting of the American Psychological Association, Los Angeles, CA.

Aldwin, C. M., Sutton, K., & Lachman, M. (1996). The development of coping resources in adulthood. *Journal of Personality, 64,* 91-113.

Amirkhan, J. H. (1990). A factor analytically derived measure of coping: The Coping Strategy Indicator. *Journal of Personality and Social Psychology, 59,* 1066-1074.

Kottke, J. L., Cowan, G., & Pfahler, D. J. (1988). Development of two scales of coping strategies: An initial investigation. *Educational and Psychological Measurement, 48,* 737-742.

McCrae, R. R. (1984). Situational determinants of coping responses: Loss, threat, and challenge. *Journal of Personality and Social Psychology, 46,* 919-928.

Moos, R. H., Cronkite, R. C., Billings, A., G., & Finney, J. W. (1982). *Health and daily living form manual*. Stanford, CA: Social Ecology Laboratory, Department of Psychiatry and Behavioral Sciences, Stanford University School of Medicine.

Pearlin, L., & Schooler, C. (1978). The structure of coping. *Journal of Health and Social Behavior, 19,* 2-21.

Sidel, A., Moos, R. H., Adams, J., & Cody, P. (1969). Development of a coping scale. *Archives of General Psychiatry, 20,* 225-233.

Stanton, A. L., Kirk, S. B., Cameron, C. L., & Danoff-Burg, S. (2000). Coping through emotional approach: Scale construction and validation. *Journal of Personality and Social Psychology, 78,* 1150-1169.

Stone, A. A., & Neale, J. M. (1982). A new measure of daily coping: Development and preliminary results. *Journal of Personality and Social Psychology, 46,* 892-906.

Tobin, D. L., Holroyd, K. A., Reynolds, R. V., & Wigal, J. K. (1989). The hierarchical factor structure of the Coping Strategies Inventory. *Cognitive Therapy and Research, 13,* 343-361.

WOCS(원본-점수화와 관련된 문헌 포함)

Aldwin, C., Folkman, S., Coyne, J., Schaefer, C., & Lazarus, R. S. (1980, August). *The Ways of Coping Scale: A process approach.* Paper presented at the annual meeting of the American Psychological Association, Montreal, Quebec, Canada.

Folkman, S., & Lazarus, R. S. (1980). An analysis of coping in a middle-aged community sample. *Journal of Health and Social Behavior, 21,* 219-239.

Parkes, K. R. (1984). Locus of control, cognitive appraisal, and coping in stressful episodes. *Journal of Personality and Social Psychology, 46,* 655-668.

Vitaliano, P., Maiuro, R. D., Russo, J., & Becker, J. (1987). Raw versus relative scores in the assessment of coping strategies. *Journal of Behavioral Medicine, 10,* 1-18.

Vitaliano, P., Russo, J., Carr, J., Maiuro, R., & Becker, J. (1985). The Ways of Coping checklist: Revision and psychometric properties. *Multivariate Behavioral Research, 20,* 3-26.

WOCS(개정-요인구조와 관련된 문헌 포함)

Aldwin, C., & Revenson, T. A. (1987). Does coping help?: A reexamination of the relation between coping and mental health. *Journal of Personality and Social Psychology, 53,* 337-348.

Dunkel-Schetter, C., Feinstein, L. G., Taylor, S. E., & Falke, R. L. (1992). Patterns of coping with cancer. *Health Psychology, 11,* 79-87.

Folkman, S., & Lazarus, R. S. (1985). If it changes it must be a process: A study of emotion and coping during three stages of a college examination. *Journal of Personality and Social Psychology, 48,* 150-170.

Folkman, S., Lazarus, R. S., Dunkel-Schetter, C., DeLongis, A., & Gruen, R. (1986). The dynamics of a stressful encounter: Cognitive appraisal, coping, and encounter outcomes. *Journal of Personality and Social Psychology, 50,* 992-1003.

특정한 상황이나 모집단에 대한 대처 척도

직업 척도

Cooper, C. L., Sloan, S. J., & Williams, S. (1988). *Occupational stress indicator: Management guide.* Windsor, England: nferNelson.

Edwards, J. R., & Baglioni, A. J. (1993). The measurement of coping with stress: Construct validity of the Ways of Coping Checklist and the Cybernetic Coping Scale [Special issue. Coping with Stress at Work.] *Work and Stress, 7,* 17-31.

Kinicki, A. J., & Latack, J. C. (1990). Explication of the construct of coping with involuntary job loss. *Journal of Vocational Behavior, 36,* 339-360.

Latack, J. C. (1986). Coping with job stress: Measures and future directions for scale development. *Journal of Applied Psychology, 71,* 377-385.

McElfatrick, S., Carson, J., Annett, J., Cooper, C., Holloway, F., & Kuipers, E. (2000). Assessing coping skills in mental health nurses: Is an occupation specific measure better than a generic coping skills scale? *Personality and Individual Differences, 28,* 965-976.

Medeiros, M. E., & Prochaska, J. O. (1988). Coping strategies that psychotherapists use in working with stressful clients. *Professional Psychology: Research & Practice, 19,* 112-114.

Nowack, K. M. (1990). Initial development of an inventory to assess stress and health risk. *American Journal of Health Promotion, 4,* 173-180.

Osipow, S. H., & Spokane, A. R. (1983). *A manual for measures of occupational stress, strain, and coping.* Odessa, FL: Psychological Assessment Resources.

Schonfeld, I. S. (1990). Coping with job-related stress: The case of teachers. *Journal of Occupational Psychology, 63,* 141-149.

Wilder, J. F., & Plutchik, R. (1982). The AECOM coping scales. *Annals of Stress Research.*

노인 대상

Cheng, T. Y. L., & Boey, K. W. (2000). Coping, social support, and depressive symptoms of older adults with Type II diabetes mellitus. *Clinical Gerontologist, 22,* 15-30.

Feifel, H., & Strack, S. (1989). Coping with conflict situations: Middle-aged and elderly men. *Psychology and Aging, 4,* 26-33.

Quayhagen, M. P., & Quayhagen, M. (1982). Coping with conflict: Measurement of age-related patterns. *Research on Aging, 4,* 364-377.

가족 척도

McCubbin, H. I., Dahl, B., Lester, G., Benson, D., & Robertson, M. (1976). Coping repertoires of families adapting to prolonged war-induced separations. *Journal of Marriage and the Family, 38,* 461-471.

McCubbin, H. I., McCubbin, M. H., Patterson, J. M., Cauble, A. E., Wilson, L. R., & Warwick, W. (1983). CHIP-Coping Health Inventory for Parents-an assessment for parental coping patterns in the care of a chronically ill child. *Journal of Marriage and Family, 45,* 359-370.

McCubbin, H. I., Olson, D. H., & Larsen, A. S. (1982). Family Crisis Oriented Personal Scales. In D. Olson, H. I. McCubbin, H. Banes, A. Larsen, M. Muxen, & M. Wilson (Eds.), *Family inventories* (pp. 101-120). St. Paul: University of Minnesota, Family Social Science.

McCubbin, M. A. (1991). CHIP Coping Health Inventory for Parents. In H. I. McCubbin & A. I. Thompson (Eds.), *Family assessment inventories for research and practice* (2nd ed., pp. 181-199). Madison, WI: University of

Wisconsin-Madison.

Nachshen, J. S., Woodford, L., & Minnes, P. (2003). The Family Stress and Coping Interview for families of individuals with developmental disabilities: A lifespan perspective on family adjustment. *Journal of Intellectual Disability Research. Special Issue on Family Research, 47,* 285-290.

임상적 또는/그리고 건강 상황에 대한 대처 척도

Aalto, A.M., Haerkaepaeae, K., Aro, A. R., & Rissanen, P. (2002). Ways of coping with asthma in everyday life: Validation of the Asthma Specific Coping Scale. *Journal of Psychosomatic Research, 53,* 1061-1069.

Amir, S., Rabin, C., & Galatzer, A. (1990). Cognitive and behavioral determinants of compliance in diabetics. *Health and Social Work, 15,* 144-151.

Burt, M. R., & Katz, B. L. (1988). Coping strategies and recovery from rape. *Annals of the New York Academy of Sciences 528,* 345-358.

Butler, R. W., Damarin, F. L., Beaulieu, C., Schwebel, A. I., & Thorn, B. E. (1989). Assessing cognitive coping strategies for acute postsurgical pain. *Psychological Assessment: A Journal of Consulting and Clinical Psychology, 1,* 41-45.

Coyne, J., & Smith, D. A. F. (1991). Couples coping with a myocardial infarction: A contextual perspective on wives' distress. *Journal of Personality and Social Psychology, 61,* 404-412.

Felton, B. J., & Revenson, T. A. (1984). Coping with chronic illness: A study of illness controllability and the influence of coping strategies on psychological adjustment. *Journal of Consulting and Clinical Psychology, 52,* 343-353.

Grey, M., Boland, E. A., Davidson, M., Li, J., & Tamborlane, W. V. (2000). Coping skills training for youth with diabetes mellitus has long-lasting effects on metabolic control and quality of life. *Journal of Pediatrics, 137,* 107-113.

Jalowiec, A., Murphy, S. P., & Powers, M. J. (1984). Psychometric assessment of the Jalowiec Coping Scale. *Nursing Research, 33,* 157-161.

Knussen, C., Sloper, P., Cunningham, C. C., & Turner, S. (1992). The use of the Ways of Coping (Revised) Questionnaire with parents of children with Down's syndrome. *Psychological Medicine, 22,* 775-786.

Lipowski, Z. J. (1970). Physical illness, the individual, and the coping process.

Psychiatry in Medicine, 1, 91-102.

Manne, S. L., & Zautra, A. J. (1990). Couples coping with chronic illness: Women with rheumatoid arthritis and their healthy husbands. *Journal of Behavioral Medicine, 13,* 327-342.

Prochaska, J. O., Velicer, W. F., DiClemente, C. C., & Fava, J. (1988). Measuring the process of change: Applications to the cessation of smoking. *Journal of Consulting and Clinical Psychology, 56,* 520-528.

Regan, C. A., Lorig, K., & Thoresen, C. E. (1988). Arthritis appraisal and ways of coping: Scale development. *Arthritis Care and Research, 1,* 139-150.

Rosensteil, A. K., & Keefe, F. J. (1983). The use of coping strategies in chronic low back pain patients: Relationship to patient characteristics and current adjustment. *Pain, 17,* 33-44.

Valentiner, D. P., Foa, E. B., Riggs, D. S., & Gershuny, B. S. (1996). Coping strategies and posttraumatic stress disorder in female victims of sexual and nonsexual assault. *Journal of Abnormal Psychology, 105,* 455-458.

아동과 청소년 대상 척도

일반적

Ayers, T. S., Sandler, I. N., West, S. G., & Roosa, M. W. (1996). A dispositional and situational assessment of children's coping: Testing alternative models of coping. *Journal of Personality, 64,* 923-958.

Brodzinsky, D. M., Elias, M. J., Steiger, C., & Simon, J. (1992). Coping Scale for Children and Youth: Scale development and validation [Special issue. Does Environment Really Contribute to Healthy, Quality Life?]. *Journal of Applied Developmental Psychology, 13,* 195-214.

Causey, D. L., & Dubow, E. F. (1992). Development of a self-report coping measure for elementary school children. *Journal of Clinical Child Psychology, 21,* 47-59.

Cheng, S.-T., & Chan, A. C. M. (2003). Factorial structure of the Kidcope in Hong Kong adolescents. *Journal of Genetic Psychology, 164,* 261-266.

Compas, B. E. (1987). Coping with stress during childhood and adolescence.

Psychological Bulletin, 101, 393-403.

Connor-Smith, J. K., Compas, B. E., Wadsworth, M. E., Thomsen, A. H., & Saltzman, H. (2000). Responses to stress in adolescence: Measurement of coping and involuntary stress responses. *Journal of Consulting and Clinical Psychology, 68,* 976-992.

Dise-Lewis, J. E. (1988). The Life Events and Coping Inventory: An assessment of stress in children. *Psychosomatic Medicine, 50,* 484-499.

Ebata, A. T., & Moos, R. H. (1991). Coping and adjustment in distressed and healthy adolescents. *Journal of Applied Developmental Psychology, 12,* 33-54.

Elwood, S. W. (1987). Stressor and coping response inventories for children. *Psychological Reports, 60,* 931-947.

Erickson, S., Feldman, S. S., & Steiner, H. (1997). Defense reactions and coping strategies in normal adolescents. *Child Psychiatry and Human Development, 28,* 45-56.

Fabes, R. A., Poulin, R. E., Eisenberg, N., & Madden-Derdich, D. A. (2002). The Coping with Children's Negative Emotions Scale (CCNES): Psychometric properties and relations with children's emotional competence. *Marriage and Family Review, 34,* 285-310.

Fanshawe, J. P., & Burnett, P. C. (1991). Assessing school-related stressors and coping mechanisms in adolescents. *British Journal of Educational Psychology, 61,* 92-98.

Finnegan, R. A., Hodges, E. V. E., & Perry, D. G. (1996). Preoccupied and avoidant coping during middle childhood. *Child Development, 67,* 1318-1328.

Frydenberg, E., & Lewis, R. (1990). How adolescents cope with different concerns: The development of the Adolescent Coping Checklist (ACC). *Psychological Test Bulletin, 3,* 63-73.

Frydenberg, E., & Lewis, R. (1996). A replication study of the structure of the adolescent coping scale: Multiple forms and applications of a self-report inventory in a counselling and research context. *European Journal of Psychological Assessment, 12,* 224-235.

Fuehr, M. (2002). Coping humor in early adolescence. *Humor: International Journal of Humor Research, 15,* 283-304.

Glyshaw, K., Cohen, L. H., & Towbes, L. C. (1989). Coping strategies and psychological distress: Prospective analyses of early and middle adolescents. *American Journal of Community Psychology, 17,* 607-623.

Halstead, M., Johnson, S. B., & Cunningham, W. (1993). Measuring coping in adolescents: An application of the Ways of Coping Checklist. *Journal of Clinical Child Psychology, 22,* 337-344.

Harter, S. (1982). The Perceived Competence Scale for Children. *Child Development, 53,* 87-97.

Jacobs, G. A., Phelps, M., & Rohrs, B. (1989). Assessment of anger expression in children: The Pediatric Anger Expression Scale. *Personality and Individual Differences, 10,* 59-65.

Jorgensen, R. S., & Dusek, J. B. (1990). Adolescent adjustment and coping strategies. *Journal of Personality, 58,* 503-514.

Little, T. D., Lopez, D. F., & Wanner, B. (2001). Children's action-control behaviors (coping): A longitudinal validation of the Behavioral Inventory of Strategic Control. *Anxiety, Stress, and Coping: An International Journal, 14,* 315-336.

Myers, M. G., & Wagner, E. F. (1995). The Temptation-Coping Questionnaire: Development and Validation. *Journal of Substance Abuse, 7,* 463-479.

Patterson, J. M., & McCubbin, H. I. (1987). Adolescent coping styles and behaviors: Conceptualization and measurement. *Journal of Adolescence, 10,* 163-186.

Ryan-Wenger, N. M. (1990). Development and psychometric properties of The Schoolagers' Coping Strategies Inventory. *Nursing Research, 39,* 344-349.

Sandstrom, M. J. (2004). Pitfalls of the peer world: How children cope with common rejection experiences. *Journal of Abnormal Child Psychology, 32,* 67-81.

Spirito, A., Stark, L. J., & Williams, C. (1988). Development of a brief coping checklist for use with pediatric populations. *Journal of Pediatric Psychology, 13*(4), 555-574.

Swiatek, M. A. (2001). Social coping among gifted high school students and its relationship to self-concept. *Journal of Youth and Adolescence, 30,* 19-39.

Wertlieb, D., Weigel, C., & Felstein, M. (1987). Measuring children's coping. *Journal of Orthopsychiatry, 57,* 548-560.

임상적/소아과적

Ammerman, R. T., Lynch, K. G., Donovan, J. E., Martin, C. S., & Maisto, S. A. (2001). Constructive thinking in adolescents with substance use disorders. *Psychology of Addictive Behaviors, 15*, 89-96.

Bachanas, P. J., & Blount, R. L. (1996). The Behavioral Approach-Avoidance and Distress Scale: An investigation of reliability and validity during painful medical procedures. *Journal of Pediatric Psychology, 21*, 671-681.

Blount, R. L., Bunke, V., Cohen, L. L., & Forbes, C. J. (2001). The Child-Adult Medical Procedure Interaction Scale-Short Form (CAMPIS-SF): Validation of a rating scale for children's and adults' behaviors during painful medical procedures. *Journal of Pain and Symptom Management, 22*, 591-599.

Blount, R. L., Cohen, L. L., Frank, N. C., Bachanas, P. J., Smith, A. J., Manimala, M. R., & Pate, J. T. (1997). The Child-Adult Medical Procedure Interaction Scale-Revised: An assessment of validity. *Journal of Pediatric Psychology, 22*, 73-88.

Budd, K. S., Workman, D. E., Lemsky, C. M., & Quick, D. M. (1994). The Children's Headache Assessment Scale (CHAS): Factor structure and psychometric properties. *Journal of Behavioral Medicine, 17*, 159-179.

Force, R. C., Burdsal, C., & Klingsporn, M. J. (1988). An analysis of socialized coping in outcome data of a residential treatment program for boys with behavior problems. *Multivariate Experimental Clinical Research, 8*, 251-265.

Haverkamp, F., & Noeker, M. (1998). 'Short stature in children-a questionnaire for parents: A new instrument for growth disorder-specific psychosocial adaptation in children. *Quality of Life Research: An International Journal of Quality of Life Aspects of Treatment, Care and Rehabilitation, 7*, 447-455.

Hymovich, D. P. (1984). Development of the Chronicity Impact and Coping Instrument: Parent Questionnaire (CICI:PQ). *Nursing Research, 33*, 218-222.

Myers, M. G., & Brown, S. A. (1995). The Adolescent Relapse Coping Questionnaire: Psychometric validation. *Journal of Studies on Alcohol, 57*, 40-46.

Phipps, S., Fairclough, D., Tye, V., & Mulhern, R. K. (1998). Assessment of coping with invasive procedures in children with cancer: State-trait and approach-avoidance dimensions. *Children's Health Care, 27*, 147-156.

Reid, G. J., Gilbert, C. A., & McGrath, P. J. (1998). The Pain Coping Questionnaire: Preliminary validation. *Pain, 76*, 83-96.

Schanberg, L. E., Keefe, F. J., Lefebvre, J. C., Kredich, D. W., & Gil, K. M. (1996). Pain coping strategies in children with juvenile primary fibromyalgia syndrome: Correlation with pain, physical function, and psychological distress. *Arthritis Care and Research, 9*, 89-96.

Schlundt, D. G., Rea, M., Hodge, M., Flannery, M. E., & Kline, S. (1996). Assessing and overcoming situational obstacles to dietary adherence in adolescents with IDDM. *Journal of Adolescent Health, 19*, 282-288.

Spirito, A., Overholswer, J., & Stark, L. J. (1989). Common problems and coping strategies II: Findings with adolescent suicide attemptors. *Journal of Abnormal Child Psychology, 17*, 213-221.

Spirito, A., Stark, L. J., & Williams, C. (1988). Development of a brief checklist to assess coping in pediatric populations. *Journal of Pediatric Psychology, 13*, 555-574.

Spitzer, A. (1992). Coping processes of school-age children with hemophilia. *Western Journal of Nursing Research, 14*, 157-169.

Varni, J. W., Waldron, S. A., Gragg, R. A., Rapoff, M. A., Bernstein, B. H., Lindsley, C. B., & Newcomb, M. D. (1996). Development of the Waldron/Varni Pediatric Pain Coping Inventory. *Pain, 67*, 141-150.

Walker, L. S., Smith, C. A., Garber, J., & Van Slyke, D. A. (1997). Development and validation of the pain response inventory for children. *Psychological Assessment, 9*, 392-405.

Weinstein, P., Milgrom, P., Hoskuldsson, O., Golletz, D., & et al. (1996). Situationspecific child control: A visit to the dentist. *Behaviour Research and Therapy, 34*, 11-21.

Zeman, J., Shipman, K., & Penza-Clyve, S. (2001). Development and initial validation of the Children's Sadness Management Scale. *Journal of Nonverbal Behavior, 25*, 187-205.

특수 모집단

Anshel, M. (1996). Coping styles among adolescent competitive athletes. *Journal of Social Psychology, 136*, 311-323.

Kowalski, K. C., & Crocker, P. R. E. (2001). Development and validation of the Coping Function Questionnaire for adolescents in sport. *Journal of Sport and Exercise Psychology, 23*, 136-155.

특수화된 전략 측정 척도

Aspinwall, L. G., Sechrist, G. B., & Jones, P. R. (2005). Expect the best and prepare for the worst: Anticipatory coping and preparations for Y2K. *Motivation and Emotion, 29*(4),357-388.

Davis, C. G., Lehman, D. R., Silver, R. C., Wortman, C. B., & Ellard, E. H. (1996). Self-blame following a traumatic event: The role of perceived avoidability. *Personality and Social Psychology Bulletin, 22*, 557-567.

Davis, C. G., Lehman, D. R., Wortman, C. B., Silver, R. C., & Thompson, S. C. (1995). The undoing of traumatic life events. *Personality and Social Psychology Bulletin, 21,* 109-124.

Delhanty, D. L., Herberman, H. B., Craig, K. H., Hayward, M. C., Fullerson, C. S., Ursano, R. J., et al. (1997). Acute and chronic distress and posttraumatic stress disorder as a function of responsibility for serious motor vehicle accidents. *Journal of Consulting and Clinical Psychology, 65*, 560-567.

Greenglass, E. R. (2002). Proactive coping and quality of life management. In E. Frydenberg (Ed.), *Beyond coping: Meeting goals, visions, and challenges* (pp. 37-62). New York: Oxford University Press.

Holman, E. A., & Silver, R. C. (1998). Getting 'stuck' in the past: Temporal orientation and coping with trauma. *Journal of Personality and Social Psychology, 74,* 1146-1163.

Nolen-Hoeksema, S., & Morrow, J. (1991). A prospective study of depression and posttraumatic stress symptoms after a natural disaster: The 1989 Lorna Prieta earthquake. *Journal of Personality and Social Psychology, 61*(1), 115-121.

Pargament, K. I., Koenig, H. G., & Perez, L. M. (2000). The many methods of religious coping: Development and initial validation of the RCOPE. *Journal of Clinical Psychology, 56,* 519-543.

Tennen, H., & Affleck, G. (2002). Benefit-finding and benefit-reminding. In C. R. Snyder & S. J. Lopez (Eds.), *Handbook of positive psychology.* (pp. 584-597). London: Oxford University Press.

외국어 척도

독일어

Bodenmann, G., & Perrez, M. (1992). An experimentally induced stress in dyadic interactions (EISI) experiment [Experimentell induzierter stress in dyadischen interaktionen. Darstellung des EISI-experiments]. *Zeitschrift für Klinische Psychologie, Psychiatrie und Psychotherapie, 40,* 263-280.

Erdmann, G. (1984). Investigations on the modification of psychophysiological stress responses by stress-experience [Untersuchungen zur modifikation der Psychophysiologischen reaktionen in einer belastungβtuation durch erfahrung. *Archiv für Psychologie, 136,* 301-315.

Franke, G. H., Maehner, N., Reimer, J., Spangemacher, B., & Esser, J. (2000). First evaluation of the Essener Coping Questionnaire (EFK) in visually handicapped patients [Erste ueberpr-fung des essener fragebogens zur krankheitsverarbeitung (EFK) an sehbeeintraechtigten patienten]. *Zeitschrift für Differentielle und Diagnostische Psychologie, 21,* 166-172.

Hampel, P., Dickow, B., & Petermann, F. (2002). Reliability and validity of the German Coping Questionnaire for children and adolescents [Reliabilität und Validität des SVF-KJ]. *Zeitschrift für Differentielle Und Diagnostische Psychologie, 23*(3), 273-289.

Hardt, J., Petrak, F., Egle, U. T., Kappis, B., Schulz, G., & Kuestner, E. (2003). What does the FKV measure- An examination of the Freiburger Fragebogen zur Krankheitsverarbeitung in patients with varying diseases [Was mi der FKV-Eine ueberpr-fung des freiburger fragebogens zur krankheitsverarbeitung bei patienten mit unterschiedlichen erkrankungen]. *Zeitschrift für Klinische Psychologie und Psychotherapie: Forschung und Praxis, 32,* 41-50.

Hauser, E., Freilinger, M., Skyllouriotis, M., & Zacherl, S. (1996). Function and structure of families with chronically ill children [Funktion und struktur von familien mit chronisch kranken kindern]. *Psychotherapie Psychosomatik Medizinische Psychologie, 46*(11), 379-384.

Ising, M., Weyers, P., Janke, W., & Erdmann, G. (2001). The psychometric properties of the SVF78 by Janke and Erdmann, a short version of the SVF120 [Die guetekriterien des SVF78 von Janke und Erdmann, einer kurzform des SVF120]. *Zeitschrift für Differentielle und Diagnostische Psychologie, 22,* 279-289.

Klauer, T., & Fillipp, S. H. (1993). *Tierer skalen zur krankheitsbewaeltigung (TSK).* Goettingen, Germany: Hogrefe Verlag fuer Psychologie.

Klauer, T., Fillipp, S. H., & Ferring, D. (1989). The Questionnaire for the Assessment of Forms of Coping with Illness: Scale construction and preliminary findings on reliability, validity, and stability [Der 'Fragebogen zur Erfassung von Formen der Krankheitsbewaeltigung' (FEKB): Skalenkonstruktion und erste befunde zu reliabilit-t, validit-t und stabilit-t. *Diagnostica, 35,* 316-335.

Krohne, H. W., Roesch, W., & Kuersten, F. (1989). Assessment of coping with anxiety in physically threatening situations [Die erfassung von angstbewaeltigung in physisch bedrohlichen situationen. *Zeitschrift für Klinische Psychologie. Forschung und Praxis, 18,* 230-242.

McCubbin, H. I., McCubbin, M. A., Cauble, E., Goldbeck, L. (2001). Fragebogen zur elterlichen Krankheitsbew-ltigung: Coping Health Inventory for Parents (CHIP)-Deutsche version. *Kindheit und Entwicklung, 10,* 28-35.

Muthny, F. A. (1988). Evaluation of patients' coping with illness by patients, physicians, and hospital staff: Similarities, differences, and their possible significance [Einschaetzung der krankheitsverarbeitung durch patienten, aerzte und personal: Gemeinsamkeiten, diskrepanzen und ihre moegliche bedeutung]. *Zeitschrift für Klinische Psychologie. Forschung und Praxis, 17,* 319-333.

Neumer, S., Margraf, J., Janke, W., & Erdmann, G. (1997). A review of the Stress Process Questionnaire (SVF) [Testrezension zu StreBverarbeitungsfragebogen

(SVF)]. *Zeitschrift für Differentielle und Diagnostische Psychologie, 18*, 75-80.

Perrez, M., Berger, R., & Wilhelm, P. (1998). Assessment of stress and coping in the family: Self-monitoring as a new approach [Die erfassung von belastungserleben und belastungsverarbeitung in der familie: Self-Monitoring als neuer ansatz]. *Psychologie in Erziehung und Unterricht, 45*, 19-35.

Rathner, G., & Zangerle, M. (1996). Coping strategies of children and adolescents with diabetes mellitus: A German version of the Kidcope [Copingstrategien bei kindern und jugendlichen mit diabetes mellitus: Die deutschsprachige version des KIDCOPE]. *Zeitschrift für Klinische Psychologie und Psychotherapie, 44*(1), 49-74.

Schwarzer, C., Starke, D., & Buchwald, P. (2003). Towards a theory-based assessment of coping: The German adaptation of the Strategic Approach to Coping Scale. *Anxiety, Stress, and Coping: An International Journal, 16*, 271-280.

Seiffge-Krenke, I. (1989). Coping with everyday problem situations: A coping questionnaire for adolescents [Bew-ltigung allt-glicher problemsituationen: Ein coping-fragebogen fuer jugendliche]. *Zeitschrift für Differentielle und Diagnostische Psychologie, 10*, 201-220.

Tschuschke, V., Denziger, R., & Gaissmaier, R. (1996). Ulmer coping manual (UCM). Inhaltsanalytische erfassung von bew-ltigungsreaktionen-Definitionen, abgrenzungen, und beispiele. Unpublished manuscript (3rd ed.). University of Ulm, Department of Psychotherapy.

von Salisch, M., & Pfeiffer, I. (1998). Anger regulation in children's friendship: Development of a questionnaire [Aergerregulierung in den freund-schaften von schulkindern-entwicklung eines fragebogens]. *Diagnostica, 44*, 41-53.

Widmer, K., Bodenmann, G., Cina, A., & Charvoz, L. (2001). The Freiburg Stress Prevention Training for Couples: Meaning of training quality for couples and change in partner quality in the long term [Das freiburger stressprventionstraining fuer paare (FSPT): Die bedeutung der trainingsqualitt für die compliance der paare und veraanderungen der partnerschaftsqualit-t im Laengsschnit-t]. *Zeitschrift für Klinische Psychologie, Psychiatrie und Psychotherapie, 49*, 262-278.

기타 유럽어

Coutu, S., Dubeau, D., Provost, M. A., Royer, N., & Lavigueur, S. (2002). Validation of French version of questionnaire: Coping with Children's Negative Emotions Scale-CCNES [Validation de la version francaise du questionnaire: Coping with Children's Negative Emotions Scale-CCNES]. *Canadian Journal of Behavioural Science, 34*, 230-234.

Dijkstra, I., van den Bout, J., Schut, H., Stroebe, M., & Stroebe, W. (1999). Coping with the death of a child: A longitudinal study of discordance in couples. *Gedrag und Gezondheid: Tijdschrift voor Psychologie und Gezondheid, 27*, 103-108.

Garnefski, N., Kraaij, V., & Spinhoven, P. (2001). Negative life events, cognitive emotion regulation and emotional problems. *Personality and Individual Differences, 30*, 1311-1327.

Karlsen, B., & Bru, E. (2002). Coping styles among adults with Type 1 and Type 2 diabetes. *Psychology, Health and Medicine, 7*, 245-259.

Kluwin, T., Blennerhassett, L., & Sweet, C. (1990). The revision of an instrument to measure the capacity of hearing-impaired adolescents to cope. *Volta Review, 92*, 283-291.

Kraaimaat, F. W., Bakker, A., & Evers, A. W. M. (1997). Pain coping strategies in chronic pain patients: The development of the Pain Coping Inventory (PCI) [Pijncoping-strategieen bij chronische pijnpatienten: De ontwikkeling van de Pijn-Coping-Inventarisatielijst (PCI)]. *Gedragstherapie, 30*, 185-201.

Kraaimaat, F. W., & Evers, A. W. M. (2003). Pain-coping strategies in chronic pain patients: Psychometric characteristics of the pain-coping inventory (PCI). *International Journal of Behavioral Medicine, 10*, 343-363.

Lindqvist, R., Carlsson, M., & Sjoeden, P.-O. (2000). Coping strategies and styles assessed by the Jalowiec Coping Scale in a random sample of the Swedish population. *Scandinavian Journal of Caring Sciences, 14*, 147-154.

Palha, A. P., Araujo, D., Lourenco, M., Nunez, J. S., & Vaz, L. (1993). Rheumatoid arthritis: Some psychosomatic aspects/Artritis reumatoide: Algunos aspectos psicosomaticos. *Actas Luso-Espanolas De Neurologia, Psiquiatria y Ciencias*

Afines, 21, 9-13.

Plancherel, B., Bolognini, M., Nunez, R., & Bettschart, W. (1993). How do early adolescents face the difficulties-A French version of the A-Cope questionnaire [Comment les Pre-Adolescents Font-ils face aux difficultes- Presentation d'une version francaise du questionnaire A-Cope.] *Schweizerische Zeitschrift für Psychologie, 52*, 31-43.

Plancherel, B., Camparini, N., Bolognini, M., & Halfon, O. (2000). Coping strategies and stress in early adolescents [Les strategies d'ajustement au stress chez les preadolescents. Evaluation a partir d'un entretien clinique semi-structure et du questionnaire A-COPE]. *European Review of Applied Psychology/Revue Europeenne De Psychologie Appliquee, 50*, 175-185.

Richaud de Minzi, M. C. (2003). Coping assessment in adolescents. *Adolescence, 38*, 321-330.

Roeder, I., Boekaerts, M., & Kroonenberg, P. M. (2002). The Stress and Coping Questionnaire for Children (School version and Asthma version): Construction, factor structure and psychometric properties. *Psychological Reports, 91*, 29-36.

Sarmany Schuller, I. (2000). Need for structure and coping processes. *Ansiedad y Estres, 6*, 39-45.

Schaufeli, W., & Van Dierendonck, D. (1992). The reliability and validity of the Utrecht Coping List: A longitudinal study among school-leavers [De betrouwbaarheid en validiteit van de Utrechtse Coping Lijst. Een longitudinaal onderzoek bij schoolverlaters]. *Gedrag und Gezondheid: Tijdschrift voor Psychologie und Gezondheid, 20*, 38-45.

Schraggeova, M., & Roskova, E. (2000). Risk from the view of evaluation and coping [Riziko z pohl'adu hodnotenia a zvladania]. *Ceskoslovenska Psychologie, 44*, 515-527.

Soriano, J., & Monsalve, V. (1999). Assessment, coping and emotion in patients with chronic pain [Valoracion, Afrontamiento y Emocion en pacientes con dolor cronico]. *Boletin De Psicologia (Spain), 62*, 43-64.

Strizenec, M. (2000). Religion and coping: Empirical verification of their interaction. *Studia Psychologica, 42*, 71-74.

van Zuuren, F. J., de Groot, K. I., Mulder, N. L., & Muris, P. (1996). Coping with medical threat: An evaluation of the Threatening Medical Situations Inventory (TMSI). *Personality and Individual Differences. 21*, 21-31.

아시아

Chan, D. W. (1994). The Chinese Ways of Coping Questionnaire: Assessing coping in secondary school teachers and students in Hong Kong. *Psychological Assessment, 6,* 108-116.

Kudoh, T. (1986). A study of the feeling of loneliness in pubertal youth. *Japanese Journal of Psychology, 57,* 293-299.

Shek, D. T. L., & Cheung, C. K. (1990). Locus of coping in a sample of Chinese working parents: Reliance on self or seeking help from others. *Social Behavior and Personality, 18,* 326-246.

Shek, D. T., & Tsang, S. K. (1993). Coping responses of Chinese parents with preschool mentally handicapped children. *Social Behavior and Personality, 21,* 303-312.

Suzuki, T., Yoda, A., Koshikawa, F., Sugiwaka, H., Shimada, H., Seto, M., & Agari, I. (1997). Development of the short-form version of Life Style Index-J. *Japanese Journal of Health Psychology, 10,* 31-43.

Xiao, J., Xiang, M., & Zhu, C. (1995). Coping behavior of 587 adolescent students: Age, sex and coping style. *Chinese Mental Health Journal, 9,* 100-102.

기타

Gil, T. E., Litman, A., & Nadav, M. (1994). A Hebrew version of the Millon Behavioral Health Inventory: Preliminary results-brief report. *Israel Journal of Psychiatry & Related Sciences, 31,* 121-125.

제 9 장

대처연구에서 통계상의 이슈

스트레스, 대처, 건강 간의 관계의 구조와 관련한 몇 개의 중요한 방법론적 이슈가 있다. 그런 의미에서 스트레스와 대처 관련 선행연구들 중 일부는 통계적으로 복잡하다. 논의되어야 할 핵심적인 구성개념이 있을 뿐만 아니라 그 구성개념들의 통계적 검증방법들을 이해하는 것도 중요하다. 종종 연구자들은 실제로 다른 모델들을 적절하게 검증하지 않고, 하나의 모델을 가정하거나 대처는 어떠한 특정한 방법으로만 작용한다는 가정을 한다. 그러므로 대처와 건강에 관련한 문헌을 고찰하기 전에, 다른 모델들은 무엇이고, 어떻게 검증할 수 있는가를 이해하는 것이 중요하고, 그것이 이 장의 존재 이유이다. 더욱이, 스트레스와 대처에 대한 종단적 연구, 특히 일지연구법에 대한 관심이 높아지고 있으므로, 변화를 측정하고 예측하는 데 사용되는 더 새로운 종단적 통계법들에 대한 관심도 증가하고 있다.

대처효과의 기제

대처가 안녕(well-being)에 영향을 주는 세 가지 가능한 방법이 있다. 첫째, 건강에 대한 **직접적인 효과**가 있을 수 있다. 둘째, 건강에 대한 대처의 효과는 의학적 지시에 대한 순응(medical compliance)과 같은 다른 변인을 통해 매개될 수도 있다. 셋째, 대처전략은 스트레스에 대한 건강의 효과를 **중재**하거나 완충할 수도 있다(사회과학에서의 매개와 중재에 대한 고전적 논의는 Barron & Kenny, 1986 참조). 다음 절에서는 이러한 효과를 조사하는 통계적 기제들을 고찰할 것이다.

직접효과

대처, 안녕감과 관련된 대다수의 연구들은 암시적으로 직접효과 모델을 전제하고 있다. 즉, 단순 상관 또는 회귀분석을 사용함으로써, 이러한 연구들은 특정한 대처전략이 단순하게 특정한 결과의 유형과 관련이 있음을 전제하고 있다. 다시 말하면, 문제중심적 대처가 더 많이 사용될수록 심리적 · 신체적 고통은 낮다. 이는 문제에 대한 단순한 이원적 접근법이고, 대처와 안녕의 기본적 관계의 본질을 그림 9.1에서 묘사되는 것처럼 가정한다.

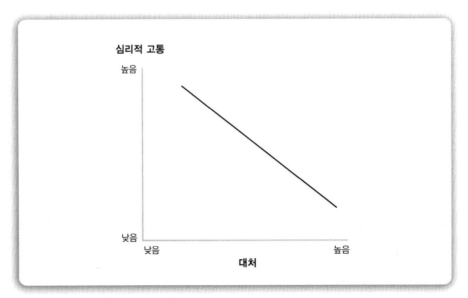

■■ **그림 9.1** 대처와 고통의 직접적 관계

한마디로, 대처는 연구되는 결과변인이 어떠한 것이든지 간에 그 변인과 직접적인 인과관계가 있다고 가정된다. 따라서 대처전략 또는 대처양식이 더 낮은 혈압, 더 짧은 병원 입원기간, 또는 더 나은 정동과 관련이 있다면, 이는 생리적 또는 심리적 과정에 직접적으로 영향을 준다고 가정한다. 이러한 관계가 물론 가능하기는 하지만(내 생각에는 어떤 경우에는 그러하기도 하지만) 이러한 단순한 가정은 많은 사례에서 옳지 않고, 그러한 연구에서 대처의 중간 정도의 효과 크기만을 설명할 것이다. 단순히 상관기법이나 집단 차이기법을 통해 대처와 건강 관련 결과를 관련짓는 것은, 대처가 건강에 미치는 영향과 관련된 메커니즘에 대한 중요한 질문에 대해 어떠한 것도 알려주지 않는다. 중재효과와 매개효과를 살펴봄으로써 그러한 기제를 이해하기 시작할 수 있으므로, 마음과 신체의 연관성의 본질을 살펴볼 수 있다.

매개효과

건강문제와 관련된 대처의 몇몇 효과들은 직접적인 효과가 있다기보다는 매개되거나 혹은 간접적이다. 다른 말로 하자면, 대처전략은 직접적으로 생리적 기능(예 : 낮은 콜레스테롤 수치)에 영향을 미치지는 않는다. 그보다는 대처전략은 건강행동 습관(예 : 금연)에 변화를 가져오고, 이는 다시 콜레스테롤을 감소시키는 것과 같이 간접적으로 영향을 미친다. 예를 들어, 유방암으로 진단받은 여성들 중 더 적극적인 형태의 대처를 사용한 여성이 수동적인 대처양식을 사용한 여성에 비해 더 오래 사는 것이 관찰되었다(Greer & Morris, 1975; Morris, Greer, Pettingale, & Watson, 1981). 흔히 즉각적으로 내릴 수 있는 결론은, 적극적으로 대처하는 여성들이 더 오래 사는 이유는 대처가 면역능력에 직접적인 영향을 미친다고 하는 것이다. 그러나 이러한 여성들은 금연하기, 운동 시작하기, 더 나은 영양 섭취와 자신들의 의학요법을 고수하기 등 면역능력에 영향을 미친다고 알려진 다른 행동들을 많이 할 가능성도 있다. 따라서 대처는 생리적 기능에 직접적인 효과를 미친다기보다는 직접적으로 신체적 기능에 영향을 미치는 행동들을 유도함으로써 간접적 혹은 매개효과만을 나타낸다.

예를 들어, 내가 알고 있는 한 80세 여성은 심각한 골다공증이었다. 그 여성의 척추는 너무 여러 번 부러져서 갈비뼈가 골반뼈 위에 놓이게 되었다. 의사는 자신이 할 수 있는 것은 아무것도 없다고 말하면서, 그 여성에게 집에 가서 침대에 누워 죽음을 기다리라고 했다. 이 투지에 찬 여성이 "의사 양반, 난 선생님의 진단을 받아들일 것을 거부하겠소. 내가 할 수 있는 일이 틀림없이 뭔가 있을 거요."라며 쏘아붙였다. 의사는 웃으면서 그 환자의 투지가 좋다고 말한 후, 지역 내 연구 대학에서 실시하고 있는 실험 프로그램에 참가할 것을 권유했다. 전직 간호사였던 이 환자는 칼슘과 특별한 형태의 비타민 D를 스스로 주사해야 하는 요법을 충실하게 따른 결과, 골 밀도가 증가하였으며, 이는 수명을 연장시켰다. 이 예에서 적극적 대처양식과 골 밀도는 통계적 연관성이 있을 수 있다. 그러나 그 연관성이 직접적인 것이며, 대처가 칼슘 대사와 수명에 영향을 미친다고 하는 것은 실수일 것이다. 그보다는 이 효과는 간접적이다. 왜냐하면 이 여성의 적극적인 대처양식이 의사에게 칼슘대사에 영향을 미치는 실험 프로그램에 참가할 것을 권유하게 만들었고, 따라서 삶의 질과 수명에 영향을 미쳤기 때문이다. 대처전략과 생리적 결과들 간에는 직접적이지는 않지만, 건강행동 습관 실천, 의학적 기회의 이용, 의학적 요법 고수를 통해 매개되는 관련성이 있을 수 있다.

중재효과

완충효과로도 알려진 중재효과에 대한 대다수의 문헌들은 건강 결과에 대한 사회적 지지의 효과를 포함하고 있다(예 : Dooley, 1985; Finney, Mitchell, Cronkite, & Moos, 1984). 그러나 이 분야에서 관찰된 것들은 직접적으로 대처기제와도 연관되어 있다. 이러한 논쟁을 해결하는 것은 단지 대처가 성격 특성에 바탕을 둔 것인지, 또는 인간과 환경 간의 상호작용에 바탕을 둔 것인지를 결정하는 데 뿐만 아니라 대처가 어떻게 생리적·신체적 건강에 영향을 미치는가를 발견하는 데도 매우 중요하다. 우리가 살펴본 바와 같이, 직접효과 모델은 대처는 스트레스의 수준에 관계없이 어떠한 결과와 연관되어 있다고 제안한다. 이 모델에서 적극적 또는 직접적 대처는 문제가 얼마나 스트레스적인가에 상관없이 항상 좋은 결과와 연관되어 있다. 반대로 완충효과 모델은 대처가 스트레스의 결과에 대한 효과를 중재하는 정도까지만 결과에 영향을 미친다고 전제한다. 즉, 적극적 대처는 특히 높은 수준의 스트레스가 있는 경우, 그 스트레스의 부정적 효과를 감소시키기 때문에 결과에 영향을 줄 수 있다.

왜 직접적 대 완충기제에 관한 질문이 중요한 걸까? 사회적 지지연구에서는, 이러한 질문이 어떻게 사회적 지지가 건강 관련 결과와 연관되어 있는지에 대한 근본적인 기제를 밝혀 주기 때문에 중요하다고 생각한다(House, Landis, & Umberson, 1988). 예를 들면, 기혼남성은 독신남성에 비해 더 오래 산다는 것을 알고 있다. 배우자가 있다는 것은 스트레스 감소에 도움을 주고, 그렇다면 배우자로부터의 사회적 지지는 스트레스의 부정적 효과를 감소시킴으로써 신체적 건강을 향상시키는 것으로 유추해 볼 수 있다. 이 경우, 결혼 상태와 스트레스의 상호작용이 건강에 대해 통계적으로 유의하여야 한다. 다시 말해, 독신이나 결혼생활이 평탄치 않은 사람들은 높은 스트레스 상황에서 더 많은 증상을 경험할 것이고, 결혼생활이 평탄한 사람은 낮은 증상을 보일 것이다. 이는 사회적 지지에 의해서 스트레스의 부정적 효과로부터 보호되기 때문이다. 반대로, 만일 결혼했다는 것이 단지 직접적 효과만 있다면, 우리는 사회적 지지 자체는 그렇게 중요하지 않고, 그보다는 건강한 사람들이 결혼할 확률이 더 높다는 것을 가정할 수 있다. 따라서 결혼한 사람들은 스트레스 수준에 상관없이 더 건강할 것이다.

이는 유사실험설계, 즉 현재 사회적 지지수준을 측정하기 위해서 설문지나 면접기법을 사용하는 자연적 연구에서 특히 중요하다. 이러한 연구들에서 단지 스트레스와 사회적 지지의 건강 관련 결과에 대한 상호작용 효과가 있는 경우에만, 사회적 지지가 건강에 직접적 인과효과가 있다고 여겨진다. 만일 단지 직접적 효과만 있다면, 사회적 지지는 기타의 요인들(성격이나 건강)과 혼입되었을 수 있고, 이는 주요한 인과적 연결일 것이다. 명백히 실험연구에서 사회적 지지는 상호작용의 존재에 관계없이 인과관계 효과를 보여주는데, 이는 외적으로 사회적 지지변인을 조작하기 때문이다. 심장병동 중환자실에 있는 환자의 심장박동에 간호사들의 접촉이 효과가 있다는 Lynch의 연구(1979)는 후자(즉, 외적으로 조작된 사회적 지지변인)의 좋은 예이다.

대처연구에서 직접효과 대 완충효과를 해석하는 것은 더 복잡하다. Aldwin과 Revenson(1987)은 직접효과는 성격을 바탕으로 한 대처 개념을 지지하는 데 반해, 상호작용 효과는 성격-상황 상호작용을 바탕으로 한 대처 모델을 지지한다고 제안하였다. 다시 말하자면, 회피기제와 같은 특정한 전략은 직접효과만을 보여주었고 상호작용 효과는 보여주지 않았으며, 회피전략을 사용하는 사람들은 외부 환경과 상관없이 스트레스를 더 많이 받을 가능성이 있었다. 이는 정신병리학에 내재되어 있는 문제를 제안한다. 이와 반대로, 만일 대처가 중재효과가 있다면, 이는 개인이 특정한 상황에서 무엇을 하는가가 스트레스의 효과를 감소(또는 증가)시킬 수 있음을 제안한다. 다시 말해, 대처가 건강 관련 결과에 어떠한 기제를 통해 영향을 주는가를 추론하는 것은, 대처가 주로 성격의 작용인지 혹은 개인과 상황 양쪽의 합동 표현인지에 대한 좀 더 기본적인 질문을 대답하는 데 있어서 도움을 준다.

직접효과 대 중재효과는 또한 사회적 지지와 건강에서와 같은 방식으로 대처의 건강에 대한 인과효과와 비교하여 해석할 수 있다. 예를 들어, 감정 표현이 혈압증가와 관련이 있다고 가정해 보자. 스트레스의 수준에 관계없이 위협 최소화(threat minimization)가 혈압감소를 가져온다면, 위협 최소화와 혈압 간의 관계는 단순히 이전에 존재했던 성격 특성들의 작용이라고 주장할 수 있다. 즉, 차분한 점액질의 사람들은 일반적으로 혈압이 낮을 것이다. 그러나 위협 최소화가 주로 높은 스트레스 상황에서 낮은 혈압과 관련되어 있다면, 이 대처전략은 높은 혈압에 대한 스트레스 효과를 중재하는 데 기여하고, 성격과 관계없이 인과관계가 있다고 주장할 수 있을 것이다. 유사실험설계에서 성격의 기존효과를 완벽하게 차단하는 것은 불가능하다는 점 또한 사실이다. 이 경우에 더 나은 연구방법은 사람들에게 특정한 대처전략을 어떻게 사용하는지를 가르치는 실험설계를 하고, 그 전략의 생리학적 결과를 관찰하는 것이다(예 : Lazarus 등, 1962). 그럼에도 불구하고 상호작용은 대처가 건강 관련 결과에 인과관계가 있다는 일부 증거를 제공한다. 이것이 사실이라면, 사람들이 자신들의 건강을 증진할 수 있는 방법을 배울 수 있음을 의미한다. 이 점은 대처에 관한 연구가 얼마나 중요한가에 대한 이유 중 하나이다.

중재효과와 매개효과를 검증하는 통계적 분석

복잡한 대처효과 모델들은 더 복잡한 통계를 요구하고, 몇몇 연구자들은 이러한 통계를 사용하는 데 대한 어려움으로 인해 흥미를 잃을 수도 있다. 여기에서는 대처와 그 효과에 대한 복잡한 연구들에 포함되는 통계적 계산에 대한 다소 간략하고 단순화된 안내를 제공한다. 전반적으로 대처연구에서 직접효과, 매개효과, 중재효과를 연구하는 데 사용되는 통계적 절차에는 회귀방정식과 구조방정식 모델의 두 가지가 있다.

회귀방정식은 하나의 종속변인에 대한 다수의 독립변인을 살펴본다. 회귀방정식에 의해 산출되는 유용한 통계값은 회귀계수(B)와 베타값(β)이 있다. 이 두 값은 모형에서 각각 하나의 변인에 대해 계산된 비표준화된 측정값과 표준화된 측정값이다. B값은 x의 작용에 따른 예측변인(Y) 변화의 절대적 양이고, 이에 반해 β값은 모형의 다른 변인들과 비교했을 때의 상대적 양이다. β값은 부분 상관계수라고 생각할 수 있다. 회귀계수와 β값이 양수라면, 독립변인과 결과 측정값 사이에 정적 관계가 있음을 의미한다. 다시 말해, 스트레스 수준이 높아질수록 더 많은 증상이 보고된다는 것이다. 회귀계수와 β값이 음수라면, 독립변인과 결과 측정값 간에는 부적 관계가 있다. 즉, 문제중심적 대처를 더 많이 사용할수록 더 적은 증상을 보고한다는 것이다. 따라서 회귀방정식은 어떤 특정한 변인이 유의하게 결과변인과 관련이 있는지 여부와 함께 그 관계의 방향을 나타낸다.

회귀방정식에 의해 산출되는 다른 유용한 통계값은 결정계수(R^2)이다. 결정계수는 종속, 혹은 결과변인이 독립변인들에 의해 설명되는 변량의 양이다. 예를 들어 회귀방정식에서 R^2이 .25라면, 독립변인들은 결과변인의 25% 변량을 설명한다.

회귀방정식의 다양한 유형이 있다. 위계적 회귀방정식(hierarchical regression equations)은 각 단계에서 각 변인(어떤 경우에는 일련의 변인들)에 의해 설명되는 독립적인 변량의 양(이를 회귀계수에서의 변화, 혹은 ΔR^2이라고 한다.)을 결정하도록 해준다. 특정변인에 대한 ΔR^2이 유의하다면, 이는 이전 단계에서 투입되었던 변인들에 의해서 설명된 변량의 양에 덧붙여 그 변인이 추가적 변량을 설명함을 의미한다. 이는 **단계적 회귀분석**(stepwise regression)과 혼동해서는 안 된다. 단계적 회귀분석은 컴퓨터가 결과변인과 유의하게 관련된 독립변인들을 선택하고 난 후 전체 R^2을 산출한다. 앞으로 볼 것처럼 위계적 회귀방정식은 매개효과와 중재효과를 살펴보는 데 사용된다.

대안적으로 많은 연구자들이 구조방정식 모형(structural equation modeling, SEM)으로 눈을 돌렸다. 이는 매개효과와 중재효과를 측정하는 경로분석과 LISREL과 같은 잠재변인분석을 포함한다(Joreskog & Dag, 1993). 경로분석은 예측변인과 결과변인(또는 여러 개의 결과변인) 사이에 직접경로와 간접경로를 추적하는 일련의 회귀방정식인 데 반해, 잠재변인분석은 '순수한' 또는 잠재변인 구조(latent variable structure)를 만드는 측정치를 분석하는 요인을 포함하는 경로모형이다. 잠재구성개념을 묘사하는 데 있어서, 표준적인 절차는 타원을 사용하고, 지표(indicator, 또는 직접적으로 측정된)변인들은 사각형 안에 넣는다.

구조방정식 모형(SEM)에서는 모형의 적합도를 검증한다. 다시 말해 예상모델이 관찰모델에서 유의하게 벗어나는가를 보는 것이다. 가장 적합한 모델에서는, x^2이 유의하지 않을 것이다. 즉, 예상모델은 관찰된 자료와 유의하게 다르지 않고, 다양한 적합도 지수가 높을 것이다(예 : GFI ≥ .95). 그리고 오차변량(근사오차제곱평균제곱근 : root mean square error of approximation)은 낮아야 한다(예 : RMSEA ≤ .05).

경로모델은 다소 간단한 절차가 될 수 있다. 대부분의 프로그램들에서 공분산행렬을 입력하고 수치적으로 고정경로 대 자유경로와 오차를 구체화하기 등(그러나 이는 알려지지 않은 모델의 부분들을 더 통제할 수 있게 하기는 함)을 하는 대신에 모델을 그린 후 분석할 수 있다. 일반적으로 잠재변인효과를 살펴보는 SEM은 다소 해석하기 까다롭기는 하지만 경로모델보다는 더 유연할 수 있다. 그러나 SEM 절차에는 잘 이해되지 않는 부분도 있다. 어떤 연구자들은 모델에서의 변인 선택이나 순서에 내재되는 탄탄한 이론도 없이 변인들을 공식에 다 넣고, 모델을 실행하기도 한다. 이는 일반적으로 해석할 수 없는 모델이 된다. 이것은 쓰레기 투입, 쓰레기 산출과 같은 것이다. 그럼에도 불구하고 SEM을 조심스럽게 사용하면서 신중하게 중재가설과(또는) 매개가설을 구체화한 이론적 모델들은 상당히 흥미로운 연구로 이끌 수 있다.

매개효과

이전에 사용한 예시로 다시 돌아가 보자. 예시에서 연구자는 문제중심적 대처와 골 밀도와의 관계를 알아냈지만, 그 효과가 의학적 처치에 순응하는 것을 통해 매개되었는지에 대한 의문이 들었다. 매개된 효과는 위계적 회귀나 구조방정식 모델을 사용함으로써 검증할 수 있다. 가장 단순한 방법은 일련의 계층 혹은 위계적 회귀를 계산하는 것이다(Baron & Kenny, 1986 참조). 이 모델에서는 결과, 즉 골 밀도를 예측하기 위해 첫 번째 단계에서 스트레스와 공변인을 투입한다. 두 번째 단계에서는 대처를 투입한다. 세 번째 모델에서는, 가정된 매개변인들을 투입한다. 예를 들면, 여기에서는 비타민 D와 칼슘 주입과 같은 것들이다. 만일 이 건강행동 습관이 대처와 골 밀도 간 β를 유의하게 감소시킨다면, 그 습관은 대처와 골 밀도 사이를 매개한다고 한다(그림 9.2 참조).

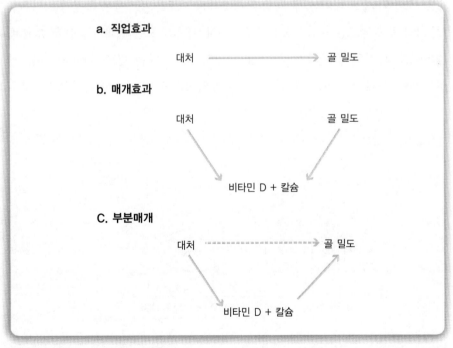

■■ 그림 9.2 직접효과와 매개효과

이상적으로는, 대처와 골 밀도의 β는 유의하지 않을 것이고, 이는 확실히 매개효과를 보여주는 것이다. 그러나 종종 β는 감소하지만 유의할 수가 있다. 이 경우 그 효과는 건강행동 습관을 통해 부분적으로 매개될 수 있지만, 다른 직접효과는 확실히 남아 있다. 또는 흡연과 같은 가능한 매개원이 존재할 수도 있다.

가끔 그 효과는 상당히 확실하다. 예를 들어, β는 유의하기는 해도 반으로 줄어든다(예 : .6에서 .3으로). β가 .3이라는 것은 여전히 유의하기는 하지만, 그 효과는 확연히 감소되었다. 그러나 만일 β가 .3에서 .22로 줄어들었다면? 이것은 유의한 효과일까? Cohen과 Cohen(1975)은 β 간 차이의 유의성에 대해 소벨 검증(Sobel Test)을 사용할 것을 제안하였다. 소벨 검증에 대한 편리한 온라인 계산기는 http: //quantpsy.org/sobel/sobel.htm에서 찾을 수 있다[역자 주 : 원서에는 다른 링크(www.unc.edu/~preacher/sobel/sobel.htm)가 제공되었으나, 번역 당시 확인해 본 결과 사용할 수 없어 다른 웹사이트를 제시하였음].

이 경우 구조방정식 모형은 그림 9.3과 같이 구성될 수 있을 것이다. 이 모형은 순응이 두 개의 지표(비타민 D 주사를 맞은 수와 복용한 처방된 칼슘 용량의 백분율)로 측정되었고, 대처는 세 개의 문제중심적 지표를 사용하여 측정됨을 가정한다. 그리고 골 밀도는 직접적으로 측정되었다. 대처의 모든 효과가 순응을 통해 매개된다면, 대처와 골 밀도(β_{13}) 간 β는 유의미하지 않는 반면, 대처와 순응 간 $\beta(\beta_{12})$와 순응과 골 밀도 간 $\beta(\beta_{23})$는 모두 유의미할 것이다. 또한 간접경로가 유의

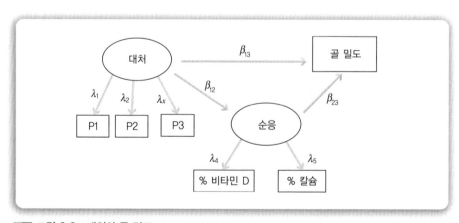

■■ **그림 9.3** 대처와 골 밀도

미한지를 확인해야 한다. 때때로 β의 강도는 간접경로의 유의미함을 산출하기에는 불충분할 때도 있다.

대안적인 방법으로 두 개의 다른 모형을 구성할 수 있다. 하나는 매개효과가 있는 모형이고, 다른 하나는 없는 모형이다. 그 후 두 모형의 적합도를 비교해 본다. 구체적으로 매개모형이 비매개모형보다 유의하게 더 나은가를 측정하기 위해서는 x^2 변화를 살펴보아야 한다. 매개요소를 가진 방정식이 모형에 더 적합하고 x^2의 변화가 유의하다면, 매개모형이 더 선호되는 모형이라고 결론지을 수 있다.

중재효과

대처에 관한 초기 연구들은 응답자들을 '서투른' 또는 '능숙한' 대처가로 아주 단순하게 구별하였다(예 : Locke 등, 1984). 서투른 대처가들 사이에는 스트레스와 결과와는 정적 상관이 있을 것이고, 이에 반해 능숙한 대처가 사이에는 상관이 거의 없거나 아예 없을 것이다. 즉, 능숙한 대처는 스트레스의 결과에 관한 부정적 효과를 감소시키거나 완충한다. 따라서 대처기제는 스트레스의 부정적 효과로부터 개인을 보호한다고 여겨졌다.

최근 연구에서는 직접모형 대 완충모형이 주로 위계적 회귀방정식으로 검증된다(Finney, Mitchell, Cronkite, & Moos, 1984). 이러한 방법은 사람들을 집단으로 나누는 것(다소 임의적으로)과 연관된 문제를 감소시켜 준다(Cronbach & Snow, 1977). 위계적 회귀모형에서 첫 번째로는 스트레스 변인을, 다음에는 대처 전략을, 그 이후에 상호작용항(interaction term)이 각각의 단계에서 방정식에 투입된다. 상호작용항은 대처변인과 스트레스 변인을 곱해서 만들어진다.

위계적 회귀항들에서 대처가 직접효과가 있는지, 완충효과가 있는지를 결정하는 것은, 전적으로 상호작용항에 대한 ΔR^2이 통계적으로 유의미한가에 달려 있다. 만일 이것이 유의미하지 않다면, 대처(대처의 ΔR^2이 유의미하다고 가정할 경우)는 직접효과가 있다. 다시 말해, 개인들이 직면하는 스트레스의 수준에 관계없이 대처와 결과 간의 관계가 존재한다는 것이다. 반대로, 상호작용항이 유의미하다면, 대처변인은 완충 또는 중재효과가 있다고 할 것이다. 즉, 그 관계는 개인이 직면하는 스트레스의 정도에 따라 달라진다.

예를 들어, 이혼을 겪고 있는 사람들에게 문제중심적 대처와 정서중심적 대처가 우울증상에 직접효과를 미치는지 혹은 중재효과를 미치는지를 알고 싶은 연구자를 가정해 보자. 이혼의 스트레스 변인을 첫 번째 단계에, 대처는 두 번째 단계에, 그리고 스트레스×대처 상호작용항은 세 번째 단계에 투입하였다.

정서중심적 대처에 대한 위계적 회귀 결과에서 ΔR^2과 스트레스와 대처변인에 대한 정적인 β값 모두 유의미하였다. 그러나 상호작용항은 유의하지 않았다. 이는 이혼이 더 스트레스가 높고/높거나 정서중심적 대처를 더 많이 사용할수록, 우울증상은 더 악화됨을 보여준다. 상호작용항이 유의하지 않으므로, 정서중심적 대처는 완충효과보다는 **직접효과**가 있다고 말할 수 있다. 즉, 정서중심적 대처를 사용하는 것은 이혼의 스트레스 정도와 상관없이 우울증상을 증가시킨 것이다.

그러나 문제중심적 대처에 관해 우리가 가정한 위계적 회귀는 서로 다른 결과를 보여준다. 스트레스 변인이 유의하게 변량의 12%를 설명하면서 .25의 B값을 갖고 있으면서, 대처변인은 추가적으로 8%를 설명하고 –.20의 부적 B값을 갖고 있고, 또한 상호작용항은 변량의 5%를 설명하고 –.07의 부적 B값을 갖고 있다고 하자. 이 예시에서 문제중심적 대처는 스트레스의 우울에 대한 효과를 **중재**했다고 말할 수 있다.

대처의 직접효과는 통계적으로 유의하지 않으면서 상호작용항은 유의할 수도 있음을 알아두자. 다시 말해서, 대처와 결과 측정값의 상관(스트레스를 통제하는 경우 부분 상관)은 유의하지 않게 나타날 수 있다. 만일 연구자가 상호작용 효과를 살펴보기 위해 위계적 회귀방정식을 사용하지 않을 경우, 특정한 대처전략은 결과 측정값에 영향이 없다고 결론을 내리는 실수를 할 수 있다.

만일 상호작용항이 유의하다면, 문제중심적 효과가 스트레스의 우울에 대한 효과를 완충하거나 또는 감소시킨다고 말하기 전에, **어떻게** 문제중심적 대처가 스트레스의 효과를 중재하는지를 결정할 필요가 있다. 이는 여러 개의 방정식을 해결함으로써 알 수 있다(Cohen & Cohen, 1975). 이 경우 높은 수준의 스트레스, 중간 수준의 스트레스, 낮은 수준의 스트레스 상황에서의 대처효과를 나타내는 방정식을 만들고, 이를 다시 세 선으로 그래프를 그릴 수 있다.

회귀방정식은 간단한 대수방정식이다. $x_1 =$ 스트레스, $x_2 =$ 대처, $a =$ 절편, 그리고 $Y =$ 결과, 즉 우울증상이라고 하자. 상호작용항은 스트레스항(x_1)과 대처항(x_2)을 곱해서 만들어짐을 상기하자. 기본 방정식은 다음과 같이 정의할 수 있다.

$$\hat{Y} = B_1 x_1 + B_2 x_2 + B_3 x_1 x_2 + a$$

또는 이 예시에서는 다음과 같다.

$$\hat{Y} = .25\, x_1 - .20 \times x_2 - .07\, x_1 x_2 + a$$

이는 간단하게 우울은 .25 × 스트레스 수준 −.20×대처수준 −.07 × 상호작용항(더하기 a, 오차항 또는 절편, 즉 직접적으로 측정되지는 않았으나 우울에 영향을 미칠 수 있는 모든 것)과 같다. 각 방정식을 계산할 때는 β값보다는 B값을 사용해야 함을 주목해야 한다. 그 후 무엇이 높은 스트레스, 중간 스트레스, 낮은 스트레스인지를 계산하는데, 이는 일반적으로 각각 평균 + 1 표준편차(역자 주 : 즉, 평균으로부터 표준편차 1의 값만큼 큰 값), 평균, 평균 − 1 표준편차(역자 주 : 즉, 평균으로부터 표준편차 1의 값만큼 작은 값)로 조작화된다. 같은 방법으로 문제중

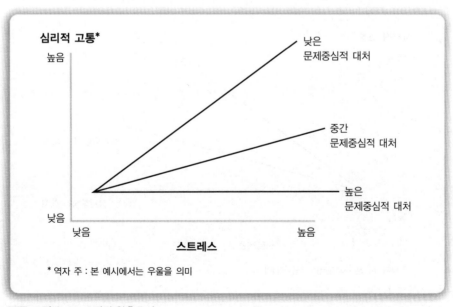

■ 그림 9.4 고전적 완충효과

심적 대처의 높은 수준, 중간 수준, 낮은 수준 값을 계산한다(표준편차가 평균보다 클 경우가 있는데, 이 경우에는 해석하기가 까다로운 부적값이 된다. 이 경우에 나는 단순화하기 위해 낮은 항을 0으로 대치해서 사용한다.).

고등학교 수준의 대수학을 기억해 보면, 직선을 만들기 위해서는 세 점이 필요하다. 즉, 회귀방정식은 총 9번 계산해야 한다. 첫 3개의 방정식을 풀기 위해서는 x_1에 높은 스트레스 값을 대치해야 하고, 그 이후에 낮은 대처, 중간 대처, 높은 대처(x_2)에 대한 방정식을 풀어야 한다. x_1에 중간 스트레스 값과 낮은 스트레스 값을 대치하기 위해 이 과정을 반복한다. 그런 후 3개의 선을 그리자. 만일 완충효과가 있다면, 그 그래프는 그림 9.4와 같이 생겼을 것이다. 다시 말해, 문제중심적 대처를 많이 사용한다면, 스트레스와 우울 간에는 어떠한 관계도 없을 것이다(가장 밑의 선). 반대로 문제중심적 대처를 아주 적게 사용하거나 거의 사용하지 않는다면, 스트레스와 우울 사이에는 강한 정적 상관이 있을 것이다(가장 위의 선).

대처전략이 실제적으로 스트레스의 효과를 높여주는 중재효과를 얻을 수 있음을 명시하자. 이는 상호작용항에 대한 β값이 정적일 경우 일어날 수 있다. 이러한 경우에 그래프는 그림 9.5와 같다. 다시 말해, 정서중심적 대처전략이 더 많이 사

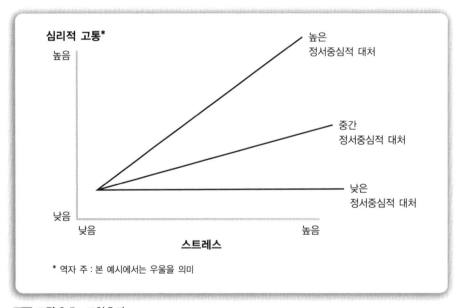

■■ 그림 9.5 고양효과

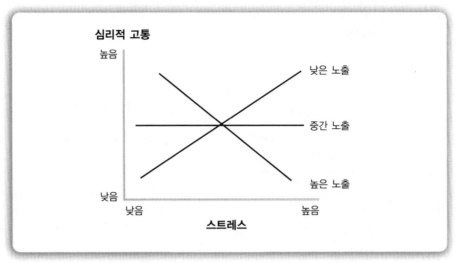

■■ 그림 9.6 복잡한 상호작용 효과

용될 경우 스트레스와 우울 간의 관계는 더 강해진다.

그림 9.6과 같은 상호작용 효과를 얻는 경우도 있을 것이다. 이러한 형태의 상호작용 효과가 있으면, 대처전략은 문제의 심각성에 따라 매우 다른 효과를 가질 것이다. 예를 들어서, 그 문제가 꽤 사소한 것이라면 문제를 무시하는 것은 매우 효과적인 전략일 것이다. 그러나 심각한 문제를 무시하는 것은 처참한 효과를 가져 올수도 있다. 이러한 유형의 상호작용 형태는 만일 그 대처전략이 상황–특정적 효과를 가지고 있는 것일 때 일반적이다. 이 경우 상황을 나타내는 더미(dummy) 또는 이분변인(–1, 1을 선호)을 계산하여 간단하게 그 더미변인을 대처전략에 곱한다.

비교 목적으로 상호작용항이 유의하지 않은 방정식을 푸는 것은 3개의 평행선을 만들게 된다. 그 경우 그래프는 그림 9.7과 같을 것이다.

상호작용을 살펴보기 위해 위계적 회귀방정식을 사용할 때 잘못될 수 있는 몇가지 사항들이 있다. 방정식을 풀기 위해서 그려진 선들이 직선이 아닌 곡선이라면, 이는 어느 한 부분에서 계산상 오류가 있었음을 의미한다. 정의상 일차 회귀방정식은 직선을 만들어 내고, 이는 스트레스, 대처와 결과변인들 간의 관계를 정확히 묘사할 수도 있고, 그렇지 않을 수도 있다. 스트레스와 우울 간에 비선형적 관계가 있다는 것도 충분히 가능하다. 이 경우 회귀방정식에 제곱항(또는 상위항)을

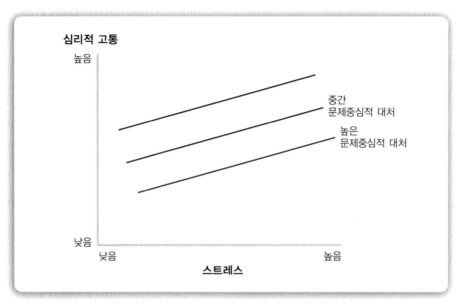

그림 9.7 직접효과

포함시킴으로써(즉, x_1^2) 비선형 효과를 찾아볼 수 있다. 내가 알기로 스트레스 연구에서 비선형 상호작용을 살펴보려고 한 사람은 없다.

또 다른 문제는 다중공선성(multicollinearity)이다. 스트레스와 대처변인들이 종종 그런 것처럼, 다중공선성은 상호작용항을 만들기 위해 곱한 변인들의 상관이 높을 때 생긴다. 다중공선성 효과는 'β값을 튀어 오르게 하는 것'이다. 즉 어떠한 변인들이 방정식에 있는지에 따라 때로는 극적으로 β값들의 방향이 변하는 것이다(Cohen & Cohen, 1975).

예를 들어, 위계적 회귀방정식의 첫 번째 단계에서, 스트레스는 정적 β값을 가질 수 있다. 그러나 일단 상호작용항이 투입되면, 스트레스는 부적 β값을 갖게 될 수 있다(그러므로 그 항은 'β값을 튀어 오르게 한다'.). 이는 더 높은 수준의 스트레스가 증상을 감소시키는 것을 의미하지는 않는다. 다중공선성은 결과의 실제 그림을 왜곡시킬 수 있는 통계적 결과를 만든다. 그 항들을 중심화(centering)하는 것은 독립변인들 사이의 상관관계의 정도를 감소시켜 주므로, 다중공선성을 감소시킨다(이는 다른 값들이 각 변인들에서 차감되므로 비선형적 변형이다.).

때때로 연구자들은 다수의 대처전략과 그것들의 상호작용항을 포함하는 위계적 방정식을 만들기도 한다. 이러한 절차에서 스트레스 변인은 1단계에, 대처전략들은 2단계에, 그리고 스트레스×각 대처 간 상호작용항들은 3단계에 투입된다. 이러한 절차는 단지 하나의 회귀방정식을 만들어 낸다는 데 있어서 모수절약(parsimony)이라는 장점이 있다. 그러나 이는 다중공선성의 문제를 크게 증가시킨다. 내 생각에는 이러한 문제를 피하는 가장 좋은 방법은 각 대처전략에 대해 각각의 회귀방정식을 만드는 것이다.

일반적으로 상호작용항의 크기는 다소 작다. 주로 변량의 약 1% 정도이다. 따라서 잘못해서 효과가 무시되지 않기 위해서는 표본집단의 수가 충분히 많아야 하거나 검정력(statistical power)이 충분해야 한다. 검정력이 부족한 것은 매우 심각한 문제이다. McClelland와 Judd(1993)는 상호작용항은 실제 현장 환경(실험 환경과 비교하여)에서 발견하기 더 힘들 수도 있으므로, 정확하게 상호작용항의 유의성을 판단하기 위해서 큰 표본집단 크기가 필요하다고 보고하였다. 그러므로 상호작용항의 유의성에 대해 검증하는 대부분의 경우에 충분한 검정력(충분한 크기의 표본)을 갖고 있지 않을 때, 대처가 스트레스를 완충하지 않는다는 잘못된 결론을 내릴 수 있다.

최근에 어떤 통계학자들은 중재효과를 검증하기 위해서 회귀방정식 내에 상호작용항을 포함시키는 방법에 대해 의문을 갖기 시작했다(von Eye & Schuster, 1998). 여기에는 다음과 같은 우려가 있다. (1) 중심화는 자료를 왜곡시킬 수 있고, (2) 곱셈된 항들은 상호작용보다는 비선형성을 살펴보는 것일 수 있고, (3) 이러한 기법을 사용하는 이론적 배경이 부족하다는 것이다. 그러나 상호작용항은 그 사용이 이론으로부터 비롯되는 한 대처전략의 상황적 특수성을 보여주는 데 상당히 효과적이다.

구조방정식 모형은 또한 상호작용을 검토하는 데도 사용될 수 있다. 가장 일반적인 방법은 중재변인에 따라 표본을 계층화하는 것이다. 즉, 표본을 두 개의 다른 집단(예 : 문제중심적 대처가 높고 낮은 집단)으로 나누는 것이다. 그 후 두 집단의 구조방정식 모형의 방정식을 비교한다. 대안적인 방법으로 잠재변인모형에 상호작용항을 포함할 수 있다(예 : Kenny & Judd, 1984).

스트레스와 대처 자료의 종단적 분석

이 책의 초판이 발간된 후 10년 동안, 일반적으로 두 가지 중 하나의 이유로 더 많은 학자들이 스트레스와 대처연구 설계에서 종단적 자료를 사용하고 있다. 가장 일반적인 이유는 질병 발병이나 다른 결과를 예측하는 데 있어서 스트레스와 대처 변인의 효과성을 시험하기 위해서이다. 두 번째 이유는 스트레스의 변화 또는 대처과정을 시험하기 위한 것이다. 일지연구는 특정한 분석에 관한 도전을 나타내고 있으며, 따로 논의될 것이다.

결과 예측하기

가장 일반적인 연구설계는 질병 발병을 예견하거나 이미 질병이 있는 사람들 사이에 사망률이나 어떤 특정한 사건의 재발생을 예측하는 데 있어서 시점 1 자료(예 : 스트레스 생활사건들)를 사용하는 것이다. 이 예시에서 가장 보편적으로 사용하는 통계는 Cox 비례위험 모형(Cox proportional hazard model)(Cox & Oakes, 1984)이다. 이 모형은 일반적으로 이분결과(질병 있음/없음)로 나타나는 로지스틱 회귀의 형태이며, 오즈비(odds ratios)나 질병의 발병 위험 정도를 제공한다. 이러한 모형들에는 일반적으로 비교집단이 있음을 유의해야 한다. 그러므로 흡연자와 비흡연자를 비교하거나 스트레스 생활사건이 있는 사람과 없는 사람을 비교할 수도 있다. 그러므로 오즈비는 항상 한 집단과 상대적으로 해석된다. 오즈비가 1이라는 것은 두 집단 간에 어떠한 차이도 없음을 의미한다. 오즈비가 1보다 큰 것은 더 많은 위험성이 있다는 것이고, 이에 반해 1보다 작은 것은 더 적은 위험성이 있다는 것이다.

신뢰구간은 범위를 제공하고 유의성을 의미한다. 그리고 유의하기 위해서는 1을 포함해서는 안 된다. 따라서 신뢰구간이 .2에서 .4이면서 오즈비가 1.6이라는 것은 통계적으로 유의하게(이 경우 60%) 증가된 위험성이 있다는 것이다. 예를 들어, 흡연자가 비흡연자에 비해 유방암에 걸릴 위험성 같은 것이다. 그러나 신뢰구간이 .9에서 1.10이면서 오즈비가 1.2일 경우는 위험성이 20% 증가한 것은 통계적으로 유의하지 않음을 의미한다. Cox 비례위험 모형은 시간적 요소를 포함하는 상대적 위험비율(relative risk ratio, RR)을 제공한다는 점만 다르다. 즉, '흡연자와 비흡연자가 특정한 시간 동안 질병이 발병할 수 있는 상대적 위험성은 어떠한가?' 하는 것이다.

그러나 결과변인이 이분법적이 아닌 연속적인 경우에는 로지스틱 회귀는 적절치 않다. 예를 들어, 어떤 연구자는 대처와 우울 간 관계에 관심이 있을 수 있다. 인과관계의 방향성을 결정할 수 없기 때문에, 단순한 횡단연구설계는 적절치 않다. 즉, 반추와 같은 잘못된 대처는 더 높은 수준의 우울을 유도하거나(Nolen-Hoeksema, 2000), 우울한 사람들은 일반적으로 더 적절치 않은 대처전략을 사용할 수도 있다 (Coyne 등, 1981).

변화를 예측하는 데 있어서 대처의 역량을 시험하기 위해, 시점 1에서 시점 2 사이의 점수변화를 측정하거나(예 : $T_2 - T_1$) 잔차 회귀방정식(residualized regression equations)을 사용할 수 있다. 잔차 회귀방정식은 T_1의 독립변인을 공변시키는 위계적 회귀를 사용한다. Cronbach와 Furby(1970)는 단순한 점수변화는 기저선 측정값 또는 각 척도의 다른 부분에 내포된 다른 의미의 중요성을 고려하지 않는다는 점에서 그 사용을 강력히 반대한다. 체온을 예로 들어보자. 체온이 36.6℃에서 37.7℃로 변한 것은 미열이 있음을 의미한다. 그러나 40℃에서 41℃로 변하는 것은 위험하다. 잔차분석은 기저선을 고려하므로, 더 정확한 그림을 제공할 수 있다. 그러나 Rogosa(1988)는 단순한 점수 변화는 임상적으로 주요한 분할점(cut-off points)이 있다고 가정할 이유가 없을 때, 매우 유용한 정보를 줄 수 있음을 주장하였다.

어떤 경우에는, 예를 들면 대처와 우울 간의 관계에서처럼 양방향으로 인과적 영향이 있을 수 있음을 가정하는 것이 합리적이다. 이런 경우 그림 9.8에서 묘사한 바와 같이, 교차지연 패널설계(cross-lagged panel design)가 가장 바람직할 것이다. 이 경우에는 T_1과 T_2에 대처와 우울을 모두 살펴본다. 시점 1에서 인과관계의 방향성을 확신할 수 없으므로, 곡선 화살표로 표시하였는데, 이는 두 변인이 공변한다는 것만을 나타낸다. β_{13}과 β_{24}는 자기상관 또는 각 변인의 안정성을 나타낸다. 교차지연 지표들은 상대적 예측력을 검토한다. 즉, T_1의 우울증상을 통제했을 때, β_{14}는 T_2에서 대처가 우울증상을 예측하는 능력을 나타낸다. 그리고 β_{23}은 T_1

에서의 우울증상이 T_1과 T_2 사이의 대처 변화를 예측할 수 있는지를 나타낸다. 두 개의 β값을 비교하는 것은 인과관계의 방향성을 추정할 수 있게 해준다.

그러나 두 변인 간의 자기상관에 차이가 있을 때, 이러한 추정은 다소 부정확할 수 있다. 예를 들어, 어떤 사람이 안정적이라고 가정한 대처양식을 측정한다면, .6 의 교차-시간 상관(cross-time correlation)으로 자기상관은 상대적으로 높을 것이다. 그러나 우울증상은 아마도 유동적일 것이고, 그 증상의 교차-시간 상관은 .3에 불과할 것이다. 따라서 우울증상보다 대처양식에서 예측하는 잔여변량이 더 적고, 대부분의 경우 우울증상의 변화를 대처가 예측하는 것보다는 그 반대의 경우인 대처가 우울증상을 예측하는 것이 더 많을 것이다. 그러나 안정성이 적다고 생각되는 대처과정 측정치를 사용할 경우에는 양방향적 영향이 있을 가능성이 더 크다.

변화 추정하기

가끔씩 단순히 스트레스 또는 대처변인들의 변화가 있는지 여부가 연구문제일 경우가 있다. 변화는 네 가지 방법 중 하나로 측정될 수 있다(Caspi, Bem, & Elder, 1989 참조). 평균-수준(mean-level) 또는 절대적 변화는 한 변인이 증가하는지 또는 감소하는지를 측정한다. 예를 들어, 사소한 사건들과 생활사건 정도는 어떠한 스트레스원을 측정하느냐에 따라 연령과 함께 변화함을 우리는 알고 있다

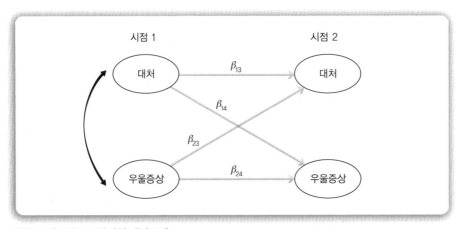

■■ 그림 9.8 교차지연 패널모델

(Almeida & Horn, 2004). 대응표본 t-검증(paired t-test) 또는 더 나은 방법인 반복측정 분산분석(repeated-measures analyses of variance, ANOVA)은 어떠한 것의 평균수준이 시간에 따라 변화하는가를 측정하는 데 사용될 수 있다[반복측정은 상관오차(correlated errors), 예를 들어 안정성의 추정치를 부풀릴 수 있는 응답편향을 통제하기 때문에 더 나은 방법이다].

상관 변화(correlational change)는 순위 안정성(rank-order stability)을 의미한다. 즉, 사람들이 자신의 상대적 순위 위치를 시간이 지나더라도 유지한다는 것이다. 따라서 어떤 사람이 스트레스 대처양식 접근법을 취한 경우, 마틴이라는 사람은 르네보다 회피 대처에서 시점 1과 2에서 모두 더 높은 점수를 획득할 것이라는 것을 가정하는 것은 합리적이다. 그러나 만일 대처가 상황-특정적인 것이라면 교차시간 상관은 상대적으로 낮을 것이라고 예상할 것이다.

구조 변화(structural change)는 변인들 간 관계를 의미한다. 예를 들어, 만일 대처전략이 연령이 높은 사람과 낮은 사람에게 다른 것을 의미한다면(또는 다른 연령집단에서 다르게 사용된다면), 구조요인은 시간에 따라 변할 것이다. 2세 유아가 당혹스러움을 표현하기 위해 발로 차고 무는 것은 드문 일이 아니다. 그러나 20살이 되었을 때는 이러한 유형의 대처행동은 더 이상 바라지 않을 것이다. 따라서 이러한 전략을 측정하는 문항들은 20세 샘플에서는 너무 드물게 나타나므로, 어떠한 요인에 부하되지 않을 것이다. 그러나 그 문항은 2세 유아들에게는 공격성의 강력한 지표가 될 수 있다.

마지막으로, 내준적 변화(ipsative change) 또는 자기보고적 변화(idiothetic change)는 변화에서의 개인차를 의미한다. 예를 들어, 마틴이 시간에 따라 더 많은 스트레스를 보고하지만, 르네는 더 적은 스트레스를 보고한다면, 합쳤을 때 그 변화는 영(0)이 될 것이므로 변화가 없다는 잘못된 결론을 내릴 것이다. 그러나 어떻게 변화하는지에는 개인차가 있고, 이 개인차는 변화의 궤적을 살펴보는 성장곡선모형(growth curve model)과 같은 더 복잡한 통계를 통해 추적할 수 있다.

일지 자료 분석하기

일지(daily diaries)와 경험표집설계는 여러 날에 걸쳐서 혹은 하루 동안 여러 번

측정함에 따라, 정의상 종단적 통계를 요구하므로, 특정한 분석적 어려움이 있다. 이러한 설계는 피험자 내 또는 피험자 간 효과를 살펴볼 수 있으므로 상당히 유용하다. 예를 들어, Tennen과 동료들(Tennen 등, 2000)은 피험자 내 설계가 피험자 간 설계보다 통증에 대한 대처의 효과가 더 크다는 것을 보여주었다. 즉, 대처의 개인적 변화는 특정한 대처전략 사용에 있어서의 개인차(피험자 간 차이)보다 그날그날의 통증의 변화(피험자 내 차이)를 더 잘 예측하였다.

Affleck, Zautra, Tennen과 Armeli(1999)는 이러한 자료를 분석하는 최선의 방법들을 훌륭하게 정리하였다. 가장 보편적으로 사용되는 것은 일정의 다수준적 모형절차이고, 2단계 성장곡선모형(Rogosa, Brandt, & Zimowski, 1982), 위계선형모형(Byrk & Raudenbusch, 1992) 또는는 임의효과모형(Garrett, Laird, & Ware, 1982)으로도 불린다. 간단하게 말하자면, 이러한 모형의 첫 번째 단계에서 각 개인마다(피험자 내)의 궤적을 계산한다. 여러 가지 통계적 이유로 연구대상에 대한 전반적인 궤적(고정효과)을 계산하고 난 후, 평균 궤적에서부터의 개인적인 편차(임의효과)를 계산하는 것이 종종 더 나은 방법이다.[1] 이러한 모형은 논의가 되고 있는 변인들 각각에 대해 각 개인의 절편, 기울기, 그리고 적합도를 산출한다. 따라서 통증과 대처 모두를 추적할 수 있고, 시간에 따라 어떻게 공변하는지 살펴볼 수 있다. 또한 잠재성장곡선모형(McArdle & Bell, 2000)을 사용할 수도 있는데, 이 모형은 종단적 구조방정식 모형이고, 이는 두 개 이상의 시간점을 갖는다. Mplus(Muthén & Muthén, 2000)는 잠재성장곡선 내 패턴을 밝혀줄 수 있는 프로그램이다.

이 모형의 두 번째 단계에서는 개인 궤적에서의 집단 간 또는 개인 간 차이 또는 어떻게 개인 궤적이 공변하는지를 예측할 수 있다. 예를 들면, 섭식장애가 있는 사람들이 시간이 지남에 따라 섭식장애가 없는 사람들보다 어떻게 더 확연한 부정적 정

---

1) 예를 들면 각 개인의 궤적을 산출하기 위해 간단히 회귀방정식을 계산할 수도 있다. 그러나 만일 그 사람이 어떠한 변화도 없다면, 제곱평균 제곱오차(room mean square error, RMSE)항은 0이 될 것이다. 따라서 기울기로 0을 나눌 수 없기 때문에, 적합도 추정치를 구하는 것은 가능하지 않다. 개인이 똑같은 기울기에 대한 평균을 갖는다는 것은 일어나지 않을 가능성이 크고, 평균기울기에서 개인적 편차를 살펴보는 것이 거의 대부분 해석할 수 있는 자료를 산출한다.

서 반응을 보일 수 있는지를 살펴볼 수 있다(예 : Steiger, Gauvin, Jabalpurwala, Séguin, & Stotland, 1999).

이러한 모형 유형의 기타 장점으로는 이미 비균형적 설계 그리고/또는 손실 자료가 있는 설계를 포함했다는 점이다. 예를 들어, 규범적 노화연구에서 우리는 응답자의 연령에 따라, 다른 시간적 스케줄로(연령이 높은 사람일수록 더 자주 측정함) 자료를 수집하였다. 반복측정 다변량 분석(repeated measures MANOVA)과 같은 기존의 통계기법들이 모든 응답자는 모든 시간점에서 자료를 가지고 있어야 하고, 또한 가능하면 그 시간 간격이 동일함을 요구하므로, 이러한 자료수집 방법으로 인해 분석의 어려움이 있었다. 그러나 궤적모형은 단순히 그 응답이 개인의 궤적을 바탕으로 어떻게 될 것인지를 측정하므로, 손실 자료나 비균형적 자료를 더 잘 다룰 수 있다. 일지연구나 경험표집연구에서 손실 자료는 문제가 될 수 있다. 더 많이 측정할수록 더 많은 손실 자료가 있을 것이다.

이러한 모형은 상당히 복잡하고 여전히 그 모형들의 적합한 사용에 대해 많은 기술적인 논의가 진행되고 있다(Bauer & Curran, 2003). 예를 들면, 시간×개인 또는 피험자 내 항(within-subjects term)이 상호작용일 때처럼, 종종 다중공선성을 회피하기 위해 개인들의 궤적을 중심화하는 것은 유용하다. 그러나 집단 평균을 사용할지 혹은 개인의 평균을 사용하여 중심화할지에 따라 다른 결과를 얻을 수 있다. 그럼에도 불구하고 이러한 새로운 모형들은 더 복잡한 모형을 특히 현장에서 검증할 수 있다는 점에서 상당히 유용하다.

요약

더 복잡한 적응의 모형이 형성되고 있고 통계적 기법도 이러한 흥미로운 모형을 고찰할 수 있을 만큼 정교해지고 있음은 좋은 소식이다. 나쁜 소식은 이러한 새로운 통계기법들은 그 자체로 상당히 복잡해서 사용하거나 해석하기에 어려울 수 있다는 점이다. 그러나 이 기법들은 매우 좋은 연구목적으로 사용될 수 있는 도구들이므로 사용하도록 노력해 볼 만하다는 점을 이해하는 것이 중요하다.

제 10 장

대처와 정신건강

지난 몇 년간, 컬럼바인 고등학교에서의 끔찍한 사건이나 논문심사위원들에게 총을 쏜 스탠퍼드 대학원생의 경우와 같이 극적인 학생 폭력 사고가 있었다. 이러한 유형의 사고에서 살인을 저지른 학생들은 그들이 참을 수 없는 스트레스를 받았다고 느꼈으며, 흉악한 방법으로 보복하는 것을 택했다. 개인 수준에서 이러한 사건들은 대처에 대한 실패로 보일 수 있다. 대안을 보지 못했으며 그들이 느낀 분노와 절망으로 인해 다른 이들을 해치는 것밖에 할 수 없었다.

때때로 어떤 이는 마약과 음주와 같은 자기 파괴적인 방법으로 대처하기도 하고, 어떤 이는 여러 명의 상대와 안전하지 못한 성교를 하거나 도박, 지나친 쇼핑, 가게의 물건 훔치기 등과 같은 '행동화' 방법으로 대처하기도 한다. Twenge(2000)는 다양한 기록연구에 대한 분석을 통해, 최근 코호트(cohort)에서 불분명한 이유로 불안과 같은 정신건강 문제가 증가하고 있음을 밝혀냈다. 하나의 가능한 이유는 심각한 수준의 스트레스에 대한 대처의 실패를 들 수 있는데, 이는 스트레스에 대한 가장 효과적인 대처 방법이 무엇인지를 이해하는 것이 매우 중요함을 상기시켜 준다.

많은 심리치료는 환경에서의 문제와 정서를 조절하는 방법을 다루는, 새롭고 효과적인 대처전략을 가르치고 있다. 그래서 개인 목표 달성을 위한 가장 좋은 방법이 무엇인지를 결정하기 위해, 어떻게 대처하는지의 여부를 연구하는 것은 상당히 의미가 있고, 대부분의 대처연구는 정신건강 결과를 이용하고 있다.

일반적으로, 지난 20년간의 연구는 스트레스에 어떻게 대처하는지가 정신건강 상태와 관련이 있음을 밝혔다. 스트레스와 대처변인은 우울증이나 심리적 증상과 같은 결과에 있어서 50% 정도의 변량을 설명할 수 있다(Aldwin, 1991; Aldwin & Revenson, 1987; Folkman, Chesney, Pollack, & Coates, 1993). 대처와 정신건강 등의 건강 결과 간의 관계에 대한 메타분석에서, Penley, Tomaka와 Wiebe (2002)는 일반적으로 문제중심적 대처가 더 나은 정신건강과 관련이 있음을 찾아냈다. 문제를 해결하는 것이 정서적 고통을 감소시키는 데 있어서 가장 좋은 방법이라는 점은 어느 정도 이해하기 쉽다. 우리가 규범적 노화연구에서 남성 참가자들에게 그들의 대처전략에 관해 인터뷰하면서 그들의 정서를 어떻게 다루었는지를 물었을 때, 많은 사람들이 문제중심적 전략만을 예로 들었다(Aldwin, Sutton, Chiara, & Spiro, 1996 참조). 전형적인 반응은 "내 정서에 대해 무엇을 했나? 글쎄, 나는 문제를 바로잡았지!"

그러나 Penley 등(2002)의 개관에서 사회적 지지와 다양한 정서중심적 대처 등 모든 다른 대처전략은 높은 수준의 심리적 증상과 관련이 있었다. 이는 많은 대처 문헌에서 간단명료한 역설이다. 정서중심적 대처의 정의는 스트레스로부터 빚어진 부정적 정동을 조절하거나 통제하여 문제중심적 노력이 유지될 수 있다는 것이다(Folkman & Lazarus, 1980; White, 1961). 그러나 거의 모든 대처연구에서, 정서중심적 대처는 정신적 고통이 증가하는 것과 관련이 있으며, 가끔 문제중심적 대처도 역시 그러하다(Aldwin & Revenson, 1987; Folkman & Moskowitz, 2004; Stanton, Danoff-Burg, Cameron, & Ellis, 1994; Stanton, Kirk, Cameron, & Danoff-Burg, 2000). 만약 정서중심적 대처의 기능이 스트레스를 감소시킨다면,

왜 우리의 측정이 거의 일관되게 증상과 정적인 상관관계를 보이는가?

조금도 과장하지 않고 문헌들이 일관되지 않다는 점은 다소 실망스럽다. 간단히 말해서 개인적·상황적 제약이 많기 때문에 대처에 있어서 모든 사람에게 적용되는 '묘책'은 없다. 그러나 충돌하고 직관에 어긋나는 결과들 가운데에서, 적응의 더 복잡한 그림이 나타나고 있다. 우리는 대처전략과 정신건강의 관련성에 포함된 개념적, 방법론적인 문제에 대해 더 나은 이해를 하고 있고, 본 장의 많은 부분은 이러한 문제를 기술하는 데 할애될 것이다.

측정과 결과 간의 혼입

Stanton과 그녀의 동료들(Stanton 등, 1994, 2000)은 정서중심적 대처의 효과에 관한 연구에서 이러한 역설을 직접적으로 강조하였다. 정서중심적 대처 척도의 많은 문항들은 심리적 고통이나 정신병리와 혼입되고 있으며, 이러한 문항들을 포함시키는 것은 정서중심적 대처와 정신적 고통의 결과 측정 간의 관계를 높였을 것이다. 예를 들어, 반추(rumination)는 종종 우울증과 관련이 있다(Nolen-Hoeksema, 2000). 유사하게, 침입적 사고(intrusive thoughts)는 PTSD의 전형적인 특징이다. 그래서 문항 '문제를 마음 속으로 거듭 살피다'는 결과 측정과 합해졌을 것이다. 둘째, 많은 학자들이 밝힌 바와 같이, 어떤 상황에서 유효한 정서중심적 전략은 다른 환경에서는 효과적이지 않을 수 있다.

Stanton 등(1994)은 다양한 정서중심적 대처 문항들을 수집했고, 심리학자들에게 그 문항들이 정서적 결과와 독립적인지, 혼입되어 있는지 여부를 평가하도록 했다. 다음으로 대학생들로 하여금 이러한 문항들에 응답하도록 하였으며, 2개의 요인을 발견하였다. 혼입되지 않은(unconfounded) 대처 문항은 정서를 표현하는데 시간을 가지는 것과 그것들을 검토하는 것으로 구분되었다. 혼입된 문항들(confounded items)은 화를 내고, 긴장하거나 자기와 타인을 비난하는 것 등이었다. 놀랍지 않게, 혼입된 문항은 정서적 고통 결과와 더 높은 상관관계를 보였다. 그런데 놀랍게도 성별과 흥미 있는 상호작용을 보였다. 혼입되지 않은 정서적 접근 대처 측정과 다양한 결과의 측정 간에 남성과 여성은 반대의 패턴을 보였다.

남성들은 더 높은 수준의 적대감과 우울증, 그리고 낮은 수준의 삶의 만족과 관련이 있었던 반면, 여성은 정반대의 패턴을 보였다. 그리고 통제와 함께 삼원 상호작용(three-way interaction)도 있었는데, 이러한 성 차이는 낮은 통제 상황에서만 나타났다. 높은 통제 상황에서 정서적 대처 접근법은 결과와 관련되어 있지 않았다.

Stanton 등(2000, p. 1154)은 정서과정(예 : "나는 내가 정말 무엇을 생각하고 있는지 이해하는 시간을 가졌다.")과 정서표현(예 : "나는 내 감정이 자유롭게 나오도록 하였다.")으로 구분되는 척도를 발전시킴으로써 이 접근법을 확장하였다. 이러한 척도의 상관에서 성차가 다시 발견되었다. 특히 남성보다는 여성에게서 정서과정이 다양한 성격변인들과 매우 높은 상관을 보였다. 그리고 남성과 여성 모두에게서 정서과정과 정서표현 간의 흥미로운 복잡한 상호작용이 있었다. 높은 정서과정과 높은 정서표현은 우울증상의 증가와 관련이 있었으나, 높은 정서과정과 결합된 낮은 정서표현, 낮은 정서과정과 결합된 높은 정서표현은 적은 증상과 상관관계를 보였다.

긍정적 정서조절 전략의 다른 유형이 존재하지만(Aldwin, Sutton, & Lachman, 1996b 참조), 아래에 제시될 연구에서 사용된 대부분의 대처 척도는 오래된 혼입 척도를 사용하였다. 그래서 이러한 결과를 해석하는 데에는 주의가 필요하다.

대처효과의 상황적 변경자

대처전략은 **상황-특정적**(situation-specific) 효과를 가지고 있다. 즉, 주어진 전략은 특정 상황에서 효과가 있을 수 있고, 다른 상황에서는 반대효과가 나타날 수 있다. 많은 연구들이 이러한 현상을 증명했는데, 연구자들은 위험을 무릅쓰고 이러한 복잡한 요인을 무시하고 있다. 주지한 바와 같이, 몇몇 연구는 문제중심적 대처가 정서적 고통을 감소시키고, 정서중심적 대처가 이를 증가시킨다고 보고하였으나(Felton & Revenson, 1984; Mitchell, Cronkite, & Moos, 1983; Mitchell & Hodson, 1983), 다른 연구들은 반대의 패턴을 보고하였다(Baum 등, 1983; Marrero, 1982). 몇몇 연구는 스트레스원의 **통제감**(controllability)이 스트레스를 감소시키기 위한 대처 능력에 영향을 미친다는 점을 증명하였다. 일반적으로 문제중심적 대처는 통제 가능하다고 평가되는 상황에서 심리적 증상을 감소시키는 반면, 정서중심적 대처는 통제 불가능하다고 평가되는 상황에서 낮은 수준의 증상과 관련이 있다(Mattlin 등, 1990; Park, Folkman, & Bostrom, 2001; Terry & Hynes, 1998; Vitaliano, DeWolfe, Maiuro, Russo, & Katon, 1990; 그러나 Macrodimitris & Endler, 2001 참조).

Coyne과 Racciopo(2000)는 사람들이 통제 불가능한 상황에서 문제중심적 대처를 사용한다고 지적하였다. 예를 들어, 사랑하는 사람이 죽었을 때 관례적인 장례 의식은 종종 높은 수준의 계획과 준비를 요구하는데, 이는 아마도 문제중심적 대처전략의 사용을 의미한다. 실제로 정교한 필수적인 계획은 비탄에 젖어 맥을 추지 못할 수 있는 사람의 주의를 딴 데로 돌리는 방법일 수 있다.

예를 들어, 미국 남부 출신인 나의 남편의 가족들이 죽었을 때, 그 세대의 유일한 생존자의 부인으로서 나는 장례식을 준비해야 한다고 느꼈다. 미국 남부의 장례식 절차는 매우 정교하며, 매우 암묵적인 지식에 의존한다. 그리고 '북부 지방 사람(Yankee)'으로서 나는 이에 대한 아무런 단서도 없었다. 예를 들어, 남편이 가장 좋아했던 고모님께서 돌아가신 다음 날, 사람들은 튀긴 닭이나 파이를 가지고 아침 7시 30분부터 나타나기 시작했다(나는 전혀 준비가 되어 있지 않았다.). 장례식이 열리는 집에서는 나에게 완전히 수수께끼와 같은 물건들로 채워진 큰 상자를 주었다. 운 좋게도, 몇몇 '이웃사촌' — 남부의 확장된 가족 유형으로, 혈연관계는 아니지만 가족의 일원으로 생각되는 사람들 — 이 나를 잘 이끌어 주었으며, 절차를 설명해 주었다. 예를 들어, 끈적한 종이 위의 숫자 페이지 — 장례식 상자 안에 있던 의문의 물건 중 하나 — 는 문상객이 나타나 있는 접시 더미를 파악하기 위한 것이었다. 숫자는 개개인이 방명록에 서명한 것과 같은 순서로 접시의 아래에 놓여져 있었다. 운 좋게 나의 실수 — 올바르게 접시를 기록하지 못한 것을 포함하여 — 는 용인되었는 데, 북부 사람으로서의 나의 타고난 핸디캡 때문이었다. 장례식과 경야(經夜)를 준비하고, 상세한 유산을 알아내는 것 때문에 우리는 매우 바빴다. 다른 말로, 외견상으로 통제 불가능한 상황은 종종 이차적 요구를 수반한다. 그러므로 문제중심적 대처전략이 적절하다.[1]

그와 같은 활동이 일시적으로 정신적 고통을 미연에 방지하는 데 도움이 되는 반면, 중요한 문제 — 사랑한 사람을 잃음 — 는 통제 불가능하며, 통상 정서중심적 전략을 사용하여 직면하는 것이 필요하다. 그러나 일부 사람들은 이러한 고통스러운 과정을 방지하기 위해서 부산한 활동을 계속한다. 그래서 높은 수준의 문제중심적 활동은 정신적 고통을 증가시키는 것으로 끝날 수 있다. Stroebe와 Schut (1999, 2001)의 대처의 이중과정모델(Dual Process Model)에서 제시된 것처럼, 어떤 사람들은 문제중심적 대처와 정서중심적 대처를 계속 오가기도 한다.

대처 효능감의 상황-특정성(situation-specificity of coping efficacy)은 앞서 언급된, 스리마일섬의 핵 원자로 정지에 대해 사람들이 대처한 것을 조사한 Baum 등(1983)의 결과를 설명할 수 있을지 모른다. 이 상황에서 문제중심적 대처, 특히 어려움을 야기한 관료주의적 문제에 대해 어떠한 것을 하려고 노력하는 것은 정서적 고통을 증가시킨 반면, 문제(대부분의 사람들이 할 수 있는 일이 매우 적었던)를 잊기 위해 노력하는 것은 고통을 감소시켰을 것이다. 그러나 풀 수 있는 문제를 무시하기로 결정하는 것은 심리적 고통을 가장 크게 증가시킬 것이다(Aldwin & Revenson, 1987).

대처양식(coping styles)과 건강 결과 간의 관계도 환경적 맥락에 의해 영향을 받는다는 점을 명심하라. Roth와 Cohen(1986)의 개관에서, 문제에 대한 통제감이 접근-회피 대처양식(approach-avoidance coping styles)의 효과성을 평가하는 데 있어서 중요한 역할을 하였다. 그들은 2개의 요인을 찾아냈다 : 결과가 평가되는 어떤 시점과 대처양식과 상황적 요구 간의 적합도. Mullen과 Suls(1982)의 개관에서, 회피전략은 단기간의 정서적 고통을 감소시키는 데 더 효과적인 반면, 접근전략은 장기간에 더 효과적이었다. 다시 말해 연구는 특정한 문제가 시작된 이후 경과 시간에 따라, 접근-회피 대처의 효과가 달라진다는 점을 보여주었다.

유사하게, 대처양식이 정신적 고통을 증가시키거나 감소시키는지 여부는 대처양식과 스트레스원 간의 적합성에도 달려 있다. 예를 들어, Miller와 Mangan (1983)의 고전적 연구는 회피적 대처자와 접근적 대처자(회피 대 접근 대처자의 다

---

1) 이러한 관찰은 Daria Boeninger의 도움을 받았다.

른 이름)는 수술 전에 완전 공개를 원하는지 여부가 다르다는 점을 발견했다. 회피적 대처자들은 추가적인 정보가 제공되었을 때 더 고통받은 반면, 접근적 대처자들은 고통을 덜 받았다.

마지막으로, 상황의 스트레스 정도도 특정한 대처전략과 정신건강 간의 관계에 영향을 미칠 수 있다. 많은 문제는 사소하고 자기 제한적이며, 사소한 문제를 무시하는 것은 때때로 합당한 전략이다. 유사하게, 많은 문제는 심각성에 있어서 애매모호한데, 더 많은 정보가 얻어질 때까지 위협을 최소화하는 것 또한 합리적이다. 예를 들면, 자궁암 검사에서 2유형을 받은 것은 초기 암을 의미한다. 또는 내과의사 보조자가 접착액을 슬라이드 전체에 제대로 뿌리지 못한 것과 같은 기술적인 문제를 의미할 수도 있다. 자궁암 추후검사 결과를 받기 전까지는 '기다려 보기' 태도를 취하는 것이 그 문제에 집중하고 강박적으로 생각하는 것보다 더 좋다. 상대적으로 사소한 문제에 많은 노력과 지지를 보이는 것은 더 큰 스트레스 수준으로 귀결될 수 있다. 말하자면, 침소봉대하는 것과 같다. 그러나 가슴에 있는 덩어리를 무시하는 것과 같이, 임박한 위협에 직면했을 때 이를 외면하는 것은 신체적·정신적 건강에 재앙과 같은 결과를 가져올 수 있다. 그래서 대처가 스트레스 효과를 완화할 수 있다는 것을 증명하기 위해서, 스트레스 정도(그리고/또는 스트레스의 통제감) 간의 통계적 상호작용을 반드시 조사해야 한다(제9장 참조).

다른 맥락 효과는 환경에서 타인의 반응과 관련된다. 예를 들어, 노출은 외상에 대처하는 개인에게 종종 매우 효과적인 전략이다. 그러나 만약 노출이 분노, 혐오, 비난, 포기 등의 부정적 정동과 만난다면, 노출의 정도는 부정적 정동과 정적인 상관을 보인다(Silver, Holman, & Gil-Rivas, 2000; Stephens & Long, 2000).

요약해 보면, 대처와 건강 결과의 관계를 조절하는 대처전략 또는 대처양식의 사용과 상황적 특성 간에는 상호작용 효과가 있다. 성공적인 대처에 있어서 중요한 열쇠는 다른 종류의 스트레스원에 대한 대처에서 사용된 노력의 유형과 정도를 조절할 수 있는 능력일 것이다. 아시시의 성 프란체스코의 한 기도자가 이것을 잘 요약하였다. "오, 신이시여, 내가 변화시킬 수 없는 것을 받아들일 수 있는 평온함, 내가 할 수 있는 일을 변화시킬 수 있는 용기, 그리고 그 차이를 알 수 있는 지혜를 허락해 주소서." 불행하게도, 우리는 이것을 언제나 알지 못하고, 다른 사람의 반응을 늘 예측할 수 있는 것은 아니다.

대처의 패턴

대부분의 연구가 정신건강에 대한 특정한 대처전략의 개인적 또는 공동의 공헌을 조사한 반면, 몇몇 연구자들은 패턴 또는 대처 프로파일이 하나의 특정한 전략을 사용하는 것보다 더 중요할지 모른다는 점을 시사해 왔다. 예를 들어, 문제중심적 대처와 함께 사용된 회피 대처는 스트레스의 부정적 효과를 감소시킬 수 있다. 그러나 문제중심적 대처 없이 회피 대처를 사용하는 것은 정신적 고통을 증가시킬 수 있다. 특히 통제 가능하다고 판단되는 상황에서 더욱 그러하다(Mattlin 등, 1990).

　Vitaliano, Russo와 Maiuro(1987)는 대처전략의 사용을 계산하기 위해 비율을 사용할 것을 제안하였다. 정서중심적 대처에 대한 문제중심적 대처의 비율은 문제중심적 대처 자체의 절대적 양보다 더 중요할 것이다. 추가 연구에서 대처전략의 개인 패턴 ― 즉, 어떤 전략에 대한 의존과 다른 것에 대한 경시 ― 으로 정의되는 대처 프로파일은 개인이 스트레스에 대처하는 방법을 더 효과적으로 이해할 수 있는 길이 될 수 있음을 시사하였다(Vitaliano 등, 1990).

　류머티스성 관절염 환자들에 대한 연구에서 Danoff-Burg, Ayala와 Revenson(2000)은 대처전략이 함께 발생한다는 증거가 있음에 주목했다. 예를 들어, 사람들이 정서적 카타르시스와 사회적 지지를 함께 사용한다는 보고는 흔하다. 류머티스성 관절염 환자에게, 문제중심적 대처와 이완은 종종 함께 존재한다. 이완이 통증관리기법으로서 종종 지지되었다는 점을 고려할 때, 이완은 이 맥락에서 정서중심적 대처전략이라기보다는 문제중심적 대처전략이라는 점은 타당하다. 그러나 단기간의 휴식기와 활동기를 번갈아 하는 것은 만성적 질환을 가진 사람에게 더 정상적으로 기능할 수 있도록 해줄 수 있다. 바꿔 말하면, 결합되어 사용되는 어떤 전략들은 부정적 효과를 미칠 수 있다. 앞서 언급된 Stanton 등(2000)의 논문에서 정서표현과 정서과정의 결합은 우울증을 고양시켰다는 증거가 있다. Somerfield(1997)는 어떻게 암에 대처하는지에 대한 연구에서 시스템 접근에 대해 논하였으나, 전략의 결합은 다른 상황에서도 보일 수 있을 것 같다. 아마도 요인분석된 대처 척도보다는 전략의 군집(clusters of strategies)과 이러한 군집이 결과와 어떻게 관련되어 있는지를 연구해야 할 것이다.

대처 노력

심각한 문제는 종종 큰 심리적 고통을 초래하고 몹시 힘든 대처 노력을 요구한다. 이러한 결과는 불행하게도 스트레스원의 심각도, 대처, 정신적 고통 간의 통계적 혼입을 유발한다. 이러한 혼입을 고려하지 않은 연구들은, 연구에서 사용된 모든 대처전략이 정신적 고통의 증가와 관련이 있다는 점을 보여준다(예 : Spurrell & McFarlane, 1993). 대처전략의 광범위한 스펙트럼에서 스트레스 정도와 대처노력 간의 정적인 상관을 고려할 때, 이는 특히 외상적 스트레스 연구에 대한 문제일 것이다(Aldwin & Yancura, 2004 참조). 그러한 연구들은 종종 스트레스 수준을 통제하지 않거나 스트레스 완충효과를 알아보기 위한 상호작용을 이용하지 않은 채, 스트레스와 결과를 연관시키기 위해 단순히 상관이나 회귀방정식을 사용한다. 앞 절에서 살펴본 Vitaliano의 대처전략에 대한 비율 점수는 아마도 대처 노력을 통제하는 방법 중 하나일 것이다. 구조방정식 모형에서 스트레스 평가를 외생 변인(exogenous variable)으로 사용하는 것이 다른 예이다. 단순하게 스트레스 평가를 회귀방정식에 입력하는 것 또한 이 문제를 통제하는 데 도움을 줄 수 있다.

　다른 복잡한 요인은 대처와 결과 간에 비선형적 관계가 있을 수 있다는 점이다. 주지한 바와 같이, 때때로 작은 양의 회피 대처는 유용한데, 특히 문제중심적 대처를 촉진할 때 더 그러하다. 그러나 내가 아는 한, 어느 누구도 체계적인 방법으로 대처와 정신건강의 관계에서 비선형성을 연구하지 않았다. 즉, 2차 또는 3차 순위 용어를 회귀방정식에 투입하여 연구하지 않았다.[2]

---

2) 2차, 3차 순위 용어(second-and third-order terms)는 제곱 그리고 세제곱 변인을 의미한다. 용어를 제곱하는 것은 2차 관계를 조사할 수 있도록 해주며(예 : U자 형태 또는 역-U자 형태), 세제곱은 싸인 곡선과 같이 더 복잡한 패턴을 나타낼 수 있다. 이러한 것을 하는 데 있어서, 다중공선성을 제거하기 위해 평균을 뺐으

대안으로 응답자에게 사용된 대처전략의 효과성을 측정해 달라고 요청하여 노력과 효능감을 구별할 수 있다. 예를 들어, Aldwin과 Revenson (1987)은 대처전략으로서 협상(negotiation)의 확장된 사용은 심리적 증상을 감소시킴을 발견하였는데, 이는 응답자들이 이것을 효과적이라고 생각할 때에만 그러하였다. 협상이 효과적이라고 지각되지 않을 때에는 이 전략의 확장된 사용은 정신적 고통을 증가시켰다. 도구적 활동(instrumental action)도 지각된 효능감에 따라 정신건강에 다른 효과를 보였다. 도구적 활동을 적게 사용하지만 그것이 효과적이라고 지각한 사람들은 가장 적은 심리적 증상을 보고하였다. 아마도 그들은 상황을 다루기가 쉽다는 점을 알아냈고, 그들의 노력의 결과에 기뻐했을 것이다. 반면에, 도구적 활동을 적게 사용했고 상황을 다루기가 어렵다고 생각한 사람들은 가장 높은 심리적 증상을 보고했다. 그들은 아마도 더 열심히 노력했다면, 문제를 해결할 수 있었을 텐데 그렇지 못했다고 느낄 것이다.

그래서 지난 수십 년간 대처 효능감에 대한 연구가 현저하게 증가했다는 점은 놀랍지 않다. 일반적으로, 연구자들은 일반화된 통제 믿음(generalized control beliefs)과 상황-특정적인 대처 효능감을 구분하였다(Bandura, 1997). Zautra, Hoffman과 Reich(1996)는 약간 다른 구분을 제안하였다. 즉, 혐오적 환경을 다룰 수 있을 뿐만 아니라 긍정적 사건을 만들어 낼 수 있는 능력에 대한 믿음을 제안하였다. Zautra와 Wrabetz(1991)는 이러한 두 종류의 효능감의 측정도구를 개발하였으며, 노인들은 장애와 자율성의 상실에 직면했을 때조차 효능감을 유지한다는 점을 발견하였다(Reich, Zautra, & Guarnaccia, 1989; Aldwin, Sutton, Chiara, & Spiro, 1996과 비교). 횡시간 분석들(cross-time analyses)은 대처 효능감이 적당하게 안정적이지만 긍정적 사건 효능감은 다소 가변적이며 아마도 더 상황적일 것으로 보고 있다(Zautra 등, 1996). 그리고 Zautra와 그의 동료들이 연구해 오던 류머티스성 관절염 환자들 사이에서, 이러한 두 종류의 효능감은 다른 상관을 보였다. 대처 효능감은 심리적 고통과 부정적인 생리적 변화와 부적인 상

로써 최초의 용어를 중심화—이 경우에는 대처전략—하고, 그다음에 제곱값이나 세제곱값의 용어를 얻기 위해 두 변인을 곱해준다. 다음으로 위계적 회귀방정식에서 R_2 값의 변화를 이용하여 각 변인들의 중요성을 결정하기 위해서, 각각의 용어들을 분리하여 조사한다.

관을 가지고 있는 반면, 긍정적 사건 효능감은 활동수준의 유지와 관련되어 있다 (Zautra 등, 1989).

지각된 대처 효능감이 언제나 긍정적 결과와 관련되어 있는 것은 아니라는 점에 주목하라. 알츠하이머병을 겪고 있는 사랑하는 사람을 돌보는 것과 같이 극단적으로 어려운 문제에 직면해 있을 때, 최선의 노력을 다함에도 불구하고 상황은 일반적으로 악화된다. Gignac과 Gottlieb(1996)의 종단적 연구는, 시점 1에서의 대처 효능감은 몇 개월 후인 시점 2에서의 더 염세적 미래에 대한 기대와 의미 부여에 의한 대처와 더 관련이 있었다는 점을 발견하였다. 그들은 대처 효능감의 초기 지각이 아마도 지나치게 낙관적이었을 것으로 생각하였다. 그러나 시점 1에서 낮은 대처 효능감을 가지고 있던 사람들이 시점 2에서 행동적인 대처 노력을 더 사용하려고 하였다는 점은, 노력이 부족했다고 지각하는 사람들이 추후의 대처 노력을 증가시키도록 동기화되었다는 점을 시사한다.

인과관계의 방향과 대처 개입

왜 대처전략이 자주 증가된 정신적 고통과 관련 있는가에 대한 대안적인 설명은, 대처전략이 심리적 고통의 원인이라기보다는 심리적 고통을 반영하기 때문이다. 전형적인 검사에서 측정된 정서중심적 대처의 유형을 아주 많이 사용하는 사람들이 그러할 것인데, 왜냐하면 그들은 급성의 정신적 고통을 경험하며 자신들의 정서를 통제하는 데 어려움을 겪기 때문이다. 그래서 자주 '그것에 대해서 생각하지 않기 위해서 노력' 하는 사람들은, 사실은 그 문제에 대해 강박적으로 생각하고, 그것에 대한 생각을 멈출 수 없을 것이다. Billings와 Moos(1984)가 지적한 바와 같이, 정서를 통제하기 위해 사용하는 정서적 표출과 노력은 아마도 대부분의 척도에서 적절하게 구별되지 않는다(Stanton 등, 1996도 참조).

Coyne 등(1981)은 만성 우울증 환자들과 정상으로 추정되는 사람들 간의 차별적인 대처전략의 사용을 9개월 이상 측정함으로써, 처음으로 이 문제를 연구하였다. Coyne과 그의 동료들은, 만성 우울증 환자들이 일반적으로 더 많은 대처를 사용하지만, 그들은 우울하지 않은 사람들보다 정서중심적 대처도 더 많이 사용하는 것을 발견하였다. 이러한 우울증 환자들은 Seligman(1975)의 우울증에 대한 학습된 무력감 이론에서 제안된 바와 같이 더 수동적이고 무력하기보다는, 그들의 외적 환경과 내적 환경 모두를 통제하기 위해 더 열심히 투쟁하였다. 그러나 많은 노력을 했음에도 불구하고, 그들의 노력은 별로 성공적이지 않았다. 이러한 결과는 Folkman과 Lazarus(1986)가 수행한 개별연구에서 재확인되었다.

우울증 환자들은 다른 사람들과 다른 방식으로 대처할 가능성이 있을 뿐만 아니라, 우울이 스트레스원에 더 많이 노출되도록 만드는 것 또한 가능하다. 예를 들어, Russell과 Cutrona(1991)는, 우울증 노인들이 연구가 시작된 이후 몇 달 간 더 많은 생활사건과 더 많은 사소한 사건들을 보고하는 경향이 있었음을 발견했다. 스트레스, 대처, 우울에 관한 '폭포모델(cascade model)'을 구성개념화하는 것은 상대적으로 수월하다. 이 모델에 따르면, 최초의 스트레스원에 대해 적절하지 못하게 대처하는 것은 우울증을 가져오고, 이는 결국 미래에 스트레스를 경험할 가능성이 증가되는 방향으로 이어진다(Aldwin & Stokols, 1988; Pearlin 등, 1981). 예를 들어, 어떤 청소년이 아버지의 죽음에 대처하는 방법으로 마약이나 음주에 의존하면, 마약 사용은 결국 그의 어머니, 학교, 아마도 궁극적으로는 관계당국과의 문제로 이어질지도 모른다.

물론, 동등하게 긍정적 폭포가 발생하는 것도 가능하다. Aldwin, Sutton과 Lachman(1996b)은 문제중심적 대처가 더 많은 숙달감을 유도하고, 결국 더 나은 장기적 결과로 이어진다고 가정하였다. 그리고 이는 미래의 스트레스 발생 가능성을 감소시키거나 부정적인 충격을 완화하는 대처 자원을 개발하게 된다. 제15장에서 보게 될 것과 같이, 생애경로이론(Elder & Shanahan, 2006)은 긍정적이거나 부정적인 적응 나선(adaptive spirals)을 촉발시키는 개인의 삶에서의 전환점을 가정한다.

인과적 방향성에 있어서의 문제를 우회하는 하나의 방법은 대처 개입(coping intervention) 연구를 검토하는 것이다. Coyne과 Racioppo(2000)가 지적한 바와 같이, 대처 개입 — 더 효과적인 대처전략을 가르치는 프로그램 — 은 종종 최소한 적절한 효과(moderate effects)를 보여준다(Antoni, 2003 참조). 예를 들어, 다발성 경화증 환자의 우울증에 대한 개입을 개관한 Mohr와 Goodkin(1999)의 연구에서 심리치료는 우울증을 감소시키는 데 약물치료만큼 효과가 있음을 발견하였다. 대처기술을 증가시키는 데 초점을 둔 개입은 통찰에 초점을 둔 심리치료보다 더 효과적이었다. 그러나 Kennedy, Duff, Evans와 Beedie(2003)의 연구는 주의할 점을 이끌어 냈다. 그들은 Lazarus와 Folkman(1984)의 이론에 근거하여, 우울증 상을 발전시키는 데 일반적으로 높은 위험성을 가지고 있는 척수손상 환자들을 위한 대처효과성 훈련(coping effectiveness training, CET) 프로그램이라 불리는 대처 개입을 설계하였다. 그들은 개입집단이 통제집단에 비해 우울과 불안이 감소하였음을 찾아냈다. 그러나 대처 체크리스트에 의해 평가되었을 때, 대처전략의 패턴에 있어서의 변화를 찾아내지는 못하였다. 그러나 Antoni 등(2001)은 대처 개입이 도움 찾기를 증가시켰으며, 이는 다시 감소된 우울증과 코르티솔과 관련이 있음을 발견하였다(Cruess 등, 2000). 이는 대처효과성에서의 개인차라는 다음 문제를 가져왔다.

대처효과성의 개인차

방법론적 관점에서 다소 방해가 되는 가능성은 동일하거나 유사한 대처전략의 효과가 사람마다 다르다는 점이다. Vitaliano와 그의 동료들(Vitaliano, DeWolfe, Maiuro, Russo, & Katon, 1990)은 아주 흥미로운 연구를 수행하였는데, 다양한 환자집단에 대하여 대처, 지각된 통제감, 우울 간의 관계를 조사하였다. 그들은 평가, 대처, 증상이 집단별로 일관되지 않다는 점을 발견하였다. 문제중심적 대처는 정신과적 장애가 없는 집단에서만 통제 가능한 상황에서 우울증을 감소시켰다. 그들은 정신과적 집단의 인지과정에서의 왜곡 때문에, '적합도' 가설은 정신과적 집단에게는 적용되지 않는다고 결론 내렸다.

다른 가능한 해석은 앞서 언급한 대처 노력과 대처 효능감 간의 혼돈이다. 대부분의 대처 척도들은 사람들이 특정한 전략을 사용하는지의 여부를 결정하도록 만들어져 있다. 그러나 그 전략이 성공적으로 사용되었는지의 여부는 측정하지 않는다. 주지한 바와 같이, 문제에 관해 강박적으로 반추하는 사람들은 '그 문제에 관해 생각하지 않기 위해 노력'하지만 실패할지 모르는 반면, 다른 사람들은 동일한 전략을 사용하지만 성공할지 모른다. 이러한 점은 앞에서 언급된 Kennedy 등 (2000)의 연구결과를 설명할 수 있다. 이 연구에서 대처 개입은 우울증을 감소시키는 데 효과적이었지만, 사용된 대처전략의 빈도에 있어서는 평균 차이가 존재하지 않았다. 그러나 이 연구는 대처전략이 어떻게 효과적으로 사용되었는지를 측정하지 않았다.

여기에 방법론적 난제가 숨어 있다. 반면에, Lazarus와 그의 동료들(Folkman & Lazarus, 1980; Lazarus & Folkman, 1984)은 단순히 그 결과를 측정하는 것을 반대하면서 대처과정을 평가할 것을 강력히 주장하였다. 예를 들어, 오직 전략의 사용을 조사하고 이것을 결과에 관련지음으로써, 어떤 특정 전략의 유용성이나 해로움을 과학적으로 조사할 수 있다 : 내가 직관적이고 방법론적으로 흥미롭다고 찾아낸 입장. 그러나 내가 실시했던 많은 인터뷰에서 동일한 전략은 다른 사람들에 의해 효과적이거나 비효과적으로 사용될 수 있었다는 점도 분명하다. 그리고 Aldwin과 Revenson(1987)은, 대처전략과 대처효과성의 상호작용은 정신건강 결과를 예측하는 데 매우 중요함을 분명하게 보여주었다. 이는 특히 문제중심적 대처에서 두드러졌다.

다른 가능성은, 전략이 사용될 때 질적인 방식을 더 잘 반영하기 위해 대처 질문지를 재설계하는 것이다. 예를 들어, 두 사람이 문제에 관해 그들의 작업 관리자와 협상하기 위해 노력한다. 한 사람은 문제를 토의할 때 오만하고 모욕적인 태도를 취하지만, 다른 사람은 상대적으로 정치적인 태도를 유지하여 성공적인 결론에 도달한다. 그런데 대처 척도는 매우 다른 위의 두 가지 접근법을 구별할 수 없다. 그들은 단순히 참가자에게 그 문제를 토론했는지의 여부만을 질문한다. 확실하게 미래에는 질적으로 구별 가능한 전략뿐만 아니라 그 문제와 정서 모두에 대한 대처 효과성의 측정을 포함하도록 해야 한다(Aldwin, Sutton 등, 1996 참조).

대처전략의 적절한 결과물은 무엇인가

대처와 정신건강 연구의 대부분은 종종 우울증상에 초점을 둔 증상 체크리스트를 사용한다. 대처전략 결과의 연구를 심리적 증상으로 한정함으로써, 우리는 왜 사람들이 그와 같은 방식으로 대처하는가에 대한 이해를 과도하게 제한할지도 모른다. 임상가는 어떤 사람들에게 증상의 유지가 적응적 기능을 가지고 있다고 가정할 수도 있다. 어떤 문제에 대한 정서적 고통을 유지함으로써, 어떤 사람들은 다른 영역에 대한 통제에 애를 쓸 수 있을지도 모른다. 예를 들어, 증명된 취약성은 사랑하는 사람이 떠나지 못하도록 하게 하기 위하여, 사랑하는 사람에 대한 의존성을 증가시킬 수 있다. 우리의 결과를 증상으로 제한하는 대신, 우리는 스트레스 환경에 대처할 때 개인이 성취하기를 바라는 목표를 발견하기 위해 노력하기를 바랄 수도 있다.

다른 흥미 있는 가능성은 긍정적 정동과 부정적 정동은 직교 차원으로 나타날지도 모른다는 인식에 있다(Watson & Clark, 1984). 우리가 오직 부정적 차원만을 측정하는 한(예 : 증상), 우리는 긍정적 차원을 유지하는 전략들을 간과할 수 있다(Folkman & Moskowitz, 2000 참조). 숙달감은 스트레스에 대한 대처의 가장 긍정적인 결과 중의 하나이다. 사람들은 어떤 것을 성취하였다고 느낄 수 있고, 어려운 문제를 성공적으로 성사시키고, 새로운 기술을 발전시키거나, 다른 사람에 대한 이해나 연민을 가졌다는 자신감을 발전시킬 수 있다고 느낄 수 있다. 고전적인 종단연구에서 Pearlin과 그의 동료들(1981)은, 문제중심적 대처가 현재의 심리적 증상과 관련이 없지만, 두 가지 기능을 제공하였다는 점을 발견하였다. 문제중심적 대처는 숙달감과 정적으로 연관되어 있었다. 그리고 이는 미래의 스트레스원의 재발 경향성을 감소시키는 데도 일조하였다. 그러나 어떤 특정한 문제에 대한 대처는 일반화된 숙달감에는 거의 효과가 없었다는 점을 주목하라. 예를 들어, Revenson과 Felton(1989)은, 류머티스성 관절염을 다루는 데 있어서 문제중심적 대처의 사용은 전반적인 숙달감으로 일반화되지 못하였다는 점을 발견하였다. 그러나 Aldwin과 Lachman 등(1996)은 주요최저점(major low point)에 대한 대처 연구에서, 긍정적 대처(문제중심적 문항과 정서중심적 문항 모두를 포함)는 높은 숙달감 수준과 관련이 있음을 발견하였다. 후속연구에서 Sutton(1998)은, 주요최저점에 대한 긍정적 대처가 5년 후의 숙달감 수준을 향상시켰음을 발견하였다. 스트레스에 대한 이로운 대처 결과에 대한 문제는 제15장에서 추가적으로 강조될 것이다.

마지막으로, 스트레스 결과는 다차원적 구성개념이어야 하며, 개인은 이득과 손실 또는 장기적 결과와 단기적 결과를 교환해야 할지도 모른다는 점이 강조되어야 한다. 예를 들어, 실수에 대처하는 내과의사에 대한 연구는 실수에 대한 책임감을 수용하는 방향으로 대처하는 사람들은 더 정신적 고통을 경험하지만, 아마도 미래의 실수 위험을 감소시키는 수행에서의 변화를 만들어 낼 가능성도 증가하였음을 발견하였다(Wu, Folkman, McPhee, & Lo, 1993). 그래서 긍정적이고 부정적인 다양한 결과뿐만 아니라 생물학적, 심리적, 대인 간과 같이 다양한 분석수준에서의 결과를 조사하는 더 많은 연구들이 필요하다. 이 주제는 제15장에서 추가적으로 강조되었다.

요약

우리가 보아온 바와 같이, 대처전략과 심리적 증상 간의 관계는 몇몇 이론적인 면뿐만 아니라 방법론적 이슈에 있어서 매우 복잡하다. 첫째, 대처 측정과 결과 간의 관계에서 혼입이 있을 수 있으며, 이러한 혼입을 제거하거나 최소한 감소시키는 연구를 설계하거나 대처 질문지를 사용하는 것은 매우 중요하다. 둘째, 정신건강에 대한 대처전략의 효과에 있어서 상황적 조절자가 존재한다. 한 상황에서 '작동' 하는 것은 다른 상황에서는 고통을 증가시킬 수 있다. 상황에서의 기회와 제한사항을 인식하는 것을 배우는 것은 긍정적 적응에서 중요한 성분일 수 있다. 셋째, 대처전략의 전반적인 패턴은 어떤 특정한 전략의 사용보다 정신건강을 더 잘 예측할 수 있다. 다른 전략을 사용하는 데 있어서 어떻게 상대적 균형을 맞추는가를 배우는 것이 중요하다.

넷째, 스트레스, 개인이 애쓰는 노력의 양, 심리적 고통 간에는 통계적 혼입이 존재한다. 이러한 혼입을 다루는 데 실패하는 것은 대처와 정신적 고통 간에 거짓된 긍정적 관계를 만들어 낼 수 있다. 다섯째, 인과관계 방향성에서 아직 해결되지 않은 이슈들이 존재한다. 비록 대처가 심리적 증상들과 연관되어 있을지라도, 대처가 이러한 증상의 원인이 되는지의 여부나 고통받는 개인이 고통받지 않는 사람들보다 단순히 다르게 대처하는지의 여부는 분명하지 않다. 이러한 관계들을 풀기 위해서는 종단적 연구가 필요하다. 또는 부정적 폭포가 어떻게 발생하는지를 이해하는 것이 더 필요하다.

여섯째, 대처전략의 효과성에 있어서 개인차가 존재할 수 있다. 어떤 사람들은 질적으로 다른 방식으로 대처할지도 모르며, 그 차이는 현재의 대처 질문지에서는 아직 명백하지 않을지도 모른다. 우리는 대처전략의 사용과 효과성에서 그와 같은 질적 차이를 측정하는 더 좋은 방식을 발전시킬 필요가 있다.

마지막으로, 우리는 결과의 좁은 범위, 주로 심리적 고통의 다른 형태들만을 측정하는 경향이 있으며, 대처전략이 효과적인 전반적인 결과군(classes of out-comes)을 놓칠 수 있다. 다양한 측면에서 대처가 신체건강과 관련될 때 상황은 더 복잡해진다.

제 11 장

대처와 신체건강

1979년에 노먼 커즌스(Norman Cousins)는 질병의 해부(*Anatomy of an Illness*)라는 주목할 만한 책을 저술했다. 이 책에서 그는 원인이 불분명한, 고통스럽게 삶을 위협하는 질병에 관한 그의 끔찍한 경험을 묘사하였다. 커즌스는 꽤 끔찍하고 고통스러운 증상이 발전했을 때, 힘든 러시아 여행을 마치고 돌아왔다. 그의 경험에서 주목할 만한 점은, 그가 질병에 대처하는 방식이었다. 의사가 즉각적인 진단을 할 수 없었을 때, 그는 스스로 전문가가 되어 다량의 비타민 C를 복용하는 등 대안적인 치료를 실험하기 시작했다. 병원의 부적절한 음식, 침입적인 간호활동, 제한적인 규칙과 규정—그러므로 질병으로부터 회복될 수 있는 장소가 아니었다—때문에, 그는 병원이 스트레스가 많은 환경이라고 결정하였다. 그래서 그는 호텔에 투숙하였고, 고급 식료품을 먹었으며, '마르크스 형제들(Marx Brothers)'과 '쓰리 스투지스(Three Stooges)' 같은 재미있는 코미디물을 빌려 보았다. 그는 웃는 것이 통증을 덜어주는 유일한 것임을 발견하였다. 그의 표현에 따르면, 배꼽을 잡고 웃는 것은 약 반 시간 동안 통증을 잊게 해주었다. 상대적으로 짧은 기간 안에 그는 회복되었다.

질병에 대한 매우 다른 접근은, 중년기에 유방암이 발병했던 전 대통령 카터의 여동생 루스 카터 스태플턴(Ruth Carter Stapleton)에게서 볼 수 있었다. 매우 종교적이었던 그녀는 죽음을 두려워하기보다는 그 질병을 환영했다. 왜냐하면 그녀는 사후 세계와 천국의 보상에 대한 강한 믿음을 가지고 있었기 때문이었다. 일시적인 의학치료를 제외한 모든 치료를 거부한 채, 그녀는 3개월 만에 죽음을 맞이했다.

내가 대학원에 다닐 때, 나는 같은 아파트 건물에 살았던 80세 된 여성과 친하게 되었다. 교양 있고 매력적이었던 그녀는 비엔나의 부유한 음악 가정에서 자랐으며, 즐거운 성장기를 보냈다. 그러나 나의 친구는 그녀를 고통스럽고 화나게 만드는 오랜 무거운 짐을 짊어지고 있기도 하였다. 어린 소녀였을 때 그녀는 여행용 가방 하나만을 가지고 홀로코스트로부터 도망쳤다. 부모님의 출국 비자를 가지고 있었지만, 부모님을 구해낼 수는 없었다. 그녀의 부모님은 포로수용소에서 대부분의 친척들과 함께 죽게 되었다. 내가 완전히 이해할 수 없는 이유로, 그녀는 부모님의 죽음에 대해 유일한 혈육이었던 그녀의 여동생을 비난하였다(Vaillant는 그녀가 그녀 자신의 죄책감을 그 여동생에게 투사하였다고 말할 것이다.). 그녀는 대장암을 앓게 되었는데, 고통스러운 통증에도 불구하고 모든 약을 거부하였다. 기껏해야 아스피린 반쪽만을 먹을 뿐이었다. 병원에서 그녀는 벽으로 얼굴을 돌린 채 정신과 의사에게 이야기하는 것을 거부하였다. 그녀는 매우 어려운 환자였다. 거의 모든 것에 불평하였으며, 몇 시간 동안 고통에 울부짖었다. 그녀의 의지에 반해 그녀가 마침내 약을 먹기 시작하기 전까지 몇 달 동안 그녀는 매우 고통스러운 나날을 보냈고, 혼수상태에 빠졌으며, 결국 죽음을 맞이했다.

이 세 사람은 삶을 위협하는 질병에 매우 다른 방식으로 대처하였고, 그 결과도 매우 상이하였다. 세 사람은 어떤 것을 통제하기 위해 노력하였다. 커즌스는 그의 환경과 치료 계획을 통제하기 위해 특별한 노력을 기울였으며, 이러한 노력은 치료, 적어도 어떤 병의 차도를 만들어 냈다. 스태플턴의 경우에는 종교적 이유로 죽음을 선택하였지만, 그녀 또한 통제에 힘을 기울였다. 나의 친구도 그녀의 환경을 통제하기 위해 특별한 노력을 기울였다. 그러나 그렇게 함으로써 그녀는 자신뿐만 아니라 그녀를 돌봤던 여동생의 고통도 증가시켰다. 세 가지 사례 모두에서, 질병의 스트레스에 대처하는 방법은 과정과 결과 모두에 영향을 미쳤다.

대처전략 연구는 사람들이 어떻게 스트레스를 다루는지에 있어서의 개인 차이와 건강에 미치는 스트레스의 부정적 효과를 조절하는 과정을 강조한다. 어떤 사람들은 스트레스하에서 '결딴이 나기도 하고', 일부 사람은 '더 슬프지만 더 현명한' 것으로 드러나기도 하고, 일부는 아직 스트레스 환경에서 잘 지내는 것처럼 보이기도 한다. 10여 년 전에는 대처와 건강 결과를 연결하는 연구가 매우 적었다. 그러나 지난 몇 년간 그러한 연구는 매우 증가하였으며, 대처와 다양한 건강 결과 간의 관계를 다루는 메타분석과 개관 논문들이 있다. 여기에는 일반적 개관(Aldwin & Yancura, 2004; Folkman & Moskovitz, 2004; Penley 등, 2002; Roesch & Weiner, 2001 참조), 신경내분비 결과(Biondi & Picardi, 1999), 동물 연구(Koolhaas 등, 1999), 암(Garssen & Goodkin, 1999; McKenna, Zevon, Corn, & Rounds, 1999; Petticrew, Bell, & Hunter, 2002), 그리고 관절염(Tennen & Affleck, 1996; Zautra & Manne, 1992) 등이 포함된다. 본 장의 목적은 대처와 건강 문헌(정신과 신체건강 모두)의 통합적 개관을 제공하는 데 있다.

대처를 측정하는 가장 좋은 방법에 대한 합의가 아직 존재하지 않음을 고려할 때(제8장 참조), 이에 수반하여 정신건강(제10장 참조)이나 신체건강을 보호하기 위해 대처하는 '최선의' 방법에 대한 동의도 존재하지 않는다. 1978년에 Pearlin과 Schooler는 '특효약'은 존재하지 않는다 — 어떤 대처전략도 모든 상황에서 모든 사람에게 알맞을 수 없다 — 라고 믿었으며, 그러한 관찰은 오늘날에도 여전히 유효한 것처럼 보인다(Folkman & Moskowitz, 2004 참조). 그럼에도 불구하고, 대처전략이 특정 상황하에서 건강에 대한 스트레스의 효과를 완화(또는 때때로 향상시킨다)한다는 점을 시사하는 문헌 속에서 흥미 있는 패턴들이 나타나기 시작하였다. 그러나 우리가 살펴볼 바와 같이, 그 효과들은 매우 맥락적이다.

질병에 대한 적응

대처와 신체건강에 대한 많은 문헌들이 다양한 질병과 의학적 절차에 대처하는 데 사용되는 전략을 이해하기 위해 노력하고 있다. 심장병, 당뇨병, 류머티스성 관절염, 암, 에이즈 등과 같은 만성적 질병들이 특별히 흥미를 끌어왔다(개관을 위해, Aldwin & Gilmer, 2004; Garssen & Goodkin, 1999; Stanton, Collins, & Sworowski, 2001; Tennen & Affleck, 1996; Zautra & Manne, 1992 참조). 고령화되는 미국 사회를 고려할 때, 만성적 질병은 점점 넓게 퍼지고 있을 뿐만 아니라 치료의 진보는 만성질환을 가지고 있는 사람들이 더 오래 살 수 있도록 하고 있다. 질병과 장애를 구분하는 것은 매우 중요하다. 적당한 운동, 영향, 의학적 치료 계획을 통해 만성질환을 가지고 있는 사람들은 상대적으로 건강하고 정상적인 삶을 상당 기간 영위할 수 있다. 특히 조직과 구조적 손상이 상당히 진행되기 이전에 진단된다면, 더욱 그러하다. 그래서 질병에의 적응과정을 이해하는 것은 매우 중요하다.

적응 과제

Moos와 Schaefer(1984)는 질병에 대처하는 데 있어서 7가지의 주요한 적응 과제를 식별하였다. 3개의 질병 관련 과제는 (1) 증상, 통증, 장애를 포함하여 질병의 생리적 결과 다루기, (2) 치료와 병원 환경 다루기, (3) 의료진들과 좋은 관계를 만들고 유지하기 등이다. 4개의 일반적 과제는 (1) 정서적 평형 상태 유지하기, (2) 유능감과 숙달감을 포함한 자기감을 유지하기, (3) 가족, 친구들과 좋은 관계 유지하기, (4) 미래의 긴급사태 준비하기 등이다.

에이즈에 대처하는 23명을 대상으로 한 Weitz(1989)의 초기 질적 연구는 Moos와 Schaefer의 관점의 많은 부분을 잘 설명하였다. Weitz는 불확실성을 다루는 것이 만성질병을 가진 사람들의 주요 문제임을 지적하였다. 일반적으로 말해서, 에이즈 감염자들[그들은 자신들을 PWAs(Person With AIDS)라고 부른다.]은 HIV(인간 면역결핍 바이러스, human immunodeficiency virus) 양성 판정을 받기 전에, 이를 부정하고 검사 받기를 미룬다. HIV 양성 판정과 실질적으로 에이즈에 걸리는 것 간의 가변적인 시간의 길이를 고려할 때, 검사 받는 것은 필연적으로 불확실성을 감소시키는 것이 아니라, 에이즈 감염자들이 느끼는 오명과 불안을 증가시킨다. 그래서 에이즈 감염자들은 그들의 증상을 감기, 약물 사용, '위축되기' 등과 같은 다른 수많은 원인으로 돌린다. 심지어 증상이 너무 악화되어 그들이 의사의 도움을 찾을 때조차, 의사들은 그들을 검사하는 것을 종종 거절한다. 왜냐하면 의사들은 그들 스스로 위협을 최소화하거나, 그들이 단순히 에이즈에 관해 잘 알지 못하기 때문이다. 그래서 에이즈 감염자들은 그들 자신의 방어뿐만 아니라 의료진의 방어도 극복해야만 한다.

일단 진단을 받고 나면, 대부분의 에이즈 감염자들은 불안을 감소시키는 방법으로서 의미를 찾는다. 의심할 여지없이 불안을 감소시키는 역할을 하기는 하지만, 망상적인 두 가지의 '긍정적' 설명을 발전시켰다. 예를 들어, 어떤 사람은 자살 충동을 느끼게 하는 일련의 나쁜 사랑을 경험하였고, "그는 신이 더 이상의 복잡한 애정관계를 피하는 데 필요한 인센티브를 제공하는 방식으로 그에게 에이즈를 주었다고 믿었다."(Weitz, 1989, p. 274) 다른 생각은, 신이 그에게 에이즈를 줌으로써 그의 믿음을 다른 사람들과 공유할 수 있으며, "심지어 동성애자도 천국에 갈 수 있다."는 점을 보여주었다는 것이다. 다른 이들은 그들 자신의 난잡함이나 마약 사용을 비난하기도 한다. 가장 극심한 고통을 가지고 있는 에이즈 감염자는, 어떤 사람들은 에이즈에 감염되는 것이 당연하지만 그들 자신은 아니라는 생각을 가진 사람들이다.

진단 이후 4~6개월이면, 대부분의 사람들은 더 잘 해나간다. 불확실성은 감소하며, 그들 삶의 일부에 대한 통제를 어떻게 주장하는지 배우게 되고, 그들 삶의 다른 측면에 대한 통제를 가지지 못한 것을 어떻게 수용하는지를 배운다. 예를 들어, 어느 날은 기분이 좋다고 느끼지만, 다른 날은—종종 경고 없이—정상적인 생활을 하지 못하게 되기도 한다. 에이즈 감염자들은 좌절감이 증가하기는 하지만, 실망으로부터 그들 자신을 보호하기 위해 종종 어떠한 계획을 만드는 것을 회피한다.

일부 에이즈 감염자들은 그들의 치료 계획에 매우 적극적이다. 그들은 실험적 치료에 참여하고, 다이어트를 조절하며, 괜찮다고 느낄 때 운동 등을 통해 희망을 유지한다. 그들은 또한 감기에 걸린 친구와 같이 분명한 것뿐만 아니라 욕실 곰팡이 등과 같이 불분명한 감염의 잠재 원천에 이르기까지 가능한 감염 원천을 회피하는 법을 배운다. 어떤 에이즈 감염자들은 연구자의 요구조건에 충족되지 않음에도 불구하고, 실험적 치료에 참여할 자격이 있다고 거짓말을 하기도 한다. 다른 에이즈 감염자들은 실험 프로그램에 있는 친구에게 빌리거나 의사의 참가대기자(실험 참가자가 죽었을 때를 대비하여 남아 있는 사람)를 이용하여 AZT(역자 주 : 아지도티미딘, 에이즈 치료약)를 얻어내기도 한다. 실험치료에 참여할 자격이 있었던 어떤 젊은이는 서로 다른 세 개의 프로그램에 등록하여, 그럴 자격이 없는 친구들을 위해 약을 얻어내기도 하였다!

죽음은 에이즈 감염자들이 대처해야 하는 '미래의 긴급 사태' 중의 하나였다. 그들 중 몇몇은 죽음을 받아들였고, 삶이 질이 너무 나빠지면 자살할 계획을 세우기도 하였다. 어떤 사람은 그의 약을 없애버림으로써 죽음을 재촉하였다. 그는 어차피 죽을 바에는 그것을 끝내버리는 편이 낫다고 판단하였다. 그래서 이러한 사람들은 만성적 질병에 대한 적응에 있어서 넓은 범위의 대처전략을 증명하였다.

초기의 투쟁 이후 대부분의 사람들은 결국 생리적 통증과 장애를 수용한다. 개관에서 Stanton, Collins와 Sworowski(2001)는, 주요 만성질병에 대처하는 환자의 과반수까지가 최소한 단기간 동안이라도 우울증이나 불안장애로 진단 가능한 사례들이었다고 밝혔다. 그러나 환자들이 생존한다고 가정할 때, 1년 후에는 대부분의 사람들이 정신건강의 병전 수준으로 돌아왔다. 그러나 다른 문제들은 계속될 수 있다. 예를 들어, 심장병 환자의 1/3은 심리사회적 기능과 삶의 질에 있어서 지속적인 문제를 가지고 있었던 반면(Ell & Dunkel-Schetter, 1994), 암 환자들은 신체 존중감에 손상을 입을 수도 있었다(Katz, Rodin, & Devine, 1995). Cox와 Gonder-Frederick(1992)은 당뇨병 환자들도 진단 1년 후에 우울증이 병전 수준으로 돌아왔으나, 류머티스 환자들처럼(DeVellis, 1995) 당뇨병 환자들도 만성질병이 없는 사람들보다 일반적으로 우울증 비율이 높았음을 발견하였다. 흥미롭게도, Ickovics 등(2001)은 HIV를 가진 여성이 남성들보다 더 높은 우울증상을 보고하였다고 경고하기는 하였으나, Chesney와 Folkman(1994)은 HIV/AIDS 환자들이 질병을 더 잘 수용하는 것을 의미하는, 부정적인 심리적 반응이 감소하는 장기 경향이 있음을 밝혔다. 그러나 Stanton 등(2001)은, 부분적으로 대처과정 때문에 대부분의 사람들은 만성질병에 상당히 잘 적응한다고 결론지었다.

통증과 의학적 절차에 대한 대처

보호시설 내에서의 대처전략 연구는 몇몇 놀라운 정보를 산출한다. 우리는 일반적으로 대처가 개인에 의해 행해지는 무엇으로 생각한다. 그리고 개인이 얼마나 큰 고통을 느끼는가는 부분적으로 통증에 대한 믿음과 인지뿐만 아니라 그들의 대처전략에 기인한다. 특히, 많은 연구들은 파국화(catastrophizing)가 급성통증과 만성통증 모두를 의미 있게 증가시킴을 보여주고 있다(개관을 위해 Turk, 2001 참조).

그럼에도 불구하고, 통증과 의학적 절차에의 대처에 대한 많은 연구들은 보호시설의 실제(institutional practices)에 집중하고, 또한 이러한 실제에서의 수정이 통증과 고통받는 환자를 어떻게 완화시키는지에 초점을 두고 있다.

다수의 개관 논문들은 대처 개입, 특히 통증 개입이 매우 성공적일 수 있음을 입증했다(Coyne & Racioppo, 2000; Turk, 2001). 예를 들어, Gatchel과 Baum (1983)은 다수의 기법들이 치료에서 발생하는 통증뿐만 아니라 급성과 만성 손상으로부터 발생하는 통증을 감소시키기 위해 효과적으로 사용될 수 있음을 발견하였다. 이러한 기법들은 바이오피드백, 최면, 다양한 형태의 인지적 심상화(cognitive imaging) 등을 포함한다. 추가적으로, 만성질병을 가지고 있는 사람들에게 통증에 대처하기 위한 다양한 기법을 가르치는 통증 클리닉은 매우 효과적일 수 있다. 일반적으로 환자에게 약물의 사용시기와 투여량에 대한 통제감을 제공하는 것은 고통에 대한 지각과 진통제 사용을 감소시킬 수 있다.

Devine(1992)은 191개 연구에 대한 메타분석을 실시하여, 거의 80%의 연구에서 통증관리 개입을 받은 환자들이 더 빨리 퇴원하였음을 발견하였다. 표준 통증관리 치료에 특정한 대처기술을 추가했을 때, 통증 통제감은 더 향상될 수 있다 (Kole-Snijders 등, 1999).

Suls와 Wan(1989)의 메타분석은 어떤 유형의 통증 개입이 가장 도움이 되는지를 식별하고자 하였다 : 감각 정보, 절차 정보, 또는 혼합형의 제공. 감각 정보는 이러한 정보의 결과로서 환자가 무엇을 느낄지에 대한 기술을 포함한다. 절차 정보는 특정 의학적 절차 동안 무엇이 발생할지에 대한 기술을 포함한다.

모든 연구자가 동의하는 바는 아니지만, 절차 정보를 제공하는 동의서는 유익한 것으로 가정된다. 정보를 제공하는 것은 실질적으로 통증, 불편감, 심지어는 위험까지 증가시킬 수 있는데(Langer, Janis, & Wolfer, 1975), 특히 회피적 대처를 선호하는 사람들에게 더욱 그러하다(Miller & Mangan, 1983). 예를 들어, 내가 노인집단을 대상으로 그들의 건강관리에 대한 정보를 더 많이 제공하고자 노력했을 때, 한 노인이 이러한 방법에 대해 강하게 도전했다. "나는 나에게 무엇이 잘못되었는지를 알고 싶지 않소.", "나는 단지 의사가 그것을 고쳐주기를 바랄 뿐이오." 라고 말했다. 불안수준이 높은 사람들은 위험성에 대한 정보에 대해 부정적으로 반응하거나 의사가 지나친 불안을 만든다는 쪽의 무신경한 반응을 할지 모른다. 다음의 두 문장을 비교해 보라. "이 수술 중 당신이 죽을 가능성은 15%입니다." 대 "이 수술을 받은 85%의 사람들은 괜찮았어요." 그러므로 Suls와 Wan(1989)이 절차 정보가 그것 자체로 적은 이득을 산출해 냈다는 점을 발견한 것은 별로 놀랍지가 않다.

반대로, 감각 정보를 받은 환자들은 통제집단보다 부정적 정동과 자기 관련 통증수준이 낮았다. 감각 정보는 단독의 절차 정보보다는 통증을 감소시키는 데 더 효과적이었다. 그러나 두 가지 유형의 정보를 모두 제공해 주는 개입은 통증과 부적 정동을 감소시키는 데 단연코 가장 효과적이었다. 그럼에도 불구하고, 인구통계학적 특징들이나 연구 환경(즉, 현장 대 실험실)으로 설명할 수 없는 결과에서의 설명되지 않는 변량이 상당히 존재한다.

Auerbach(1989)는 그와 같은 대처 개입의 효능감을 수정할지도 모르는 중요한 요인들을 식별하였다. 접근-회피 대처에서처럼, 상황의 통제감이 중요한 역할을 담당한다. 즉, 문제중심적 개입을 제공하는 것은 통제 가능한 상황에서는 도움이 될 수 있는 반면(예 : 당뇨나 천식을 조절하기), 정서중심적 개입은 통제 불가능한 상황에서 도움이 될 수 있다(예 : 얼굴 종양 수술). 또한, 개입의 시기도 중요하다. 예를 들어, Faust와 Melamed(1984)는, 아동이 의학적 절차가 진행되기 전날에 입원하였을 때, 의학적 절차에 대한 영상이 가장 유익하였음을 발견하였다. 아동들이 의학적 절차가 진행된 당일에 입원하여 그 영상을 보여준 경우에는, 그들이 얻은 이득은 매우 적었다. 아마도 너무 불안해서 영상에 집중할 수 없기 때문일 것이다. Auerbach(1989)는 또한 대처 개입의 효능감에서 인간과 상황의 상호작용에 대한 Miller와 Mangan(1983)의 결과를 확인하였다. 회피적 대처자들은 너무 많은 정보가 제공되었을 때 더 불안해하였다.

사용할 수 있는 대처 자원들 또한 만성통증을 겪는 사람들의 기능적 능력수준에 영향을 미칠 수 있을지 모른다. 개관 논문에서 Jensen, Turner, Romano와 Karoly(1991)는, 만성통증을 겪는 많은 사람들은 좀처럼 의료 서비스를 찾지 않으며 생산적으로 일을 할 수 없음을 상기시켜 주었다. Jensen과 그의 동료들은 통증에 대한 심리사회적 적응에 영향을 미치는 세 개의 주요한 심리사회적 요인, 즉 통제 믿음과 귀인 양식, 자기 효능감과 결과 기대, 그리고 대처전략들을 식별하였다. 일반적으로 통증을 통제할 수 있다고 믿는 사람들은 파국화와 무력감을 회피하였고, 활동적인 대처전략을 사용하는 사람들은 덜 우울하였고, 통증을 덜 보고하였으며, 매일의 의무를 다하는 것을 가로막는 환자 역할을 떠맡는 것을 덜 하는 경향이 있었다.

더 최근의 연구들은 심리사회적 개입이 통증관리, 심지어는 암과 같은 심각한 질병에 있어서의 통증관리에 효과적일 수 있음을 확인해 주었다(Syrjala & Abrams, 1999). 메타분석 또한 최면이 통증 감소에 매우 효과적일 수 있음을 보여주었다(Hawkins, 2001). 그러나 통증은 매우 복잡한 현상이며, 개입은 아마도 개인적 · 맥락적 · 문화적 요인과 잘 상호작용할 것이다(Gatchel & Turk, 1999).

대처와 질병 결과

대처와 질병 결과에 대한 연구결과들은 간단하지 않다. 한편으로, 의료 영역에서 질병의 과정에 영향을 미친 개인(예 : Cousins, 1979)에 관한 일회적인 예들이 많이 있다. 그리고 개인이 어떻게 그들의 건강관리에 잘 참여하고, 의학적 규제를 준수하며, 긍정적 건강행동(예 : 운동하기, 적절한 다이어트, 흡연과 지나친 음주 소비의 회피 등)을 이용하는지에는 분명하게 차이가 존재한다. 이러한 모든 것들은 질병 결과에 영향을 미칠 수 있다. 다른 한편에서, 이러한 것들을 통계적으로 증명하는 것은 더 문제가 많다. 아래에서 강조될, 놀랍고 비직관적인 결과들이 문헌에 존재한다. 그리고 질병의 과정이 항상 개인의 통제하에 있다는 점을 믿는 것은 우를 범하는 것이다. 결국 우리 모두는 무슨 이유로든 죽는다.

그럼에도 불구하고 다른 질병 사이에서 대처와 암, 심장병, 진성 당뇨병의 결과를 연결짓는 많은 연구들이 존재한다(McCabe, Schneiderman, Field, & Skylar, 1991). 이 분야에서는 2개의 대단히 중요한 이슈가 있다. 첫 번째는 조절효과, 즉 환경이 건강 결과에 대한 대처의 효과를 변경시키는지의 여부이다. 둘째는 활동적인 문제해결 대처와 부정, 정서적 억압이 질병 결과에 긍정적 또는 부정적 효과를 미치는지의 여부이다.

조절효과

다양한 개인적 · 맥락적 요인들이 건강 결과에 대한 대처의 효과를 조절할지도 모른다. Zautra와 Manne(1992)은 류머티스성 관절염 환자의 대처연구를 개관하였다. 많은 연구에서 경험하는 통증의 정도가 다른 대처전략을 사용하는 것과 관련이 있었으나, 결과는 성격과 가족 환경의 기능뿐만 아니라 대처 효능감과 질병의 단계와 심각도와 같은 질병의 특징 요인에 따라 변한다는 것이 발견되었다. 예를 들어, 상대적으로 좋은 건강을 유지했던 류머티스성 관절염 여성은 다른 사람에게 의지하는 것이 증가된 심리적 고통을 유도하였다. 건강이 나빴던 여성의 경우, 다른 사람에게 의지하는 것이 낮은 수준의 고통을 유도하였다(Reich & Zautra, 1995).

유사한 결과가 유방암 환자들에 대한 Helgeson, Cohen, Schulz와 Yasko (2000)의 연구에서 발견되었다. Spiegel과 Giese-Davis(2003)는 지지집단에 참가한 환자들의 사망률에서 상당히 드라마틱한 효과를 발견하였다. 후기 유방암을 앓고 있던 여성 환자들은 지지집단 속에 있을 경우 대략 18개월을 더 생존하였다. 이 연구와 다른 유사한 연구는 유방암과 다른 질병을 가지고 있는 여성들에게서 지지집단의 증가된 유용성을 이끌어 냈다. 그러나 Helgeson 등(2000)은, 그 효과들이 환자들이 이미 가지고 있었던 지지 정도의 기능에 따라 영향을 받는다는 점을 발견하였다. 낮은 자연적 지지나 개인적 자원을 가지고 있던 사람들은 긍정적인 신체적 기능 면에서 지지집단으로부터 가장 큰 이득을 얻는 것처럼 보였으나, 이미 높은 수준의 지지를 받고 있던 여성들은 지지집단에 참여하는 것이 실질적으로 해로운 결과를 초래했다. 이는 아마도 스트레스-감염 효과(stress-contagion effect)에 기인하는 것으로 보인다. 즉, 고통 속에 있었던 개인은 그들의 사회적 관계망으로부터 더 큰 고통을 만들어 낼지도 모른다.

그리고 대처의 효과는 질병 유형에 의해서도 변화한다. Affleck 등(1999)은 류머티스성 관절염 환자와 골관절염 환자의 대처효과를 비교하였다. 류머티스성 관절염은 일반적인 자기면역계 질환으로 항원이 관절뿐만 아니라 내부기관까지 공격한다. 그래서 통증은 비특정적이며, 기능은 자주 매우 극적으로 날마다 달라질 수 있다. 반대로, 골관절염은 관절의 마모와 찢어짐이 있는 질병이다. 좋은 날도 있고 나쁜 날도 있지만, 통증은 일반적으로 운동에 국한되며 특정적이다. 골관절염 환자에게 있어서, 정서중심적 대처(지지를 구하기와 분출)는 통증 감소와 관련이 있었지만, 류머티스성 관절염 환자의 정서중심적 대처는 통증을 증가시켰다. Affleck 등(1999)은, 이러한 차이가 돌봄자의 반응에 기인한다고 제안하였다. 돌봄자는 류머티스성 관절염 증상을 덜 이해하며, 그래서 덜 동정적일지도 모른다. 다시, 사회적 지지의 추구효과는 반응에 의해 조절된다.

다른 질병에서 대처는 결과에 있어서 간접적 또는 매개효과를 나타낼 수 있다. 구체적으로 대처는 정동에 대한 충격을 경유하여 신체건강에 영향을 미칠지도 모른다. 에이즈 환자들에 대한 연구에서 Billings, Folkman, Acree와 Moskowitz (2000)는 사회적 지지 추구가 긍정적 정동의 증가를 예언하였으며, 이는 다시 적은 신체 증상과 관련되어 있음을 발견하였다. 그러나 회피 대처는 부적 정동의 증가와 관련이 있었으며, 이는 높은 수준의 신체 증상과 관련이 있었다.

또한 대처는 질병의 진행과 관련이 있을 것이다. 횡단적 연구에서 에이즈로 진단된 사람들은 단지 HIV 양성인 사람들(즉, 바이러스에 노출되기는 하였으나 아직 질병이 완전히 진행되지 않은 사람들)보다 계획적인 문제해결 수준이 낮았다 (Krikorian, Kay, & Liang, 1995). 증상이 없는 HIV-양성 남성과 여성에 대한 전향적 연구(prospective study)가 이러한 결과들을 확인해 주었다. Vassend,

Eskile과 Halvorsen(1997)은, 회피 대처와 수동적 대처를 사용한 사람들은 증상을 발전시킬 가능성이 더 많았던 반면, 계획적이거나 문제중심적 대처를 사용한 사람들은 HIV 증상의 진행이 더 느렸다는 점을 발견하였다. 유사하게, Mulder, Antoni, Duivenvoorden과 Kauffmann(1995)은, 적극적 직면 대처(confrontational coping)를 사용했던 HIV-양성 남성은 1년 동안의 과정에서 질병의 진행이 더 느렸다는 점을 발견하였다. HIV 진행률은 종종 CD4+라 불리는 도움 T 세포(helper T cell) 유형의 감소 때문이다. HIV 바이러스는 이러한 세포들에 '숨으며', 그러한 세포들 스스로 복제할 수 있도록 그들을 사용하며, 그들을 파괴하여 사람들이 '기회' 감염(opportunistic infections)에 취약하도록 한다. 그래서 회피 대처를 사용하는 사람들이 7년 이상 더 급격한 CD4+ 세포 수의 감소를 보였다는 점은 주목할 만하다(Mulder, de Vroome, van Griensven, Antoni, & Sandfort, 1999). 이는 적극적으로 문제에 직면하였던 사람들의 HIV 증상의 진행이 더 느렸던 앞에서의 연구결과를 설명하는 데 도움을 줄 수 있을지도 모른다.

개인적 대처가 어떻게 암의 발달에 영향을 미치는지에 관해서는 기껏해야 약한 증거만이 존재한다(Garssen & Goodkin, 1999). 그러나 대처전략은 질병에 대한 적응에 영향을 미친다. 예를 들어, 직면 대처를 사용하는 유방암 여성 환자들은 회피전략을 사용하는 사람들보다 화학요법으로부터 더 적은 부정적 효과를 보고하였다(Shapiro 등, 1997). 추가적으로 대처는 암의 진행에 영향을 미칠지 모른다. 몇몇 초기 연구들은, 적극적 대처 방식을 사용한 여성들, 특히 초기에 진단받고 비전이성 암을 가지고 있던 여성들은 더 오래 생존하였음을 발견하였다(Greer, 1991; Greer & Morris, 1975; Morris 등, 1981). 반대로, 유방암 여성 환자들에 대한 더 최근의 연구는, 억압은 위험비 3.7로 사망률 수준을 높인다는 결과를 보였다(Weihs, Enright, Simmens, & Reiss, 2000). 모든 연구가 이러한 극적인 결과를 보여주지는 못한다. Buddeberg 등(1996)은 문제중심적 대처(모험시도와 자기격려)가 사망률 위험을 감소시키는 것과 관련이 있는 반면, 불신과 비관적인 생각을 표현한 사람들은 높은 사망률 위험을 보였음을 발견하였다. 그러나 효과들은 보통 수준이었다. Petticrew 등(2002)은 메타분석에서 대처와 암 생존 연구의 결과들은 종종 꽤 불일치한다는 점을 발견하였다.

다른 종류의 암들은 진행률의 변화가 있고 거의 치료를 잘 받아들인다. 치료는 종종 몹시 힘들고 꽤 많은 스트레스 내성과 조직화를 요구한다. 그래서 문제중심적 대처는 이러한 질병의 더 좋은 결과와 연관되어 있는 반면, 회피 대처는 나쁜 결과와 연관되어 있다는 점은 당연해 보인다. 그러나 이러한 결과들은 질병의 단계, 심각도, 유형에 따라 변화할 수 있다. 추가적으로 대처의 효과는 부분적으로 정동에 의해 중재될지도 모른다는 시사점이 존재한다. 이것이 사실이라면, 이는 왜 환경에서 다른 사람의 반응이 고통을 감소시키는 데 있어서 대처 효능감에 영향을 미치고, 그래서 증상의 진행을 지연시키는지를 설명할 수 있다.

적극적 대처 대 억압 그리고 질병 유형

대처와 질병의 상황특이성은 적극적 대처전략과 억압적 대처전략의 비교에서 가장 잘 설명될 수 있다. 예를 들어, 앞에서 언급된 대처와 유방암에 관한 일련의 영국 연구들은, 적극적 대처 방식이 병, 특히 초기 비전이성 암에 대한 차도의 더 오랜 기간의 예후임을 시사한다(Greer, 1991; Greer & Morris, 1975; Morris 등, 1981). 이러한 연구들은 Temoshok과 그녀의 동료들의 흑색종에 관한 연구(1985)에 의해 지지되었다. 그들은 정서적 억압으로 특징지어지는 'C 유형 성격'의 여성들이 더 나쁜 결과를 가질 가능성이 높다고 제안하였다. 추가적으로 무력감 또한 자궁 경부암에서 더 나쁜 예후를 가져온 것으로 나타났다(Goodkin, Antoni, & Bloom, 1986). 반대로, Dean과 Surtees(1989)는 부정을 사용하는 여성들이 유방암 수술 후 3개월의 결과가 더 좋았음을 발견하였다.

Cooper와 Faragher(1992)는 유방암 여성 환자들의 스트레스, 대처, 성격 간의 관계에 대해서 그들이 수행한 일련의 연구들을 개관하였다. 이러한 세 변인을 모두 혼합한 결과는 매우 흥미로웠다. 부정의 사용은 긍정적 결과와 관련이 있었던 반면, 분노는 부정적 결과와 관련이 있었다. 여성 노인은 유방암을 가질 가능성이 높았으며, 또한 C 유형의 성격이 더 많은 경향이 있었다. 흥미롭게도, 회귀방정식에 나이를 포함하는 것은 유방암에 대한 C 유형의 성격의 효과를 제거하였으며, 이는 또는 결과에 대한 손실 스트레스원의 효과를 제거하였다. 그러나 나이는 대처효과를 제거하지는 않았다. 그러므로 건강 결과에 대한 성격과 스트레스원의 효과 중 일부는 나이와 혼입되었을 가능성이 있으나 대처는 독립적 효과를 가지고 있는 것으로 보인다.

Levy(1991)는 개관 논문에서 대처, 심리적 적응, 암의 차도 간의 관계는 시간이 지남에 따라 변할지도 모른다고 제안하였다. Visintainer와 Casey(1984)는 문제 중심적 대처를 사용하는 흑색종 환자들 또한 진단 시에 더 높은 심리적 고통을 보고하였으나, 9개월 후에는 더 높은 수준의 자연살해 세포활동, 종양을 공격하는 면역계 성분을 가지고 있었다는 점을 발견하였다. 유사하게, Rogentine과 그의 동료들(1979)은 부정이 진단 1년 후의 재발을 예언한다는 점을 발견하였다.

대처와 암의 경로 간의 관계에 대한 가장 강력한 연구들 중 일부는 Fawzy와 그의 동료들(Fawzy, Cousins, Fawzy, Kemeny, & Morton, 1990; Fawzy, Kemeny 등, 1990; Fawzy 등, 1993)에 의해 수행된 일련의 연구들이다. 이 프로젝트에서, Fawzy와 그의 동료들은 흑색종 환자에 대한 대처 개입을 하였고, 그들의 대처효과성, 정동, 면역기능, 생존을 연구하였다. 대처 개입은 건강 교육, 문제해결 기술과 스트레스 관리 훈련, 심리적 지지를 포함하는 구조화된 6주간의 집단 개입으로 구성되었다. 개입 이후에, 실험 참가자들은 더 긍정적인 정동을 가지고 있었으며, 적극적 행동 대처를 사용할 가능성이 증가하였다. 6개월 후의 측정에서, 개입집단은 또한 더 나은 면역기능을 가지고 있었다. 그들은 큰 알갱이 모양의 림프구의 퍼센트가 더 높았으며 자연살해세포도 많았을 뿐만 아니라 자연살해세포의 세포독성활동도 더 활발하였다. 정동이 대처전략보다는 면역세포 변화와 상관관계를 보인 점은, 제2장에서 제시된 정신신경면역학적 모델에서 제안하긴 하였지만(그림 2.1 참조), 대처효과가 정동을 통하여 매개되었음을 시사한다. 5년 후의 추후 연구에서, 통제집단의 거의 1/3이 사망하였지만, 실험집단에서는 10% 이하가 사망하였다. 기저선에서의 높은 고통수준과 적극적 대처는, 적극적 대처가 증가하는 대로 생존이 증가하는 것과 유의미하게 관련이 있었다.

한편으로, 적극적 대처 자세는 고혈압, 심장병과 더불어 더 해로운 효과를 나타낼 수 있다. 예를 들어, 개인적 숙달감이나 통제감에 대한 더 큰 믿음은 더 심각한 관상동맥 죽상경화증(coronary atherosclerosis)을 예언하는 반면(Seeman,

1991), 높은 감시 방식(monitoring styles)은 고혈압과 관계가 있었다(Miller, Leinbach, & Brody, 1989). 반대로, 급성 관상동맥 질병으로 입원한 동안 부정을 사용하는 사람들은 차후의 협심증 삽화가 더 적었다(Levenson, Mishra, Hamer, & Hastillo, 1989). Powers(1992)는 개관 논문에서, 심장의 외상 이후에 부정을 사용하는 사람들은 덜 불안해하였으며, 입원 기간이 짧았고, 차후의 이병률(morbidity)과 사망률(mortality)의 위험이 낮았음을 발견하였다. 그러나 만약 부정이 외상 동안 사용되면, 이는 도움 찾기가 지연되는 것과 관련이 있을지 모른다. 보통 관찰되기를, 어떤 사람들은 자신이 심장 발작을 가지고 있는 것이 아니라는 것을 스스로 확신하기 위해 가벼운 심장 발작 동안 계단을 오르는 것으로 알려져 있다!

대처전략은 타이밍과 질병 유형에 따라 효과가 다른 것 같다. 심각한 질병의 초기에 부정은, 만약 치료를 구하는 것을 지연시키는 결과를 초래한다면, 해로운 효과를 가질 것이다. 나는 유방암을 앓고 있는 여성들이 의심스러운 덩어리가 암인지 여부를 알기 위해 유방조영상(mammogram)을 찍는 것을 너무 두려워하였기 때문에, 유방암으로 죽은 여성들을 알고 있다. 효과적인 치료에 너무 늦을 때까지 부정하는 것은 더 쉬운 일이다. 진단 후에, 문제중심적 대처는 단기적으로 고통을 증가시킬지도 모르는 반면, 부정이나 억압은 고통을 감소시킬지도 모른다. 약간의 부정은 심혈관계 질병에 유익할 수 있는데, 이는 정서적 고통을 증가시키는 적극적 대처가 또한 혈압과 일반적인 심혈관계 반응을 증가시키며(Dolan, Sherwood, & Light, 1992; Light, Dolan, Davis, & Sherwood, 1992; Vogele & Steptoe, 1992) 심장혈관계 질병을 악화시킬지도 모르기 때문이다. 그러나 어떤 조건하에서, 스트레스가 종종 면역 억제적 효과를 가지고 있다고 가정되기는 하지만(제4장 참조), 스트레스는 실질적으로 면역계 반응을 향상시킬지도 모른다(Dienstbier, 1989). 그래서 문제중심적 대처가 고통을 증가시킬지라도 암과 싸우는 데 도움을 줄 수 있을지도 모른다.

물론 이는 매우 추측에 근거한 것이며, 내가 알기로 표준의 부정 측정을 이용하여 암과 심장혈관계 질병을 비교한 연구는 존재하지 않는다. 그러나 Aikens, Wallander, Bell과 Cole(1992)이 발견한 복잡한 결과를 설명할 수 있을지도 모른다. 매우 신중하게 수행된 연구에서 예상한 대로 스트레스가 제Ⅰ형 당뇨병 환자들 간에 더 나쁜 신진대사 통제와 관련이 있었다. 그러나 적극적 형태의 대처, 학습된 자원의 풍부함 또한 더 나쁜 신진대사 통제와 관련이 있었으며, 이러한 결과는 전혀 예측된 바가 아니었다. 어느 정도 적극적 대처는 최소한 단기간에는 심리적 고통을 증가시키며, 이러한 대처전략의 부작용은 스트레스에 취약한 생리적 과정에 해를 줄 수 있을지도 모른다.

마지막으로, 가족 구성원들이 환자의 질병에 어떻게 대처하는지 또한 질병 결과에 중요할 것이다. 심장병 환자에게 배우자가 어떻게 대처하는지의 여부는 중요할지도 모른다. 예를 들어, Bandura와 Waltz(1984)는, 남성 환자의 의학적 규제(medical regime)에 대한 고수를 가장 잘 예언하는 것은 그의 배우자의 격려와 지지였다는 점을 발견하였다. 추가적으로, Coyne과 그의 동료들(Coyne, Ellard, & Smith, 1990; Coyne & Smith, 1991)은 다소 문제를 야기하는 데이터를 제시하였다. 심장병 환자들은 배우자들이 그들 스스로의 불안을 잘 억제하고 환자가 더 잘 통제할 수 있도록 해줄 때 더 잘 수행하였다. 그러나 배우자의 심리적·신체적 대가는 높았다. 그러나 배우자들의 심리사회적 기능을 향상시키는 전략들은 심장병 환자들에게 해로운 효과를 가지고 있었다. 그래서 개인이 의학적 문제에 대처하는 방법뿐만 아니라 개인이 그 가족과 상호작용하는 태도를 이해하는 것이 중요할 수 있다.

요약

1974년에 Coelho 등은 대처와 적응에 관한 첫 컨퍼런스에서 논문을 발표하였다. 그때에는, 대처가 건강에 대한 스트레스의 효과를 조절하는, 잠재적으로 중요한 중재적 요인(intermediary factor)으로 비쳐졌다. 뒤이은 수십 년의 연구는 그 가정을 증명하여 왔다. 이 개관에서 보이는 바와 같이, 대처는 분명하게 건강에 대해 심오한 함의를 가지고 있다. 그러나 나타난 그림들은 최초에 생각했던 것보다 훨씬 더 복잡하다. 가장 중요한 2개의 주제는 대처의 효과는 타이밍과 스트레스원 맥락에 의해 수정된다는 점이다. 일반적으로 대부분의 상황에서 가장 효과적인 것으로 인식되는 문제중심적 대처는 통제 불가능한 상황과, 심리적 활성화가 생리적 활성화에 부정적 영향을 미치는 때에 해로운 효과를 가질 수 있다. 반대로, 일반적으로 심리적 건강에 상반되는 것으로 인식되는 부정은, 상황이 통제 불가능하거나 최소한 단기간에 정서적(그리고 아마도) 생리적 평형을 유지하는 데 기여한다면, 긍정적인 효과(최소한 작은 양일 때)를 가질 수 있다. 반면에, 무기력감과 무망감을 유발하는 대처는 언제나 부정적 효과를 나타낸다.

그럼에도 불구하고 임상적 개입에 대한 잠재성은 명확하다. 의료 종사자들이나 개인과 그 가족들을 대상으로 한 개입은 명백하게 효과적일 수 있다. 위협을 감소시키거나 개인의 통제감을 향상시키는 데 기여하는 개입은 정신과 신체건강에 분명하게 긍정적인 효과를 가진다는 점이 증명되어 왔다. 현재 필요한 점은 질병과 같은 상황에서 Antonovsky(1979)가 '건강 생성적(salutogenic)' (즉, 건강 증진의) 효과라고 불렀던 것에 기여하는 전략에 대해 더 많은 연구를 하는 것이다(Taylor, Lichtman, & Wood, 1984를 비교).

Aldwin과 Stokols(1988)는 생리적, 심리적, 사회적, 문화적 수준에 걸친 대처의 긍정적 · 부정적 결과에 대한 검토를 요구하였다(Stanton 등, 2001 참조). 개인이 이러한 다른 영역에서 어떻게 효과의 균형을 유지하는지를 결정하는 것뿐만 아니라 단기 대 장기적 효과를 연구하는 것이 특히 중요하다. 예를 들어, 흡연이 부정적인 신체적 효과를 가지며 장기적으로는 더 큰 우울증을 유도할 수 있다는 점을 알지만, 이혼을 진행 중인 여성이 즉각적인 심리적 고통을 경감하기 위해 흡연하기로 결정하는 것은 무리가 아니다. 또는 Coyne과 Smith(1991)의 연구에서처럼, 그녀 자신의 고통을 증가시킬지라도, 그녀의 남편을 돕는 방향으로 대처하기로 결정할지도 모른다. 마지막으로, Baum 등(1983)에 의해 수행된 스리마일섬 연구에서 문제중심적 대처자와 같은 사회적 활동가들은 단기적으로는 그들(그리고 아마도 그들의 가족들 또한)의 심리적 · 신체적 고통을 증가시킬지라도, 장기적으로 사회에 좋은 방향으로 대처를 할지도 모른다. 그래서 어떤 것이 '좋은' 또는 '나쁜' 대처를 구성하는지 이해하기 위해 우리는 전략의 목적, 이것의 비용과 이익, 그리고 어떻게 효과적으로 사용될 수 있는지를 알 필요가 있다 —심리적 고통이나 생존 시간의 측정과 전략을 관련짓는 현재의 기술과는 거리가 먼.

예를 들어, 본 장의 시작에 제시되었던 세 가지 사례(노먼 커즌스, 루스 카터 스태플턴, 그리고 80세의 내 친구)를 보자. 만약 우리가 대처전략과 생존 시간을 관련짓는다면, 커즌스가 명백하게 승자일 것이다. 그가 광범위하게 사용한 문제중심적 대처, 대안의 개념화, 그리고 유머는 명백하게 그의 생존에 기여하였다. 그러나 그녀의 삶과 여동생의 삶 모두를 지옥으로 만든 내벌적(intropunitive) 전략과 외벌적(extrapunitive) 전략을 모두 사용했던 내 친구는, 자신의 운명을 받아들이고 죽음을 고대했던 스태플턴 부인보다 오래 생존하였다. 내 친구가 스태플턴 부인보다 '더 나은 대처자'였는가? 나는 아니라고 생각한다. 내 친구의 대처전략은 그녀가 원하던 목표를 달성하였는가? 내가 추측하는 것처럼, 그녀의 목표가 부헨발트에서 그들의 부모가 죽음을 맞이하는 동안 홀로코스트에서 살아남은 그녀와 그녀의 여동생 모두를 벌하는 것이었다면, 아마도 그럴 것이다.

그러나 개인의 목표를 달성했다면 대처는 성공적이다라고 가정하는 것은 충분하지 않다. 이유가 무엇이든 간에 이러한 목표들은 환경에서 개인의 일부분이나 다른 사람에게 영향을 주어 고통을 증가시킬 수 있다. 명백하게 목표를 평가하는 방법이 있어야만 한다.

나는 우리가 대처와 상대적으로 단순한 결과를 단순하게 관련짓는 연구를 중단해야 한다고 제안하고 싶지 않다. 확실히 Fawzy 등(1993)은 대처가 암으로부터의 생존율에 있어서 매우 강력한 예언자임을 보여주었다. 그러나 현재 기술이 우리로 하여금 모델을 만들도록 허락하는 것보다 삶은 매우 더 복잡하다. 낮은 수준의 심리적 고통과 평탄한 생존 시간은 대처전략의 가능한 두 가지의 목표이다. 삶의 질과 개인 목표의 달성이 질병에 대한 대처연구에 포함되어야만 한다.

제 12 장

외상 스트레스에 대한 대처

죽거나 영구적 부상이 아니라면 별로 중요하지 않았다.

– 잔악한 처치에 대한 대처를 설명하는 걸프 전쟁
당시 이라크 여성 전쟁 포로

인류학자인 A. F. C. Wallace는 1956년 매사추세츠 주 우스터에서 발생한 살인적인 토네이도 생존자들의 반응을 기술했다. 이 뉴잉글랜드 공업 도시에 불어 닥친 토네이도는 전혀 예측하지 못했던 일이었다. Wallace는 우스터 마을 주민들의 일관된 반응을 특히 강조했다. 그들은 기가 막힌 듯 무감각한 채로 멍하니 걸어 다니거나 걷잡을 수 없을 정도로 울었다. 넋이 나가지 않은 듯한 사람들은 오로지 경찰, 소방관, 의사 등 구조대원들뿐이었다. Wallace는 이들 중에서도 극심한 인지손상의 증거를 목격했다. 예들 들어, 의사들은 상처부위를 소독하지 않은 채 기계적으로 봉합해서 재수술이 필요하기도 했다.

지난 10년 동안, 우리는 외상(trauma)과 이에 따른 정신적 · 신체적 영향에 대한 이해를 넓혀 왔다. 이제 우리는 외상의 단기적 · 장기적 손상 발생의 경로와 상황에 대해 잘 파악할 수 있다(Aldwin & Yancura, 2004; Dougall & Baum,

2004; Green & Kimerling, 2004; Schnurr & Green, 2004b 참조).

사람들이 외상에 어떻게 대처하는지에 관한 연구는 심리학의 흥미로운 읽을거리가 되었다. Lindemann(1944)의 야자나무 숲 화재, Bettelheim(1943)과 Frankl(1962)의 나치 포로수용소 생존기억, Lifton(1961)의 중국 사상개혁 수용소, Erikson(1976)의 버팔로 계곡의 재난, Sharansky(1988)의 소련 강제수용소 경험은 고전적인 연구로 꼽힌다. Bettelheim의 각 단계별 심리적 반응 변화와 개인의 평가와 대처 출처, 그리고 극한의 수용소 환경에서 생존을 위한 대처와 방어기제는 외상 대처에 관한 현대 논문의 전조로 볼 수 있다. Frankl의 수용소 경험은 의미(meaning)와 자기초월(transcendence)에 대한 중요성을 일깨워준 원동력이었다.

스트레스와 대처에 관한 논문은 겹치는 부분이 있기는 하나, 외상에 관한 논문은 독립적으로 전개되어 왔다고 할 수 있다. 이 장은 외상 논문을 요약하고, 스트레스와 대처 논문과의 연계점을 찾는 데 목적을 둔다.

외상 정의하기

제4장에서 설명했듯이, 외상은 일반적으로 아주 빠르게 전개되고, 많은 사람들의 생명을 일시에 앗아갈 만큼 위협적인 부상일 수 있다는 점에서 일반 스트레스와는 다르다. 분명 이것은 다소 엄격한 외상에 대한 정의다. 그러나 이것은 McCubbin과 Figley(1983)가 제시한 '치명적인(catastrophic)' 스트레스 —'무력감, 분열, 파멸, 그리고 상실과 연계된 갑작스럽고 극단적인 생존에 대한 위협'(p. 220) —와 유사하다. 정신장애진단 및 통계편람(*Diagnostic and Statistical Manual of Mental Disorders*)(DSM-IV : American Psychiatric Association, 1994) 역시 비슷하게 접근하고 있다. 외상적 스트레스는 본인 또는 중요한 타인의 생명과 신체적 존엄성을 위협하는 사건이라고 정의할 수 있다(예 : 극심한 공포와 무력감을 유발하는 가정 혹은 사회의 파괴).

외상적 사건을 의미 있는 세상에 살고 있다는 믿음을 파괴하거나 사람들의 예상을 뒤엎는 것이라고 정의하는 이들도 있다(Benner, Roskies, & Lazarus, 1980).

Epstein(1991)은 외상 시 손실될 수 있는 네 가지 인지 도식(cognitive schema) ─ 선한 세상에 대한 믿음, 정의구현의 가능성, 타인에 대한 신뢰, 자존감 ─을 제시했다. 그러나 이러한 보편적인 정의는 많은 스트레스 생활사건이나 만성적인 역할 긴장(role strain)에도 쉽게 적용될 수 있다. 예를 들어, 본인이 하지 않은 일로 인한 체포, 자주성이 결여된 저임금 직장, 자신이 이룬 과업에 정당한 인정을 받지 못하고 부당한 대우를 받을 때, 혹은 문제 청소년을 자녀로 둔 부모 역할 등은 정의, 신뢰, 자존감 등에 대한 비뚤어진 시각을 갖게 할 수 있다. 실질적으로 거의 모든 중요한 스트레스원들은 적어도 하나의 인지 도식을 위협한다.

외상을 극심한 스트레스로 국한하는 것은 몇 가지 장점이 있다. 우선, 이러한 외상 정의는 가장 객관적인 스트레스원을 확인시켜 준다. 신경증(neuroticism)은 일상적인 사건, 싸움, 또는 만성적인 역할 긴장 발생에 역할을 담당한다고 할 수 있으나, 지진, 전쟁, 수용소 등을 경험하는 것은 개인의 성격과는 좀처럼 연관이 없다. 외상의 분포는 무작위로 일어나지는 않는다. 범죄 또는 전투에 노출되는 것조차도 사회경제적 상태를 반영한다고 할 수 있다. 그러나 전쟁 및 자연재해 등의 외상은 무작위적으로 또는 사회 전체에 일어난다. 그리고 스트레스에 대한 성격적 경향은 유사실험연구에서 나타난 것보다는 영향을 덜 끼치는 요인이라고 할 수 있다. 둘째, 그런 외상은 주로 생존을 위해 자원의 총체적인 출동을 요구한다. 즉, 이는 대처 자원 및 계획에 중요한 그림을 선사한다. 셋째, 제4장에서 언급했듯이, 외상은 주요 생활사건을 비롯, 다른 스트레스원과는 질적으로 다른 '느낌'이다. 과민반응(hyperreactivity)과 외상후 스트레스 장애(posttraumatic stress disorder, PTSD)의 회상은 일상적 스트레스나 만성적 역할 긴장이 아니라 일반적으로 전투혹은 다른 중요한 외상과 연관이 있다(아래 설명 참조).

외상을 엄격하게 정의하는 데 있어 한 가지 문제점은 근친상간의 포함 여부다. 근친상간은 생명을 위협하지는 않지만 일반적으로 심각한 외상으로 여겨진다. 성추행범은 보통 비밀보장과 응종(compliance)을 위해 어린아이나 가족을 위협한다. 만약 성추행범이 부모인 경우 직접적으로 위협을 하지는 않을지라도, 중요한 관계 손상은 생존에 대한 기본적 두려움을 불러일으킬 수 있다. 예를 들어, 이혼가정의 아이들은 음식이 있을지 혹은 냉장고가 텅 비어 있을지에 대한 두려움을 표현할 수도 있다(Wallerstein & Blakeslee, 1989). 어린이들은 어른보다 스트레스에 대처할 자원이 적다. 따라서 근친상간은 광범위하고 매우 부정적인 결과를 불러오기 때문에(Roth & Lebowitz, 1988), 외상 범주에 포함시켜야만 한다.

외상후 스트레스 장애

외상후 스트레스 장애(PTSD)는 외상에 대한 심리생리학적 반응으로, 여섯 가지 기준에 의해 특징화할 수 있다(American Psychiatric Association, 1994). PTSD 진단에 필수 요건은 두 가지인데, 외상 노출(Category A)과 재경험 증상(Category B)이다. 외상을 기억나게 하는 어떤 것에 노출되었을 때, 침입적인 기억, 고통스러운 꿈, 회상, 극도의 고통 중 한 가지를 포함해야 하며, 고조된 생리적 반응을 보여야 한다. Category C는 회피 또는 감정의 마비를 포함하고, 과각성 증상(Category D)은 불면증, 신경질/분노폭발, 주의집중의 어려움, 극도의 경계, 그리고 과장된 놀람 반응을 포함한다. 무엇보다도 PTSD 진단의 중요 요소는 기간(Category E)과 심각도(Category F)로, 증상이 적어도 한 달 이상 지속되어야 하며, 임상적으로 극심한 고통을 유발해야 한다. 또한 PTSD 증상은 다른 경로를 보여주기도 하는데, 많은 사람들이 증상 감소를 경험하지만, 어떤 이들에게는 증상이 수십 년간 지속되거나 간헐적으로 나타나기도 한다(Schnurr, Spiro, Aldwin, & Stukel, 1998; Wilson 등, 1989).

예를 들어, 제대군인국(Department of Veterans Affairs)에서 PTSD를 진단하는 임상학자가 한국전쟁 참전 제대군인이었던 환자 이야기를 내게 들려줬다. 그는 나이 쉰이 될 때까지 수십 년간 전쟁과 관련된 문제를 전혀 보이지 않았다. 그가 사업차 협회에서 연설을 하던 중, 탁자에 앉아 있던 모든 이들이 갑자기 아시아인으로 '변했고,' 중국어를 말하는 듯했다. 이는 너무나도 두려운 경험이었고, 그는 치료를 받기 시작했다. 비슷한 예로, 나는 한때 제2차 세계대전 참전 제대군인들의 전투경험의 장기간 영향에 대해 연구한 적이 있다. 한 70대 참여자는 질문지에 답을 할 수 없다고 전화를 해왔다. 매번 질문에 답을 하려고 할 때마다, 그는 피로범벅이 된 질문지를 보았기 때문이었다. 그는 수년간 제2차 세계대전에 대해서 생각조차 해보지 않았지만, 질문지 작성이 오래된 외상 기억을 끄집어냈고, 그 기억은 악몽이 되고 극도로 사실적인 피범벅 질문지로 나타났다. 나는 그에게 질문지 작성을 하지 않아도 된다고 했으며, 이 경험에 대한 이야기를 누군가와 이야기를 나누기를 권했고 그는 그렇게 했다.[1]

참전 제대군인들의 PTSD

참전 제대군인들은 많은 학자들에 의해 광범위하게 연구되어 왔다. 초기에는 PTSD를 '탄환 충격' 내지는 '전투 피로' 등으로 칭했다. Stouffer(1949)의 초창기 연구는 제2차 세계대전 중 많게는 전투 부상의 1/3가량이 정신적인 것이라고 보았다. 베트남 군인들의 경우, PTSD 생애 유병률이 높게는 30%에 이른다고 여겨지며, 어느 일정 기간을 놓고 보았을 때 15%는 장애를 보인다고 여겨진다(Schlenger, Kulka, Fairbank, & Hough, 1992). 제2차 세계대전 참전 제대군인들의 유병률은 대체로 낮은 반면, 전쟁 포로(POWs)들의 유병률은 거의 50%에 가깝다(Spiro, Schnurr, & Aldwin, 1994). 가장 심각한 외상을 경험했던 일본의 강제 수용소에 있었던 제2차 세계대전 전쟁 포로들의 평생 PTSD 비율은 84%(현재 비율은 59%)였다(Engdahl, Dikel, Eberly, & Blank, 1997). 다른 말로, 사건 50년 후, 전쟁 포로의 과반수 이상이 여전히 PTSD 증상을 경험하고 있었다.

Friedman과 동료들(Friedman, Schnurr, Sengupta, Holmes, & Ashcroft, 2004)은 최근 다른 전쟁에서 나타난 PTSD 유병률을 조사했다. 걸프전 제대군인들의 PTSD 유병률은 약 10%였다(Kang, Natalsen, Mahan, Lee, & Murphy, 2003). 이는 약 30%가량을 보였던 베트남전에 비해 현저히 낮으나, 16% 정도로 추측되었던 이라크전 파병 제대군인들의 유병률과는 비슷한 편이다(Hoge 등, 2004). 걸프전 참전자들의 PTSD 유병률이 제대 시와 2년 뒤 재조사 사이에 약 2배가량 증가한 연구결과를 볼 때(Wolfe, Erickson, Sharkansky, King, & King, 1996-1997), Friedman 등(2004)은 현재 분쟁지역의 참전 군인들의 PTSD 유병률이 증가할 것으로 우려하고 있다.

---

[1] 이런 경우를 대비해 외상 연구 학자들은 임상적 도움을 줄 수 있도록 해야 한다.

이라크전 제대군인들의 외상 노출률은 현저히 높다. Hoge 등(2004)은 아프가니스탄전에 투입되었던 군인 표본과 유사한 표본의 외상 노출률과 비교했다. 예를 들어, 이라크전에 참전한 거의 모든 육군과 해군 제대군인은 총격을 받았거나 시체 또는 유해를 보았다고 보고한 반면, 아프가니스탄전에 참전한 군인들은 약 2/3가 총격을 받았거나 50% 미만이 시체를 보았다고 진술했다. 이라크전에서는 반 이상이 다른 이의 죽음에 책임이 있었으나, 아프가니스탄은 12%에 그쳤다. 이라크전 제대군인들은 16%, 아프가니스탄전 군인들은 11% 정도 우울증 및 PTSD 등의 발병률을 보였다.

흥미롭게도 Fontana, Rosenheck과 Brett(1992)은 베트남전 제대군인들 연구에서 생명이나 부상의 위협을 경험한 것이 PTSD의 가장 큰 예언변인임을 밝혔다. 그러나 학살 목격 또는 가담은 일반적인 정신적 혼란과 자살 충동을 가장 잘 예측했다. 따라서 제네바 조약을 따르는 것은 윤리적으로 전쟁 포로를 정당히 다루는 면에서뿐만 아니라 제대 후 군인들의 정신건강을 보호하는 차원에서도 중요하다고 볼 수 있다.

일반 시민들의 PTSD

PTSD는 전투 제대군인들에게만 국한된 것이 아니다. 미국의 경우, PTSD 유병률은 남자는 5~6%, 여자는 10~12%이다. 약 8~10%의 외상 경험 남자가, 20~31%의 외상 경험 여자가 PTSD로 진행된다(Schnurr & Green, 2004a). 미국에서의 가장 흔한 외상요인은 교통사고다(Norris, 1992). 전 세계적으로 전쟁 및 각종 인종, 종교, 정치 분쟁들이 흔한 외상요인으로 여겨진다. 실질적으로 Krippner와 McIntyre(2003)는 전쟁이 일반 시민에게 미치는 영향이 증가하고 있다고 주장했다. Kolb-Angelbeck(2000)의 통계에 따르면, 제1차 세계대전 시 거의 95%의 사망자가 전투 병력이었다고 추측되었으나, 현재의 인종, 종교, 지역 분쟁에 있어서는 약 90%의 사망자가 일반 시민이라고 여겨진다. 이러한 통계는 다소 높고, 재검증이 필요하다고 할 수 있다. 수천 년 동안 강간 및 아동 학살이 '부수적인 피해(collateral damage)'로 여겨져 왔고, 칭기즈칸과 같은 침략자들은 저항이 강한 민족을 모두 죽이려고 했던 반면, 인류의 대학살은 새로운 피의 역사를 쓰고 있다고 할 수 있다.

일반 시민들이 겪는 정신적, 육체적, 그리고 인지적 손해는 크다. 분쟁 지역에서 PTSD 평생 유병률은 매우 높은데, 거의 1/3가량의 알제리 사람들이 PTSD를 겪었다고 할 수 있다(De Jong 등, 2001). 여러 가지 외상요인에 노출된 사람들은 더욱 비율이 높다고 할 수 있다. 아프가니스탄 여인들은 몇 번의 장기전을 겪어 왔고, 파키스탄과 터키의 처참한 난민 수용소를 견뎠으며, 자전거를 탄다든지 공공장소에서 말을 한다는 아주 사소한 이유로 여성을 구타하거나 총살하는 탈레반에게 비인도적으로 당했다. 인권을 위한 의사회(Physicians for Human Rights)(1998; Fish & Popal, 2003에서 인용)가 설문조사한 아프가니스탄 여성 중 거의 반이 넘게 PTSD 진단 기준치를 넘었다. 특히 어린이는 PTSD에 민감하다. McIntyre와 Ventura(2003)는 전쟁이 유독 치열했던 지역의 앙골라 청소년 난민들은 거의 90%에 가깝게 PTSD를 겪는다고 밝혔다.

고문 피해자들 또한 PTSD 발병률이 높다. Moisander와 Edston(2003)은 여섯 국가(방글라데시, 이란, 페루, 시리아, 터키, 우간다)로부터의 고문 피해자들의 도움 요청을 비교했다. 대부분의 피해자들이 거의 남성이며(우간다 제외), 교육을 받았고, 강한 정치적 입장을 취하고 있다. 보편적인 고문은 falada 또는 bastinada(발바닥을 때리는 것), 매달기, 감전사, 그리고 격리 등이다. 고문 피해자들의 80% 가까이가 PTSD 기준을 보였으며, 1/3가량이 자살을 기도했었다. 이들이 도움 요청 집단이기 때문에 수치가 높은 듯하나, 고문의 피해가 상당하다는 것은 의심할 여지가 없다.

취약성에 있어 개인차

외상 노출과 PTSD의 정신적 결과는 우울증, 물질 남용, 인격장애 및 각종 정신질환과 결혼생활 부적응 및 직장 관련 문제 등 많이 알려져 있다(Schnurr & Green, 2004a). McIntyre와 Ventura(2003) 연구에 나온 어린이들은 대체적으로 외상 경험이 없는 아이들에 비해 정신적 · 육체적 · 인지적 기능이 현저히 떨어졌다. 그러나 외상 경험을 한 모든 이들이 PTSD를 겪는 것은 아니다. 비율은 외상에 취약한 개인의 다양성과 상황, 두 가지 모두에 따른다.

Norris와 그의 연구팀(2002)이 160개의 재난피해 연구 논문을 분석한 결과에 따르면, 마치 개발도상국가나 대학살(자연재해에 비해)을 경험한 사람들처럼, 어린이들과 청소년들이 정신적 만성질환을 겪을 확률이 더욱 높다고 밝혔다. 어른들 중, 여성, 중년, 정신질환 병력, 그리고 이차 스트레스원을 가진 사람들이 고통을 더 경험했다. Cardoza와 연구팀(2004)의 아프가니스탄에서의 최근 인구 조사에 따르면, 특히 여성, 장애인, 교육 정도가 낮은 이들에게서 PTSD, 불안, 우울증이 높게 나타났다. 종교적 기도나 믿음, 기본적인 욕구의 충족 등이 대처전략으로 여겨졌다.

Friedman 등(2004)은 다른 이유를 들기도 했으나, 소수 인종자인 경우 PTSD를 더 겪기 쉽다고 볼 수 있다. 예를 들어, 소수 인종 군인은 전투상황에 처하기가 더 쉽다. Friedman 등(2004)은 나이와 전투 경험을 고려한 상황에서 베트남 참전 제대군인 중 여러 그룹의 PTSD 위험도를 측정하였다. 일반적으로 흑인은 백인에 비해 2배 가까운 조정 전 PTSD 비율을 보이나, 나이와 전투 경험을 고려했을 때, 흑인은 PTSD 발병이 20% 정도 덜했다. 비교해 보건대, 히스패닉 제대군인들의 조정 비율은 낮지만, 여전히 백인들에 비해 24% 정도 높았다. 하와이 출신 제대군인들의 발병률이 가장 높았는데, 백인에 비해 거의 세 배 정도로 높았다. 흥미롭게도 일본계 미국인들은 PTSD 비율이 유럽계 미국인들의 반 정도밖에 되지 않는 뛰어난 회복탄력성을 보였다. Norris와 연구팀(2002)은 재난 구조단들이 놀라울 정도의 회복탄력성이 있음을 밝혀내었다.

그럼에도 불구하고 캄보디아의 죽음의 밭이나 르완다의 민족말살과 같이, 거의 전 국민이 영향을 받은 대학살들이 있다. 전체 국민이 외상을 경험할 때는 정상적인 기능으로 되돌아오기가 극도로 어렵다. Foreman(2003)이 크메르루즈 초원 학살에서 생존한 청소년에 대한 사례연구에서 밝힌 것처럼, 특히 청소년들은 폭력의 반복을 경험할지도 모른다. 예를 들어, 동남아시아인들(캄보디아, 몽)은 캘리포니아에 있는 아시아계 미국인 청소년들 중 아주 적은 비율을 차지하나, 그들은 캘리포니아 청소년국(California Youth Authority)의 상당수를 차지하고 있다(Lim, Levenson, & Go, 2000 참조). 치유 유도를 위해서, 심리학자들은 남아프리카와 르완다에 있는 여러 가지 회복 프로그램에 참여하고 있다(Fisher, 2003).

몇 년 전, 나는 샌프란시스코에 있는 아프가니스탄 난민들과 함께 저녁을 보낸 적이 있었다. 소련에 저항하여 싸웠던 무자헤딘(mujahedeen)의 한 젊은이는 PTSD 증상을 보였다. 그는 처음으로 사람을 죽였을 때의 느낌, 그 병사의 갈비뼈를 뚫을 때 칼의 느낌 등 감각에 대해 아주 자세하게 설명했다. 확실히 그는 그 기억 때문에 여전히 괴로워하고 있었다. 70대에 들어선 노인들은 특이한 방식으로 전쟁과 고문 경험을 받아들이는 것을 보여줬다. 늙은 아프가니스탄인들은 세 정부에 의해 '유별나게' 고문을 받았던 한 남자를 이야기하며 웃었다. 그들은 말하길, "계속 얘기해 봐. 어떤 범죄를 저질렀기에 그렇게 많은 고문을 받았어야 했는지 손님들에게 해 봐."라고 하였다. 그 남자는 그가 각각 다른 세 정부를 타도하려고 했다고 고백하자, 아프가니스탄 노인들은 눈물이 날 지경으로 더 큰 소리로 웃었다. (그들의 웃음소리는 마치 응급실 직원과 전투 참전 의사들이 극심한 외상 상황을 견디어 내고자 보이는 '교수대 유머'를 연상케 했다.) 그럼에도 불구하고, '유별난 남자'는 친구들에 비해 거의 10년이나 족히 늙어 보였고, 그 일이 있은 후 얼마 지나지 않아 죽었다.

PTSD와 신체적 건강

PTSD가 신체적 건강에 미치는 장기적 영향은 점점 더 관심을 받고 있다. Green 과 Kimerling(2004)의 보고에 따르면, 일생의 외상 경험은 낮은 자기보고 건강과 관련을 보였다. 여성들의 경우 성추행 경험은 생식 건강 증상을 포함한 여러 가지 기관계 문제와 연관이 있다. 염증성 질병과 천식, 고혈압, 당뇨 등과 같은 만성적 질병을 포함한 다른 질병에 대한 약한 증거가 있다.

여러 연구들은 전투 경험이 더 나쁜 건강 결과와 관련 있다는 것을 기술해 왔다. 전쟁 포로들은 그들이 경험한 고문과 학대 때문에 평생 신체적 건강이 나쁠 수 있다(Page 등, 1991). 이의 좋은 예로, 미국 상원의원 존 매케인의 만성적 척추문제는 베트남전에서의 고문 때문이라고 한다. 잘 알려져 있지는 않지만, 팔다리를 하나 잃는 것은 노년에 높은 심장질환과 연관이 있다고 한다(Modan 등, 1998). 또한 보편적으로 볼 때 외상을 경험한 사람들의 의료비용이 더 높다(Walker, Newman, & Koss, 2004).

신경내분비계와 면역계에 미치는 외상과 PTSD의 영향 연구에 대한 관심이 높아져 가고 있다. 연구결과들에 따르면, 외상은 급성 또는 만성 스트레스와는 미묘하게 다른 영향을 미친다고 한다. Friedman과 McEwen(2004)의 개관에 따르면, 만성 스트레스와 PTSD는 둘 다 시상하부-뇌하수체-부신피질과 교감/부신/연수 체계에 영향을 미쳐 결과적으로 HPA 역조절, CRF 증가, 교감신경계 각성, 부신 반응 증가, 경직된 반응 및 수면방해 등을 일으킨다. 그러나 이 두 가지 스트레스 유형에는 다른 점이 있다. 만성 스트레스는 내인성 아편제 증가와 연관이 있지만, 갑상선 호르몬의 감소와 연관이 있는 반면, PTSD는 그 반대의 경우다. 이 두 가지 다 면역계를 억제시키나 염증성 사이토카인를 증가시킨다.

현재 가장 논란이 되는 것 중 하나는 외상을 겪은 사람들에게 코르티솔 수치가 정상보다 높거나 낮은 경우다. 높은 코르티솔 수치는 스트레스에 대한 신체적 반응이라고 여겨지는 데 반해, 몇몇 연구들은 외상 희생자들은 낮은 코르티솔 수치를 보이는 것을 발견했다. Yehuda(1997)는 PTSD 환자들이 낮은 코르티솔 수치를 보이는 것은 HPA 체계가 코르티솔에 극도로 민감하게 만드는 당질 코르티코이드 수용기들의 수가 증가하기 때문이라고 주장했다. 이에 따라 신체는 수치가 실제로는 낮지만, 마치 높은 것처럼 몸이 반응하는 것이다.

다른 한편으로, Rasmussen과 Friedman(2002)은 성차가 이 차이점에 대한 원인이라고 주장했다. 갱년기 전의 여성과 PTSD 어린이들은 높은 수치를 보이는 반면, 남성 전투 참여 군인들은 감소된 수치를 보인다. 그러나 Mason, Giller, Kosten과 Wahby(1990)의 흥미로운 연구는 PTSD 환자들의 코르티솔 수치가 큰 변동을 보여준다고 제시했다. PTSD를 가지고 입원한 전투 병사들의 연구에서, Mason과 그의 연구팀(1990)은 입원할 당시 코르티솔 수치가 현저히 낮았으나, 치료기간 중 외상에 재노출되었을 때 수치가 높아졌다. 그리고 퇴원 전 다시 낮은 수치로 돌아왔다. 따라서 코르티솔 수치는 스트레스가 있는 다양한 상황에 따라 다르나, PTSD를 가지고 있는 경우 더 불안정하다.

외상과 면역기능을 연구한 논문은 상대적으로 적다. Dougall과 Baum(2004)이 15개의 논문을 개관했다. 이 중 8개의 연구는 급성 스트레스 요인과 같은 맥락의 결과를 찾았는데, 즉 말초 임파구와 자연살해세포의 순환 정도가 증가되었다는 것이다. 말초 임파구의 순환 증가는 스트레스 반응으로 임파선과 비장으로부터의 분비라고 여겨진다. 실질적으로 그러한 반응은 신체적 상처를 입었을 때 나타나는 유용한 반응으로 볼 수 있다. 자연살해세포의 경우는 다르지만, 이러한 임파구의 반응과 증식은 보통 손상이 된다. 그러나 Dougall과 Baum이 개관한 외상과 면역 반응 연구들 중 다섯 논문은 만성적 스트레스에서 보인 변형과 매우 유사한, 즉 세포 숫자와 기능의 억제를 발견했다. 이들 중 두 논문은 두 가지 형태를 발견했다.

이러한 모순은 스트레스원의 시기에 근거한다. 외상 사건들은 지진이나 교통사고처럼 단기적일 수도 있거나 또는 지속적인 학대, 전투, 또는 PTSD처럼 만성적인 형태이기도 하다. 외상 노출 후 면역계 기능의 완화 경로는 연구에 따라 다양하다. 어떤 연구는 PTSD를 지닌 이들의 장기적인 면역 저하를 보여주고 있다(McKinnon, Weisse, Reynolds, Bowles, & Baum, 1989). 그러나 때로는 전투 참전 제대군인들은 높은 면역세포를 가지고 있다(Boscarino & Chang, 1999). 통제감과 건강행동 등의 요소에 따라 면역계에 영향을 미치기도 한다. 또한 지나친 흡연과 과음은 면역기능을 저하시킨다.

앞서 밝힌 바처럼, 신체건강에 미치는 외상의 영향은 직접적이다. 즉, 개인이 교통사고, 전쟁 상태, 또는 고문 등으로 인해 신체적 상해를 입었을 때는 일생에 뜻하지 않은 결과를 남길 수도 있다. 그러나 몇몇 연구자들이 지적한 것처럼, 적어도 이 나라에서 보이는 대부분의 외상은 신체적 외상이나 질병 노출로 인한 것이 아니다(Kulka 등, 1990; Resnick, Kilpatrick, Dansky, Saunders, & Best, 1993). Schnurr와 Green(2004b)의 종합적인 보고에 의하면, 신체적 건강에 영향을 미치는 외상 노출은 PTSD를 통하여 매개된다. 문헌들이 다른 결과를 보이기는 하지만, 간혹 우울증 내지는 불안 등 동반질환을 통하여 매개되기도 하나, 대부분의 연구는 변량의 대부분이 PTSD를 통하여 매개됨을 발견하였다(이 부분은 Aldwin, Levenson, & Gilmer, 2004 참조).

Schnurr와 Green(2004b)은 PTSD가 병적 상태와 사망에 영향을 미치는 몇 개의 경로를 밝혀냈다. 첫째, 앞서 이야기한 것처럼, 내분비계와 면역계에 영향을 미칠 수 있다. 둘째, 우울증, 분노, 바람직하지 않은 대처와 같은 심리학적인 문제들이 건강을 위협하는 행동들을 유발할 수 있으며, 증상 지각 및 신체적 증상의 명명에 변화를 일으킬 수 있다. 따라서 이와 같은 두 가지 요인은 병리적 행동에 영향을 미칠 수 있으며, 이는 자기보고 증상, 의료 혜택 이용 및 기능적인 능력에도 영향을 미칠 수 있다.

마지막으로 건강 위협 행동 및 병적인 행동들은 병적 상태와 사망에 영향을 미칠 수 있다. Schnurr와 Green(2004b) 모델의 다양한 측면을 지지하는 많은 증거들이 있으나, 우리가 알기에는 이러한 여러 요소들을 하나의 포괄적인 모델에서 테스트한 예는 없다. 그럼에도 불구하고, 외상 후 개인이 적절히 대처할 수 있도록 개입하여 PTSD가 발병되지 않도록 하는 것은 아마도 건강을 보호할 수 있는 최선의 수단일 것이다.

외상에 대한 대처

몇 가지 이유에서 적응과정을 이해하기 위해서는 개인의 외상 대처와 외상후속 처리에 대한 연구가 특히 중요할 듯하다.

첫째, 외상 대처에 대한 이야기들은 재미있는 읽을거리이며, 본질적으로 흥미롭다. 예를 들어, 리더스 다이제스트와 같은 잡지에서는 정기적으로 비행사고, 눈사태, 상어 공격, 또는 다른 재난 재해에서 생존한 사람들의 이야기 내지는 연쇄 살인범이나 강간범을 물리친 여자들의 이야기, 전신마비를 회복한 미식축구 영웅 이야기, 전쟁 포로수용소에서 살아 돌아온 전쟁 영웅의 이야기 등을 싣는다. 언론 역시 그러한 이야기를 다루는데, 며칠 동안의 폭설에서 살아남은 가족들, 우물에서 구조해 낸 어린이들, 하수도에 빠진 강아지 이야기 등에 상당량의 방송 시간과 지면을 할애한다. 텔레비전 프로그램에서는 그런 재난 구조대원들의 응급상황을 다루는 등, 인위적으로 스트레스가 많은 상황에서 누가 '이기는지'를 보여주는 '리얼리티' 텔레비전 프로그램도 있다. 이야기들은 만족할 만한, 때로는 비현실적인 통제감을 제공한다. 너는 어떤 상황도 극복할 수 있어. 충분한 용기와 강인함, 신념, 약간의 기계적인 지식, 그리고 꽤 많은 행운이 필요할 뿐이라고!

둘째, 외상은 실험실에서는 결코 만들 수 없을 극도의 스트레스원을 연구할 수 있는 흥미로운 기회를 제공한다. 현실에서 일어나는 일들은 인간피험자심사위원회(human subject review boards) 또는 동물권리심사위원회(animal rights review boards)에게 승인을 받을 필요가 없다. 극도의 외상이 인간 내지 동물에게 미치는 심리적 · 신체적 영향에 대해서 연구를 할 수도 없고, 해서는 안 된다(동물에게 최소의 스트레스원이 될 만한 연구에 대한 반대 논의는 Ader, 1981을 참조). Epstein(1991)은 외상 상황이 성격 구조를 연구할 수 있는 비교할 수 없이 좋은 기회라고 주장하기도 했다. 그의 주장에 따르면, 원자의 구조를 연구하기 위해서는 입자 가속기가 필요하다. 외상은 성격 연구와 일반적인 적응 경로 조사를 위한 입자 가속기와 같은 기능을 한다.

셋째, 외상은 주로 예상할 수 없고, 평소에는 쓰지 않는 자원의 신속한 동원을 필요로 하기도 한다. 군인 내지는 의료요원을 제외하고, 대부분의 사람들은 외상에 대한 대처 훈련이 되어 있지 않으며, 재빨리 새로운 전략을 발견해야 한다. 많은 생활사건이나 사소한 사건들과는 다르게, 외상 사건들은 주로 장기적인 영향이 있으며, 지속적으로 적응 경로를 살펴볼 수 있도록 해준다.

마지막으로, 테러리스트 공격 및 인종, 정치, 종교 분쟁 등에 국민이 목적이 됨에 따라 전 세계적으로 외상단계가 점차 증가하고 있다면, 외상 대처 방법을 이해하고 대처 능력 개발을 도와주는 것이 중요할 것이다. 전쟁 희생자를 돕고자 하는 심리학자들을 위한 호소문에서, Hobfoll(2002)은 다음과 같이 주장했다.

> 인지 혁명, 그리고 현재 생물학적 혁명은 다시 실험실에 재등장하려고 안간힘을 쓰고 있으며, 전 세계가 직면하고 있는 현실적인 문제점들을 어떤 수로든지 피하려고 하고 있는데, 이것은 현실 세계를 선택할 수 없기 때문이 아니라 그런 연구를 하고자 하는 자들에게 장벽이었기 때문이다. 미국 심리학의 중심은 심리학의 상아탑을 다시 쌓고자 하고, 한때 심리학의 이상향으로 삼던 물리학 중심의 시대로 돌아가고 싶어 한다. 상아탑으로부터 볼 때 현실 세계가 당면한 문제들은 더럽고, 그 인과관계가 반복적이며, 대부분 인공적으로 보이더라도 인과관계가 뚜렷한 '실험실'로부터 동떨어져 있다. (p. xii)

우리가 본 것처럼, 지난 10년 동안 외상 대처에 관한 많은 '현실 세계' 연구들은 사람들이 어떻게 적응해 나가는지 통찰력을 제공해 왔다. 외상에 직면한 대다수의 사람들이 장기적 문제를 경험하지 않는다는 것, 그리고 어떻게 사람들이 외상 및 단기 심리학적인 스트레스에 대처하는지는 PTSD 발병 여부에 큰 영향을 미친다 (Arsenio, Wheately, Sledge, Race, & Carlson, 1986; Bleich, Gelkopf, & Solomon, 2004; Mikulincer & Florian, 1996; Wolfe, Reane, Kaloupek, Mora, & Winde, 1993). 외상 대처 경로는 외상 노출보다 더 중요한 정신건강의 척도라고 할 수 있을 것이다. 이는 과거를 돌아볼 때도(Fairbank, Hansen, & Fitterling, 1991; Zeidner & Hammer, 1992), 미래를 예측할 때도 그러하다 (Solomon, Mikulincer, & Avitzur, 1988; Solomon, Mikulincer, & Benbenishty, 1989).

외상 대처의 단계

외상에 대한 첫 반응의 중요성은 대체로 주목할 만하다. 사람들은 마치 시간이 천천히 가는 것 같아서 더 빨리 대처할 수 있었다고 말하기도 한다. 다른 이들은 얼어붙거나 또는 마비된 듯하다고 하며, 반응할 수 없었다고 한다. 그러나 또 다른 이들은 해리된 듯하거나 마치 일어나고 있는 일과 아무런 연계가 없는 것처럼 느꼈다고 한다. 아프리카 탐험가인 스탠리 리빙스톤 박사가 사자의 공격을 받았을 때를 기록한 글을 읽은 적이 있다. 사자는 그를 입으로 물고서 흔들었는데, 이는 마치 고양이가 쥐한테 하는 듯했다. 그는 쥐가 어떤 심정인지 알 듯했다고 했다 : 아무 생각이 없었다. 그 순간 그의 마음은 마비되었다. 그의 경험이 마치 다른 누군가에게 일어난 것처럼 그는 고통도 느끼지 못하였다. 전투에서 상처를 입은 군인이 처음에는 고통을 느끼지 못하거나 혹은 자신이 상처를 입었다는 것을 전투가 끝난 뒤에나 인식하는 것은 드물지 않은 일이다.

초기 학자들은 외상 종류에 따라 외상에 대처하는 다양한 단계를 밝혀내는 것에 중점을 두었다. 이 장에서는 포로수용소, 강간, 그리고 자연재해에서 보인 대처 단계를 간략하게 살펴보도록 하겠다. 풍부한 질적 자료를 고려하여, 포로수용소에서의 기록에 좀 더 주목할 것이다. 그러나 최근의 연구는 대체로 단계들을 포기했고, 이 장은 적절히 최신의 것으로 정리하였다.

포로수용소

나치 포로수용소 생존자인 심리학자 Bruno Bettelheim(Bettelheim, 1943)은 수용소에서의 적응을 체계적으로 연구했고, 그의 노력에 두 조력자를 포함시키기도 했다. Bettelheim의 노력은 맥락뿐만 아니라, 이 극도의 스트레스원 아래 적응에 있어서의 인간-환경 적합 상호작용(person-environment fit interactions)을 보여주었기에 주목할 만하다. 그는 포로수용소 경험에서 네 가지 단계, 즉 포로가 된 '초기 충격,' 수용소로의 이송과 '인도,' '적응' 과정, 그리고 '최종 적응'으로 나누었다. 그러나 다양한 유형의 수감자들은 이러한 단계에 다르게 반응했다. 그곳에는 유대인 이외에, 정치적 수감자들, 여호와의 증인들, 그리고 다른 양심적 참전 거부자들, 범죄자들, 동성애자들, 작업 조건에 반기를 든 자들, 그리고 나치 임원들에 의해 무작위로 수감된 부유한 '개인적인' 수감자들이 있었다.

초기 충격 단계에서, 가지각색의 수감자들은 매우 다른 반응을 보였다. 범죄자들과 정치적 수감자들은 스트레스를 최소로 받았다. 미래에 대한 염려가 있기는 했지만, 범죄자들은 상위 계층의 사람들이 자신과 같은 계층으로 내려왔음을 즐겼으며, 정치적 수감자들은 수감이 자신의 중요성을 반영한다고 여겼다. 이와는 다르게, 상위 계층에 속한 이들은 자신이 곧 석방되리라는 믿음을 유지했다. 몇몇 몸값을 마련하지 못한 이들은 자신의 우월성을 지키는 방법의 하나로 스스로의 고립을 고수했다.

중산층 수감자들은 자신들의 수감이 타당치 않다고 여겼기에 스트레스를 가장 많이 받았다.

> 그들은 인간으로서의 자신의 존엄성을 보호하거나 나치에 저항력을 부여할 만한 일관적인 철학이 없었다. …… 그들은 법과 경찰의 타당성을 문제삼을 수 없었고, 그래서 그들은 게슈타포의 행동을 정의로 받아들였다. 잘못된 점이라고 한다면, 그들이 학대의 대상이 되었다는 것인데, 당국이 행한 것이므로 정당하게 받아들여져야만 한다는 것이다. (Bettelheim, 1943, p. 426)

중산층 수감자들이 자신의 처지를 깨달았을 때, 그들은 자신의 세계관이 와해되는 듯했다. 그들은 이 단계에서 자살을 감행하는 유일한 그룹이었다. 그리고 자살을 하지 않은 이들이 수용소에 도착하면, 반사회적이 되거나 다른 수감자들에게 사기를 치거나 나치의 스파이가 되고는 했다.

수용소로의 이송과 인도 — 나치는 '환영'이라고 칭함 — 는 수감자들이 경험할 최악의 고문을 포함했다. 수용소에서 경비병들은 수감자 개개인의 저항을 해제하기 위해 고문했다. 몇몇 저항자들은 처형되었다. Bettelheim은 해리(dissociating) — 극도의 스트레스 상황에서 가능한 — 를 통해 이를 이겨냈다(Figley, 1983). 그의 목적은 내적 변화 없이 살아남는 것이었다. 새로운 수감자들은 일반적으로 해리와 회귀를 통해 대처했다. 이상하게도 경비병들의 작은 모욕이 큰 모욕보다 수감자들을 더 분개하게 만들었다. 자연재해와 같은 외상에는 이타주의가 중요한 대처전략인 한편(Smith, 1983), Bettelheim에 의하면, 나치는 개인이 다른 이를 보호하거나 도우려고 하면, 전체 집단을 벌하면서 이타주의를 억압했다. 수감자들은 곧 도와주려는 행위가 더 나쁜 결과를 초래한다는 것을 배웠고, 따라서 자연스럽게 발생한 지도자들은 진압당했다.

적응과정 단계에서는, 수감자들은 더 이상 해리를 통해 대처하지 못하는 듯하였다. 그들은 수용소와 그곳에서 생존하는 것에만 집중했다. 대부분이 수용소 밖으로 나간다는 꿈조차 포기한 상태일지라도, 자신들이 석방되면 얼마나 환대와 사랑을 받을지 망상에 잠기고는 했다. 노르웨이 포로수용소 생존자를 설명하는 데 있어서, Eitinger(1980)는 내면세계 형성과 수용소 밖의 세상을 이상화하는 것은 거의 일반적인 대처전략이라고 밝혔다.

최종 적응 단계에서, 수감자들의 성격은 나치 정부의 유용한 시민으로, 게슈타포가 원하던 대로 변했다. 적어도 3년 이상을 보낸 '오랜' 수감자들은 보통 공격자로서 나치 사상에 타협했다. 그들은 새로운 수감자들에게 나치 경비원들마저 중단한 규율을 지독하게 강요시켰다. 예를 들자면, 한 나치 경비원이 즉흥적으로 수감자들에게 비누로 자신들의 신발을 세탁하게 했다. 그러나 신발은 돌처럼 딱딱해지고 무거워져서 발에 상처를 입혔고, 그 명령은 다시는 반복되지 않았다. 그럼에도 불구하고 많은 오랜 수감자들은 그들의 신발을 계속 세탁했으며, 새로운 수감자들도 역시 그리하도록 강요했다. 오랜 수감자들은 나치 가치관을 받아들이지 않았으나, 대신 자신들의 행동을 합리화시키는 데 주력했다. 또 하나의 예로, 새로운 수감자들은 자신의 일에 태업(sabotage)하기를 원했으나, 오랜 수감자들은 독일 전쟁 후 건물이 필요할 것이며, 혹은 어떤 일이든 최선을 다해야 한다는 등을 이야기하며 그것에 대항했다.

> 공격자와의 동일시는 때로는 최악을 가져오기도 했다. 실질적으로 수용소에서 오랜 시간을 보낸 모든 수감자는 부적합한 수감자에 대한 게슈타포의 태도를 받아들였다. 중압을 잘 견디지 못했던 새 수감자는 다른 수감자들에게 책임거리가 되었다. 게다가 위약자들은 결국에는 배신자가 되었다. 약한 자들은 일반적으로 수용소에서 첫 주 내에 죽곤 했다. 오랜 수감자들은 때때로 부적합한 자들을 제거하는 데 중요한 역할을 했다. 게슈타포의 태도를 물려받았다는 것이 배신자를 처리하는 데서 그대로 보여졌다. 배신자들이 매일 고문받고 천천히 죽음을 당했던 방식은 게슈타포에게서 전수받은 것이었다. (Bettelheim, 1943, p. 448)

Viktor Frankl(Frankl, 1962) 역시 자신의 정신을 고수하기 위한 한 방법으로, 다양한 포로수용소를 학문적으로 연구한 정신과 의사였다. 그는 Bettelheim과 유사하나 약간 다른 방식으로 경험을 세 가지 단계, 즉 수용 직후, 수용소 일과에 정착시기, 그리고 석방단계로 설명했다.

Bettelheim처럼 초기 반응은 충격과 불신으로 이루어져 있었으나, Frankl은 굳센 유머와 호기심으로 극복하는 경험을 포함하였다. 아우슈비츠에 배치받은 후, 기차로 도착한 90%의 수감자들이 곧장 가스실에서 사형을 당했다. 남은 10%도 점점 더 잔인하게 다뤄졌고, 모든 물건을 뺏기고, 모든 체모가 깎기고, 고문을 받고, 그리고 나서 '정화'를 위해 목욕실로 행진을 했다.

> 우리 몇몇이 가지고 있던 환상은 하나씩하나씩 붕괴되었고, 뜻밖에도 암울한 유머가 우리 모두를 장악했다. 샤워가 시작되면, 우리는 우리 자신들과 서로를 웃기려고 안간힘을 다했다. 결국, 진짜 분무기에서 [시안화나트륨 가스가 아닌] 물이 나왔다! 이상한 유형의 유머와는 별개로, 또 다른 감각이 우리를 사로잡았다. 바로 호기심이었다! 마음을 주변과 격리시키며, 객관성이라고 여겨질 만큼, 차가운 호기심은 아우슈비츠에서 지배적이었다. 그 당시 이러한 마음을 보호수단으로써 일궈 나갔다. 며칠 후, 우리의 호기심이 충격으로 변했다. (Frankl, 1962, pp. 14~15)

혹독한 상황에 그들이 얼마나 잘 적응해 나가는지를 발견하는 것은 충격적이었다. 그들은 샤워 후, 몇 시간 동안 추운 바람을 맞으며 서있어도 호흡기 질환에 걸리지 않았고, 상상할 수도 없을 만큼 수면 없이도 견딜 수 있었고, 혹은 잠잘 수 없는 상황에서도 잠을 잤으며, 양치질을 할 수 없는 상황임에도 불구하고 구강염에 걸리지 않았다(초기단계에서 면역계는 지극히 활발했으리라 여겨진다, 제4장 참조). 당연히 정보 수집은 만연했고, 어느 순간 대부분은 자살을 생각했었다.

이러한 반응들은 며칠이 지난 후에 바뀌기 시작했다. 두 번째 단계인 수용소 생활 정착 중에, 수감자들은 냉담해졌고 정서적으로 죽어갔다. 수용소에서의 생존이 중요했다. 이는 음식물 축적, 아무렇지 않게 죽은 자나 죽어가는 이의 옷을 훔치거나, 경비병의 등장을 경고하는 방법 개발, 그리고 더 많은 자원을 얻기 위해 우두머리들에게 웃음을 선사하는 등의 문제중심적 전략 개발 등을 포함했다. 수감자들은 음식과 집에 대한 환상으로 가득했다.

Frankl의 이야기는 수감자들이 썼던 긍정적인 전략에 중점을 뒀다는 점에서 Bettelheim과 사뭇 달랐다. 많은 이들이 잔인해지며, 비열한 행동을 했고, 다른 수감자들을 죽였지만, Frankl은 유머, 예술, 이타주의 등을 의식적으로 사용한 대처 전략이라고 기록했다.

> 자기 보존을 위한 싸움에서 유머는 또 다른 영혼의 무기다. 나는 사실, 같은 건물에서 일하는 내 친구가 유머 감각을 개발하도록 훈련시켰다. 나는 그에게 해방 후 일어날 법한 것들에 대해서, 적어도 하루에 하나씩 즐거운 이야기를 지어내기로 서로에게 약속을 하자고 했다. (Frankl, 1962, p. 42)

저녁 식사를 거를지라도, 수감자들은 가끔 우스갯소리를 나누거나, 노래를 부르거나, 시를 선보이는 등의 '카바레'도 벌렸다.

수감자들의(때로는 경비원들의) 이타주의는 수용소에서의 삶을 가능하게 했다. Frankl에 의하면 수감자들은 자주 서로를 지켜줬다. 그들은 스스로를 보호하려고 하는 반면, 또한 자신의 친한 친구나 때로는 같은 고향 사람을 보호하려고 했다. 나치의 보복 위험에도 불구하고, 경험이 많은 수감자는 새로운 수감자들에게 조언을 해주기도 했다. 자살을 하는 사람을 구하는 것은 금지되어 있었으나, 수감자들은 자살을 할 기미가 보이는 이들을 파악하여 자살하지 못하도록 감시하기도 했다.

Frankl은 몇 파운드의 썩은 감자를 훔친 굶주린 남자에 관한 이야기를 했다. 수감자들이 그 남자를 찾아낼 때까지, 나치는 모든 수감자에게 24시간 동안 음식을 주지 않을 것이라고 협박했다. 많이들 불평을 했고, 나치가 그 협박대로 했지만, 2,500명 중 어느 누구 하나 그 범인의 이름을 발설하지 않았다. Frankl은 장티푸스 환자에게 아스피린 반 알을 나누어 주는 자신의 본업 이외에, 다른 수감자들을 위해 개인 또는 집단 심리요법을 해주었다.[2]

Frankl에게 있어서, 생존을 위해서는 삶의 의미와 가치 유지가 중요했다. 만약 수감자가 그것을 잃으면, 그는 삶의 의지를 잃는 것이었고, 보통은 죽었다. 가장 중요한 것은 정신적 성장과 발달이었다.

> 집단수용소에서의 강압적인 삶은 신체적, 정신적으로 원시적이었으나, 영적인 삶을 깊게 하는 것이 가능했다. 지성적인 삶을 누리던 민감한 사람들은 대체로 허약 체질인 경우가 많았고 고통스러워했을 것이다. 그러나 내적인 손상은 적었다. 그들은 끔찍한 환경으로부터 내면적인 풍요와 영혼의 자유로 탈출할 수 있었다. (Frankl, 1962, p. 35)

Frankl은 이러한 고통 속에서 경험했던 초월적인 경지에 대해 몇 가지 예를 들었다. 이러한 경험들이 '동물보다 더 못한' 인간이 되지 않기 위해 인간으로서의 존엄성과 자존감을 지켜주었다고 했다.

> 마지막 분석에 따르면, 수감자가 어떤 인간이 되는가는 내면적 결정에 의한 것임이 명백했다. 따라서 본질적으로 인간은 어떠한 상황 아래 무엇이 될 것인가를 결정할 수 있다. 그들이 고통을 견뎌 내는 방법은 진실된 내적 성취였다. 그것은 아무도 앗아갈 수 없는, 인생을 의미 있고 목적 있게 만드는 영적인 자유이다. (Frankl, 1962, p. 66)

---

2) 이것을 읽은 후, 나는 왜 내 동료가(제11장에서 밝힌 것처럼) 대장암으로 고통을 겪으면서도 아스피린 반 알만을 복용했는지 알 듯했다.

영성(spirituality)과 의미 유지, 그리고 존엄성 보존관계에 대해 언급한 이가 Frankl만은 아니다. Lifton(1961)은 중국 공산주의 집단수용소에 갇혀 있던 가톨릭 신부에게서도 비슷한 과정을 설명했고, Sharansky(1988)는 소련 수용소에 있었던 자신의 경험도 비슷하게 서술했다. 사실, 우리가 곧 보게 될 것처럼, 극도의 스트레스원에 대한 대처 방법으로서의 영성의 중요성과 의미 부여는 지난 10여 년 간의 외상 연구에 있어 중심부가 되었다(Aldwin & Yancura, 2004 참조).

어떤 면에서 볼 때, Frankl이 기술한 세 번째 단계인 해방 후가 가장 슬펐다. 오랫동안 정서적으로 죽어 살다 보니, 수감자들은 그들의 새로운 자유를 즉각적으로 경험할 수가 없었다. 일상적인 감정이 돌아올 때까지는 시간이 꽤 걸렸는데, 때로는 자신들의 경험을 이야기하는 것이 도움이 되기도 했다. 별로 놀랄 일도 아니지만, 전수감자들은 엄청난 양을 먹었다. Bettelheim의 '공격자와의 동일시'가 몇몇 수감자들에게 새로이 드러났다. 몇몇은 자신들이 겪었던 지독한 경험으로 자신들의 행동을 합리화시키는 무자비한 박해자가 되었다. 많은 이들은 분노와 환멸 역시 느꼈다. 사랑하는 이들과의 재회를 꿈꾸며 목숨을 연명하던 이들은 특히나 그들의 죽음을 알았을 때 힘들어했다. 그러나 Frankl에 따르면, 결국에는 거의 모든 생존자가 회복되었다.

Lomranz(1990)는 홀로코스트 생존자들의 장기간 적응에 대한 연구를 개관하면서 기초 세우기와 보존하기 단계를 더했다. 기초 세우기 단계 중, 생존자들은 새로운 인생을 구축해 나갔는데, 예를 들어 살 나라를 찾고, 그 나라의 언어와 문화를 배우고, 생계를 꾸려나갈 방법을 찾고, 새 가족을 만들었다. 이 단계는 보통 2~3년 걸렸다.

보존하기 단계에서 생존자들은 꽤 안정적인 적응 상태를 발전시켰다. Lomranz는 세 가지 유형을 보여주었다. McCubbin, Olson, 그리고 Larsen(1982)이 주의를 준 것처럼, 외상 스트레스에 대한 적응은 단순히 개인의 문제가 아니라 전 가족이 포함되어 있는데, Lomranz는 세 가지 유형을 '가족문화'의 다양한 형태에 근거했다.

생존자의 성격, 역사, 홀로코스트에 대한 견해, 추정되는 사회와 자원 등에 따라, 다양한 가족문화가 형성되었다. 어떤 가족들은 외향적 모습을 중요시하면서, 다소 강요된 행복한 분위기를 보였다. 다른 이들은 지속되는 애도처럼 근엄한 분위기를 보였다. 가족 간의 경계선과 사생활은 억압되었고, 친밀해지는 것은 복잡한 일이었다. 영양, 신체적 보호, 그리고 물질적인 도움 등이 주로 감정적인 친밀함을 대신했다. 많은 가족이 전통적이고, 권위주의적이고, 억압된 환경을 만들었다. 권위를 나누는 것은 좀처럼 없었다. (Lomranz, 1990, pp. 110~111)

가족들은 또한 홀로코스트에 대해서 이야기하는 정도와 방법이 달랐다. 어떤 이들은 자신들의 경험에 대해서 개방적이었으며, 회고록을 쓰고, 다양한 홀로코스트 관련 사업에 참여하는 등 공식적으로 '증언'을 했다. 그러나 생존자들은 외상 관련 증상을 보였고, 불평을 하면 가족들은 주로 그들로부터 물러섰다. 따라서 많은 가족들에게 있어서, 특히나 권위적인 가족들('강요된 행복'을 보이는)에게 있어서, 홀로코스트는 금지된 주제였다. 어떤 이들은 자신들의 경험을 배우자와도 이야기하지 않았고, 다른 이들은 자신의 감정을 잘 숨겨서, 수용소에서 어떤 일이 있었는지 친척들조차도 알 수가 없었다. 수십 년간 많은 이들에게 부정과 억제는 유용하게 쓰였다.

Lomranz는 보존 기간이 노년기까지만 지속되리라 여겼는데, 이는 노년의 성장 과제들이 생존자들, 특히 정서 통제를 위해 부정과 억제를 쓰던 생존자들의 대처 방법을 변화시키리라 여겼다. 사랑하는 이들의 죽음은 노년의 생존자들에게 그들이 떠나보냈던 다른 많은 사랑하던 이들을 떠올리게 했을 것이다. 또한 인생 검토는 노년의 성장과정 중의 하나이고, 자아 통합(ego integration) 또는 절망의 바탕이 된다. 그러나 받아들일 수 없었던 죽음의 수용소 생활을 겪으면서, 과연 자아 통합을 위해 자신의 인생이 필연적이고, 독특하며, 피할 수 없다는 것을 받아들여야 한다는 Erikson파의 필수조건에 대해 Lomranz는 의문을 제시했다.

Kahana 부부와 그들의 동료들은 홀로코스트에 적응하는 노년기에 대해서 연구를 해왔다(Kahana, 1992 참조). 이러한 연구들은 다른 연구들보다 더 엄격했는데, 정신적 · 신체적 건강과 스트레스, 그리고 대처 방법들을 기준지표로 썼다는 점이었다. 많은 연구가 임상 내지는 치료법을 찾는 사람들을 연구한 데 반해, Kahana

부부와 그들의 동료들은 비임상집단을 연구했다. 또한 그들은 전쟁 전에 이민 온, 인종적으로 비슷한 이들과 미국과 이스라엘로 이민간 홀로코스트 생존자들을 비교했다.

Kahana 부부와 그들의 동료들의 연구에 따르면, 생존자들의 신체적·정신적 건강은 비교집단에 비해서 좋지 않았다. 생존자들은 신체적 증상, 주로 위궤양 같은 '심인성' 증상을 보고했으나, 암이나 관절염과 같은 더 심각한 병세에 있어서는 다른 점이 없었다. 생존자들은 외상과 관련된 꺼림칙한 생각을 했고(75% 정도가 일주일에 적어도 한 번 정도 경험했다.), 심리적 불안감과 의욕 저하를 보고했다. 그러나 그들의 사회적 기능은 비교집단보다 높은 편이었다. 낮은 교육 정도에도 불구하고 그들의 임금은 꽤 높았다. 직업을 갖고 있는 경우가 더 많았고, 더 나은 경력을 가지고 있었다. 그들은 안정된 결혼생활을 했고(75%가량이 다른 홀로코스트 생존자들과 결혼) 거주 이동도 낮았다. 생존자들이 사회활동에 더 많이 참여했고, 민족에 대한 책임감을 보였다.

홀로코스트 경험이 노년문제 대처에 영향을 미치는가에 대해 질문을 받았을 때, 약 45%가량은 Lomranz의 가설대로 대처가 더 어려울 것이라고 보았고, 26% 정도는 더 쉬울 것이라고 말했다.("홀로코스트에서 살아남았다면, 어떤 것도 견뎌 낼 수 있다.")(Kahana, 1992, p. 164) 거의 모든 이들이 그 경험 때문에 자신들이 '달라졌다'라고 했다. 거의 반 정도(46%)가량은 부정적으로 영향을 받았다고 했으나, 약 34% 정도는 장점 및 긍정적인 측면을 보고했다. 긍정적인 후유증을 보고한 이들 중, 거의 반(46%)은 더 많은 대처 자원과 강인한 성격을 꼽았으며, 36%가량은 삶을 더욱 감사하게 여겼고, 27%는 스스로를 좀 더 인간적이며, 이해심 있고, 다른 이들을 향한 동정심이 생겼다고 여겼다.

성격, 대처, 그리고 사회적 지지요인들은 긍정적인 정동과 연관이 있었다. 이러한 결과는 가족, 친구들과의 홀로코스트 경험, 세상을 향한 이타적인 사고방식과 내적 통제소재(locus of control)의 견지, 그리고 역시 홀로코스트 생존자인 배우자를 가진 경우를 포함한다(Kahana, 1992). 이스라엘 집단의 추가 연구결과 (Harel, Kahana, & Kahana, 1988)는 복합변인들이 생존자들의 심리학적 건강상태의 약 52%가량의 변량을 예측함을 보여주었는데, 복합 요소들을 살펴보면 신체적 건강, 높은 도구적 대처, 낮은 정서적 대처, 사회적 우려에 개의치 않기, 또한 홀로코스트 생존자와의 결혼, 적은 생활위기, 동료와의 소통, 운명에 체념하지 않는 것들이었다. 따라서 홀로코스트 생존자들에게는 신체적 건강, 스트레스와 대처, 사회 자원의 이용, 그리고 삶에 대한 태도 등이 노년 정신건강 변량에 큰 비율을 차지한다고 할 수 있다.

Kahana와 연구자들(1998)은 홀로코스트 생존자들이 '만성적 외상 스트레스'를 겪는다고 주장했는데, '이는 외상에서 시작, 지속적으로 생존자를 괴롭히는 내면화된 스트레스원'(p. 318)이라고 할 수 있다. 즉, 홀로코스트의 외상은 강제수용소에서의 스트레스 생활사건 안에 고착되어 지속되는 생활사건 및 다른 스트레스원들에 의해 악화된다는 것이다. 거슬리는 기억들, 두려움과 불신, 심리적, 사회적 고립, 그리고 외상과 함께하는 삶으로 특정지을 수 있다. 약 20% 정도만이 PTSD 기준에 부합했으나, 이 연구에 참여한 홀로코스트 생존자들의 반 이상(61%)은 자신들의 경험을 거의 매일 또는 일주일에 몇 번씩 생각한다고 했다. 거슬리는 기억들은 만성적인 두려움과 불신처럼, 그렇게 그들과 함께 살고 있는 것이었다.

예를 들어, Public Guardians 단체와 연관되어 있는 내 친구들은 홀로코스트 생존자였던 한 노인의 사유재산의 후견인 역을 맡았던 이야기를 해주었다. 은행에 대한 불신으로, 그는 모든 돈을 일일이 껌 포장지에 한 장씩 포장해서 모았다. 그의 작은 아파트는 거의 3피트(약 36cm) 정도 껌 포장지로 덮여 있었다. 물론 모든 포장지가 돈은 아니었다. 내 친구들은 토요일 8시간 동안 껌 포장지를 벗겼다고 했고, 몇 천 달러 정도를 찾았다고 했다.

두려움, 고립, 수치 등의 감정은 생존자들에게 회피적 대처로 나타났다. 그러나 그들은 자녀들의 안녕에 대한 지나친 두려움 또한 보였다. 한 가지 긍정적인 점은 수용소에서의 경험과 비교해 볼 때, 그들은 노년의 만성적 문제점들을 사소한 것으로 일축하는 경향이 있었다.

여기에서 보이는 몇 가지는 외상에 관한 주목할 만한 사항들이다. 첫째, 보통 나치 수용소에서의 불가항력적인 '환경적 압력'은 개인의 대처와 적응 시도를 말살할 것이라고 여길 것이다. 그러나 개인이 수용소에서 어떻게 대응했는지에는 확실한 차이가 있었는데, Bettelheim이 야수성만을 보았다면 Frankl은 용기, 이타심,

그리고 초월도 보았다.

둘째, 대처전략은 이러한 외상 경험의 요구 변화에 대응하여 시간에 따라 변했다. 초기의 해리적인 반응은 정서적 마비를 일으켰으며, 생존을 위한 문제중심적 시도를 촉진시켰다. 셋째, 수감자들은 의식적으로 생존을 위한 몇몇 문제중심적 전략을 개발했는데, 이는 정보 추구, 최악의 처벌을 피하는 방법과 좀 더 많은 자원을 얻기 위한 방법 분석, 그리고 자원을 나누고 혁신적으로 그것들을 사용하는 방법을 개발하는 것이었다. 정서중심적 전략은 정서적 마비, 수용소 생활로부터의 일시적 여유를 갖기 위한 공상 사용, 유머의 의식적 사용, 그리고 영적 성장 추구를 포함했다.

넷째, Frankl은 대처행동의 목적이 반드시 생존만은 아니었음을 언급했는데, 많은 사람들이 인간적 진실성을 유지하는 것이 더 높은 목표였다고 여겼으며, 자신의 생을 단축시킬 것을 알면서도 이타적인 행동을 보여주거나 또는 목숨을 부지하는 길이 아님에도 불구하고, 부도덕하게 보이는 행동들을 거부하기도 했다. Frankl에 따르면, "우리 중 가장 나은 이들은 살아남지 못했다."

외상 사건 후 대처는 또한 적응에 중요하다. Lomranz와 Kahana 부부는 홀로코스트 후 다양한 대가와 혜택을 준 대처전략에 있어 개인의 차이점을 명시했다. 대처전략, 사회 자원의 이용, 삶에 대한 자세가 노후의 정신적 행복에 50% 이상 차이를 둔다는 점은, 대처전략들이 이 외상으로부터의 회복에 중요함을 제시했다. 결과적으로, 거의 모든 홀로코스트 희생자들은 평생 신체적·정신적 상처를 지니고 살지만, 거의 1/3은 이러한 과중한 경험을 통해 대처 자원 발달, 더 강한 성품, 증진된 인간성 등 긍정적인 방법들을 발전시켰음을 보고했다.

강간, 근친상간 및 성적 학대

강간 피해자에 대한 초기 연구 중, Burgess와 Holmstrom(1976)은 외상 경험에 있어 다른 형태의 대처전략을 끌어내는 세 가지 단계를 제안했다. 첫 단계인 위협 단계는 위협에 대한 본질과 심각도에 대한 인지적 평가, 언어적 전략, 신체적 행동 등 세 가지 전략을 포함했다. Burgess와 Holmstrom이 인터뷰한 1/3 정도 여성들이 다양한 전략을 사용한 반면, 다른 1/3은 신체적·정신적 마비로 인해 아무 전략도 사용하지 않았다.

폭행 자체인 2단계에는 더 큰 범위의 전략들이 거론되었다. 문제중심적 대처는 신체적 행위(반격 또는 도주)와 인지적, 언어적 전략들을 포함했다. 정서중심적 대처는 정서적 대응(울거나 소리치기), 심리적 방어(정서적 마비와 해리), 그리고 구토, 기절, 방뇨 등 생리적 반응(생리적 반응이 공격자를 의도적으로 저지하려고 쓰였다면 문제중심적 대처라고 할 수도 있음)들을 포함했다. 공격 직후인 3단계에서는 자유를 위한 협상, 탈출, 그리고 타인에게 알리기(사회지원을 모색하거나 강간을 당국에 보고) 등의 전략이 쓰였다.

강간에 대한 장기적 반응도 연구되었다. Ward(1988)는 거의 모든 피해자가 억압 및 억제, 합리화, 지성화, 부정, 취소, 퇴행, 최소화, 극작화, 그리고 분노의 치환 등 방어기제들을 쓴다고 주장했다. Cohen과 Roth(1987)는 신문 광고를 통해 모집된 72명의 강간 피해자를 연구했다. 이 여성들은 일반 표본보다 더 높은, 그러나 강간 직후 평가된 여성들보다는 낮은 심리적 고통을 보고했다. 폭력적인 강간의 경우 스트레스는 더 높았다. 놀랍게도 강간이 발생한 시간의 길이는 오직 침입적 사고와만 부적인 상관이 있었다. Cohen과 Roth는 다른 증상들은 강간 후 첫 3개월 동안만 감소하되, 그 후에는 상대적으로 지속된다고 주장했다. 일반적으로 경찰에게 강간을 보고하거나 누군가에게 털어놓은(혹은 전문적 도움을 찾은) 여성들은 문제를 억누르려고 했던 여성들보다 나았다. Harvey, Orbuch, Chalisz와 Garwood (1991) 역시 누군가에게 속히 문제를 털어놓은 강간 피해 여성들이 나중에 털어놓은 이들보다 더 나은 결과를 보였다고 밝혔다. 그러나 친구(confidant, 역자 주 : 피해 여성이 사실을 털어놓은 대상)의 반응 역시 중요하다. 부정적 반응을 보인 친구를 둔 여성들은 지지적인 친구를 둔 여성들보다 더 나쁜 결과를 보였다(Silver 등, 2000; Stephens & Long, 2000 참조).

대체로 외상은 장기적인 부정적 결과를 유발한다고 여겨지지만, 피해자들의 자기지각과는 다를 수 있다. Burt와 Katz(1987)는 그들의 연구에 참여한 50%가 넘는 강간 피해자들은 긍정적인 방향으로 변했다고 느꼈고, 15%가 채 되지 않는 여성들이 부정적인 방향으로 변했다고 느꼈다. Burt와 Katz는 이 여성들의 반응을 요인분석하여 네 가지 성장요인을 발견했는데, 증진된 자아개념, 자기지시적 행위,

적은 수동성, 적은 고정관념적 태도가 그 요인이다. Frazier, Conlon과 Glaser(2001)의 최근 연구에서는 강간을 경험한 많은 여성들이 지각된 혜택을 보고했는데, 특히 그들이 좋은 사회적 지지와, 접근적 및 종교적 대처 사용, 회복과정에 대한 통제력을 보였을 때였다(Frazier, Tashiro, & Berman, 2004).

일반적으로 근친상간 피해자들은 강간을 당한 성인 여성들보다 정도가 심한데(Harvey 등, 1991), 어린이는 성인보다 스트레스에 대처할 정신적 자원이 부족하기 때문이다(Roth & Lebowitz, 1988). Silver, Boon, 그리고 Stones(1983)는 신문 광고를 통해 모집된 근친상간을 경험한 77명의 여성들을 인터뷰했다. Burt와 Katz(1987)의 연구와는 반대로 겨우 20% 정도의 근친상간 피해자들이 긍정적인 결과를 보고했다. 이 여성들은 사건을 보고할 대상자가 있었고, 아버지의 행위를 가족관계 기능의 하나로(예 : 어머니의 질병 내지는 접근 불가), 또는 아버지의 정신병 혹은 성격장애 등의 결과로 인한 것이라고 '이해' 한 경우들이다.

강간 특성이 훗날의 스트레스와 관계가 있었던 Cohen과 Roth(1987)의 연구와는 다르게, Draucker(1989)는 근친상간 경험의 다양한 속성과 성인기의 정신적 스트레스와의 연관을 찾지 못했다(103명 여성들의 연령대가 18세에서 64세임을 감안하면, 이러한 영향들이 약하게 했을 것일 테지만). 그러나 여성들이 문제에 어떻게 대처했는지는(의미를 찾고, 숙달감, 비교 대상자를 낮춰 자존감을 증진시키는 등) 우울증, 자존감, 그리고 사회적 기대 역할 기능과 관련이 있었다.

성적 학대의 장기간 영향에 대한 메타분석은 최근 심리학 역사에 논란이 되었다(Rind, Tromovitch, & Bauserman, 1998). 남자 대학생들 중에는 그러한 학대의 장기적 효과가 거의 나타나지 않았다. 대신 가족 기능에 의해 매개되는 경향이 있었다. 훌륭한 정신적·사회적 기능을 보여주는 가족에서 자란 남자아이들은 성인기 중 부작용을 거의 보이지 않았다. 불행하게도 학대 옹호자들은 자신들의 행동이 해가 되지 않음을 증명하기 위해 그들의 웹사이트에서 이 연구를 이용하였다. 이는 미의회에 대소동을 일으켰으며, 미의회는 그 연구 논문을 취소하도록 미국심리학회(American Psychological Association, APA)에 압력을 가했다. 미국심리학회는 그 논문의 심리학적 가치를 평가하기 위해 새로운 검토위원들에게 논문을 보냈다. 이 검토위원들은 그 논문에 있던 메타분석들은 정확하게 진행되었으며,

따라서 그 논문은 인정된 과학적 기준을 고수했다고 결론지었다. 그럼에도 불구하고 미국심리학회는 그 논문을 철회할 것을 검토했고, 이는 심리학자들 사이에 큰 논쟁을 일으켰다. 예를 들어, 하버드대학교 심리학과의 거의 모든 교수가 미국심리학회가 그런 정치적인 압박에 굴복할 경우, 사퇴할 것이라고 위협하는 내용의 이메일을 보냈고, 그 논문은 취소되지 않았다.

이 논문을 비판하는 데 있어, 남자 대학생들은 상당히 회복탄력성이 있는 집단임을 감안해야 한다. Rind와 그의 동료들(1998)에 의하면, 여자 대학생들은 유년기 성적 학대로 인해 PTSD를 일으키기 쉬우며, 큰 상처를 받았을수록 대학입학 필수과목 충족 또는 필요한 정서적 안정감을 갖기 힘들 것이다. 외상에 노출된 기간 또한 장기간 결과에 영향을 미칠 수 있다. 일시적 사건은 장기간 영향이 없을 수도 있으나, 장기간 학대는 더욱 심각한 영향을 끼칠 수 있다. 그런 상황일지라도 지지적 가족들은 스트레스에 대한 회복탄력성 중 중요한 요소일 것이다(제13장 참조).

또한, 성적 학대(다른 외상 역시)가 대처 능력을 방해한다고 단정지을 수는 없을 것이다. Reis와 Heppner(1993)는 남자가 성적 학대자인 근친상간 가족으로부터 비임상 샘플인 어머니-딸 짝들의 스트레스와 대처 방법을 비교했다. 예상대로, 근친상간 가족으로부터의 어머니와 딸들은 자신들의 가족이 비교집단에 비해 더 스트레스가 높다고 보았다. 이 어머니들은 스스로를 대처 능력이 떨어진다고 보았으나, 가족 대처 척도에 있어 두 집단의 어머니들은 별다른 차이가 없었다. 또한, 학대를 받은 딸들과 비교집단의 딸들도 대처 또는 고통 측정에 차이가 없었다.

Reis와 Heppner(1993)는 근친상간 가족들에게는, 딸들이 큰 책임감을 느끼는 역할 전환(role reversal)이 있다고 주장했다. 딸들은 어머니의 비효율성 보완을 위해 어머니 역할을 수행했기 때문에, 지략적으로 변했을 수도 있다. 그러나 이 연구에서 쓰인 대처 척도 문항 검토는 거의 부정적이거나 해가 되는 대처전략들을 보여줬다. 스스로를 비효율적이라고 여기는 어머니의 인식은(저자들도 동의한) 가족 대처 척도에 없으며, 이는 척도가 대처전략의 전체 범위를 포함하지 않는다는 것을 제시한다고 할 수 있다. 따라서 이 여자아이들이 겪은 상처는 이 척도에 나타나지 않았을 수도 있다.

그럼에도 불구하고 이러한 강간과 근친상간 연구에서 보이는 결과의 패턴은 홀로코스트 연구에서 보인 것과 유사하다. 사람이 사건들, 특히 그 이후에 어떻게 대처하는가는, 외상 그 자체보다 장시간 정신건강에 더욱 중요한 것이다. 그러나 개인이 스트레스원 및 다른 외상에 회복탄력성이 있다고 하여, 다른 이에 대한 학대 범행을 합리화해서는 안 된다. 실질적으로 그러한 행위들은 칸트의 지상명령(categorical imperative) — 스스로의 목적 진척을 위해 다른 이들을 도구로 사용하지 않는 것 — 에 반하는 행동이며, 본질적으로 비도덕적인 행위이다.

자연재해

Smith(1983)에 의하면, 자연재해의 영향은 급작스럽고, 기대하지 않았으며, 지속적이며, 밤에 일어났을 때, 가장 심각하다. 많은 연구들이 파괴적인 재해에 중점을 두고 있으나, 대부분 정신적 외상을 야기할 정도는 아니다. "사실, 재해는 어느 정도 '치료적인(therapeutic)' 형태를 지니고 있을 수도 있다. 피해자들이 공동체 회복과정에 참여하면서 긍정적인 감정을 표현하는 것은 보편적이다. 타당성, 숙달감, 증진된 공동 연대, 그리고 일반적인 낙관주의 등은 위기에 도전하는 집단적 반응으로부터 나온다."(Smith, 1983, p. 124) Smith(1983)는 자연재해에 대처하는 4단계를 밝혔다. 첫 단계인 영웅적 단계는 사건과 직후에 일어난다. 이 단계는 주로 이타주의로 특징화할 수 있다. 두 번째 단계인 신혼시기는 사회적 연대와 복구 노력 등의 특징이 있다. 세 번째 단계에서는 환멸이 나타날 수 있다. 사람들은 공동 노력을 철회할 수 있고, 특히 예상보다 구조품이 적을 경우, 정부기관에 대해 부정적인 감정을 표출할 수도 있다. 마지막으로, 재건단계에서 사람들은 스스로의 회복에 대한 책임을 받아들이고, 지역사회를 재건한다.

상대적으로 볼 때, 자연재해 영향에 대한 낙관적 묘사는 미국처럼 자원이 풍부하거나 엄격한 건축규제로 대대적 손상이 일어날 경우가 적거나, 위기에 상당히 합리적으로 대응할 정부가 있는 나라에나 가능할 수 있다. 다른 국가에서는 자연재해는 상당히 큰 손상을 입힐 수 있으며, 복구 역시 훨씬 어렵다. 캘리포니아에서는 작은 손실 정도를 일으키는 5.0 강도의 지진은 이란, 멕시코, 중국 등 엄격한 지진 건물 규제가 없는 나라에서는 수천 명의 사망자를 낼 수 있다. 방글라데시나 또는 인도의 시골지역에는 적절한 도로가 있더라도 몇 안 되며, 이는 며칠 동안 구조 작업을 지연시킬 것이고, 장티푸스와 같은 이차적 원인으로 광범위한 사망자를 낼 수도 있다. 대대적인 파괴와 인명피해가 있었다면, 자연재해의 결과는 수년간 지속될 수도 있다.

재난에 대한 가장 감동적인 기록 중 하나는 히로시마 생존자들을 인터뷰한 Lifton(1968)의 연구다. 자연재해는 아니었으나, 주민 대부분은 폭탄이 투하된 사실을 전혀 모르고 있었고, 마치 자연재해의 일종인 것으로 여겼다. 대부분은 그저 전 세계가 멸망한다고 생각했다. 한 개신교 목회자의 말을 들어보자. "나는 모든 이들이 죽었다고 생각했다. 도시 전체가 파괴되었고, …… 나는 내 전가족이 죽었으리라고 여겼고, 내가 죽더라도 상관없었다. 나는 그때가 히로시마의, 일본의, 인류의 종말이라고 생각했다."(인용 Lifton, 1968, p. 22) "한 어린 소년이 쓰레기 더미에 깔려 있었다. 지붕, 벽 ─ 모든 것이 새까맣고 ─ 이 완전히 나를 덮고 있었다. 구해달라고 소리 질렀다. 사방에서 울음소리와 비명이 들렸다. '나 역시도 죽겠구나!' 라고 생각했다."(인용 Lifton, 1968, p. 21)

살아남은 몇 명의 사람들은 그저 멍한 상태로 기계적으로 배회했다. 많은 이들이 심한 화상을 입었고, 친인척도 알아볼 수 없을 정도로 훼손되었다. 한 사회학자는 비현실적인 장면을 이렇게 설명했다.

> 내 눈앞의 모든 것들이 인상적이었다. 화장되기를 기다리는 시신들로 가득찬 공원, 차마 눈 뜨고 볼 수 없을 만큼 심한 상처를 입은 자들이 내 쪽으로 대피해 왔다. 가장 인상 깊은 것은 몇몇 아주 어린 여자아이들이었다. 옷만 찢어진 것이 아니라, 피부도 벗겨져 있었다. 나는 그 순간 지옥이 이런 곳이라고 생각했다. 이런 광경을 한 번도 본 적이 없었다. 그러나 만약 지옥이 있다면, 바로 여기였다. 구원받지 못한 이들이 떨어지는 부처의 지옥!(Lifton, 1968, p. 29 인용)

강제수용소와 비슷하게, 많은 이들이 정서적 마비 상태였다고 했다. 화장을 책임진 한 부사관은 자신이 그 업무를 별다른 어려움 없이 하고 있음을 발견했다. "한참 지나고 나니, 시신들이 그저 물건처럼 여겨졌고, 우리는 사무적으로 처리하고 있었다. 물론, 내가 그들을 막대기처럼 대한 것은 아니었다. 그들은 시신이었다. 만약 우리가 감상적이었다면, 우리는 그 일을 할 수 없었을 것이다. …… 우리는 감정이 없었다. 나는 일시적으로 감정이 없었다."(Lifton, 1968, p. 31 인용) 이러한 정서적 마비는 보통 몇 달 동안 지속되었다. 어떤 이들은 생존자로서의 죄책감에 시달렸다. 사랑하는 대부분이 죽었을 때, 그들은 왜 살아남았는가?

이처럼 미국 내에서도 재해에 노출되는 것이 만성 스트레스와 PTSD의 증상과 연관이 있다고 함은 놀랄 만한 일이 아니다. 자연재해보다 기술적인 재난 시 특히 그렇다(Baum & Fleming, 1993 참조). 기술적 재해는 원자력 또는 부절적한 산업안전 측정(예 : 화학 또는 정유공장, 광산)과 같은 기술의 사용 내지는 미사용에서 오는 재해다. 재해가 인간의 부주의, 욕심, 또는 타인에 대한 무관심에서 비롯되었을 때 재해는 더욱 비참하다.

자연재해에 대한 반응은 강제수용소와 강간 등의 외상과 매우 유사하다. 이제 우리는 외상 대처가 일반 스트레스원에 대한 대처와 다른 점을 분석하려고 한다.

외상 대처와 일상적인 대처의 차이점과 유사점

외상 대처와 일상적인 대처에는 유사점이 있다. 외상을 경험하는 사람들은 분석 및 문제중심적 행위, 사회적 지지, 협상 능력, 유머, 이타주의, 그리고 기도와 같은 것들을 이용하기도 하나, 뚜렷한 차이점도 있다.

첫째, 외상 상황에 처한 사람들은 자신의 대처전략에 대한 의식적 통제가 부족할 수 있다. 외상 시 정서 마비는 정서중심적 대처의 전형적인 특징이다. 또한 부정과 왜곡 등의 방어기제의 사용 또한 두드러질 수 있다. 군인들처럼 외상 대처를 훈련받은 사람들조차 마비가 올 수 있다. Solomon(1993)은 욤 키푸르(Yom Kippur, 속죄의 날) 전쟁 중 정예 낙하산 부대원의 경험을 이렇게 이야기했다.

> 몇 달 동안 훈련을 받았던 내 병사들이 죽어가면서 내게 도움을 청하는 모습을 보았다. 그곳으로 가고 싶었지만 난 갈 수가 없었다. 다리가 움직이질 않았다. 행여 가까이 갈 수 있었다 할지언정, 난 갈 수가 없었을 것이다. 걷고 싶었지만 난 그저 울고 있을 뿐이었다. 땀에 흠뻑 젖어 울면서 떨고 있었다. 사시나무처럼 떨고 있었다. 미칠 듯한 두려움…… 난 꿈쩍할 수가 없었다. 그저 누운 채로 일어날 수가 없었다. (p. 43)

둘째, 누군가에게 털어놓는 것은 외상 대처에 있어 매우 중요한 역할을 할 수 있다. 스트레스 적응에 있어 사회적 지지의 중요성이 널리 인식되고 있지만, 놀랍게도 대처 논문들은 이 전략이 대체로 부정적인 결과와 연관이 있다는 점을 보여준다(Monroe & Steiner, 1986). 그러나 대부분의 외상 연구들에 의하면, 다른 이에게 털어놓는 것이 더 나은 결과를 보여준다고 밝히고 있고(Pennebaker, Barger, & Tiebout, 1989; Pennebaker & O' Heeron, 1984; Silver 등, 1983), 특히나 긍정적인 반응을 받았을 경우에는 더욱 그러하다(Harvey 등, 1991). 대처 및 외상 두 논문 분야에서 지지적인 가족은 대처에 특히 중요하게 여겨지고(Coyne & Downey, 1991; McCubbin & Patterson, 1983), 지역사회 참여는 외상 논문, 특히 자연재해에 관한 외상 논문에서 더욱 중요하게 여겨진다(Smith, 1983).

셋째, 외상 대처 과정은 일상문제 대처보다 훨씬 더 긴 시간이 걸릴 수 있다. Horowitz(1986)에 의하면, 외상 사건은 절규로 시작되어 부정, 침입적 기억, 회상, 강박적인 검토 등으로 이어질 수 있다. 받아들이고 적당한 대처기술 개발과정을 시작할 때까지, 사람들은 부정과 강박 사이를 오갈 수 있다. 그러한 반응이 몇 달간 혹은 몇 년간 지연되는 것 역시 흔한 일이다(Solomon, 1993을 비교). 앞서 밝힌 바와 같이, 개인이 외상에 어떻게 대처하는가는 초기 외상 노출보다 회복에 더욱 중요하다고 할 수 있다. 일반적으로 문제중심적 대처가 더 나은 결과를 초래하는 것으로 보이며, 소망적 사고와 부정 등의 정서중심적 전략은 더 높은 PTSD와 연관이 있다.

마지막으로, 외상 연구학자들은 일반적인 대처 논문보다 한층 더 심도 깊게 의미발달과 자아 변환에 대해서 강조한다(Epstein, 1991; Mikulincer & Florian, 1996; Roth & Newman, 1991; Silver 등, 1983). 의미 부여는 사건 자체뿐만 아니라 개인의 인생에 있어서 사건 전후 맥락을 재평가하거나 재해석하는 것을 동반하며, 이것은 존재하는 인지-동기 구조의 재구성을 포함하기도 한다. Wortman과 동료들(1997)은 자녀나 배우자를 잃는 사건들 역시 의미 찾기를 수반하기도 하는데, 좋지 않은 결과와 연관이 있을 수도 있다. '왜 내게?' 또는 '왜 내 가족에게?' 식으로 반응하며, 죽음을 받아들이고 순응하는 데 있어서 어려움을 겪을 수 있다. 의미 찾기는 그 자체로도 고통스러울 수 있으나, 외상후 성장의 발판이 될 수도 있다(Aldwin & Sutton, 1998; Tedeschi 등, 1998)(제15장 참조).

어떤 외상 연구들은 표준적인 대처 척도를 사용하는 반면, 자기비난(Davis 등, 1996; Delhanty 등, 1997), '취소'(Davis 등, 1995) 그리고 '일시적인 방향성' (Holman & Silver, 1998) 등 한 가지 전략에만 중점을 두는 연구들도 있다. 일반적으로 일상적인 자기비난은 부정적인 결과와 관계가 있다고 보이나, 외상 상황에서는 통제의 환상을 줌으로써, 긍정적인 결과와 관련이 있을 수도 있다(Janoff-Bulman, 1979; 그러나 Frazer, 1990 참조).

비슷한 전략인 '취소'는 조건법적 서술의 이용이라고 정의할 수 있다. 예를 들어, '만약 내가 하지 않았다면……' 이것은 통제력을 갖고자 하는 시도라고 보일 수 있고, 자기비난의 요소를 포함하고 있다고 할 수 있다. Davis와 그의 동료들 (1995)은, 이 전략은 일반적인 반추를 통제하더라도 고통과 정적 상관이 있다고 밝혔다.

외상 대처 논문 중 가장 흥미로운 점 중 하나는 외상이 성인의 성격 변화에 중요한 통로가 될 수도 있다는 의견이다. 예를 들어, Schnurr와 동료들(1993)은 전투 경험을 통한 MMPI(Minnesota Multiphasic Personality Inventory) 점수 변화를 대학교부터 중년까지 검토했다. 그들은 심한 전투 노출, 혹은 전투 경험이 전혀 없는 남자들에 비해, 보통 정도의 전투 노출을 경험한 남자들의 MMPI 점수가 증가할 가능성이 높다는 것을 발견했다. 새로운 자아 형성은 부분적으로 왜 많은 사람들이 외상 대처에 대해 긍정적인 결과를 보고하는지를 설명해 주기도 한다. 이러한 결과들은 제15장에서 좀 더 자세히 거론될 것이다. 간략히 말하자면, 스트레스 대처는 간단히 자원의 지출이 아니라, 새로운 대처 자원 발달을 일으킬 수 있다.

요약

인간이 어떻게 외상에 대처하는지에 대한 연구는 인간 적응 연구에 있어 비교할 수 없이 좋은 기회를 제공해 준다. 외상이 파괴적이기는 하나, 대부분의 외상 경험자들이 PTSD를 겪지는 않는다. 이러한 연구들은 스트레스원의 변화 요구뿐만 아니라 자아의 변화 요구 때문에 대처과정이 바뀐다는 점에 주목한다. 대처기능은 상황과 정서를 조절하려는 것뿐만 아니라 불가항력적인 상황에서 자아 통합과 인간 존엄을 지키고자 하는 것이다. 대처의 최종적인 결과는 자아와 더 큰 공동체 모두에게 변환적이라고 볼 수 있을 것이다.

제13 장

대처의 사회문화적 측면

본서 제1판의 이 장에서는 대처전략의 예언변인인 대처의 문화적 측면에 중점을 두었다. 12년 전에는 이 주제에 관한 연구가 거의 없었기 때문에, 스트레스와 대처과정에서 문화가 중요한 요인임을 알리는 데 일조하고 싶었다(Greenberg, Lengua, & Calderon, 1997; Markus & Kitayama, 1994 참조). 그 후 대처의 문화뿐만 아니라 성별, 사회적 지지, 그리고 가족의 영향 등을 포함한 사회적 측면에 대한 관심이 증가되었다. 따라서 여기서는 그러한 주제를 포함할 뿐만 아니라 문화와 대처에 대한 최신 정보 역시 살펴볼 것이다.

대처의 사회적 측면

거론될 대처의 사회적 측면 중 성차부터 살펴보도록 하겠다. 그리고 대처전략 사용에 영향을 미치는, 특히 가족을 중심으로 한 대처전략에 대해 살펴보겠다.

대처에서 보이는 성차

성별은 가장 중요한 사회적 차이점 중 하나다. 사회적 역할이 여전히 성별에 근거하듯이, 많은 연구들이 스트레스와 대처에 있어 성차를 보여준다. 스트레스와 대처연구에 지속적인 사안은 여성이 남성보다 더 스트레스에 민감한가 하는 것이다. de Ridder(2000)에 의하면, 여성이 남성보다 정서적 고통을 더 표현한다는 연구가 지속되어 왔으며, 학계는 세 가지 기본적인 입장을 보이고 있다. 첫째, 방법론적인 산물일 수도 있는데, 여성이 더 쉽게 스트레스와 고통을 드러낸다는 것이다. 두 번째 가설은 스트레스 노출인데, 특히 직업과 부모 역할을 조율하는 여성은 남성보다 더 스트레스를 겪는다는 것이다(Gove, 1972 참조). de Ridder(2000)에 의하면, 정서적 고통에서의 차이점이 여성의 솔직함 때문이라고 할 수 없다. 스트레스 생활사건 목록에는 포함되어 있지 않지만, 여성들이 겪는 성차별 또는 배우자 학대 등의 스트레스원에 여성이 더 많이 노출된다는 증거도 없다. 세 번째 가설은 스트레스 취약성(stress vulnerability)이다. 여성이 대처를 잘하지 못하거나 대처자원이 부족하다는 설이다.

문화적 고정관념에 의하면, 남성은 문제중심적 대처를 하고(Diehl, Coyle, & Labouvie-Vief, 1996; Lazarus & Folkman, 1984; Stone & Neale, 1984), 공격성을 띠는 반면(Hobfoll 등, 1994), 여성은 정서중심적 대처(Endler & Parker, 1990; Folkman & Lazarus, 1980; Stone & Neale, 1984)와 사회적 지지를 찾는다는 것이다(Carver 등, 1989; Rosario, Shinn, Morch, & Huckabee, 1988). 이러한 정서중심적 전략은 산만, 기도, 그리고 긴장이완 등을 포함한다(Stone & Neale, 1984). 몇몇 연구들에 의하면 남성들은 '아무것도 안 하기'(Veroff, Julka, & Douvan, 1981) 혹은 마약이나 음주 같은(Sigmon, Stanton, & Snyder, 1995) 회피전략을 쓴다. 더 나아가 정서중심적 전략의 사용을 살펴볼 때, 여성이 스트레스 상황에서 좀 더 자신의 감정을 '검토'하고 더 잘 자각한다는 것이다(Stanton 등, 1994).

그러나 여성과 남성이 보고하는 문제유형에서의 성차가 이러한 차이의 일부를 설명할 수도 있다. 실질적으로, 응답자들이 비슷한 문제를 겪는 연구에서는 대처에 성차가 나타나지 않는다(Hamilton & Fagot, 1988; Porter & Stone, 1995;

Ptacek, Smith, & Zanas, 1992). 이것은 사회적 제약(social constraint)이 대처 전략 선택에 있어 중요한 역할을 할 수도 있다는 것을 시사한다(Rosario 등, 1988).

남성과 여성이 비슷한 문제를 겪는 다른 연구에서 때때로 성차가 드러났다. 예를 들어, Hooker, Manoogian-O'Dell, Monahan, Frazier와 Shifrin(2000)은 알츠하이머와 파킨슨병 환자들의 배우자 돌봄자들을 비교했다. 파킨슨 환자들의 경우 배우자들의 대처에 있어 성차가 없었으나, 알츠하이머 환자들의 경우 부인들이 남편들보다 문제중심적 대처를 덜 쓰는 편이었다. 다른 연구들 역시 대처에 있어 성별과 상황의 상호작용(gender-by-situation interaction)을 발견했다. Folkman과 Lazarus(1980)에 의하면, 전체적으로 볼 때 남성과 여성의 대처전략에 있어 차이점은 없었으나, 남성은 직장에 관련된 문제에, 여성은 가족 관련 문제에 문제중심적 전략을 더 사용했다. 버클리 스트레스 대처집단에서, 남성은 여성보다 더 권력을 행사할 수 있는 직업에 종사하고 있었다(Aldwin, 1982a). 대처에 있어 성차는 전통적인 성역할을 고수하는 개인에게서 더 나타나는 것으로 보이는 경향이 있다(Abraham & Hansson, 1996).

반면 학계는 상충된 의견을 보이는데, 몇몇 메타분석은 다른 결과를 보이기도 한다. 불임에 대처하는 커플에 대한 메타분석에서, Jordan과 Revenson(1999)에 의하면, 여성들은 사회적 지지, 도피-회피, 계획적 문제해결, 그리고 긍정적 재평가를 쓴다고 밝혔다. Tamres, Janicki와 Helgeson (2002)의 메타분석은 연구마다 대처를 다르게 정의하는 데서 이러한 학계의 논란이 나오는 것이라고 주장했다. 예를 들어, 한 연구에서 정서중심적 대처는 감정적 표현을 주로 살펴보는 반면, 다른 연구에서는 회피행동 등을 포함하기도 한다. Tamres와 동료 연구자들(2002)은 여러 대처방법을 분류한 뒤, 상황에 따른 기질적 영향(생물학적 또는 사회적 차이)을 비교 분석함으로써 대처에 성차가 있는지를 연구하고자 했다.

어떤 면에서 볼 때, Tamres와 동료들(2002)과 Jordan과 Revenson(1999)의 연구결과는 유사하다. 그들은 여성이 남성보다 더 활발한 대처행동들을 보고한다는 것을 밝혔다. 여성은 또한 사회적 지지를 더 찾고, 긍정적인 재평가를 하고, 기도 내지는 반추(rumination) 및 희망적 관측을 할 가능성이 더 높았다. 그러나 상황적 차이는 확연했다. 여성은 자기 자신 및 타인의 건강과 관련된 문제에 있어 정서중심적 대처방법을 썼고, 남성은 업무 및 인간관계 문제에 있어 감정적으로 대응했다. 여러 상황에서 지속적인 성차를 보인 것은 사회적 지지의 추구였다. Taylor와 동료들(2000)의 가정처럼, 스트레스 상황에서 여성이 남성보다 더 '보살피고 친구가 되어준다'.

De Ridder(2000)는 사회적 제약을 반영하는 회상 편파(recall bias)에 의해 대처 관련 성차가 있을 수도 있다고 했다. 예를 들어, 대처에 있어 특성과 상황적 판단을 비교 시, Porter와 동료들(2000)은 회고적 회상 상황(retrospective recall condition)에서만 여성들이 더 큰 사회적 지지와 카타르시스를 보고함을 밝혔고, 생태 순간 평가를 사용할 때는 성차가 없었다. 또 다른 생태 순간 평가를 사용한 연구에서, Mohr와 동료들(2003)은 여성이 더욱 부정적인 감정을 계속 경험한다고 밝혔는데, 이는 여성이 남성보다 더 반추를 한다는 Nolen-Hoeksema(2000)의 주장과 일치한다.

종합적으로 볼 때, 남자와 여자가 다르게 혹은 유사하게 대처하는지는 상당히 복잡한 문제다. 남자가 문제중심적 대처를 하는 반면, 여자가 정서중심적 대처를 한다는 문화적 고정관념은 보이지 않는다. 만약 대처의 기질적 측정(dispositional measure)을 사용하면(예 : "일반적으로 스트레스에 어떻게 대처하십니까?"라는 질문), 남자들은 문제중심적 대처를 보고하고, 여자들은 사회적 지지와 정서적 표현을 보고할 것이다. 그러나 특정한 상황에 관한 전략을 조사하는 연구에서는 문제중심적 대처에 있어 성차는 보이지 않는다. 응답자들이 비슷한 문제에 처하거나 또는 순간 평가 연구방법이 쓰였을 때는, 몇몇 메타분석들은 여성이 더 문제중심적 대처를 한다고 제안한다. 더 나아가 여성이 더 정서적인 표현을 한다고 장담하던 결과들도 사라질 수도 있다. Mohr와 동료(2003)들의 연구에서는, 시간 때에 따른 차이점이 있었다. 부정적인 대인관계 사건들은 아침에 남자들의 기분에 큰 영향을 미쳤으나, 여성들의 경우에는 저녁이었다. 또한, Tamres와 동료들의 메타분석 연구(2002)에서 나타난 것처럼 확실히 상황 상호작용이 있었다.

그러나 반추에 관한 성차는 여전히 보이는 듯하다. 그러나 이를 대처전략에 포함하기 위해서는 더 많은 연구가 필요할 것이다. 마지막으로, 학계에서 발생한 혼란은 세대효과(cohort effect)에 근거할 수도 있는데, 대처에 있어 성차는 전통적인 사회 역할 고수의 반영이라고 할 수도 있다. 연구 표본의 연령효과를 분석하는 연구는 이러한 혼란을 해결해 줄 수도 있을 것이다.

대처의 사회적 맥락

앞서 말한 것처럼, 대처는 진공 상태에서 존재하는 것이 아니라, 사회 환경이라는 상황적 요소에 크게 영향을 받는다. 실질적으로 Thoits(1986)에 의하면, 사회적 지지는 스트레스와 대처 맥락을 조절하는 데 도움을 준다. 지원망은 재평가의 진실성에 대한 피드백을 제공한다. 사회적 지지는 또한 대처과정을 조절하도록 도와준다. 네트워크 구성원들은 어떤 대처전략을 쓸 것인지, 또는 현재 쓰고 있는 대처의 문제점을 제시하기도 한다. 그러나 이러한 제안들이 항상 유용한 것은 아니라는 것을 유념해야 한다. 사실, 부모들에게 도움을 구하는 경우보다 친구들에게 대처전략을 구하는 청소년 당뇨 환자들이 더 심각한 신진대사 조절문제가 있을 수 있다(Marrero, 1982).

예를 들어, 대학원 학생들의 박사시험 대처에 관한 연구에서, Mechanic(1978)은 대인 간 상호작용과 모델링(modeling)이 전략 사용 결정에 큰 영향을 줌을 강조했다. 대학원 학생들은 시험을 준비하는 다른 대학원 학생들의 노력을 관찰하고 또한 시험에 관련된 자신의 경험을 바탕으로 이러한 스트레스 신념체계(belief systems)를 구축했다. 학생들은 시험의 중요성을 알고자 시험의 난이도 파악 및 상황 평가를 위해 다른 이들에게 상담을 했다. 더 나아가 누구에게 상담을 받았는지도 문제 대처에 영향을 끼쳤다. 고립된 사무실을 쓰던 학생집단은 특이한 대처 방법을 사용했다. 그들은 시험 준비 및 노력이 별로 필요하지 않다고 생각했다. 예상대로 시험의 중요성을 파악하고 노력을 했던 중앙 사무실을 쓰던 학생들에 비해서, 이들의 시험성적은 부진했다. 시험 준비와 개인의 노력에 영향을 끼친 집단적 신념 때문에, Mechanic은 대처를 합의(consensual) 과정으로 설명했다.

사회적 맥락은 질병 대처에 참고를 제공할 수 있다. Taylor(1983)는 유방암에 대처하는 여성들을 '상향'과 '하향'으로 비교 분석했다. 자신의 상황을 다른 이들과 비교하여, 자신이 대처를 잘하지 못한다고 생각하는 여성들은 더 나쁜 신체적 결과를 보여줬음에 비해, 자신이 꽤 잘하고 있다고 여긴 여성들은 더 나은 결과를 보여줬다.

연령대에 따라 사회적 맥락을 다르게 이용할 수도 있다. 예를 들어, 젊은이들은 자신의 평가 및 대처전략에 대한 무조건적인 지지를 요구하는 반면, 연장자들은 전략효과에 관한 구체적인 답변을 요구하는 경우가 있다(Labouvie-Vief, DeVoe, & Bulka, 1989). 내 예측은 젊은이들이 사회적 맥락에 더 영향을 받는 듯한데, 문제평가와 대처에 있어 그들은 동료 압력을 더 받는 듯하다. 아직 확실히 밝혀진 바는 없으나, 연장자들은 평가와 대처에 상대적으로 더 주체적인 듯하다.

가족 그리고 대처

대부분 우리는 가족 안에 있고, 대처는 우리의 정서와 다른 이들과의 대처전략에 맞물린 섬세한 춤과 유사하다(Berscheid, 2003; Repetti, Taylor, & Seeman, 2002를 비교). 가족 내의 긍정적인 사회 상호작용이 스트레스에 최고 보호 요인인 반면, 특히 사회적 지지가 상호적이라면(Gleason, Iida, Bolger, & Shrout, 2003), 타인과의 긴장 상태는 대처과정에 지장을 준다(Rook, 2003). 정서적 고통은 배우자에게 부정적 영향을 미치는 반면, 이러한 관계는 고시 준비와 같은 일반적이고 예상되는 스트레스원에 대해서는 약화될 수 있다(Thompson & Bolger, 1999). 그러나 만성적 상황에서는 배우자의 화를 피하기 위해, 본인의 감정을 억누르는 것은 부정적인 적응 소용돌이를 초래할 수 있다. 예를 들어, 낭창 환자인 여성이 배우자로부터 자신의 증상을 숨겨야만 한다고 느낀다면, 이것은 그들의 관계에 악영향을 미친다(Druly, Stephens, & Coyne, 1997).

상호 대처(dyadic coping)는 만성질병 돌봄 상황에서 연구되었다. 일반적으로 사람들은 배우자에게 그리고 성인 자녀에게 돌봄을 맡긴다. 초기 연구들이 돌봄의 스트레스에 초점을 맞췄다면(Zarit 등, 1986), 최근 연구들은 돌봄의 긍정적인 측면을 보여주고 있다(Beach 등, 2000). 알츠하이머 환자인 배우자나 부모를 돌보는 것은 가장 스트레스가 많은 돌봄이고(Vitaliano 등, 2003), 돌봄자의 건강에 장기적인 부정적인 결과를 미친다(Kiecolt-Gleser 등, 2002). 그러나 Beach와 동료들(2000)은 국가 표본의 반 정도가 알츠하이머 환자를 돌보는 것이 스트레스가 높지 않다고 보고했음을 밝혔다. 이것은 대처전략 중 상호적 상보성(complemen-tarity)의 다양한 형태 때문일 수도 있다. 실질적으로, 아주 오래된 부부에게 있어서, 양쪽 다 상당한 장애를 가지고 있음에도 불구하고 자신들이 할 수 있는 한 지원을 제공하기에, 누가 병수발을 받고 주는지 분간하기 어렵다.

Gilmer와 Aldwin(2002)은 매주 지역 병원까지 90마일 왕복해야 하는 건강에 문제가 있는 시골의 늙은 부부의 예를 들었다. 부인은 알츠하이머이며, 길을 제대로 찾을 수 없을 정도로 장애가 심했고, 남편은 운전대를 잡을 수 없을 정도로 관절염이 심했다. 대중교통은 없었고, 그들의 해결책은 남편이 길을 안내하고 부인이 운전을 하는 것이었다!

부모가 어떻게 대처하는지도 자녀들에게 영향을 미칠 수 있다. DeLongis와 Preece(2002)는 재혼가정의 경우, 부인들은 가족문제에 대처하는 데 대립을 쓰는 반면, 남편들은 의붓자식들로부터 물러나는 경향이 있는데, 결과적으로 이것은 부인과 의붓자식 사이에 나쁜 관계를 야기함을 발견했다. Conger와 Conger(2002)는 거시경제 압박이 가족 역동성에 의해 중재되어 자녀들에게 미치는 영향을 보여준 연구들을 검토했다. 경제적 부담의 결과로 낙심한 부모들은 바람직하지 않은 육아전략을 썼는데, 결과적으로 자녀들의 정신건강에 부정적인 영향을 미쳤다. 안타깝게도, 이러한 연구들은 대처전략을 직접적으로 조사하지는 않았으나, 여전히 많은 것을 제시한다.

이와 같이 대처는 거의 항상 사회적 맥락 내에서 이루어진다. 사회 환경 내에서는 타인과의 복잡한 거래가 존재하는데, 사회 환경은 평가와 대처전략에 영향을 주고, 결과적으로 볼 때 개인이 쓰는 전략에도 영향을 미친다. 스트레스 경험 시, 성공적인 대처 노력과 상호지지를 제공할 수 있는 가족들(그리고 동료)은 더 낮은 정서적 고통을 겪을 것이며, 나은 육체적 건강을 보일 것이다(Franks & Stephens, 1996). 그러나 반대 상황에 있는 이들은 불행히도 더 악화된 정서적 고통을 경험할 것이다. 사회적 상황은 문화적 상황 내에 포함되어 있는데, 이 역시 개인의 대처 방법에 영향을 미친다.

문화와 스트레스

옛 속담처럼 물고기에게 물에 대해 물어보는 것은 어리석은 일이다. 비슷하게, 문화가 스트레스와 대처과정에 미치는 영향은 거의 알아차리기 힘들 정도로 만연하다. 다만, 개인이 다른 문화적 상황에 있을 때나 상대방의 대처행동에 대한 예상과 동떨어진 실질적인 상황을 제외하고는 말이다. 베이트슨(1968)이 필리핀에서 자료조사 중 미숙아를 잃은 경험은 좋은 예라 할 수 있다.

> 그날 오후, 나와 내 남편이 좀 더 잘 준비가 되어 있었다면, 필리핀 사람들이 동정을 표현하는 방법에 대해 설명할 수가 있었을 것이다. 그들은 누군가를 잃은 고통을 겪고 있는 사람을 혼자 두어서는 안 된다는 기본적인 가정 아래, 구체적이고 사실적인 질문을 통해 관심과 염려를 보인다. 엄격하게 사건을 처리하고, 일상적인 삶의 경로라고 부인하기보다는, 그 반대를 예상해야만 한다. 미국인들은 악수를 하고 슬픈 듯 고개를 끄덕이면서, "참으로 유감입니다."라고 중얼거리며 신속히 돌아서는 반면, 필리핀 사람들은 '당신 아이가 죽었다고 들었는데 참 유감입니다. 몸무게는 얼마나 되었나요? 진통은 얼마나 길어나요?' 라고 계속 물어볼 것이다. 필리핀 사람들의 입장에서 볼 때 가장 애정이 깃든 행동이라는 것을 미리 예상하고 일반화할 만한 위치에 있지 않았다면, 진실된 염려와 관심을 보여주는 것이 간섭과 침해로 보였을 수도 있었을 것이다. 모욕을 감당하고 고통을 상기시키는 상황에서 무너지지 않기 위해, 나는 스스로를 엄격히 조절해야만 했을 텐데, 필리핀 사람들에게는 이러한 행동이 미국인들은 별로 슬퍼하지 않는다는 인상을 심어줬을 것이다. 어떤 사회에서는 사별을 당한 사람이 스스로를 통제하고 잊을 수 있도록 도와주는 데에 중점을 두는 반면, 다른 사회는 그가 슬픔을 표현하고 드러내는 것을 도와주려고 노력한다. (인용 Levine, 1973, pp. 17~18)

당연히 심리학자들은 대처를 개인의 성품이나 사회적 상황의 기능이라고 보고, 인류학자들은 대처를 개인의 (하위)문화의 기능으로 보는 경향이 있는데, 이 둘은 전혀 다른 반대의 입장이라고 할 수 있다.

외견상으로는 심리학과 인류학적 관점은 상반되게 보일 것이다. 그러나 Markus와 Kitayama(1997)는 문화적 명령(cultural imperative)은 개인의 정서체계 안에서 암시된다고 주장했는데, 예를 들어, '기분이 좋다' 라는 것은 문화적 허용 안에서 대처하는 것과 마찬가지라고 할 수 있다. 그러나 문화가 허용하는 대처를 위해 상황적 압박(또는 문화 간 접촉)을 겪는 것은 불편할 수 있다. 이에 따라 베이트슨이 겪은 사실의 공개 압력에서 오는 스트레스는, 보편적으로 우리 문화에서는 너무나 고통스럽다고 여겨진다.

그럼에도 불구하고 이러한 주장은 문화와 개인의 차이에서 오는 문제를 해결하지는 않는다. 결국, 대처의 정확한 정의는 스트레스에 반응하는 개인차에 대한 연구이다. 만약 그 과정에 있어 강한 문화적 요소가 있다면, 개인차는 덜 중요하게 될까? 같은 문화 내에 모든 개인이 똑같이 영향을 받는다는 식의 획일적인 입장을 갖고 있다면, 이러한 상충된 면이 확연히 보일 것이다.

수십 년 전, 문화인류학자인 A.F.C. Wallace(1966)는 문화를 '미로(maze-ways)'라고 정의했다. 미로는 신념, 가치, 그리고 확신의 양식으로 구성되어 있으며, 예상행동, 자원 등은 개인의 행동을 형성한다. 미로 안에는 남자와 여자, 다른 사회경제적 또는 민족 등 다른 하위문화 집단을 위한 다양한 경로가 있을 수 있다. 따라서 문화는 획일적으로 개인에게 영향을 미치지 않는다. 다양한 집단은 미로의 여러 갈래를 따라간다. 예를 들어, 미국과 북유럽 문화에서는 여자가 우는 것을 남자가 우는 것보다 더 자연스럽게 받아들이지만, 남유럽과 몇몇 아랍 문화권에서는 남자가 우는 것이 훨씬 더 용인된다. 다른 역사적 시기와 여러 현대 하위문화에서, 분쟁해결의 도구로 폭력은 더 또는 덜 허용되기도 했다. 한때는 일대일 결투가 모욕을 해결하는 사회 지위 경쟁을 위한 수단이었다. 역사학자에 의하면, 주먹 다툼이나 결투는 19세기 하원의원들 간에 빈번한 일이었다. 따라서 개인이 경험하는 스트레스원의 종류, 그리고 허용되는 대처전략 범위들은 미로 안에 있는 개인의 위치에 의해 결정된다.

문화는 스트레스와 대처과정에 네 가지 경로로 영향을 미친다. 첫째, 문화 상황은 개인이 겪는 스트레스원 유형의 틀을 만든다. 둘째, 문화는 주어진 상황에서의 스트레스 평가에 영향을 미친다. 셋째, 문화는 주어진 상황에서 개인이 사용하는 대처전략 선택에 영향을 미친다. 마지막으로, 문화는 개인이 스트레스에 대처할 수 있는 각각의 제도적 장치(institutional mechanism)를 제공한다.

스트레스, 대처, 그리고 적응의 사회문화적 모델은 그림 13.1에 제시되어 있다.

문화적 요구와 자원은 상황적 요구와 개인의 자원 둘 다에 영향을 미치는데, 이들은 결과적으로 스트레스의 평가에 영향을 미친다. 더 나아가, 문화적 신념 및 가치는 개인의 신념 및 가치뿐만 아니라 그 상황에 있는 상대방의 반응에도 영향을 미친다. 개인의 대처방법은 스트레스 평가, 개인의 대처 자원, 문화가 제공하는 자원, 그리고 타인의 반응에 영향을 받는다.

더욱이 대처의 결과는 심리적·육체적 결과뿐 아니라 사회문화적 결과도 포함한다(Aldwin & Stokols, 1988 참조). 이전에도 보았듯이, 개인이 어떻게 대처하는지는 그 개인뿐 아니라 가까운 사회 환경에 있는 타인에게도 영향을 미친다. 더 나아가, 문제 대처과정에서 개인 또는 그룹 구성원이 문화적 제도를 변형 또는 개발하는 범위까지 나아가며, 유사한 문제를 겪는 다른 이들에게 대처 수단을 제공하며 그 문화에 영향을 미치기도 한다. 음주운전에 반대하는 어머니들(Mothers Against Drunk Driving), 그리고 각종 질병 및 사별 지원 단체와 같은 풀뿌리운동(grassroots movements)들은 이러한 현상의 좋은 예다. 따라서 대처에 관한 사회문화적 관점은 대처행동이 거의 항상 사회 상황에서 발생하며, 상황에 의해 영향을 받고, 변화에 영향을 주기도 한다는 것을 강조한다(Gross, 1970).

앞서 말한 것처럼, 개인들이 경험할 수 있는 스트레스원의 양상은 그들의 (하위)

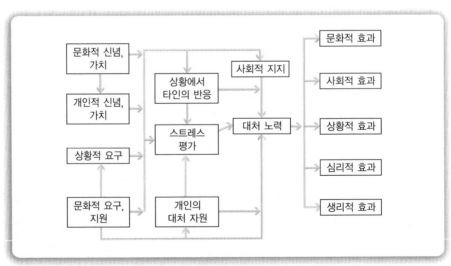

■■ 그림 13.1 스트레스, 대처, 적응의 사회문화적 모델

문화 맥락에 크게 영향을 받는다. 이 절에서는 문화가 스트레스 경험에 영향을 미치는 두 가지 방법에 대해서 논의할 것이다. 첫째, 특정한 스트레스 생활사건은 일상적으로 보일 수도 있다. 즉, 자신의 문화나 하위문화 집단에서 모든 인간이 일생의 특정한 시기에 겪는 경험일 것이다. 사춘기 의식은 보편적인 생활사건으로 볼 수 있으며 은퇴 역시 그러하다.

둘째, 사회적 자원을 다르게 할당함으로써 문화는 개인이 경험, 그리고 평가할 스트레스 수준과 형태를 패턴화한다. 예를 들어, 도심 빈민가 아이들과 부유한 교외지역에 사는 아이들이 겪는 스트레스원의 형태를 비교해 보자. 후자는 성취와 연관된 문제들을 경험할 것으로, 일류학교에서 치열한 교육경쟁과 부모의 성취 기대에 부응하는지, 최고의 대학에 입학할 수 있는지에 대한 어려움을 겪을 수도 있다. 이에 반해 전자는 주택, 영양, 가족 안정, 또는 열악한 학교 등의 문제로, 좀 더 근본적인 문제를 경험할 것이다. 더 나아가 도심 빈민가 아이는 통학 중, 또는 교내에서 폭력을 자주 경험한다.

보편적인 스트레스의 문화적 패턴화

생활사건은 개인에게 무작위로 일어나는 사건들로 여겨질 수 있지만, 좀 더 자세한 관찰을 통해 특정 사건의 발생인지, 문화적 신념과 실행의 반영 방식인지를 알 수 있다. 스트레스 사건 발생의 허용은 문화가 더 큰 문제를 해결하기 위한 수단일 수도 있다. 다른 문화에서 그러한 과정을 이해하기가 쉽기 때문에, 일상적인 스트레스 생활사건의 예로서, 우리는 먼저 청소년의 사춘기 의식, 그리고 미국 문화에서의 은퇴에 대해 논의하도록 하겠다.

사춘기 의식

Victor Turner(1969)는 일반적인 의식, 그리고 특별히 사춘기 의식에 관한 흥미로운 견해를 제시했다. 어떤 문화에서는 의식에 의해 아동기에서 성인기로의 상대적으로 갑작스러운 전환의 경계가 확실해진다. 이것은 마치 나바호족(Navajo) 소년이 그의 성인기 역할을 알려줄 꿈을 기다리면서 광야에서 홀로 며칠을 보내야 하는 것처럼 개인적으로 행해질 수도 있고, 그 전해에 생리를 시작한 소녀들의 코호트(cohort)처럼 그룹 형태로 이루어질 수도 있다.

　문화마다 청소년 의식의 실질적 형태는 다양할 수 있는데, Turner(1969)는 많은 문화에서 흔하게 보이는 몇 가지 중요 요소들을 밝혀냈다. 첫째, 청소년은 아동기 자아를 폐기하거나 멀리해야 한다. 아동기 장난감이나 다른 소유물을 기부하고, 아동기 이름을 포기하고, 머리를 민다거나 의식 제복을 입는 등 신체적 외모의 변화를 통해 이루어진다. 둘째, 그나 그녀는 더 이상 어린이도 아니고 어른도 아닌 경계단계(liminal stage)에 들어가고, 특정한 구역에 격리, 어떤 의식의 음식, 옷, 또는 목욕 등 사회적 고립이 전형적이다. 셋째, 청소년은 극도로 스트레스가 높은 시련을 겪는데, 이는 보통 대중 방혈(public scarification) 내지는 신체의 절단(mutilation) 등을 포함한다. 청소년이 이러한 고통을 어떻게 이겨내는가가 성인 역할과 위치를 결정하는 데 중요한 요소가 되곤 한다. 넷째, 청소년은 새로운 성인 자아를 받게 되고, 새 이름과 어른 옷, 비밀 정보 등으로 특정지어질 수 있다.

　유럽계 미국 문화에서 보편적인 사춘기 의식은 거의 없다. 바르미츠바(Bar mitzvahs, 소녀들을 위한 바트미츠바 bat mitzvahs)는 유대인 문화에서 행해진다. 그러나 이러한 의식들은 대중 연설 정도의 상대적으로 낮은 스트레스를 줄 뿐이지, 그리 스트레스가 높지 않다. 이 13세 아이들이 이제 성인이라는 데 동의하는 이들은 별로 없을 것이다. 확실히 청소년 의식은 중요한 스트레스원은 아닌 듯하다. 그러면 왜 특정 문화들은 청소년들에게 극도의 스트레스를 주려고 하는 걸까?

　Turner(1969)에 따르면, 청소년 의식의 심각성이나 어려움은 유아기의 양육방식의 한 기능이다. 특정 문화에서는, 아동, 특히 남자 아동은 어머니와의 지속적인 연대가 허용된다. 수유도 몇 년간 계속되고, 어머니나 다른 여자 친척들과 수 년간 같이 잘 수도 있다. 근친상간 금기를 위해서, 청소년을 어머니나 다른 여성 친척들로부터 분리시키는 것이 필요하고, 자아와 일반적으로 행해 오던 방식을 완전히 바꾸는 것이 필요하다.

　그 대신에, 그 문화 내에 집단의 번식적 생존을 확실시하기 위해, 그들은 제한된 수명 내에서 성인 역할과 기능 습득을 가속화하는 것이 필요하다고 주장할 수 있다. 아동기에서 성인기로의 급작스러운 전환을 표시하는 의식은 이러한 기능을 할 수 있다. 현대 산업 문화에서는 수명연장과 의존적인 청소년기가 길어짐으로써,

그러한 의식은 더 이상 필요하지 않게 되었고 실질적으로 비생산적일 수도 있다.

어떠한 이유에서든지, 문화가 스트레스 생활사건의 발생을 허용한다는 것은 확실하다. 현 문화에서 은퇴는 그러한 사건의 좋은 예이다.

은퇴

제2차 세계대전 전에 은퇴는 널리 알려진 현상이 아니었다. 농업문화에서는 고령까지 사는 사람들도 상대적으로 적었고, 대부분이 죽을 때까지 혹은 병들어 일을 그만두어야 할 때까지 일을 했다. 여자들도 폐경기까지 아이를 낳았으며, 이는 육아기간을 연장시켰다. 노인들에게 다른 역할을 부여하는 문화도 있기는 했지만, 경제활동의 강제적 철회는 상대적으로 새로운 현상이다.

은퇴 신분의 형성은 경제적 위기였던 대공황에 대한 정부의 반응이었다고 사회학자들은 주장해 왔다(Quinn & Burkhauser, 1990). 간단히 말해 그 당시에는 일이 너무 없었다. 젊은 노동자들이 일자리를 얻기 위해, 고령의 노동자들은 직장을 떠나도록 권고 받아야만 했다. 새롭게 은퇴한 이들에게(그리고 직장을 구할 수 없었던 고령인구에게) 삶을 지속할 수 있도록 해주는 경제적 보호장치들이 필요했다. 그래서 의무적 은퇴의 충격을 약화시키기 위해, 사회보장국(Social Security Administration)이 만들어졌다. (이것은 또한 근로자들로부터의 수입을 노인들에게로 전환시켜서 주거, 식량, 의료 서비스 등을 유지하는 데 쓰도록 하여, 더 많은 돈이 경제로 순환하도록 하는 방법이기도 했다.)

이러한 사회문제에 제도적인 해결책은 부정적인 결과를 낳기도 했는데, 은퇴라는 새로운 스트레스를 나은 것이다. 은퇴에 대한 초기 연구(Rosow, 1974)는 은퇴를 사회적 표준 및 일상생활에 구조를 제공하기 위한 기능이 거의 없는, 사회적 무질서 내지는 상당히 스트레스가 높은 시기로 표현했다. 은퇴는 신체적·정신적 건강에 부정적인 영향을 미치는 것으로 여겨졌다.

그러나 연금제도의 보편적인 형성은 은퇴와 연관된 경제적 스트레스를 감소시켰고, 퇴직자들이 취미생활을 즐기는 것을 가능하도록 했다. 노령자들을 위한 새로운 역할이 만들어진 것이다. 많은 퇴직자들이, Ivan Illich(1981)가 말한 '그림자 일(shadow work)', 즉 사회존속을 위해 꼭 필요한 비경제적인 보상활동에 참여하고 있다. 이러한 활동들은 손주들을 위한 양육 제공을 통해 성인 딸이 경제시장에 재참여할 수 있다거나, 장애가 있는 배우자나 부모 간호를 하거나, 봉사 내지는 교육기관에서 자원봉사하는 것 등을 포함한다(Antonucci & Jackson, 1990 참조). 따라서 은퇴는 더 이상 스트레스가 높은 생활사건으로 여겨지지 않는다. 은퇴한 중산층 남성의 1/3에 못 미치는 사람들이 은퇴를 '약간' 스트레스가 있다고 여겼고(Bossé 등, 1991), 은퇴 그 자체보다는 건강문제가 스트레스의 원인인 듯했다(Ekerdt, Baden, Bossé, & Dibbs, 1983).

이에 따라 문화가 스트레스 과정에 영향을 미치는 한 방법은 문화 내 특정집단의 생활사건의 경험을 의무화시키는 것이라고 할 수 있다. 이러한 사건들은 청소년 의식, 은퇴, 또는 O-Level(영국 및 다른 학교에서 보편적으로 행해지는 중요한 과목별 시험)처럼, 사회적 신분 변화를 나타낸다. 이러한 사건들은 상당히 스트레스가 높으나, 그러한 스트레스는 다른 사회 제도(예 : 연금)를 통해 완화되기도 한다. 이러한 사건의 의무화는 주로 다른 사회적 문제에 대한 대책으로, 의식적이든 무의식적이든, 어떤 인구집단을 특정한 인생 시기에 스트레스에 노출시킴으로써 사회의 목표를 달성한다.

일상적이고 문화적으로 의무화된 스트레스 생활사건은 비정기적으로 일어나기도 하는데, 연방정부가 인플레이션을 막기 위해 통화물량 제재를 가한다거나 하는 그런 제한은 결국 취약한 집단에게 일시적이거나 다른 형태의 실업을 초래하기도 한다(이 점에 대한 논의는 Aldwin & Revenson, 1986 참조). 이것은 문화가 스트레스 경험에 영향을 미치는 두 번째 방법인 자원의 분배를 통한 논의로 이어진다.

자원 할당과 스트레스 평가

Arsenian과 Arsenian(1948)이 제시하길, 문화는 '힘들다' 혹은 '쉽다' 고 특정지어진다고 할 수 있다. 그들의 기본적인 전제는 인간이 목표 지향적인 행동에 의해 특정지어질 수 있다는 것이다. 문화는 개인들이 추구하는 목표의 수와 질에 따라 다양하다. 더 나아가 자원과 사회적으로 제재된 목표 성취를 위한 접근 통로는 개인 간에 또는 문화 내의 하위집단에게 동등하게 분배되지 않는다. 힘든 문화는 가치 있는 목표를 좀처럼 제공하지 않고, 개인의 목표달성을 위한 경로 접근에 극심한 제재를 가한다. 반대로, 쉬운 문화는 가치 있는 다양한 목표와 적어도 그중 한 가지 목표 달성에 상대적으로 쉬운 접근을 제공한다. 예를 들어, 한 태평양 섬 문화에서는 세 가지 기본적 목표인 물질적 풍요, 정치적 힘, 종교적인(정신적인) 지도력이 있다. 이 세 가지 목표는 상호 배타적이었다. 한 사람이 한 가지만 추구할 수 있었다. 친족 구조 때문에, 문화 내의 거의 모든 성인 남자가 이 세 가지 중 한 가지 목표 달성을 기대할 수 있었다. 이것은 '쉬운' 문화로 여겨질 수 있을 것이다.

문화적으로 패턴화된 스트레스원의 또 다른 예로서, 모든 문화는 젊은이들을 교육시키는 체계가 있다. 그러한 체계의 어려움, 부여되는 중요성, 성공 기록의 수단들은 문화에 따라 다양하다. 많은 영국식의 체계에서는 초등교육과 고등교육은 매우 어렵고, 학업성취는 주로 엄격하고 일반적인 시험 제도(O-Level 시험)에 의해 기록된다. 고등교육 입학은 순전히 그 시험에서의 성과에 의해 결정된다. 영국 제도를 따르는 일본, 한국 등 아시아 문화권에서는, O-Level 시험에서의 성공은 아주 중요하게 여겨지며, 학생들이 겪는 스트레스는 굉장히 높다.

반대로, 미국 교육 제도에서는 초등교육과 고등교육이 다소 덜 엄격하고, 다양한 경로를 통해 고등교육을 받을 수 있다(예 : 나중에 고등학교 졸업학력인증서를 취득한다든지, 2년제 대학에서 기술을 연마한다든지). 그러나 고등교육은 훨씬 더 어렵고, 결과적으로 대학생들이 경험하는 스트레스가 높은 편이다(Aldwin & Greenberger, 1987 참조).

Arsenian과 Arsenian의 가설에 의하면, 힘든 문화는 개인의 정신건강과 지역사회의 사회적 건강에 피해를 준다. 극도로 엄격한 목표와 불평등한 접근 경로를 보이는 문화에서, 개인은 알코올 중독, 약물 중독, 그리고 자살과 같은 정신적 문제 등을 보이는 것으로 예상된다. 비슷하게, 어려운 문화에서는 사람들이 불법 수단을 통해 목표를 달성하고자 하기에, 범죄가 극성을 부릴 것이다.

전통적인 농경사회보다 산업 국가들은 더 다양한 목표를 제공하는 것으로 보이는 반면, 현실적으로 볼 때, 물질적 풍요와 같은 한 가지 중요한 목표가 지배적이며, 이것은 모든 사람들이 도달하기에는 어려움이 있을 수 있다. 이러한 면에서 볼 때, 도시 빈민 청소년의 물질적 풍요에 대한 열망이 상대적으로 부유한 교외지역의 청소년만큼이나 강하다는 것은 당연한 것이다. 그러나 도시 빈민가 청소년이 정당한 방법으로 그만한 부를 획득하는 것은 매우 힘들고, 따라서 강도, 매춘, 마약 거래 등이 빈번한데, 문화인류학자들에게 이것은 당연한 듯이 여겨진다. 부적절한 자원 접근으로 인한 스트레스는 강도, 매춘, 마약 거래 등의 불법행동들에 수반하는 폭력에서 오는 스트레스에 의해 더 악화된다. 그리고 심한 정신적·육체적 건강문제들도 지극히 만연할 수 있다(Colby, 1987 참조).

문화를 '쉬운'에서 '힘든'으로 정리하는 1차원적 형식이 매혹적이기는 하나, Wallace(1966)가 주장한 미로는 좀 더 복잡한 시각을 논의한다. 확실히 객관적으로 볼 때, 기근과 전쟁이 보편적인 문화는 풍요롭고 평화로운 사회보다 좀 더 스트레스가 높다. 그러나 미로 관점에서 보면, 한 문화 내에서 개인이 직면한 스트레스원의 종류들은 성별, 사회경제적 위치, 그리고 민족성에 따라 다양하다. 미국 문화는 부유한 백인 미국인에게는 상대적으로 쉬운 문화일 수 있지만, 도시 빈민 지역에 사는 청소년이나 북미 원주민들에게는 매우 힘든 문화일 수도 있다.

자원과 평가 : 객관적 또는 주관적?

스트레스가 '객관적'인가 아니면 '주관적'인가 하는 점은 학계에서 계속 논란이 되고 있다(제3장 참조). 이러한 논란은 Hobfoll(2001)과 Lazarus(2001) 사이의 논문 교류에 의해 다시 활기를 찾기 시작했다. Hobfoll은 오랫동안 스트레스원에 대한 인지적 평가 접근에 대해 반박해 왔는데, 환경 자원과 시련은 현실이고, 주관적 요소의 관여는 필요 없다고 주장해 왔다. Lazarus(2000)는 평가가 환경적 시련을 충족시킬 자원이 유효한가에 근거하고, 실질적으로 스트레스는 요구와 자원 간의 부조화에 근거한다고 대응했다. 더 나아가 대다수의 사람들이 자신의 환경에 대해 꽤 진실된 평가를 하고, 그렇기에 평가가 꼭 주관적인 것만은 아니라는 것이다.

스트레스에 미치는 문화의 영향에 관한 초기 논쟁은 이 문제를 다르게 조명한다고 할 수 있다. 문화는 자원을 분배하거나 또는 더 정확히 말하자면 문화적 미로의 각각의 요소에 걸맞게 다른 식으로 자원 접근을 제공한다. 이것은 '객관적인' 난이도를 형성한다. 그러나 그러한 자원에 대한 관점은 항상 문화적 여과를 통해 나타난다. 예를 들어, 이집트에서 딸의 순결은 자원이고, 순결의 상실은 그 딸과 형제들의 혼인 가능성에 큰 타격을 주며, 경제적 동맹을 맺을 수 있는 능력에도 문제를 일으킬 수 있다. 그러나 미국에서는 순결은 그런 식으로 간주되지 않고, 가족 자원이라고 여겨지지 않는다. 따라서 평가는 주변의 정황, 개인의 필요, 그리고 자원 접근, 문화적 신념과 가치의 조합물이다. 그러나 이 공식에 빠진 것은 어떤 가치가 스트레스 평가와 대처에 중요하게 여겨지는지, 그리고 그들이 어떻게 영향을 미치고, 어떤 문화적 증후군(cultural syndromes)의 이해를 제공하는지에 대한 체계이다.

문화적 증후군

인류학에서의 기본적인 구분은 문화를 개인주의(individualistic) 대 집단주의(collectivistic)로 나누는 것이다(Heider, 1958 참조). 서양문화는 더 개인주의적이고 독립심과 자율성을 중요하게 여기는 반면, 아시아권 문화들은 가족, 사회 내의 개인의 역할에 의해 자아가 형성되고 상호의존과 협력이 중요시되는 집단주의에 가깝다고 여겨진다(예 : DeVos, 1973 참조). 이에 따라 일반적으로 사회적 지지가 많은 아시아 문화보다는 서양문화의 스트레스가 더 높다는 주장이 있었다.

그러나 사회적 지지에 따른 비교문화 연구에 의하면, 이 문제는 이렇게 간단하게 양분화될 수 없다. 예를 들어, 한국계 미국인 학생들과 유럽계 미국인 학생들에 대한 연구에서, Aldwin과 Greenberger(1987)는 한국계 미국인 학생들이 훨씬 덜 사회적 지지에 접근한다고 밝혔다. 학생들은 자신들의 문제에 대해 타인에게 말하는 것을 더 꺼렸다. 보편적으로 그들은 대학 환경의 부적응을 부모에게 이야기하는 것을 부끄럽게 생각했고, 체면 손상을 염려했다. 그리고 그들은 친구들에게 고백하는 것도 주저했는데, 자신의 문제가 사회망을 통해 알려지는 것을 원치 않았기 때문이다. Takahashi, Ohara, Antonucci와 Akiyama(2002)도 일본과 미국에서의 사회적 지지에 관한 비교문화 연구를 했는데, 일본인들이 미국인들보다 자신의 배우자나 자녀들에게 비밀을 덜 털어놓는 경향을 보였다.

양 연구에서의 문제점은 이러한 문화에서 사회적 지지가 다르게 표현될 수도 있다는 점이다. 미국인들은 언어표현에 중점을 두는 반면, 아시아인들은 행동에 더 의존할 수도 있다. 예를 들어, Aldwin과 Greenberger의 연구에서, 한 젊은 여성은 자신의 문제에 대해서 이야기하지 않았다고 했다. 그러나 누가 가장 도움을 많이 주었냐는 질문에, 그녀는 주저없이 그녀의 언니를 꼽았다. 이 명백한 모순에 대해 그녀가 말하길, "언니한테는 내가 문제가 있다고 말할 필요가 없어요. 언니는 내가 우울할 때를 알고 기운을 북돋워 주려고 해요. 영화관에 데리고 간다든지 하면서요." 일본에서도 유사하게, 절친한 친구와 목욕을 같이한다는 등으로 반영되었으나, 이것은 미국 연구에서는 쓰일 수 없는 문항일 것이며, 미국에서는 매우 다른 의미를 가지고 있기 때문이다.

Triandis(1995)는 문화적 두 공간을 제시했는데, 한 측면은 개인주의-집단주의(individualism-collectivism)이고, 다른 하나는 수직-수평(vertical-horizontal)이다. 수직성은 계급을 칭한다. 따라서 미국과 같은 개인주의적 문화에서도 계급은 경쟁을 중요시하는데, 개인은 더 나은 직장, 부, 배우자 등 지위적 상품을 얻기 위해 경쟁을 한다. Le와 Levenson(2005)은 수직적 개인주의(vertical-individualism)는 높은 자아도취와 신경증적 성향과 연관이 있음을 발견했다.

그러나 문화는 개인주의적이면서 수평적 또는 평등적일 수도 있다. 개인의 자립 정신과 평등, 협력을 중요하게 여기는 스웨덴 문화가 좋은 예이다. 간단히 말해, 집단주의 문화 역시 전통적인 중국 내지 일본 문화처럼 권위주의와 순종을 중요하게 여기는 수직적일 수 있거나 또는 개인주의와 경쟁을 경시하는 수평적 문화일 수도 있다. 개인주의적이거나 집단주의적이거나에 상관없이 수평적 문화는 수직적 문화에서보다 스트레스가 덜할 수 있다. 실질적으로 스웨덴, 아이슬란드, 덴마크처럼 수평적인 개인주의 문화는 수직적 개인주의 문화에서보다 주관적인 행복수치가 높게 나타난다(Diener & Oishi, 2000). 이러한 모델은 스트레스와 대처의 문화적 차이를 연구하는 데 유익한 방향을 제공할 수도 있다.

예를 들어, 집단주의적 문화에서는 어떤 형태로든 특별하다는 것은 위협적으로 보일 수 있다. Rubel(1969)의 고전적인 예를 들어보자. 멕시코계 미국 문화에서, 직계가족 이외의 외부인이 아이를 칭찬하거나 예뻐하면, 그 아이가 병에 걸릴 수도 있다고 믿어 왔다(mal ojo, 악마의 눈). 그럴 경우 외부인이 mal ojo를 제거하는 식으로 아이를 쓰다듬을 때에만, 그 병에서 나을 수 있다고 여겨졌다. 친밀한 멕시코계 미국 가족에서는(적어도 몇 세대 전까지), 외부인이 아이를 칭찬하는 것은 스트레스 사건으로 여겼다. 반대로, 수직적 개인주의 문화에서의 앵글로 미국계 엄마들은 자신의 아이가 칭찬받는 것에 대해 자긍심을 가졌다.

Triandis(1996)의 모델에 근거할 때, 수평적 집단주의 문화에서는 개인주의 또는 수직적 집단주의 문화에서보다 특정한 요인들은 스트레스를 덜 준다고 가정할 수 있다. 예를 들어, 아프리카계 미국인들은 돌봄 상황에서 스트레스를 덜 받았고(Haley 등, 2004; White, Townsend, & Stephens, 2000), 유럽계 미국인들보다 돌봄 상황에 대해 덜 부담스러워했다(Knight, Silverstein, McCallum, & Fox, 2000). 흥미롭게도, 아시아계 미국인 돌봄자들은 유럽계 미국인들에 비해 스트레스를 더 받는 것으로 드러났다(Youn, Knight, Jeong, & Benton, 1999). 아시아 문화권에서 돌봄의 부담은 주로 며느리에게 있었는데, 이는 수직적 집단주의적 문화에서는 전통적으로 시부모와 관계가 어렵기 때문이다.

그 문화에 속해 있는 사람들에게는, 스트레스 평가에 있어 문화적 차이를 가늠하기가 어려울 수도 있다. 이 주제에 관해 멕시코에서 연설을 하던 중, 나는 청소년기의 혼전 성행위를 예를 들어 이러한 차이점을 극대화하려고 했다(Aldwin, 1985). 멕시코와 같은 일부 문화권에서는 혼전 성행위, 특히 딸들의 혼전 성경험은 전체 가족에게 치욕을 주는 심각한 문제로 여겨지고, 이집트와 같은 일부 문화에서는 딸의 성행위 때문에 딸을 살해하는 것이 합당하게 받아들여지기까지 할 수 있다. 그러나 타히티 같은 문화권에서는, 청소년기의 성행위는 일반적이며 바람직한 것으로 여겨지기도 한다. 이에 대해 청중 중 몇몇은 굉장히 불쾌해했고, 한 사람은 '고급' 문화에서 그러한 행동은 수치스럽게 보이는 것이 당연하다고 주장했다. 스웨덴 사람들은 그러한 행동을 일반적이라고 여긴다는 내 대답은 더 큰 혼란을 야기했다.

좀 더 가까운 예를 들어보자면, 돌아가신 나의 시어머니인 리즈에 관련된 재미있는 일화가 있다. 진보적 남부 감리교 신자였던 시어머니는 제2차 세계대전 중, 코오셔(Kosher) 유대인 가족으로 시집을 갔다. 남편이 군복무를 하는 중, 그녀와 그녀의 갓난 아들은 뉴욕 시댁에서 같이 살았다. 최선을 다하자는 취지에서, 그녀는 정성 들여 식사를 준비했다. 식사 내내 그녀의 시어머니는 조용히 울었다. 리즈는 코오셔 주방에서는 육류와 유제품에 쓰이는 요리 기구를 구분해서 써야 하는 의식을 몰랐기 때문에 본의 아니게 주방 도구들을 못 쓰게 만들어 버린 것이다! 재미있는 지난 이야기이지만, 그 당시에는 상당히 큰 문제였다.

비교문화 연구에 있어 에틱(etic, 보편성)과 에믹(emic, 특수성) 접근법 사이에는 고전적인 차이가 있다. 에틱 접근법에서는 한 문화에서 개발된 관점을 다른 문화에 적용시킨다. 예를 들어, Swartz, Elk와 Teggin(1983)의 초창기 연구에서는 Holmes와 Rahe(1967)가 개발했던 스트레스 생활사건 척도를 가지고 남아프리카에서 스트레스를 측정하려고 했는데, 기본 스트레스 척도와 상관관계가 거의 없음을 발견했다. 그러나 에믹 방법, 즉 문화 내에서 개발된 토착모델을 사용했을 때는 매우 다른 결과를 보여줄 수도 있다. 예를 들어, Ingstad(1988)는 다른 두 문화에서 유사한 스트레스 상황을 연구했다. 그녀는 장애 아동을 둔 노르웨이와 보츠와나 부모를 인터뷰했다. 노르웨이 부모들은 이 상황을 매우 처참하게 받아들였다. 그들은 죄의식을 느꼈고, 어렴풋하게나마 신이 내리는 처벌이라고 생각했다.

반대로, 보츠와나 부모들은 금기사항을 깼기 때문이거나 조상들의 분노 때문이라고 여겼다. 뇌손상을 가진 아이를 낳은 한 여성은 "난산 때문이라는 것을 알긴 알지만, 난 암으로 죽어가는 어머니를 잘 돌봐드리지 않았기 때문이라고 생각해요."(Ingstad, 1988, p. 357)라고 말했다. 적이 행한 주술이나 마법에 의해 벌어진 일이라고 여겼기에, 보츠와나 사람들은 그다지 죄의식을 느끼는 편이 아니었다. 삶의 일상적인 어려움 때문에, 보츠와나 사람들은 자녀의 장애를 그렇게 심각한 비극이라고 여기지 않는 편이었다. 신이 내리는 처벌이라기보다는 장애아를 돌볼 능력이 있다는 신의 신뢰로 받아들이는 편이었다.

라오스와 캄보디아에서 유래한 부족사회이면서 미국으로 이민한 몽(Hmong) 문화에서도 비슷한 예가 보인다. 최근 캘리포니아에서는 의료 거부 권리를 둘러싼 법정 소송 사건이 있었다. 한 몽 가족은 선천성 내반족(club foot)을 가진 자녀의 수술을 거부했다. 미국 문화에서 그러한 장애를 가진 자녀를 둔다는 것은 수치스럽게 여겨지고, 장애 아동이 겪는 어려움에 대한 자료도 꽤 많이 있다. 그러나 몽 문화에서는 그러한 아이들은 '행운'을 가져다준다고 여기며, 가족을 해칠 뻔한 나쁜 업보를 대신 짊어졌기 때문에, 그 가족은 아이의 내반족 수술을 하지 않으려고 했던 것이다. 의사는 그 가족을 고소했고, 그들의 변호인단은 쉽게 고칠 수 있는 기형치료를 하지 않을 경우 있을 일생의 문제점에 대해 과학적 증거들을 제시했다. 그러나 몽 가족의 변호인들은 아이가 부정적인 2차 경과는 전혀 보이지 않으며, 행복하고, 잘 적응하고 있으며, 학교생활도 잘하고 있다는 것을 보여줬다. 내가 기억하기로는, 판사는 그 가족의 의료 거부 권리 편을 들었다.

따라서 같은 문제라도 전통적 신념이나 가치체계에 따라 매우 다르게 해석되고, 대처될 수도 있다. 이제 스트레스 척도도 특정한 문화와 상황에 따라 개발하는 것이 통상적이다. 그러나 때로는 상황적 제약들이 민족적 또는 문화적 차이점을 압도하기도 한다. 예를 들어, 다문화 도심 환경에서 청소년들이 겪는 다양한 문제들을 연구하기 위해, Gonzales, Tein, Sandler와 Friedman(2001)은 청소년 다문화 사건 척도(multicultural events scale for adolescents, MESA)를 사용했다. 여덟 개의 소문항들은 가족 상황(문제, 갈등, 경제적 스트레스), 교우문제, 학교생활의 어려움, 지역 폭력, 편견, 피해, 그리고 문화 적응 등의 지역문제 등을 평가하도록 되어 있다. 흥미롭게도 스트레스 상황에서, 그들은 평균, 또는 공분산 행렬 등에서 민족적 차이점을 발견하지 못했는데, 이는 매우 어려운 상황이 문화적 차이를 감소시킬 수도 있다고 보일 수 있다.

문화와 대처

대처전략 선택이 본질적으로 사회과정이라는 것을 고려한다면, 문화가 개인의 스트레스 대처 방법에 영향을 미칠 수도 있다는 점은 전혀 놀랄 만한 일이 아니다. 문화가 적응과정에 영향을 미친다는 논문은 많은 반면(Bateson, 1972; Colby, 1987; Dubos, 1965), 대부분의 인류학 논문들은 심리적 장애들이 문화에 따라 다양하다는 점에 중점을 두었다. 문화 특정적 정신질환이 있는지(예 : 인도네시아의 amok, 남아메리카의 susto, 또는 뉴욕의 푸에르토리코 사람들 사이에서 보이는 ataque), 혹은 우울증, 정신분열증 등 정신적 장애 구조는 전 세계적으로 동일하나 증상만 차이가 있는지에 관해서는 많은 논란이 있었다(Kleinman, 1980 참조). 그렇더라도 문화가 감정 표출 방법에 차이를 둔다는 것은 확실하다.

문화가 대처전략 사용에 영향을 주는 일반적인 방법은 주목을 덜 받아 왔다.

Mechanic(1974)은 대처기술을 얻기 위한 개인의 능력과 성공은 문화가 제공하는 해결책의 효능, 그리고 교육 제도의 적합성에 따른다고 주장했다. 더 나아가 Antonovsky(1979)는 다음과 같이 명시하였다.

> 문화는 필요성에 따라 우리에게 굉장히 다양한 답들을 제시한다. 요구와 답은 반복되는데 심리학적 관점에서 보자면, 이들은 내면화(internalized)되고, 사회적 관점에서 보자면, 이들은 제도화(institutionalized)된다. 문화는 장례식장에서 부르는 노래, 고통 설명 방식, 흉작 시의 의식, 그리고 지도자의 기질 및 취임 등에 대해 준비된 답들을 제공한다. (pp. 117~118)

좀 더 정확하게 말하자면, 하위문화 집단에 의한 대처행동에서 나타나는 차이점을 기록한 연구들을 살펴봐야만 한다. 이 책의 초판 이후 비교문화 차이 연구 논문들은 거의 없었고, 주로 비이론적이고, 소표본 집단, 그리고 질적 연구였다. 그러나 최근에는 상황이 호전되어, 다른 민족집단 간의 양적·질적 연구가 보이고 있다(Coles 등, 2002; Haley 등, 2004; Knight 등, 2002).

내 생각에 문화는 정서중심적 그리고 문제중심적 대처에 있어 선호하는 수단이 다를 수도 있을 듯하다. 정서중심적 대처에서의 차이점은 주로 정서통제 대 정서표현, 그리고 정서표현의 형태에 중점을 두고 있다. 문화는 또한 통제 및 중요한 활동 — 외적 혹은 내적 통제에 대한 선호, 그리고 숙달감에 대한 직접적 대 간접적 접근 — 에 대한 일반화된 태도에 따라 다를 수도 있다.

문화 그리고 정서중심적 대처

스트레스에 대한 정서적 반응 표현의 반대로서, 통제는 중요한 차원으로 문화에 따라 다양할 수 있다. 이 장의 처음에 소개된 베이트슨의 일화는 좋은 예라고 할 수 있다. 미국인들에게 애도는 공개적으로는 자제해야만 하고 사적으로만 표현되어야 하는 정서라고 여겨지는 경향이 있는 반면, 필리핀 사람들과 다른 많은 문화에서는 애도의 공개적 표현을 허용한다. 일반적으로 북유럽 문화에서는 정서적 통제를 선호하는 경향이 있는데, '입술 꽉 다물기'(내색하지 않기)라는 영국 속담이 있다. 그러나 다른 많은 문화에서는 자주 고정관념의 방식으로 정서표현을 허용한다. 대처 논문에서 이것은 주로 고통에 반응하는 하위문화적 차이로 연구되어 왔었다.

Zborowski(1952)는 통증에 대처하는 민족적 차이에 관한 초기 연구 중 하나를 제공했다. 입원환자 중, 이탈리아와 유대인 계통의 환자들은 소리를 지르거나 신음을 내는 등 통증에 가장 확실한 반응을 보였다. 이에 반해, 아일랜드계 미국인들과 Zborowski가 명한 '늙은 미국인' 환자들은 자신의 통증을 축소화하고 극기심을 발휘하려고 했다. 통증이 심할 때 다른 사람들을 만나지 않는 것이 이러한 '늙은 미국' 환자들의 특징인 반면, 유대인 환자들은 분노와 통증에 대한 걱정을 표현했다. 이러한 행동적 차이들은 최상의 통증 대처 방법과 정서표현 수용성 차이에 관한 문화적 신념을 확연하게 나타낸다.

Zborowski의 연구 이후, 많은 학자들이 임상 및 실험 상황에서 문화적·민족적 통증 대처 차이를 연구해 왔다(Moore, 1990; Zatzick & Dimsdale, 1990 참조). 몇몇 연구들이 Zborowski의 초기 논문 결과들을 확인했다(Koopman, Eisenthal, & Stoeckle, 1984; Lipton & Marbach, 1984; Zola, 1966). 흥미롭게도, Moore (1990)의 연구에서 중국 응답자들은 'Suantong'이라는 중국 문화에 독특하게 있는 통증 항목을 이야기했다. Suantong 통증은 염증에 의해 생기는 가렵거나 무딘, 또는 찌르는 듯한 통증으로 표현될 수 있다. 중국인들은 치과치료 시 치아를 가는 것을 Suantong이라고 표현하거나 또는 무딘 통증, 화학적 마취가 필요하지 않는 것으로 여겼다. 반대로 미국인들은 치아를 가는 것을 통증 완화제가 필요한 날카로운 통증으로 여긴다. 그러나 모든 연구들이 통증 인식과 표현의 문화적 차이를 발견한 것은 아니다. 실질적으로, 그러한 차이는 연구에 참여한 인종-민족 집단에 따라 다르게 나타난다.

Zatzick과 Dimsdale(1990)은 이 주제에 관한 논문 개관에서 두 가지 일반적인 사항을 제시했다. 첫째, 여러 연구들이 통증 역치에 대한 인식, 즉 고통스러운 자극 분별 능력에 있어 문화 간 차이점을 보여주지 못했다. 이것은 통증 내성 차이는 신경생리학적 차이보다는 문화에 원인이 있기 때문이라고 주장한다. 둘째, 백인 대 흑인 등 인종집단을 연구한 논문들은 민족집단이 참여한 연구에 비해 통증 대처 차이를 찾을 수가 없었다. 즉, 이탈리아계 미국인과 아일랜드계 미국인 사이의 차이점을 발견한 Zborowski의 초기 연구에서처럼, 인종집단 내 민족 차이점이 있기 때문일 수도 있다. Zatzick과 Dimsdale은 같은 민족의 구성원들은 통증 대처와 표현에 가장 적합한 방식에 관한 문화적 관념을 공유한다는 것을 강조했다.

좀 더 흥미로운 가능성은 정서표현과 정신질환의 발로에는 문화적 패턴이 있을 수 있다는 것이다. 예를 들어, 문화 관련 정신질환의 몇몇 개념들은 이러한 정신질환을 일시적인 상태라고 보며, 문화적으로 허용된 스트레스 반응으로, 단기간인 경우 선천적, 병리학적 상태로 볼 필요가 없다는 것이다(Garrison, 1977; Maduro, 1975; Weidman, 1979). 이러한 증상들은 주로 매우 특수하고 매우 스트레스가 높은 상황에서 나타난다. 예를 들어, 뉴욕에 거주하는 푸에르토리코인들 사이에 'ataque'는 극도의 정서표현, 실신, 푸가풍 행동, 나중에 기억을 할 수도, 하지 못할 수도 있는 자해행동 등을 일컫는 말이다. 예를 들자면, 한 여성이 아들의 사고 소식을 들었을 때, 소리를 지르고 실신을 했다가 울컥하며 창문으로 뛰어내리려고 하였다(Garrison, 1977). Garrison에 따르면, 'ataque'는 가족의 죽음 또는 남편의 자녀 구타처럼 개인이 막을 힘이 없이 폭력을 목격한 그런 특정한 상황 아래 예상되는 행동이다.

유사하게, 'Falling Out'은 미국인, 아이티인, 그리고 쿠바계 흑인들 사이에 보이는 유사간질 상태인데, 스트레스가 높은 학교생활이나 스포츠 경기, 또는 아주 붐비는 상황에서 개인이 극도의 두려움이나 분노를 느끼는 것을 말한다. 'Falling Out'은 극도로 스트레스가 높은 상황을 일시적으로 피하는 역할을 하며, 정서조절 기능을 한다고 할 수 있다(Weidman, 1979).

스트레스와 대처에 관한 최근 심리학 이론들은 정서는 통제되어야 하고 정서표현은 최소화되어야 한다고 가정한다. 예를 들어, Pearlin과 Schooler(1978)는 대처를 '외적인 생활 긴장(life strain)에 대한 정서적 반응을 저지, 회피, 또는 통제하는 데 쓰이는 모든 반응'이라고 정의했다. 이 관점은 정서통제에 대한 북유럽과 앵글로계 미국인들의 태도를 반영한다. 그러나 정서통제를 덜 중요하게 여길 수도 있고, 정서표출이 적절하고 바람직하다고 여겨질 수도 있다. 실질적으로 뉴욕에 거주하는 푸에르토리코 사람들에게 있어, 문화적 특정 상황에서 'ataque'를 보이는 않는 것은 인정머리가 없고 각박하다고 보일 수 있다(Garrison, 1977).

대처효과성에 관한 연구에서, 현대심리학은 '성공적인 대처'를 스트레스 상황에서 최소의 심리적 증상과 연관시켜 조작적 정의를 내린다(Folkman & Lazarus, 1980). 그러나 이것도 적절한 대처행동과 결과에 대한 몇몇 문화적 태도만을 반영하는 것일 수도 있다. 만약 정서표현 혹은 구체적 심리적 증상들이 특정 문화 내에서 스트레스에 대한 대처 반응으로 정해져 있다면, 적은 증상만이 효과적인 대처 증상이라고 보는 것은 오해의 소지가 있을 수도 있다. 대신 주어진 문화 내에서 효과적인 대처가 어떻게 인지되는지를 이해하는 것이 중요할 것이다.

특정한 사회 상황에서는 정서표현은 중요한 문제중심적 기능을 갖고 있다. 위에 거론된 예에서, 푸에르토리코 여성은 남편의 관심을 끌면서 아이 구타로부터 주의를 흐트러뜨리기 위해, 'ataque'를 쓸 수도 있을 것이다. 심리학적 증상의 표현은 사회 상황 통제를 위한 간접적 시도라고 보일 수 있다[의사소통 시 간접적 시도로서 심리적 증상에 대한 Szasz(1961)의 논의 참조]. 역설적으로 말하자면, 정서표현은 간접적이기는 하나 실질적으로 중요한 활동의 하나로 보일 수 있다. Saunders (1977)의 설명에 의하면, 이집트 여성들 간에 'zar' 빙의는 여성의 직접적 영향력이 금지된 문화에서 남편에게 간접적으로 영향을 줄 수 있는 것이었다. 따라서 여성은 중병에 걸려 견딜 수 없는 상황으로부터 도피할 수 있거나, 혹은 그녀를 소유한 'zar' 영혼이 특정한 물건이나 서비스를 받도록 그녀의 가족에게 요구를 할 수도 있다(재봉틀 포함!).

일반적 대처전략 형태에서 민족적 차이점을 기록하는 것은 더 어려울 수도 있다. 예를 들어, Gonzales와 동료들(2001)은 아프리카계 미국인, 유럽계 미국인, 그리고 라틴계 청소년들 사이에 대처전략에서 차이점을 발견하지 못했다. 그러나 그들은 특정한 스트레스원에 국한되지 않은 일반화된 대처 목록을 사용했다. Knight와 동료들(2000)은 아프리카계 미국인들이 비아프리카계 미국인들에 비해 돌봄 상황에서 정서중심적 대처를 사용함을 발견했고, Lee와 Brennan(2002) 역시 아프리카계 미국인들이 시각장애에 대처하는 데 정서중심적 대처를 한다고 밝혔다. 질적 연구에서 보건대, 아프리카계 미국인들은 돌봄 상황에서 기도 등 종교중심적 전략을 좀 더 쓰는 듯하고(Louikissa, Farran, & Graham, 1999), 시력장애(Lee & Brennan, 2002), 유방암(Ashing-Giwa 등, 2004) 같은 자신의 건강

문제에서도 비슷했다. 라틴계 사람들은 유사한 형태를 보이기도 한다(Abraido-Lanza, Guier, & Revenson, 1996). 이러한 몇몇 연구들은 미국 내의 민족집단들은 정서표현 및 종교적 대처를 더 쓴다는 것을 보여줄 수도 있으나, 확실히 이러한 발견들을 확인시켜 줄 만한 더 많은 연구들이 필요하다.

정서 반응 패턴에도 당연히 문화적 차이가 있다. 예를 들어, Cole, Bruschi와 Tamang(2002)은 미국 어린이들의 정서적 반응을 네팔의 브라만(Brahmans, 인도에서 이주한 집단)과 타망(Tamang, 원주민)이라는 두 집단과 비교했다. 어려운 상황이 닥쳤을 때, 브라만과 미국 어린이들은 화를 내는 반면, 타망 어린이들은 수치심을 느끼는 경향을 보였다. 브라만 어린이들은 자신의 감정을 드러내는 것을 꺼렸지만, 미국과 타망 어린이들은 별로 개의치 않았다. 그럼에도 불구하고, 다른 두 집단에 있는 어린이들보다 브라만 어린이들은 힘든 상황에서도 행복해하는 경향을 보였다. 아이들의 연령과도 복잡한 상호관계를 보였다. 나이가 많은 타망 어린이들은 어린아이들보다 화를 덜 냈지만, 나이가 많은 미국 어린이들은 더 화를 냈다. 정서중심적 대처에 영향을 미치는 문화, 상황, 그리고 연령 사이에는 복잡한 상호관계가 있다고 할 수 있다.

문화 그리고 문제중심적 대처

일반적으로 문제중심적 대처는 스트레스 상황을 통제 또는 감당하고자 하는 시도라고 정의할 수 있다. Rotter(1966)의 통제소재(locus of control)에 대한 중요한 논문 이후, 통제와 심리적 적응 연구들이 셀 수 없이 많았다. 당연히 많은 대처행동에 관한 비교문화 연구들은 통제 또는 숙달감에 중점을 두어 왔다.

대처방식을 판가름하기 위해 Hoffman Inkblot Test를 사용한 연구 검토에서 보면, 능동적인 대처 형태를 보여주는 미국 어린이들에 비해, 멕시코계 어린이들은 수동적이거나 자기변형 대처방식을 보여준다(Diaz-Guerrero, 1979). 자아상 질문지를 이용한 다국적 연구에서는, 아일랜드나 호주 청소년들에 비해 미국 청소년들이 좀 더 능동적인 대처 형식을 사용한다(Offer, Ostrov, & Howard, 1981). 흥미롭게도 그중 이스라엘 10대들이 가장 활동적이고 숙달감 지향적(mastery-oriented)으로 나타났다. 그러나 이러한 연구들은 성격 측정으로부터 대처행동을 추론한 것으로 특정 스트레스 상황에서의 대처전략 사용을 직접적으로 연구한 것은 아니었다.

몇몇 연구들은 다른 문화 구성원들에 의해 사용된 문제중심적 대처에는 양적 차이가 있음을 발견했다. 예를 들어, Etzion과 Pines(1986)는 이스라엘과 미국 사회복지 전문가들 사이에 대처와 정신적 · 육체적 피로에 대해 조사했다. 이들은 이스라엘인들의 능동적 대처전략 사용은 상당히 스트레스가 높은 직업군에서 일반적으로 낮은 소진율을 나타내는 데 일조한다고 밝혔다.

일반적으로 서구 개념은 능동적 대 수동적, 내면적 대 외면적 등 통제를 이분화하여 바라본다. 최근 이론들은 통제 형태를 일차적(환경적)과 이차적(정서적)으로 나눈다. Heckhausen과 Schulz(1995)는 일차적 통제가 더 바람직하고, 이차적 통제는 대비책으로 쓰인다고 주장했다. 그러나 Reynolds(1976)는 능동적 대 수동적 이분화는 지나치게 단순하다고 주장하며, 좀 더 복잡한 의견을 제시했다.

> 능동적-분투(active-struggling) 대 수동적-수용(passive-acceptance) 이분화 대신에, 나는 좀 더 유용한 동서양 접근법 차이가 선호활동의 중심부에 있다고 제안하고자 한다. 현상학적 현실(phenomenological reality)은 개인의 내면세계와 객관적인 현실의 산물이다. 이 둘 중 하나를 조작함으로써 현상학적 현실을 변화시킬 수 있다. 일반적으로 말해서 서양문화는 객관적 현실을 변화시킬 수 있는 활동을 좀 더 받아들인다. 그러나 일본인이 가치 있게 여기는 것은 수동적인 수용이 아니라는 것을 재강조하고자 한다. 그것은 그저 전략적일 뿐이다. 특정 문제들은 간접적 · 내면적 변화에 의해 다루는 것이 최선이다. (pp. 110~111)

아시아 문화 전문가인 임상심리학자 수(Sue)는 간접적 대처의 좋을 예를 들었다 (개인 대화, 1982). 시부모님들과 어려움을 겪고 있는 여성이 그에게 자문을 구했다. 사돈관계에 대한 문화적 구조를 고려할 때, 이 여인은 그녀를 괴롭게 하는 문제에 있어 시부모와 직접 대면할 수가 없었고, 그녀의 남편 역시 그러했다. 문화적 차이에 덜 민감한 서양 의사들이 해줄 수 있는 것은 없었다. 대신 수는 그녀의 편을 들어줄 수 있는 동정심 있는 외삼촌의 힘을 얻을 것을 그녀에게 제안했다. 그녀는 시어머니의 큰오빠인 그를 저녁에 초대했다. 직접적으로 문제를 거론하지 않았지만, 상당히 피곤해 보이는 며느리의 모습을 걱정하는 외삼촌의 발언은 시어머니가 이사를 나가도록 권고하여 문제해결에 충분한 역할을 했다. 이 여인은 서양 가치관 아래에서 허용되는 직접적인 방법을 사용할 수는 없었지만, 대신 간접적인 행위를 통해 문제를 해결할 수 있었다. 따라서 간접적인 행위 선호를 수동성과 혼동해서는 안 된다.

선호행동 소재(locus of preferred activity)를 개인이 외부 환경에 직접적으로 영향을 미칠 수 있는지 없는지에 대한 신념만을 일컫는 현재의 통제 소재(locus of control) 개념과 혼동해서는 안 된다. 반대로 선호행동의 소재는 개인이 통제를 선택할 수 있는 영역, 예를 들어 문제에 대한 내적 반응 통제를 일컫는다.

문제의 수용 역시 수동적 입장과 혼동해서는 안 된다. Brickman과 그의 동료들 (1982)은 사건 발생에 대한 책임 대 문제해결 또는 결과에 대한 책임에는 차이가 있다고 주장했다. 개인은 특정 사건의 발생에 대해 통제할 수 없을지도 모르나, 통제 부족 인식이 중요한 행동을 못하게 하는 것은 아니다. 예를 들어, Aldwin (1991)은 노인들은 사건 발생과 처리에 관한 책임을 부인할 수 있기는 하지만, 젊은이들만큼 문제중심적 대처를 사용한다고 밝혔다(좀 더 자세한 내용은 제14장 참조).

수용은 스트레스에 대해 완충 역할을 할 수도 있으며, 스트레스와 자기비난을 완화시킬 수 있다. 우울증의 학습된 무력감 이론에 대한 연구에 있어, Coyne과 동료들(1981)은 만성 우울증 환자들이 비우울증 환자들에 비해 자신의 환경에 통제 영향력을 덜 행사하려고 하는 것은 아니라는 것을 발견했다. 반면, 우울증 환자들은 어떤 상황은 통제할 수가 없다는 것을 좀처럼 받아들이지 못했고, 조정 불가능한 상황에 노력을 더 하려고 했다. 우울증 환자들은 일반적으로 통제 가능한 상황 인식과 자신들의 행동을 그에 따라 바꾸는 것을 잘하지 못하는 경향이 있었다. 결과적으로 그들은 잘못된 것에 대해 스스로를 비난하는 경향이 있었다. 이후 Folkman과 Lazarus(1986)는 이러한 점을 확인했다. 운명에 대한 문화적 신념[업보(karma) 또는 우상(joss)]은 수동성으로 이끌리지 않고, 대신 개인의 지나친 패배주의, 무능력, 또는 우울증에 빠지지 않도록 도와줄 수 있다.

McCarty와 동료들(1999)은 태국과 미국 청소년 간의 일차적 통제(환경에 대한), 이차적 통제(자아에 대한), 그리고 통제 포기를 비교했다. 일반적으로 태국 청소년들은 부모와 같은 권위적 대상과의 문제에 있어 이차적 통제를 쓰는 경향이 있는 반면, 흥미로운 상황에 따른 문화적 상호작용이 있었다. 예를 들어, 미국 청소년들은 태국 청소년들보다 다섯 배 이상 신체적 부상에 대해 이차적 통제를 사용했다. 이것은 문화를 미로로 이해한 Wallace(1966)의 논지를 뒷받침하는데, 한 문화 내의 모든 사람이 항상 똑같은 형태로 대처하지 않는다는 것이다. 대신 복잡한 문화-상황 상호작용, 삼원 상호작용이 있을 법하고, 대처를 결정짓는 개인의 성격도 포함된다.

앞서 밝힌 것처럼 비문화적으로 규정된 형태의 대처는 더 큰 스트레스를 야기할 수 있다. Hwang(1979)은 남성들이 대만 주택가의 번잡함에 어떻게 대처하는지를 연구했다. 낮은 사회경제 집단은 낮은 자신감과 운명주의 형태로 대처했다. 사회 계급에 관계없이 전통적인 문화적 가치와 대인 간의 협조를 중요하게 여기는 대처 행동을 쓴 남성들은 낮은 대인관계 스트레스와 증상을 경험했다. 그러나 자기주장과 성취 향상을 중요하게 여겼던 대처 방법은 대인관계 스트레스, 정신신체적 질환, 우울증과 높은 상관관계를 보였다. Shek과 Cheung(1990)은 자아에 좀 더 의존하는(대처에 관한 내적 소재) 문화와 타인에게 좀 더 의존하는(대처에 관한 외적 소재) 문화로 나눌 수도 있다고 주장했다. 앞서 거론된 수의 이야기(개인 대화, 1982)는 후자의 좋은 예라고 할 수 있다.

Kashima와 Triandis(1986)는 대처 행위 유형에 대해 Heider(1958)의 개인주의와 집단주의 문화 사이의 전형적인 차이 — 자기고양 편파(self-serving bias) — 를 이용했다. 귀인이론(attribution theory)에 따르면, 사람들은 성공을 자신의 공으로 여기되, 실패의 경우 외부적 상황에 원인을 돌리는 경향이 있다(Zuckerman, 1979 참조). Kashima와 Triandis는 자기고양 편파는 개인주의적 문화에서 더 중요하게 여겨지며, 이는 자립심의 중요성과 실패에 대한 큰 위협에 따른 결과라고 가정했다. 일본과 미국 학생들의 귀인 차이를 비교한 실험연구에서, Kashima와 Triandis의 가설은 부분적으로만 받아들여졌다. 미국 학생들은 애매한 상황에서만 자기고양 편파를 사용했는데, 덜 애매한 상황의 경우, 두 집단 학생들이 비슷한 귀인을 사용했다. 따라서 상황적 맥락은 대처전략에 있어 문화적 영향을 변화시킬 수 있다.

적극적으로 문제중심적 대처를 사용하는 사람들 중에서도, 직접적으로 선호하는 행동 형태에 있어 민족적 차이가 있을 수도 있다. Caplovitz(1979)는 미국 내 다양한 민족에서 보이는 인플레이션 대처 선호도 차이를 연구했다. 임금과 인플레이션 영향을 통제한 뒤, 대처 형태는 서로 상당히 비슷했다. 앵글로계 미국인들은 생활수준을 낮춰서 지출을 줄이려고 했고, 아프리카계 미국인들은 세일을 찾는 데 시간을 할애하는 편이었던 반면, 스페인어를 쓰는 집단은 가족 구성원이나 이웃들과 서로 협력하는 경향을 보였다. 유사하게 Lee와 Brennan(2002)은 아프리카계 미국인들은 시력저하에서 오는 생활장애 문제 대처에 전문가의 도움을 더 찾는 데 비해, 유럽계 미국인들은 돋보기 등 시력 보조기구를 찾았다.

Lee와 Brennan(2002)의 연구에서는, 민족집단들은 사회적 지지 사용에 차이를 보였다. 시력장애가 있는 유럽계 미국인들은 사회활동이 필요한 상황을 피했고, 사회적 지지 모색을 꺼렸다. 그들은 직계가족보다는 배우자나 친구들에게 더 의존하는 편이었으나, 대처 정보 공유를 위해서 시각장애자들을 위한 사회적 지지 집단에는 관심을 보였다. 이와 반대로 아프리카계 미국인들은 정서적 지지를 위해 가족 구성원들에게 의지했다. Abraido-Lanza와 그의 동료들(1996)은 라틴계 사람들은 친구보다 가족들에게 더 의지한다는 것을 밝혔다.

흥미롭게도, 이중문화(bicultural)에 속한 사람들은 문화적 상황에 따라, 두 가지 다른 대처 레퍼토리(목록)을 개발할 수도 있다. 예를 들어, Kiefer(1974)에 따르면, 일본계 미국인 2세들은 문제 상황에 다른 일본계 미국인 또는 외부문화 집단의 사람들이 연루되어 있는지 여부에 따라 다른 행동 규칙을 보였다. 오스트레일리아 원주민 청소년의 경우 역시, 부모 또는 전통문화에서 일어나는 갈등과 선교학교의 서구적 교사들에 의해 일어나는 갈등에 다른 대처전략을 사용하는 것으로 드러났다(Davidson, Nurcombe, Kearney, & Davis, 1978).

이러한 개념은 LaFramboise, Coleman, 그리고 Gerton(1995)의 이중문화적 능력에 대한 논문에 의해 업데이트되었다. 그들은 불완전하게 문화에 동화된 사람을 결함이 있거나 위험하다고 여기기보다는, 사람들이 두 개 이상의 문화에서 능숙함을 개발할 수도 있다고 주장한다. 그러한 사람들은 더 큰 대처 목록을 가지고 있다고 여겨지며, 그렇지 않은 사람들에 비해 더 잘 적응하리라고 생각된다.

Vargas-Reighley(2005)가 치카노(Chicano)와 동남아시아 중학생들 집단에서 이 이론을 검증하려고 했는데, 그녀는 이 개념과 실제 대처행동 사이에서 거의 아무런 관계를 찾지 못했고, 대처전략 사용에 있어 다른 점을 거의 찾지 못했다. 그러나 그녀는 대처 효율성에 있어 상황과 문화 사이에 상호작용을 발견했다. 동남아시아 청소년들은 학업 상황에서 문제중심적 대처가 좀 더 나은 결과와 연관이 있었다. 반면, 치카노 청소년들에게는 가족 환경 내에서의 스트레스와 대처가 그들의 정서적 · 육체적 행복에 더 큰 영향을 주었다.

요약해 볼 때, 사회문화적 집단들은 스트레스원의 원인과 내용에 관해 공감되는 관점체계뿐만 아니라, 정서중심적 그리고 문제중심적 대처 중 가장 적합한 도구에 관한 관점 역시 생성시키는 것으로 보인다. 이러한 관점과 견해들은 상황에 따라 다를 수 있다. 더 나아가 다른 문화에서는 정서적 고통을 줄이는 아주 효과적인 전략일지라도, 일반 문화적 정신에 상반되는 형태로 대처하는 것은 오히려 스트레스를 증가시킬 수 있다. 많이 연구된 적은 없지만, 문제에 대한 대처를 도와주기 위해 문화가 개인에게 제공하는 일반적인 제도들도 있다.

대처기제로서의 제도

Mechanic(1974)의 주장에 의하면, 광범위하게 볼 때 개인의 대처 효능감은 다양한 대처 자원과 대처기술을 어떻게 전달할 수 있는지에 달려 있다. 따라서 대처전략은 특정한 문제를 다루는 가장 적절한 수단을 고려하는 문화적 신념뿐만 아니라, 문제해결과 긴장 축소를 위한 사회문화적 제도들에 영향을 받는다(Mechanic, 1978).

대처에 있어 제도화된 지원(institutionalized assistance)의 예들은 명백하다. 법률적 체계는 갈등해소의 공식적인 수단이며, 법률적 체계의 문화적 비교는 그러한 과정들을 다스리는 문화적 신념에 대한 흥미로운 이해를 제공할 수도 있다. 예를 들어, 개개인의 통제를 중요하게 여기는 유럽계 미국인 문화이지만, 변호사와 판사가 결정권이 있는 법정 내에서는 개인의 통제는 거의 영향력이 없다. 개인의 통제가 덜 중요시되는 멕시코나 사우디아라비아와 같은 문화에서는, 원고가 가해자에게 내려지는 형량과 처벌에 더 큰 영향을 미칠 수도 있다(Nader, 1985).

갈등해소를 위한 공식적인 체계와 더불어, 모든 문화는 의례적인 권고 형태를 제공하는데, 종교적 상담자, 전문가(심리학자, 정신분석학자, 사회복지사 등), 또는 알코올 중독자 갱생회(Alcoholics Anonymous) 같은 유사 공적인 지지집단 등이 있다. Tseng(1978)의 주장에 의하면, 운세상담은 민속적 상담(folk-counseling) 서비스라고 할 수 있다. 고객은 일반적으로 건강, 사업, 입학시험, 결혼 등 다양한 문제를 의뢰하고, 그들의 문제에 대한 원인에 대한 해석뿐만 아니라 대처방법에 대한 특별한 제시도 받는다. 이것은 몇몇 아시아 문화에서는 매우 만연하기 때문에, Sheck과 Cheung(1990)은 중국 대처 목록(Chinese Coping Inventory)에 점쟁이와의 상담에 관한 문항을 포함했다.

Hsu(1976)는 대만 예언자들의 충고는 보통 문화적으로 보수적임을 발견했는데, 개인은 너무 공격적이거나 야심적이어서는 안 되고, 사회적 역할과 지위에 맞게 적절히 행동하도록 충고 받는다. 확실히 이것은 미국 신문 칼럼리스트가 주는 조언과 유사하다. 낸시 레이건의 예처럼, 점성술사나 점쟁이에게 충고를 구하는 것은 생각보다 더 보편적인 것일 수도 있다. 그래도 문화는 일반적으로 개인에게 조언을 해줄 수 있는 다양한 제도를 제공한다. 어떤 형태의 조언 추구와 그 조언의 근원은 개인이 속한 민족집단 내지는 사회적 계급에 달려 있을 수도 있다(Neighbors, Jackson, Bowman, & Gurin, 1983).

마지막으로, 다양한 종류의 의식은 정서중심적 그리고 문제중심적 대처에 있어 개인에게 도움을 주는 문화적 기제라고 볼 수 있다. Wallace(1966)는 의식의 다양한 목적, 목록, 그리고 기능에 대해서 서술했다.

> 모든 의식(ritual)은 인간과 자연 상태의 변환문제에 방향을 맞춘다. 때때로 그 목적은 의식 주체(ritual actor)가 원하는 최종 상태에 가장 신속하며 철저한 변환을 보장하기 위한 것이다. 때로는 그 목적은 원하지 않는 변환의 발생을 막는 것이다. 그 목적은 개인이기도 하고 집단이기도 하다. 변환은 미미하나, 교정은 평형상태와 현재의 상태를 회복시킬 것이다. 때로는 체계의 근본적 변환의 문제이기도 하고, 새로운 단계의 평형 상태 또는 새로운 조직의 달성이기도 하다. (pp. 106~107)

개인과 상황을 변환시킬 수 있는 상징적 능력을 통해, 의식은 개인과 사회 조직에게 여러 가지 스트레스에 대처할 수 있는 기회를 제공한다. 장례식은 유가족에게, 결혼식은 신혼부부에게 이러한 기능들을 충족시키고, 신분 전환을 경험하는 개인에게는 통과의례적인 것이다. 무엇보다도 의식은 전환을 겪는 개인을 위한 사회적 지지에 중점을 두며, 이러한 의식은 일반적으로 삶의 한 장을 마무리하고 새로운 인생으로 전환할 수 있도록 한다(Constantinides, 1977). 이것을 확실히 더 잘하는 의식들이 있다(예를 들어, 은퇴 오찬은 종결감을 제공할 수는 있으나, 은퇴자가 자신의 신분 변화에 대처하도록 도와주지는 않는다.). 더 나아가, 유사의식(quasi-ritual) 상황에서 행해지는 치유 의식은 위기를 겪고 있는 혹은 적응에 어려움을 겪는 개인에게 조언과 사회적 지지를 주는 중요한 원천이 된다(Good, 1977; Obeyesekere, 1977; Spiro, 1978).

Wallace(1966)는 문화 내 개인이 직면하는 스트레스원의 종류와 문화적으로 허용되는 대처 수단 사이에 역동적 균형이 존재한다고 가정했다. 따라서 혼외 자녀를 두는 것은 타히티나 스웨덴 문화에서는 별로 스트레스가 높은 일이 아닐 수도 있는데, 이는 친척이 미혼모로부터 갓난아이를 입양하는 것이 매우 흔하고 전혀 부끄러운 일이 아니기 때문이다. 그러나 Wallace는 문화적으로 패턴화된 스트레스원과 대처 반응 사이에 불일치가 있을 경우, 심각한 스트레스원이 된다고 가정했다. 만약 스트레스원의 패턴이 타문화와 접촉, 기술적 또는 사회적 변화, 자연재해, 기근, 전쟁 등으로 바뀐다면, 전형적인 문제 대처 수단은 더 이상 '작동' 하지 않을 것이며, 알코올 중독, 이혼, 아동학대, 정신질환 등 사회적 문제들이 증가할 수 있다. 그 시점에서는 문제해결의 새로운 양상을 이끌어 내는 것이 문화 내 개인이 행해야 할 의무가 되어버린다. 이것은 보통 종교적인데, 신념, 가치, 그리고 적응행동들의 새로운 양상을 구축하는 '재활운동'(revitalization movements)을 통해 일어난다(Wallace, 1966).

재활운동은 보통 전통적인 가치관으로 돌아가고자 하는 또는 반대로 유토피아적 사회를 건설하기 위한 바람으로 특정지어진다. 확실히 1970년대의 이란에서 있었던 이슬람 개혁은 급속한 문화 변화에 대한 반응이었고, Wallace의 이론에 의해 예측될 수 있었을 것이다. 그러나 재활운동은 사회 재조직에 있어 항상 성공적인 것은 아니다. 사례연구들을 통해, 융통성이 없거나 정권을 받아들일 수 없음으로 인한 재활운동의 실패, 또는 새로운 적응 패턴을 개발할 수 없는 것은 결국 문화의 종말을 야기할 수 있다고 Wallace는 경고했다.

미국뿐만 아니라 현재 전 세계에서 일어나는 도회지의 위기에 Wallace의 이론을 적용할 수 있다. 농경에서 기술사회로의 변화는 많은 농업 가정들을 바꿔 놓았다. 영국의 산업혁명에서, 이직자들은 미국으로 이민 와서 미국 원주민을 대신했다. 현재 대부분의 일자리를 잃은 농민들은 농촌에서 도시로 이주하였는데, 흑인들의 남부 농촌에서 북부 산업도시로의 이주 양상 또는 멕시코인 농부들의 미국으로의 이주가 대표적이라고 할 수 있다. 농업문화에서 적응할 수 있었던 구문화적 양상은 도심 환경에서는 더 이상 적합하지가 않다. 자원 접근에 대한 체계적 부인과 함께 이것은 흑인문화에 대한 극심한 스트레스로, 사회 병리의 일반적인 양상(예 : 범죄, 마약, 알코올 중독, 아동학대, 다른 폭력)을 야기시켰다. Wallace의 관점에서 보면, 이슬람 국가운동(Nation of Islam movement, 미국의 흑인 이슬람교도로 구성된 흑인 단체)은 새로운 신념, 가치, 적응 패턴을 제공하는 일반적인 재활운동이라고 할 수 있다(예 : 자립에 대한 중요성과 마약과 술 기피, 근면 직업윤리의 고수, 가족 전통 고수). 안타깝게도 다른 민족들을 악마화함으로써 집단 내 결속력을 증가시켰는데, 이것은 지배적인 문화와 직접적인 갈등을 야기시켰다. 따라서 이러한 또는 다른 재활운동들이 계속 성공적일지는 지켜봐야 할 것이다.

문화와 개인 대처의 관계는 일방통행이 아니라는 것은 짚고 넘어가야 할 것이다. 개인행동은 존재하는 대처 양상을 강화시키거나 변화시킬 수 있다. 서민운동은 주로 개인들이 힘을 모아 사회문제에 대항하는 대체 수단을 개발하거나 제공하는 예라고 할 수 있다. Good(1977)에 의하면, 심리학자들이 설명한 대처 기법은 다음과 같다.

> 개인이 혼자 또는 자원을 이용해 대처하는 것들을 의미한다. 이것은 인간이 다른 만물과 구분되는 가장 큰 특징이다. 그러나 가장 중요한 관리기술 중의 하나는 위협을 처리하는 조직을 개발하거나 위협이 일어나지 않도록 환경을 조성하는 것이

다. 물론 사람들이 항상 행동을 취하기는 하지만, 그들은 조직 내지는 구조를 조정한다. (p. 59)

인간은 현존하는 조직이나 구조를 조정하기도 하나 새로운 조직, 법률, 과정과 서비스 등의 개발을 통해 새 조직을 만들기도 한다. 따라서 중요한 논지는 문화가 개인의 대처행동에 영향을 미칠 뿐만 아니라 개인의 대처행동이 그들의 문화에 영향을 미칠 수도 있다는 것이다. 실질적으로, 개인이 문화를 변화시킬 수도 있고, 변화시킨다는 인식은 전 세계 곳곳에서 벌어지는 폭력 문화를 뒤엎을 수 있는 유일한 희망을 제공한다고 할 수 있다.

요약

문화는 스트레스원의 유형에 영향을 미치는데, 개인은 일반적인 생활 변화의 제재 또는 자원 할당의 패턴을 통해 경험한다. 일반적인 문화적 상황 또는 특정한 사회 상황에서의 합의과정을 거치며 개발된 신념과 가치를 통해, 문화는 평가과정에도 영향을 준다. 더 나아가 문화는 특정한 대처행동을 다른 것들에 비해 더 적합하다고 정의할 수도 있고, 같은 문화 내에서도 적합하다고 간주되는 것은 상당히 다양하며, 문화적 미로에서 개인의 위치기능을 한다. 마지막으로, 개인과 문화의 관계는 양방향성을 나타낸다. 사람들이 다른 사람들에게 영향을 미치면서 대처할 뿐만 아니라 변경 내지는 새로운 조직, 구조, 그리고 가치관의 개발을 통해, 개인 혹은 집단이 사회 변화를 일으킬 수도 있다.

제 14 장

대처의 발달 연구

> 대처와 발달은 본질적으로 상관관계가 있는 듯하다. 연령계층 요소들이 스트레스 적응에
> 중요한 역할을 한다는 것을 인정하지 않고서는 대처를 설명할 수 없다. 유사하게 사람들이
> 어떻게 스트레스에 반응하는지에 대해 고려하지 않고서는 발달을 설명할 수 없다.
>
> – Skinner & Edge (2002, p. 77)

앞서 밝힌 것처럼, 적응에 대한 대처의 가장 중요한 측면은 유연성이다. 개인의 적응 스타일이 유전자나 성격발달의 초기단계에서의 고착 때문에 '확정' 되었다기보다는, 대처전략은 가소적이며, 환경 내에서 끊임없이 변하는 스트레스를 다루는 과정에서 발달된다고 여겨진다. 이러한 가정은 자연스럽게 어떻게(그리고 언제) 다양한 대처 능력이 발달되고, 어떻게(또한 그러한지 아닌지) 생애 경로를 통해 변하는가 하는 질문으로 이어진다.

지난 10여 년간 청년과 노년인구의 대처연구는 놀라울 만큼 증가했다. 여전히 부족한 부분들이 있으나, 대처전략 발달의 이해와 생애 경로 전반에서 각각의 연령층의 '정상' 과 '비정상' 적인 대처는 정신병리학의 발달과 정신건강 이해에 크게 도움을 줄 수 있다.

이 장에서는 영아기와 아동기에서의 대처에 관한 문헌을 조사하고, 이어서 성인 발달 과정에 관한 문헌을 검토하도록 하겠다.

영아기와 아동기의 대처

언뜻 보기에, 영아가 '스트레스에 대처한다' 라는 말은 이상하게 들린다. 능숙하지 않은 관찰자의 눈에는, 영아들은 주로 먹고, 자고, 배출하고, 우는 것으로만 보인다. 그러나 대처전략이 내적 · 외적 환경을 조절하려는 기본적인 시도라고 여겨질 때, 인간은 매우 어려서부터 — 아마도 태아 때부터 — 조절행동을 한다. William James에 의하면 영아는 '만개한, 소란스러운 혼란(blooming, buzzing confusion),' 즉 세상을 지극히 무의미하고 스트레스가 높은 환경이라고 경험한다. 초기 정신분석학자들은 영아가 겪는 자궁 내에서의 '거대한' 행복과 혹독하고 잔인한 세상으로 나오는 스트레스에 대해 강조했다. 영아는 볼 수도, 들을 수도 없고, 지능이 낮으며, 소화기관만이 발달된 정도로만 여겨져 왔었다. 그러나 이러한 관점이 올바르지 않다는 것을 안 지는 꽤 되었다(Bower, 1977).

지난 10여 년간, 우리는 영아와 아동의 대처를 이해하기 위한 이론체계가 향상되는 것을 보았다. 그러나 많은 발달심리학자들은 '대처' 라는 용어보다, '자기(self)' 와 '정서조절(emotion regulation)'이라는 용어를 사용한다. Shonkoff와 Phillips(2000)는 사회 및 임상심리학자들이 대처를 정의하는 것과 유사하게 자기조절(self-regulation)을 정의한다. "사람들은 변화하는 사건에 반응을 하고…… 자신들의 반응을 조절한다."(p. 93) 자기조절은 "행동하기 전에 기다리는 것을 배우고, 자기감시, 그리고 연속적인 행동의 부분들을 체계화하는 능력의 습득"(p. 103) 등을 포함한다. 다시 말하자면 자기조절은 행동 지연 습득, 감정과 사고의 인지뿐만 아니라 자기표현, 실행 계획 또는 행동의 체계화된 계획 만들기 등으로 이루어진다.

정서조절 이론가들은 몇 가지 흥미로운 관점을 추가했는데, 이는 성인 대처 이론에서는 좀처럼 거론되지 않는 것들이다. 정서조절은 주로 주의조절(attention regulation)에 바탕을 두고 있으며, 행동의 근본적인 동기를 포함한다. 예를 들어, Eisenberg와 Zhou(2000)에 의하면,

정서조절은 개인의 목표 달성 상황에서 내적 감정 상태와 정서 관련 생리학적 과정의 발생, 심각성, 기간을 시작, 유지, 조절, 또는 변화시키는 과정으로 정의된

다. 우리가 생각하기에 정서조절은 노력이 깃든 주의력의 조절(예 : 주의력의 이동, 집중, 인지적 주의분산), 그리고 상황 해석에 영향(예 : 긍정적 인지 재구성)을 미치는 인지와 신경생리학적 과정을 통해 이루어진다. 반면에, 정서와 관련된 행동조절은 정서의 행동적 수반의 발생, 형태, 기간을 시작, 유지, 억제, 조절, 또는 변화시키는 과정이다. 얼굴 표정과 몸짓 반응 및 다른 외적 행동의 통제와 조절을 포함한다. 오조절은 행동적 조절의 부족 혹은 비효과적인 대처(조절) 시도이다. (p. 167)

다시 말해, 정서중심적 대처는 초기 대처 이론가들이 이해했던 것처럼, 인지적 측면과 행동적 측면을 가지고 있다(Folkman & Lazarus, 1980). 새로운 점은 인지가 단지 감정을 억제하는 생각 혹은 시도만을 포함하지 않는다는 점을 명백히 이해하는 것이다. 그보다는 정서를 조절하기 위한 인지적 시도는 주의를 조절하는 능력에 달려 있다. 분노문제를 지닌 아동들에 대한 성공적인 개입은, 우선 아동들에게 자신이 느끼는 정서를 인지하고, 그 정서가 어떻게 행동으로 나타나는지를 이해하며, 부정적인 행동을 억제할 수 있고, 마지막으로 좀 더 친사회화적인 행동과 정서표현으로 대신할 수 있도록 가르치는 것이다(Greenberg, Kusché, Cook, & Quamma, 1995). 성인의 대처 척도에서, 인정(acknowledgement)은 정서를 표현하거나 자신의 감정을 드러내지 않으려고 하는 것이다. 그러나 이것은 사회적 상호작용을 조절하기 위해 아주 미묘한 언어적 · 비언어적 정서표현을 인지하는 것만큼 세련된 것은 아니다.

영아와 초기 아동기 발달 연구에 있어서 신경학적, 인지적, 정서적, 그리고 사회적 발달 간의 연결은 훨씬 더 분명하고, 전두엽 발달과 집행기능(executive functioning)에서의 보조적 능력은 아동들의 대처전략 사용에 큰 역할을 한다. 더 나아가 비자발적 그리고 자발적 대처전략은 더 분명한데, 초기 대처전략은 비자발적인 경향이 있으나, 자발적 전략은 초기 아동기에 나타난다고 주장하는 이들도 있다(Compas, Connor-Smith, Saltzman, Thomsen, & Wadsworth, 2001).

태아 대처?

자궁은 영원하고 조용한 공간이라기보다 실질적으로 매우 시끄러운 곳이다. 태아는 자궁 내에서 엄마의 심장박동과 소화활동 소리뿐만 아니라, 환경소음도 감지할 수가 있는데, 소음에 반응하는 태아의 발길질 때문에 콘서트장을 떠나야만 했었던 엄마들도 있다(실질적으로, 평화로운 자궁 내 환경이라는 근거 없는 사실이 믿어졌다는 것이 놀랍다!).

태아는 환경 소음뿐만 아니라 빛에도 반응하며, 엄마의 움직임, 영양소 섭취, 그리고 스트레스 호르몬에도 반응한다(Field, 1991). 보통 산모는 태아가 스트레스를 받지 않게 하기 위해서 자신의 행동을 바꿔야 한다고 말한다. 매운 음식, 시끄러운 콘서트, 논쟁, 특정한 앉은 자세나 누운 자세 피하기 등으로 말이다. 특히 임신 후기에는 태아가 발길질로 불편함을 표현할 수 있다.(임신한 내 친구의 불평에 따르면, 그녀의 태아는 화가 났을 때, 그녀의 방광을 차는 묘한 재주가 있었다!)

대처는 의도적인 행동으로 정의되기는 하나 태아가 그러한 대처전략을 보여주는 것이라고 간주하기는 어렵다. 발차기, 딸꾹질, 팔 흔들기 같은 것들은 갑작스러운 환경 변화나 자극에 대한 놀람반사(startle reflex)와 유사한 반응이라고 할 수 있다. 흥미롭게도, 태아는 자궁 내에서 엄지손가락을 빨기도 한다. 이것은 본능적인 반응임과 동시에 진정시키는 작용을 하는데, 아마도 정서중심적 대처의 첫 시도라고 할 수도 있다. 실질적으로 미숙아들에게 있어서, 비영양적 빨기행동은 침습적 절차에 대한 생리학적 스트레스를 낮추고, 까탈스러움이나 울음을 줄이고, 체중 증가까지도 촉진할 수 있다(Field, 1991 참조).

영아기의 대처

생애 첫 3개월은 생리학적 과정의 조절이 자궁 내부로부터 외부로 전환되는 것으로 특징지어질 수 있다(Mirmiran & Lunshof, 1996). 이것이 어떻게 이루어지는가는 큰 문화적 차이가 있으나, 대부분의 영아들은 꽤 유연하며, 먹고 소화시키기 등의 생체리듬을 조절하는 것을 천천히 배운다. 그러나 미숙아나 병약한 영아들은 이 전환기에 큰 어려움을 겪는다. 그들은 안정적인 생체리듬을 찾는 데 어려움이 있으며, 예측하기 어렵고, 눈맞춤, 미소, 발성, 또는 긍정적인 애착을 덜보이고, 전체적으로 까탈스럽고 양육하기 더 어렵다(Beckwith & Rodning, 1996). 화가 났을 때 기분을 가라앉히기 위해, 거의 모든 영아들은 엄지손가락을 빤다. 다른 정서중심적 대처의 초기행동 양식들은 몸 흔들기, 발가락 또는 다른 것들을 가지고 놀면서 주의 분산시키기, 까탈스럽게 굴기, 울기 등이다(Karraker & Lake, 1991).

도움이 필요할 때 돌봄자와 소통하는 중요한 방법인 울기에는 발달단계가 있다. 울기 빈도는 6~8주까지 증가하는 경향이 있고, 약 12~16주 정도에 감소한다. 부모의 양육 실제가 영향을 미치는 것으로 여겨진다. 즉각 반응하는 돌봄자를 둔 영아들은 울기보다 다른 형태의 의사소통으로 더 빨리 옮겨간다(Crockenberg, 1981). 더 많이 안아서 기른 영아들은 더 쉽게 진정하는 경향이 있다. 자주 울 수는 있으나 오래 지속되지 않는다. 배앓이를 앓은 아기들은 우는 데 더 많은 시간을 보내기는 하지만, 동일한 궤적을 따른다(Shonkoff & Phillips, 2000).

정서는 생물학에 근거를 두며 영아들은 매우 어려서부터 두려움, 화, 고통 같은 부정적인 정서뿐만 아니라 행복 같은 긍정적인 정서를 나타낸다. 영아기와 초기 아동기의 정서발달은 보통 신경학적 발달, 특히 전두엽의 발달과 동시에 일어난다. 신체적 상태(배고프거나, 목마르거나, 춥거나, 젖은)는 영아의 정서적 반응을 결정한다. 영아기와 초기 아동기의 정서조절에 있어 기질은 큰 역할을 한다(Compas 등, 2001; Eisenberg, Fabes, Shepard, 등, 1997; Rothbart, 2004). 기질은 처음 3개월 동안 크게 불안정하나, 4개월부터는 점차 안정된다. 거의 20% 정도는 새로운 자극에 부정적인 반응을 보이며, 상당히 불안해한다. 그럼에도 불구하고 4개월에 높은 불안감을 보였던 아이들 중 13%만이 4세에도 비슷한 불안감을 나타냈으며(Kagan, Snidman, & Arcus, 1998), 이는 대부분의 유아들이 정서 반응을 조절하는 것을 배운다는 것을 의미한다고 할 수 있다.

이러한 조절에 있어 부모와 다른 돌봄자와의 상호작용은 매우 중요한 역할을 한다. 영아들은 사회적 참조(social referencing)를 사용한다. 즉, 그들은 자신의 사회적 상황을 이해하기 위해 돌봄자의 정서적 표현을 주시하는데(Baldwin & Moses, 1996), 이는 애착관계(Laible & Thompson, 1998)와 사회적 상황에서 '바람직한' 정서표현에 대한 부모의 '지도'에 영향을 받는다(Miller & Sperry, 1987). 확실히 이러한 과정은 부모와 영아의 기질 간의 '적합성(goodness of fit)'에 영향을 받는다(Rothbart, 2004).

돌잔치에서의 아이들과 부모의 행동은 좋은 예라고 할 수 있다. 돌잔치는 다소 혼란스러운 경험이겠지만, 아이는 이 새로운 상황의 위험성 내지는 안정성을 파악하기 위해, 부모에게 도움을 청할 것이다. 부모는 아이가 넘쳐나는 선물에 대해 행복해하고 즐거워해야만 한다 — 적어도 미국 문화에서는 — 는 것을 나타내기 위해 과장된 얼굴 표정을 짓는다. 대부분의 아이들은 선물 포장지와 노는 것만으로도 행복해 보이지만 말이다!

확실히 문화는 사회적 상황에 있어 '바람직한' 정서적 반응 및 표현 수단을 알려준다. 정서표현에 있어 문화적 차이는 아주 어렸을 때부터 나타난다(Zahn-Waxler, Friedman, Cole, Mizuta, & Hiruma, 1996).

더 나아가, 부모의 불화처럼 스트레스가 높은 환경에서 자라는 것은 까다로운 기질(difficult temperament)을 가진 아이들에게 정서조절 문제를 초래할 수도 있으며, 정동장애(affective disorder) 등을 불러오기도 한다(Zahn-Waxler 등, 1988). 정서인식과 정서조절 학습은 부모와의 언어 상호작용에 의해 부분적으로 조절된다(Zahn-Waxler, Radke-Yarrow, Wagner, & Chapman, 1992). 결과적으로 인식은 더 나은 정서조절을 낳는다(Thompson, 1990). 일반적으로 볼 때, 부모가 아이를 달래는 것으로부터 아이가 자신의 정서를 조절하는 방법을 키워나가도록 도와주는 식으로 점차적으로 변한다. 처음 몇 해 동안 아이들은 자신의 정서조절을 위해 목표 있는 전략을 키워나가는 법을 배우는데, 이는 훗날 좀 더 성공적인 대처 기반이 될 수 있다(Kochanska, Murray, & Harlan, 2000).

Lois Murphy와 그녀의 동료들이 실시한 메닝거 의료원에서의 초기 종단적 연구는 내적ㆍ외적 환경을 조절하려는 영아의 시도를 보여주는 좋은 예이다(Murphy & Moriarty, 1976). 영아조차도 자신의 물리적 환경을 바꾸려고 한다. 답답한 이불을 차버리거나 좀 더 편안한 자세를 위해 바둥거리고, 젖꼭지를 찾기 위해 움직인다. 원하는 자극의 양이나 종류에 개인차가 있을 뿐만 아니라 영아도 눈을 감거나, 머리를 돌리거나, 잠이 들거나 하면서 자극의 양을 조절하려고 한다. 극도로 흥분한 상황에서는 그냥 크게 울어버린다. 몇 주밖에 되지 않은 영아조차도 눈맞춤, 미소, 까르륵 소리를 내면서 사회적 자극을 구하는데, 자극이 너무 심할 때는 고개를 돌려 버린다. 또한 영아는 자신들이 경험하는 스트레스의 종류를 알리기 위해 울음을 조절할 수 있다(예 : 배고픔, 축축함, 놀람). 더 나아가, Bell과 Harper(1977)가 밝힌 것처럼, 영아는 부모의 행동 또한 변화시키고 조절한다.

Murphy의 가장 큰 발견 중의 하나는 영아가 쉬어가면서 스트레스를 조절하는 능력이 있다는 것이다. "28주된 로널드는 손과 발로 몸을 지탱하려고 거의 35분간 끙끙대다가 바닥에 누워 엄지손가락을 빨면서 쉰 뒤, 다시 시도했다. 이렇게 노력과 휴식을 번갈아 가면서 마침내 성공했다."(Murphy & Moriarty, 1976, p. 91) 그러나 접근-회피 교대의 양상은 영아들 사이에도 다양하다. 어떤 아이들은 쉽게 회복하는 반면, 다른 아이들은 더 오랜 시간이 필요했다. 그럼에도 불구하고, 영아의 중요한 업무는 문제중심적 노력을 위해 적절히 내적 환경 조절법을 배우는 것이다. Murphy와 Moriarty(1976)의 관찰에 의하면, 부모가 문제에 대처하려는 영아의 시도를 인지하고 격려하며, 영아가 원하는 것과 신체리듬에 세심하게 반응하는 경우의 아이들에게서 '가장 좋은 결과'가 있었다. 최근에 발표된 많은 연구들에 따르면, 돌봄자의 세심함이 안정적인 애착의 기본이며, 결과적으로 걸음마기 아동들의 정서적 · 사회적 유능감의 다양한 발달에 확고한 기반이 된다.

걸음마기의 대처

영아와 초기 아동기의 발달연구에서 신경학적, 인지적, 정서적, 그리고 사회적 발달수준 간의 연결은 좀 더 확실하고, 특히 전두엽 발달은 아동들의 대처전략 사용에 중요한 역할을 한다. 예를 들어, 문제중심적 대처전략은 집행기능(executive functioning) 능력으로부터 발달하는데, 전두엽 발달과 동시에 일어난다. 세 가지 기본적인 능력이 필요하다(Shonkoff & Phillips, 2000). 첫째, 주의력(attention)이다. 영아는 외적 환경에 초점을 맞추고, 사건을 예상하는 것을 배워야 하며, 세상을 상징적으로 표상할 수 있어야만 한다(Barkley, 1996). 둘째, 영아는 피아제 (1952)의 연구처럼, 수단-목적 행동을 습득해야만 하며, 언어 사용을 통해 상징적으로 세상을 표상할 수 있어야 한다. 셋째, 자기통제를 통해서인데, 이는 스스로를 주시하고, 상황에 맞게 대응하며, 적절하게 행동을 억제, 지연, 혹은 시작할 수 있어야 한다. 이에 따라 Lewis, Zimmerman, Hollenstein과 Lamey(2004)의 주장에 의하면, 대처전략에 있어 발달적 전환이 18~20개월 사이에 있는데, 전두엽의 변화와 같은 시기에 일어난다. 통제 능력은 약 18~30개월 사이에 급속도로 발달한다(Vaughn 등, 1984).

정서조절은 초기 아동기에 발달하는데, 정서표현의 문화적 차이도 어린 나이에 나타난다. 일본 어린이들은 죄책감과 수치심을 더 표현하기는 하지만(Kornadt, Hayashi, Tachibana, Trommsdorff, & Yamauchi, 1992), 미국의 유치원 어린이들은 또래의 일본 아이들에 비해 부정적인 정서를 더 표현하는 경향이 있다(Zahn-Waxler 등, 1996). 더 나아가, 문제로 인해 클리닉에 맡겨진 태국 어린이들은 과잉 통제되는 경향이 있는 반면, 미국 어린이들은 일반적으로 통제가 결여되어 있다(Weiz 등, 1987). 어떤 면에서 볼 때, 이것은 정서의 사회적 표현으로부터 오는 의미 차이라고 할 수 있다(Eisenberg & Zhou, 2000). 예를 들어, 미국에서는 수줍음이 많은 것은 겁이 많은 것으로 받아들여지며(따라서 별로 달갑지 않은), 반면 중국에서는 사회적 성숙을 반영한다고 여겨진다.

확실히 걸음마기 아동들은 영아에 비해 좀 더 많은 대처 자원을 가지고 있다. 신체적 조화력과 운동력, 언어발달은 신체적·사회적 환경을 더 쉽게 다루도록 해준다. 많은 영아들이 자립에 대한 강한 의지를 보여주기는 하지만, 걸음마기 아동들 역시 여전히 많은 문제해결에 있어 부모와 다른 돌봄자에 의존한다. "내가 할 거야!"라고 주장하는 '미운 두 살(terrible twos)'과 걸음마기 아동들의 지칠 줄 모르는 호기심과 모든 것에 흥미를 가지는 경향은 그들의 대처 목록 향상과 신체적·사회적 환경을 다루는 능력의 향상을 위한 분주한 노력으로 보아야 할 것이다. 스트레스 상황에서 걸음마기 아동들은 우는 것 이외에 다른 전략을 사용해서 사회적 지원을 이끌어 낼 수 있다. 안정적 애착을 형성한 걸음마기 아동들에게 있어 부모는 아이가 뛰어가 안기고, 만지고, 매달리고, 때로는 짜증내거나, 화내거나, 혹은 놀랐을 때 눈맞춤을 할 수 있는 안전한 대상으로 여겨진다.

걸음마기 아동들의 환경 스트레스원에 대한 정서적 반응은 여전히 미분화되어 있기는 하지만(Cummings, 1987), 정서를 조절하기 위해 더 적극적인 역할을 수행한다. 엄지손가락 빨기, 몸 흔들기 등이 계속될 수는 있지만, 많은 걸음마기 아동들은 스트레스를 받았을 때 위안을 줄 수 있는 담요나 곰돌이 인형 등과 같은 이행 대상(transitional object)에 정서적으로 의지한다. 또한 그들은 자위행위와 같은 호감이 덜 가는 행동을 하기도 한다. 걸음마기 아동들 역시 시도와 쉼, 문제중심적 대처와 정서중심적 대처를 번갈아 사용하기도 한다. 그러나 주의해야 할 점은, 정서중심적 대처 노력은 여전히 인지적이기보다는 행위 위주로 나타나는데, 이는 인지발달과 일치한다.

유치원기의 대처

유치원기 아동들은 자신의 사회적 환경을 더 잘 인식하고(Cummings, 1987), 환경에 다르게 반응할 수 있는 다양한 대처 목록을 가지고 있다. 그들은 자립심의 필요와 협동심의 필요 사이에서 적절한 균형을 더 잘 맞출 수 있고(Murphy & Moriarty, 1976), 특정한 사람에게나 상황에서는 어떤 대처전략이 더 효과적인지를 알기도 한다. 아빠에게는 어리광을 피우며 구슬리는 전략이 좋으며, 형제나 친구들한테는 노골적인 공격성을 보일 수도 있는 반면, 엄마에게는 울거나 떼를 쓰는 것이 적절한 방법일 수도 있다. Band와 Weisz(1988)는 정서중심적 울음과 문제중심적 울음을 구분할 수 있다고 주장했다. Compas, Worsham과 Ey(1992)에 의하면, 대인관계 문제에 다양한 해결책을 생각해 낼 수 있는 능력은 4~5세에 나타난다. 그러나 좀 더 노련한 수단-목적 사고는 구체적 조작 사고(concrete operational thinking)가 발달하는 6~8세까지 나타나지 않는다.

유치원기 아동들도 억압, 부정, 치환 등과 같은 방어기제들을 사용한다(Murphy & Moriarty, 1976; Wallerstein & Kelly, 1980). 예를 들어, Cummings(1987)에 의하면, (실험 상황 시 옆방에서 어른들이 싸우는) 사회적 스트레스원에 무반응을 보였던 유치원기 아동들도 화가 났다고 보고했으며, 친구들에게 언어적 폭력을 쓰는 경향이 더 높았다. Wallerstein과 Kelly(1980)는 이혼 부모 사이의 유치원기 아동들은 아빠가 같은 집에 살지 않는다는 것을 전적으로 부정했다(한 어린이는 아빠가 자신의 침대에서 자고 있다고 우겼다!). 그러나 이러한 어린이들은 괴물이 나타나 자신들을 잡아먹을 것이라고 무서워했다. 또한 Murphy와 Moriarty(1976)의 관찰에 의하면, 압박을 받는 상황 아래에서는 거의 모든 유치원기 아동들이 '자아의 보호 아래 퇴행하기도 한다'. 즉, 방광 통제와 같이 최근에 얻은 능력을 잃기도 한다. 대신에, 엄지손가락 빨기 혹은 이행 대상에의 재애착 등 예전 행동들을 다시 보여줄 수도 있다. 더 유아스럽게 행동하는 것은 부모의 더 많은 주의를 유도하고, 이는 유치원기 아동들에게 절대적으로 필요한 재확인이다.

유치원기 아동들에게 있어서 부모는 여전히 주된 사회적 지지의 근원이다. 자주는 아닐지라도 형이나 누나, 조부모도 부모를 대신해 도움을 줄 수 있다. 그러나 문제를 개념화하거나 언어화하는 능력이 부족하기 때문에, 유치원기 아동들에게 있어 친구는 일반적으로 말하는 그런 사회적 지지의 근원이 될 수는 없다. 또한, 유치원기 아동들은 자기중심적이며, 타인의 입장을 이해할 수 없다.

그럼에도 불구하고, 부모는 아동들의 대처전략 발달에 큰 영향을 끼친다. Kliewer, Sandler와 Wolchik(1994)의 제안에 따르면, 부모는 세 가지 방법을 쓴다. 첫째, 부모는 자녀들이 바람직한 정서 반응과 대처전략을 사용하도록 지도할 수 있다. 둘째, 부모 스스로가 시범을 보일 수도 있다. Skinner와 Edge(2002)는 자녀의 고충에 대한 부모의 반응이 정서적 스트레스의 확대 혹은 감소의 토대가 될 수 있다고 제시한다. 마지막으로, 부모는 자녀들의 스트레스에 대한 자신들의 반응을 통해 다양한 대처에 알맞은 가정환경을 만들 수 있다. 예를 들어, 부모의 반응은 노출, 회피행동을 격려하거나 단념시킬 수도 있다.

중기 아동기의 대처

6~9세 사이의 정서중심적 대처의 급격한 증가는 아동 대처 문헌에 지속적으로 등장하는 결과 중의 하나이다(Altschuler & Ruble, 1989; Band & Weisz, 1988; Brown, O'Keefe, Sanders, & Baker, 1986; Compas 등, 1992; Wertleib, Weigel, & Feldstein, 1987). 이 시기 동안 아동들은 자신의 감정을 좀 더 표현하고 구분한다. 감정을 조절할 수 없을 때에는 어찌할 바를 모르기는 하지만, 스스로를 좀 더 잘 진정시킬 수도 있다.

Wallerstein과 Kelly(1980)는 부모가 이혼하고 밤에 잠을 잘 수가 없었던 6세 남자아이의 일화를 소개했다. 스스로를 진정시키기 위해, 아이는 모든 것이 괜찮을 것이며, 잠자리에 들어야만 한다는 쪽지를 침대 끝에 붙여 놓았다. 좀 큰 아이들은 인지적 주의분산(cognitive distraction)과 자기 확신적 문단들을 더 잘 사용할 수 있다(Altshculer & Ruble, 1989).

더 나아가, 어린이들은 정서중심적 대처 형태에 더욱 큰 차이를 두게 된다. Spirito, Stark, Grace와 Stamoulis(1991)에 의하면, 상황이 아동들의 전략에 크게 영향을 미친다. 학업문제의 경우 아동들은 인지적 재구성 및 자아비판을 쓰는 경향이 있는 반면, 친구나 형제자매와의 문제에 있어서는 다른 이들을 탓했다. 당연히 어린이들은 부모나 선생님보다는 자신의 형제나 친구들에게 큰소리를 내는 듯했다.

중기 아동기에서도 역시 대처에 대한 부모의 영향은 확연하다. Valiente, Fabes, Eisenberg와 Spinrad(2004)는 스트레스 사건에 대한 아동과 부모의 일지를 연구했다. 부모는 정서표현을 보고했다. 아버지들의 정서표현력은 자녀들의 구성적 대처(constructive coping)와 관계없는 반면, 어머니들의 부정적 정서표현은, 특히 높은 스트레스 상황에서, 자녀의 구성적 대처와 부적 상관을 보였다. 그러나 어머니의 지지는 구성적 대처와 상관이 있었다.

또한 중기 아동기의 어린이들은 직계 가족 이외의 사회적 지지를 구할 수 있다(Bryant, 1985). 흥미롭게도, 6~9세 사이에는 사회적 지지 추구에 성별 차이가 나타나는데, 여아들이 남아들보다 더 지지를 찾고, 이 양식은 성인기까지 지속된다(Frydenberg & Lewis, 1990; Wertlieb 등, 1987).

초기 아동기와 중기 아동기에서 보이는 언어와 상징적 추리발달은 정서중심적, 문제중심적 대처에 있어 인지적 시도를 보이는데, 인지적 재구성, 정서를 달래기 위한 혼잣말 등과 같은 전략을 쓴다(Compas 등, 2001). 이와 더불어, 이 연령시기에 환경 통제에 대한 신념이 좀 더 현실적이 되며, 통제 판단 역시 좀 더 차별화되고, 통제는 문제중심적 대처와 더 연관이 있을 수 있다. 실질적으로, Weisz (1986)에 의하면, 아동기의 중요한 발달적 과제는 끈질긴 노력이 성과를 거둘 것인가 하는 상황 판단법을 배우는 것이다.

그러나 연령과 문제중심적 전략관계를 직접적으로 검토한 연구들은 증가, 감소, 유지 등 다양한 결과를 보였다(Compas 등, 1992). 이러한 불일치에는 몇 가지 이유를 생각해 볼 수 있다. 상황에 따른 맥락이 중요한 역할을 할 수도 있다. 전체적으로 변화가 없어 보일지라도, 문제중심적 대처는 개인 상호 간의 상황에서 증가할 수도 있으나, 의료 혹은 치과 검사와 같이 통제할 수 없는 상황에서는 감소할 수도 있다(Compas 등, 1992). 이에 따라 전체적으로는 서로의 영향을 상쇄시킬 수도 있다.

더 나아가 연령효과는 문제중심적 대처의 유형에 따라 다양할 수 있다. 나이가 들어감에 따라 문제중심적 대처가 전체적으로 감소한다고 밝힌 한 연구는 이 문제에 대해 네 가지 유형을 토대로 자세한 검토를 했다(Band & Weisz, 1988). 오직 한 가지 하위 유형만이 나이와 함께 감소했는데, 그것은 바로 '문제중심적 회피'(예 : 치과에 가지 않기 위해서 침대 밑에 숨는 것)였다. 어린이들이 좀 더 많은 대처 자원을 가지고 통제 가능 혹은 불가능한 문제를 더 잘 파악하기 시작하면서, 이러한 유형의 문제중심적 전략이 감소한다는 것은 당연하다. 모든 연령대의 어린이들이 회피전략을 쓰는 반면, 개인차가 있기는 하나, 도피 혹은 행동전략으로부터 인지적 주의분산으로의 변화가 일어난다(Altschuler & Ruble, 1989; Elwood, 1987).

그러나 중기 아동기, 특히 여성적 정체성을 가진 아동들(Broderick & Korteland, 2004)에게서 반추가 증가할 수 있다(Broderick, 1998). 우울증과 관련이 있는 대처양식이고, 특히 사춘기에 접어든 어린 소녀들의 우울증의 원인으로 보이기 때문에, 반추는 문제가 있다. Nolen-Hoeksema(1991)에 따르면, 남자들은 우울증 증상 반응으로 주의분산을 사용하도록 사회화되는 반면, 여성들은 정서적 반응에 더 중점을 두도록 사회화되는데, 이것은 자신들의 문제를 반추하도록 하고, 우울증 증상을 지속하거나 증가시키는 결과를 초래할 수 있다. Compas, Orosan과 Grant(1993)의 초기 연구에서 그들은, 여성들의 높은 우울증 정도는 청소년기에 나타나는 정서중심적 대처 형태에서 보이는 성차 때문이라고 가정했다.

그러나 그 후 연구에서 Compas, O'Connor-Smith와 Jaser(2004)는 아동기로부터 청소년기로의 우울증 증상 증가에 대한 대안적 해석을 제시했다. 청소년기의 인지능력 향상은 과거와 미래 사건에 대한 부정적 해석을 가능하게 했다는 것이다. 그러나 기질 역시 직접적으로 —특정 유형의 대처를 촉진시키거나 억제시킴으로써— 혹은 대처효과의 중재를 통해서 대처에 영향을 미칠 수 있을 것이다. 예를 들어, 주의 통제력이 낮은 기질의 아동들은 정서조절을 위한 인지적 전략 사용이 어려울 것이며, 비관주의적인 아동들은 긍정적 재해석을 효과적이라고 생각하지 않을 것이다.

거론된 대부분의 연구들은 횡단적이다. 그러나 Eisenberg와 그녀의 동료들은 6년간의 종단적 연구를 통해, 4~6세부터 10~12세의 어린이들의 대처를 조사했다 (Losoya, Eisenberg, & Fabes, 1998 참조). 그들은 도구적 행동에서는 보통의 상관관계(0.23~0.38)를, 공격적 대처에는 높게는 0.57의 상관관계를 발견했다. 그러나 다른 전략들은 그다지 중요한 상관관계를 보이지 않았는데, 대처전략의 발달 궤적에 있어, 상당한 개인적 변산(individual variability)이 있음을 뜻한다고 할 수 있다. 대처전략에 있어 평균 변화 연구는, 도구적 행동과 긍정적 인지적 재구성은 시간이 지남에 따라 증가하는 반면, 사회적 지지는 감소와 증가를 반복하는 변동성을 보였다. 감정 분출과 공격적 대처는 4~6세로부터 8~10세 사이에 감소했다. 그러나 회피 대처와 '아무것도 안 하기'는 증가했는데, 아이들이 커가면서 적절하지 못한 행동을 억제하는 데 더 노련해졌기 때문이라고 볼 수 있다.

일반적으로, 아동의 대처전략과 결과 사이의 관계는 성인과 유사한 경향이 있다 (Compas 등, 2001; Losoya 등, 1998). 예를 들어, 문제중심적 대처는 주로 낮은 고통과 적은 문제행동, 그리고 더 나은 사회적 적응과 연관이 있는 반면, 회피 대처는 통제 불가능한 스트레스원을 제외한 큰 고통과 연관이 있으며, 회피는 문제가 커지는 것을 막기 위한 상황에서 쓰이는 것으로 보였다(Tolan, Guerro, & Montaini-Klovdahl, 1997).

그럼에도 불구하고, 중기 아동기의 문제중심적 대처 역량은 증가한다. 6세 정도까지, 대부분의 아동들은 간단한 순서들을 계획할 수 있으나, 복잡한 계획은 청소년기에 나타난다고 할 수 있다(Welsh, Pennington, & Groisser, 1991).

청소년기의 대처

긍정적인 측면으로 볼 때, 청소년기의 문제중심적 대처는 형식적 조작(formal operations)의 시작과 더불어 좀 더 능숙해진다(Greene & Larson, 1991). 더 나아가, 자기중심성의 감소는 더 나은 대인 협상능력을 가능하게 할 것이다. 예를 들어, 초등학교 학생들 사이의 다툼은 반대되는 주장 정도밖에 되지 않거나("이것도 역시 그래!", "이건 아니다!"), 혹은 어른을 거론하는 정도다("누가 그러는데?", "우리 아빠가 그랬다고!"). 반면에, 논리가 주로 자기 자신을 위한 것 — 아마도 청소년기에 자기중심성으로의 회귀를 반영 — 이기는 하지만, 청소년들은 논리적인 언쟁을 펼칠 수가 있다(Elkind, 1985). 청소년기의 향상된 문제중심적 대처능력은 Erikson의 첫 6단계에 근거한 '최적의 적응' 측정과 연관이 있어 보인다(Jorgensen & Dusek, 1990).

한 예비연구에 따르면, 12세 정도에는 스트레스와 불확실성에 대한 대처에 유머가 중요한 전략으로 떠오른다(Führ, 2003). 남학생들은 공격적이고 성적인 유머를 사용하는 데 비해, 여학생들은 스스로를 격려하는 방법으로 유머를 사용한다. Plancherel과 Bolognini(1995)의 발견에 따르면, 초기 청소년기에 들어선 남학생들이 여학생들보다 더 유머를 사용하나, 남학생들은 유머 유형 사이에 차이를 두지 않았다. Saper(1990)는 청소년기의 유머 감각 발달은 긍정적인 정신건강을 위해 매우 중요하며, 성인들에게서 보이는 것처럼, 청소년기에도 유머가 이로운 생리적 효과를 가지고 있다고 주장했다.

부모는 여전히 대처전략에 큰 영향을 끼친다. Wolfradt, Hempel과 Miles(2003)의 연구결과에 따르면, 부모의 따뜻함이 청소년들의 활발한 대처와 가장 큰 연관이 있다. 한 독일 연구에서는, 안정적 애착이 활발한 대처와 통합적인 사회적 지지망과 관련이 있는 반면, 불안정한 애착을 지닌 이들은 도움 요청과 회피 사이에서 흔들리는 모습을 보였다(Seiffge-Krenke, 2004). 흥미롭게도, 이 종단적 연구는 애착과 대처는 청소년기로부터 초기 성인기까지 상대적으로 안정적이나 상호 간의 인과관계가 있음을 발견했다. 즉, '역기능적(dysfunctional)' 대처 유형을 지닌 청소년은 성인기에 불안정한 애착 유형을 가질 경향이 크다는 것이었다. 이와는 반대로, Zhang과 Labouvie-Vief(2004)는 청소년기로부터 초기 성인기까지의 애착 유형에 뚜렷한 변동을 발견했다. 그러나 애착 변동은 예상대로 대처 변화와 함께 변했다. 안정적 애착 기간 동안, 청소년은 더 '통합적인' 대처를 사용하는 반면, 불안정한 애착 기간에는 좀 더 '방어적인' 대처를 사용했다.

확실히, 부모와의 좋은 관계는 청소년들이 겪는 무수한 문제 대처에 도움을 준다. McCubbin, Needle과 Wilson(1985)의 연구에 따르면, 양호한 가족문제 해결

기술을 가진 청소년들은 스트레스 대처를 위해 술, 마약, 또는 담배 사용을 덜했다. 또한 정서를 바람직하게 표현하고, 갈등을 해소하는 가족을 둔 청소년들은 더 나은 대처를 보이며, 회피 및 약물남용 방법을 덜 사용한다(Perosa & Perosa, 1993).

그럼에도 불구하고, 청소년들은 특히 가족 불화가 있을 시에는(Wallerstein & Kelly, 1980), 부모보다는 친구들과 형제자매들에게 사회적 지지를 구한다(Murphy & Moriarty, 1976). 예외가 있기는 하다. 극심한 가정불화가 있는 경우 이혼 가정의 아이들은 형제자매에게 도움을 요청하지 않을 것이다(Grych & Fincham, 1997). 또한 어떤 형태의 부적응적 대처전략, 즉 스트레스 감소를 위해 마약, 술, 담배를 사용하는 시기가 청소년기이다(안타깝게도 어린이들도 이런 식으로 어른들을 따라하는데, 이는 신경학적 미성숙을 고려할 때 더 치명적인 결과를 가져올 수 있다.).

또한 자기진정(self-soothing)에 있어 발달적 변화도 있을 수 있다. 일반적으로, 청소년기 여학생들은 남학생들보다 더 자기진정 전략을 쓴다. 그러나 어린 남자 청소년들은 감정을 가라앉히기 위해 자전거 타기처럼 신체적 행동을 사용하는 경향이 있는 반면, 나이가 많은 남자들은 성행위를 사용하는 경향이 있다(Horton, 2002).

특히 청소년에게 위험한 전략은 사회적 위축(social withdrawal)이다. Spirito, Overholswer와 Stark(1989)는 자살 기도자들, 괴로워하는 청소년, 괴로워하지 않는 청소년들 등 세 집단의 청소년들 사이에서 스트레스와 대처과정을 연구했다. 자살 기도자들은 다른 두 집단과 비교했을 때, 부모와 더 많은 갈등이 있고, 스트레스가 높을 때 다른 이들보다 더 위축되는 경향이 있다는 것이 두드러졌다. 자살 시도를 하지는 않았으나 괴로워하는 청소년들은 자살 기도자들보다 희망적 사고를 가지고 있거나 체념이 빨랐다.

아주 어린 아동들은 문제중심적 대처 중 엄지손가락 빨기, 몸 흔들기, 이행 대상 껴안기 등 행동양식을 주로 사용한다. 이러한 양식들은 초등학교 시절에 아동이 스스로를 어떻게 진정시킬 수 있는지, 사기를 북돋워 주는지, 그리고 그 문화에서 적절한 형태로 자신의 정서를 조절하는지를 배움에 따라 언어적 재확신, 인지적 전략으로 전환된다. 그러나 어떤 이들은 이러한 내적 기술을 터득하지 못하고, 계속해서 행동적인 정서중심적 전략에 의존하기도 한다. 아마도 그들은 조절이 쉽지 않은 '까다로운' 혹은 '세심한' 기질을 지니고 있거나, 그들의 초기 환경이 부모의 부족함으로 인해 너무나 혼란스러웠거나, 스트레스가 높아서 미처 이러한 기술을 터득할 수 없었을 수도 있다. 청소년기에 들어서고, 합법 또는 불법 약물을 접할 수 있게 되면서부터, 그들은 내적 상태를 변화하기 위한 외적 방법을 찾을 것이다. 그러나 과다하게 사용하면, 장기적으로 볼 때 알코올, 니코틴, 그리고 다른 약물들은 부정적인 효과를 강화시킬 것이고, 더 많은 문제를 만들어 낼 것이다. 이것이 사실이라면 효과적인 약물중독 예방 프로그램은 사춘기 직전과 청소년기에 있는 아동들의 인지적인 정서중심적 대처전략 향상에 주력해야 할 것이다. 그러나 청소년기에 대처 개입은 특히 어렵고, 때로는 의도와는 반대의 효과를 가질 수 있으므로(Frydenberg 등, 2004), 더 많은 연구가 필요하다.

아동과 극도의 스트레스

많은 아동 문헌들이 극도의 스트레스 상황 아래에서 아동들의 대처를 다루고 있다. 이혼가정의 아동과 질병 및 의학 절차에 대한 아동의 대처, 두 영역이 검토하기에 충분한 연구를 진행하였다.

이혼과 아동

지난 50년 동안 미국 문화에서 가장 큰 변화 중의 하나는 이혼율 증가이다(Wolfinger, 2005). 지난 세기를 거치면서 이혼율은 꾸준히 증가하고 있으며, 1960대 중반부터 1980년대는 거의 두 배로 늘어났다. 그 이후 어느 정도 안정이 되기는 했으나, 매년 결혼한 1,000쌍 중 약 20쌍이 이혼을 한다. 새로 결혼하는 거의 반 정도의 부부가 이혼을 한다는 것이다. 현재, 전체 어린이들의 반 정도가 이혼을 경험한다고 예측할 수 있다. 두 번째 결혼이 더 높은 이혼율을 보이는 것을 감안하면, 많은 어린이들이 적어도 두 번 혹은 그 이상 이혼을 경험할 것이라고 볼 수 있다.

그러나 이혼이 점차 일반화되면서, 이혼의 부정적인 영향은 급속도로 감소했다. 초기 연구들은 이혼이 아이들에게 미치는 부정적인 결과를 제시했다. 이혼 가정에서 자란 아동들이 불행한 성인기를 보낸다는 지속적인 증거가 있다. 약물 중독률은 높고, 교육 정도는 낮으며, 사회경제적 지위는 낮고, 높은 이혼율을 보이며, 사망률 위험도 높게 나타난다(Amato, 2001; Wolfinger, 2005 참조). 확실히 이것은 확률적인 과정이다. 이혼을 경험한 모든 아동이 이러한 위험 요소를 경험하지 않고, 대부분의 이혼 가정 아동들은 정상적으로 성장한다(Hetherington & Kelly, 2002). 문제는 과연 어떤 요소들이 이혼 가정의 아동들에게 있어 부정적인 결과를 예측하는가 하는 것이다.

Wolfinger(2005)는 왜 이혼 가정 아동들이 부모 가정보다 더 어려움을 겪는지에 대한 여섯 가지 가능성을 식별하였다. 아버지의 부재, 조혼, 부모의 갈등, 경제적 어려움, 거주지의 사회적 지위 하강 이동, 그리고 이혼 전 어려움을 포함한다. 그러나 이러한 사회인구학적 요인들만으로 이혼 가정 아동의 성인기 부적응을 설명할 수 없고, 더 나아가 그는 심리학적 요소들도 역시 중요하다고 주장한다. 대인관계에 능숙하지 못한 점에 중점을 둔 이들도 있지만(예 : Amato, 1996), 대처전략 역시 이혼 후 적응에 큰 역할을 한다고 할 수 있다.

메타분석은 이혼 가정 아동이 매우 큰 문제를 가진 것으로 보이는 반면, 비행이 가장 큰 효과 크기를 보이고, 대체적인 효과는 작은 편이다(Amato, 2001; Amato & Keith, 1991). 일반적으로 여자아이들은 남자아이들보다 더 나은 결과를 보이고, Hetherington과 Kelly(2002)에 의하면, 이혼 가정에서 여자아이들에게 더해지는 책임이 능력 향상에 영향을 미칠 수도 있다. 이러한 메타분석에서 보면 명확한 연령효과는 없다. 흥미롭게도, Wolfinger(2005)의 주장에 따르면, 아동들의 심리적 기능에 대한 이혼의 영향은 지난 30년간 감소해 왔다. 부분적으로 이것은 이혼에 대한 수치심이 덜하기 때문일 것이다. 그러나 일부분 초기 연구들이 이혼 부모와 자녀들의 대처 어려움에 대해 잘 기술한 덕분에, 이혼에 잘 대처할 수 있게 되었다고 볼 수도 있다.

Judith Wallerstein과 그녀의 동료들(Wallerstein & Blakeslee, 1989; Wallerstein & Kelly, 1980), 그리고 Mavis Hetherington과 그녀의 동료들(Hetherington & Kelly, 2002)은 이혼 아동들에 대한 최초의 종단적 연구를 시도했다. 지난 20여 년 간, Wallerstein과 그녀의 동료들은 100명이 넘는 걸음마기부

터 청소년기에 이르는 아동들을 연구해 왔다. 아동들은 심리적으로 괴로워했고, 그들이 생각하기에(맞기도 하고 때로는 틀린) 이혼에 책임이 있는 부모에 대해 적대감을 보였으며, 학업 및 교우관계에 있어서도 일시적이나마 힘들어하는 경향이 있었다. 연구에 의하면, 이혼 적응 영향은 연령(성별과 기질 역시)에 따라 다양하게 나타난다. 어린아이들은 발달퇴행을 보이고, 심하게 성질을 부리거나, 스스로를 비난하고, 앞으로 어디서 어떻게 살게 될 것인지에 대해 매우 불안한 듯했다. 청소년들은 상대적으로 독립적인 지위를 이용해, 가족으로부터 멀어지는 대신 친구들과 더 많은 시간을 보내는 듯했다. 중기 아동기의 아동들은 '한쪽 편들기'를 하는 경향이 있으며, 부모의 분쟁에 이용되어 정신적 건강에 크게 해를 입었다(그러나 메타분석에서 보이는 것처럼, 이혼 영향에 있어 연령 차이가 뚜렷하지 않다는 것을 기억해야 한다.).

Wallerstein의 연구가 특히 가치 있는 점은 장기간의 추적이다. 어떤 아이들은 상대적으로 아무 탈이 없어 보이는 반면, 어떤 아이들은 장기적인 손상을 입는 것으로 보인다. Wallerstein에 따르면, 이혼 후 아동들의 결과에 영향을 미치는 가장 중요한 요소는 양 부모와의 충분한 연락이다. 만약 부모와 자녀가 적당한 방식을 취할 수 있고, 자녀가 양 부모로부터의 지원을 받되, 부모의 갈등으로부터 안전할 수 있으면, 이혼의 장기적인 영향은 최소일 수 있다. 그러나 양육권이 없는 부모(보통은 아버지)가 자녀와 연락을 드물게 하는 것이 다반사이거나 때로는 완전히 사라져 버리기도 한다. 이러한 경우의 아동들은 크게 어려움을 겪을 수 있다. 아버지가 학대를 가했거나 정신질환이 있었던 경우에는 아버지의 부재가 더 바람직했다. Wallerstein의 연구에 의하면, 그러한 아동들은 부재한 아버지가 주었던 애정 및 돌봄에 대한 희미한 기억을 잊지 않으려고 했다.

뉴스 미디어와 주의회에서 자주 쓰이기는 하지만, Wallerstein의 연구에는 많은 결함이 있다. 진료소가 배경이었고, 적어도 몇몇 가정은 법정에서 상당한 문제를 일으켰던 것으로 보고되었다. 따라서 그러한 집단은 평균집단보다 더 많은 문제를 경험했었을 수도 있다. 더 나아가, 비교집단의 부재로 인해 일반화시키기에는 문제가 있었다. 이러한 아동들 중 몇몇은 확실히 부정적인 결과를 보여줬지만, 이 연구를 통해 아무도 이 집단이 양부모 가정의 아이들보다 비율적으로 더 큰 문제를 가질 것이라고 장담할 수는 없다. Hetherington과 Kelly(2002)의 종단연구에서, 그들은 이혼 가정의 남자 아동들과 재혼한 가정의 아동들이 비이혼 가정의 아동들보다 더 큰 적응문제를 보였다고 보고했다. 그러나 그들은 대부분의 이혼 가정 아동들은 꽤 잘 적응했다는 점을 강조했다. 아동의 기질, 가족관계의 질, 그리고 가족 외적 요소들이 이혼 후 적응에 대한 개인차에 영향을 미치는 반면, 가장 큰 요소는 부모의 능력으로 나타났다.

그럼에도 불구하고, 통제집단을 가진 몇몇 연구들은 과연 어느 정도로 이혼 가정에서의 아동들이 비이혼 가정의 자녀들보다 더 큰 문제가 있었는지에 대해 의문을 제기했다(Enos & Handal, 1986; Kurdek & Sinclair, 1988). 예를 들어, Compas와 Willams(1990)는 어머니와 자녀들의 스트레스, 대처, 그리고 편부모와 양 부모 가정에서의 심리적 적응에 대해 연구했다. 예상처럼, 편모들은 낮은 소득과 결혼한 어머니들보다 더 높은 스트레스를 보고했다. 낮은 소득 때문에, 그들은 걱정이 더 많고 우울증 증세를 보였다. Wallerstein과 Blakeslee(1989)의 연구 중 이혼 어머니들 사이에서 보이는 '성장 급등(growth spurt)'을 뒷받침하듯이, 편모들도 문제해결적 대처와 긍정적 재평가를 더 많이 사용했다. 그러나 이러한 두 가족의 자녀들 사이에서 스트레스 상태와 문제행동(표준화한 자기보고 및 부모보고를 사용), 혹은 대처전략에 있어서 큰 차이점이 없었다.

Compas와 Williams(1990)는 두 가지 형태의 가족에서 부모와 자녀의 어려움 사이의 관계를 좀 더 연구했다. 양 부모 가족에서는, 어머니의 심리적 증상과 자녀의 언쟁, 문제행동 사이에는 확실한 상관관계가 있었다. 그러나 편부모 가정의 자녀들은 어머니의 심리적 스트레스에 영향을 받지 않는 것으로 보였다. 어머니의 언쟁과 자녀의 문제행동에 대한 평가 사이에만 관계가 있었고, 문제행동은 어머니의 화를 돋우는 원인이 될 수 있는 듯했지만, 어머니의 화에 의해 일어나지는 않았다. 이 연구에서의 편모들은 자신의 심리적 스트레스로부터 자녀를 보호하기 위해 큰 고통을 받는 듯했다. 따라서 부모의 이혼이 자녀들에게 미치는 장기적인 부정적 영향에 관한 논문은 불일치를 보인다고 할 수 있다.

이혼이 아동에게 미치는 영향에 대해 메타분석을 할 수 있을 만큼 충분한 연구들이 있다. 이혼 가정에서의 아동들이 부적응을 보이는 경향이 더 큰 반면, 그 차이는 꽤 작으며, 효과 크기 평균은 겨우 −0.23이다(Amato, 2001; Amato & Keith, 1991). 학업 성취, 사회 적응, 자기개념, 그리고 정신건강 문제들의 효과 크기는 보통 더 적다. 그럼에도 불구하고, 이러한 아동들은 특히 남자 아동들의 경우 정신건강 문제를 일으키는 데 위험요소를 가지고 있으며, 부모의 이혼은 또한 훗날 교제행동과 결혼 안정성에도 영향을 미칠 수 있다. 성인 이혼 아동의 결혼은 29% 정도 이혼율이 더 높으며, 부부가 둘 다 이혼 가정에서 자라났을 경우, 이혼율은 거의 두 배로 높게 나타난다(Wolfinger, 2005).

Rutter(1981)의 아동과 스트레스에 대한 경고는 교훈적일 듯하다. 스트레스에 대한 아동의 반응에 대한 종단연구에서, Rutter는 대부분의 아동들이 회복탄력성이 높으며, 순조롭게 어려운 생활사건을 극복할 수 있다는 것을 발견했다. 그러나 다수의 부정적인 사건들 혹은 생활사건이 가난 등 다른 어려운 상황과 함께 일어날 때, 장기적인 결과는 훨씬 더 부정적인 경향이 있다(Hetherington, 1984; Werner & Smith, 1982 참조). Grych와 Fincham(1997)이 지적한 것처럼, 이혼은 전체 인구에 무작위로 분포되어 있지 않다. 이혼 가족력이 있고, 교육 정도가 낮으며, 둘 이상의 자녀를 둔 나이가 어린 부모들이 이혼을 할 경향이 높으며, 다른 어려운 생활사건을 경험할 위험 요소가 높아지는데, 이러한 점들은 그들의 취약성을 증가시킬 수 있다(Hetherington, Cox, & Cox, 1985).

Sandler와 그의 동료들은 아동들이 사용하는 대처전략들이 부모 이혼 결과에 중요한 영향을 미친다는 일련의 연구를 해왔다. Sandler, Tein과 West(1994)의 발견에 의하면, 주의분산 및 활발한 대처는 이혼 후 낮은 우울증 증상을 예견하는 반면 회피, 소망적 사고, 사회적 지지 추구 등은 낮은 적응과 관계를 보였다. Mazur, Wolchik과 Sandler(1992)는 부정적인 대처전략(예 : 파국화, 개인화, 그리고 지나친 일반화)을 사용한 아동들은 더 불안해하고 문제행동들을 더 보이는 반면, '긍정적 착각'은 낮은 공격성과 연관이 있었다고 밝혔다.

또한 이혼의 스트레스는 반추를 초래하기도 한다. 그러나 Weyer와 Sandler(1998)가 발견한 바에 따르면, 대처 효능감은 이혼에 대처하는 아동들에게서 반추를 감소시켰다. 다시 말해서, 이혼 반응에 있어서 성공적으로 대처한다고 여기는 아동들은 반추를 덜할 것이라는 것이다. 이러한 연구들은 아동들의 대처를 지지하기 위한 개입은 부모의 이혼에 대한 장기적인 결과에 도움을 줄 수 있음을 시사한다.

소아과 대처연구

미국에 있는 대부분의 아동들은 건강한 어린이 검사(well-child examination)의 일환으로 실시되는 면역 및 의료 검사로부터 생사를 위협하는 질병에 대한 극도로 위험한 진료 절차에 이르기까지 다양한 의료 절차를 경험한다(Peterson, Oliver, & Saldana, 1997). 거의 20%가 넘는 아동들이 만성질환을 가지고 있으며, 대부분은 천식이다. 약 5% 정도의 아동들은 다수의 만성질환을 가지고 있다(Kliewer, 1997).

의료 목적이나 결과에 대한 이해 부족 때문에 아동들은 의료 절차를 매우 무서워한다. Peterson 등(1993)이 밝힌 바에 따르면, 정맥천자(venipuncture) 중 어린이들이 자신의 피가 새어 나갈까 봐 두려워하는 것은 매우 흔하다! 백혈병, 심장질환, 혹은 다른 심각한 만성질환을 가진 어린이들은 특히 주목의 대상이다. 그들은 자주 무서운 의료 절차를 겪어야 한다. Steward(1993)는 스트레스가 높은 진료를 받는 수십 명의 아동들을 비디오 촬영해 왔다. 간호사가 척주천자(spinal tap)를 실시할 때, 두려움에 비명을 지르던 다섯 살짜리 여아는 특히 가슴 아픈 예였다. 사람들이 자신을 죽일 것이라고 확신에 차 보였다. 그러한 아동들의 대처과정 방법에 대한 이해는 최선의 대처가 가능하도록 의료진들에게 도움을 줄 수 있다. 더 나아가, 많은 아동들이 천식과 당뇨 등과 같은 만성질환 관리에 활발한 협조자가 되어야만 한다. 따라서 우리는 그러한 아동들의 대처전략을 이해하고 촉진할 필요가 있다.

많은 초기의 소아과 연구들은 간단한 접근-회피 대처전략에 중점을 두었다. 다양한 수단을 통해 접근-회피 대처를 밝힌 여덟 개의 연구를 검토하면서, Peterson (1989)은 어떻게 대처가 조사되었는지에 상관없이, 대부분의 연구가 대처의 긍정적인 결과를 보여주었음을 밝혔다. 또한 영화나 인형 역할놀이를 통해 의료 절차를 준비시키는 것은 아동들의 스트레스를 감소시켰다. 그러나 소수의 아동들은 유별나게 회피 대처전략을 더 선호했는데, 이는 안타깝게도 병원 관계자들에게 그러한 노력을 중지할 만한 충분한 이유가 되었다.

소아과 대처에 대한 다른 접근들은 생태학적 관점이다. 예를 들어, Kazak (1989)는 만성적으로 아픈 아동들의 스트레스와 대처를 연구할 때는 반드시 사회생태학적 관점을 지녀야 한다고 주장했다. 이러한 모델에서, 가족은 상대적으로 항상성을 지닌 체계로 이해되어야 하며, 가족 개개인의 행동 변화는 다른 가족 구성원들의 항상적 반응을 유도한다. 따라서 보편적으로 '부적응' 이라고 여겨지는 행동도 이렇게 어려운 상황에서는 실질적으로 매우 적응력이 있다고 보일 수 있다는 것이다. 예를 들어, 융통성이 없는 것은 부정적인 성향이나 의료요법에 대한 고수가 생존을 위해 필요할 때는 적응력이 있는 것으로 보일 수 있다(Kazak, Reber, & Snitzer, 1988).

더 나아가 사회적 상황은 특정 대처전략과 결과 사이의 관계를 변화시킬 수도 있다. 예를 들어, Lumley, Abeles, Melamed, Pistone과 Johnson(1990)은 스트레스가 높은 의료 절차 중 어머니의 대처행동과 자녀의 기질 사이의 관계를 연구했다. 접근-회피 대처 사용 여부에 상관없이, 부모-자녀 양자관계에서 스트레스와 관련 있는 대처행동은 비동시성이었다. 따라서 관계에서의 두 구성원이 회피 또는 접근 대처를 사용했을 때, 아동은 스트레스를 덜 받았다. 그러나 부모가 회피 대처를 사용했다면, 자녀의 회피 대처는 더 큰 스트레스와 관련이 있고, 그 반대의 경우도 비슷하다.

소아과 대처 문헌에는 꽤 놀랄 만한 점이 두 가지 있다. 첫째, 아동과 가족들이 어떻게 만성질환에 잘 대처하게 하는가이다. 소아암 환자와 일반 아동과의 대처행동 차이는 거의 없다(Bull & Drotar, 1991). 그리고 차이점이 있다 할지라도 병 때문이 아니라 문제의 심각성에 근거한 듯하다(Ritchie, Caty, & Ellerton, 1988). 실질적으로 Wells와 Schwebel(1987)은 만성적으로 아픈 아동들과 일반 아동들 사이에 심리적 혼란이나 가족 기능에 별다른 차이점을 찾지 못했다. 그러나 인지 혹은 감각장애를 가진 아동들은 적응문제를 더 보였다(Lavigne & Faier-Routman, 1992).

대처는 아동들이 만성질환에 어떻게 적응하는지 영향을 미친다. 일반적으로, 문제중심적 대처를 사용하는 아동들은 정서중심적 대처를 사용하는 아동들보다 더 나은 결과를 보인다(Band, 1990; Delamater, 1992). 부분적으로는 문제중심적 대처전략 사용은 화합, 융통성, 표현력, 그리고 애정 등 가족 특성을 반영한다. 그러나 아동들의 대처방법과 대처의 효율성은 연령에 따라 다양할 수 있다. 특히 어린 아동들은 매우 무서운 것으로 오해를 하는 경향이 있는데, 이로 인해 아동들은 더 불안해하거나 비효율적 대처를 하기도 한다(Kliewer, 1997; Peterson 등, 1997).

소아과 문헌에 있어 두 번째 놀라운 점은 만성질환을 지닌 아동들은 스트레스로부터 긍정적인 혜택을 받을 수도 있다는 것이다. 좀 더 최근 연구들은 만성적, 그리고 매우 심각한 질병을 앓고 있는 어린이조차도 책임감이 있는 등 긍정적인 결과를 발견했다(Mellin, Neumark-Sztainer, & Patterson, 2004). 이것은 다음 장에서 좀 더 거론할 것이다.

아동과 대처 요약

지난 10년 동안 어린이의 대처연구는 많은 발전을 해왔고, 꽤 많은 흥미로운 관찰들(혹은 가설)을 볼 수 있다. 아동들은 아주 어린 나이부터 자신의 내적·외적 환경 변화를 시도한다. 확실히 영아기에서는 이를 위한 도구가 거의 없고, 원시적이며, 반사에 주로 의존한다. 그러나 성장하면서 아동들의 대처 목록은 증가하고, 행동중심에서 좀 더 인지중심으로 바뀔 수 있다.

문헌에는 회복탄력성에서의 발달적 변화가 확실히 나타났다. 이러한 변화는 단순한 엄지손가락을 빨기, 몸 흔들기 등 자기안정행동으로부터 정서의 내적·외적 표현을 통제하기 위한 언어적 재확신과 인지적 통제로 변한다고 설명할 수 있다. 사회적 지지 사용의 발달적 변화 역시 뚜렷하다. 영아와 걸음마기는 주로 부모에게 의존하다가 중기 아동기와 청소년기에 이르러서는 점차 친구들에게 의존한다.

안타깝게도, 문제중심적 대처의 발달적 변화는 문헌에서 확실히 나타나지 않았다. 이 문제에 대한 검토에 있어서 스트레스와 대처연구자들이 인지발달 문헌에 좀 더 의지하지 않았다는 것은 의아스럽다(Band, 1990; Greene & Larson, 1991 참조). 확실히 적절한 평가과정과 문제중심적 대처는 신체적·사회적 환경을 이해하기 위한 인지능력뿐만 아니라 문제해결 기술과 추상적 논리능력에 의존해야만 한다. 스트레스와 대처연구자들이 일상생활에서의 스트레스 대처에 상당히 적합해 보이는 Kohlberg(1984)의 도덕 추론 체계를 살펴보지 않았다는 점도 놀랍다. 문제중심적 대처의 개념화가 여전히 너무나 단순하여 발달문제들의 검토를 허용하지 않을 수도 있다. 아동 대처연구에서는 매우 간단한 수단이 사용되어야만 한다는 것이 사실이기는 하나, 아동과 성인의 대처연구는 문제해결 문헌의 적극적인 검토로부터 도움을 받을 수 있다.

순환되는 주제는 아동의 회복탄력성인데, 제15장에서 자세히 거론될 것이다. 적절한 지원 아래에서 어린이들은 이혼 내지는 만성질환처럼 극도로 스트레스가 높은 상황을 극복하고 일어설 수 있다. 부모가 대처전략 발달에 어떻게 영향을 미치는가 하는 Kliewer(1997)의 이론적 관점은 매우 유용한 모델이기는 하나, 실증분석이 좀 더 필요하다. 청소년들은 복용 시 해가 될 수 있는 술, 마약 등 정서중심적 대처의 외적 수단 접근이 가능하므로, 청소년기는 특히 중요한 시기이다.

마지막으로, 나는 이 책의 초판에서 아동들의 적응 대처와 대처능력 훈련 향상을 위해 개입 연구방법을 모색할 것을 촉구하며 이 장을 마무리했었다. 지난 10여 년간 아동들을 위한 특정 문제에 대한 대처방법으로부터 일반적인 정서조절 기술과 능력을 가르치는 매우 폭넓은 프로그램에 이르기까지 상당히 유용한 개입들이 나타났다(Flay & Collins, 2005; Greenberg 등, 1997; Wolchik & Sandler, 1997 참조). 그러나 자기 모순적 효과를 지니고 있는 청소년들을 위한 개입은 여전히 많은 연구가 필요하다(Frydenberg 등, 2004). 부모들이 자녀에게 영향을 미치리라는 희망 아래, 성인 개입을 하는 것은 발달과 상황적 접근을 합친 흥미로운 시도라고 할 수 있다. 예를 들어, Even Start 프로그램은 위험 환경에 있는 부모와 자녀들의 동시적 개입을 시행한다(Duch, 2005). 이러한 개입의 장기적 효과를 증명하기 위해서는 더 많은 연구가 필요할 것이다.

성인기 스트레스와 대처의 발달적 변화

10여 년 전, 대처와 노화에 대한 연구는 상대적으로 거의 없었다. 그 당시, 몇 안

되는 연구들은 기본적으로 두 갈래였는데, 방어기제 연구와 대처전략 연구였다. 그러나 지난 10여 년간 성인기의 대처와 적응전략 발달연구의 범위는 성인기의 정서조절(Carstensen, Mikels, & Mather, 2006), 목표중심적 대처전략에서의 변화(Brandtstädter & Rothermund, 2003), 그리고 선택적 최적화 보상이론(Freund & Baltes, 2002) 등을 포함하는 등 놀라울 만큼 향상되었다. 더 나아가, 학자들은 노년기뿐만 아니라 중년기, 청년기의 대처전략 발달을 연구하기 시작했다. 그러나 대처의 초기발달 이론들은 전 생애적 관점(lifespan perspective)을 주로 사용했는데, 우리는 이러한 관점을 재검토하고, 각 생애 단계에서 보이는 대처에 대해 살펴보도록 하겠다.

전 생애적 관점

Gutmann(1974)은 성인기에 적응전략이 어떻게 변하는지에 대한 첫 연구를 선보였다. 주제 통각 검사(thematic apperception test, TAT) 카드를 사용해서, 그는 전 생애 전반에 걸쳐 나타나는 숙련감 성향 변화를 관찰했다. 초기 성인기에는 TAT 카드에 대한 반응은 적극적 숙련감을 반영한다. 즉, 문제 직면과 해결을 위한 적극적 양상을 보여주는 경향이 있다. 반대로, 중년기 성인의 TAT 자극에 대한 반응에 있어서 나타나는 이야기의 주제들은, Gutmann에 따르면, '수동적' 숙련감 기술을 반영한다. 즉, 이러한 성인들은 문제 수용과 체념에 관계된 이야기를 하는 경향이 있다. 이와 반대로, Gutmann의 용어에 따르면, 노년기의 이야기는 '마법적 숙련감' 이라고 할 수 있는데, 이야기들이 스스로 해결되는 듯하거나 혹은 무관하게 보이는 것들에 중점을 두고 있다. Gutmann은 미국과 다양한 이스라엘 민족 집단을 비교함으로써 이렇게 감소하는 발달적 변환이 비교문화적으로 발생한다는 것을 보여주려고 했다.

그러나 이 연구에는 많은 문제가 있다. 주제 통각 검사에 대한 반응이 일상생활에서의 실질적 대처전략 사용을 반영한다고 단정지을 수 없다. 추가적으로, Gutmann이 관찰한 현상에 대해서 다른 대안적 설명이 가능하다. 이는 서구의 규준에 대한 사회화와 교육에 있어서의 연령 차이를 포함한다. 다른 문화의 젊은 구성원들이 서구문화와 교육 양상에 더 많이 노출되어 있기 때문에, 좀 더 적극적인 입장을 보일 수도 있다.

흥미롭게도, 내가 아는 한 이러한 양상의 재시도는 출판된 것이 없다. 부분적으로 볼 때, 투사적 기법의 사용은 현대 심리학에서 별로 인기를 끌지 못하기 때문일 듯하다. 그러나 대학원생 시절 나는, 전환 연구(Lowenthal, Thurnher, & Chiriboga, 1975)의 일환으로 수집된 주제 통각 검사에 Gutmann의 분석체계를 사용하여 그의 연구를 되풀이하려고 시도했다. 전환 연구는 청소년, 청년기, 자녀가 떠난 뒤 집에 홀로 남게 된 부모들, 그리고 은퇴 전의 성인들에 대한 10년간의 종단적 연구였다. 표본 크기가 매우 작아서 출판하기에는 부족했지만, 내가 발견한 결과 양상은 흥미로웠다. 숙련감 내용을 부호화했을 때, 나는 Gutmann의 관찰과 같은 결과를 얻을 수 없었다. 그러나 응답자들이 자신의 이야기에 쏟아 부은 에너지 양을 부호화했을 때, 나는 연령에 관련된 양상을 찾을 수 있었다. 따라서 연령에 따른 방어 스타일에 대한 확실한 감소 증거는 없었지만, 문제 수용이 연령에 따라 어떻게 변하고, 대처 노력이 어떻게 변하는지에 대한 연구를 위해서 Gutmann의 도식은 유용하다고 할 수 있다. 관찰 부분은 나중에 재거론하도록 하겠다.

반대로, Vaillant(1977)의 제안에 의하면, 전 생애에 걸쳐 일어나는 점증적 발달 과정이 있는데, 이는 청년기에서의 신경증적 혹은 미성숙한 방어 스타일로부터 중년기의 좀 더 성숙한 방어 스타일로의 변화로 특징지을 수 있다(제8장 참조). 미성숙한 적응기제는 환상, 투사, 건강염려증(hypochondriasis), 수동-공격적 행동, 그리고 행동화로 신경증적 기제는 지성화, 억압, 반응 형성, 치환 등으로 특징지을 수 있다. 반면에 성숙한 기제는 승화, 이타심, 기대, 그리고 유머 등을 포함한다. 특출한 하버드 남성들의 집단에 대한 종단적 개방형 자료에서, Vaillant는 거의 대부분의 남성들이 노화하면서 성숙한 방어기제들을 사용함을 발견했다. 결혼 기간, 사회적 상승, 자녀수 등의 주제로 분류했을 때, 성숙한 기제의 사용은 사회적 능력과 높은 연관이 있었다는 점은 주목할 만하다.

이 연구에 대한 일반적인 비판은 아이비리그 대학 졸업생 남자들만을 대상으로 했기 때문에 전체 인구로 일반화하기 어렵다는 점이다. 더 나아가, 이 연구는 개방적 자료에서 얻은 방어기제 순위에 전적으로 의존했다. Vaillant, Bond와 Vaillant

(1986)는 비행 청소년, 즉 위험한 상황에 있는 청소년들을 대상으로 종단적 집단을 이용, 이 연구를 복제하려고 했다. 이 연구에서는 순위가 사용되었지만, 좀 더 표준화된 방어기제 지표도 사용되었다(Bond, Gardiner, & Sigel, 1983). 성숙한 방어기제와 사회적 능력 사이에는 유사한 관계가 보였으나, 안타깝게도 연령과의 관계는 나타나지 않았다. Vaillant(1993)는 또한 방어에 대한 자신의 평가 도식을 Terman 연구의 여성집단과 비행 청소년 연구에서의 극도로 불우한 통제집단에 적용했으나, 발달 경향은 발견되지 않았다. 그러나 다양한 지표를 사용함으로써, 그는 성숙한 방어를 보여주는 사람들이 더욱 잘 적응하는 경향이 있음을 보여주었다.

Costa, Zonderman과 McCrae(1991)의 초기 연구는 거의 동등한 숫자의 남성과 여성집단을 이용하여, 연령과 세 가지 방어기제 목록 사이에서의 횡단적 상관관계를 보여주는 체계적 연구였다. 8년이라는 기간에 걸쳐 다양한 응답자들로부터 자료를 수집했는데, 해석은 쉽지 않았다. 연령과의 상관관계만이 존재했고, 특히 연령, 기간, 그리고 세대효과(cohort effect) 사이의 혼입을 고려할 때(Levenson, Aldwin, & Spiro, 1998 참조), 확실한 결론을 내리기는 어려웠다. 그러나 투사 그리고 '비적응적 행동양식'과 같은 문제성 기제들이 연령과 부적인 상관관계를 보였고, 억압–부정 기제들은 정적 관계를 보여주었다. Whitty(2003)에 의하면, 젊은 층은 미성숙 방어기제를 사용하는 경향이 있는 반면, 중장년층은 성숙한 방어기제를 사용하는 경향이 있었다. 또한 성숙한 방어기제의 사용은 더 높은 인생 목표와 관련이 있었다.

직관적으로 볼 때, 나이가 들어가면서 사람들은 인생문제를 다루는 데 있어서 좀 더 능숙해진다. 이러한 본질적인 발달적 과정은 경험이라는 개념하에 더 잘 이해될 수 있다. 나이가 들어가면서, 사람들은 더 다양한 문제를 경험하고, 그런 과정을 거치면서 어떤 형태의 대처전략이 일반적으로 비효율적인지, 그리고 어떤 형태가 목표 달성을 가능하게 하는지 배워 나가게 된다. 어떤 사람들은 문제를 피하기 위해 자신의 행동반경을 제한하는 자기 제어적 생활방식을 개발하기도 하고, 혹은 비효율적 문제 대처 수단에 연연해 할 수도 있다(Lowenthal 등, 1975). 그러나 일반적으로 경험을 통해서 사람들은 자신들의 대처 목록을 증가시킬 수 있고,

어려움에 성공적으로 대처할 수 있다. 더 나아가, 어느 정도의 억압 혹은 부정은 노년기에 유용할 수도 있다. 노년층의 80% 정도가 자신의 건강이 평균보다 좋다고 평가하는데, 어떤 문제들은 직면하는 것보다 무시하는 것이 최선일 수도 있다.

제8장에서 언급한 것처럼, Cramer(2000)는 방어기제 자기보고 목록에 대해 신랄하게 비판했다. 그녀가 정확하게 지적했던 것처럼, 방어기제는 정의상 무의식에 근거하기 때문에 개인이 어떤 방어기제를 사용하는지 보고할 수 없다. 따라서 좀 더 최근의 이론들은 목표 구조에 의존한다. 예를 들어, Freund와 Baltes(2002)는 선택, 최적화 그리고 보상에 근거한 적응이론을 개발해 오고 있다. 나이가 들어감에 따라, 사람들은 점점 더 어떤 부분에 노력을 해야 할지 선택적해야만 한다. 무시하게 되는 문제들도 있을 것이고, 좀 더 주의를 기울이게 되는 문제들도 있을 것이다. 주의해야 할 문제들에 있어서, 사람들은 목표와 문제를 최적화할 수 있고, 목표 달성을 위한 전략 실행에서 오는 손해를 보상할 수 있는 그런 전략을 선택할 것이다.

유사하게, Brandtstädter(1999)의 주장에 의하면, 성인기에는 동화적(assimlative)으로부터 조절적(accommodative) 대처의 변화가 있다. 즉, 청년기에 사람들은 문제중심적 전략이 적절한 여러 문제에 직면한다. 그러나 나중에는 배우자의 사망처럼 직면한 문제들이 통제 불가능한 것들이다. 따라서 조절적 혹은 정서중심적 대처전략이 더 적당하다. 예를 들어, Rothermund와 Brandtstädter(2003)는 물질적 손해에 대처하고자 하는 보상행위는 70세 정도까지는 일반적임을 밝혔다. 그 즈음에서 노인들은 조절적 전략으로 전환하는데, 아마도 보상전략이 조절전략보다 더 효과적인 시기를 넘어, 자신들의 건강이 더 나빠졌기 때문이라고 여겨진다.

유사하게, Carstensen과 동료들(2006)도 동기기반의 적응전략에 대한 전 생애 접근법을 제안했다. 그러나 그들의 주장에 의하면, 나이가 들면서 자신의 경험으로부터 의미를 창출하는 데 더 중점을 두게 되고, 시야를 넓히는 시도는 더 줄어들게 된다. 젊은 성인들은 자신들의 사회 지원망을 넓히기를 원하고, 지식기반과 대처 목록을 증가하고, 일반적으로 새로운 상황과 경험을 하고자 한다. 나머지 인생의 반에서는, 성인들은 정서조절을 위한 환경 선택과 의미 있는 직업이나 친구, 사랑하는 이들과 시간을 보내는 데 더 관심이 있다. Carstensen 등(2006)은 장년층의 대처는 좀 더 정서와 반응의 조절에 중점을 두고 있을 것이라고 가정했다.

여러 가지 면에서 전 생애 이론들은 노화 시 심리학적 · 신체적 에너지 감소에 중점을 둔다. Baltes(1987)와 Hobfoll(2001)은, 노후에는 에너지 보존이 증가할 것이라고 제안했다. 즉, 건강한 청소년이나 젊은 성인들은 기운이 넘쳐나고 스트레스에 대처하기 위해 많은 에너지를 쓸 수가 있다. 예를 들어, 대학생들은 시험공부를 하기 위해서 일상적으로 '밤새기'를 하고, 이를 보충하기 위해 방학 동안은 18시간 연속으로 자기도 한다. 중장년 성인들은 그렇게 에너지를 소모하고 나면 보충하기가 어렵기 때문에, 대처 노력에 좀 더 신중해야 한다. 이 점에 대해서는 나중에 이야기하도록 하겠다.

어떤 면에서, 이러한 이론들은 Gutmann(1974)의 초기 관찰을 반영하는데, 나이가 들면서 적응전략에 변화가 있다는 점이다. 그러나 단순한 적극적-수동적 이분법보다는 새로운 연구들은 좀 더 미묘한 변화에 중점을 둔다. Schulz와 Heckhausen(1998)은, 생애 초반기에 사람들은 일차적 통제(문제중심적 대처)를 사용하고, 훗날 자신들의 환경 통제가 불가능해지면 이차적 통제(정서중심적 대처)를 한다고 제안한 반면, 다른 이들은 나이가 들면서 정서적 복합성과 미묘함이 증가한다고 주장한다(Labouvie-Vief, 1990). 다른 사람들은 통제가 다차원의 구성개념이며, 좀 더 미묘한 형태로 변화한다고 주장하면서, 이러한 관점에 도전해 왔다(Skaff, 2007). 더 나아가 모든 문화가 일차적 통제를 선호하지 않으며, 정서 조절은 효과적인 행위에 중요한 요소로 여겨진다. Skinner(1995)의 제안에 따르면, 나이가 들면서 사람들은 자신이 통제할 수 있거나 혹은 통제하기를 원하는 것들에 대해 좀 더 철학적이 된다.

유명한 두 노래의 비교는 이러한 차이를 좀 더 잘 드러낼 수도 있다. 베이비붐 세대들이 젊었었던 1960년대, 마빈 게이는 "난 네가 날 사랑하도록 만들겠어. 그래. 난 그럴 거야. 그래 난 그럴 거야!"라고 노래했다. 20년 후, 나이가 지긋한 보니 레이트는 아쉬운 듯 조용히 "네가 날 사랑하도록 만들 수 없어. 네가 할 수 없다면. 마음을 움직일 수는 없어."라고 노래했다. Skinner(1995)의 주장에 의하면, 무엇이 통제 가능한지 여부에 대한 실질적인 평가는 좀 더 효과적인 행위를 가능하게 한다.

이러한 이론들이 종합적으로 제안하는 바는, 나이가 들면서 사람들이 직접적인 행동에 관심이 덜하고, 의미에 더 중점을 두며, 해결해야 할 문제 형태를 고르고, 목표 달성을 위한 에너지 소모에 좀 더 신중하다는 점이다. 물론 이러한 일반화는 성인기 발달이 개인에 따라 지극히 다르다는 것을 무시한다고 할 수 있다. 하나의 가설 궤적이 모든 사람을 다 설명할 수는 없다. 그럼에도 불구하고 전 생애의 각 단계에서 스트레스, 대처, 조절전략에 중점을 둔 실증연구들은 상당히 흥미로울 수 있다.

청년기의 스트레스와 대처

많은 면에서 청년기는 스트레스가 높은 시기이다. 이 시기는 중장년층 성인들보다 스트레스 생활사건과 사소한 사건들 수준이 높다고 보고된다(Almeida & Horn, 2004; Aldwin & Levenson, 2001 참조). 부분적으로 이것은 직장생활 시작, 결혼 또는 이혼, 출산, 해고 등 청년기에 더 자주 경험하게 되는 사건들을 포함하는 스트레스 생활사건 척도의 구성을 반영한다. 그러나 청년들은 더 많은 사소한 사건들을 보고하는데, 부분적으로 이것은 새로운 역할 습득(직장, 결혼, 부모되기 등) 때문이다.

대처전략에 대한 증거는 확실하지가 않다. 대학생들의 스트레스와 대처에 대한 수많은 연구에도 불구하고, 청년기 대처의 연령관계 변화를 살펴본 연구는 드물다. 청년기 중 숙련감의 증가를 고려할 때, Shiraishi와 Aldwin(2004)은 대처전략의 변화가 있어야만 할 것이라고 가설을 세웠다(McCrae 등, 1999; Parker & Aldwin, 1994). 5년에 걸쳐 수집된 자료를 이용해, 그들은 거짓말, 다른 이들에게 죄책감 느끼게 하기, 적대감 표현하기 등 부정적인 대처전략은 감소했다고 보고했다. 그러나 중요한 행동이나 대처 효능감 변화는 없었다. 그러나 다른 연구들은 정서조절과 정서적 성숙의 증가가 청년기에 일어난다고 제시한다(Aldwin & Levenson, 2005). 예를 들어, Roberts, Caspi와 Moffit(2001)은 청소년기 후반부터 20대 초반까지 정서적 안정성과 숙련감의 증가를 발견했다. 예상하건대, 정서적 안정성 발달은 청소년기의 특징인 충동성을 감소시킨다. Arnett(2001)에 의하면, 자신의 행동에 대한 책임을 받아들이는 능력은 성인기로서의 전환에 있어, 중요한 발달 특징 중 하나였다. 이것은 Vaillant의 입장을 반영한다. 학생들이 본인의 나쁜 성적에 대해 교수의 적대감을 비난하는 것처럼, 정서적으로 미성숙한 사람들이 자신의 문제에 있어 다른 사람을 비난하는 경향이 있다. 그러나 나이가 들면서 청년기 성인들은 점점 더 성숙해진다. 청년들은 또한 자기-발생 목표(self-generate goals)와 목표지향적 행동능력을 발달시킨다(Arnett, 2001). Brandtstädter(1999)는 자기개발이론 중 중요한 요소의 하나로 자기-발생 목표 설정 능력을 들었다. Aldwin과 Levenson(2005)은 정서적 성숙의 두 가지 특징을 파악했는데, 바로 비난을 수용하는 능력과 집단에서 일할 수 있는 능력이다.

다시 말해, 정서적 성숙함의 발달은 내적·외적 정서표현을 조절하는 능력이며, 행동 조절을 위한 충분한 판단과 타인의 동기를 판단할 수 있음을 뜻한다. 이런 추상적인 개념들이 어떻게 대처전략으로 이해될 수 있는지는 밝히기 어렵다. 그러나 정서적으로 성숙한 사람들이 상황을 스트레스가 낮다고 판단하고, 자원을 좀 더 효과적으로 인식하고 사용할 수 있고, 따라서 더 나은 대처전략 결과를 보일 것이라고 여겨진다.

중년기의 스트레스와 대처

Siegler(1997)가 지적했던 것처럼, 중년기의 스트레스와 대처과정에 대한 연구는 거의 없다. Aldwin과 Levenson(2001)은 매우 드문 관련 문헌을 검토했다. 소위 말해 중년의 위기(Whitbourne, 1986), 빈둥지 신드롬, 그리고 '폐경기 우울증' 등이 과대평가되지만, 몇몇 스트레스가 높은 말년의 사건들은 보편적이다. 첫째, 부모님의 상은 거의 중년 인생의 특징이다. 예를 들어, Martin, Matthews와 Rosenthal (1993)은 40대 초반의 85%가 한 명의 부모가 살아계시나, 60대의 80%는 살아계신 부모님이 없다고 보고했다. 중년에 배우자를 잃는 것은, 특히 여성들에게는 꽤 흔한 일이다. 거의 50%의 미망인들이 60대거나 더 젊다(Troll, 1973). 더 나아가, 건강행동 등 다른 생활양식을 통제할지라도, 중년에 배우자를 잃은 사람들은 노년에 배우자를 잃은 사람들보다 더 높은 사망률을 보인다고 한다(Johnson, Backlund, Sorlie, & Loveless, 2000). 따라서 사람들은 중년에 주위 사람들을 떠나보내기 시작하는데, 이는 자신의 삶과 목표를 재검토하게 만들기도 한다.

또한 중년기는 사소한 사건들이 고조된 시기라고 충분히 여길 만하다. 예를 들어, 중년기의 사람들은 보편적으로 직장에서 중책을 맡는데, 이는 높은 일 관련 스트레스를 초래할 수 있다. 자녀가 있다면 청소년에 대처해야 하며, 이는 꽤 잘 알려진 스트레스원이다. 그러나 Almeida와 Horne(2004)은 스트레스 형태에 따라 증가와 감소의 다른 형태를 발견하기는 했지만, 일반적으로 중년의 사람들은 청년기의 사람들보다 더 적은 사소한 사건들을 보고한다(Chiriboga, 1997).

Aldwin, Shiraishi와 Levenson(2002)은 청년기와 중년기 중 스트레스가 다른 영향을 가지고 있는지 검토했다. 그들 연구의 결과에 따르면, 만성적인 스트레스는 청년기에 급성적 증상의 증가를 야기하였으나, 중년기에는 만성적 질환 증가를 보였다. 따라서 만성질환에 더 민감한 사람들이 만성적 스트레스원에 직면하면, 그들의 중년기에 만성적 질환을 앓기 시작할 가능성이 높다.

그러나 많은 부분에서 볼 때 중년기의 사람들은 대처능력의 최고점에 있다(Denney, 1989). 그들은 노인들에 비해 문제중심적 대처를 더 사용하고(Aldwin, Sutton, Chiara, & Spiro, 1996), Baltes와 Staudinger(2000)의 발견에 의하면, 중년들은 실용적 지식을 가장 많이 갖고 있다. Kelly(2006)는 중년기의 성인들이 더 높은 선행적 대처를 보고함을 발견했는데, 이는 중년들이 스트레스원의 발생을 최소화하기 위해 자신의 삶을 더 성공적으로 처리할 수 있다는 것을 의미한다. 이러한 중년기의 높은 대처능력 가설은 중년층 성인이 청년들보다 왜 더 적은 사소한 사건들을 보고했는지에 대한 한 가지 이유가 될 수도 있다.

노년기의 스트레스와 대처

안타깝게도 2003년 유럽의 장기간의 폭염 동안 수천 명의 죽음이 보고되었는데, 생리학적으로 노인들은 열 스트레스와 같은 신체적 스트레스원에 더 취약하다. 젊은 성인들에 비해, 노인들의 심혈관계나 면역기능이 힘든 상황에 잘 반응하지 않기 때문이다(Aldwin & Gilmer, 2004 참조). 당연히, 노인들은 젊은이들에 비해 건강문제, 특히 만성질환에 직면하는 경우가 많다. 배우자, 친구, 때로는 성인 자녀를 잃는다. 그러나 종합적으로 볼 때, 노인들은 더 적은 생활사건과 사소한 사건들을 보고하는 경향이 있다(Chiriboga, 1997).

노인들이 왜 적은 문제를 보고하는지는 확실하지 않다. 표면적으로 볼 때, 건강 문제 대처와 장애율 증가 등을 고려해 보면, 노인들은 더 많은 문제를 보고해야만 할 듯하다. 더 나아가 많은 노인들이 부모님, 배우자, 고모, 삼촌, 형제자매 등 다른 친척들의 간병에 대처하고 있다. 감각 제한, 심장질환, 혹은 당뇨 등이 있을지라도 여든 살 노인이 아픈 배우자를 돌보아야 할 경우, 지난주 혹은 지난달에 아무런 문제가 없었다고 보고하는 것은 흔한 일이다. Aldwin 등(1996b)은 노년에는 급성 스트레스원으로부터 만성적 스트레스원으로의 전환이 있을 수도 있다고 가설했다. 만성적 스트레스원을 적절히 다루는 한, 그들은 '문제'로 인식되지 않을 것이다. 입원 같은 특별한 개입이 필요한 위기일 때, 만성적 질환이나 스트레스원은 '문제'로 떠오를 것이다.

그 대신에 노인들이 문제를 평가하는 방법에는 차이가 있을 수도 있다. 예를 들어, 65세 이상의 노인들은 세계무역센터 공격에 대해 젊은이들보다 스트레스를 덜 받았다고 여겼다(Park, Aldwin, & Snyder). 왜 그런지는 확실하지 않다. Boeninger, Shiraishi와 Aldwin(2003)은 이 일반적인 결과에 대한 성격 변화, 상황 변화 혹은 발달적 변화를 포함한 세 가지 가설을 검증했다. 다시 말해, 노인들은 덜 불안해할 수도 있다는 것이고(Mroczek & Kolarz, 1998), 그들이 실질적으로 스트레스가 덜한 문제에 대처하고 있을 수도 있으며, 또는 전에 겪었던 스트레스원 경험으로 인해 발달적으로 변했기에, 현 상황의 문제를 스트레스가 덜하다고 여길 수도 있다는 것이다. Boeninger 등은 성격 혹은 상황적 요소는 연령과 스트레스 인식 사이를 중재하지 않는다는 것을 밝혔다. 그들은 노인들이 문제를 스트레스가 덜하다고 인식하는 것은 그들의 방대한 경험을 반영한다고 결론지었다.

노인들이 심리사회적 스트레스원에 더 취약한가에 대해서는 엇갈리는 결과를 보여준다. 많은 연구들이 보여준 바로는, 중년층 성인과 비교해서 노인들은 덜 취약하기도 하고(Johnson 등, 2000), 더 취약하기도 하거나(Mroczek & Almeida, 2004), 혹은 심리사회적 스트레스원에 대한 반응에 차이가 없기도 하다(Aldwin 등, 1996b). 부분적으로 대처에 있어서 노인들의 발달적 변화가 있는지에 대한 엇갈린 논문 결과 때문이기도 하다(Aldwin, Yancura, & Boeninger, 2007 참조).

몇몇 초기 연구들은 나이가 들어감에 따라 문제중심적 대처의 감소를 제시했던 반면(Folkman, Lazarus, Pimley, & Novacek, 1987), 다른 연구들에 의하면 노인들이 유사한 정도의 문제중심적 대처를 사용한다고 밝혔다(Aldwin, 1991; Felton & Revenson, 1984; Irion & Blanchard-Fields, 1987). 흥미롭게도, 노인들은 상황을 자신의 책임이 아니라고 여기는 경향이 큰 반면, 그럼에도 불구하고 그들은 문제를 해결하거나 처리하려고 대처할 것이며, 이에 따라 정서적 고통의 감소를 경험할 수도 있다(Aldwin, 1991).

좀 더 최근의 연구들은 효과적인 대처전략들이 노년기에도 지속된다는 것을 보여주는데(Aldwin 등, 1996; Hamarat 등, 2001; Whitty, 2003), 특히 건강한 노인들에게서 그렇다. Zautra와 Wrabetz(1991)의 발견에 따르면, 노인들은 만성적 건강문제와 사별에 성공적으로 대처한다고 스스로 생각하며, 지각된 효과성은 건강 합병증과 문제에 직면한 경우에도 낮은 스트레스와 연관이 있었다. 장애가 있는 노인들조차도 새로운 문제에 부딪혔을 때 새로운 대처전략을 꽤 잘 만들어 낼 수 있으며, 그러한 그들의 능력은 성공적인 노화를 예측할 수도 있다(Brennan & Cardinali, 2000).

45세부터 90세에 이르는 남성들에 대한 규범적 노화연구(NAS)에서, Aldwin, Sutton, Chiara와 Spiro(1996)는 1,000개의 인터뷰를 이용하여, 중년부터 노년까지의 스트레스와 대처를 연구했다. 남자들은 지난주 중 일어났던 문제들을 보고했는데, 집수리처럼 사소한 문제에서부터 심각한 법적, 건강문제들까지 다양했다. 연구에 참여한 많은 남자들은 자신들은 더 이상 젊었을 때처럼 화를 내지 않는다고 자발적으로 언급했고, 실질적으로 나이가 많은 남성들은 더 적은 문제들을 보고했고, 스트레스가 덜하며, 중년 남성들보다 더 적은 부정적인 정서들을 보고했다. 많은 응답자들은 문제들이 일어날 수도 있고, 일어날 것이라는 사실을 수용하는 듯했고, 침착하게 일을 잘 처리하는 듯 보였다. 나이가 많은 남성들은 대인관계 대립과 현실 도피를 전략으로 덜 사용하는 경향이 있었다. 더 적은 수의 전략을 보고하는 반면, 그들의 대처 효능감 인식은 별다른 차이가 없었고, 이는 그들이 더 효과적인 대처자들이라는 것을 제시한다.

모두는 아니지만 대부분의 남성과 여성들이 늙어감에 따라 덜 효과적인 전략을 선별하는 법과, 다른 상황이 변함없다면, 현실 도피와 같은 전략을 피하는 방법을 배운다고 나는 생각한다. 또한 내 생각에는 통제의 본질이 외적으로부터 내적 중심으로 변하는데, Reynolds(1976)의 선호행동 소재와 유사하다(제13장 참조). Altschuler와 Ruble(1989)이 지적한 것처럼 통제 가능한, 그리고 통제 불가능한 스트레스원을 구분하는 것을 배우는 것은 아동기의 중요한 발달 과제이며, 이러한 습득과정은 좀 더 복잡한 문제들에 직면할 때도 계속될 수 있다. 아마도 Gutmann(1974)이 노인들에게서 관찰했던 수용은 수동성 자체가 아니라 어떤 문제들은 스스로 해결되며, 다른 것들은 풀 수가 없다는 것을 인식하는 것이다. 적극적으로 풀 수 있을 문제에 대해 좀 더 선택적일 수 있다는 점은 매우 적응적인 전략일 수 있으며, 자원(예 : 에너지)이 감소하는 시기에는 특히 그러하다. 실질적으로 Gutmann(1987)의 이론 수정은 노년기의 위축은 초월(transcendence)과 유사한 것으로 재조명되었다.

따라서 노년기의 정서중심적 대처에는 전환이 있을 수도 있다. 대처전략과 연령에 대한 초기 연구 중, McCrae(1982)는 노인들이 현실 도피와 적대적 전략을 덜 쓴다는 것을 발견했다. 몇몇 연구들은 노인들이 현실 도피나 회피 대처를 덜 사용한다고 밝혔다(Aldwin, 1991; Felton & Revenson, 1987; Irion & Blanchard-Fields, 1987). 적응전략에서의 이러한 변화는 노후의 정신건강에 매우 중요한 것으로 여겨진다. Aldwin(1991)의 연구에서, 연령은 우울증과 역상관관계를 보여주는데, 지역 집단에서 자주 보이는 결과이다. 그러나 경로모델은 연령이 스트레스 평가, 대처, 지각된 효능감 요소들의 영향을 통해 우울증에 간접적으로 관련이 있다는 것을 보여줬다. 다시 말해, 노인들은 젊은이들에 비해 더 나은 정신건강을 보고했는데, 이는 노인들이 평가와 스트레스 대처방법을 바꿨기 때문이라고 할 수 있다. 흥미롭게도, 술과 마약에 중독된 노인들은 스트레스 평가에 있어서 유사한 연령 관련 감소를 보이지 않을 수도 있고, 약물남용자들이 아닌 노인들보다 자신의 대처 노력에 덜 만족스러워한다(Folkman, Bernstein, & Lazarus, 1987). 회피 대처를 사용하는 사람들은 노년기에 술을 남용하는 경향이 있다(Moos, Schutte, Brennan, & Moos, 2004).

회피는 부정이 아니다. 그러나 노인들은 자신들의 문제를 최소화하는 전략에 매우 능숙할 수 있다. 그들은 또한 문제 발생과 심각도를 최소화하기 위해 예기적 대처와 관리전략에 의존하며, 많은 보상전략을 사용한다. 인류학자인 Johnson과 Barrer(1993)는 80세가 넘은 고령 노인들의 적응전략 관찰을 통해 다음과 같이 지지했다.

첫째, 삶의 더욱 나은 관리를 위해, 노인들은 생활활동에 있어 기능 증진을 위해 주위 물건들을 정리한다. 노인들은 지팡이나 보행 보조기를 사용해 행동력을 증가시킬 수 있다. 화장실이나 계단에는 손잡이를 설치한다. 보청기나 전화기에 설치한 증폭기는 청력을 향상시키고, 돋보기는 읽을 수 있게 해준다. 어떤 집들은 청소를 쉽게 하기 위해 자질구레한 것들을 모조리 없애기도 한다. 가구를 재배치해서 항상 잡을 것이 있도록 하거나 넘어지는 것을 막으려 한다.

둘째, 외부생활 제약에 대한 대처는 좀 더 어렵다. 밖에서 걸을 때, 몇몇 응답자들은 시멘트 자루가 가득 담긴 마켓 카트를 사용해 안정성을 높인다고 한다. 아직까지는 독립적으로 걸을 수 있는 사람들은 주의를 기울인다. 한 여성은 멀리 떨어진 마켓에서 장을 보는데, 그 이유는 마켓이 버스 종점에 있기 때문에 돌아올 때 앉아올 수 있기 때문이다. 운전을 하는 응답자는 도로를 구획하고, 길을 잃는 것을 피하기 위해 확실한 노선을 계획하기도 하고, 또 다른 운전자는 바쁜 교차로에서 좌회전을 하기보다는 길 하나를 더 돌아간다.

셋째, 환경 통제를 향상시키기 위해, 일상활동의 규칙화는 흔한 전략이다. 예상이 가능한 환경을 만들기 위해서, 너무 할 일이 없거나 너무 많지 않도록 하루하루를 계획한다. 이렇게 생활활동의 구조화된 규칙화는 일상생활의 규칙의 의식화를 야기하는데, 삶의 일상적인 양상이 더 중요하게 여겨지는 과정이라 할 수 있다. (pp. 73~74)

Johnson과 Barrer(1993)는 또한 왜 노인들이 자신의 문제들에 대해 스트레스가 높지 않다고 생각하는지에 대한 단서를 제공했다.

첫째, 응답자들은 일반적으로 긍정적인 비교를 통해 자신들의 건강문제를 덜 강조한다. 말하자면, 그들은 자신의 건강이 더 낫다고 확신하기 위해, 자신의 연령 또래를 판단 기준으로 삼는다. 응답자들은 자신들이 얼마나 노쇠하고 쇠약한가와는 상관없이, 자신들보다 더 상태가 좋지 않은 많은 이들을 지목했다. 도움이 없이는 일어설 수 없었던 한 여성은 '숨쉬기 혹은 심장문제'가 없기 때문에 다른 이들보다 건강하다고 말했다.

두 번째 평가 형태는 자신들의 신체를 질환 사건이나 질병 상태와 분리시키는 것이다. 예를 들어, 89세 노령의 할머니는 지난해에 두 번이나 병원에 입원을 했었다. 폐렴을 한차례 겪고 나서, "아무것도 아니었어. 날 봐. 아무 일도 없었던 것 같잖아." 몇 달 후, 할머니는 해산물에 심각한 알레르기 반응을 보였다. "그건 내 몸이 문제가 아니었다고! 클램 차우더가 문제였어."

세 번째 평가 형태는 건강에 있어서 개인적 통제감을 축소시키는 것이다. 피할 수 없음, 운명, 혹은 행운이 그들의 논의에서 우세하다. "난 부품이 닳은 오래된 자동차 같아." 운명은 자연적인 것으로 여겨진다. 장애 정도가 심한 노인들마저도 이렇게 긍정적인 태도를 보인다. "내가 할 말은 내가 심장우회수술을 받았다는 거지. 그리고 난 지금 대상포진을 앓고 있어. 난 고립되어 있고 외로워. 나 자신에 대한 힘과 믿음을 잃고 있어. 하지만 신께 영광이 있으라, 난 몸 상태가 좋아!" (p. 75)

이들은 여러 가지 전략들의 훌륭한 예들로 다음을 포함한다, Baltes(1987)의 '선택적 최적화의 보상,' Taylor(1983)의 건강문제에 대한 긍정적 비교, Aspinwall과 Taylor(1997)의 예기적 · 선행적 대처, 그리고 Aldwin과 Brustrom (1997)이 제안한 것처럼, 급성 에피소드를 피하기 위한 관리전략 사용을 습득한다면 만성질환은 문제가 덜 될 것이다.

노인들이 사용하는 중요한 대처전략은 상호 대처다. 예를 들어, 노부부는 기억력 문제를 보상할 때 상호 대처전략을 주로 사용한다. Dixon(1999)이 검토한 연구들에서, 기억력 업무에서 다른 사람과 의논을 할 수 있었던 노인들은 젊은이들만큼 좋은 성과를 보였다. 노부부와 시간을 함께해 봤던 사람이라면, 이러한 현상을 봤을 것이다. 배우자에게 누군가의 이름 혹은 어디서 일이 일어났는지 등을 물어보는 모습을! 실질적으로 다양한 결손을 보상하기 위해 상호 대처전략을 사용하는 부부는 꽤 흔하게 볼 수 있다.

예를 들어, Gilmer와 Aldwin(2002)은 배우자 중 한 사람이 최근에 입원을 했었던 후기와 전기 노인기의 부부를 연구했다. 공동 대처전략이 자주 쓰였고, 누가 간병인이고 누가 환자인지 분간하기 쉽지 않다는 것을 발견했다.

더 나아가, Berg, Meegan과 Deviney(1998)는 협조적인 노력이 대처전략에서뿐만 아니라 평가과정에서도 역시 중요하다고 주장한다. 또한 그러한 협조적인 전략들은 직접적일 수 있는데, 두 명이 함께 문제중심적 전략을 공유하거나 혹은 그중 한명이 배우자의 대처를 돕기 위해 자신의 스케줄이나 행동을 재조정하는 것처럼 간접적일 수도 있다(Meegan & Berg, 2002). 그러나 노부부들만이 집단적 전략을 사용하는 것은 아니다. Lawrence와 Schigelone(2002)의 제안에 따르면, 공동체 환경에 사는 노인들은 개인의 자원 감소를 보완하기 위한 방편으로 상호 원조를 더 사용할 수 있다.

그럼에도 불구하고, 질환과 장애에 직면할지라도 노년기의 스트레스와 대처전략은 긍정적 적응에 중요하다. 스트레스에 대한 우리의 제한된 역할을 이해하기 위해 배우고, 적절히 상황으로부터 분리할 수 있고, 비적응적 전략을 감소시킨다면 우리는 노년기에 좋은 정신건강을 유지할 수 있을 것이다.

요약

성인기보다 아동기에 대처전략의 발달적 전환을 기록하기가 쉽다는 것은 당연한 듯하다. 아동기에는 정서중심적 대처가 외적·행동 지향적인 전략으로부터 내적·인지적 대처로의 전환이 일어나는 듯하다. 문제중심적 대처는 나이가 들면서 대처 목록이 증가함에 따라 좀 더 차별화되며, 상황에 따라 달라진다. 성인으로서, 우리는 통제 불가능한 문제와 스스로 해결할 만한 문제들, 그리고 노력이 결실을 맺을 만한 문제들을 구별하는 법을 배워야 한다. 항상 그렇지는 않겠지만 우리는 쉽게 화가 나지 않을 것이고, 특정 상황에서 잘 쓰일 전략에 대해 배웠다면, 실질적으로 대처를 덜 사용할 것이다. 중년기는 개인의 대처 능력의 최고점이라고 할 수도 있다. 확실히 노인들이 사용하는 전략들은 에너지를 보존하는 데 중점을 두고 있는데, 거리를 둔다거나 문제 책임을 부정, 혹은 문제해결을 위해 사회적 지지를 사용하거나 협조적 대처 노력을 통해 다른 사람의 도움에 의존하기도 할 것이다.

그러나 모든 사람이 효과적으로 대처하는 것을 배우는 것은 아니다. 어떤 이들은 마약과 술에 점점 더 의존하기도 하고, 계속 그렇게 대처하면서 문제 자체, 본인, 그리고 그 상황에 있는 타인들까지도 상처를 입힌다. 잘 이해되지 않는 부분은

대처가 단순히 항상성 기제가 아니라 본질적으로 발달적일 수 있거나 변환적이라
는 것인데, 이는 바로 다음 장의 주제이다.

제 15 장

스트레스 관련 성장과 변환적 대처

역경의 이점이란 아름다운 것이오.
역경이란 옴두꺼비처럼 흉칙하고 독살스럽지만
그 머리에는 귀중한 보석이 박혀 있는 것이니까.

– 셰익스피어, 마음대로 하세요. (2막 1장)

내가 군대에 있던 시절은 내 삶의 가장 고통스러운 시간이었다.
그 시절은 또한 가장 유용하기도 했다.

– Norman Mailer (미국 공영라디오방송, 1992년 가을)

고통과 괴로움은 어떤 아이들에게 모든 방해물을 갖고 있는 삶을 깨우칠 수 있게 해주므로
아이들을 단단하게 만드는 효과가 있다.

– Manfred E. Bleuler (Anthony에서 인용됨, 1987a)

인간의 강인함에 대한 잠재력은 부정적인 사건에 대해서
등을 돌리거나 무시하는 것에 있지 않고, 그 사건들을
더 적극적이고, 창의적이며, 적응할 수 있는 방향으로 재구성하는 것에 있다.

– Mischel & Mendoza-Denton (2003)

스트레스는 혼재해서 적응에 대한 효과는 직관적으로 부정적이지만은 않은 것 같다. 특히 셰익스피어의 희곡들은 우리에게 이러한 점을 상기시킨다('어떠한 사람도 좋은 쪽으로 날려 버리는 연약한 바람'). 실제로도 임상사례를 실은 연구들의 대부분에서 사람들이 암이나 죽음(Rollin, 1986; Stanton, Bower, & Low, 2006)에 가까운 경험들처럼 극도의 스트레스를

경험하는 것으로부터 이점을 느낀다고 한다(Wren-Lewis, 2004). 사람들은 너무 앞선 나머지, "암 발생은 내 인생에서 나에게 일어날 수 있는 최고의 일" (Weisman, 1979)이라고까지 한다. AIDS에 걸린 한 여성은 더 정확하게 진술하였다. "AIDS는 나에게 일어날 수 있는 최고의 사건은 아니었다. AIDS에 어떻게 대처할 것인지를 결정한 방법이 기적이다. 나에게 일어난 가장 최고의 사건은······ 내가 긍정적 방법으로 미리 결정을 했다는 것이다."(Massey, Cameron, Ouellette, & Fine, 1998. p. 347에서 인용)

스트레스 관련 성장(stress-related growth, SRG)의 가장 놀라운 예는 최고의 사이클 선수인 랜스 암스트롱이다. 훌륭한 프로 사이클 선수였던 그는 심각한 전이성 암을 진단받고 치료를 받았다. 이 병을 극복한 후, 그는 세계에서 가장 힘든 사이클 경기인 투르 드 프랑스에서 유래가 없었던 7번 연속 우승을 거두었다. 그는 이처럼 놀라운 경기를 하는 데 필요한 집중력과 추진력은 암에 걸렸던 경험 덕분이라고 했다. 이와 비슷하게, 유방암 환자의 83%가 암에 걸렸던 경험으로부터 긍정적인 결과들을 보고하였다(Sears, Stanton, & Danoff-Burg, 2003).

그러나 심리학자들은 이러한 현상 연구를 뒤늦게 시작하였다. 이는 부분적으로 데카르트의 이원론을 극복하는 것과 실험실에서 실험을 하는 과학자들에게 심리적 스트레스가 부정적인 생리적 효과를 가져올 수 있다는 것을 확신시켜 주는 어려움을 반영하는 것이다. 지난 몇십 년 동안 소외된 연구자들과 임상가들이 스트레스가 긍정적 효과도 있을 수 있음을 제안해 왔다(예 : Finkel, 1974; Frankl, 1963). 그러나 이 주제에 대해 체계적인 연구가 진행된 것은 지난 10년에 불과하다. 실제로 지난 10년간 스트레스의 긍정적 측면들에 대한 태도에 있어서 극적인 변화가 있었다.

예를 들어, 내가 스트레스의 긍정적 측면에 대해 1992년에 처음으로 국제학회에서 발표를 했을 때, 동료들의 반응은 적대적이었다기보다는 거의 말을 하지 않았다. 나와 동료들은 전투 참전의 긍정적 효과를 연구하는 것으로 이러한 현상을 엄밀히 검증하였다(Aldwin 등, 1992). 놀랍게도, 다른 사람들은 연구 응답자들이 거짓말을 하는 것임에 틀림없다고 이야기하면서까지 매우 언짢아했다. 그러나 과학계는 매우 빠르게 변화했고, 4년 뒤에 같은 학회에서 내가 이전의 연구들에 대해 새로운 정보를 발표했을 때(Aldwin, Sutton, & Lachman, 1996a), 같은 사람들은 그 결과에 대해 전혀 놀라지 않았다. "그래서? 사람들은 물론 스트레스로부터 이점을 받았다고 지각할 수 있지!"라는 태도를 보였다. 실제로, 지난 10년은 이러한 현상을 살펴보는 많은 연구들이 이루어져서 그 현상을 측정하는 도구들에 대한 고찰(Linley & Joseph, 2004)뿐만 아니라 메타분석을 할 수 있을 만큼 많아졌다(Stanton 등, 2006).

그럼에도 불구하고, 이러한 연구는 아직 매우 초기단계에 있으므로, 여전히 공통된 용어조차 존재하지 않는다. 여러 용어 중에 외상후 성장[posttraumatic growth(PTG); Tedeschi & Calhoun, 2004], 스트레스 관련 성장[stress-related growth(SRG); Park, Cohen, & Murch, 1996], 번영(O' Leary & Ickovics, 1995), 융성(Ryff & Singer, 1998), 스트레스의 지각된 이점(Aldwin, Sutton, & Lachman, 1996b; Calhoun & Tedeschi, 1991), 그리고 이점 발견(Affleck & Tennen, 2002)이 있다(모든 용어 목록은 Tedeschi & Calhoun, 2004 참조). 이러한 용어들이 모두 비슷하지만, 미세한 차이들이 존재한다. Tedeschi와 Calhoun(2004, p. 1)은 SRG를 '상당히 도전적인 생활환경에 대항하여 싸운 결과로 경험하게 되는 긍정적인 심리적 변화'로 정의하고, 스트레스 면역효과, 숙달감과 유능감 증가, 관점과 가치의 변화, 사회적 유대의 강화, 그리고 영적 발달과 지혜, 이 다섯 가지 유형으로 구분하였다. 일반적으로, '스트레스의 지각된 이점' 또는 '이점 발견' 등의 용어를 사용하는 사람들은 스스로 속성을 부여한 성장이라는 주관성을 인정하고 있는 반면, '번영' 또는 '융성'의 용어를 사용하는 연구자들은 대체적으로 다양한 유형의 자기보고적인 긍정적 결과들에만 오로지 초점을 둔다.

나는 몇 가지 이유로 스트레스 관련 성장(SRG)이라는 용어를 선호한다(Aldwin & Levenson, 2004 참조). 먼저 모든 성장이 반드시 변환적이지는 않다. 즉, 개인들은 점차적으로 유능감, 즉 숙달감과 대처기술, 또는 공감, 동정과 지혜를 높일 수 있다. 어떤 사람들은 갑작스러운 변환, 즉 질적인 변화를 가져오는 자신에 대한 근본적인 통찰을 경험할 수도 있지만, 좀 더 점진적인 변화를 경험하는 사람도 있을 것이다. 둘째, 개인들은 단순하게 극도의 외상적 환경 속에서 성장하기도 하지만, 일상적인 생활사건과 스트레스원으로부터 성장하기도 한다. 셋째, 우리가 아는 바와 같이, 위기에 처한 사람을 돕는 개인들은 SRG를 다른 사람을 대신해서 경험하기도 한다. 넷째, 변환적 변화조차도 그것이 유지되기 위해서는 더 일상적이고, 점진적인 발달을 요구한다. 마지막으로, '외상후 성장'에 대한 많은 연구들이 꼭 외상을 살펴보기보다는 일상적인 또는 만성적인 스트레스원을 연구한다. 따라서 SRG는 외상후 성장으로 확장되지만, 보다 다양한 유형의 변화와 발달을 포함한다. 가능한 SRG를 사용하겠지만, 필요한 경우에는 개별 연구들에서 연구자들이 사용한 용어들을 고수할 것이다.

'진정한' 성장과 착각/부정을 구별하는 것이 가능한가라는 문제를 비롯하여 아직 해결되지 않은 많은 문제들이 있다. 이 장의 1994년 판에서, 나는 '변환적 대처(transformational coping)'라는 용어를 사용했는데, 이는 아직 널리 유행하지는 않고 있지만(Zautra, 2003 참조), 이러한 현상에 대해 내가 여전히 중요하다고 생각하는 것을 강조하고 있다. 즉, PTSD와 같은 부정적인 결과에서뿐만 아니라 (Ozer, Best, Lipsey, 2003) SRG에 있어서도(Bellizzi & Bank, 2006), 스트레스나 외상의 발생 자체는 어떻게 그것을 대처하는가에 비해서 덜 중요하다.

본 장의 목적은 스트레스와 대처과정이 변환적이고 발달적 현상이라는 증거를 고찰하는 데 있다. 실제로, 스트레스는 개인이 인간으로 성장하기 위한 필수적인 조건이라고 주장할 수 있다. 첫째, 이러한 관점을 뒷받침하는 철학적이고 정신분석적 문헌들이 고찰될 것이다. 둘째, 증가하고 있는 성인과 아동을 대상으로 한 SRG에 대한 논문들을 고찰할 것이다. 그리고 스트레스가 항응내성(hormesis)이라고 불리는 새로운 현상뿐만 아니라 신경내분비와 면역기능에 미치는 긍정적인 측면을 살펴볼 것이다. 마지막으로 이러한 스트레스의 '변칙적(anomalous)' 결과들을 설명할 수 있는 이론적 모델들을 검토할 것이다.

스트레스의 발달적 함의에 대한 논의

이 부분에서는 고통과 괴로움의 발달적 역할과 관련된 주요한 철학적 · 종교적 · 정신분석적 관점의 몇 가지를 간략하게 다룰 것이다. 나를 비롯한 대부분의 스트레스와 대처를 연구하는 학자들이 상대적으로 이러한 점에 대해서 익숙하지 않다는 것을 전제로, 이 부분은 본 주제에 대한 간략한 소개를 하는 데 의의를 두고 있으며, 주로 발견적인 이유에서 기술되었다. 상세한 논의를 위해서는 Tedeschi와 Calhoun(1995)의 글을 참고하기 바란다.

철학적 관점

아주 오래전부터 철학자들은 고통과 괴로움의 존재 이유를 이해하려고 시도했다. 예를 들어, 플라톤은 기쁨과 고통은 하나의 측면을 구성하고, 하나가 없이 다른 하나는 존재할 수 없음을 주장하였다. 즉, 기쁨을 경험하는 것은 고통의 존재에 비례해서만 존재한다. 영웅들이 숙명이나 신에 맞서서 자신들의 다이몬 또는 운명에 대한 내관(內官)을 추구하는 것에서 비극은 그리스 사조에서 중심적 역할을 하였다(Norton, 1974 참조). 그러나 비극은 자신들의 다이몬을 추구하는 영웅들의 자연스러운 결과물이라기보다 영웅들이 자신들의 다이몬을 밝히는 수단일 수도 있다.

Norton(1974)에 따르면, Silenus는 사람들을 금으로 된 내재된 중심을 갖고 있는 찰흙 인형과 같다고 주장하였다. 다이몬이 바로 금으로 된 내재된 모습이다. 그러나 그 내재된 모습이 어떻게 발견되는지는 불확실하다. 아마도 비극(또는 스트레스 삽화)이 개인들이 밖에 둘러싸고 있는 진흙을 벗어버리고 금으로 이루어진 내적 모습을 발견(또는 발달)할 수 있는 방법을 제공하는 것일 수 있다.

키에르케고르(1843/1985)는 절망이 성인기 발달에 절대적으로 필수적인 전제조건이라고 믿었다. 그는 성인발달의 세 단계(미적, 윤리적, 믿음단계)를 주장하였다. 절망은 인간이 성인발달 단계를 거치면서 발전하는 데 필수적임을 믿었다. 각 단계에서의 요구를 맞닥뜨리고 수행함으로써만 다음 단계로 '발돋움하기' 위해 필수적인 '절망'을 성취할 수 있다. '절망'이라는 시적인 용어를 스트레스라는 더 일상적인, 근대적 용어로 대체하여 스트레스가 성인발달 단계를 거쳐 가는 데 있어서 필요한 전제조건임을 추측해 볼 수 있다. 이는 앞으로 살펴볼 Erikson(1950)의 글에 나타나는 전제이기도 하다.

종교적 관점

스트레스와 대처의 관점에서, 종교적 믿음과 실천은 사람들에게 스트레스를 평가하고 대처하는 방법을 제공하는 문화적 의미로 보일 수 있다(제13장 참조). 당연히 종교적 틀은 스트레스 발생에 대한 의미를 부여하고, 신부나 목사들과 같은 종교인들은 자신들의 시간을 결혼이나 출생 또는 죽음과 같은 변화를 겪는 사람들을 위한 지지를 제공하는 데 많은 시간을 소비한다.

여기에서 기술할 것은 종교적 믿음을 스트레스와 대처과정에 적용한 것처럼 몇몇의 종교적 믿음에 대해 간단히 안내를 하기 위함이다. 지면과 공간의 제약으로 인해 모든 종교적 믿음체계를 밝히거나 어떤 특정 종교의 다른 분파들과 연결되는 한 신앙체계 내에서의 차이점을 밝힐 수는 없다. 예를 들어, 다양한 기독교 종파들 (유대교, 불교, 힌두교, 이슬람교 등 다른 종교를 의미하는 것이 아님)은 고통과 괴로움에 대한 뚜렷하게 다른 태도를 취하고 있다. 덧붙여, 특정한 종교관에 있어서 맥락주의자 접근에 대한 필요성을 인지하는 것에 대해 확연하게 상반되는 조언들이 있다. 즉, 상이한 문제들은 상이한 전략들을 요구한다. 예를 들면, 예수의 "다른 한쪽 뺨을 내어 주어라."라고 하는 경구는 사원으로부터 돈을 빌린 사람들에 대한 분노의 추방에 의해 균형이 맞추어진다. 또한 종교는 일상생활에서 따를 수도 있고, 따르지 않을 수도 있는 목표들을 이야기한다. 기독교인들의 "다른 한쪽 뺨을 내어 주어라."를 불자들은 무심함(detachment)으로 종종 실천한다. 따라서 기독교, 불교 또는 무신론자적 대처 유형에 대해 일반적인 서술을 할 수는 없다. 그럼에도 불구하고 다른 종교들을 아우르는 신앙들을 비교하는 것은 스트레스와 대처과정과 연관된 믿음들에 대한 흥미로운 비교문화적 관점을 제시한다.

인도 베단타 종교들은 어떨 때는 집합적으로(그러나 다소 잘못되게) 힌두교로 지칭된다. 이러한 관점에서 고통을 받는 것은 마야(maya) 또는 환영(illusion)의 일부분이다. 고통을 넘어서는 유일한 방법은 출생과 부활의 굴레에서 벗어나는 것이다. 이 굴레는 사람들이 전생에 잘못된 행동의 결과인 나쁜 카르마(karma), 또는 숙명을 털어버리는 것과 마찬가지로 버려야 할 것이다. 이 과업에 대한 진전은 그 사람이 동물이나 또 다른 특별한 계층에서 태어나는 것으로 표시된다. 따라서 어떠한 사람이 인생에 있어서 고통을 느끼는 정도는 부분적으로는 전생에 축적된 카르마 때문이다. 이러한 관점에서 스트레스원이 발생하는 것에 대해서 통제력이 거의 없다. 그러나 스트레스원을 양심적이거나 올바른 방법으로 대처하는 정도가 개인의 미래 삶에 영향을 준다. 사마디[samadhi, 역자 주 : 선정(禪定), 삼매(三昧), 명상의 최고 경지]를 성취하여 출생과 부활의 순환을 더 이상 겪지 않게 됐을 때만이 그 굴레는 깨어진다.

힌두의 고전인 바가바드 기타(Bhagavad Gita; Mascaro 역, 1985)는 이 진전에 대한 흥미로운 모순을 기술하고 있다. 다소 극단적으로 기술하자면, 모든 행위는 미리 결정된다. 사람이 자유의지를 갖지 못하거나 갖고 있지 않다면(만일 문제들에 대해서 통제력이나 어떻게 대처할지에 대한 통제력이 없다면), 어떤 사람이 고통과 괴로움을 피하는 굴레를 거치는 과정들이 불확실하다. 그러나 바가바드 기타 안에서조차 옳은 방식으로 행동하려는 노력을 하는 것의 필요성에 대한 요청이 있다. 이전 장에서 언급된 바와 같이, 잘못된 일들을 운명으로 돌리는 능력은, 적합한 대처 노력을 하는 방법들을 방해하지 않은 경우에, 불안감을 상당히 감소시키는 효율적인 대처전략일 수도 있다.

불교체계는 비슷하지만 불자들은 고통과 괴로움을 좀 더 확실하게 구별한다. 이 체계에서는 고통은 피할 수 없지만, 사람들의 태도와 행동은 자신들이 괴로움을 느끼는 정도에 영향을 미칠 수 있다(이 태도는 고통에 대한 심리학 문헌에서 현대적 구분을 생각나게 한다. 제11장 참조). 중요한 것은 세상과의 분리(무심함), 특히 괴로움의 원천으로 생각되는 욕망으로부터 분리하는 것을 배우는 것이다. 예를 들어, 세속적인 성공에 무관심하다면, 그 사람은 세속적 성공을 성취하지 않더라도 괴롭지 않을 것이다. 괴로움은 단지 물질적인, 심리적인, 또는 사회적 욕구에 집착하는 것에서 비롯된다. 따라서 어떠한 불교종파는 자신을 부패한 시체로 명상하고, 자신에 대한 집착을 없앨 수 있도록 격려한다. 이러한 관점에서 스트레스의 존재는 그것에 대한 자신의 평가와 분리된 입장, 또는 몰입을 피하는 것보다 훨씬 덜 중요하고, 그것이 괴로움을 피하는 유일한 방법이다.

괴로움과 고통은 또한 유대인의 기독교적 관점에서 핵심적 역할을 한다. 이 틀에서 괴로움은 원죄, 즉 아담과 이브의 천국에서의 추락에서 비롯되고, 그러므로 인간 상태의 고유한 부분이다. 악마의 꼬임으로 선악과 나무에서 금단의 열매를 따먹은 결과, 아담과 이브는 에덴동산에서 쫓겨나서 노동 스트레스(이마의 땀방울로 빵을 얻어야 하는)와 질병, 출산의 고통 등을 겪게 되었다. 예수의 괴로움이 갖는 철학적인 중요성은 인간구제의 기회를 현생이 아닌, 다음 생애에 가능하게 하는 데 있다. 개인이 괴로움을 참고 원죄의 쾌락을 피할 수 있는 충분한 겸손과 불굴의 용기가 있다면, 천국의 끊임없는 기쁨을 얻을 수 있다. 불교에서 평가의 중요성에 대한 관점과 반대로, 기독교에서는 유혹과 스트레스원에 어떻게 대처하는가가 다른 무엇보다도 중요하다. 즉, 괴로움을 피하기보다는 예수의 괴로움과 동일시하는 방법으로 그것을 끌어안아야 한다(John Paul II, 1984 참조).

구약성경의 욥기와 코란은 모두 명시적으로 괴로움은 하나님이 인간을 시험해 보는 방법이라고 기술한다. 예를 들면 "두려움과 굶주림, 좋은 것이나 생명 또는 노력의 열매를 잃는 것과 같은 것으로 너희를 시험할 것이다."(11:155-158, Ali 역, 1946)라고 하였다. 그러나 자비로운 신을 강조하면서도 코란은 더 명확하게 스트레스는 자비에 의해 조절됨을 제안한다(11:285, Cleary 역, 1993, p. 18). 이슬람교에서는 고통은 하나님을 기억하도록 하는 데 중요하다. 예를 들면, 하디스(Hadith) 또는 예언자 모하메드는 질병은 하나님이 사람들을 좀 더 당신과 가깝게 하려는 방법이라고 하였다. 이는 일부 기독교인들이 공유하고 있는 믿음이다(Lewis, 1962, pp. 96~67 참조). 그러나 Kushner(1981)와 같은 사람들은 하나님은 시험하거나 기억하라는 의미로서 괴롭게 한다는 생각을 명시적으로 부정한다. Kushner는 스트레스는 단순히 삶의 부분이고, 하나님은 그 압력하에서 안정감과 용기의 원천이라고 주장하였다.

수피교도 작가들은 좀 더 명시적으로 발달적 접근을 취하고 있다. 루미는 '마스나비(The Mathnawi)(Whinfield 역, 1973)에서 무생물 단계(바위)에서 식물을 거쳐 동물, 그리고 인간으로 진행되는 진화를 언급한다. 인간 자체는 "천사보다 더 높이 날아오르는 능력을 갖고 있다." Ibn Arabi는 지혜의 베젤(Bezels of Wisdom, 1980)이라는 책에서 스트레스가 발달과정에 중요한 역할을 한다고 믿었다. 그의 관점(전통적인 이슬람의 관점에서 볼 때는 이단일 수 있는 관점)에서 아담과 이브가 선악과에서 열매를 따먹은 것은, 그것이 수반하는 괴로움으로 인해 '천사보다 더 높이 오를 수 있기 위해서는' 절대적으로 더 중요한 것이다. 자유의지를 행사함으로써, 인간은 동물보다 더 낮게 떨어지거나(하나님과 더 멀어지거나) 또는 천사보다 더 높게 날 수 있다(하나님의 속성인 자유의지를 행사할 수 없는 천사보다 더 하나님과 가까워질 수 있다.). 따라서 장기적인 관점에서 보면, 아담과 이브의 추락은 원죄의 근원이 아니라, 지식과 자유의지의 발달을 통해서 발달이라는 인간의 가능성을 암시하는 것이다. 그렇다면 괴로움은 구원의 수단이 아닌 특정한 능력을 발달시키는 수단이다.

어떤 측면에서 도교는 스트레스를 평가하고 대처와 관리기술 모두를 발달시키는 방법을 제안하는 데 있어서 주요 종교들 중 가장 명시적이다. 이 틀에서는 스트레스 사건은 개인 내에서 발생한다. "선한 생각과 악한 생각은 사건의 원인이 되고, 축복을 받고 불행을 일으키는 것은 사건의 결과이다."(Liu, Cleary 역, 1988, p. 10). 불교인들과 같이 도교인들도 분리를 강조하지만, 활력을 증진시키고, 사건에 대해 지나치게 걱정함으로써 에너지를 분산시키지 않으려면, 평형상태를 유지하는 것이 중요하다는 것에 대해 더 명백하다. 음과 양의 구성개념은 맥락주의자적 접근과 문제를 다룰 때의 유연성 유지의 중요성을 강조하기 위해 사용된다. 도교인들은 선한 사람과 관계를 맺고 겸손과 참을성, 인내와 통찰력을 실천함으로써 덕을 쌓는 것을 옹호하였다. 일단 자신과 자연의 조화를 성취하면, "너의 자연과 운명은 하늘이 아닌 너에게 달려 있다."(Liu, Cleary 역, 1988, p. 14).

이러한 대부분의 종교들은 주로 금욕이나 결핍을 통해 스트레스를 다른 형태로 사용하는 실천방법을 알고 있다. 예를 들어, 대부분의 종교적 전통들은 단식의 형태를, 특히 명상기간 동안 집중력을 높이는 수단으로 사용한다. 많은 종교에서 불붙은 석탄을 가로질러 걷는 요가 수행이나 시아파의 자아태형 수행, 그리고 미국 원주민들의 태양춤 의식(Sundance ritual)을 포함하여 고통으로부터 분리하는 수행들을 이용한다. 몇몇 기독교 신비주의자들은 또한 황홀경 상태를 성취하는 방법으로써 고통을 사용하기도 했다(Underhill, 1961). 이는 이후에 더 자세히 묘사될(p. 403 참조) Solomon(1980)의 대립과정을 연상시키는 방법이다. 이러한 수행들을 자아학대적인 형태로 묵살하려는 유혹이 있는 반면, 종교적 실천에서 널리 사용된다는 점은 어떠한 유용성이 있음을 제안한다. 자의적으로 경험하는 고통을 참는 것을 배우는 것은 우리가 자주 일상생활에서 경험하는 비자발적인 고통이 있을 때 평정심을 유지할 수 있도록 해줄 것이다.

따라서 모든 종교는 인간의 고통과 괴로움에 대해 특징적인 태도를 갖고 있다. 이러한 모든 틀에서, 고통과 괴로움은 인간의 피할 수 없는 측면이다. 다시 말하자면, 스트레스는 어디에나 있다는 것이다. 그러나 불교와 힌두교에서는 괴로움은 마야에 사로잡혀 있음을 암시하는 것이다. 따라서 괴로움은 환경을 바꿈으로써가 아닌, 스트레스에 대한 자신의 평가를 변화시키고, 분리를 발전시킴으로써 제거되어야 한다고 하였다. 유대교와 기독교, 이슬람교적인 관점에서는 대처가 더 중요하다. 즉, 어떻게 사람들이 피할 수 없는 '가혹한 운명의 돌팔매질'을 다루는가 하는 것이 더 중요하다. 본인이 자초한 것이든, 그렇지 않은 것이든 간에 스트레스는 인내와 강인함이라는 미덕을 발전시키거나 인간으로서 좀 더 성숙해질 수 있는 기회로 여겨진다. 도교는 평가와 특정한 대처과정, 그리고 지혜의 발달을 옹호하면서 두 관점을 종합한 것으로 보인다.

더욱이, 세계의 주요 종교들은 삶의 고난에 대해 다소 비슷한 태도들을 지니고 있다. 모든 종교가 괴로움을 인간 경험의 주요한 부분으로 보고 있으며, 괴로움을 감소시키고, 그 괴로움을 의미 있게 변화시키는 수단으로 성인발달을 기술하고 있다. 따라서 앞으로 살펴보게 될 것처럼 종교적 대처는 SRG의 가장 좋은 예언변인 중 하나이다.

정신역동적 관점

정신역동적 관점들은 스트레스의 발달적 관점들을 지지하는 것으로 볼 수 있다. Freud(1927)에 따르면, 자아는 원초아와 환경, 그리고 초자아의 요구 사이를 매개해야 하는 필요성을 통해 발달한다. 따라서 완수되지 않은(또는 완수될 수 없는) 요구에 의해 발생하는 스트레스는 새롭고 좀 더 적응적인 심리적 구조의 발달을 필요로 한다.

이러한 주제는 개인의 성취는 종종 결함에 대한 보상에서부터 비롯됨을 주장했던 Adler(1956)와 같은 자아심리학자에 의해 확장되었다. 따라서 웅변기술은 초기 언어능력 결함으로부터, 그리고 운동능력은 신체적 한계로부터 발달할 수 있다.

확실하게, 이러한 기제는 개인이 뛰어난 기술이나 업적을 발달시키는 것뿐만 아니라, 한계와 연관된 스트레스는 그러한 기술들을 발달시키는 데 원동력을 제공할 수도 있다.

Erikson(1950)에 따르면, 인간은 노년기 자아통합성이나 절망과 같이 특정한 단계와 관련된 발달적 위기들을 해결하면서 발달하고, 발달은 총 여덟 단계로 이루어진다고 기술하였다. 그의 이론에서는, 발달은 단지 각 단계에 고유한 문제들을 맞닥뜨리고 해결하는 것을 통해서만 일어남을 암묵적으로 나타낸다. 비록 Erikson의 성인발달단계의 연속성이나 타이밍에 대한 증거가 아직은 빈약하다 할지라도(Aldwin & Levenson, 1994 참조), 개인이 성인기에 맞닥뜨리는 주요 발달적 문제들을 밝혀냈다.

예를 들어, Erikson(1950)은 청년들의 주요 문제는 친밀감 대 고립감이라고 주장하였는데, 이는 성공적인 결혼이나 다른 사람과 근본적으로 관계를 맺을 수 없는 것으로 해소된다. 그러나 원서를 자세히 읽어보면, 단지 친밀성이나 고립의 문제뿐만 아니라 발달적 위기들은 생애경로의 많은 다른 시기에 일어날 수 있음을 알 수 있다. 이는 Gilligan(1982)이 재주장한 점이기도 하다.

친밀감 대 고립감은 특히 자녀가 만성적 혹은 위독한 질병에 걸렸을 때처럼 가족과 관련된 주요 스트레스 시기와 관련될 수 있다. 많은 임상가들이 이러한 스트레스에서는 결혼이 깨질 수 있다고 언급하였다. 그러나 어떤 가족들은 시련을 통해 가족들을 함께할 수 있도록 하는 친밀감의 증가를 보고하였다(Coyne & DeLongis, 1986). 성공을 이후 스트레스에 대처할 수 있는 능력의 증가와 친밀감에 대한 능력과 같은 성인발달에 중요한 특성들을 발달시키는 것으로 정의한다면, 성공적으로 대처할 수 있는 주요한 발달적 문제로 이끄는 결정체를 스트레스로 볼 수 있다.

많은 측면에서, Jung(1966)은 성인기 발달에서의 스트레스의 중요성을 언급함에 있어 역동이론가들 중 가장 명시적이다. Jung에게 개별화(individuation)란 지금까지 무의식적인 요구와 의도를 의식적으로 만드는 것에 있다. 이것을 이루는 방법 중 하나는 위기 상황을 만드는 것에 의해서인데, 이는 개인으로 하여금 잠잠했던 욕구를 표현하고 유능감을 발달시키도록 하면서 자신의 삶을 살펴볼 수 있게 한다. 그러므로 정신질환은 무의식이 위기를 일으키는 방법으로 여겨지고, 이는 상당히 강한 성장과 개별화의 잠재력을 가진 개인에게 일어난다. 이러한 주장은 Hartman(1950)과 같은 자아심리학자들에 의해 다시 주장되었는데, Hartman은 조현병과 창조성, 특히 정신분열적 부모의 자녀들에게서 보이는 조현병과 창조성의 관계에 매료되어 있었다(Anthony, 1987a 참조).

더 최신의 이론들은 노년기 상실에 대한 흥미로운 발달적 측면을 제안하기도 한다. Tornstam(1994)은 노년기 상실은 노년초월(gerotranscendence)이라고 불리는 내면화(interiorization)의 한 유형이 될 수 있다고 주장하면서 노년초월에 대해 다음과 같이 기술하였다.

> 우주의 영성과 조우한다는 느낌의 증가, 시간, 공간, 그리고 물체에 대한 지각의 재정의, 삶과 죽음에 대한 지각의 재정의와 죽음에 대한 두려움의 감소, 그리고 과거와 미래 세대들에 대한 연결성의 증가…… 자아초월은 필요치 않은 사회적 상호작용에 대한 관심의 감소, 물질에 대한 관심의 감소, 자아 중심성의 감소, 그리고 명상에 사용하는 시간의 증가를 포함한다. (pp. 208~209)

다시 말해, 노년기 후기에 종종 보이는 해탈(disengagement)은 사회적 역할로부터 고립된 철회를 반영하는 것이라기보다는 자아의 외부적 정의들로부터 분리(detachment)가 증가한 상태, 즉 Tornstam(1994)과 Vaillant(2002)에 의해 거의 '참선과 같은' 것으로 특징지어진 상태를 의미한다. Levenson, Aldwin과 Cupertino(2001)는, 상실이 노년초월을 위한 발달적 자극이라고 주장해 왔다. 노년기에 경험하는 청년다운 멋진 외모나 운동능력 같은 개인적 특성의 상실과 가족과 친구, 그리고 일을 하고 양육을 하는 사회적 역할들의 상실은 자아를 재점검하도록 하고, 이는 자아에 대한 정의의 변화를 야기한다.

그러므로 정신역동적 문헌들은 단계와 관련된 위기 또는 개인적 스트레스원과 씨름하는 것이 자아를 발달하는 방법임을 나타내는 것으로 해석될 수 있다. 실제로도 다양한 종류의 스트레스원이나 위기 없이 자아발달은 일어날 수 없음을 주장할 수도 있다. 이러한 이론들이 옳다면, 위의 주장은 스트레스 사건에 대한 긍정적 결과에 대한 최근의 과학적 문헌 예시들에서 발견할 수 있다. 다음에서 이러한 결과들에 대해 고찰하도록 하겠다.

심리사회적 발달을 위한 원동력으로서의 스트레스

SRG는 대부분 성인들을 대상으로 연구되었다. 그러나 '회복탄력성'으로 불리는, 관련된 현상은 아동들을 대상으로 연구되었으므로, 그와 관련된 문헌도 역시 여기서 고찰하도록 한다.

성인기 스트레스의 긍정적 측면

성인기 스트레스의 긍정적 측면들의 일화적 증거는 매우 흔하다. 나는 긍정적인 결과들을 상당히 부정적인 사건의 덕으로 돌리는 부자나 유명인사들을 포함한 다양한 사람들의 뉴스기사를 모으고 있다. 샌프란시스코 크로니클-이그재미너 일요판(1993년 3월 23일자)에 실린 Linda Ellerbee가 쓴 기사로부터 인용해 보겠다.

> 13개월 전 나는 유방암을 진단받았다. 현재 내가 알고 있는 것은 무엇인가? 작년에 이것을 이해하려는 노력은 큰 효과가 없었다. 내가 그 끔찍한 소식을 들은 직후, HIV 보균자인 내 친구는 생명을 위협하는 병에 걸렸기 때문에, 내게 다가올 긍정적인 것들이 있을 것이라고 말했던 때를 기억한다. 또한 그 친구를 비웃었던 것도 기억한다. 암으로 더 나은 삶을 살 수 있다고? 제발! 지금은 나는 그가 얼마나 옳았는지를 이해하기 시작했다. …… 나는…… 내 삶의 어느 때보다 가장 행복하다.

Ellerbee는 암에서 살아났다는 사실뿐만 아니라 자신의 가족과 직업에 감사함을 알게 되었다는 것과, 금연을 했고, 운동을 시작했다는 것에 그녀의 행복을 돌렸다. 따라서 그녀는 굉장히 건강하고, 에너지가 넘친다고 느끼고 있었다. 그녀는 "매일의 삶이 나에게는 지금 큰 좋은 선물이라고 여겨져요."라고 하면서 "내가 폴리애나[Pollyanna, 역자 주 : 미국의 엘리노 포터가 1913년에 발표한 동화의 제목이자 여주인공으로 평소에 근거도 없이 지나치게 낙관적인 사람을 비유함(출처 : 조선일보 2005년 1월 28일)] 같다고 생각하죠? 아마도 이걸 나쁜 상황에서 좋은 것을 앞세워서 지어내는 것이라고 생각할 수도 있어요. 당신에게 내가 느끼는 것을 느끼고 있는 300명의 내 친구들을 만나게 해주고 싶어요(유방암 생존자를 만나는 것을 의미함). 자, 우리가 모두 거짓말을 할 수는 없잖아요, 그렇죠?"라고 말했다. 이와 관련된 내용들을 많은 다른 자서전이나 문학적 자료에서 자유롭게 인용할 수 있을 것이다. 스트레스의 긍정적 효과는 일반적인 사회에서 이례적으로 보이지 않으며, 지난 10년간 증대된 관심을 받아왔다.

비록 성인기 스트레스에 관한 대부분의 연구들이 부정적인 후유증을 밝히는 데 초점을 두기는 했지만, 점점 많은 연구들이 성인기 스트레스 경험들의 긍정적 효과에 대한 증거를 찾아내고 있다. 몇몇 연구자들은 스트레스와 긍정적 효과 사이에 유의한 상관관계를 보고하고 있다(DeLongis 등, 1988; Zautra 등, 1990). 반면에 Chiriboga(1984)는 생활사건들은 부정적 효과와 긍정적 효과를 동시에 가져올 수 있다고 하였다.

Tedeschi와 Calhoun(2004, p. 1)은 스트레스 면역(stress inoculation)효과, 숙달감과 유능감의 증가, 관점과 가치의 변화, 사회적 유대의 강화, 그리고 영적 발달과 지혜, 이 다섯 가지 특정한 유형을 설명하면서, SRG를 "상당히 도전적인 생활환경에 대항하여 싸운 결과로 경험하게 되는 긍정적인 심리적 변화"로 정의하였다. 스트레스의 긍정적 측면에 대해서는 Elder와 Clipp(1989)이 이전에 강조하였는데, 그들은 전투 스트레스에 노출되는 것은 병의 원인이 되거나 긍정적인 발달 효과를 가져온다고 제안하였다. 버클리와 오클랜드의 성장과 지도연구 참여자들의 경험을 바탕으로, 그들은 군대경험의 긍정적 효과와 부정적 효과 18개를 밝혀냈다. 긍정적 효과는 어려움에 대처하는 것을 배우는 것, 자기규율, 더 넓은 관점, 평생 지속되는 친구를 사귀는 것, 그리고 삶에 대해 더 많은 가치를 두는 것을 포함한다. 이에 반해 부정적 효과는 사랑하는 사람과의 분리, 전투 불안감과 친구를 잃는 것을 포함한다. 바람직한 경험들은 기술이나 자원의 획득을 의미할 가능성이 더 큰 반면에, 바람직하지 않은 경험들은 일반적으로 상실과 부정적인 정동 상태를 의미한다. 치열한 전투에 참여했던 사람들은 대처, 자기규율과 삶에 대해 더 많은 가치를 두는 것을 긍정적인 결과로 대부분 이야기하지만, 또한 제대시와 이후의 삶에서 정서적인 문제들을 가질 가능성도 더 높았다. Dohrenwend와 동료들(2004)이 베트남 제대군인들을 대상으로 실시했던 것처럼, Aldwin과 동료들(1994)은 더 많은 계량적 측정도구들을 사용하여 Elder와 Clipp(1989)의 결과 패턴을 확인하였다. 그러나 Ursano, Wheatly, Sledge, Rahe와 Carlson(1986)은 이러한 자원들을 식별한 사람들이 긍정적인 정신건강 실험에서 반드시 차이를 보이지 않았다고 주의를 주었다.

스트레스 면역효과

스트레스 면역효과는 임상적 논문들에서 많이 논의되고 있으며, 실제로 둔감화(desensitization) 등 많은 행동적 임상치료의 기초가 된다(Epstein, 1982; Meichenbaum, 1985). 간단하게, 스트레스 경험은 부분적으로 개인의 대처 목록들을 증가시키는 것을 통해 대처 이후의 비슷한 경험들을 덜 고통스러운 것으로 만들 수 있다. 우리 모두는 처음 교실에 들어갈 때, 첫 데이트를 했을 때, 또는 처음으로 고속도로를 운전했을 때를 기억한다. 어떤 경우에는 우리의 숙달감이 매우 완벽해서 처음에 왜 두려웠는지를 거의 기억하지 못할 수 있다. 예를 들어, Farrace, Biselli, Urbani, Ferlini와 De Angelis(1996)의 연구에서, 학생 비행기 조종사들은 전형적인 스트레스 반응인 코르티솔과 성장 호르몬 모두의 증가를 보였다. 그러나 선생들은 성장 호르몬의 증가만을 보였는데, 이것은 스트레스원에 적응했고, 이제는 주로 긍정적 효과만을 경험한다는 것을 의미한다.

이것에 대해 내가 가장 좋아하는 영화의 예는 영화 '9 to 5'이다. 제인 폰다가 처음 접한 아주 큰 복사기계를 소심하게 다루는 재미있는 장면이 있다. 폰다는 헷갈리는 여러 단추를 마구잡이로 눌러대고, 복사기는 거의 그녀를 묻을 만큼 방 전체에 여러 가지 색깔의 종이를 뿜어낸다. 그 장면은 갑자기 그녀가 어떤 것을 복사하는 때로 넘어가고, 복사기는 스테이플러로 잘 찍어서 올바른 순서대로 복사본 수만큼 잘 찍어낸다.

그러나 면역효과는 비슷한 경험에만 반드시 제한되는 것은 아닐 수 있다. 예를 들면, Ruch, Chandler, 그리고 Harter(1980)는 이전 해에 중간 정도의 스트레스를 경험한 여성들은 똑같은 기간 동안 많거나 전혀 없는 스트레스 사건들을 경험한 여성들보다 강간으로부터 더 잘 회복됨을 보여주었다. 실제로, Rutter(1987)는 스트레스원의 부족한 경험은 취약성 요인일 수 있음을 제안하였다.

Aldwin, Sutton, 그리고 Lachman(1996b)은 규범적 노화연구의 남성응답자들에게 현재 문제를 다루는 데 도움을 준 과거에 일어난 어떤 사건이 있는지를 물어보았다. 압도적으로 대다수의 남성들이 자신들에게 도움이 된 이전의 스트레스 경험들을 회고할 수 있었다. 그러나 놀랍게도 20%만이 그들이 현재 다루고 있는 경험들과 비슷한 경험들을 이끌어 냈다. 이 결과로부터 우리는 개인들이 어떤 면에서 Antonovsky(1979, 1987)가 일반화된 저항적 자원(generalized resistant resources)이라고 부른 것을 논의하고 있다고 결론지었다. 다시 말하자면, 개인들은 상황의 많은 상이한 유형에서 자신들을 도울 수 있는 기본적 기술들을 배운다.

숙달감과 유능감의 증가

둘째, 스트레스 경험에 대한 성공적 대처는 자신감이나 내적 통제 소재와 같은 바람직한 성격 특성을 증가시킬 수 있다. 예를 들어, Cook, Novaco와 Sarason(1982)은 신병훈련소 신병의 내적 통제에 대한 효과를 조사하였다. 그들은 내적 통제와 훈련담당 부사관의 지원성 간의 유의한 상호작용 효과를 발견하였다. 훈련담당 부사관과 좋은 관계를 발전시킨 외적 통제를 가진 신병들은 더 많은 내적 통제를 갖게 되었다. 즉, 그 신병들은 스스로와 환경을 잘 조절할 수 있다고 느꼈다. 훈련을 엄격하게 시켜야 한다고 믿고, 불필요하게 스트레스를 증가시키는 훈련 절차를 사용하는 훈련담당 부사관의 비슷한 조건의 신병들은 이러한 이점을 보이지 않았다. Pearlin과 그의 동료들(1981)도 스트레스 경험을 한 성인들이 숙달감이 증가하였음을 보고하였다.

Carver와 Scheier(2003)는 인간의 세 가지 기본적 강점으로 지속성, 해탈, 성장을 주장하였다. 이 모두는 상당한 스트레스 환경에 대처함으로써 발달될 수 있다. 지속성이란 위축시키는 장애물에도 불구하고 개인으로 하여금 어려움을 극복하고, 목표를 달성하게 하는 감탄할 만한 실천이다. 그러나 어떤 경우에 지속성은 인내심이 될 수 있고, 따라서 해탈, 즉 '접어야' 할 때를 아는 것 또한 중요하다. 대부분의 사람들에게 목표는 영구적이지 않고, 취할 수 없는 목표로부터 해탈할 수 있고, 또 실제로 해탈하여 자신들의 힘이 더 미치는 목표에 초점을 다시 맞춘다.

Brandtstädter와 Rothermund(2003)는 이러한 능력은 아주 힘든 상황 속에서도 정신건강을 최대로 보호한다고 주장한다. 따라서 개인들은 도전에 직면했을 때 성장한다.

Aldwin과 그의 동료들(1994)은 군복무와 전투의 장기효과를 연구하였다. 많은 사람들이 부정적 결과를 보고하기도 하였지만, 대다수의 사람들이 증가된 대처 능력과 숙달감을 포함한 긍정적 효과를 보고하였음을 밝혔다(Elder & Clipp, 1989 참조). 전투에서 생존했던 것과 극한의 스트레스에서 어려운 목표를 성취했던 것은 많은 사람들에게 스스로에게 유능감을 느끼게 했다. 어떤 사람은 전장에서의 진급을 회상하였다. 그의 소대는 심한 공격을 받았고, 그의 직속상관은 전사하였다. 그는 책임을 부여받아 부하들을 그곳에서 탈출시키라는 명령을 받았다. 그는 그 임무를 성공적으로 해냈으며, 이후에 어려운 일에 부딪힐 때마다 이 일을 기억하였다. 부하를 안전한 곳으로 탈출시킬 수 있었던 것처럼, 지금 일도 해낼 수 있으리라고 스스로에게 되뇌고는 했다. 자신들의 군대 경험에서 이점을 지각할 수 있는 사람들은 낮은 수준의 PTSD 증상을 보였다. 이러한 결과는 Casella와 Motta(1990)의 연구에 의해 지지되는데, 그들은 전투에 노출된 후 PTSD를 겪지 않은 사람들은 전투 경험에서 긍정적 의미를 이끌어 낼 수 있는 능력으로 특성지어질 수 있음을 밝혔다.

영국 제대군인 추후연구에서, Aldwin과 Levenson(2005)은 군복무와 전투는 정서적 성숙을 증진시킬 수 있음을 주장하였다. 우리는 정서적 성숙을 여섯 가지 특성을 가진 것으로 정의하였다. 여섯 가지 특성이란, (1) 증가된 정서적 안정성, (2) 자신의 행동에 대한 책임을 받아들일 수 있는 능력, (3) 목표와 목표지향적 행동들을 스스로 설정하는 능력, (4) 목표에 이르는 경로들을 알아내고, 목표들에 대한 장애물에 대처하며, 필요할 경우 대안경로들을 알아낼 수 있는 충분한 자아발달, (5) 비판적인 피드백을 견딜 수 있는 능력, (6) 그리고 독립적으로 일할 수 있는 능력이다. 또한 우리는 높은 정서적 성숙을 가진 사람들은 후기 노년기에 더 낮은 수준의 건강문제를 가짐을 밝혔다. Elder, Gimbel과 Ivie(1991)는, 특히 이전에 어려움을 경험했던 사람들에게 군대 경험은 개인 삶에 있어서 전환점이 될 수 있다고 주장하였다.

긍정적 능력의 증가는 개인들에게 한정된 것이라기보다는 집단적 환경(collective circumstances)에서도 보인다. Scudder와 Colson(1982)은 댐건설로 인한 아프리카 내 부족의 강제적 이주의 영향을 기술하였다. 강제적 이주의 초기효과는 확연하게 유해하였다. 생활은 극도로 와해되었고, 특히 아주 어리거나 나이가 든 사람들 사이에서 사망률이 증가하였다. 그러나 장기적으로 보았을 때는 이주를 경험했던 부족들은 이주를 강요당하지 않았던 부족들보다 경제와 문화적 문제들에 대해 더 다양한 창의적 해결책을 발달시켰다.

Bloom(1996)은 외상의 결과로 집단 동정심(collective compassion) 증가를 포함한 수많은 사회 변혁을 자세히 기술하였다. 그녀는 제2차 세계대전 당시 프랑스 내 위그노와 유대인의 예를 상세히 들었다. 개신교의 한 종파인 위그노는 가톨릭 지배에 의해 심한 탄압을 받아 왔었다. 그들은 결속력과 박해에 대한 저항의 정신을 발전시켰다. 그래서 제2차 세계대전 동안 유대인들이 나치에 의해 박해받을 때, 그들은 피난처를 제공하였다. Le Cahambon이라는 작은 마을에서 약 3,000명의 위그노 주민들이 5,000명의 유대인 피난민을 구출하는 데 성공하였으며, 이들 중 상당수가 어린이들이었다.

아마도 가장 눈에 띄는 외상하에서의 집단 성장의 예는 티베트 수도승들일 것이다. 중국인들에게 극도로 박해를 받아 몇 남지 않은 티베트 수도승들은 인도로 탈출하였다. 영적 지도자인 달라이 라마와의 인터뷰를 통해 이 경험에서 어떠한 이점이 있을 수 있는지에 대해 들었다. 달라이 라마는 평온하게 그들의 이주는 티베트 불교가 전 세계로 퍼지는 결과를 가져왔다고 말했다. 이것은 중국이 티베트를 침범하여 티베트 문화를 말살시키려고 하지 않았다면, 결코 일어날 수 없었을 것이다.

관점과 가치의 변화

스트레스 경험, 특히 개인을 위협하는 경험은 개인의 문제에 대한 관점과 가치의 위계를 모두 변화시킬 수 있다. 예를 들어, 집단 외상은 개인적 문제들의 효과 자체의 정도를 감소시킬 것이다. 따라서 전시 동안에 자살률과 정신병원에의 입원이 감소한다(Antonovsky, 1979; Keegan, 1984). 거의 죽을 뻔한 이후에, 사람들은 관점의 변화, 즉 물질적인 안녕감과 사소한 사건에 대한 관심은 줄고 가족과(이나) 영성에 대한 관심이 증가하는 것을 종종 보고한다(Wren-Lewis, 2004). (이러한 변화는 응답자들이 죽음과 아주 가까운 경험 여부에 관계없이 발생함을 주시할 것). 실제로, 암 환자와 심장질환 환자들이, 앞선 예시에서의 Linda Ellerbee와 같이, 가족과 일에 대해 새롭게 감사함을 발견했음을 밝히는 것은 특이한 일이 아니다.

규범적 노화연구에서 나는 문제에 대처할 때 주로 이용하는 자원의 유형에 대해 인터뷰하였는데, 연구대상자들은 전투 외상 또는 자녀의 죽음과 같은 경험을 종종 언급하였다. 극단적인 스트레스원을 경험한 이후에 일상의 사소한 사건들은 그들에게 있어 더 이상 중요한 것이 아닌 것으로 보였다. 어떤 사람은 대서양에서 총에 맞아 쓰러졌고, 주위의 극심한 전투와 함께 물속에서 아래위로 움직이면서 밤을 보냈다고 설명하였다. 그는 만일 그 밤에 살게 된다면, 어떤 것도 자신을 다시 방해하지 못할 것임을 자신에게 약속했다. 그리고 그가 말하길, 어떠한 것도 그렇지 않았다고 했다. 이미 잘 알려진 바와 같이, 나이가 들어감에 따라 스트레스에 대한 평가가 감소하는 것은 개별적인 스트레스원들의 상대적 중요성에 대해 비교하는 일생의 경험 축적을 반영한 것일 수도 있다.

죽음에 가까운 경험 이후에 외상후 성장에서 물질에 대한 가치가 감소된다는 보고에 영향을 받은 Cozzolino, Staples, Meyers와 Samboceti(2004)는, 죽음에 대한 조망을 포함하여 실험적 조작을 발전시켰다. 그들은 실험적으로 유도된 죽음 조망(death reflection)은 실제로 물질적 가치를 감소시키고, 내적으로 박애적 행동을 증가시킴을 발견했다. 그러나 죽음에 대한 부각의 증가가 단순하게 같은 효과가 있지는 않았으며, 외적 성향이 높은 사람들 사이에서는 더 탐욕스러운 행동을 발생시켰다. Le(2005)는 또한 가치는 외상과 SRG의 관계를 중재함을 밝혔다. 그녀는 높은 개방성 가치를 가진 사람들은 성장을 보고할 가능성이 높았던 반면, 높은 안위주의적 가치를 가진 사람들은 SRG를 보고할 가능성이 낮음을 발견하였다. 따라서 가치는 외상의 결과로 바뀔 수도 있지만, 기존 가치가 SRG를 더 많이 혹은 더 적게 이루게 할 수 있다.

사회적 유대의 강화

잘 알려진 스트레스의 또 다른 긍정적 효과는 사회적 유대의 강화이다. 모든 자연적인 외상 후, 대부분의 텔레비전 리포터들은 모든 사람이 하나가 되어 협력한 것이 얼마나 대단했는지에 대한 장면을 방송한다. 실제로, Quarantelli(1985)는 한 지역사회에서 참담한 태풍 후에 정신과적 입원, 약물 사용, 주류 판매, 심지어 범죄까지도 감소했음을 통계적으로 보고하였다. 물론 이러한 일이 항상 일어나는 것은 아니며, 특히 개인적인 스트레스 사건에 대해서는 더욱 그러하다. 암과 같은 문제를 경험하고 있는 사람들에게 부정적 사회적 작용도 존재함은 잘 보고되어 왔다(Rook, 1984). 그럼에도 불구하고, 강화된 사회적 유대의 가능성은 확실히 존재한다.

사회적 유대는 외상 동안 강화될 수 있을 뿐 아니라 SRG 또한 증진시킬 수 있다. 예를 들어, Weiss(2004)는 사회적 지지를 단순히 측정하는 것은 SRG와 관련이 없었지만, 타인에게 비밀을 털어놓는 것은 SRG와 관련이 있음을 보고하였다. Lechner와 Antoni(2004)는 개인에 대한 지지집단은 SRG를 유도하는 강력한 방법일 수 있음을 주장하였다. 또한 Bloom(1996)은, 사회적 유대를 강화시킬 수 있는 집단적 행위는 전체 문화와 사회가 전쟁이나 학살 등 집단적 외상 후 변환할 수 있는 주요한 방법임을 발견하였다.

대리적 스트레스 관련 성장(대리적 SRG)에 관한 다양한 보고들은 유방암이 있는 여성들의 남편 또한 이 현상을 보고하였음을 밝혔다(Manne 등, 2004; Weiss, 2002). Arnold, Calhoun, Tedeschi와 Cann(2005)은 또한 치료사들 사이에 보고된 대리적 SRG에 대해 논의하였다. 내가 알고 있는 한 연구자가 대리적 SRG의 예이다. 그 연구자는 남편의 품에서 죽는 한 행복할 것이라고 말했던, AIDS로 죽어가던 한 여성을 면담하였다. 이 면담은 그 연구자로 하여금 자신의 관계를 평가하게 하였으며, 그 환자가 갖고 있는 정도의 친밀함을 자신의 배우자와 갖지 않았음을 알게 되었다. 그녀는 남편과 이혼했고, 현재 더 행복감을 주는 배우자를 만나게 되었다.

영적 발달과 지혜

영성의 증가는 일반적으로 극심한 스트레스원과 외상의 결과로 보고된다(Tedeschi & Calhoun, 2004). 어떤 경우에 증가된 영성은 기쁨과 회복력의 형태를 띠기도 하고(Wren-Lewis, 2004), 어떤 경우에 사람들은 신과 더 깊은 관계를 느끼거나 단순하게 의미에 더 많이 집중하고, 물질적인 것들에 덜 집중한다(Park, 2006). 외상의 결과로 더 심화될 수 있는 종교와 영성(Ano & Vasconcelles, 2005)은 SRG를 예견한다(Shaw, Joseph, & Linley, 2005). 더욱이 종교와 영성은 대체적으로 항상 그렇지는 않지만, 외상에 대처하는 데 있어 유용하다. 예를 들어, Pargament와 동료들(2001)은 신으로부터 버림받았다고 느끼는 사람들은 종교에서 지지의 원천을 찾을 수 있는 사람들보다 분명히 더 나쁜 결과들을 갖게 된다. 실제로 Shaw와 동료들(2005)은 내재적 종교성과 종교적 개방성은 SRG와 더 관련이 있음을 밝혔다. 그러나 그들은 영적 발달의 정의와 지식(적어도 심리학에서)은 상당히 개략적이므로, 이러한 현상을 이해하기 위해 훨씬 더 많은 연구가 필요하다고 경고하였다.

몇몇 저자들은 SRG와 지혜의 연관성을 탐색하였다. Linley(2003)는 지혜의 세 가지 측면을 밝혀냈다. 첫 번째는 불확실성의 재인과 관리이다. 두 번째는 정동과 인지의 통합이며, 세 번째는 인간한계에 대한 재인과 수용이다. Curnow(1999) 이후에 Levenson과 동료들(2001)은 자기지식, 분리, 통합과 자기초월을 포함한 지혜의 네 가지 요소를 밝혀냈다. 그들은 상실과 불확실성은 자아를 재검토하도록 하고, 이는 환상의 감소를 가져온다고 주장하였다(McKee & Barber, 1999). 따라서 이는 문제가 있는 목표와 믿음들로부터 분리하도록 하는데, 두 경우 모두 더 나은 심리적 통합을 가능하게 한다. 이러한 과정들은 자기초월을 증진시키는데, 자기초월은 생물학적 · 사회적 상태로부터의 분리와 자기를 정의하는 데 있어 외적인 것에 대한 의지의 감소로 정의된다.

예를 들어, Beardslee(1989)는 자신이 실시한 시민권리 종사자, 아동기 암으로부터의 생존자, 정서적으로 문제가 있는 부모를 둔 청소년들을 대상으로 한 일련의 심도 깊은 질적 연구를 검토하였다. 놀랍게도 가장 놀라운 사실은 다음과 같다.

개인이 거치는 내적인 심리적 과정들로 정의되는 자기이해의 증가는 더 넓은 세계에서의 경험과 내적 감정들 사이의 인과관계를 발생시킨다. 자기이해의 과정은 개인에게 있어 설명적이며 조직적인 틀이 된다. 이러한 조직적인 틀은 시간이 지남에 따라 발달하고, 결국에는 개인 경험의 안정적인 부분이 된다. 자기이해는 단지 사고의 존재와 자신과 사건들에 대한 조망뿐만 아니라 그러한 조망과 일치하는 행위를 요구한다. 성숙한 자기이해에서는 진화되어 온 조직적 틀과 관련되어 있는 정서적 중요성이 있다. 즉, 개인은 자기지식이 가치 있다고 믿고, 자기이해의 과정을 심각하게 거쳐, 시간과 노력을 과정에 헌신한다. (p. 54)

자기이해의 다른 측면은 상황적 요구와 행위에 대한 개인적 능력에 대한 현실적인 개인의 평가와 필요한 경우에는 기꺼이 새로운 기술을 변화시키고 발전시키겠다는 마음과 세상에 대한 문제중심적 성향을 포함한다. 이와 더불어, Beardslee의 연구에서 개인들은 공감과 이타성, 그리고 생산성의 증가를 보였으며, 강한 자아통합감을 가지고 있었다. 간단히 말해서, Beardslee에 의해 기술된 이러한 특성들은 전 생애 발달심리학자들이 지혜라고 묘사하는 것이다(Baltes & Staudinger, 2000; Levenson, Jennings, Aldwin, & Shiraishi, 2005). 그러나 모든 사람이 지혜와 SRG의 다른 측면들을 발달시키는 것은 아니며, 연구들은 이러한 현상을 예측하는 요인들을 살펴보기 시작하였다.

SRG의 예측변인

많은 서로 다른 연구들은 이미 앞에서 언급한 것과 같은 SRG의 예측변인들을 연구해 왔다. 일반적으로 이 예측변인은 스트레스원의 특성, 인구학적 특성, 성격, 사회적 지지와 대처 등의 다섯 개의 범주에 속한다.

스트레스원의 특성

일반적으로 연구자들은 SRG가 특정한 유형의 스트레스의 독특한 것은 아님을 밝혀냈다. 몇 개만 예로 들면, 암(Bower 등, 2005; Stanton 등, 2006 : Bellizzi & Bank, 2006)과 AIDS(Folkman, Moskowitz, & Ozer, 1996)와 같은 질병, 전투(Aldwin 등, 1994; Dohrenwend 등, 2004; Elder & Clipp, 1989), 강간(Frazier,

Tashiro, & Berman, 2004), 자연재해(McMillen, Smith, & Fisher, 1997), 상실 (Bonnano, 2004)과 9·11 세계무역센터에 대한 테러 공격(Ai, Cascio, Santangelo, & Evans-Campbell, 2005) 등의 맥락에서 연구되어 왔다. 이러한 연구들에서 일반적으로 사건이나 외상의 스트레스 정도가 높을수록 더 높은 수준의 SRG가 보였다. 주된 논쟁거리는 선형적 또는 비선형적 관계가 있는가 하는 것이다.

스트레스의 정도와 SRG 사이에 곡선형 관계가 있음은 상당히 직관적으로 말이 된다. 즉, 성장은 중간의 스트레스 상황에서 일어날 가능성이 가장 크고, 이는 발달적 변화를 증진시킨다. 그러나 극도의 스트레스는 성장이 어려운 정도로 개인을 압도한다. 그러나 Tedeschi와 Calhoun이 변환적 성장을 가져오는 것이 주요 외상이라는 주장을 뒷받침하면서, 대부분의 연구들(Aldwin 등, 1994; Stanton 등, 2006)은 선형적 관계를 발견하였다. 예를 들어, 심한 전이성 암(4기)을 앓고 있는 사람을 포함한 연구에서 2기 암을 앓고 있는 사람들이 4기나 1기 암을 앓고 있는 사람들보다 더 높은 외상후 성장(PTG)을 경험하는 곡선형 관계를 발견했다. 이와 비슷하게, 전쟁 후 5년 뒤에 사고나 자살이 눈에 띄게 증가하였다(Centers for Disease Control, 1987). 이는 아마도 가장 심하게 정신적으로 충격을 받은 개인들은 이처럼 종종 회고적 연구들에 참여할 만큼 오래 생존하지 못하기 때문이기도 할 것이다.

인구학적 특성

일반적으로 연구들은 여성과 어린이들이 SRG를 보고할 가능성이 높음을 제안한다. 상이한 민족적 집단과 사회적 집단에 대한 연구가 상대적으로 드문 반면, 이것이 흔한 것인지를 결정하기에는 적은 연구 숫자이기는 하지만, 다른 집단에서 PTG가 있음이 확인되었다(Tedeschi & Calhoun, 2004). 암환자에게만 한정한 Stanton과 동료들(2006)의 고찰은 인구학적 특성을 일관되게 지지하지는 않는다. 어떤 연구들은 젊은 사람들이 SRG를 더 많이 보고함을 밝힌 반면, 다른 연구들은 그렇지 않았다. 더욱이, 질병의 진행단계와 유형에 따라 사회경제적 지위와 SRG에는 긍정적·부정적 관계가 모두 있었다. Stanton과 동료들(2006)은 또한 적어도 암 환자 사이에는 성에 따른 SRG의 차이를 지지하는 결과는 거의 발견하지 못했다.

Tomich와 Helgeson(2004)은 유방암 환자 사이에 PTG에 대한 흥미로운 사회경제적 지위와 민족 예측변인을 발견하였다. 더 낮은 사회경제적 지위에 있는 여성과 라틴계 및 아프리카계 미국 여성들은 더 높은 PTG 비율을 보고하였다. 이러한 여성 집단은 통제 불가능한 스트레스원에 대처해 본 경험이 더 많았고, 따라서 스트레스 상황에서 이점을 얻는 것에 더 능숙할 것이라고 추정하였다.

성격

매우 낙관적인 사람들이 SRG를 경험할 확률이 더 높은 것은 직관적으로 이해가 된다(Affleck & Tennen, 1996; Tedeschi & Calhoun, 2004 참조). 놀랍게도, 희망을 측정했을 때는 관련이 없음에도 불구하고(Stanton 등, 2006), 암 관련 연구들에서 낙관주의와 SRG에 대한 관계에 대해서는 보통 수준의 지지가 있다. 다른 연구들은 그 관련성을 밝히지 못했지만(예 : Park & Fenster, 2004), SRG의 예측변인으로 낙관주의의 중요성은 최근 Bellizzi와 Bank(2004), 그리고 Updegraff와 Marshall(2005)에 의해 지지되었다. 일부 연구는 외향성이 PTG와 관련 있다고 밝혔다(Sheikh, 2004). Stanton과 동료들(2006)은 신경증과 PTG의 어떠한 관계도 발견하지 못한 반면, Bonnano(2004)는 특정한 상황에서 높은 신경증을 가진 사람들은 스트레스 상황을 경험하는 것으로부터 가장 많은 이점을 받는다고 주장한다. McFarland와 Alvaro(2000)는 이에 대해 SRG의 어떤 측면들은 부정적인 회고적 편견의 결과로서 발생할 수도 있음을 경고한다. 즉, 개인이 스트레스원으로부터 성장할 것이라고 더 많이 믿을수록, 이전의 성격을 더 부정적으로 평가한다는 것이다.

사회적 지지

이미 언급한 것처럼 사회적 지지는 특히 자연재해와 같이 지역사회에 기반을 둔 외상 상황에서, SRG의 주요한 요인인 것처럼 나타났다. 실제로 McMillen과 동료들(1977)의 세 개의 자연재해 비교연구에서, 지역사회에서 힘을 합쳐서 서로에게 지지를 제공한 정도는 PTG의 발달에 주요한 요소인 것으로 나타났다. 더욱이 PTG 수준은 외상의 스트레스 정도와 PTSD 증상의 발달 간의 관계를 중재하였다. 그러나 모든 연구가 사회적 지지와 PTSD 간의 일관된 관계를 발견한 것은 아니다(Stanton 등, 2006). 그리고 Weiss(2004)는 단순히 사회적 체계에 있는 것보다 친구가 있는 것이 SRG에 더 중요하다는 설득력 높은 증거를 제시한다. 이러한 생각은 일반적인 사회적 지지보다는 지지해 줄 만한 친구의 존재가 치유에 있어 더 중요함을 밝힌 외상과 PTSD 문헌들에 의해 지지를 받는다(제12장 참조).

대처

SRG에 대한 상이한 예측변인들의 범주를 비교하는 연구들에 관해 놀라운 점은 거의 모든 연구에서 대처전략이 단연코 가장 강한 예측변인이라는 점이다(Park & Fenster, 2004; Stanton 등, 2006). 기본적으로 문제중심적 대처전략(Bellizzi & Bank, 2006)과 인지적 재평가(Sears 등, 2003), 이점 발견하기(Tennen & Affleck, 2002; Tomich & Helgeson, 2004), 또는 종교적 대처(Ano & Vasconcelles, 2005; Shaw 등, 2005)를 포함하는 대처전략들은 정적으로 SRG와 연관되어 있다. 그러나 Pargament, Magyar, Benore와 Mahoney(2005)의 외상 맥락에서 부정적 종교대처의 사용을 관찰한 연구는 주의 깊게 살펴보아야 한다.

따라서 성인기 심리적 발달과 영적 성장에 있어서, 외상 존재 그 자체보다는 어떻게 주요한 외상에 대처하는가는 더 중요할 것이다. 이러한 대처전략 중 어떤 것이 실제적으로 변환적인가 하는 것은 여전히 의문이다. '이점 주지'와 아마도 '의미 부여'(Park & Blumberg, 2002)를 측정하는 새로운 방법을 제외하고, 대부분의 연구자들은 대처의 표준적 측정을 사용하고, 이 중 특정적으로 SRG에 관한 것은 없다. 실제적 성장과 긍정적 환상(Taylor, Kemeny, Reed, Bower, & Gruenewald, 2000), 그리고 전면적 부정을 구별하는 것에 대한 주요 관심사를 볼 때, 이점 주지라는 용어는 적절하게 신중한 선택이다. 실제로, Tomich와 Helgeson(2004)은 암 진행과정에서 너무 이른 이점 발견은 더 부정적인 결과로 이끌 수 있음을 밝혔는데, 이는 이 여성들이 더 부정을 할 수 있음을 시사한다. 환상이 희망을 유지하는데 이점이 되는 반면, Maercker와 Zoellner(2004)는 접근 대처를 사용하는 것은 이점이 될 수 있으나, 회피 대처와 관련된 환상은 상당히 부정적 결과를 가져올 수 있음을 제안하였다.

Lechner와 Antoni(2004)는 그들이 '유사성장(pseudo growth)' 이라고 하는 것과 '긍정적 사고의 횡포'에 대해 경고하였다. 그들은 암 환자들에게 '긍정적' 이 되라고 하는 부적절한 압력이 있음을 주장하면서, 환자의 분노와 무기력감은 꽤 현실적이고, 반드시 인정되어야 함을 우리에게 주지시킨다. 실제로, Maercker와 Zoellner(2004)는 긍정적 정서와 부정적 정서 모두 성장에 필수적임을 주장하였다. 더욱이 대부분의 연구들은 PTSD 증상과 PTG의 상관관계를 밝혀냈다. Tedeschi와 Calhoun(2004)은 변환적 성장이 일어나기 전에 이전의 패러다임이 산산조각 나야 하므로, PTSD 증상에 수반되는 분열의 유형은 성장에 필수적이다(그러나 충분조건은 아니다.).

Aldwin과 Levenson(2004)은 SRG가 반드시 변환적일 필요는 없고, 서서히 그리고 선형적일 수도 있음을 주장하였다. 이는 특히 대처능력의 증가에 있어서 그러할 것이다. 그러나 가치와 관점의 변화는 갑작스럽고, 비연속적일 수 있다. 이는 Janoff-Bulman(2004)의 세 개의 PTG 모형, (1) 고통을 통한 강인함, (2) 심리적 준비상태, (3) 존재에 관한 재평가 사이의 구별과 비슷하다. SRG가 단일 또는 다면적 구성개념인지는 여전히 논쟁의 대상이지만, 성격, 대처 그리고 개인의 자원이 모두 성인기 SRG 발달에 영향을 끼친다는 점은 확실하다. 다음에는 SRG가 아동기에 발생하는가에 관해 논의할 것이다.

아동기 스트레스의 긍정적 측면

아동기 SRG에 대한 연구는 소수에 지나지 않는다. Salter와 Stallard(2004)는 교통사고에 연관된 아동들을 질적으로 분석하였다. 아동의 거의 반 정도(42%)가 주로 삶에 대한 철학에 관한 어떤 SRG를 보고하였다. 그러나 아동의 1/3은 또한 PTSD 조짐을 보였다. 히스패닉계 청소년들 사이에서 PTG가 보고되었다(Milam, Ritt-Olson, & Unger, 2004). 또한 스트레스원이 사별이나 부모의 이혼과 같은 것이므로, 연령이 높은 10대들이 낮은 연령의 10대들보다 PTG를 보고할 가능성이 약간 더 높았다. 이에 반해 약물복용 10대들은 PTG를 경험할 가능성이 더 낮았다. 확연하게, Beardslee(1989)의 불치병에 걸린 아동들 사이에서의 자기지식에 대한 연구는 초기 SRG 연구일 수 있다. 그러나 스트레스의 긍정적 측면의 대다수 연구들은 회복탄력성의 틀 안에서 이루어져 왔다.

회복탄력성은 상당한 삶의 역경에도 불구하고 긍정적 적응의 증거를 반영하는 역동적인 발달적 과정으로 정의된다(Cichetti, 2003, p. xx). SRG가 역경으로 인한 긍정적 적응의 증가를 전제하는 데 반해, 회복탄력성은 역경에도 불구하고 긍정적 적응을 전제한다는 점에서 SRG와는 미묘하게 다르다. 역경이 아동들에게 어떻게든 '좋은 것'이라는 것을 기꺼이 제안하는 사람은 거의 없기 때문에, 이러한 주의 깊은 구별이 나타났다. 따라서 성장 관련 요인보다는 보호요소에 강조점이 있다. 그럼에도 불구하고 그 역동은 비슷한 것 같다.

정신질병이 있는 부모 아래에서 성장하는 것(Garmezy & Masten, 1986)이나 하와이(Werner & Smith, 1982. 1992), 보스턴(Felsman & Vaillant, 1987; Long & Vaillant, 1984), 런던(Rutter, 1987), 또는 기타 상당히 스트레스 높은 도심 (Cowen, Wyman, Work & Parker, 1990; Wyman, Cowen, Work & Parker, 1991)에서 빈곤층으로 생활하는 것과 같이, 극단적인 어려움을 겪었음에도 불구하고 잘 성장하는 아동들에 대한 기록이 30년 가까운 연구에 나타나 있다. 놀라운 점은 거의 모든 연구가 스트레스를 받은 아동들의 많은 수가 놀랍게도 잘 성장하고 있으며, 또한 코호트와 사회계층, 민족성에 관계없이 비슷한 요인들이 스트레스의 효과를 중재한다는 것을 발견했다는 점이다. 이 세 기본 요인은 인지적 기술과 기질, 그리고 사회적 지지이다(Garmezy & Masten, 1986).

인지적 기술

거의 일관된 결과는 대체적으로 IQ를 통해 측정된 지능이 높은 아동들이 회복탄력적일 가능성이 더 높다는 것이다. 이는 상당히 말이 된다. 더 지적인 아동들은 더 나은, 그리고 더 현실적인 대처전략을 발달시킬 가능성이 있다. 또한 더 지적인 아동들은 학교에서 더 잘 수행하고, 이는 아동들에게 다른 스트레스원을 완충할 수 있는 성취와 자아존중감의 원천이 될 수 있다. Luthar(1991)의 연구는 이러한 전반적인 규칙의 예외이다. 그러나 이 연구의 대상은 여자 청소년으로 이루어져 있어서, 몇몇 학자는 사춘기 소녀의 지능에 대한 문화적 편견이 있음을 시사하였다 (Gilligan, Lyons & Hanmer, 1990).

Masten과 Powell(2003)은 상당히 위험에 처해 있는 아동들의 사회심리적 능력 발달을 30년간 추적해 온 유능감 프로젝트(Project Comptenece)의 연구들을 고찰하였다. 그들은 역경이 행위에 미치는 효과를 지능이 중재한다는 점을 발견하였다. 즉, 적은 인지적 자원을 가진 아동들은 더 많은 자원을 가진 아동에 비해 힘든 역경 속에서 반사회적 성격장애를 발달시킬 가능성이 훨씬 높다. 좋은 실천적 기능(계획하기) 기술을 가지고 있고, 주의를 규제할 수 있는 것 또한 주요한 자원이다.

기질

회복탄력적인 아동은 종종 '밝은' 성향을 지닌 것으로 여겨지거나(Garmezy, 1983), 부모들에 의해 '순한 아기들'로 여겨진다(Wyman 등, 1991). 이러한 아동들은 기질적으로 우울이나 신경증으로부터 보호될 수 있으며, 이는 상당히 차분하게 스트레스를 대면할 수 있도록 한다. 이러한 아동들은 높은 수준의 자아존중감과 자기 효능감을 갖고 있다(Cowen 등, 1990). 밝은 성향은 성인과 다른 아동과의 긍정적인 상호작용 가능성을 증가시킴으로써 회복탄력성에 기여할 수도 있을 것이다.

이러한 기질과 회복탄력성의 관계를 이해하는 다른 방법은 어떤 아동들은 자기 규제를 더 잘한다는 것에 있다(제14장 참조). 즉, 스트레스 상황에서 긍정적 기분을 유지하는 능력은 상당히 중요하다. 흥미롭게도, Sandler, Wolchik, Davis, Haine 와 Ayers(2003, p. 222)는 "기질은 상이한 대처전략을 효과적으로 사용하는 사람들에게 경계적 상황을 확립한다."고 주장하였다. 그들은 기질이 대처와 정신건강 결과 사이의 관계를 중재함을 보여주는 연구들을 고찰하였다. 더욱이, 정신건강에 대한 기질의 영향은 평가에 의해 중재될 수도 있다. 즉, 부정적 정서가 높은 아동들은 위협 평가를 사용할 가능성이 더 높다. 기질은 앞서 논의된 대처효과성에서의 개인차의 근원일 수 있다는 점은 이해가 된다. 똑같은 전략은 그 전략이 사용되는 정서적 톤에 따라 다른 결과를 가져올 수 있다. 예를 들어, 아동이 도움을 요청한다고 해보자. 밝은 기질을 가진 아동들은 애교 있는 미소를 띠면서 도움을 요청할 것이고, 이 아동은 징징거리거나 울거나 또는 잘못된 행동을 하면서 요구를 하는 아동보다 더 성공적일 것이다.

사회적 지지

사회적 상호작용 또한 회복탄력성 발달에 중요한 역할을 한다. 최소한 한 명의 지지적인 성인이 원가족 내에 또는 외부에 있는 것은 당연히 매우 중요하다(Werner & Smith, 1982). 적어도 한 명의 부모로부터의 지속적이고 지지적인 훈육 또한 중요하다(Wyman 등, 1991). 또한 정신 질병이 있는 부모가 있는 가정에서 건강한 부모의 존재를 확인하는 것 또한 매우 중요하다(Garmezy, 1983). 청소년기와 초기 성인기에 안정적이면서 지지적인 상대를 찾는 것은 문제가 있었던 과거로부터 벗어날 수 있는 방법이다(Vaillant, 1993; Werner & Smith, 1992). Luthar와 Zelazo(2003)는 '지지적인 근접 환경'을 언급하였고, 지지적 지역사회뿐만 아니라 지지적 가족은 아동기 회복탄력성을 발달시키는 데 상당히 중요하다고 주장하였다.

이러한 일반적 관찰에는 몇 가지 비판이 있다. 첫째, Rutter(2003)는 반사회적 부모와 가까운 것은 아동에게 행동문제와 약물남용을 포함하는 다양한 유형의 문제들을 형성할 수 있음을 지적하였다. 둘째, 밀착의 문제이다. 우울증이 있는 부모의 아동들을 고찰한 논문에서, Hammen(2003)은, 어떤 사람은 자신들의 자녀들과 너무 가까워서, 아동이 자율성이나 그들의 부모로부터 분리되어 자신에 대한 건강한 관점을 발전시키지 못하였다고 기술하였다. 이는 다양한 정신건강 문제를 낳을 수 있다. 성인기 만성 알코올 문제의 예측변인을 살펴본 초기 연구에서, 우리는 아동기 스트레스가 적고, 높은 지지수준을 가진 사람들이 만성문제를 가질 확률이 가장 높음을 발견하였다(Aldwin, Levenson, Cupertino, & Spiro, 1998). 이러한 반작용적인 결과는 밀착과 관련된 문제로 잘 기술될 수 있다. 그러므로 지지의 근원은 긍정적이거나 부정적 특성이 있을 수 있다(Rook, Mavandadi, Sorkin, & Zettel, 2007 참조).

Wolin과 Wolin(1993)은 취약한 아동들이 지지적 성인에 의해 '구출될 수 있다'는 개념에 대해 비판적이다. 그들은 문제 가정 출신의 성인 자녀들의 회복탄력성을 집중적으로 연구한 임상가로서, 탄력적 아동들은 때로는 실제로 상당히 새로운 방법으로 사회적 지지를 찾는다고 믿었다. 그들은 완전히 역기능적 가족을 가진 어린 소녀가 다소 우울하고 고립된 옆집에 사는 나이 든 남성과의 관계를 조심스럽게 구축한 사례연구를 제시하였다. 그 나이 든 남성은 일 없이 종종 현관에 앉아 있었다. 그 어린 소녀는 이 남성과의 관계에 몇 달을 소비하였다. 먼저, 소녀는 몇 주 동안 그의 집 앞 길가에서 줄넘기를 하면서 자신을 볼 수 있는 곳에서 놀았다. 그 남성은 이웃 주변을 짧게 산책하였는데, 그녀는 자신도 함께 가도 되는지를 묻기 시작하였다. 결국, 소녀와 남성은 아주 가까운 관계로 발전했는데, 이는 둘 모두에게 상당히 이익이 되었다. 따라서 지지적 관계를 갖는 것은 쌍방의 노력이 요구된다.

Wolin과 Wolin(1993)은 그들이 취약성과 회복탄력성으로 유도하는 것으로 믿었던 다수의 대처전략을 밝혀냈다. 피해야 하는 전략들로는 과거에 안주하기, 자신의 실패에 대해 부모 비난하기, 그리고 자신들을 무기력하고, 가망성 없는 희생자로 보기가 있다. 탄력적 아동과 성인들은 자신의 강점을 발견하며 그것을 바탕으로 성장하고, 계획적이고 체계적으로 부모들의 생활방식으로부터 개선되며, 강하고 건강한 집안과 의식적으로 결혼으로 맺어지려 하며, 또한 응집력 있는 가족을 형성하고자 노력한다.

Wolin과 Wolin(1993)은 그들의 임상관찰을 회복탄력성의 일곱 범주로 체계화하였다.

1. **통찰** : 부모가 문제를 갖고 있었으며, '정상'이 아니었고, 부모의 행동은 아동의 잘못이 아니었음을 이해하기
2. **독립성** : 문제 가족으로부터 분리하고, 조심스럽게 접촉을 규제함으로써 부모의 문제에 끌려 들어가지 않기
3. **관계** : 타인과 긍정적 상호작용을 발전시키고, 결혼을 잘하기
4. **주도성** : 시행착오와 인내심, 그리고 상당히 많은 양의 과업들을 관리 가능하도록 작은 일들로 쪼개어 스트레스 환경을 관리하는 방법을 발견하기
5. **창의성** : 문제에 대한 창의적 해결방법을 발견하고, 적극적으로 부정적 일들을 긍정적인 것으로 변환시키도록 노력하기

6. 유머 : 부정적 상황을 감소시키고 변환시키는 데 유머 사용하기

7. 도덕성 : 옳고 그름을 구별하고, 도덕적 행동을 가장 큰 힘의 원천으로 고수하기

아동을 회복탄력성으로 이끄는 요인들에 대한 일반적인 동의가 있는 반면에, 많은 연구자들은 스트레스에 전혀 취약하지 않는 아동은 없음을 지적한다(Anthony, 1987a). 그보다는 그러한 아동들은 유능감과 취약성이 시간이 지남에 따라 변화할 수 있음을 보여준다(Murphy & Moriarty, 1976). 예를 들어, 아주 어린아이일 때는 탄력적으로 보였던 알코올 중독자의 자녀들이 청소년기에 심각한 내면화된 문제들을 발달시킬 수 있다(Zucker, Wong, Puttler, & Fitzgerald, 2003). Cowen과 그의 동료들(1990)의 연구를 포함한 많은 연구들이 스트레스에 탄력적인 아동과 스트레스의 영향을 받은 아동 간에 불안감과 우울에서의 차이를 발견하지 못했다. 문헌고찰을 통해 Luthar와 Zelazo(2003)는 위기와 회복탄력성의 영역에서 주요한 문제 중 하나는 행동적으로나 학문적으로는 유능함에도 불구하고, 심각한 불안감과 우울 증상이 있는 아동들이 많다는 점이라고 지적한다. 따라서 Rutter(1987)는 스트레스에 대한 회복탄력성은 개인의 특성 그 자체보다 과정, 즉 인간-환경 상호작용으로서 이해되어야 함을 강조하였다.

그러나 이 장의 주요 주제는 사람들이 스트레스를 극복할 수 있다는 것뿐만 아니라 그들이 어떤 의미에서 스트레스 경험을 겪어내는 것으로부터 이점을 얻을 수 있다는 것이다. 아동기 문헌에서 이러한 가정에 대한 증거는 여전히 약하지만, 흥미를 불러일으킨다. 부모와의 사별에 대한 연구가 일반적으로 정신병리적 장애에 대한 취약성의 증가를 보여주는 반면(Sandler 등, 2003), 과학과 예술 분야의 천재성이 아동기에 경험하는 사별과 연관되어 있음이 밝혀졌다(Albert, 1983; Eisenstadt, Haynal, & Rentchnick, 1989; Simonton, 1984). 아마도 이러한 아동들이 경험한 고립은 그들로 하여금 창의적 능력을 탐색하고 발전시킬 수 있도록 했을 것이다. 그러나 부모의 연령과도 연관성이 있을 수 있다. 연령이 높은 부모들은 때때로 다양한 분야에서 탁월한 자녀를 두고 있다. 그러나 부모의 연령은 아동을 사별에 대한 더 높은 위험에 처하게 한다. 내가 아는 바로는, 사별과 천재성에 관한 어떠한

연구들도 부모의 연령을 통제하려는 시도는 하지 않았다.

그럼에도 불구하고, 초기 아동기 스트레스와 천재성에 대한 관찰은 20세기 남녀 유명인사 400명 이상을 대상으로 한 Goertzel과 Goertzel(1962)의 연구에 의해 지지된다. 그들은 75% 이상이 아동기에 신체적 장애나 결함, 까다로운 양육, 결손가정이나 빈곤으로 인해 상당한 스트레스를 받았음을 발견하였다. 물론, 통제집단이 없는 상태에서 이 관찰로부터 어떠한 확실한 결론은 이끌어 낼 수 없지만, 이러한 결과는 여전히 흥미롭다. Eisenstadt와 동료들(1989)은 이러한 관찰을 확장시켜서 부모와의 사별이 예술, 정치, 과학 분야의 선구자들 사이에서 더 일반적임을 발견했을 뿐만 아니라 고아가 되는 것은 지도력을 위한 거의 필수 전제 조건이라고 주장하였다.

왜 심리사회적·신체적 스트레스원을 갖고 성장하는 것이 높은 성취를 이끄는가? 확실히 Adler(1956)의 보상기제가 역할을 하는 것 같다. 덧붙여서, 지적 수준이 높은 아동들은 견딜 수 없는 가정생활로부터 탈출하기 위해 창의적이거나 과학적인 시도들로 도망갈 수도 있다. Anthony(1987b)는 사례연구를 위한 피아제의 평전에서 다음을 인용하였다.

> 내 어머니의 정신건강 문제의 직접적 결과 중 하나는 내가 아주 어린 시절에 진지한 일을 앞장서서 하기 시작했다는 것이다. 사적이며 현실세계에서 도망치기 위해 나는 내 아버지를 최대한 모방하였다(아버지는 내게 체계적 작업의 가치를 가르쳐 주었던 철저하고 비판적인 사고를 지녔던 학자임). 나는 **현실로부터 멀어지는 것을 항상 혐오했으며**, 이는 내 초기 생애의 중요한 영향 요인, 즉 내 어머니의 정신상태 문제와 연결되는 태도이다(Piaget, 1952, p. 237; 고딕 글자 문장은 원본에서 따옴.)

과학적 성향을 가진 아동들이 '현실로 도망' 갈 수도 있는 반면에, 예술적 성향을 지닌 아동들은 '환상으로 도망' 갈 수 있을 것이다. 흥미롭게도 Anthony(1987a)는 환상으로의 비행을 떠나거나 약한 자아 경계선을 지닌, 약간의 조현병은 스트레스의 결과라기보다는 사실상 스트레스에 대한 완충일 수 있음을 제안하였다. Hartman(1950)이 지적한 바와 같이, 자아의 역할 아래 공상하고 퇴행하며,

타인과 달리 사물을 보는 능력은 실제적으로 과학적이고 창의적 성취를 위한 필수 전제 조건이다. 교류모델을 유지하면서 그 과정은 양방향으로 진행될 것이다. 창의성과 환상은 유용한 대처 자원을 제공할 것이고, 어떤 경우에 상당한 스트레스 환경에 의해 촉진될 것이다.

다른 예시들에서 성취는 단순히 생존을 위해 필요한 것일 수 있다. Glen Elder(1999)의 연구들은 어떻게 스트레스가 아동의 긍정적 적응을 증진시키는지에 관한 확실한 예를 제공한다. Elder는 대공황 시기의 경제적 결핍은 중산층과 노동계층의 아동들에게 다른 영향을 미쳤음을 발견하였다. 공황 동안 결핍 아동들은 그렇지 않은 아동들보다 정서적으로 더 예민했으며, 일반적으로 심리적인 스트레스를 더 받았다. 경제적으로 결핍된 노동계층의 아동들은 그렇지 않은 아동들에 비해 대부분의 측정에서 덜 적응적이었고, 성인기까지 계속해서 어려움을 경험하였다. 그러나 시간이 지남에 따라 중산층 아동들은 그들의 경험으로부터 이점을 얻음을 보여주었다. 비결핍 아동들에 비해 그들은 더 빨리 성숙해졌으며, 책임감 있고, 근면하고, 성취 지향적일 가능성이 더 높았다. 또한 스스로에게 더 확실한 목표를 세웠다. 이러한 경향은 성인기까지 계속되었다. 놀랍게도 Kahana(1992)는 유대인 대학살 생존자들 사이에서도 높은 성취, 안정적인 결혼, 그리고 자녀와의 밀접한 관계와 같은 비슷한 형태를 발견하였다.

Werner와 Smith(2001)는 탄력적 아동들은 자신들의 좋은 적응에 대해 대가를 치를 수도 있음을 경고하였다. 탄력적 아동으로 분류되었던 어른들은 성인기에 더 높은 비율의 신체적 질병을 보고하였다. 또한, Elder(1992, 개인 대화)는 버클리와 오클랜드 연구대상의 사망률을 비공식적으로 관찰한 것에 근거하여, 대공황 시기에 잘 적응했던 아동들이 스트레스를 받지 않은 사람들에 비해 더 짧은 수명을 지니고 있을 수도 있다는 의문을 제기했다. 따라서 스트레스에 적응하고 그 경험으로부터 어떤 강점을 이끌어 내기도 하지만, 손실도 있을 수 있다.

Zautra(2003)는 긍정적 정서와 부정적 정서는 필수적으로 상호 배타적이지 않은 유사한 과정임을 강력하게 주장해 왔다. 따라서 SRG로 이끄는 긍정적 대처전략들은 긍정적 결과를 이끌어 내는 반면, 스트레스원과 부정적 대처는 심리적 고통을 일으키는 경향이 있다. SRG는 그 자체가 혹은 저절로 심리적 고통을 완화시키는 것으로 보이지는 않는다. 그러나 SRG가 긍정적 정동을 일으킨 결과, 이러한 변화는 더 나은 심리적·생리적 결과와 연관된다. 따라서 스트레스에 대한 적응은 긍정적 과정과 부정적 과정 사이의 균형으로 여겨질 수 있다. 모든 부정적 결과들을 피할 수 있다고 생각하는 것은 비현실적일 수 있지만, 변환적 대처와 이익에 초점을 맞춤으로써 어려운 상황에서 얻을 수 있는 긍정적 결과들을 강화시킬 수 있다.

생리적 발달을 위한 원동력으로서의 스트레스

행동주의 과학자들이 심리사회적 스트레스가 부정적인 생리적 결과를 야기할 수 있음을 확신시키는 데 지난 40년을 소비하였음을 볼 때, 스트레스의 긍정적·생리적 결과가 무엇인지를 밝히려고 하는 것은 이상한 것처럼 보인다. 그러나 두 가지 기본 원리를 이해하는 것이 중요하다. 첫째, 신체는 항상 동화와 이화과정, 즉 축적과 파괴과정 사이의 미묘한 균형을 이룬다는 것이다. 골격을 예로 들어보자. 임신, 수유, 그리고 근육 수축과 같은 생리적 과정들을 위해서 골아세포(osteoblasts)와 파골세포(osteoclasts)는 필요할 경우 뼈로부터 칼슘을 추출하기 위해 함께 작용하고, 그 칼슘을 나중에 사용하기 위해 저장한다. 골격의 총 골밀도는 분해와 축적의 결합 행위로 인해 약 5년마다 순환한다. 때로는 증가된 근육량의 발달에서처럼 분해가 추후 축적의 원동력이 된다. Epel과 동료들(1998)은 시기, 기간, 그리고 형태에 따라 스트레스는 동화와 이화작용 모두를 유발할 수 있다고 주장하였다. 그들은 동화과정이 이화과정보다 더 클 때 신체적 번영(physical thriving)이 일어난다고 가정한다.

> 여기에서 '신체적 번영'은 역경을 경험하기 전보다 더 나은 생리적 회복탄력성이 있게 만든 스트레스원을 경험한 결과로서 야기된 생리적 변화로 정의된다. 우리는 또한 번영을 스트레스원이 질병이나 다른 건강에 위협이 될 때 생리적 어려움으로 인해 예상보다 더 건강한 상태가 되는 것으로 본다. 따라서 신체적 성장은 향상된 건강과 스트레스원에 대한 반응에 있어 예상된 기저선보다 상위의 건강 상태 모두를 말한다. (Epel 등, 1998, p. 303)

둘째, 신체는 DNA 복구 메커니즘과 열 충격 단백질(hsps)(제4장 참조)을 포함하여 스트레스에 대처하는 상당히 많은 수의 기제들을 신경내분비 수준뿐만 아니라 세포수준에서도 가지고 있다. 스트레스가 항응내성(hormesis)이라고 불리는 현상으로 이끄는, 세포 방어기제에서의 활성을 유인할 수 있음을 주장하는 학설이 있다(Calabrese & Baldwin, 2002). 항응내성에서 유기체를 더 낮은 수준의 스트레스에 노출시키는 것은 더 높은 수준에 대한 저항의 원인이 되는데, 이러한 높은 수준은 이전에 노출되지 않은 동물들에게는 치명적일 수도 있다. 예를 들어, 치명적이지 않은 양의 열이나 낮은 수준의 방사선에 노출된 편형동물들은 이후의 치명적 양에 생존할 가능성이 높다(Lithgow, White, Hinerfeld, & Johonson, 1994; Lithgow, White, Melov, & Johnson, 1995). 이와 비슷하게, 낮은 양의 방사선에 대한 노출은 인간의 수명증가와 연관된다(Holtzman, 1995). Chiueh, Andoh와 Chock(2005)는 심혈관세포와 신경세포 모두 산소결핍과 같은 치명적이지 않은 전제조건적인 과정을 이겨내고, 이는 항응내성으로 이끌 수 있다는 것을 시사하는 증거를 고찰하였다. 이러한 효과는 이산화질소 합성물질에 의해서뿐만 아니라 열 충격 단백질에 의해 중재될 수 있고, 이는 mRNA와 다른 보호 단백질을 조절하는 데 도움이 된다.

생리적 조절 또는 항상성(homeostatis)은 하나의 물질이 특정한 과정을 시작하고, 또 다른 물질은 그 과정을 끝내는 일련의 변증법을 통해 이루어진다. 이는 Solomon(1980)이 '대립과정(opponent processes)'이라고 부른 것의 기초를 마련한다. 대립과정에서는 처음의 작은 부정적(혹은 긍정적) 반응을 그와 반대되는 반응이 뒤따른다. 이는 약물의 초기에 느끼는 희열 이후에 반대되는 과정(즉, 부정적 정서)이 뒤따르는 것과 관련된 중독 연구에서 가장 널리 사용된다. 수용체가 세포 저하에 놓일수록 더 많은 약물이 초기 희열을 일으키는 데 필요하고, 대립과정은 갈수록 더 강해진다. 따라서 스트레스가 긍정적 효과를 미치기 위해 거치는 많은 기제들이 있다. 다음에서 이러한 효과들이 내분비계와 면역계에 미치는 영향을 고찰할 것이다.

내분비 체계

스트레스의 변칙적이거나 긍정적 결과들에 대한 가장 초기의 문헌들 중 일부는 어린 쥐[영아기에 처치된(infant-handled)' 쥐로 불림]에게 스트레스를 가하는 효과를 연구하였다. 영아기 쥐를 초기 생애 10일 동안 만지작거리거나 약한 전기 충격과 같은 환경적 스트레스원에 시달리게 하는 것은 이후 행동과 내분비계 기능에 어떠한 이점효과가 있을 수도 있다(Denenberg, 1964; Levine, 1966; Levine, Haltmeyer, Karas, & Denenberg, 1967). Gray(1971)에 따르면, 이러한 쥐들은 체모가 생기는 것, 눈을 뜨는 것, 수초 형성, 운동 능력과 사춘기 등이 더 이른 시기에 나타나는 것을 포함하여 더 빠른 속도로 성숙한다. 영아기에 처치된 쥐들은 성인기에 더 많은 탐색적 행동들과 스트레스에 대한 특징적인 내분비적 반응들을 보여준다. 이는 일반적으로 더 많고 더 빠른 내분비적 반응들로 이루어지고, 더 빨리 기저선으로 돌아감을 수반한다. 흥미롭게도, 개코원숭이 집락지에서 알파 또는 우세한 남성 원숭이 또한 이와 같은 내분비계 반응을 보였다(Sapolsky, 1993 참조).

쥐들 사이에 영아기 처치의 효과에 대한 결과에 흥미를 느낀 인류학자 J. Whiting과 동료들은 인간 영아들 사이에서도 환경적 스트레스에 대한 노출이 유사한 효과가 있는지를 실험하기 위해 문화비교적 자료를 사용하였다(Landauer & Whiting, 1981 참조). 다양한 대상들에서, 평균 성인의 신체적 신장은 영아기에 스트레스적 과정이 있었던 문화(예 : 할례, 난절법, 부모님과 분리된 취침)에서 유의미하게 더 컸다. 재미있게도, 이병률과 사망률에 대한 효과를 제외하고도 초기 백신(2세 이전)은 또한 신체적 성장을 증진시킨다.

Dienstbier(1989)는 부분적으로 N. E. Miller(1980)의 연구에서 비롯된 생리적 강인함(physiological toughness)'의 내분비계적 모델을 발전시켰다. 생리적 각성을 전적으로 부정적으로 보기보다, Dienstbier는 긍정적 효과를 보여주는 인상적인 일련의 증거들을 수집하였다. 예를 들어, 수많은 연구들에서 카테콜아민의 증가는 다양한 과업에서 더 나은 수행과 관련이 있으며, 아드레날린 증가 또한 낮은 신경증과 사소한 사건들의 수준과 관련이 있었다.

Dienstbier(1989)는 카테콜아민에 의해 매개된 SAM(sympathetic-adrenomedullary, 교감신경 부신수질) 각성과 코르티코스테로이드에 의해 매개된 HPA(hypothalamic-pituitary-adrenocortical, 시상하부 뇌하수체 부신피질) 각성을 구분하였다. 스트레스원에 대한 노출은 Dienstbier가 교감신경계 각성의 '이상적 패턴'(즉, 낮은 카테콜아민 기저 비율, 스트레스에 대한 반응으로 빠르게 증가, 이후 빠르게 기저선으로 복귀)이라고 이름 지은 것의 원인이 된다. "에너지를 발생시키는 카테콜아민 반응이 잠재적 통제의 맥락에서 유도될 때, 효율적인 도구적 대처 반응은 성공을 이끌 수 있고, 다음에 긍정적인 정서적 귀인과 반응도 성공으로 이끌 수 있을 것이다."(Dienstbier, 1989, p. 87) 대조적으로, 만성적으로 고양된 높은 수준의 카테콜아민 기저 비율은 덜 건강한 심리적 적응과 건강문제들과 관련되어 있고, "코르티솔 각성에 대한 패턴은 낮은 기저 비율과 위기 또는 스트레스로 인해 지연된 코르티솔 반응 때문이다."(Dienstbier, 1989, p. 87)

강인함은 수동적 유형과 적극적 유형으로 구별된다. '수동적 강인함'은 충격이나 감기에 노출되는 것을 통해 발생하고, 유기체 일부에서의 행동을 취할 필요는 없다. 대조적으로 '적극적 강인함'은 정기적으로 찬물에서 수영을 하거나 에어로 빅을 하는 것과 같은 규칙적 활동을 필요로 한다. 도전에 대한 성공적인 대처 또한 '적극적 강인함'의 한 모델로 보인다.

그러나 스트레스원의 시간에 따른 패턴화에 주목하자. 중간 수준의 스트레스는 이미 사건들 사이에 회복을 감안한 것으로, 더 양질의 카테콜아민과 코르티솔 각성과 관련되어 있다. 그러나 계속되는 스트레스가 있을 때 Selye(1956)의 일반 적응 증후군(general adaptation syndrome)에서의 세 번째 단계인 소진단계와 유사하게, 유기체는 회복을 위한 기회가 없고, 이는 카테콜아민과 코르티솔 고갈의 원인이 된다.

Levine(2001)은 이러한 내분비적 변화로 이끄는 것은 영아기에 조작된 스트레스가 아니라 어미의 행동이라고 주장하면서, 최근에 이러한 유형의 연구들을 비판하였다. 분리기간이 짧다면, 어미 쥐는 이리저리 핥으면서 새끼에게 반응한다. 핥기와 신체 접촉은 또한 성장 호르몬 분비를 촉진한다(Field, 1991 참조). 그러나 만일 그 분리기간이 길다면, 어미 쥐는 새끼를 무시하거나 피할 것이고, 모성 지지의 상실로 인해 취약성은 증가한다.

신중히 통제된 연구에서, Hilakivi-Clarke, Wright와 Lippman(1993)은 쥐에서의 영아기 처치는 성장과 추후 스트레스에 대한 저항성의 증가를 가져온다고 하였다. 또한 쥐의 유방암의 원인이 되는 화학적 물질을 주입했을 때, 임신기 동안 처치된 어미 쥐의 새끼들은 처치되지 않은 어미 쥐의 새끼들보다 유방종양을 발전시킬 가능성이 더 낮았다(Hilakivi-Clarke, 1997). Hilakivi-Clarke, Clarke와 Lippman(1994)은 어미 쥐가 임신 기간 동안 스트레스에 대처하는 능력은 유방암에 대한 자손의 취약성을 감소시킴을 시사하였다. 에스트로겐의 스트레스 관련 변화가 유방 조직의 발달에서의 분화에 영향을 미치고, 이는 차후 유방암의 위험성에 영향을 준다. 더욱이 Frolkis(1981)는 약한 스트레스에 매일 노출되는 것은 쥐의 수명을 약 18% 증가시킴을 보여주었다.

Epel과 동료들(1998)은 여성이 그들의 코르티솔 반응을 살핌으로써 간헐적 스트레스에 적응하는 능력을 연구하였다. SRG 측정에서 높은 점수를 획득한 여성들은 코르티솔의 고전적인 급작스러운 증가를 보여주지만, 빠르게 기저선으로 돌아오면서 반복되는 스트레스원에 적응할 가능성이 더 높았다. 이에 반해 SRG 점수가 낮은 여성은 이러한 적응의 형태를 보이지 않았다. Antoni와 동료들의 최근의 연구들은 SRG와 혈청 코르티솔 수준의 감소와의 연관성을 보여주었다. 예를 들어, D. G. Cruess와 동료들(2000)은 초기 유방암을 가진 여성에게 인지행동치료를 실시하였다. 통제집단과 비교하여 처치집단의 여성들은 이점 발견하기와 혈청 코르티솔 수준 감소 모두를 보였다. 또한, 이점 발견하기는 행동 처치와 더 낮은 수준의 코르티솔 사이를 매개하였다.

요약하자면, 스트레스에 대한 노출은 어린 유기체인지 성인 유기체인지에 상관없이 만일 그 노출이 적절한 회복기간이 있었고, 카테콜아민과 코르티솔 고갈의 결과를 가져오지 않는다면, 유기체에게 더 적응적이고 덜 해로운 이후의 생리적 반응을 야기한다. 강인함 조작을 경험하는 동물들에게 주어진 안정제의 일회 복용이 긍정적 효과가 있는 반면에(Gray, 1981, 1983), 만연적인 알코올, 안정제 또는 베타 차단제(역자 주 : 협심증, 고혈압 등의 치료제)의 사용은 생리적 강인함을 저해할 수도 있음에 주목해야 한다(Dienstbier, 1989). 그러나 인간들에게 SRG

는 만성적 스트레스에 적응하는 생리적 능력에 대한 유익한 효과가 있는 것으로 보인다.

면역계

면역적 난관에 대한 반응의 강도에 의해 측정된 것과 같이(Solomon & Amkraut, 1981), 영아기에 처치된 쥐들은 또한 이후 생애에서 더 확고한 면역계를 발달시킨다. 성인기에, 소음이나 공간적 방향감각 상실(spatial disorientation) 같은 환경적 스트레스원은 쥐들에게 면역계 기능을 향상시키고, 종양의 성장을 지연시킨다(Sapolsky, 1998 참조). 면역반응 증가(immunoenhancement)의 주요한 요인은 스트레스의 시기와 기간으로 보인다. 직관과 반대되게, 화학적 발암물질과 바이러스제나 박테리아제에 노출되기 이전에 일어났다면, 만성 스트레스는 면역계 기능을 향상시킬 수도 있다. 그러나 만일 스트레스가 독성제에 노출 이후에 발생한 경으며(Solomon & Amkraut, 1981). Dienstbier (1989), 또한 스트레스의 강인함 효과는 면역계 내에서 보일 수 있음을 시사하는 증거를 고찰하였다. 따라서 비록 일반적으로 스트레스가 면역기능을 해친다는 믿음에도 불구하고, 특정한 상황에서 스트레스는 실제로 면역기능을 향상시킬 수 있다.

Antoni와 동료들은 HIV 양성반응을 보이는 남성들을 대상으로 D. G. Cruess 와 동료들의 연구(2002)에서 이미 언급된 인지행동치료 조작을 사용하여 일련의 연구를 실시하였다. CD5+ 세포 수(Antoni 등, 2005)뿐만 아니라 단순 포진 바이러스(S. Cruess 등, 2000)에 대한 IgG(면역글로블린)의 적정량을 포함한 다양한 지표를 사용하여 이러한 처치가 면역기능을 향상시켰음을 발견하였다. 이는 코르티솔 수준의 감소를 통해 부분적으로 매개되었다. 이러한 종류의 처치의 기능을 향상시키는 것으로 여겨지는 이점 발견하기 또한 향상된 면역기능을 매개하는지를 살펴보는 것은 흥미로울 것이다.

긍정적 스트레스와 부정적 스트레스 결과의 모델

Maslow는 "만일 당신의 단 한 가지 도구가 망치라면, 못처럼 생긴 모든 것을 위협할 것이다."라고 말한 것으로 유명하다. 단순한 결정적 모델들에 의한 심리적 사고의 유혹은 종종 검토되지 않은 가정으로, 즉 $a \rightarrow b$이고 b만이 존재한다는 가정에 이르게 한다. $a \rightarrow b$가 가능할 뿐만 아니라, $a \rightarrow b$가 아닌 것도 가능하다는 가정은 다소 이단으로 보인다. 다시 말해, 표준적 모델 안에서 같은 자극(스트레스)이 어떻게 하나의 결과(부정적 효과)뿐만 아니라 반대되는 결과(긍정적 효과)로 이끌 수 있는가? 결국, 우리는 일방향적인 방법으로 통계치를 해석하는 경향이 있다. 예를 들면, .3이라는 상관계수를 해석하는 데 있어 우리는 스트레스와 신체적 증상 간에 중간 정도의 관계가 있다고 얘기할 것이다. 이는 잠시 동안 스트레스가 증상의 감소를 가져온다는 모든 예들을 무시하면서, 더 큰 부정적 효과들로 인해 스트레스가 신체적 증상을 증가시킨다는 점을 암시한다(DeLongis 등, 1988).

이와 유사하게, 우리가 실험을 실시해서 F 검증이 유의미함을 발견하고 각 셀을 살펴본 후, 우리의 조작이 예상된 방향으로 이루어졌을 때, 우리는 X가 Y를 야기했다고 결론 내린다. 예상되지 않았던 셀들('대각선에서 벗어난')에 있는 모든 사람들은 '오류'이기 때문에 편의상 무시된다. 물론, 상호작용을 검토할 것을 기억해서 변칙적 효과를 설명하는 데 도움을 줄 수 있는 자료의 유형들을 포함시키지 않는 한 말이다.

따라서 상이한 사람이나 맥락에서, 또는 동일한 사람이지만 다른 시기 안에서, 또는 동시에 일어난 경우에 상반된 효과들이 똑같은 자극에서 비롯된다는 것을 제안한다는 것은 이상하게 보인다. 그러나 이 장에서 살펴본 긍정적 결과와 부정적 결과를 모두 찾았던 상당한 연구들이 동일한 대상에서조차도 이 두 결과 모두를 발견하였다. 그러므로 적응의 총체적 모델은 필수적으로 스트레스의 부정적 결과와 긍정적 결과 모두를 설명할 수 있어야 한다.

O'Leary, Alday와 Ickovics(1996)는 SRG에 관한 상이한 모델들에 대한 훌륭한 고찰을 제공하였다. 그들이 살펴본 모든 모델은 상당히 유사하지만 초점은 다소 다르다. Tedeschi와 Calhoun(2004)은 변환적 변화에 초점을 두고, 그것의 핵심은 개인의 세계관의 기본적 변화에 중점을 둔다. 다른 사람들은 다소 점진적인, 증가하는 변화와 그것의 기저를 이루는 과정들에 초점을 둔다. Schaefer와 Moos(1996)는 좀 더 긍정적 적응을 돕는 환경적 자원뿐만 아니라 인지적 재평가

과정에 중점을 둔다. Park과 Ai(2006)는 의미 부여의 중요성을 강조하였다. Park과 Ai는 좀 더 명백하게 이러한 인지과정을 개인의 목표 구조와 연결시켰다는 점에서 의미 부여는 단순한 인지평가와는 다소 차이가 있다.

> 의미 부여는 일반적으로 주요한 외상적 생활사건으로 삶이 와해되거나 훼손되었을 때 전반적인 삶의 의미를 회복하기 위해 하는 일을 의미한다. '의미를 부여하는 것'은 상이한 방법으로 상황을 살펴보고 이해하는 것과 자신의 믿음과 목표들 간의 일관성을 다시 획득하기 위해 그것들을 살펴보고 바꾸는 것을 포함한다. (pp. 392~393)

내가 보기에는, 이론들이 우리가 그 과정의 요소들을 이해하기 시작하는 시점에 있는 것 같다. 특정한 수준의 내적 자원(예: 인지능력, 자아 강도 등)과 외적 자원(예: 지지적 부모들, 친구들과 지역사회 지지자들)이 있어야 함은 틀림없다. 그리고 인지적 재평가, 의미 부여, 특정한 종교적 대처 유형과 도구적 행위에 있어서, 개인이 스트레스원에 어떻게 대처하는가가 주요한 요소인 것은 명백하다. 이러한 점들은 유능감의 증가, 정서적 성숙, 향상된 사회적 관계, 가치, 목표, 관점에서의 변화, 미래의 스트레스에 대한 회복탄력성의 증가와 영적 발달과 같은 결과들을 가져온다고 가정된다(Tedeschi & Calhoun, 2004). 그러나 여전히 많은 질문들이 남아 있다. '끄떡없거나' '번영하는' 아동들은 이후 청소년기에 심각한 우울증이나 불안감을 계속해서 발달시킬 수 있고, 확실히 어떤 성인들은 부정이나 지나친 낙관주의를 사용한다. 확실히, 인간과 동물 둘 다에서 HPA 반응성의 장기적 변화를 보여주는 생리적 작용을 고려해 봤을 때, SRG는 단지 부정이나 사회적 바람직성, 또는 회고적 편파의 문제만은 아니다. 부정과 성장, 이점을 찾으려고 하는 대처과정, 그리고 실제적인 이득이 되는 결과 자체를 어떻게 구분할 수 있을 것인가?

연구자들이 발달적 변화에 관한 연구를 종합하여 변화의 다양성과 그 변화가 상이한 맥락과 상이한 개인들에게 어떻게 일어나는지에 관해 초점을 맞추어야 하는 시점이라고 생각한다. 어떤 경우에 이러한 변화는 매우 느리고 점차적으로 증가할 수도 있으며, 미약한 스트레스원조차도 이러한 과정을 자극할 수 있다. 예를 들어,

Janoff-Bulman(2004)의 세 번째 분류인 존재에 관한 재평가는 주로 외상에 의해 야기되는 반면, 첫 번째 두 유형 — 고통을 통한 강인함(유능감 증가, 정서적 성숙과 숙달감)과 미래에 대한 준비 상태 — 은 상대적으로 느린 궤적을 따를 것이다. 그러나 시간이 지남에 따라 존재에 관한 재평가와 의미 부여, 목표 변경이 이루어질 것이고, 유지되는 내적 변화와 외적 변화를 요구하는데, 이는 아마 느린 과정일 것이다. 이와 유사하게, 유능감과 정서적 성숙에서 느린 증가는 한 시점에서 급작스러운 변화를 위한 단계를 확립할 수 있다. Bonnano(2004)는 이러한 발달적 궤적의 유형은 개인차가 있을 수 있음을 경고하였다.

발달과학의 관점에서 과정의 많은 세부사항들이 이해될 필요가 있다. 첫째, 긍정적 정서와 부정적 정서의 상대적 균형이다. Larsen, Hemenoer, Norris와 Cacioppo(2003)는 성장이 일어나기 위해서 긍정적 정서와 부정적 정서 모두 필요함을 주장하였다. 그러나 그들의 상대적 균형의 효율성은 문제의 스트레스 정도에 따라 달라질 수 있다. 예를 들어, 사소한 스트레스원의 맥락에서 극단적인 부정적 정서들은 성장으로 이끌 가능성이 거의 없고, 같은 상황은 외상을 마주쳤을 때 주로 긍정적 반응에 있어서도 적용된다(부정 같을 수 있다.). 그보다는 균형이 필요한데, 이는 상황적 요인뿐만 아니라 개인에 따라서도 다양할 수 있다.

둘째, Mischel과 Mendoza-Denton(2003)은 '차가운' 과정과 '뜨거운' 과정이 모두 있으며, 묘수는 극단적인 정서적 변화를 피하면서 더 동기부여된 '뜨거운' 과정을 조절하기 위해 '차가운' 과정을 사용하는 것이다. 이것을 하는 한 가지 방법은 긍정적인 것과 부정적인 것의 한계를 이해할 수 있는 맥락을 사용하는 것이다. 예를 들어, 한 시험에서 A를 맞은 후 "나는 성공한 사람이야!"라고 생각하는 것은, 만일 이것이 공부를 하는 것이 정말로 필요 없다는 믿음으로 이끈다면, 앞으로의 시험에서 실패하게 될 것이다. 이는 한 시험에서 F를 맞은 후 "나는 패배자야."라고 생각하는 것도 마찬가지이다. Mischel과 Medoza-Denton은 관점을 제공하는 맥락을 살펴보아야 함을 주장했다. 즉, "내가 공부를 열심히 했을 때는 성공한 사람이지." 또는 "내가 공부를 안 했을 때 나는 실패자야."와 같은 것이다.

셋째, 자원의 가용성은 성장의 필수 전제 요건일 수 있는 반면, 다른 사람들은 가질 수 없는, 자원을 찾아내고 사용할 수 있는 어떤 이의 능력은 나를 기쁘게 한다. 상당히 많은 자원을 가졌던 이전 학생 한 명은 이러한 것에 특히 능숙하였다. 표준적인 도덕발달 척도는 개인들에게 딜레마를 해결하도록 요구하는데, 이러한 딜레마 중 하나는 배우자를 살리기 위해서 필요한 약을 구입하는 데 약사로부터 너무 많은 돈을 요구받은 사람의 이야기를 포함한다. 예상되는 반응들은 약을 훔치거나 또는 절도를 피하기 위해서는 부인을 죽도록 놔둬야 한다는 것이다. 그러나 이 학생은 약사의 자료를 찾을 수 있도록 연결해서 그 약을 얻을 것이라고 했다!

SRG가 일어나기 위해서는 개인의 대처는 단순히 자원을 사용하기보다는 생성하는 쪽으로 지향되어야 함은 확실하다. 따라서 단순히 그 문제를 해결하기보다는 증가하는 지식과 기술, 그리고 연민에 초점을 둔 대처가 SRG를 야기할 가능성이 높다. 스트레스원들이 영역들에 걸쳐 증가할 때 더 많은 심리적 고통이 발생하는 것처럼(Pearlin, Aneshensel, Mullan, & Whitlatch, 1996), 성장 또한 자원의 발달이 영역들에 분산될 때 일어날 것이다. 더욱이 우리의 현재 모델의 대다수는 인지적 이점에 과한 중점을 두고 있는 것처럼 보인다. 그러나 자신뿐만 아니라 타인을 위해서 실제적인 이점을 만들어 내는 능력 또한 중요하다. '위기(危機)'를 나타내는 한자어가 '위험'과 '기회' 모두를 의미하는 것을 기억해 보자. 개인과 지역사회가 스트레스원에서 어떻게 기회를 찾아내고 실현시키는지를 배우는 것은 아직 잘 이해되지 않는 과정이다.

마지막으로 발달은 증가뿐만 아니라 상실을 통해서도 일어난다(Levenson 등, 2001). 나쁜 습관이나 자신을 파괴하는 믿음, 오래된 자아에 대한 정의나 '망상적인' 세계관을 버리는 것은 자원을 발달시키는 것을 위해 필요한 첫째 단계이다. 스트레스원은 목표-동기적 상실에 대한 대단한 기회를 제공한다.

요약

스트레스가 긍정적 효과를 발휘한다는 증거가 꽤 많이 있다. 이러한 가정은 철학적 · 문학적 · 일화적 자료들에서 비롯되었을 뿐만 아니라 내분비적 기능과 면역기능의 관련된 연구와 아동 및 성인발달 문헌들에 확고한 증거가 있다.

스트레스의 긍정적 측면을 이해하는 데 중요한 점은 개인(또는 한 문화 안에서의 개인들)이 주어진 스트레스에 어떻게 대처하는가에 놓여 있다. 단순히 항상성적 기능이라기보다 대처의 더 중요한 기능은 변환일 수 있다. 확실히 우리는 어떻게 개인이 자신의 개인적 유능감과 공감을 증가시키는지 뿐만 아니라 스트레스 대처과정을 통해 어떻게 스스로를 변환하는지에 대한 더 많은 정보가 필요하다. 위기에서 기회를 지각하고 그것에 따라 행동하기 위해서는 상황을 변환하는 능력 또한 상당히 중요하다. 따라서 변환적 대처는 긍정적 정신건강의 비결일 것이다.

제16장

자기조절, 자기발달과 지혜

나는 이 책에서 생리학적, 심리학적, 발달적, 사회적, 문화적 관점을 통합하여, 한 개인이 어떻게 스트레스에 대처하는지, 그리고 스트레스와 대처를 어떻게 측정하는지에 대한 방법론적 이슈들과, 또 그것들이 건강에 주는 함의에 대해 살펴보려고 노력하였다. 물론 이런 노력은 미숙할 수 있을 것이다. 엄청난 양의 정보 속에서 어떻게 한 명이 그 모든 것을 집대성할 수 있겠는가? 이론적이고 방법론적인 차원들의 논쟁 속에서 어디에 진실이 있을까? 필요한 것은 전체적인 틀이었으며, 이것은 모순적인 결과들이 사실은 맥락 특정적인 것이고 상호 배타적이라는 점을 이해할 수 있도록 하며, 스트레스와 대처라는 주제 아래 들어가는 변인들의 복잡한 관계를 단순화, 명료화할 수 있도록 하는 의미 있는 망을 제공해 줄 수 있다.

1994년에 나는 환원주의에서 교류주의로 패러다임의 전환이 과학에 일어나고 있다는 말로 이 책을 시작했었다. 교류주의적 관점이 스트레스, 대처, 적응과 같이 매우 복잡한 현상을 이해하는 데 필수적이라고 나는 주장하였다. 그렇지만 지난 12년 동안 자기조절이라는 개념이 추가되면서 더 복잡해졌고(Eccles & Wigfield, 2002; Eisenberg, Fabes, & Guthrie, 1997), 이것은 적응에 대한 의도성 (intentionality)의 흥미로운 관점을 제공하였다(Howard, 1993 참조). 흥미롭게도 의도성은 또한 전 생애 발달이론과 자기발달의 형성에서 또한 선두가 되었다 (Brandtstädter, 1999; Elder, 1998; Greve, Rothermund, & Ventura, 2004; Hooker & McAdams, 2003; Levenson & Crumpler, 1996 참조). 이 두 관점을 통합하는 것은 스트레스와 대처 문헌들의 많은 부분을 포괄하는 틀을 제공할 수 있을 것이고, 이 내용은 이 장의 뒷부분에서 다룰 것이다. 무엇보다도 나는 이전 장들에서 살펴보았던 것 중에서 가장 중요한 일곱 가지의 발견들에 대해서 살펴보려고 한다.

교류주의와 대처

주제가 복잡함에도 불구하고 교류주의적 관점에서 스트레스에 대한 대처과정에 대해 몇 가지 결론을 내릴 수 있다.

첫째, 무엇보다도 대처를 단순히 '접근' 혹은 '회피'로 범주화하는 것은 대부분의 상황에서 적절치 않다는 것은 매우 명확하다. 접근 혹은 회피의 대처전략들의 유형들은 각기 미묘하게 다르기 때문에, 단순화는 적절지 않다. 전략의 유형과 그것의 사용 정도에 따라 회피전략은 문제중심적 노력을 촉진시킬 수도, 혹은 억제할 수도 있다. 회피전략이 일시적 중단으로 작동하여 만약 사람들의 자원들을 재조직화하게 된다면, 그것은 문제중심적 전략을 촉진할 수 있다. 또한 접근의 대처 유형에서도 그것의 질적인 차이에 따라 효과적일지 아닐지가 결정될 수 있다.

대처전략의 원천과 결과가 모두 **맥락적**이라는 점은 여러 문헌에서 명백하다는 것을 보여준다. 즉, 사람들은 문제의 다양한 단계에서 종종 접근과 회피의 대처 사이를 번갈아 가며 각기 다른 전략을 사용한다. 더욱이 이런 전략들은 환경에 따라 각기 다른 효과를 낸다. 통제 가능한 상황에서 회피전략을 이용하는 것은 심리적 불편감과 문제의 심각성을 증대시키지만, 이런 전략은 통제 불가능한 상황에서는 효과적일 수 있다. 접근 대처는 일반적으로 유용하지만, 만약 통제 불가능한 상황에서 이용할 때에는 치명적인 결과를 보일 수 있다. 즉 대처행동 이면의 동기를 이해하는 것이 중요하다.

둘째, 대처전략 활용의 차이는 부분적으로 각 개인의 선호에 따라 달라진다. 그러나 다른 행동들이 그러한 것처럼 사회적 맥락 속에서 상황에 따라 대처 반응이 달라진다는 증거는 무수히 많다. 또한 평가과정은 말할 것도 없고, 스트레스에 어떻게 대처하는 것이 적절한지에 대해서 문화적·계급적 차이가 존재한다. 그러므로 전적으로 성격에 기반한 대처전략 연구는 그것을 측정하는 척도에서 신뢰성 있는 요인구조를 가지며, 좋은 내적 타당도를 가지는 등 방법론적으로 더욱 명확할지 모르지만, 이론적으로 그리고 실용적인 차원에서 외적 타당도는 제한적이다. 게다가 조절지향성을 가진 새로운 대처 척도는 대처의 과정에 초점을 둔 척도임에도 불구하고, 더 나은 요인 구조를 가질 수도 있다(Stanton 등, 2000; Aldwin 등, 1996b; Aldwin, Shiraishi, & Cupertino, 2001).

셋째, 일반적으로 대처에 대한 접근에서는 환경과 정서에 대한 통제를 과도하게 강조한다. 도구적 행동이 종종 최선의 접근일지라도, 지연행동이나 단순히 그냥 사건을 지켜보거나 무시하는 것이 때로는 최선의 전략이기도 하다. 많은 소소한 스트레스원은 그것 자체가 제한적이며, 따라서 무시하는 것이 최선의 선택일 수 있다. 많은 대처전략이 그 결과와 통계적으로 유의한 부적인 관련성을 보이며, 또 상황을 악화시키기만 할 수 있다. 또한 정당한 정서표현을 억제할 위험도 있다. 사실 많은 문화에서 정서표현을 권하고 억제가 건강하지 않다고 본다. Stanton 등(2000)의 연구에서는 다양한 정서 처리가 다소 효과 있는 결과를 낳는다는 것을 보여주었다.

넷째, 연구자들은 대처 노력과 대처의 효율성을 구분해야만 한다. 간단히 말하면, 더 대처하는 것이 더 좋은 대처인 것은 아니다. 적절한 노력의 정도는 스트레스원의 요구와 중요성에 따라 달라야 한다. 가장 효과적인 대처는 최소의 노력인 것이며, 반면에 상대적으로 작은 것에 큰 노력을 들이는 것은 비효율적이며, 부정적 결과와 관련이 있다. 이미 충분히 복잡한 상황을 더욱 복잡하게 만드는 것은 스트레스가 매우 심한 상황에서 대처 노력과 부정적 정서를 활성화시킬 수 있다. 그러므로 대처와 결과 간의 관계를 통계적으로 탐색하는 것은 매우 모호할 수 있고, 따라서 더욱 정밀한 방법이 요구된다. 단순 상관이나 회귀방정식을 이용하는 것은 분명치 않은 결과를 낳을 수 있다. 예를 들어, 사람들은 문제중심적 대처가 긍정적이라거나 부정적인, 때로는 전혀 관련 없다는 결과의 문헌을 볼 수도 있다. 어떤 대처전략의 효과에 대해 전체적인 상을 그리기 위해서는 더 정확한 문제의 스트레스의 정도나 대처 노력의 정도를 통제해야만 하거나 혹은 대처 효율성이라는 요소들을 활용하여야만 한다.

더욱 어렵게 하는 것은, 대처는 사회적 맥락이 없는 상태에서 나타나는 것이 아니라는 점이다. 이전에 외상과 관련된 연구에서 보았듯이, 어떤 대처 노력에 대한 다른 사람의 반응은 복합적으로 그 효과성에 영향을 준다. 일반적으로 자기개방은 외상을 경험한 사람에게 매우 중요한 대처전략으로 여겨지지만, 다른 사람들이 부정적으로 반응할 경우 부정적 스트레스를 악화시킨다(Silver 등, 2000).

다섯째, 대처전략의 효과는 생리적, 심리적, 사회적, 문화적 등의 다양한 수준에서 확인되어야 한다. 한 수준에서 이득인 전략은 다른 차원에서는 손실일 수 있다. 예를 들어, 일과 관련하여 경력에서 성공을 극대화시키는 대처는 건강이나 가족의 문제를 일으킬 수 있다. 도전은 '최소-최대' 전략 — 한 영역 자체뿐만 아니라 다양한 영역에서 손실을 최소화하고 이득을 극대화하는 대처전략 — 을 생각해 내는 것이며, 이것은 쉽지 않다. 내가 알고 있는 한, 이와 같은 과정을 평가하는 대처 측정을 개발하고자 시도한 이는 없었다.

더군다나 대처전략은 상황에 즉각적으로 영향을 줄 뿐만 아니라 더 큰 사회문화적 환경에도 영향을 준다. 개인 또는 집단적인 대처전략은 어떤 문제에 대해 적절한 대처전략이 무엇인지에 대한 생각을 바꾸거나 대처 자원의 이용 가능성을 바꿈으로써, 문화 또는 구조에 영향을 줄 수 있다. 제14장에서 기술한 이혼 영향의 변화가 대표적인 예이다. 이혼문제를 다루기 위한 집단적인 노력은 이혼을 다루고 자산을 나누는 법률을 변화시켰다. 또한 자녀의 적응에 영향을 주는 가족관계에 대해 이해가 깊어지면서 자녀 복지를 지키기 위한 중재와 자기관찰을 더욱 강조하게 되었다(Hetherington & Kelly, 2002).

여섯째, 스트레스의 부정적 측면만을 조사하는 것은 대처전략의 효과에 대해 부분적인 측면만을 보게 할 뿐이다. 심리사회적 스트레스는 긍정적 영향이 분명히 존재하며, 이것은 '생리적 강인함(physiological toughening)', 숙달감과 자존감의 발달, 삶에 대한 향상된 관점 또는 미래의 스트레스 상황에서 사용할 수 있는 더 많은 대처 레퍼토리를 갖는 것 등을 포함한다. 사실 진화적 관점에서 보면, 성공적인 유기체들은 역경을 통해 미래에 더욱 쉽게 적응할 수 있는 가능성을 가질 수 있다. 그러나 스트레스에 대한 부적응의 악순환을 피하기 위해서는 최소한의 자원이 필요하다. 또한 때로는 과도한 환경적 압력이나 재수가 없는 이유 때문에, 스트레스 상황에서 얻을 수 있는 것이 어려울 수 있다. 그러나 대처가 단순히 자원을 소비하는 것이기보다는(Hobfoll, 2002), 자신뿐만 아니라 다른 사람에게도 자원의 성장이라고 볼 수 있는 것이다.

마지막으로, 대처전략의 효과성은 시간에 따라 조사되어야 한다. 적응에 대한 대부분 모델은 항상적이다. 이들 모델에서 대처는 기본적으로 이탈을 원래로 돌리는(deviation-countering) 기능을 한다고 본다. 예를 들면, Aldwin과 Revenson(1987)은 최소의 노력으로 해결될 수 있는 문제는 고통도 최소가 된다는 것을 발견하였다. 그러나 대처전략은 또한 이탈–확장 과정일 수 있으며, 이것이 장기적으로는 긍정적 결과도, 부정적 결과도 될 수 있다(Aldwin & Stokols, 1988; Caspi, Roberts, & Shiner, 2005). 한편으로 편의주의적 대처를 사용하는 것은 즉각적으로는 쉬울지 모르지만, 이것이 장기적으로는 부정적 결과를 낳을 수 있다. 반면에 즉각적인 스트레스를 감내할 수 있는 것은 장기적으로는 이득이 될 수 있다.

예를 들어, 많은 학생들이 시험 준비에 매우 큰 스트레스를 느낀다. 단기적으로 영화를 보러 가거나 게임을 하고, TV를 보는 것과 같이 회피전략을 쓰는 것이 스트레스를 줄이고 순간적으로 기분을 편안하게 만들 수 있다. 그러나 만약 시험에 대한 준비가 충분히 되지 않은 상태에서, 이와 같은 기분 전환은 미래의 성취에 부정적 결과를 낳을 수 있다. 하지만 공부와 관련된 스트레스를 인내하는 것을 학습하는 것은 실제 시험에서 고통을 줄일 수 있으며 성취를 촉진시킬 수 있다.

단기와 장기적 결과를 구별하는 것은 외상적 스트레스원에 특히 중요하다. 외상 경험이 오랜 시간 동안 진행된 정체감에 근본적인 변화를 가져올 수 있다는 점을 감안한다면, 외상 스트레스의 장기적 효과는 초기 대처의 차이가 작은 변화를 만들지 모르지만, 시간이 지날수록 그것은 극적인 차이를 낳을 수 있다. 즉, 자기조절 과정, 즉 어느 정도의 스트레스를 스스로 견딜 수 있고, 장기 목표를 위해 스트레스의 정도를 조절할 수 있는 것은 장기적인 적응전략에서 중요한 역할을 한다. 하지만 자기조절은 자기인식과 의도에 달려 있으며, 따라서 오늘날 심리학에서 더 큰 문제인 자유의지와 결정론의 이슈가 우리에게 주어진다.

적응의 자유의지 대 결정론적 모델

환원주의와 교류주의 간의 긴장에 더해, 심리학과 관련하여 결정론 대 자유의지의 패러다임의 위기가 심리학 내에 존재한다. 심리철학자와 신경과학자들은 수십 년간 자유의지의 존재 여부와 관련하여 논쟁하여 왔다(Bandura, 1989; Bennett & Hacker, 2003; Sappington, 1990; Sperry, 1988; Zhu, 2004 참조).

진정한 과학적 학문이 되고자 하는 노력으로, 심리학은 인간행동의 결정론적 모델발달을 모색해 왔다. 정신분석학적 모델에서 행동은 강력한 무의식적 힘, 원초아와 자아의 상호작용 및 어린 시절의 양육에 의해 형성된 것에 의해 결정된다고 보았다. 이후 환경의 조건 형성이 그 자리를 대신하였다. 행동은 현재 환경 혹은 과거의 경험 속에서 보상과 처벌의 결과로 보았다. 현재도 유전적 요소나 신경학적 구조와 같은 생물학에 의한 결정론적 모델이 심리학에는 많이 존재한다(Rowe & Rodgers, 2005).

교류주의적 접근은 이와 같이 상대적으로 단순한 모델을 제거하고, 행동은 다양한 원천에서 나온 복잡하고 역동적인 복합물이라는 것을 보여줬다. 그러나 만약 모델 내에서 인간행동이 단순히 여러 다양한 영향력의 집합인지, 아니면 하나의 구성개념으로서 의지를 포함하는 것이 행동 이해를 위해 필요한 것인지와 같은 난제들에 대해 언급하지 않는다면, 교류주의 모델은 불완전할 것이다.

Sappington(1990)은 자유의지와 결정론 간의 논쟁에 대한 여러 접근을 분석하였다. 자유론적 입장인 심리학자의 예를 본다면, 인간이 행동에 대해 내외적 제약 모두에 직면하고 있을지라도, 인간은 외부 요소에 의해 결정되지 않는 선택을 할 수 있는 자유를 가지고 있다고 볼 수 있다. 자유론과 정신분석, 행동주의, 행동유

전학 및 인지신경과학 같은 완고한 결정론 사이의 중간적인 입장에 있는 온건 결정론에서, 사람들은 선택을 하며, 그 선택은 다른 여러 요소에 의해 결정된다고 본다. 다시 말해서, 만약 어떤 한 개인이 놀 것인가 일할 것인가를 결정해야 하고 놀기로 결정했다면, 그 선택은 외적 요소와 개인사에 의해 강하게 영향을 받을 것이라는 점이다.

다양한 영역의 심리학자들은 심리학의 과학적 연구에서 의지의 포함과 자유의지에 대해 논의하였다. 자유의지라는 것이 과학으로서의 심리학에서 불가능하다는 Skinner의 주장(1971)과는 다르게, Bandura(1989)나 Howard와 Conway (1986)는 연구에 의지라는 구성개념을 포함함으로써, 인간행동의 통계적 모델에서 설명할 수 있는 전체 정보를 증가시킨다고 설득력 있게 주장하였다. 그러나 Sappington(1990)은 다음과 같이 주장하였다.

> 의식적 선택이 인간행동에 대해서 많은 정보들을 설명할 수 있다는 데이터가 선택 그 자체가 궁극적으로 한 개인의 외부 요소에 의해서 결정되는지와 같은 기본적인 이슈를 바꾸지는 않는다. 만약 의식적인 선택이 환경적 요소, 유전자 구조 혹은 과거의 학습 경험과 같이 외부적 요소에 의해 궁극적으로 결정된다면, 이것은 온건 결정론자의 입장을 지지하는 것이다. 왜냐하면 의식적 선택에 대한 데이터가 선택의 원천에 대한 이슈에 대해 언급하지 않고 있기 때문에, 이것은 자유론과 온건 결정론의 입장 중에서 어떤 결정을 할 수는 없다. (p. 26)

Howard(1973)는 이 이슈와 관련하여 새로운 접근을 제공하였는데 자유의지와 결정론의 단순한 이분법 대신에 관련된 두 개 차원, 즉 결정론 대 반결정론을 제안하였다. 그리고 자기결정 대 비의지적 기제(nonagentic mechanism)를 주장하였다. 다시 말해서, 어떤 현상은 결정될 수도 있으며, 또 다른 것은 무작위적일 수 있다는 것이다. 그러나 결정론적 원인은 비의지적일 수 있다는 것이다(예 : 외부 혹은 내부 환경에 상관없이 자기가 의식할 수 있는 밖의 무엇이 원인이 될 수 있다는 것).

Tageson(1982)은, 자유의지는 주어진 것이 아니며 인지적 성숙, 환경적 선택과 무의식이 행동에 주는 영향을 인식함에 따라 발달할 수 있다고 보았다. 한 개인이 이와 같은 영향을 인식할 수 있는 한에서, 그는 그것을 보완할 수 있는 법을 배울 수 있다. Sappington(1990)은 Tageson의 모델이 통찰력 있는 제안이라는 점을 인정하지만, 그는 이 모델도 한 개인이 어떤 선택을 하는지 어떻게 학습하는지에 대해서, 그리고 무의식적 영향을 어떻게 인식하는지에 대해서 설명할 수 없다는 점에서 여전히 제한적이라고 주장한다.

자기조절과 자기발달

제14장에서 언급한 것처럼 지난 10년간 아동기 자기조절 과정의 발달에 대해서 관심이 집중되었다. 많은 개념이 있기는 하지만, 그들 간에는 많은 요소들을 공유하고 있다(Eccles & Wigfield, 2002; Eisenberg 등, 1997). 첫째, 사람들은 자기인식이 필요하다. 자기생각, 감정, 행동을 감시하여야 한다. 둘째, 사람들은 문제해결책을 찾기 위한 것이든 아니면 그 문제로부터 회피하려는 것이든 간에 상관없이 의식적으로 주의를 두고 또 그 주의를 유지할 수 있어야 한다. 예를 들어, 고통스럽게 곱씹거나 스트레스로부터 벗어나 휴식을 취하거나 상관없이 말이다. 셋째, 사람들은 행동을 감시하고 목표 달성을 위해서 그 행동을 조절할 수 있어야 한다. 넷째, 사람들은 자신의 노력을 평가하고 이에 따라 그것에 적응할 수 있어야 한다.

Eisenberg 등(1997)은 조절의 세 가지 유형을 구별하였다.

> 최적의 조절은 조절기제를 유연하게 사용하여서, 활동 통제, 주의 통제(예 : 주의 전환과 집중), 계획, 문제해결과 같이 상대적으로 건설적인 조절을 상대적으로 많이 사용하며, 억제적인 통제는 약간 사용한다. 과소조절(underregulation)은 덜 유연하여서, 주의통제, 억제통제, 활동통제(행동, 특히 유쾌하지 않은 행동을 시작하고 지속할 수 있는 능력), 계획, 직접적인 문제해결, 인지적 재구조화 같은 정서조절 등과 같은 일반적으로 건설적인 조절을 상대적으로 덜 활용한다. 정서와 그에 따른 행동에 대한 조절이 부족하여서 충동적인 문제행동의 가능성은 늘어날 수 있다. 과도하게 억제된 조절은…… 억제통제의 수준이 높은 특징이 있으며…… 스트레스와 낯선 것을 다루는 것에 있어서의 두려움, 어려움과 관련 있을 것이다. (p. 47)

자기조절은 금연이나 체중조절 등 건강행동의 관리와 같은 건강심리학에서 중요한 구성개념이 되었으며, 사실 이는 지난 20년 동안 건강심리학적 개입의 기초를 형성하여 왔다(Boekaerts, Maes, & Karoly, 2005). 더군다나 이것은 인생 후반기에서 만성적인 질병의 관리와 관련한 이론에서 점차로 중요해졌다(Leventhal, Forster, & Leventhal, 2007). Boekaerts, Maes와 Karoly(2005)에 따르면 "자기조절은 선택, 지속성, 연속성을 의미한다. 이 세 요소는 잘 통합된 목표 위계에 대한 접근성에 의존한다. 목표가 무엇이며, 그 목표 체계가 어떻게 기능하는지를 아는 개인들은 행동을 조정하고 이끌어 나가는 데 더 유리하다."(p. 150)

이와 마찬가지로 성인발달학자들은 자기발달에서의 목표와 그리고 이것이 성인기에 체계적인 방식에서 어떻게 변화하는지를 연구하기 시작하였다. Brandtstädter(1999)는 인생의 후반기에 동화 목표체계에서 조절적인 것으로 변화한다고 가정하였다. 동화과정은 목표를 성취하기 위해서 환경을 조작하기 위한 적극적인 노력인 반면(문제중심적 대처), 조절과정은 자기나 환경의 한계를 반영하여 목표를 재조정하는 것을 뜻한다(정서중심적 대처). Rothermund와 Brandtstädter(2003)는 인생 후반부에 이런 방식으로 목표를 조정하지 못할 경우 더 많은 심리적 불편감을 갖는다는 연구들을 보고하였다. 유사하게 Schulz와 Heckhausen(1998)은 인생 후반부의 통제가 일차적인 것에서 이차적인 것으로 전환되는 것을 이론화하기도 하였다. 반면에 Fung, Rice와 Carstensen(2005)은 인생 후반기의 목표 전환은 단순히 손실에 대한 반응의 문제일 뿐만 아니라 적극적인 동기의 전환을 반영한다고 주장하였다. 그리고 이것은 정서적인 목표를 추구하는 것으로 변화를 낳는다고 보았다.

Hooker와 McAdams(2003)는, 목표 설정은 성격의 매우 중요한 층위라는 점을 지적하였고, 앞서 언급된 이론들에서 목표의 유형과 이를 성취하기 위한 과정들 모두 성인기 발달의 동력이 된다고 보았다. 또한 이런 발달은 목표 달성을 위해 자기를 조절하기 위한 의식적인 노력이라고 보았다. Brandtstädter(1998)에게 자기는 생산자이며, 동시에 의도적인 자기발달의 생산물이기도 하다(Brandtstädter, 1999; Greve, Rothermund, & Ventura, 2005 참조). 그는 세 가지 기본적인 과정을 고려해야 한다고 주장하였다. 첫째, 의도적인 행위가 어떻게 발달하며, 어떤 행동과 인지과정이 내재되어 있는가? 둘째, 의도와 능력에 대한 생각이 발달에 어떻게 영향을 미칠까? 셋째, 자기가 어떻게 의도적인 자기발달을 만들어 내고 또한 이의 생산물일 수 있을까?

발달과 교류주의적 관점의 통합을 통해 자유의지 관련 문제의 해결이 가능할 수 있다. 넓게 보면 우리의 행동은 우리의 생물적 요소, 문화, 즉각적인 상황, 인지적 혹은 사회정서적 발달수준과 과거 역사에 의해 결정된다. 우리는 자동적으로, 그리고 무의식적으로 다양한 자극에 대해 반응한다. 우리는 우리의 문화적 배경 하에서 어린 딸이 성적 경험을 하게 되는 것에 대해, 성인과 아동 간의 성적 관계에 대해, 그리고 놀이에 열중하고 있는 이슬람계 아동들을 대상으로 한 세르비아 군인이 총격을 가하는 것에 대해서 경악하고 또 놀라워한다. 이런 경악은 무엇이 자연스러운지에 대한 문화적 체계가 다르지 않는 한에서는 지극히 자연스럽다.

그러나 불확실성은 스트레스 상황 내에서 일어난다. 정의상 스트레스는 우리의 대처 자원이 상황에서 요구하는 것에 충분치 않은 경우에 일어난다. Acredolo와 O'Connor(1991)는 불확실성이라는 것이 발달을 위한 필요조건일 수 있다고 보았다. 불확실성과 이에 수반되는 불편한 정서는 우리의 현재 도식체계를 재검증해야 하는 자극이다. Acredolo에 따르면, 모호함은 피아제의 인지발달 도식을 바꾸는 출발점이다. 매우 어린아이는 가늘고 긴 잔이 짧고 넓은 잔에 비해서 더 많이 담을 수 있을 것이라고 확신한다. 조금 더 나이 든 아동에게서, 두 개의 불변의 '사실'에 직면할 때 우리는 그 아동의 얼굴에서 불확실성을 볼 수 있다. 부었다 담았다 하는 액체의 양은 동일하지만, 가늘고 긴 잔이 짧고 넓은 잔에 비해 명백히 더 많이 담기는 것처럼 보인다. 아동은 이런 불확실성으로 인해서 자신의 낡은 도식을 재점검하고 새롭고 더욱 정교한 인지적 차원을 발달시킨다. 사실 이런 불확실성이 심리적 변화를 위한 필요조건이라 할 수 있다.

유사하게 선택과 자유의지의 실행은 어떻게 결정이 내려지고, 또 이 결정에 영향을 주는 것이 무엇인지를 인지하지 않는 한 불가능하다. 성인기 스트레스 상황에서 사람들은 불확실성을 접할 경우 자신의 행동, 생각, 느낌과 동기를 재점검하고, 행동에 미치는 무의식적 영향을 인식하게 된다. 그 영향을 인식하게 되면, 선택은 발전하게 되고, 따라서 자유의지는 본질적으로 이런 발전의 현상이라 할 수 있다.

나는 다른 논문에서 성인기 스트레스는 발달을 자극한다고 주장하였다(Aldwin, 1992). Baltes(1987)가 언급하였던 것처럼 성인발달의 영역에서 주요한 난제 중 하나는 성인기 발달이 존재하느냐라는 것이다. Erikson(1950), Kohlberg(1984)와 Loevinger(1977)와 같은 심리학자들이 성인기 발달의 보편성을 기술한 것과는 달리, Dannefer(1984), Featherman과 Lerner(1985) 같은 사회학자들은 성인기에는 역할과 문화가 매우 다양하여서 각기 다른 집단에서 성인기 발달의 보편적 과정이라는 것을 기술할 만한 보편적인 발달이 없다고 주장하였다. 그러나 스트레스 경험은 성인기 발달에서 보편적인 맥락을 제공하는 것으로 볼 수 있다. 스트레스 경험의 맥락이라는 것은 사회적 역할과 문화에 따라 다르지만, 스트레스를 경험한다는 것은 보편적이다. 스트레스에 대처하는 과정을 통해 발달은 발생할 수 있다. 스트레스에 대처할 때 사람들은 기술과 능력을 발달시킬 수 있는 기회를 얻는다. 하지만 이런 발달이 의지에 의한 것이기에, 모든 성인이 경험하는 보편적인 과정은 없다(Brandtstädter, Krampen, & Heil, 1986 참조).

스트레스와 성인기 발달에 대한 이런 가정들을 결정론 대 자유의지의 문제에 적용해 볼 수 있다. 스트레스가 일어날 때, 오래되고 광범위하게 결정된 처리방법은 부적절하거나 제한적으로 보인다. 그러면 스트레스에 따라 선택을 실행할 기회를 갖는다. 물론 우리는 익숙한 옛것을 고집하는 선택을 할 수도 있다. 그러나 이런 선택은 실패나 사회적 고립 혹은 이상심리와 같은 수용하기 어려운 비용을 수반할 수 있다. 하지만 스트레스 사건으로 인해 우리는 상황을 인식하는 새로운 방식과 행동 양상을 개발하게 된다. 그러므로 자유의지는 불확실성이 더 큰 성찰을 만들어 내고 역설적으로 더 큰 자기조절과 자기결정성을 갖게 만드는 선에서 스트레스에 대처하는 과정을 통해 발달할 수 있는 특징을 가진다.

자유의지의 발달은 의심할 바 없이 점진적인 과정이다. Vaillant(1993)가 언급한 것처럼 단순히 어떤 것이 발생할지에 대해 결심을 한다는 것은 불가능하다. 내가 갑자기 마라톤 완주를 할 수 있다는 것을 결심하는 것만큼 우스운 것도 없을 것이다. 그러나 이 자유의지의 행사가 무엇을 일으킨다는 생각은 지나치게 단순하다. 이것은 무언가를 갑작스럽게 바꿀 수 있는 마법 지팡이는 아니다. 그보다는 사람들은 행동을 하고, 목표를 점진적으로 성취할 수 있는 과정을 지속할 수 있다.

이 모델에서 스트레스는 이러한 발달을 '일으키는' 것이 아니라, 그 기회를 제공한다는 점에 주목하라. 부정적 적응모델이 동등하게 혹은 더 가능성이 있을지 모른다. 몇 가지 방식으로 혼란과 이탈 확장모델(deviation amplification models)을 이용하여 부정적 과정을 그리는 것이 더욱 쉬울지 모른다(Aldwin & Stokols, 1988). 대부분 상황에서 최초의 작은 이탈은 쉽게 조정되고, 행동은 정상으로 되돌아온다. 그러나 다양한 요소들이 개입되면서 폭발적으로 이탈이 확대되고, 결국 부적응적인 악순환의 결과를 낳기도 한다. Markov 연쇄 분석의 용어를 따른다면, 통계적으로 불가능한 행위는 상대적으로 작은 사건에서 기인할 수 있다. 각기 작은 사건들은 다음 사건의 가능성을 늘리고, 불가능한 행동은 점차로 커지는 것이다.

Runyan(1978)은 개인이 헤로인 중독이 되어 가는 과정을 기술한 바 있다. 어느 누구도 아침에 일어나서 "오늘 헤로인 중독이 될 것 같다."거나 중독자가 되는 것을 목표로 삼지는 않는다. 그보다는 작은 결정들이 개입되게 되고, 이것이 점차적으로 심각한 중독의 문제를 낳게 된다. Runyan에 따르면, 중독을 경험하는 사람의 이웃에 사는 것으로부터 이 과정은 시작된다. 그 사람을 알게 되고 또 그 사람과 친구가 된다. 친구로서 그 중독자가 마약을 구하는 것에 도움을 줄 수 있다. 그러고 나면 자신이 마약 사용자가 된다. 사람들은 일반적으로 헤로인을 흡입하거나 담배나 마리화나를 함께 피우는 것부터 시작하며, 자신은 다른 사람보다 더 강하고 그 효과로부터 덜 위험할 것이라고 생각한다. 그리고 마약의 사용은 점차로 늘어나서 원하는 효과를 얻기 위해 혈액에 직접 투입하는 수준에까지 이르게 된다. 결국 이에 중독되어 직장, 가족, 건강과 자기존중을 포기하게 된다.

이와 유사하게 누구도 조현병 환자가 되기를 결심하지는 않는다. 그러나 스트레스하에서(그리고 아마도 신경전달물질의 불균형의 생물학적 취약성을 가지고 있는) 청소년은 다른 사람들로부터 소외되는 방식으로 행동할 수 있다. 그는 점차로 철회될 수 있다. 사회적 소외로 인해 인지와 감정의 사회적 조절을 끊고, 사회과정과 정서적 상태는 점차로 괴이해지면서, 그 소외가 증가될 수 있다. 자기 방치로 인해 영양 섭취나 운동, 수면 등이 불충분해질 수 있으며, 이는 더더욱 신경전달물질상의 불균형을 증가시키고, 때로는 술이나 약물 등의 사용과 과다 사용이 이를 더욱 부추길 수 있다. 어느 순간 신경화학적 불균형은 매우 과다해져서 증상을 낮추기 위해서는 항정신병 약물이 필요해질 수 있게 된다. 교류주의 모델에서 개입은 다양한 수준에서 이루어질 수 있으며, 또 그러해야만 한다. Bradshaw (1993)는 조현병 환자들을 대상으로 한 대처기술 훈련을 개발하여 상습적 문제를 줄였으나, 이것은 일반적인 대처 능력에 초점을 맞추기보다는 조현병 환자들이 특별한 증상에 대처하게끔 맞추어졌다.

그러므로 스트레스는 일탈 확대 과정을 일으킬 수 있으며, 이것은 정신적 · 신체적으로 부정적인 결과와 통제력을 잃게 되는 결과를 쉽게 낳을 수 있다. 그러나 제15장에서 언급된 것처럼, 그러한 일탈은 또한 긍정적일 수 있다는 많은 증거가 있다. 예를 들어 피아제가 조현병인 그의 어머니에 대한 반응을 보자. 그는 과학적인 노력에 정열을 쏟았고, 그의 아버지와 더욱 많은 시간을 가졌다. 이는 누구나 쉽게 상상할 수 있는 긍정적인 피드백 순환을 낳았다. 피아제는 아버지에게 인정받으며, 과학적인 연구를 하였고, 이것은 그의 지적 재능과 합쳐지며, 이미 청소년기에 과학 논문을 쓰기에 이르렀다. 이는 또한 사회적으로 인정받게 되는 등의 결과를 낳았다. 지적하고 싶은 것은 스트레스는 일탈을 낳고 이 일탈은 긍정적일 수도, 부정적일 수도 있다는 것이다(아마도 이들의 결합일 가능성이 가장 높다.).

그러나 Sappington(1990)이 지적한 바와 같이, 혼돈모델은 그 자체로 이미 결정적이다. 혼돈모델에서 행동은 다양한 요소의 상호작용의 복잡성으로 인해 그 경로가 예측불가능할 뿐이지, 이것은 여전히 결정되어 있다. 유연한 결정론 모델은 혼돈모델에 부합한다. 그러므로 부정적 · 긍정적 적응의 순환을 나타낼 수 있는 능력은 스트레스가 자유의지의 발달을 위한 맥락을 제공한다는 것에 대한 결론적 증거라 할 수 없다.

발달과정으로서의 자유의지에 대한 Tageson의 모델에 대해 Sappington이 제기하는 비판은 중요한 연관성이 분명치 않기 때문이다. 어떻게 사람들은 그들 행동에 대한 무의식적 영향을 인식할 수 있을까? 이미 언급한 것처럼 스트레스는 불확실성을 만들어 내며, 이로 인해 사람들은 그들의 행동에 대해서 더욱 면밀히 관찰하고 검증한다. 스트레스와 특별히 외상은 자신의 안전, 정의, 대인관계의 본질과 세상에서 자신의 역할 전반에 대한 인지체계를 변화시킬 수 있으며, 심지어는 파괴시킬 수 있다. 자기에 대한 이런 파괴는 새로운 자기를 건설하는 방식으로 다루어질 수 있다. 사람들은 흔히 이를 두고 사태를 수습하는 것이라고 이야기한다. 흥미롭게도 이것은 또한 한 개인의 목표를 재통합하는 맥락에서 이해될 수 있다 (Boekaerts 등, 2005). 제12장에서 살펴보았듯이, 외상의 후유증을 다루는 과정의 최종적인 결말은 새로운 정체감을 형성시키는 것이다. 그리고 이런 대처행동이 왜 종종 실제 노출보다도 결과를 더 잘 예측할 수 있는지를 설명한다.

스트레스 상황에서 새로운 정체감을 발달시키는 것으로 보기보다, Greve (2005)는 사람들은 때로는 자신의 정체감을 유지하기 위해서 성격의 변화를 추구한다고 주장하였다. 다시 말해서, 대부분의 사람들은 신념과 가치, 행동에서 상황적·발달적 변화가 있음에도 불구하고, 자기라는 의식을 지속하고자 한다. 그는 사람들이 자신의 핵심적인 정체감을 유지하기 위해서 변화한다고 가정하였다. 예를 들어, 중년에 심장발작은 젊고 건강한 사람이라는 자신의 정체감을 변화시킬 수 있다. 자신의 건강을 유지하기 위하여 그 사람은 건강한 행동 습관을 변화시켜 담배를 끊고, 식생활을 바꾸며, 통제할 수 없는 분노감과 같은 성격적인 측면도 변화시키려고 노력할 수 있다. 이런 변화들은 연속성을 유지하기 위한 것이라는 것이다.

그러나 부정적 변화 역시 가능하다. 부정적인 악순환이 긍정적인 것보다 더 발생할 가능성이 높다고 가정해 보자. 무엇보다도 자신의 실패에 대해서 상관이나 전남편 등과 같은 다른 사람을 비난하기가 상대적으로 쉬울 것이다. 혹은 병리적이거나 자기 파괴적 혹은 심지어는 범죄행동 등에 대해서도 정당화하고 자신을 희생자로 내면화시킬 수 있다. 부정적 악순환은 일반적으로 덜 에너지를 쓰며, 그러므로 실제가 되기 더욱 쉽다. 긍정적인 적응의 순환은 더 많은 에너지를 필요로 하기 때문에, 자원이 부족한 상황에서는 실제가 되기 더욱 어렵다. 사람들이 목표를 성취하기 위해서는 적절한 인지적, 사회적, 금전적 및 제도적 뒷받침을 조정하고 발달시켜야 한다. 악순환에 빠질수록 그 과정을 되돌리기 위해서는 더 많은 자원이 필요하다.

부작용을 극복하기 위해서 그것들을 인식하고, 그 근원을 알아야 하며, 또한 그것들이 어떻게 작용하는지에 대해서 알고 있어야만 한다. 의식적인 결정이 긍정적 순환을 일으키고, 또 지속되게 만드는 데 종종 필요하다. 이런 의식은 점차로 발달하며, 환경 내에서 다른 사람의 도움에 의해 일어난다. 이는 우리가 가능한 선택을 어떻게 인식하고, 다른 대처전략의 결과가 어떠할지를 짐작하며, 내외적 자원들을 동원하여 행동하고 또 지속할 수 있을 때까지 계속된다.

종교, 자기조절과 자기발달

지난 10년간 종교와 건강 간의 긍정적 관계에 대해 많은 연구들이 있었다(Miller & Thoreson, 2004). 많은 연구가 종교성의 독립적인 영향력을 보여줬음에도 불구하고, 일반적으로 종교가 건강에 미치는 영향은 건강한 행동 습관과 사회적 지지에 기인한다고 여겨진다. 또 다른 가능성은 종교성과 종교적 대처가 자기조절을 증진시켜 긍정적 결과와 관련된다고 보는 것이다. 종교는 바람직하고 바람직하지 않은 것을 나누고, 바람직한 것을 발달시키도록 하고, 바람직하지 않은 것을 억제하도록 한다. 예를 들어, 기독교에는 교만, 시기, 탐식, 정욕, 나태, 분노, 탐욕과 같은 7가지 대죄가 있다. 탐식(과식), 분노(적대감), 나태(노동과 운동의 회피)는 생리적 조절과 건강에 부정적 결과를 낳는다는 것을 우리는 잘 안다. 물질적 축적의 탐욕, 타인의 능력과 재능에 대한 시기, 과도한 교만은 또한 정서조절에 부정적 영향을 미친다.

이와 같이 종교는 발달하는 자기조절의 방법을 제공한다(Levenson, Jennings, Aldwin, & Le, 2006). 예를 들어, 기독교인은 대죄와 싸우는 것을 돕는 덕성, 즉 분노에 대해서는 인내, 탐욕에 대해서는 관용, 나태에 대해서는 근면, 시기에 대해서는 호의, 정욕에 대해서는 절제, 그리고 교만에 대해서는 겸손을 실행하라고 명령받는다.(여기서 겸손은 자기비하가 아닌 자신의 한계를 인정함을 의미하며, 이는 Mischel과 Mendoza-Denton(2003)이 실패와 성취에 대한 맥락적 한계를 인식하라는 제안과 유사하다.) 불교, 이슬람교, 유대교, 베단타, 도교와 같은 세계의 주요 종교들은 대체로 절제, 자기통제, 인내, 관용 등을 촉구한다. 물론 최악의 경우 종교는 불관용, 불의와 증오를 조장할 수도 있다.

7대 죄악과 관련하여서 간디는 노동 없는 부의 축적, 도덕심 없는 쾌락, 인본주의 없는 과학, 인격 없는 지식, 원칙 없는 정치, 도덕 없는 상업, 희생 없는 숭배와 같은 방식으로 언급하였다. 이것들이 이전에 언급된 목록과의 차이는 가치와 덕성을 전적으로 개인적인 면에 두기보다는 사회적인 영역에 두었다는 것이다. 그러므로 각 개인의 발달은 그 자신의 삶의 맥락에서뿐만 아니라 더 큰 사회적 선 안에서 나타나야만 하는 것이다.

따라서 종교는 성인기 자기발달의 개념과 실천을 촉진시킬 수 있는 일관된 목표 체계를 제공한다. Curnow(1999)은 이러한 목표를 연구하였으며, 여러 종교들이 모두 비슷한 지혜의 개념을 제공한다고 주장하였다. 일관된 목표체계를 제공하는 것에 더해, 대부분 종교의 내적인 핵심은 명상을 활용하고 자기인식을 촉진하며 (호흡을 관찰하거나 걸음을 세는 것 등과 같은 활동을 통해), 주의집중 능력을 늘리고(주문을 외거나, 생각의 흐름을 관찰하거나, 염주를 이용하여 기도를 하고, 심장에 집중하는 것을 통해), 주로 호흡의 양상에 집중하는 방식으로 자율신경계를 조절한다. 그러므로 종교가 건강에 미치는 영향은 자기조절을 촉진시키는 것을 매개하는 것일 수 있다. 이런 모든 과정의 기초는 마음챙김(mindfulness)이다.

마음챙김의 대처와 지혜

어떤 면에서 마음챙김(mindfulness)보다는 생각없음(mindlessness)을 이해하기가 더 쉽다. 생각없음은 전형적인 생각과 행동에 집착하는 것을 특성으로 하는 덜 성숙한 인지적 과정을 의미한다. Langer(1989)는 이것에 대해 좋은 예를 들었다. 그녀의 친구는 고기를 굽기 전에 늘 그 끝을 잘라냈다. 왜 그러는지를 물었을 때 당황해하면서 "우리 엄마가 늘 그랬거든."이라고 대답하였다. 그 친구는 자신의 엄마를 들어서 설명하였다. 그리고 그 친구는 그 친구 할머니가 사용한 냄비가 작아서 늘 고기의 끝을 잘라서 썼다고 이야기를 했다. 생각 없는 행동과 생각이 우리 자신에게뿐만 아니라 세대에 걸쳐서 지속될 수 있다.

다른 측면에서 마음챙김은 우리 밖으로 한 발 물러서 보는 것을 포함한다. "세상 사람 다 그래", "이게 내가 할 수 있는 최선이야."와 같은 가정을 통해서 우리는 우리의 생각과 행위를 제한한다. 첫째, 이런 종류의 한계를 인식할 수 있어야 한다. Langer는 매우 간단한 개입을 통해서 이런 인지를 바꿀 수 있음을 보였으며, 이것은 수행을 증가시킬 수 있었다. 예를 들어, 선생님이 단순히 "X가 뭔가 굉장한 것일 수 있어."와 같이 간단한 언급만으로도 학생들은 문제에 대한 더욱 창의적인 해결책을 내놓았다. 다른 사람들이 풀지 못하는 문제들을 풀었다는 것을 학생들에게 이야기한 것만으로, 실제로 다른 사람들이 그렇지 않았더라도 학생들은 문제를 해결할 수도 있었다. 역으로 맥락을 조작함으로써 생각 없는 상태를 만들어 내는 것도 가능하다. 예를 들어, 한 사람은 감독자가 되고 다른 사람은 보조가 되는 것과 같은 역할을 부여하게 되면, 복잡한 문제를 풀 수 있었던 전문가인 여성들이 문제를 풀 수 없었다.

설명이 조건적이라는 것을 인식하는 것이 창의성과 재능의 발달에 결정적인 요소일 수 있다. 노벨상 수상자인 리처드 파인만(Richard Feynman)은 이에 대해서 멋지게 설명하였다. 상인이었던 파인만의 아버지는 성공하지 못한 과학자였으며, 그의 지식에 대한 사랑과 과학적 호기심을 그의 아들에게 알리려고 노력하였다. 예를 들어, 파인만이 매우 어렸을 때 손수레를 굴릴 때마다 왜 공이 뒤로 구르는지를 그의 아버지에게 물어보았다. 그의 아버지는 잠깐 생각을 하더니 "아들아, 아무도 정말로는 몰라. 단지 관성이라는 이름만 붙였지만, 왜 그런 일이 일어나는지는 잘 모른단다."라고 이야기해 주었다. 이런 조건적인 설명, 즉 어떤 것에 이름은 붙였지만, 그것을 이해하는 것을 뜻하지는 않는다는 것은 미성숙한 인지적 몰두를 막고 성찰을 촉진시킨다. 반대로 파인만도 역시 그의 자녀들과 지적 게임을 하지만, 그가 해답을 알고 있고, 세상은 구체적으로 정의될 수 있다는 것은 항상 명확하였다. 이것은 지식을 증진시킬 수 있지만, 창의성을 촉진시키는 것은 아니다.

주요 질병이나 어린 시절 부모의 죽음과 같이 스트레스 사건은 불확실성을 만들어 내며, 이는 성찰을 위한 더 많은 능력을 낳을 수 있다. 이런 능력은 제15장에서 언급한 부모의 죽음과 재능 간의 관계의 일부를 설명할 수 있다. 추가적으로 이런 아이들은 정의상 일탈된 것일 수 있다. 난 이사벨 아옌데(Isabel Allende)가 왜 그녀가 작가가 되었는지에 대한 강연을 들은 적이 있었다. "난 항상 어울리지 못했어요. 다른 사람들하고는 뭔가 다르게 보았지요."라고 이야기하였다. 부모에 대한 애도로부터 재능이라는 것이 나온 것이라고 가정해 볼 수도 있다. 이런 아이들은 뭔가 다르게 느낄 수 있다. 부모의 부재로 인해 일반적인 방식으로 사회화될 수 없었으며, 그들 자신에 대해서 불확실하게 느꼈고, 사회기술이 조금은 이상했을 수 있다. 이런 아이들은 혼자 보내는 시간이 늘어났을 수도 있다. 만약 예술적 경향이 있다면, 많은 시간 동안 그림을 그리거나 공상에 잠겼을 수도 있다. 만약 과학적으로 재능이 있었다면, 읽고 생각하는 시간이 더 많았을 수도 있다. 여러 방면에서 다른 사람들과 다르게 보는 것이 스트레스였을 수 있으나, 이 또한 매우 유용할 수 있다. 잘 어울리지 못하는 것이 부정적인 악순환에 빠지게 되는 것은 더 쉽다. 그러므로 청소년기 비행행동과 재능은 모두 부모의 상실에 기인할 수 있는 것이다.

마음챙김이 창의성, 효과적인 대처와 관련된다는 것은 명백하다. 스트레스원에 직면했을 때, 우리는 자동적으로 우리 선택을 제한하는 가정을 만들어 낸다. 항상 필요한 것은 아닌 전형적인 역할과 반응에 빠지게 되고, 이것은 또 다른 스트레스를 낳는다. 사소한 것에 대해서 화가 나는 것이 이런 좋은 예이다.

또 다른 마음챙김의 기술은 일상에서 대안적인 가능성을 보는 능력이다. 유사하게 문제 속에서 기회를 보는 능력은 탁월한 마음챙김의 예이며, 이것은 스트레스와 관련된 성장의 토대이다. 그러므로 마음챙김의 대처는 상황 속에서 다른 기회들을 볼 수 있는 능력을 포함한다.

마음챙김은 또한 상황 속에서 문제와 타인에 대한 영향과 자신의 내적 상태를 인식하는 것을 포함하며, 이것은 자기조절의 토대가 된다. 더욱 중요하게 효과적인 대처는 자신을 위한 기회와 자원의 발달인 것일 뿐만 아니라 타인에게까지 이득을 줄 수 있다. Lerner, Theokas와 Jelicic(2005, p. 39)은 "모든 사회의 핵심적인 체계적 가치(말하자면 모든 사회의 보편적인 체계적 가치)는, 한 사람이 개인-맥락의 관계를 조절하는 것은 자신과 가족, 공동체와 사회 전반에 긍정적 기여를 한다는 것이다."라고 언급하였다. Heckhausen(1999)은 다음과 같이 주장하였다.

> 생물학에 근거한 행동결정론의 상대적 결핍은 인간 개인과 사회체계의 부분에 있어서 매우 높은 조절적 요구를 불러일으켰다. 사회와 문화체계 그리고 개인은 행동을 조절하여야 하고, 이것은 자원들이 조직화되고 집중된 방식으로 투자되며, 실패 경험이 악화를 만들어 내는 것이 아니라 성장을 이끌어 내기 위함이다. (p. 8)

물론 긍정적 기여로 여겨지는 것 역시 문화마다 다를 수 있지만(Elder, 1998), 중요한 것은 효과적인 대처는 자신의 목표체계뿐만 아니라 타인을 위한 자원을 개발하는 데에도 의미가 있다는 점이다.

임상가들은 이와 같은 마음챙김 방식의 대처를 발달시키는 과정이 치료에서 내담자와 성취하고자 하는 것과 유사하다는 것을 알아차릴 수 있을 것이다. 자기관찰, 새로운 조망의 발달, 부정적 정서에서의 해방, 자기지식의 증진과 새로운 대처양식의 개발은 일반적으로 치료의 목표들이다. 이는 또한 지혜의 발달에서 핵심적인 요소이기도 하다.

문헌들에는 지혜에 대한 다양한 모델이 있으며, 이는 세 가지 정도로 구분할 수 있다. 실용적인 지식이나 사회적 유능감(Baltes & Staudinger, 2000), 친절함, 연민과 사회 정의에 대한 의식을 포함한 인격(Helson & Srivastava, 2002), 생물학적·사회적 조건뿐만 아니라 자기에 대한 외부의 정의를 초월하는 것으로 정의되는 자기초월(Levenson, Jennings, Aldwin, & Shiraishi, 2005)이 그것이다. 특히 자기초월의 모델에서는, 현명한 사람이란 문제에 대한 조망을 가질 수 있으며, 덜 화를 내고, 과거와 미래 세대를 연결할 수 있는 감각을 지니고 있으며, 정확하게 볼 수 있는 개인을 뜻한다(McKee & Barber, 1999). 이것을 어떻게 정의내리든 스트레스에 대한 대처과정은 지혜의 발달을 낳으며, 이것은 인간발달의 목표라 할 수 있다.

요약

스트레스 대처에 대한 연구는 지난 수십 년간 많은 발전을 이루었다. 이제 직면하고 있는 것은 문제를 창의적으로 풀 수 있도록 현명하게 대처하는 방법이나, 문제가 일어나지 않도록 예방할 수 있는 방법을 이해하는 것이다. 무엇보다도 발달을 숙달감이나 자아통합, 개성, 지혜 또는 자유의지로 보는 것과는 상관없이 대처를 인간발달의 수단으로 보아야 한다. 이를 달성하기 위해서, 연구자, 임상가, 그리고 문제에 대처하는 그들의 투쟁을 고통스럽게 드러내고 있는 연구대상자들 간에 소통과 상호존중을 촉진시켜야만 한다.

참고문헌

Abraham, J. D., & Hansson, R. O. (1996). Gender differences in the usefulness of goal-directed coping for middle-aged and older workers. *Journal of Applied Social Psychology, 26,* 654–669.

Abráido-Lanza, A., Guier, C., & Revenson, T. (1996). Coping and social support resources among Latinas with arthritis. *Arthritis Care and Research, 9*(6), 501–508.

Acredolo, C., & O'Connor, J. (1991). On the difficulty of detecting cognitive uncertainty. Special Issue: Cognitive uncertainty and cognitive development. *Human Development, 34,* 204–223.

Ader, R. (Ed.). (1981). *Psychoneuroimmunology.* New York: Academic Press.

Ader, R., & Cohen, N. (1982). Behaviorally conditioned immunosuppression and murine systemic lupus erythematosus. *Science, 215,* 1534–1536.

Ader, R., Felten, D., & Cohen, N. (1991). *Psychoneuroimmunology* (2nd ed.). San Diego: Academic Press.

Adler, A. (1956). *The individual psychology of Alfred Adler.* New York: Harper & Row.

Adler, N. E., Epel, E. S., Castellazzo, G., & Ickovics, J. R. (2000). Relationship of objective and subjective social status and psychological and physiological functioning: Preliminary data on healthy white women. *Health Psychology, 19,* 586–592.

Affleck, G., & Tennen, H. (1996). Construing benefits from adversity: Adaptational significance and dispositional underpinnings. *Journal of Personality, 64,* 899–922.

Affleck, G., Tennen, H., Keefe, F. J., Lefebvre, J. C., Kashikar-Zuck, S., Wright, K., et al. (1999). Everyday life with osteoarthritis or rheumatoid arthritis: Independent effects of disease and gender on daily pain, mood, and coping. *Pain, 83,* 601–609.

Affleck, G., Zautra, A., Tennen, H., & Armeli, S. (1999). Multilevel daily process designs for consulting and clinical psychology: A preface for the perplexed. *Journal of Consulting and Clinical Psychology, 67,* 746–754.

Ai, A. L, Cascio, T., Santangelo, L. K., & Evans-Campbell, T. (2005). Hope, meaning, and growth following the September 11, 2001, terrorist attacks. *Violence, 120,* 523–548.

Aikens, J. E., Wallander, J. L., Bell, D. S. H., & Cole, J. A. (1992). Daily stress variability, learned resourcefulness, regimen adherence, and metabolic control in Type I diabetes mellitus: Evaluation of a path model. *Journal of Consulting and Clinical Psychology, 60,* 113–118.

Albert, R. S. (Ed.). (1983). *Genius and eminence.* New York: Pergamon Press.

Aldwin, C. (1982a). *The role of values in stress and coping processes: A study in person–situation interactions.* Unpublished doctoral dissertation, University of California, San Francisco.

Aldwin, C. M. (1982b). Commitments, coping, hassles and uplifts. Paper presented at the annual meeting of the American Psychological Association, Washington, DC.

Aldwin, C. (1985, May). *Cultural influences on the stress and coping process.* Paper presented at the international symposium entitled "Manejo del stress: Implicaciones biologicas, psicosociales y clinicas," Enseñada, Mexico.

Aldwin, C. (1990). The Elders Life Stress Inventory (ELSI): Egocentric and non-egocentric stress. In M. A. P. Stephens, S. E. Hobfall, J. H. Crowther, & D. L. Tennenbaum (Eds.), *Stress and coping in late life families* (pp. 49–69). New York: Hemisphere.

Aldwin, C. (1991). Does age affect the stress and coping process? Implications of age differences in perceived control. *Journal of Gerontology, 46,* 174–180.

Aldwin, C. (1992). Age, coping, and efficacy: Theoretical framework for examining coping in life-span developmental context. In M. L. Wykle, E. Kahana, & J. Kowal (Eds.), *Stress and health among the elderly* (pp. 96–114). New York: Springer.

Aldwin, C. (1994, August). *The California Coping Inventory.* Paper presented at the annual meeting of the American Psychological Association, Los Angeles.

Aldwin, C. M. (2002). An adult developmental approach to stress and coping. Paper presented at the Federal University of Juiz de Fora, Brazil.

Aldwin, C. M., & Brustrom, J. (1997). Theories of coping with chronic stress: Illustrations from the health psychology and aging literatures. In B. Gottlieb (Ed.), *Coping with chronic stress* (pp. 75–103). New York: Plenum Press.

Aldwin, C., Folkman, S., Coyne, J., Schaefer, C., & Lazarus, R. S. (1980, August). *The Ways of Coping Scale: A process approach.* Paper presented at the annual meeting of the American Psychological Association, Montreal, Quebec, Canada.

Aldwin, C. M., & Gilmer, D. F. (2004). *Health, illness, and optimal aging: Biological and psychosocial perspectives.* Thousand Oaks, CA: Sage.

Aldwin, C., & Greenberger, E. (1987). Cultural differences in the predictors of depression. *American Journal of Community Psychology, 15,* 789–813.

Aldwin, C. M., & Levenson, M. R. (1994). Aging and personality assessment. In M. P. Lawton & J. Teresi (Eds.), *Annual review of gerontology/geriatrics* (Vol. 14, pp. 182–209). New York: Springer.

Aldwin, C. M., & Levenson, M. R. (2001). Stress, coping, and health at mid-life: A developmental perspective. In M. E. Lachman (Ed.), *The handbook of midlife development* (pp. 188–214). New York: Wiley.

Aldwin, C. M., & Levenson, M. R. (2004). Post-traumatic growth: A developmental perspective. *Psychological Inquiry, 15,* 19–21.

Aldwin, C. M., & Levenson, M. R. (2005). Military service and emotional maturation:

The Chelsea Pensioners. In K. W. Warner & G. Elder, Jr. (Eds.), *Historical influences on lives and aging* (pp. 255–281). New York: Plenum Press.

Aldwin, C. M., Levenson, M. R., Cupertino, A. P., & Spiro, A., III. (1998). Personality, childhood experiences, and drinking patterns in older men: Findings from the Normative Aging Study. *Proceedings of the Fifth International Congress of Behavioral Medicine*, p. 82.

Aldwin, C. M., Levenson, M. R., & Gilmer, D. F. (2004). Interface between physical and mental health. In C. M. Aldwin & D. F. Gilmer, *Health, illness, and optimal aging: Biological and psychosocial perspectives*. Thousand Oaks, CA: Sage.

Aldwin, C. M., Levenson, M. R., & Spiro, A., III. (1994). Vulnerability and resilience to combat exposure: Can stress have lifelong effects? *Psychology and Aging, 9,* 34–44.

Aldwin, C., Levenson, M. R., Spiro, A., III, & Bossé, R. (1989). Does emotionality predict stress? Findings from the Normative Aging Study. *Journal of Personality and Social Psychology, 56,* 618–624.

Aldwin, C., Levenson, M. R., Spiro, A., III, & Bossé, R. (1992, June). *Positive and negative consequences of trauma.* Paper presented at the Fourth International Conference on Social Stress, Venice, Italy.

Aldwin, C., & Revenson, T. A. (1987). Does coping help? A reexamination of the relationship between coping and mental health. *Journal of Personality and Social Psychology, 53,* 337–348.

Aldwin, C., & Revenson, T. (1986). Vulnerability to economic stress. *American Journal of Community Psychology, 14,* 161–175.

Aldwin, C. M., Shiraishi, R. W., & Cupertino, A. (2001, August). *Change and stability in coping: Findings from the Davis Longitudinal Study.* Paper presented at the Annual Meeting of the American Psychological Association, San Francisco.

Aldwin, C. M., Shiraishi, R. W., & Levenson, M. R. (2002, August). *Is health in midlife more vulnerable to stress?* Paper presented at the Annual Meeting of the American Psychological Association, Chicago.

Aldwin, C., & Stokols, D. (1988). The effects of environmental change on individuals and groups: Some neglected issues in stress research. *Journal of Environmental Psychology, 8,* 57–75.

Aldwin, C. M., & Sutton, K. J. (1998). A developmental perspective on post-traumatic growth. In R. G. Tedeschi, C. L. Park, & L. G. Calhoun (Eds.), *Post-traumatic growth: Positive changes in the aftermath of crisis* (pp. 43–64). Mahwah, NJ: Erlbaum.

Aldwin, C. M., Sutton, K. J., Chiara, G., & Spiro, A., III. (1996). Age differences in stress, coping, and appraisal: Findings from the Normative Aging Study. *Journals of Gerontology: Psychological Sciences, 51B,* P179.

Aldwin, C. M., Sutton, K., & Lachman, M. (May, 1996a). Perceived positive and negative long-term outcomes of stress. Paper presented at the Sixth International Conference on Social Stress Research, Paris.

Aldwin, C. M., Sutton, K., & Lachman, M. (1996b). The development of coping resources in adulthood. *Journal of Personality, 64,* 91–113.

Aldwin, C. M., & Yancura, L. A. (2004). Coping and health: A comparison of the stress and trauma literature. In P. P. Schnurr & B. L. Green (Eds.), *Trauma and health: Physical health consequences of exposure to extreme stress* (pp. 99–125). Washington, DC: American Psychological Association Press.

Aldwin, C. M., Yancura, L. A., & Boeninger, D. K. (2007). Coping, health, and aging. In C. M. Aldwin, C. L. Park, & A. Spiro, III (Eds.), *Handbook of health psychology and aging* (pp. 210–226). New York: Guilford Press.

Alexander, F. (1950). *Psychosomatic medicine: Its principles and applications*. New York: Norton.

Ali, A. Y. (Trans.). (1946). *The Koran*. New York: McGregor & Werner.

Almeida, D. M., & Horn, M. C. (2004). Is daily life more stressful during middle adulthood? In O. G. Brim, C. D Ryff, & R. C. Kessler (Eds.), *How healthy are we? A national study of well-being at mid-life* (pp. 425–451). Chicago: University of Chicago Press.

Almeida, D. M., McGonagle, K. A., Cate, R. C. Kessler, R. C., & Wethington, E. (2003). Psychosocial moderators of emotional reactivity to marital arguments: Results from a daily diary study. *Marriage and Family Review. Special Emotions and the Family: Part I, 34*(1–2), 89–113.

Almeida, D. M., Wethington, E., & Kessler, R. C. (2002). The Daily Inventory of Stressful Events: An interview-based approach for measuring daily stressors. *Assessment, 9,* 41–55.

Altschuler, J. A., & Ruble, D. N. (1989). Developmental changes in children's awareness of strategies for coping with uncontrollable stress. *Child Development, 60,* 1337–1349.

Amato, P. R. (1996). Explaining the intergenerational transmission of divorce. *Journal of Marriage and the Family, 58,* 628–640.

Amato, P. R. (2001). Children of divorce in the 1990s: An update of the Amato and Keith (1991) meta-analysis. *Journal of Family Psychology, 15,* 355–371.

Amato, P. R., & Keith, B. (1991). Consequences of parental divorce for the well-being of children: A meta-analysis. *Psychological Bulletin, 110,* 26–46.

American Psychiatric Association. (1994). *Diagnostic and statistical manual of mental disorders* (4th ed.). Washington, DC: Author.

Amirkhian, J. H. (1990). A factor analytically derived measure of coping: The Coping Strategy Indicator. *Journal of Personality and Social Psychology, 59,* 1066–1074.

Ano, G. G., & Vasconcelles, E. B. (2005). Religious coping and psychological adjustment to stress: A meta-analysis. *Journal of Clinical Psychology, 61*(4), 461–480.

Anthony, E. J. (1987a). Risk, vulnerability, and resilience: An overview. In E. J. Anthony & B. J. Cohler (Eds.), *The invulnerable child* (pp. 3–48). New York: Guilford Press.

Anthony, E. J. (1987b). Children at high risk for psychosis growing up successfully. In E. J. Anthony & B. J. Cohler (Eds.), *The invulnerable child* (pp. 147–184). New York: Guilford Press.

Antoni, M. H. (2003). Stress management interventions for women with breast cancer. Washington, DC: American Psychological Association.

Antoni, M. H., Cruess, D. G., Klimas, N., Maher, K., Cruess, S., Kumar, M., et al. (2002). Stress management and immune system reconstitution in symptomatic HIV-infected gay men over time: Effects on transitional naive T cells (CD4(+)CD45RA(+)CD29(+)). *American Journal of Psychiatry, 159,* 143–145.

Antoni, M. H., Lehman, J. M., Klibourn, K. M., Boyers, A. E., Culver, J. L., Alferi, S. M. et al. (2001). Cognitive–behavioral stress management intervention decreases the prevalence of depression and enhances benefit finding among women under treatment for early-stage breast cancer. *Health Psychology, 20,* 20–32.

Antonovsky, A. (1979). *Health, stress and coping.* San Francisco: Jossey-Bass.

Antonovsky, A. (1987). *Unravelling the mystery of health: How people manage stress and stay well.* San Francisco: Jossey-Bass.

Antonucci, T. C., & Jackson, J. S. (1990). The role of reciprocity in social support. In B. R. Sarason, I. G. Sarason, & G. R. Pierce (Eds.), *Social support: An interactional view* (pp. 173–198). New York: Wiley.

Appley, M. H., & Turnbull, R. (1986). A conceptual model for the examination of stress dynamics. In M. H. Appley & R. Trumbull (Eds.), *Dynamics of stress: Physiological, psychological, and social perspectives* (pp. 21–45). New York: Plenum Press.

Arnett, J. J. (2001). Conceptions of the transition to adulthood: Perspectives from adolescence through midlife. *Journal of Adult Development, 8*(2), 133–143.

Arnold, D., Calhoun, L. G, Tedeschi, R., & Cann, A. (2005). Vicarious posttraumatic growth in psychotherapy. *Journal of Humanistic Psychology, 45,* 239–263.

Aronson, E. (1980). *The social animal.* San Francisco: Freeman.

Arsenian, J., & Arsenian, J. M. (1948). Tough and easy cultures: A conceptual analysis. *Psychiatry, 11,* 377–385.

Ashing-Giwa, K., Padilla, G., Tejero, J., & Kim, J. (2004). Understanding the breast cancer experience of women: A qualitative study of African American, Asian American, Latina and Caucasian cancer survivors. *Psycho-Oncology, 13*(6), 408–428.

Aspinwall, L. G., Sechrist, G. B., & Jones, P. R. (2005). Expect the best and prepare for the worst: Anticipatory coping and preparations for Y2K. *Motivation and Emotion, 29*(4), 357–388.

Aspinwall, L. G., & Taylor, S. E. (1997). A stitch in time: Self-regulation and proactive coping. *Psychological Bulletin, 121*(3), 417–436.

Auerbach, S. M. (1989). Stress management and coping research in the health care setting: An overview and methodological commentary. *Journal of Consulting and Clinical Psychology, 57,* 388–395.

Averill, J. R., & Rosenn, M. (1972). Vigilant and nonvigilant coping strategies and psychophysiological stress reactions during anticipation of electric shock. *Journal of Personality and Social Psychology, 23,* 128–141.

Backstrom, L., & Kauffman, R. (1995). The porcine stress syndrome: A review of genetics, environmental factors, and animal well-being implications. *Agri-Practice, 16,* 24–30.

Baldwin, D. A., & Moses, L. J. (1996). The ontogeny of social information-processing. *Child Development, 67,* 1915–1939.

Baltes, P. B. (1987). Theoretical propositions of life-span developmental psychology: On the dynamics between growth and decline. *Developmental Psychology, 24,* 611–626.

Baltes, P. B., & Staudinger, U. M. (2000). Wisdom: A metaheuristic (pragmatic) to orchestrate mind and virtue toward excellence. *American Psychologist, 55,* 122–136.

Band, E. B. (1990). Children's coping with diabetes: Understanding the role of cognitive development, *journal of Pediatric Psychology, 15,* 27–41.

Band, E. B., & Weisz, J. R. (1988). How to feel better when it feels bad: Children's perspectives on coping with everyday stress. *Developmental Psychology, 24,* 247–253.

Bandura, A. (1989). Human agency in social cognitive theory. *American Psychologist, 44,* 1175–1184.

Bandura, A. (1997). *Self-efficacy: The exercise of control.* New York: Freemam.

Bandura, B., & Waltz, M. (1984). Social support and the quality of life following myocardial infarction. *Social Indicators Research, 14,* 295–311.

Barkley, R. A. (1996). Critical issues in research on attention. In G. R. Lyon & N. Krasnegor (Eds.), *Attention, memory, and executive function* (pp. 45–56). Baltimore: Brookes.

Barron, R. M., & Kenny, D. A. (1986). The mediator–moderator variable distinction in social psychological research: Conceptual, strategic, and statistical considerations. *Journal of Personality and Social Psychology, 51,* 1173–1182.

Bateson, G. (1972). *Steps to an ecology of mind.* New York: Ballantine Books.

Bateson, M. C. (1968). Insight in a bicultural context. *Philippines Studies, 16,* 605–621.

Bauer, D. J., & Curran, P. J. (2003). Distributional assumptions of growth curve models: Implications for overextraction of latent trajectory classes. *Psychological Methods, 8,* 338–363.

Baum, A., & Fleming, I. (1993). Implications of psychological research on stress and technological accidents. *American Psychologist, 48,* 665–672.

Baum, A., Fleming, R., & Singer, J. (1983). Coping with victimization by technological disaster. *Journal of Social Issues, 39,* 117–138.

Baum, C., Cohen, L., & Hall, M. (1993). Control and intrusive memories as possible determinants of chronic stress. *Psychosomatic Medicine, 55,* 274–286.

Beach, S. R., Schulz, R., Yee, J. L., & Jackson, S. (2000). Negative and positive health effects of caring for a disabled spouse: Longitudinal findings from the caregiver health effects study. *Psychology and Aging, 15,* 259–271.

Beardslee, W. R. (1989). The role of self-understanding in resilient individuals: The development of a perspective. *American Journal of Orthopsychiatry, 59,* 266–278.

Beckwith, L., & Rodning, C. (1996). Dyadic processes between mothers and preterm infants: Development at ages 2 to 5 years. *Infant Mental Health Journal, 17*(4), 322–333.

Bell, R. Q., & Harper, L. V. (1977). *Child effects on adults.* Hillsdale, NJ: Erlbaum.

Bellizzi, K. M., & Blank, T. A. (2006). Predicting posttraumatic growth in breast cancer survivors. *Health Psychology, 251,* 47–56.

Benner, P., Roskies, E., & Lazarus, R. S. (1980). Stress and coping under extreme circumstances. In J. E. Dimsdale (Ed.), *Survivors, victims, and perpetrators: Essays on the Nazi holocaust (pp.* 219–258). Washington, DC: Hemisphere.

Bennett, M. R., & Hacker, P. M. S. (2003). *Philosophical foundations of neuroscience.* Oxford, UK: Blackwell.

Berg, C. A., Meegan, S. P., & Deviney, F. P. (1998). A social–contextual model of coping with everyday problems across the lifespan. *International Journal of Behavioral Development, 22,* 239–261.

Berscheid, E. (2003). The human's greatest strength: Other humans. In L. G. Aspinwall & U. M. Staudinger (Eds.), *A psychology of human strengths: Fundamental questions and future directions for a positive psychology* (pp. 37–47). Washington, DC: American Psychological Association.

Bettelheim, B. (1943). Individual and mass behavior in extreme situations. *Journal of Abnormal Social Psychology, 38*, 417–452.

Billings, A. G., & Moos, R. H. (1984). Coping, stress, and social resources among adults with unipolar depression. *Journal of Personality and Social Psychology, 46*, 877–891.

Billings, D. W., Folkman, S., Acree, M., & Moskowitz, J. T. (2000). Coping and physical health during caregiving: The roles of positive and negative affect. *Journal of Personality and Social Psychology, 79*, 131–142.

Biondi, M., & Picardi, A. (1999). Psychological stress and neuroendocrine function in humans: The last two decades of research. *Psychotherapy and Psychosomatics, 68*, 114–150.

Blascovich, J. J., & Katkin, E. S. (1993). Cardiovascular reactivity to psychological stress and disease [APA science volumes]. Washington, DC: American Psychological Association.

Bleich, A., Gelkopf, M., & Solomon, Z. (2003). Exposure to terrorism, stress-related mental health symptoms, and coping behaviors among a nationally representative sample in Israel. *Journal of the American Medical Association, 290*, 613–620.

Bleuler, M. (1984). Different forms of childhood stress and patterns of adult psychiatric outcome. In N. F. Watt, E. J. Anthony, L. C. Wynne, & J. Rolf (Eds.), *Children at risk for schizophrenia: A longitudinal perspective* (pp. 547–542). Cambridge, UK: Cambridge University Press.

Bloom, S. L. (1996). Dissociation and the fragmentary nature of traumatic memories: Overview. *British Journal of Psychotherapy, 12*(3), 352–361.

Boekaerts, M., Maes, S., & Karoly, P. (2005). SelfRegulation across domains of applied psychology: Is there an emerging consensus? *Applied Psychology: An International Review, 54*, 149–154.

Boeninger, D. K., Shiraishi, R. W., & Aldwin, C. M. (2003, May). Associations of age, personality, and stressor type with primary stress appraisal. Poster presented at the APA/UC Health Psychology Conference, San Bernadino, CA,

Bolger, N. (1990). Coping as a personality process: A prospective study. *Journal of Personality and Social Psychology, 59*, 525–537.

Bolger, N., & Zuckerman, A. (1995). A framework for studying personality in the stress process. *Journal of Personality and Social Psychology, 69*, 890–902.

Bolger, N., Zuckerman, A., & Kessler, R. C. (2000). Invisible support and adjustment to stress. *Journal of Personality and Social Psychology, 79*, 953–961.

Bond, M., Gardiner, S. T., Christian, J., & Sigel, J. J. (1983). An empirical examination of defense mechanisms. *Archives of General Psychiatry, 40*, 33–38.

Bond, M., Gardiner, S. T., & Sigel, J. J. (1983). An empirical examination of defense mechanisms. *Archives of General Psychiatry, 40*, 333–338.

Bonnano, G. A. (2004). Loss, trauma, and human resilience: Have we underestimated the human capacity to thrive after extremely aversive events? *American Psychologist, 59*, 20–28.

Boscarino, J. A., & Chang, J. (1999). Higher abnormal leukocyte and lymphocyte counts 20 years after exposure to severe stress: Research and clinical implications. *Psychosomatic Medicine, 61*, 378–386.

Bossé, R., Aldwin, C., Levenson, M. R., & Workman-Daniels, K. (1991). How stressful is retirement? Findings from the Normative Aging Study. *Journal of Gerontology, 46*, 9–14.

Bower, J. E., Meyerowitz, B. E., Desmond, K. A., Bernards, C. A., Ropland, J. H., & Ganz, P. A. (2005). Perceptions of positive meaning and vulnerability following breast cancer: Predictions and outcomes among long-term breast cancer survivors. *Annals of Behavioral Medicine, 29*, 236–245.

Bower, T. G. R. (1977). *A primer of infant development*. San Francisco: Freeman.

Bradshaw, W. H. (1993). Coping-skills training versus a problem-solving approach with schizophrenic patients. *Hospital and Community Psychiatry, 44*, 1102–1104.

Brandstädter, J. (1999). The self in action and development: Cultural, biosocial and ontogenetic bases of intentional self-development. In J. Brandstädter & R. M. Lerner (Eds.), *Action and self-development: Theory and research through the life span* (pp. 37–66). Thousands Oaks, CA: Sage.

Brandstädter, J., Krampen, G., & Heil, F. (1986). Personal control and emotional evaluation of development in partnership relations during adulthood. In M. Baltes & P. Baltes (Eds.), *The psychology of control and age* (pp. 265–296). Hillsdale, NJ: Erlbaum.

Brandstädter, J., & Rothermund, K. (2003). *Intentionality and time in human development and aging: Compensation and goal adjustment in changing developmental contexts*. Dordrecht, Netherlands: Kluwer Academic.

Brennan, M., & Cardinali, G. (2000). The use of preexisting and novel coping strategies in adapting to age-related vision loss. *Gerontologist, 40*. 327–334

Brewin, C. R. (2003). *Post traumatic stress disorder: Malady or myth?* New Haven, CT: Yale University Press,

Brickman, P., Rabinowitz, V. C., Karuza, J., Jr., Coates, D., Cohn, E., & Kidder, L. (1982). Model of helping and coping. *American Psychologist, 37*, 368–384.

Broderick, P. C. (1998). Early adolescent gender differences in the use of ruminative and distracting coping strategies. *Journal of Early Adolescence, 18*, 173–191.

Broderick, P. C., & Korteland, C. (2004). A prospective study of rumination and depression in early adolescence. *Clinical Child Psychology and Psychiatry, 9*, 383–394.

Brown, G. W. (1989). Life events and measurement. In G. W. Brown & T. O. Harris (Eds.), *Life events and illness* (pp. 3–45). New York: Guilford Press.

Brown, G. W., & Harris, T. O. (1978). *Social origins of depression: A study of psychiatric disorder in women*. New York: Free Press.

Brown, G. W., & Harris, T. O. (1989). Depression. In G. W. Brown & T. O. Harris (Eds.), *Life events and illness* (pp. 49–93). New York: Guilford Press.

Brown, M., O'Keefe, J., Sanders, S. H., & Baker, B. (1986). Developmental changes in children's cognition to stressful and painful situations. *Journal of Pediatric Psychology, 11*, 343–357.

Bryant, B. K. (1985). The neighborhood walk: Sources of support in middle childhood. *Monographs of the Society for Research in Child Development, 50*(3, Serial No. 210).

Bryk, A. S., & Raudenbush, S. W. (1992). *Hierarchical linear models: Applications and data analysis methods*. Thousand Oaks, CA: Sage.

Buddeberg, C., Sieber, M., Wolf, C., Laudolt-Ritter, C., Richter, D., & Steiner, R.

(1996). Are coping strategies related to disease outcome in early breast cancer? *Journal of Psychosomatic Research, 40,* 2.

Bull, B. A., & Drotar, D. (1991). Coping with cancer in remission: Stressors and strategies reported by children and adolescents. *Journal of Pediatric Psychology, 16,* 767–782.

Burgess, A. W., & Holmstrom, L. L. (1976). Coping behavior of the rape victim. *American Journal of Psychiatry, 133,* 413–418.

Burt, M. R., & Katz, B. L. (1987). Dimensions of recovery from rape: Focus on growth outcomes. *Journal of Interpersonal Violence, 2,* 57–82.

Bush, J. P., Melamed, B. G., Sheras, P. L., & Greenbaum, P. E. (1986). Mother–child patterns of coping with anticipatory medical stress. *Health Psychology, 5,* 137–157.

Butterfield, D. A. (2006). Oxidative stress in neurodegenerative disorders. *Antioxidant Redox Signaling, 8,* 1971–1973.

Byrne, D. (1964). Repression–sensitization as a dimension of personality. In B. A. Maher (Ed.), *Progress in experimental personality research* (Vol. 1, pp. 169–220). New York: Academic Press.

Calabrese, J. R., & Baldwin, L. A. (2002). Hormesis: The dose–response revolution. *Annual Review of Pharmacology and Toxicology, 43,* 175–97.

Calabrese, J. R., Goldberg, J. F., Ketter, T. A., Suppes, T., Frye, M., White, R., et al. (2006). Recurrence in bipolar I disorder: A post-hoc analysis excluding relapses in two double-blind maintenance studies. *Biological Psychiatry, 59*(11), 1061–1064.

Calhoun, J. B. (1962). Population density and social pathology. *Scientific American, 206,* 139–150.

Calhoun, L. G., & Tedeschi, R. G. (1991). Perceiving benefits in traumatic events: Some issues for practicing psychologists. *The Journal of Practice and Training in Professional Psychology, 5,* 45–42.

Cannon, W. B. (1915). *Bodily changes in pain, hunger, fear, and rage: An account of recent researches into the function of emotional excitement.* New York: Appleton.

Cannon, W. B. (1929). *Bodily changes in pain, hunger, fear and rage: An account of recent researches into the function of emotional excitement* (2nd ed.). New York: Appleton.

Cannon, W. B. (1939). *The wisdom of the body.* New York: Norton.

Caplovitz, D. (1979). *Making ends meet: How families cope with inflation and recession.* Beverly Hills, CA: Sage.

Cardoza, B. L., Beluhka, O. O., Gotway Crawford, C. A. D., Shaikh, I., Wolfe, M. I., Gerber, M. L., et al. (2004). Mental health, social functioning, and disability in post-war Afghanistan. *Journal of the American Medical Association, 292,* 575–584.

Carrere, S., Evans, G. W., Palsane, M. N., & Rivas, M. (1991). Job strain and occupational stress among urban transit operators. *Journal of Occupational Psychology, 64,* 305–316.

Carstensen, L. L., Mikels, J. A., & Mather, M. (2006). Aging and the intersection of cognition, motivation and emotion. In J. Birren & K. W. Schaie (Eds.), *Handbook of the psychology of aging* (6th ed., pp. 343–362). San Diego: Academic Press.

Carver, C. S., & Scheier, M. F. (1994). Situational coping and coping dispositions in a stressful transaction. *Journal of Personality and Social Psychology, 66,* 184–199.

Carver, C. S., & Scheier, M. F. (1999). Themes and issues in the self-regulation of behavior. In R. S. Wyer, Jr. (Ed.), *Perspectives on behavioral self-regulation, advances in social cognition* (Vol. XII, pp. 1–105). Mahwah, NJ: Erlbaum.

Carver, C. S., & Scheier, M. F. (2003). Three human strengths. In L. G. Aspinwall & U. M. Staudinger (Eds.), *A psychology of human strengths: Fundamental questions and future directions for a positive psychology* (pp. 87–102). Washington, DC: American Psychological Association.

Carver, C. S., & Scheier, M. F., & Weintraub, J. K. (1989). Assessing coping strategies: A theoretically-based approach. *Journal of Personality and Social Psychology, 56,* 267–283.

Casella, L., & Motta, R. W. (1990). Comparison of characteristics of Vietnam veterans with and without posttraumatic stress disorder. *Psychological Reports, 67,* 595–605.

Caspi, A., Bem, D. J., & Elder, G. H. (1989). Continuities and consequences of interactional styles across the life course [Special issue. Long-term stability and change in personality]. *Journal of Personality, 57,* 375–406.

Caspi, A., Roberts, B., & Shiner, R. (2005). Personality development: Stability and change. *Annual Review of Psychology, 56*(1), 453–484.

Caspi, A., Sugden, K., Moffitt, T. E., Taylor, A., Craig, I. W., Harrington, H., et al. (2003). Influence of life stress on depression: Moderation by a polymorphism in the 5-HTT gene. *Science, 301,* 386–389.

Centers for Disease Control. (1987). Postservice mortality among Vietnam veterans. *Journal of the American Medical Association, 257,* 790–795.

Cervantes, R. C., Padilla, A. M., & Salgado de Snyder, N. (1990). Reliability and validity of the Hispanic Stress Inventory. *Hispanic Journal of Behavioral Sciences, 12,* 79–82.

Chandler, M. J., Lalonde, C. E., Sokol, B. W., & Hallett, D. (2003). Personal persistence, identity development, and suicide: A study of Native and non-Native North American adolescents. *Monographs of the Society for Research in Child Development, 68,* vii–130.

Chesney, M. A., & Folkman, S. (1994). Psychological impact of HIV disease and implications for intervention. *Psychiatric Clinics of North America, 17,* 163–182.

Chiriboga, D. (1984). Social stressors as antecedents of change. *Journal of Gerontology, 39,* 468–477.

Chiriboga, D. (1992). Paradise lost: Stress in the modern age. In M. Wykle, E. Kahana, & J. Kowal (Eds.), *Stress and health among the elderly* (pp. 35–71). New York: Springer.

Chiriboga, D. A. (1997). Crisis, challenge, and stability in the middle years. In M. E. Lachman & J. B. James (Eds.), *Multiple paths of midlife development* (pp. 293–343). Chicago: University of Chicago.

Chiueh, C., Andoh, T., & Chock, P. B. (2005). Induction of thioredoxin and mitochondrial survival proteins mediates preconditioning-induced cardioprotection and neuroprotection. *Annals of the N.Y. Academy of Sciences, 1042,* 403–418.

Cichetti, D. (2003). Foreword. In S. S. Luthar (Ed.), *Resilience and vulnerability: Adaptation in the context of childhood adversities* (pp. xix–xxviii). New York: Cambridge University Press.

Cleary, T. (Ed., & Trans.). (1993). *The essential Koran: The heart of Islam*. New York: HarperCollins.

Coddington, R. (1972). The significance of life events as etiological factors in the diseases of children. *Journal of Psychosomatic Research, 16*, 7–18.

Coelho, G. V., Hamburg, D. A., & Adams, J. E. (Eds.). (1974). *Coping and adaptation*. New York: Basic Books.

Cohen, F., & Lazarus, R. S. (1973). Active coping processes, coping dispositions, and recovery from surgery. *Psychosomatic Medicine, 35*, 375–389.

Cohen, J., & Cohen, P. (1975). *Applied multiple regression/correlation analysis for the behavioral sciences*. Hillsdale, NJ: Erlbaum.

Cohen, L. J., & Roth, S. (1987). The psychological aftermath of rape: Long-term effects and individual differences in recovery. *Journal of Social and Clinical Psychology, 5*, 525–534.

Cohen, S., Frank, E., Doyle, W. J., Skoner, D. P., Rabin, B. S., & Gwaltney, J. M. (1998). Types of stressors that increase susceptibility to the common cold in healthy adults. *Health Psychology, 17*, 214–223.

Cohen, S., & Herbert, T. (1996). Health psychology: Physiological factors and physical disease from the perspective of human psychoneuroimmunology. *Annual Review of Psychology, 47*, 113–142.

Cohen, S., Tyrell, D., & Smith, A. (1991). Psychological stress and susceptibility to the common cold. *New England Journal of Medicine, 325*, 606–612.

Cohen, S., Tyrell, D. A., & Smith, A. P. (1993). Negative life events, perceived stress, negative affect, and susceptibility to the common cold. *Journal of Personality and Social Psychology, 64*, 241–256.

Colby, B. N. (1987). Well-being: A theoretical program. *American Anthroplogist, 89*, 879–895.

Cole, P. M., Bruschi, C. J., & Tamang, B. L. (2002). Cultural differences in children's reactions to difficult situations. *Child Development, 73*, 983–996.

Coles, R. (1977). *The children of crisis: Vol. 6. Privileged ones: The well-off and the rich in America*. Boston: Little, Brown.

Compas, B. E., Connor, J., Osowiecki, D., & Welch, A. (1996). Effortful and involuntary responses to stress: Implications for coping with chronic illness. In B. H. Gottlieb (Ed.)., *Coping with chronic stress* (pp. 107–132). New York: Plenum Press.

Compas, B. E., O'Connor-Smith, J., & Jaser, S. S. (2004). Temperament, stress reactivity, and coping: Implications for depression in childhood and adolescence. *Journal of Clinical Child and Adolescent Psychology, 33*, 21–31.

Compas, B., O'Connor-Smith, J. K., Saltzman, S., Thomsen, A. H., & Wadsworth, M. E. (2001). Coping with stress during childhood and adolescence: Problems, progress, and potential in theory and research. *Psychological Bulletin, 127*, 87–127.

Compas, B. E., Orosan, P. G., & Grant, K. E. (1993). Adolescent stress and coping: Implications for psychopathology during adolescence. *Journal of Adolescence, 16*, 33–39.

Compas, B. E., & Williams, R. A. (1990). Stress, coping, and adjustment in mothers and young adolescents in single- and two-parent families. *American Journal of Community Psychology, 18*, 525–545.

Compas, B. E., Worsham, N. L., & Ey, S. (1992). Conceptual and developmental issues in children's coping with stress. In A. M. La Greca, L. J. Siegel, J. L. Wallander, & C. E. Walker (Eds.), *Stress and coping in child health* (pp. 7–24). New York: Guilford Press.

Conger, R. D., & Conger, K. J. (2002). Resilience in midwestern families: Selected findings from the first decade of a prospective, longitudinal study. *Journal of Marriage and Family, 64*, 361–373.

Constantinides, P. (1977). Ill at ease and sick at heart: Symbolic behaviour in a Sudanese healing cult. In Lewis, I. (Ed.), *Symbols and sentiments* (pp. 61–84). New York: Academic Press.

Cook, T. M., Novaco, R. W., & Sarason, I. G. (1982). Military recruitment training as an environmental context affecting expectancies for control of reinforcement. *Cognitive Therapy and Research, 6*, 409–428.

Cooper, C., & Faragher, E. (1992). Coping strategies and breast disorders/cancer. *Psychological Medicine, 22*, 447–455.

Costa, P. T., Zonderman, A. B., & McCrae, R. R. (1991). Personality, defense, coping, and adaptation in older adulthood. In E. M. Cummings, A. L. Greene, & K. H. Karraker (Eds.), *Life-span developmental psychology: Perspectives of stress and coping* (pp. 277–293). Hillsdale, NJ: Erlbaum.

Cottington, E., & House, J. (1987). Occupational stress and health: A multi-variate relationship. In A. Baum & J. Singer (Eds.), *Handbook of psychology and health* (pp. 41–62). Hillsdale, NJ: Erlbaum.

Cousins, N. (1979). *Anatomy of an illness as perceived by the patient.* New York: Bantam Books.

Cowen, E. L., Wyman, P. A., Work, W. C., & Parker, G. R. (1990). The Rochester Child Resilience Project: Overview and summary of first year findings. *Development and Psychopathology, 2*, 193–212.

Cox, D. J., & Gonder-Frederick, L. (1992). Major developments in behavioral diabetes research. *Journal of Consulting and Clinical Psychology, 60*, 628–638.

Cox, D. R., & Oakes, D. (1984). *Analysis of survival data.* London: Chapman & Hall.

Coyne, J. (1992, August). *But life is not a controlled experiment: Problems in the assessment of coping.* Paper presented at the annual meeting of the American Psychological Association, Washington, DC.

Coyne, J. C., Aldwin, C. M., & Lazarus, R. S. (1981). Depression and coping in stressful episodes. *Journal of Abnormal Psychology, 90*, 439–447.

Coyne, J., & DeLongis, A. (1986). Going beyond social support: The role of social relationships in adaptation. *Journal of Consulting and Clinical Psychology, 54*, 454–460.

Coyne, J., & Downey, G. (1991). Social factors and psychopathology: Stress, social support, and coping processes. *Annual Review of Psychology, 42*, 401–426.

Coyne, J., Ellard, J. H., & Smith, A. F. (1990). Social support, interdependence, and the dilemmas of helping. In B. Sarason, I. Sarason, & G. Pierce (Eds.), *Social support: An interactional view* (pp. 129–149). New York: Wiley.

Coyne, J. C., & Racioppo, M. (2000). Never the twain shall meet? Closing the gap between coping research and clinical intervention research. *American Psychologist, 55*, 655–664.

Coyne, J., & Smith, D. A. F. (1991). Couples coping with a myocardial infarction: A contextual perspective on wives' distress. *Journal of Personality and Social Psychology, 61,* 404–412.

Coyne, J. C., Thompson, R., & Racioppo, M. W. (2001). Validity and efficiency of screening for history of depression by self-report. *Psychological Assessment, 13,* 163–170.

Cozzolino, P. J., Staples, A. D., Meyers, L. S., & Samboceti, J. (2004). Greed, death, and values: From terror management to transcendence management theory *Personality and Social Psychology Bulletin, 30,* 2004, 278–292.

Cramer, P. (2000). Defense mechanisms in psychology today: Further processes for adaptation. *American Psychologist, 55,* 637–646.

Crockenberg, S. (1981). Infant irritability, mother responsiveness, and social support influences on the security of infant–mother attachment. *Child Development, 52,* 1199–1210.

Cronbach, L. J., & Furby, L. (1970). How we should measure "change": Or should we? *Psychological Bulletin, 74,* 68–80.

Cronbach, L. J., & Snow, R. E. (1977). *Aptitudes and instructional methods: A handbook for research on interactions.* New York: Irvington.

Cruess, D. G., Antoni, M. H., McGregor, B. A., Kilbourn, K. M., Boyers, A. E., Alferi, S. M., et al. (2000). Cognitive–behavioral stress management reduces serum cortisol by enhancing benefit finding among women being treated for early stage breast cancer. *Psychosomatic Medicine, 62,* 304–308.

Cruess, S., Antoni, M., Cruess, D., Fletcher, M. A., Ironson, G., Kumar, M., et al. (2000). Reductions in herpes simplex virus type 2 antibody titers after cognitive behavioral stress management and relationships with neuroendocrine function, relaxation skills, and social support in HIV-positive men. *Psychosomatic Medicine, 62,* 828–837.

Cummings, E. M. (1987). Coping with background anger in early childhood. *Child Development, 58,* 976–984.

Curnow. (1999). *Wisdom, intuition, and ethics.* Aldershot, UK: Ashgate.

Dallman, M. F., Pecoraro, N. C., & la Fleur, S. E. (2005). Chronic stress and comfort foods: Self-medication and abdominal obesity. *Brain, Behavior, and Immunity, 19*(4), 275–280.

Dannefer, D. (1984). Adult development and social theory: A paradigmatic reappraisal. *American Sociological Review, 49,* 100–116.

Danoff-Burg, S., Ayala, J., & Revenson, T. A. (2000). Research knows best? Towards a closer match between the concept and measurement of coping. *Journal of Health Psychology, 5,* 183–194.

Dantzer, R. (2004). Innate immunity at the forefront of psychoneuroimmunology. *Brain, Behavior and Immunology, 18,* 1–6.

Davidson, G. R., Nurcombe, B., Kearney, G. E., & Davis, K. (1978). Culture, conflict and coping in a group of Aboriginal adolescents. *Culture, Medicine and Psychiatry, 2,* 359–372.

Davidson, R. J. (2003). Darwin and the neural bases of emotion and affective style. *Annals of the New York Academy of Sciences, 1000,* 316–336.

Davis, C. G., Lehman, D. R., Silver, R. C., Wortman, C. B., & Ellard, E. H. (1996). Self-blame following a traumatic event: The role of perceived avoidability. *Personality and Social Psychology Bulletin, 22,* 557–567.

Davis, C. G., Lehman, D. R., Wortman, C. B., & Silver, R. C. (1995). The undoing of traumatic life events. *Personality and Social Psychology Bulletin, 21*(2), 109–124.

Davis, C., Nolen-Hoeksema, S., & Larson, J. (1998). Making sense of loss and benefiting from the experience: Two construals of meaning. *Journal of Personality and Social Psychology, 75,* 647–654.

Dean, C., & Surtees, P. G. (1989). Do psychological factors predict survival in breast cancer? *Journal of Psychosomatic Research, 33,* 561–569.

De Jong, J. T., Komproe, I. H., Van Ommeren, M., El Masri, M., Araya, M., Khaled, N., et al. (2001). Lifetime events and post-traumatic stress disorder in 4 postconflict settings. *Journal of the American Medical Association, 286,* 555–562.

Delamater, A. M. (1992). Stress, coping, and metabolic control among youngsters with diabetes. In A. M. LaGreca, L. J. Siegel, J. L. Wallander, & C. E. Walker (Eds.), *Stress and coping in child health* (pp. 191–211). New York: Guilford Press.

Delhanty, D. L., Herberman, H. B., Craig, K. H., Hayward, M. C., Fullerson, C. S., Ursano, R. J., et al. (1997). Acute and chronic distress and posttraumatic stress disorder as a function of responsibility for serious motor vehicle accidents. *Journal of Consulting and Clinical Psychology, 65,* 560–567.

DeLongis, A., & Preece, M. (2002). Emotional and relational consequences of coping in stepfamilies. *Marriage and Family Review, 34,* 115–138.

DeLongis, A., Folkman, S., & Lazarus, R. S. (1988). The impact of daily stress on health and mood: Psychology and social resources as mediators. *Journal of Personality and Social Psychology, 54,* 486–495.

DeLongis, A., Bolger, N., Kessler, R., & Wethington, E. (1989). The contagion of stress across multiple roles. *Journal of Marriage and the Family, 51,* 175–183.

DeLongis, A., Coyne, J. C., Dakof, G., Folkman, S., & Lazarus, R. S. (1982). Relationship of daily hassles, uplifts, and major life events to health status. *Health Psychology, 1,* 119–136.

de Ridder, D. (1997). What is wrong with coping assessment?: A review of conceptual and methodological issues. *Psychology and Health, 12,* 417–431.

de Ridder, D. (2000). Gender, stress, and coping: Do women handle stressful situations differently from men? In L. Sher & J. S. St. Lawrence (Eds.), *Women, health, and the mind* (pp. 115–135). New York: Wiley.

de Ridder, D., & Kerssens, J. (2003). Owing to the force of circumstances? The impact of situational features and personal characteristics on coping patterns across situations. *Psychology and Health, 18*(2), 217–236.

Denenberg, V. H. (1964). Critical periods, stimulus input, and emotional reactivity: A theory of infantile stimulation. *Psychological Review, 71,* 335–357.

Denney, N. W. (1989). Everyday problem solving: Methodological issues, research findings, and a model. In L. W. Poon, D. C. Rubin, & B. A. Wilson (Eds.), *Everyday cognition in adulthood and late life* (pp. 330–351). New York: Cambridge University Press.

Depue, R. A., & Monroe, S. M. (1986). Conceptualization and measurement of human disorder in life stress research: The problem of chronic disturbance. *Psychological Bulletin, 99,* 36–51.

DeVellis, B. M. (1995). Psychological impact of arthritis: Prevalence of depression. *Arthritis Care and Research, 8,* 284–289.

Devine, E. C. (1992). Effects of psychoeducational care for adult surgical patients: A meta-analysis of 191 studies. *Patient Education and Counseling, 19*(2), 129–142.

De Vos, G. A. (1973). *Socialization for achievement: Essays on the cultural psychology of the Japanese*. Berkeley: University of California Press.

Diaz-Guerrero, R. (1979). The development of coping style. *Human Development, 22,* 320–331.

Dickerson, S. S., & Kemeny, M. E. (2004). Acute stressors and cortisol responses: A theoretical integration and synthesis of laboratory research. *Psychological Bulletin, 130,* 355–391.

Diehl, M., Coyle, N., & Labouvie-Vief, G. (1996). Age and sex differences in strategies of coping and defense across the life span. *Psychology and Aging, 11,* 127–139.

Diener, E., & Oishi, S. (2000). Money and happiness: Income and subjective well-being across nations. *Culture and subjective well-being* (pp. 185–218). Cambridge, MA: MIT Press.

Dienstbier, R. A. (1989). Arousal and physiological toughness: Implications for mental and physical health. *Psychological Bulletin, 96,* 84–100.

Dixon, R. A. (1999). Exploring cognition in interactive situations: The aging of N + 1 minds. In T. M. Hess & F. Blanchard-Fields (Eds.), *Social cognition and aging* (pp. 267–290). San Diego, CA: Academic Press.

Dixon, R. A., & Bäckman, L. (Eds.). (1995). *Compensating for psychological deficits and declines: Managing losses and promoting gains*. Hillsdale, NJ: Erlbaum.

Do, H., Payne, M. E., Levy, R. M., MacFall, J. R., & Steffens, D. C. (2002). APOE genotype and hippocampal volume change in geriatric depression. *Biological Psychiatry, 51,* 26–219.

Dohrenwend, B. P., Neria, Y., Turner, J. B., Turse, N., Marshall, R., Lewis-Fernandez, R., et al. (2004). Positive tertiary appraisals and posttraumatic stress disorder in U.S. male veterans of the war in Vietnam: The roles of positive affirmation, positive reformulation, and defensive denial. *Journal of Consulting and Clinical Psychology, 72,* 417–433.

Dohrenwend, B. S., Dohrenwend, B. P., Dodson, M., & Shrout, P. E. (1984). Symptoms, hassles, social supports, and life events: Problem of confounded measures. *Journal of Abnormal Psychology, 93,* 222–230.

Dohrenwend, B. S., Krasnoff, L., Askenasy, A., & Dohrenwend, B. P. (1978). Exemplification of a method for scaling life events: The PERI life events scale. *Journal of Health and Social Behavior, 19,* 205–229.

Dolan, C. A., Sherwood, A., & Light, K. C. (1992). Cognitive coping strategies and blood pressure responses to real-life stress in healthy young men. *Health Psychology, 11,* 233–242.

Dougall, A. L., & Baum, A. (2004). Psychoneuroimmunology and trauma. In P. P. Schnurr & B. L. Green (Eds.), *Trauma and health: Physical health consequences of exposure to extreme stress* (pp. 129–155). Washington, DC: American Psychological Association Press.

Doyle, K. W., Wolchik, S. A., Dawson-McClure, S. R., & Sandler, I. N. (2003). Positive events as a stress buffer for children and adolescents in families in transition. *Journal of Clinical Child and Adolescent Psychology, 32,* 536–545.

Draucker, C. B. (1989). Cognitive adaptation of female incest survivors. *Journal of Consulting and Clinical Psychology, 57,* 668–670.

Druly, J. A., Parris Stephens, M. A., & Coyne, J. C. (1997). Emotional and physical intimacy in coping with lupus: Women's dilemmas of disclosure and approach. *Health Psychology, 16,* 506–514.

Dubos, R. (1965). *Man adapting.* New Haven: Yale University Press.

Duch, H. (2005). Redefining parent involvement in Head Start: A two-generation approach. *Early Child Development and Care, 175*(1), 23–35.

Duijts, S. F., Zeegers, M. P., & Borne, B. V. (2003). The association between stressful life events and breast cancer risk: A meta-analysis. *International Journal Cancer, 20*(107), 1023–1029.

Dunahoo, C. L., Hobfoll, S. E., Monnier, J., Hulsizer, M. R., & Johnson, R. (1998). There's more than rugged individualism in coping: Part 1. Even the Lone Ranger had Tonto. *Anxiety, Stress and Coping: An International Journal, 11,* 137–165.

Dunkel-Schetter, C., Feinstein, L. G., Taylor, S. E., & Falke, R. L. (1992). Patterns of coping with cancer. *Health Psychology, 11,* 79–87.

Dunn, A. J. (1989). Psychoneuroimmunology for the psychoneuroendocrinologist: A review of animal studies of the nervous–immune system interactions. *Psychoneuroimmunology, 14,* 251–274.

Durkheim, E. (1933). *The division of labor in society.* New York: Free Press.

Ebersole, P., & Flores, J. (1989). Positive impact of life crises. *Journal of Social Behavior and Personality, 4,* 463–469.

Eccles, J., & Robinson, D. N. (1984). *The wonder of being human: Our brain and our mind.* New York: Free Press.

Eccles, J., & Wigfield, A. (2002). Motivational beliefs, values, and goals. *Annual Review of Psychology, 53,* 109–132.

Eckenrode, J., & Bolger, N. (1995). Daily and within-day event measurement. In S. Cohen, R. C. Kessler, & L. U. Gordon (Eds.), *Measuring stress: A guide for health and social scientists* (pp. 180–201). New York: Oxford University Press.

Eisenberg, N., Fabes, R. A., & Guthrie, I. K. (1997). Coping with stress: The roles of regulation and development. In S. A. Wolchik & I. N. Sandler (Eds.), *Handbook of children's coping: Linking theory and intervention* (pp. 41–72). New York: Plenum Press.

Eisenberg, N., Fabes, R. A., Shepard, S. A., Murphy, B. C., Guthrie, I. K., Jones, S., et al. (1997). Contemporaneous and longitudinal prediction of children's social functioning from regulation and emotionality. *Child Development, 68,* 642–664.

Eisenberg, N., & Zhou, Q. (2000). Regulation from a developmental perspective. *Psychological Inquiry, 11,* 167–171.

Eisenstadt, M., Haynal, A., & Rentchnick, P. (1989). *Parental loss and achievement.* Madison, CT: International Universities Press.

Eitinger, L. (1980). The concentration camp syndrome and its late sequelae. In J. Dimsdale (Ed.), *Survivors, victims, and perpetrators* (pp. 127–161). Washington, DC: Hemisphere.

Ekerdt, D., Baden, L., Bossé, R., & Dibbs, E. (1983). The effect of retirement on physical health. *American Journal of Public Health, 73,* 779–783.

Elder, G. H., Jr. (1998). The life course and human development. In W. Damon (Series Ed.) & R. M. Lerner (Vol. Ed.), *Handbook of child psychology: Vol. 1. Theoretical models of human development* (5th ed., pp. 939–991). New York: Wiley.

Elder, G. H., Jr. (1999). *Children of the Great Depression: Social change in life experience* (25th anniversary ed.). Boulder, CO: Westview.

Elder, G. H., Jr., & Caspi, A. (1988). Economic stress in lives: Developmental perspectives. *Journal of Social Issues, 44*, 24–45.

Elder, G. H., Jr., Gimbel, C., & Ivie, R. (1991). Turning points in life: The case of military service and war [Special issue: Military service and the life-course perspective]. *Military Psychology, 34*, 215–231.

Elder, G. H., Jr., & Clipp, E. (1989). Combat experience and emotional health: Impairment and resilience in later life. *Journal of Personality, 57*, 311–341.

Elder, G. H., Jr., & Shanahan, M. J. (2006). The life course and human development. In R. M. Lerner (Ed.), *Handbook of child psychology: Vol. 1. Theoretical models of human development* (6th ed., pp. 665–715). New York: Wiley.

Elkind, D. (1985). Egocentrism redux. *Developmental Review, 5*(3), 218–226.

Ell, K., & Dunkel-Schetter, C. (1994). Social support and adjustment to myocardial infarction, angioplasty, and coronary artery bypass surgery. In S. A. Shumaker & S. M. Dzajkowski (Eds.), *Social support and cardiovascular disease* (pp. 301–332). New York: Plenum Press.

Elwood, S. W. (1987). Stressor and coping response inventories for children. *Psychological Reports, 60*, 931–947.

Endler, N., & Parker, J. D. A. (1990). Multidimensional assessment of coping: A critical evaluation. *Journal of Personality and Social Psychology, 58*, 844–854.

Endler, N., & Parker, J. D. A. (1994). Assessment of multidimensional coping: Task, emotion, and avoidance strategies. *Psychological Assessment, 6*, 50–60.

Engdahl, B., Dikel, T. N., Eberly, R., & Blank, A. J. (1997). Posttraumatic stress disorder in a community group of former prisoners of war: A normative response to severe trauma. *American Journal of Psychiatry, 154*(11), 1576–1581.

Enos, D. M., & Handal, P. J. (1986). The relation of parental marital status and perceived family conflict to adjustment in white adolescents. *Journal of Consulting and Clinical Psychology, 54*, 820–824.

Epel, E. S, Burke, H. M., & Wolkowitz, O. M. (2007). The psychoneuroendocrinology of aging: Anabolic and catabolic hormones. In C. M. Aldwin, C. L. Park, & A. Spiro III (Eds.), *Handbook of health psychology and aging* (pp. 119–141). New York: Guilford Press.

Epel, E. S., McEwen, B. S., & Ickovics, J. R. (1998). Embodying psychological thriving: Physical thriving in response to stress. *Journal of Social Issues, 54*, 301–352.

Epstein, S. (1982). Conflict and stress. In L. Goldberger & S. Bresnitz (Eds.), *Handbook of stress: Theoretical and clinical aspects* (pp. 49–60). New York: Free Press.

Epstein, S. (1991). The self-concept, the traumatic neurosis, and the structure of personality. In

Epstein, S. (1994). Integration of the cognitive and the psychodynamic unconscious. *American Psychologist, 49*, 709–724.

Erdmann, G. (1984). Untersuchungen zur modifikation der psychophysiologischen reaktionen in einer belastungsstituation durch erfahrung [Investigations on the modification of psychophysiological stress responses by stress experience]. *Archiv für Psychologie, 136*(4), 301–315.

Erikson, E. (1950). *Childhood and society.* New York: Norton.

Erikson, K. T. (1976). *Everything in its path.* New York: Simon & Schuster.

Etzion, D., & Pines, A. (1986). Sex and culture in burnout and coping among human service professionals: A social psychological perspective. *Journal of Cross-Cultural Psychology, 17,* 191–209.

Evans, G. (1974). *The Riverside Shakespeare.* Boston: Houghton Mifflin.

Evans, G. W. (2004). The environment of childhood poverty. *American Psychologist, 59,* 77–92.

Evans, G. W., & English, K. (2002). The environment of poverty: Multiple stressor exposure, psychophysiological stress, and socioemotional adjustment. *Child Development, 73,* 1238–1248.

Evans, G. W., & Jacobs, S. V. (1982). Air pollution and human behavior. In G. W. Evans (Ed.), *Environmental stress* (pp. 105–132). New York: Cambridge University Press.

Evans, G. W., & Saegert, S. (2002). Residential crowding in the context of inner city poverty. In S. Wapner, J. Demick, T. Yamamoto, & H. Nimani (Eds.), *Theoretical perspectives in environment-behavior research* (pp. 247–267). New York: Kluwer Academic/Plenum.

Eye, A., & Schuster, C. (1998). *Regression analysis for social sciences.* San Diego, CA : Academic Press.

Fairbank, J. A., Hansen, D. J., & Fitterling, J. M. (1991). Patterns of appraisal and coping across different stressor conditions among former prisoners of war with and without posttraumatic stress disorder. *Journal of Consulting and Clinical Psychology, 59,* 274–281.

Farrace, S., Biselli, R., Urbani, L., Ferlini, C., & De Angeles, C. (1996). Evaluation of stress induced by flight activity by measuring the hormonal response. *Biofeedback and Self-Regulation, 21,* 217–228.

Faust, J., & Melamed, B. G. (1984). The influence of arousal, previous experience, and age on surgery preparation of same-day and in-hospital pediatric patients. *Journal of Consulting and Clinical Psychology, 52,* 359–365.

Fawzy, F. I., Cousins, N., Fawzy, N. W., Kemeny, M., & Morton, D. L. (1990). A structured psychiatric intervention for cancer patients: I. Changes over time in methods of coping and affective disturbance. *Archives of General Psychiatry, 47,* 720–725.

Fawzy, F. I., Fawzy, N. W., Hyun, C., Elashoff, R., Guthrie, D., Fahey, J. L., et al. (1993). Malignant melanoma: Effects on an early structured psychiatric intervention, coping, and affective state on recurrence and survival six years later. *Archives of General Psychiatry, 50,* 681–689.

Fawzy, F. I., Kemeny, M., Fawzy, N. W., Elashoff, R., Morton, D., Cousins, N., et al. (1990). A structured psychiatric intervention for cancer patients: II. Changes over time in immunological measures. *Archives of General Psychiatry, 47,* 729–735.

Featherman, D. L., & Lerner, R. M. (1985). Ontogenesis and sociogenesis: Problematics for theory and research about development and socialization across the lifespan. *American Sociological Review, 50,* 659–676.

Feldman, P. J., Cohen, S., Hamrick, N., & Lepore, S. J. (2004). Psychological stress, appraisal, emotion and cardiovascular response in a public speaking task. *Psychology and Health, 19,* 353–368.

Felitti, V. J. (1991). Long-term medical consequences of incest, rape, and molestation. *Southern Medical Journal, 84,* 328–331.

Felitti, V. J., Anda, R. F., Nordenberg, D., Willamson, D. F., Spitz, A. M., Edwards, V., et al. (1998). Relationship of childhood abuse and household dysfunction to many of the leading causes of death in adults: The Adverse Childhood Experiences ACE Study. *American Journal of Preventive Medicine, 14,* 245–258.

Felsman, J. K., & Vaillant, G. E. (1987). Resilient children as adults: A forty year study. In E. J. Anthony & B. J. Cohler (Eds.), *The invulnerable child* (pp. 289–314). New York: Guilford Press.

Felton, B. J., & Revenson, T. A. (1984). Coping with chronic illness: A study of illness controllability and the influence of coping strategies on psychological adjustment. *Journal of Consulting and Clinical Psychology, 52,* 343–353.

Felton, B. J., & Revenson, T. A. (1987). Age differences in coping with chronic illness. *Psychology and Aging, 2,* 164–170.

Field, T. (1991). Stress and coping from pregnancy through the postnatal period. In E. M. Cummings, A. L. Greene, & K. H. Karraker (Eds.), *Life-span developmental psychology: Perspectives on stress and coping* (pp. 45–59). Hillsdale, NJ: Erlbaum.

Figley, C. R. (1983). Catastrophes: An overview of family reactions. In C. R. Figley & H. I. McCubbin (Eds.), *Stress and the family: Vol. II. Coping with catastrophe* (pp. 3–20). New York: Brunner/Mazel.

Finkel, N. J. (1974). Strens and traumas: An attempt at categorization. *American Journal of Community Psychology, 2,* 265–273.

Finney, J. W., Mitchell, R. E., Cronkite, R. C., & Moos, R. H. (1984). Methodological issues in estimating main and interactive effects: Examples from coping/social support and stress field. *Journal of Health and Social Behavior, 25,* 85–98.

Fish, A., & Popal, R. (2003). The women of Afghanistan and the freedom of thought. In S. Krippner & T. M. McIntyre (Eds.), *The psychological impact of war trauma on civilians: An international perspective* (pp. 19–24). Westport, CT: Praeger.

Fisher, R. J. (2003). Toward a graduate curriculum in war trauma relief and ethno-political conflict resolution. In S. Krippner & T. M. McIntyre (Eds.), *The psychological impact of war trauma on civilians: An international perspective* (pp. 217–230). Westport, CT: Praeger.

Flay, B. R., & Collins, L. M. (2005). Historical review of school-based randomized trials for evaluating problem behavior prevention programs. *Annals of the American Academy of Political and Social Science, 599,* 115–146.

Folkman, S., & Moskowitz, J. (2000). Positive affect and the other side of coping. *American Psychologist, 55,* 647–654.

Folkman, S., & Moskowitz, J. T. (2004). Coping: Pitfalls and promise. *Annual Review of Psychology, 55,* 745–774.

Folkman, S., Moskowitz, J. T., & Ozer, E. M. (1996). Positive meaningful events and coping in the context of HIV/AIDS. In B. H. Gottlieb (Ed.), *Coping with chronic stress* (pp. 293–314). New York: Plenum Press.

Folkman, S., Bernstein, L., & Lazarus, R. S. (1987). Stress processes and the misuse of drugs in older adults. *Psychology and Aging, 2,* 366–374.

Folkman, S., Chesney, M., Pollack, L., & Coates, T. (1993). Stress, control, coping and depressive mood in human immunodeficiency virus-positive and -negative gay men in San Francisco. *Journal of Nervous and Mental Disease, 181,* 409–416.

Folkman, S., & Lazarus, R. S. (1980). An analysis of coping in a middle-aged community sample. *Journal of Health and Social Behavior, 21,* 219–239.

Folkman, S., & Lazarus, R. (1985). If it changes it must be a process: Study of emotion and coping during three stages of a college examination. *Journal of Personality and Social Psychology, 48,* 150–170.

Folkman, S., & Lazarus, R. (1986). Stress processes and depressive symptomatology. *Journal of Abnormal Psychology, 95,* 107–113.

Folkman, S., Lazarus, R. S., Dunkel-Schetter, C., Delongis, A., & Gruen, R. (1986). The dynamics of a stressful encounter: Cognitive appraisal, coping, and encounter outcomes. *Journal of Personality and Social Psychology, 50,* 992–1003.

Folkman, S., Lazarus, R. S., Pimley, S., & Novacek, J. (1987). Age differences in stress and coping processes. *Psychology and Aging, 2,* 171–184.

Fondacaro, M. R., & Moos, R. H. (1987). Social support and coping: A longitudinal analysis. *American Journal of Community Psychology, 15,* 653–673.

Fontana, A., Rosenheck, R., & Brett, E. (1992). War zone traumas and posttraumatic stress disorder symptomatology. *Journal of Nervous and Mental Disease, 180,* 748–755.

Ford, D., & Lerner, R. (1992). *Developmental systems theory: An integrative approach.* Thousand Oaks, CA: Sage.

Foreman, C. (2003). An Aian youth as offender: The legacy of the Khmer Rouge. In S. Krippner & T. M. McIntyre (Eds.), *The psychological impact of war trauma on civilians: An international perspective* (pp. 95–106). Westport, CT: Praeger.

Fournier, M., de Ridder, D., & Bensing, J. (2003). Is optimism sensitive to the stressors of chronic disease?: The impact of type 1 diabetes mellitus and multiple sclerosis on optimistic beliefs. *Psychology and Health, 18*(3), 277–294.

Frankenhauser, M. (1980). Psychobiological aspects of life stress. In S. Levine & H. Ursin (Eds.), *Coping and health* (pp. 203–223). New York: Plenum Press.

Frankl, V. E. (1962). *Man's search for meaning: An introduction to logotherapy.* Boston: Beacon Press.

Frankl, V. E. (1963). *Man's search for meaning.* New York: Pocket Books.

Franks, M. M., & Parris Stephens, M. A. (1998). Social support in the context of caregiving: Husbands' provision of support to wives involved in parent care. *Journal of Gerontology: Psychological Sciences, 51B,* 43–52.

Frazer, P. A. (1990). Victim attributions and post-rape trauma. *Journal of Personality and Social Psychology, 59,* 298–304.

Frazier, P., Conlon, A., & Glaser, T. (2001). Positive and negative life changes following sexual assault. *Journal of Consulting and Clinical Psychology, 69*(6), 1048–1055.

Frazier, P., Tashiro, T., & Berman, M. (2004). Correlates of levels and patterns of positive life changes following sexual assault. *Journal of Consulting & Clinical Psychology, 72,* 1048–1055.

Freud, A. (1966). *The ego and the mechanisms of defense* (rev. ed.). New York: International Universities Press.

Freud, S. (1927). *The ego and the id* (J. Strachey, Ed. & Trans.). New York: Norton. (Original work published 1923)

Freund, A. M., & Baltes, P. B. (2002). Life-management strategies of selection, optimization, and compensation: Measurement by self-report and construct validity. *Journal of Personality and Social Psychology, 82*(4), 642–662.

Friedman, L. C., Nelson, D. V., Baer, P. E., Lane, M., Smith, F. E., & Dworkin, R. J. (1992). The relationship of dispositional optimism, daily life stress, and domestic environment to coping methods used by cancer patients, *Journal of Behavioral Medicine, 15*, 127–141.

Friedman, M. J. (1981). Post-Vietnam syndrome: Recognition and management. *Psychosomatics, 22*, 931–943.

Friedman, M. J., & McEwen, B. S. (2004). Posttraumatic stress disorder, allostatic load, and medical illness. In P. P. Schnurr & B. L. Green (Eds.), *Trauma and health: Physical health consequences of exposure to extreme stress* (pp. 157–188). Washington, DC: American Psychological Association.

Friedman, M. J., Schnurr, P. P., Sengupta, A., Holmes, T., & Ashcraft, M. (2004). The Hawaii Vietnam Veterans Project: Is Minority Status a Risk Factor for Posttraumatic Stress Disorder? *Journal of Nervous and Mental Disease, 192*, 42–50.

Frolkis, V. (1981). *Aging and life-prolonging processes*. Vienna: Springer-Verlag.

Frydenberg, E. (2002). Beyond coping: Meeting goals, visions, and challenges. In E. Frydenberg (Ed.), *Beyond coping: Meeting goals, visions, and challenges* (pp. 1–16). New York: Oxford University Press.

Frydenberg, E., & Lewis, R. (1990). How adolescents cope with different concerns: The development of the Adolescent Coping Checklist (ACC). *Psychological Test Bulletin, 3*, 63–73.

Frydenberg, E., Lewis, R., Bugalski, K., Cotta, A., McCarthy, C., & Luscombe-Smith, N., et al. (2004). Prevention is better than cure: Coping skills training for adolescents at school. *Educational Psychology in Practice, 20*, 117–134.

Führ, M. (2002). Coping humor in early adolescence. *Humor: International Journal of Humor Research, 15*, 283–304.

Fung, H. H., Rice, C., & Carstensen, L. L. (2005). Reactive and proactive motivational changes across adulthood. In W. Greve, K. Rothermund, & D. Wentura (Eds.), *The adaptive self: Personal continuity and intentional self-development* (pp. 155–170). Cambridge, MA: Hofgrefe.

Garmezy, N. (1983). Stressors of childhood. In N. Garmezy & M. Rutter (Eds.), *Stress, coping, and development in children* (pp. 43–84). New York: McGraw-Hill.

Garmezy, N., & Masten, A. S. (1986). Stress, competence, and resilience: Common frontiers for therapist and psychopathologist. *Behavior Therapy, 17*, 500–521.

Garrett, M. F., Laird, M. N., & Ware, J. H. (2004). *Applied longitudinal analysis*. Hoboken, NJ: Wiley-Interscience.

Garrison, V. (1977). The Puerto Rican syndrome in psychiatry and *Espiritismo*. In V. Crapanzano & V. Garrison (Eds.), *Case studies in spirit possession* (pp. 383–449). New York: Wiley.

Garssen, B., & Goodkin, K. (1999). On the role of immunological factors as mediators between psychosocial factors and cancer progression. *Psychiatry Research, 85*, 51–61.

Gatchel, R. J., & Baum, A. (1983). *An introduction to health psychology*. Reading, MA: Addison-Wesley.

Gatchel, R. J., & Turk, D. C. (1999). *Psychosocial factors in pain: Critical perspectives*. New York: Guilford Press.

Gevirtz, R. (2000). The physiology of stress. In D. T. Kenny, J. G. Carson, F. J. McGuigan, & J. L. Sheppard (Eds.), *Stress and health: Research and clinical applications* (pp. 53–72). Amsterdam: Harwood.

Giel, R. (1991). The psychosocial aftermath of two major disasters in the Soviet Union. *journal of Traumatic Stress, 4,* 381–392.

Gignac, M. A. M., & Gottlieb, B. H. (1996). Changes in coping with chronic stress: The role of caregivers' appraisals of coping efficacy. In B. H. Gottlieb (Ed.), *Coping with chronic stress* (pp. 245–290). New York: Plenum Press.

Gilligan, C. (1982). *In a different voice: Psychological theory and women's development.* Cambridge, MA: Harvard University Press.

Gilligan, C., Lyons, N. P., & Hanmer, T. J. (Eds.). (1990). *Making connections: The relational worlds of adolescent girls at Emma Willard School.* Cambridge, MA: Harvard University Press.

Gilmer, D. F., & Aldwin, C. M. (2002). Trajectories of health and social support in frail young–old and old–old patients after hospitalization. *Journal of the Aging Family System, 2,* 1–14.

Glaser, R., Kiecolt-Glaser, J. K., Marucha, P. T., MacCallum, R. C., Laskowski, B. F., & Malarkey, W. B. (1999). Stress-related changes in proinflammatory cytokine production in wounds. *Archives of General Psychiatry, 56,* 450–456.

Glaser, R., Kiecolt-Glaser, J. K., Marlarkey, W. B., & Sheridan, J. F. (1998). The influence of psychological stress on the immune response to vaccines. *Annals of the New York Academy of Sciences, 840,* 656–663.

Gleason, M. E. J., Iida, M., Bolger, N., & Shrout, P. E. (2003). *Personality and Social Psychology Bulletin, 29,* 1036–1045.

Gloaguen, V., Cottraux, J., Cucherat, M., & Blackburn, I. M. (1998). A meta-analysis of the effects of cognitive therapy in depressed patients. *Journal of Affective Disorders. 49,* 59–72.

Goertzel, V., & Goertzel, M. G. (1962). *Cradles of eminence.* Boston: Little, Brown.

Gonzales, N. A., Tein, J.-Y., Sandler, I. W., & Friedman, R. J. (2001). On the limits of coping: Interaction between stress and coping for inner-city adolescents. *Journal of Adolescent Research, 16,* 372–395.

Good, B. (1977). The heart of what's the matter: The semantics of illness in Iran. *Culture, Medicine, and Psychiatry, 1,* 25–58.

Goodkin, K., Antoni, M., & Bloom, P. (1986). Stress and hopelessness in the promotion of cervical intrepithelial neoplasm to invasive squamous cell carcinoma of the cervix. *Journal of Psychosomatic Research, 30,* 67–76.

Goodwin, R. D., & Stein, M. B. (2004). Association between childhood traumas and physical disorder among adults in the United States. *Psychosomatic Medicine, 34,* 509–520.

Gottlieb, B. H. (1996). *Theories and practices of mobilizing support in stressful circumstances.* Boca Raton, FL: CRC Press.

Gottlieb, B. H., & Rooney, J. A. (2004). Coping effectiveness: Determinants and relevance to the mental health and affect of family caregivers of persons with dementia. *Aging and Mental Health, 8*(4), 364–373.

Gottlieb, B. H., & Wagner, F. (1991). Stress and support processes in close relationships. In J. Eckenrode (Ed.), *The social context of coping* (pp. 165–188). New York: Plenum Press.

Gottlieb, B., & Wolf, J. (2002). Coping with family caregiving to persons with dementia: A critical review. *Aging and Mental Health, 6,* 325–342.

Gove, W. R. (1972). The relationship between sex roles, marital status, and mental illness. *Social Forces, 51*, 34–44.

Gray, J. A. (1971). *The psychology of fear and stress.* New York: McGraw-Hill.

Gray, J. A. (1981). *The physiopsychology of anxiety.* Oxford, UK: Oxford University Press.

Gray, J. A. (1983). Anxiety, personality and the brain. In A. Gale & J. A. Edwards (Eds.), *Physiological correlates of human behavior: Vol. III. Individual differences and psychopathology* (pp. 31–43). London: Academic Press.

Green, B. L., & Kimerling, R. (2004). Trauma, posttraumatic stress disorder, and health status. In P. P. Schnurr & B. L. Green (Eds.), *Trauma and health: Physical health consequences of exposure to extreme stress* (pp. 13–42). Washington, DC: American Psychological Association Press.

Greenberg, M. T., Kusché, C. A., Cook, E. T.,& Quamma, J. P. (1995). Promoting emotional competence in school-aged children: The effects of the PATHS curriculum. *Development and Psychopathology, 7,* 117–136.

Greenberg, M. T., Lengua, L. J., & Calderon, R. (1997). The nexus of culture and sensory loss: Coping with deafness. In S. A.Wolchik & I. N. Sandler (Eds.), *Handbook of children's coping: Linking theory and intervention* (pp. 301–331). New York: Plenum Press.

Greene, A. L., & Larson, R. W. (1991). Variation in stress reactivity during adolescence. In E. M. Cummings, A. L. Greene, & K. H. Karraker (Eds.) *Life-span developmental psychology: Perspectives on stress and coping* (pp. 195–209). Hillsdale, NJ: Erlbaum.

Greenglass, E. R. (2002). Proactive coping and quality of life management. In E. Frydenberg (Ed.), *Beyond coping: Meeting goals, visions, and challenges* (pp. 37–62). London: Oxford University Press.

Greer, S. (1991). Psychological response to cancer and survival. *Psychological Medicine, 21,* 43–49.

Greer, S., & Morris, T. (1975). Psychological attributes of women who develop breast cancer. *Journal of Psychosomatic Research, 19,* 147–153.

Greve, W. (2005). Maintaining personality: The active and adaptive self as core of individuality and personhood. In W. Greve, K. Rothermund, & D. Wentura (Eds.), *The adaptive self: Personal continuity and intentional self-development* (pp. 49–70). Cambridge, MA: Hofgrefe.

Greve, W., Rothermund, K., & Ventura, D. (2004). The adaptive self: Personal continuity and intentional self-development. In W. Greve, K. Rothermund, & D. Ventura (Eds.), *The adaptive self: Personal continuity and intentional self-development* (pp. ix–xvi). Cambridge, MA: Hofgrefe.

Gross, E. (1970). Work, organization and stress. In S. Levine & N. A. Scotch (Eds.), *Social stress* (pp. 54–110). Chicago: Aldine.

Gruenewald, D. A., & Matsumoto, A. M. (1999). Aging of the endocrine system. In W. R. Hazzard, J. P. Blass, W. H. Ettinger, Jr., J. B. Halter, & J. G. Ouslander (Eds.), *Principles of geriatric medicine and gerontology* (4th ed., pp. 949–965). New York: McGraw-Hill.

Gruenewald, T. L., & Kemeny, M. E. (2007). Aging and health: Psychoneuroimmunological processes. In C. M. Aldwin, C. L. Park, & A. Spiro III (Eds.), *Handbook of health psychology and aging* (pp. 97–118). New York: Guilford Press.

Grych, J. H., & Fincham, F. D. (1997). Children's of depressed parents: The stress context. In S. A. Wolchik & I. N. Sandler (Eds.), *Handbook of children's coping: Linking theory and intervention*. (pp. 159–194). New York: Plenum Press.

Gutmann, D. L. (1974). Alternatives to disengagement: The old men of the Highland Druze. In R. A. LeVine (Ed.), *Culture and personality: Contemporary readings* (pp. 232–245). Chicago: Aldine.

Gutmann, D. L. (1987). *Reclaimed powers: Men and women in later life*. Evanston, IL: Northwestern University Press.

Guyton, A. C., & Hall, J. E. (1996). *Textbook of medical physiology* (9th ed.). Philadelphia: Saunders.

Haan, N. (Ed.). (1977). *Coping and defending*. New York: Academic Press.

Hagen, T. M., Moreau, R., Suh, J. H., & Visioli, F. (2002). Mitochondrial decay in the aging rat heart: Evidence for improvement by dietary supplementation with acetyl-L-carnitine and/or lipoic acid. *Annals of the New York Academy of Science, 959*, 491–507.

Haley, W. E., Gitlin L. N., Wisniewski, S. R., Mahoney D. C., Coon, D. W., Winter, L., et al. (2004). Well-being, appraisal, and coping in African-American and Caucasian dementia caregivers: Findings from the REACH study. *Aging and Mental Health, 8*, 316–329.

Hallstrom, T., Lapidus, L., Bengston, C., & Edstrom, K. (1986). Psychological factors and risk of ischaemic heart disease and death in women: A twelve-year follow-up of participants in the population study of women in Gothenburg, Sweden. *Journal of Psychosomatic Research, 30*, 451–459.

Hamarat, E., Thompson, D., Zabrucky, K. M., Steele, D., Matheny, K. B., & Aysan, F. (2001). Perceived stress and coping resource availability as predictors of life satisfaction in young, middle-aged, and older adults. *Experimental Aging Research, 27*(2), 181–196.

Hamilton, S., & Fagot, B. I. (1988). Chronic stress and coping styles: A comparison of male and female undergraduates. *Journal of Personality and Social Psychology, 55*, 819–823.

Hammen, C. (2003). Risk and protective factors for children of depressed parents. In S. S. Luthar (Ed.), *Resilience and vulnerability: Adaptation in the context of childhood adversities* (pp. 50–75). New York: Cambridge University Press.

Hardy, D. D., & Smith, T. W. (1988). Cynical hostility and vulnerability to disease: Social support, life stress, and physiological response to conflict. *Health Psychology, 7*, 447–459.

Harel, Z., Kahana, B., & Kahana, E. (1988). Psychological well-being among Holocaust survivors and immigrants in Israel. *Journal of Traumatic Stress, 1*, 413–429.

Harrison, M. O., Koenig, H. G., Hays, J. C., Eme-Akwar, A. G., & Pargament, K. I. (2001). The epidemiology of religious coping: A review of the recent literature. *International Journal of Psychiatry, 13*, 86–93.

Hartman, H. (1950). Comments on the psychoanalytic theory of the ego. In *Essays on ego psychology*. New York: International Universities Press.

Harvey, J. H., Orbuch, T. L., Chalisz, K. D., & Garwood, G. (1991). Coping with sexual assault: The roles of account-making and confiding. *Journal of Traumatic Stress, 4*, 515–531.

Hawkins, R. M. F. (2001). A systematic meta-review of hypnosis as an empirically supported treatment for pain. *Pain Reviews, 8*(2), 47–73.

Heckhausen, J. (1999). *Developmental regulation in adulthood: Age-normative and sociocultural constraints of adaptive challenges.* New York: Cambridge University Press.

Heckhausen, J., & Schulz, R. (1995). A life-span theory of control. *Psychological Review, 102*(2), 284–304.

Heider, F. (1958). *The psychology of interpersonal relations.* New York: Wiley.

Heim, E., Augustiny, K., Schaffner, L., & Valach, L. (1993). Coping with breast cancer over time and situation. *Journal of Psychosomatic Research, 37,* 523–542.

Heinrichs, M., Baumgartner, T., Kirschbaum, C., & Ehlert, U. (2003). Social support and oxytocin interact to suppress cortisol and subjective responses to psychosocial stress. *Biological Psychiatry, 54*(12), 1389–1398.

Helgeson, V. S., Cohen, S., Schulz, R., & Yasko, J. (2000). Group support interventions for women with breast-cancer: Who benefits from what? *Health Psychology, 19,* 107–114.

Helson, R., & Srivastava, S. (2002). Creative and wise people: Similarities, differences and how they develop. *Personality and Social Psychology Bulletin, 28*(10), 1430–1440.

Henker, B., Whalen, C. K., Jamner, L. D., & Delfino, R. J. (2002). Anxiety, affect, and activity in teenagers: Monitoring daily life with electronic diaries. *Journal of the American Academy of Child and Adolescent Psychiatry, 41,* 660–670.

Hepburn, C. G., Loughlin, C. A., & Barling, J. (1996). Coping with chronic work stress. In B. H. Gottlieb (Ed.), *Coping with chronic stress* (pp. 343–366). New York: Plenum Press.

Hetherington, E. M. (1984). Stress and coping in children and families. *New Directions for Child Development, 24,* 7–33.

Hetherington, E. M., Cox, M., & Cox, R. (1985). Long-term effects of divorce and remarriage on the adjustment of children. *Journal of the American Academy of Child Psychiatry, 24,* 518–530.

Hetherington, E. M., Elmore, A. M., Chase-Lansdale, P. L., Kiernan, K., & Friedman, R. J. (2004). Human development across lives and generations: The potential for change. The Jacobs Foundation series on adolescence (pp. 171–203). New York: Cambridge University Press.

Hetherington, E. M., & Kelly, J. (2002). *For better or for worse: Divorce reconsidered.* New York: Norton.

Hilakivi-Clarke, L. (1997). Maternal handling during pregnancy reduces DMBA-induced mammary tumorigenesis among female offspring. *British Journal of Cancer, 76,* 150–155.

Hilakivi-Clarke, L., Clarke, R., & Lippman M. E. (1994). Perinatal factors increase breast cancer risk. *Breast Cancer Research and Treatment, 31,* 273–284.

Hilakivi-Clarke, L., Wright, A., & Lippman, M. E. (1993). DMBA-induced mammary tumor growths in rats exhbiting increased or decreased ability to cope with stress due to early postnatal handling or antidepressant treatment. *Physiology and Behavior, 54,* 229–236.

Hobfall, S. (1989). Conservation of resources: A new attempt at conceptualizing stress. *American Psychologist, 44,* 513–524.

Hobfoll, S. E. (2001). The influence of culture, community, and the nested-self in the stress process: Advancing conservation of resources theory. *Applied Psychology: An International Review, 50*, 337–370.

Hobfoll, S. E. (2002). Social and psychological resources and adaptation, *Review of General Psychology, 6*, 307–324.

Hobfoll, S., & Dunahoo, C. (1992, August). *Are we studying coping strategies or piecemeal behavior?* Paper presented at the annual meeting of the American Psychological Association, Washington, DC.

Hobfoll, S. E., Dunahoo, C. L., Ben-Porath, Y., & Monnier, J. (1994). Gender and coping: The dual-axis model of coping. *American Journal of Community Psychology, 22*(1), 49–82.

Hoge, C. W., Castro, C. A., Messer, S. C., McGurk, D., Cotting, D. I., & Koffman R. L. (2004). Combat duty in Iraq and Afghanistan, mental health problems, and barriers to care. *New England Journal of Medicine, 351*, 13–22.

Holahan, G. K., Holahan, C. J., & Belk, S. S. (1984). Adjusting in aging: The role of life stress, hassles, and self-efficacy. *Health Psychology, 3*, 315–328.

Hollingshead, A. B., & Redlich, F. C. (1953). Social stratification and psychiatric disorders. *American Sociological Review, 18*, 163–169.

Holman, E., & Silver, R. (1998). Getting "stuck" in the past: Temporal orientation and coping with trauma. *Journal of Personality and Social Psychology, 74*(5), 1146–1163.

Holmes, D., & Rahe, R. (1967). The Social Readjustment Rating Scale. *Journal of Psychosomatic Research, 11*, 213–218.

Holmes, T. H., & Masuda, M. (1974). Life changes and illness susceptibility. In B. S. Dohrenwend and B. P. Dohrenwend (Eds.), *Stressful life events: Their nature and effects* (pp. 45–72). New York: Wiley.

Hooker, K., Frazier, L. D., & Monahan, D. J. (1994). Personality and coping among caregivers of spouses with dementia. *The Gerontologist, 34*, 386–392.

Hooker, K., Manoogian-O'Dell, M., Monahan, D. J., Frazier, L. D., & Shifren, K. (2000). Does type of disease matter? Gender differences among Alzheimer's and Parkinson's disease spouse caregivers. *The Gerontologist, 40*, 568–573.

Hooker, K., & McAdams, D. (2003). Personality reconsidered: A new agenda for aging research. *Journals of Gerontology: Series B. Psychological Sciences and Social Sciences, 58*(6), 296–304.

Horowitz, M. J. (1976). *Stress response syndromes*. New York: Aronson.

Horowitz, M. J. (1986). *Stress response syndromes* (2nd ed.). Northvale, NJ: Aronson.

Horton, P. C. (2002). Self-comforting strategies used by adolescents. *Bulletin of the Menninger Clinic, 66*, 259–272.

Howard, G. S., & Conway, C. G. (1986). Can there be an empirical science of volition? *American Psychologist, 41*, 1241–1251.

Howell, J. T. (1973). *Hard living on Clay Street: Portraits of blue collar families*. Garden City, NY: Anchor Press.

Hsu, J. (1976). Counseling in the Chinese temple: A psychological study of divination by "Chien" drawing. In W. Lebra (Ed.), *Culture-bound syndromes, ethnopsychiatry, and alternate therapies* (pp. 210–221). Honolulu: University of Hawaii Press.

Hwang, K. K. (1979). Coping with residential crowding in a Chinese urban society: The interplay of high-density dwelling and interpersonal values. *Acta Psychological Taiwanica, 21,* 117–133.

ibn Arabi, M. (1980). *Bezels of wisdom* (R. W. J. Austin, Trans.). Ramsey, NJ: Paulist Press.

Ickovics, J. R., Hamburger, M., Vlahor, D., Schoenbaum, E., Schuman, P., Boland, B., et al. (2001). Mortality, CD4 cell count decline, and depressive symptoms among HIV-seropositive women: Longitudinal analysis from the HIV epidemiology research study. *Journal of the American Medical Association, 285,* 1466–1474.

Illich, I. (1981). *Shadow work.* Boston: Boyars.

Ingstad, B. (1988). Coping behavior of disabled persons and their families: Cross-cultural perspectives from Norway and Botswana. *Rehabilitation Research, 11,* 351–359.

Irion, J. C., & Blanchard-Fields, F. (1987). A cross-sectional comparison of adaptive coping in adulthood. *Journal of Gerontology, 42,* 502–504.

Ironson, G., Wynings, C., Schneiderman, N., Baum, A., Rodriguez, M., Greenwood, D., et al. (1997). Posttraumatic stress symptoms, intrusive thoughts, loss and immune function after Hurricane Andrew. *Psychosomatic Medicine, 59,* 128–141.

James, W. (1890). *Principles of psychology.* New York: Holt.

Jänig, W., & McLachlan, E. (1992). Specialized functional pathways are building blocks of the autonomic nervous system. *Journal of the Autonomic Nervous System, 41,* 3–14.

Janis, I., & Mann, L. (1977). *Decision-making: A psychological analysis of conflict, choice, and commitment.* New York: Free Press.

Janoff-Bulman, R. (1979). Characterological versus behavioral self-blame: Inquiries into depression and rape. *Journal of Personality and Social Psychology, 37*(10), 1798–1809.

Janoff-Bulman, R. (2004). Posttraumatic growth: Three explanatory models. *Psychological Inquiry, 15,* 30–34.

Jenkins, C., Hurst, M., & Rose, R. (1979). Life changes: Do people really remember? *Archives of General Psychiatry, 36,* 379–384.

Jennings, P. A., Aldwin, C. M., Levenson, M. R., Spiro, A. I., & Mroczek, D. K. (2006). Combat exposure, perceived benefits of military service, and wisdom in later life: Findings from the normative aging study. *Research on Aging, 28*(1), 115–134.

Jensen, M. P., Turner, J. A., Romano, J. M., & Karoly, P. (1991). Coping with chronic pain: A critical review of the literature. *Pain, 47,* 249–283.

John Paul II. (1984). *On the Christian meaning of human suffering: Salvifi Dolores.* Boston: St. Paul Books & Media.

Johnson, C. I., & Barer, B. M. (1993). Coping and a sense of control among the oldest old. *Journal of Aging Studies, 7,* 67–80.

Johnson, N. J., Backlund, E., Sorlie, P. D., & Loveless, C. A. (2000). Marital status and mortality: The National Longitudinal Mortality Study. *Annals of Epidemiology, 10*(4), 224–238.

Jordan, C., & Revenson, T. A. (1999). Gender differences in coping with infertility: A meta-analysis. *Journal of Behavioral Medicine, 22,* 341–358.

Joreskog, K. G., & Dag, S. (1993). *LISREL 8: Structural equation modeling with the SIMPLIS command language.* Chicago: Scientific Software International.

Jorgensen, R. S., & Dusek, J. B. (1990). Adolescent adjustment and coping *strategies.* *Journal of Personality, 58,* 503–513.

Jung, C. G. (1966). *Two essays on analytical psychology.* Princeton, NJ: Princeton University Press.

Jurivich, D. A., Qiu, L., & Welk, J. F. (1997). Attenuated stress responses in young and old human lymphocytes. *Mechanisms of Ageing and Development, 94,* 233–249.

Kagan, J. N., Snidman, N., & Arcus, D. (1998). Childhood derivatives of high and low reactivity in infancy. *Child Development, 69,* 1483–1493.

Kahana, B. (1992). Late-life adaptation in the aftermath of extreme stress. In M. Wykel, E. Kahana, & J. Kowal (Eds.), *Stress and health among the elderly* (pp. 5–34). New York: Springer.

Kahana, B., Kahana, E., Harel, Z., Kelly, K., Monaghan, P., & Holland, L. (1998). A framework for understanding the chronic stress of the Holocaust survivors. In B. H. Gottlieb (Ed.), *Coping with chronic stress* (pp. 315–342). New York: Plenum Press.

Kahana, E., Lovegreen, L., Kahana, B., & Kahana, M. (2003). Person, environment, and person–environment fit as influences on residential satisfaction of elders. *Environment and Behavior, 35*(3), 434–453.

Kang, H. K., Natelson, B. H., Mahan, C. M., Lee, K. Y., & Murphy, F. M. (2003). Posttraumatic stress disorder and chronic fatigue syndrome-like illness among Gulf War veterans: A population-based survey of 30,000 veterans. *American Journal of Epidemiology, 157,* 141–148.

Kanner, A. D., Coyne, J. C., Schaefer, C., & Lazarus, R. S. (1981). Comparison of two modes of stress measurement: Daily hassles and uplifts vs. major life events. *Journal of Behavioral Medicine, 4,* 1–39.

Kaplan, H. B. (1991). Social psychology of the immune system: A conceptual framework and review of the literature. *Social Science and Medicine, 33,* 909–923.

Karasek, R., & Theorell, T. (1990). *Healthy work: Stress, productivity, and the reconstruction of working life.* New York: Basic Books.

Karraker, K. H., & Lake, M. (1991). Normative stress and coping processes in infancy. In E. M. Cummings, A. L. Greene, & K. H. Karraker (Eds.), *Life-span developmental psychology: Perspectives on stress and coping* (pp. 85–108). Hillsdale, NJ: Erlbaum.

Kashima, Y., & Triandis, H. C. (1986). The self-serving bias in attributions as a coping strategy: A cross-cultural study. *Journal of Cross-Cultural Psychology, 17,* 83–97.

Kasl, S. (1983). Pursuing the link between stressful life experiences and disease: A time for reappraisal. In C. I. Cooper (Ed.), *Stress research* (pp. 79–102). New York: Mentor Books.

Katz, M. R., Rodin, G., & Devine, G. M. (1995). Self-esteem and cancer: Theory and research. *Canadian Journal of Psychiatry, 40,* 608–615.

Kazak, A. E. (1989). Families of chronically ill children: A systems and social–ecological model of adaptation and challenge. *Journal of Consulting and Clinical Psychology, 57,* 25–30.

Kazak, A., Reber, M., & Snitzer, L. (1988). Childhood chronic disease and family fuctioning: A study of phenylketonuria. *Pediatrics, 81,* 224–230.

Keane, T. M., Fairbank, J. A., Caddell, J. M., Zimering, R. T., Taylor, K. L., & Mora, C.

A. (1989). Clinical evaluation of a measure to assess combat exposure. *Psychological Journal of Consulting and Clinical Psychology, 1,* 53–55.

Keegan, J. (1984). Shedding light in Lebanon. *Atlantic, 253,* 4–55.

Kelly, L. L. (2006). *The relationships among pro-active coping, situation-specific coping, and stress-related growth.* Unpublished doctoral dissertation, University of California, Davis.

Kelly, L. L., & Aldwin, C. M. (2001). Anticipatory coping and stress in college students. Paper presented at the annual meeting of the American Psychological Association, San Francisco.

Kelly, L. L., Shiraishi, R. W., & Aldwin, C. M. (2003). Anticipatory coping in young adulthood and midlife: Findings from the DLS. Paper presented at the annual meetings of the American Psychological Association, Toronto.

Kennedy, P., Duff, J., Evans, M., & Beedie, A. (2003). Coping effectiveness training reduces depression and anxiety following traumatic spinal cord injuries. *British Journal of Clinical Psychology, 42,* 41–52.

Kenny, D., & Judd, C. (1984). Estimating the nonlinear and interactive effects of latent variables. *Psychological Bulletin, 99,* 422–431.

Kessler, R. C., & Magee, W. J. (1993). Childhood adversities and adult depression: Basic patterns of association in a US national survey. *Psychological Medicine, 23,* 679–690.

Kessler, R., & Wethington, E. (1986). *Some strategies of improving recall of life events in a general population survey.* Ann Arbor: Survey Research Center, University of Michigan.

Kiecolt-Glaser, J. K., McGuire, L., Robles, T. F., & Glaser, R. (2002). Psychoneuroimmunology: Psychological influences on immune function and health. *Journal of Consulting and Clinical Psychology, 70,* 537–547.

Kiecolt-Glaser, J. K., Page, G. G., Marucha, P. T., MacCallum, R. C., & Glaser, R. (1998). Psychological influences on surgical recovery. *American Psychologist, 53,* 1209–1218.

Kiefer, C. (1974). *Changing cultures, changing lives.* San Francisco: Jossey-Bass.

Kierkegaard, S. (1985). *Fear and trembling.* New York: Viking Penguin. (Original work publidshed 1843)

Kleinman, A. (1980). *Patients and healers in the context of culture: An exploration of the borderland between anthropology, medicine, and psychiatry.* Berkeley: University of California Press.

Kleinman, A., & Seeman, D. (2000). In G. L. Albrecht & R. Fitzpatrick (Eds.), *The handbook of social studies in health and medicine* (pp. 230–242). London: Sage.

Kliewer, W. (1997). Children's coping with chronic illness. In S. A. Wolchik & I. N. Sandler (Eds.), *Handbook of children's coping: Linking theory and intervention* (pp. 159–193). New York: Plenum Press.

Kliewer, W., Sandler, I. N., & Wolchik, S. (1994). Family socialization of threat appraisal and coping: Coaching, modeling, and family context. In K. Hurrelmann & F. Festmann (Eds.), *Social networks and social support in childhood and adolescence* (pp. 271–291). Berlin: Walter de Gruyter.

Knight, B. G., Robinson, G. S., Flynn Longmire, C. V., Chun, M., Nakao, K., & Kim, J. H. (2002). Cross cultural issues in caregiving for persons with dementia: Do familism values reduce burden and distress? *Ageing International, 27,* 70–94.

Knight, B. G., Silverstein, M., McCallum, T. J., & Fox, L. S. (2000). A sociocultural stress and coping model for mental health outcomes among African American caregivers in Southern California. *Journals of Gerontology: Psychological Sciences, 55B*, 142–150.

Kochanska, G., Murray, K., & Harlan, E. T. (2000). Effortful control in early childhood: Continuity and changes, antecedents, and implications for social development. *Develomental Psychology, 36*, 220–232.

Kohlberg, L. (1984). *Essays on moral development: Vol. 2. The psychology of moral development.* San Francisco: Harper & Row.

Kolb-Angelbeck, K. (2000, October 2). Winona speaks. *In These Times*, pp. 12–13.

Kole-Snijders, A. M. J., Vlaeyen, J. W. S., Goossens, M. E. J. B., Rutten-van Mölken, M., Maureen, P. M. H., Heuts, P. H. T. G., et al. (1999). Chronic low-back pain: What does cognitive coping skills training add to operant behavioral treatment? Results of a randomized clinical trial. *Journal of Consulting and Clinical Psychology, 67*, 931–944.

Koolhaas, J. M., Korte, S. M., DeBoer, S. F., Van Der Vegt, B. J., Van Reenen, C. G., Hopster, H., et al. (1999). Coping styles in animals: Current status in behavior and stress physiology. *Neuroendocrine and Biobehavioral Reviews, 23*, 925–935.

Koopman, C., Eisenthal, S., & Stoeckle, J. D. (1984). Ethnicity in the reported pain, emotional distress, and requests of medical outpatients. *Social Science and Medicine, 18*, 487–490.

Kornadt, H. J., Hayashi, T., Tachibana, Y., Trommsdorff, G., & Yamauchi, H. (1992). Aggressiveness and its developmental conditions in five cultures. In S. Iwawaki, Y. Kashima, & K. Leung (Eds.), *Innovations in cross-cultural psychology* (pp. 250–268). Amsterdam: Swets & Zeitlinger.

Kornfield, J. (1993). *A path with heart: A guide through the perils and promises of spiritual life.* New York: Bantam Books.

Krantz, D. S., & McCeney, M. K. (2002). Effects of psychological and social factors on organic disease: A critical assessment of research on coronary heart disease. *Annual Review of Psychology, 53*, 341–369.

Krause, N. (1986). Stress and sex differences in depressive symptoms among older adults. *Journal of Gerontology, 6*, 727–731.

Krikorian, R., Kay, J., & Liang, W. M. (1995). Emotional distress, coping, and adjustment in Human Immunodeficiency Virus Infection and Acquired Immune Deficiency Syndrome. *Journal of Nervous and Mental Disease, 183*, 293–298.

Krippner, S., & McIntyre, T. M. (2003). Overview: In the wake of war. In S. Krippner & T. M. McIntyre (Eds.), *The psychological impact of war trauma on civilians: An international perspective* (pp. 1–14). Westport, CT: Praeger.

Kubzansky, L. D., & Kawachi, I. (2000). Going to the heart of the matter: Do negative emotions cause coronary heart disease? *Journal of Psychosomatic Research, 48*, 323–337.

Kuhn, T. (1970). *The structure of scientific revolutions.* Chicago: University of Chicago Press.

Kulka, R. A., Schlenger, W. E., Fairbank, J. A., Hough, R. L., Jordan, B. K., Marmar, C. R., et al. (1990). *Trauma and the Vietnam War generation.* New York: Bruner/Mazel.

Kurdek, L. A., & Sinclair, R. J. (1988). Adjustment of young adolescents in two-parent nuclear, stepfather, and mother-custody families. *Journal of Consulting and Clinical Psychology, 56,* 91–96.

Kushner, H. S. (1981). *When bad things happen to good people.* New York: Avon.

Labouvie-Vief, G. (1990). Wisdom as integrated thought: Historical and developmental perspectives. In R. J. Sternberg (Ed.), *Wisdom: Its nature, origins, and development* (pp. 52–86). Cambridge, UK: Cambridge University Press.

Labouvie-Vief, G., DeVoe, M., & Bulka, D. (1989). Speaking about feelings: Conceptions of emotion across the life span. *Psychology and Aging, 4,* 425–437.

LaFromboise, T., Coleman, H. L. K., & Gerton, J. (1995). Psychological impact of biculturalism: Evidence and theory. In N. R. Goldberger & J. B. Veroff (Eds.), *The culture and psychology reader* (pp. 489–535). New York: New York University Press.

Laible, D. J., & Thompson, R. A. (1998). Attachment and emotional understanding in preschool children. *Developmental Psychology, 34,* 1038–1045.

Landauer, R. K., & Whiting, J. W. M. (1981). Correlates and consequences of stress in infancy. In R. H. Munroe, R. L. Munroe, & B. B. Whiting (Eds.), *Handbook of cross-cultural human development* (pp. 355–375). New York: Garland.

Lange, C., & James, W. (1922). *The emotions.* Baltimore: Williams & Wilkins.

Langer, E. J. (1989). *Mindfulness.* New York: Addison-Wesley.

Langer, E. J., Janis, I. L., & Wolfer, J. A. (1975). Reduction of psychological stress in surgical patients. *Journal of Experimental Psychology, 11,* 155–165.

Larsen, J. T., Hemenoer, S. H., Norris, C. J., & Cacioppo, J. T. (2003). Turning adversity to advantage: On the virtues of the coactivation of positive and negative emotions. In L. G. Aspinwall & U. M. Staudinger (Eds.), *A psychology of human strengths: Fundamental questions and future directions for a positive psychology* (pp. 211–226). Washington, DC: American Psychological Association.

Larson, R., Csikszentmihalyi, M., & Graef, R. (1980). Mood variability and the psychosocial adjustment of adolescents. *Journal of Youth and Adolescence, 9*(6), 469–490.

Lavigne, J. V., & Faier-Routman, J. (1992). Psychological adjustment to pediatric physical disorders: A meta-analytic review. *Journal of Pediatric Psychology, 18,* 133–157.

Lawrence, A. R., & Schigelone, A. R. S. (2002). Reciprocity beyond dyadic relationships: Aging-related communal coping [Special issue. Community Context and Aging]. *Research on Aging, 24*(6), 684–704.

Lawton, M. P., & Nahemow, L. (1973). Ecology and the aging process. In C. Eisdorfer & M. P. Lawton (Eds.), *Psychology of adult development and aging* (pp. 660–676). Washington: American Psychological Association.

Lazarus, R. S. (1966). *Psychological stress and the coping process.* New York: McGraw-Hill.

Lazarus, R. S. (1982). Thoughts on the relations between emotion and cognition. *American Psychologist, 37,* 1019–1024.

Lazarus, R. S. (1983). The costs and benefits of denial. In S. Breznitz (Ed.), *The denial of stress* (pp. 1–30). New York: International Universities Press.

Lazarus, R. S. (1984). On the primacy of cognition. *American Psychologist, 39,* 124–129.

Lazarus, R. S. (1990). Theory-based stress measurement. *Psychological Inquiry, 1,* 3–13.

Lazarus, R. S. (1991). *Emotion and adaptation.* New York: Oxford University Press.

Lazarus, R. S. (1995). Psychosocial factors play a role in health, but we have to tackle them with more sophisticated research and thought. *Advances, 11*(2), 14–18.

Lazarus, R. S. (2000). Toward better research on stress and coping. *American Psychologist, 55,* 665–673.

Lazarus, R. S. (2001). Conservation of resources theory (COR): Little more than words masquerading as a new theory. *Applied Psychology: An International Review, 50,* 381–391.

Lazarus, R. S. (2003). Does the positive psychology movement have legs? *Psychological Inquiry, 14,* 933–109.

Lazarus, R. S., Averill, J. R., & Opton, E. M., Jr. (1974). The psychology of coping: Issues of research and assessment. In G. V. Coelho, D. A. Hamburg, & J. E. Adams (Eds.), *Coping and adaptation* (pp. 249–315). New York: Basic Books.

Lazarus, R. S., DeLongis, A., Folkman, S., & Gruen, R. (1985). Stress and adaptational outcomes: The problem of confounded measures. *American Psychologist, 40,* 730–777.

Lazarus, R. S., & Folkman, S. (1984). *Stress, appraisal, and coping.* New York: Springer.

Lazarus, R. S., Speisman, J. C., Markoff, A. M., & Davison, L. A. (1962). A lab study of psychological stress produced by a motion picture film. *Psychological Monographs, 76*(34, Whole No. 553).

Le, T. (2005). A cross-cultural study of practical and transcendent wisdom. *Dissertation Abstracts International: Section B: The Sciences and Engineering, 65*(9-B), 4872.

Le, T., & Levenson, M. R. (2005). Wisdom: What's love (and culture) got to do with it? *Journal of Research in Personality, 39,* 443–457.

Lechner, S. C., & Antoni, M. H. (2004). Posttraumatic growth and group-based interventions for persons dealing with cancer: What have we learned so far? *Psychological Inquiry, 15,* 35–41.

Lechner, S. C., Zakowski, S. G., Antoni, M. H., Greenhawt, M., Block, K., & Block, P. (2003). Do sociodemographic and disease-related variables influence benefit-finding in cancer patients? *Psycho-oncology, 12,* 491–499.

Lee, E.-K., & Brennan, M. (2002). "I cannot see flowers but I can smell them": The relation of age and gender to self-reported coping strategies among older adults with visual impairment. *Qualitative Social Work: Research and Practice, 1*(4), 389–411.

Leigh, H., & Reiser, M. F. (1980). *The patient: Biological, psychological, and social dimensions of medical practice.* New York: Plenum Press.

Lepore, S. (1995). Measuring chronic stressors. In Cohen, S., Kessler, R. C., & Gordon, L. U. (1995). *Measuring stress: A guide for health and social scientists* (pp. 102–121). New York: Oxford University Press.

Lepore, S. J. (1997). Social-environmental influences on the chronic stress process. In B. Gottlieb (Eds.), *Coping with chronic stress* (pp. 133–160). New York: Plenum Press.

Lerner, R. M., Theokas, C., & Jelicic, H. (2005). Youth as active agents in their own positive development: A developmental systems perspective. In W. Greve, K. Rothermund, & D. Wentura (Eds.), *The adaptive self: Personal continuity and intentional self-development* (pp. 31–48). Cambridge, MA: Hofgrefe.

Levenson, J. L., Mishra, A., Hamer, R. M., & Hastillo, A. (1989). Denial and medical outcome in unstable angina. *Psychosomatic Medicine, 51,* 27–35.

Levenson, M. R., Aldwin, C. M., & Cupertino, A. P. (2001). Transcending the self: Towards a liberative model of adult development. In A. L. Neri (Ed.), *Maturidade & Velhice: Um enfoque multidisciplinar* (pp. 99–116). Sao Paulo, BR: Papirus.

Levenson, M. R., Aldwin, C. M., & Spiro, A., III. (1998). Age, cohort and period effects on alcohol consumption and problem drinking: Findings from the Normative Aging Study. *Journal of Studies on Alcohol, 59,* 712–722.

Levenson, M., & Crumpler, C. (1996). Three models of adult development. *Human Development, 39*(3), 135–149.

Levenson, M. R., Jennings, P. A., Aldwin, C. M., & Shiraishi, R. W. (2005). Self-transcendence, conceptualization and measurement. *International Journal of Aging and Human Development, 60,* 127–143.

Leventhal, H., Forster, R., & Leventhal, E. (2007). Self-regulation of health threats, affect, and the self: Lessons from the elderly. In C. M. Aldwin, C. L. Park, & A. Spiro III (Eds.), *Handbook of health psychology and aging* (pp. 341–366). New York: Guilford Press.

Levine, R. (1973). *Culture, behavior, and personality.* Chicago: Aldine.

Levine, S. (1966). Sex differences in the brain. *Scientific American, 498,* 84–91.

Levine, S., Haltmeyer, G. G., Karas, C. G., & Denenberg, V. H. (1967). Physiological and behavioral effects of infant stimulation. *Physiology and Behavior, 2,* 55–59.

Levine, S. (2001). Primary social relationships influence the development of the hypothalamic–pituitary–adrenal axis in the rat. *Physiology and Behavior, 73,* 255–260.

Levy, S. M. (1991). Behavioral and immunological host factors in cancer risk. In P. M. McCabe, N. Schneiderman, T. M. Field, & J. S. Skyler (Eds.), *Stress, coping and disease* (pp. 237–252). Hillsdale, NJ: Erlbaum.

Lewis, C. S. (1962). *The problem of pain: How human suffering raises almost intolerable intellectual problems.* New York: Macmillan.

Lewis, M. D., Zimmerman, S., Hollenstein, T., & Lamey, A. V. (2004). Reorganization in coping behavior at 11/2 years: Dynamic systems and normative change. *Developmental Science, 7,* 56–73.

Lewthwaite, J., Owen, N., Coates, A., Henderson, B., & Steptoe, A. (2002). Circulating human heat shock protein 60 in the plasma of British civil servants: Relationship to physiological and psychosocial stress. *Circulation, 106,* 196–201.

Lieberman, M. A. (1992). Limitations of psychological stress model: Studies of widowhood. In M. L. Wykle, E. Kahan, & J. Kowal (Eds.), *Stress and health among the elderly* (pp. 133–150). New York: Springer.

Lieberman, M. A. (1996). *Doors close, doors open: Widows, grieving and growing.* New York: Putnam.

Lifton, R. J. (1961). *Thought reform and the psychology of totalism: A study of "brainwashing" in China.* New York: Norton.

Lifton, R. (1968). *Death in life: Survivors of Hiroshima.* New York: Random House.

Light, K. C., Dolan, C. A., Davis, M. R., & Sherwood, A. (1992). Cardiovascular responses to an active coping challenge as predictors of blood pressure patterns 10 to 15 years later. *Psychosomatic Medicine, 54,* 217–230.

Lim, K. V., Levenson, M. R., & Go, C. G. (2000). Acculturation and delinquency among Cambodian male adolescents in California. In W. J. Lonner, D. L. Dinnel, D. K. Forgays, & S. A. Hayes (Eds.), *Merging past, present, and future: Selected proceedings of the 14th International Congress of the International Association for Cross-Cultural Psychology* (pp. 231–244). Geneva: Swets & Zeitlinger.

Lindemann, E. (1944). Symptomatology and management of acute grief. *American Journal of Psychiatry, 101,* 141–148.

Linley, P. A. (2003). Positive adaptation to trauma: Wisdom as both process and outcome. *Journal of Traumatic Stress, 16,* 601–610.

Linley, P. A., & Joseph, S. (2004). Positive change following trauma and adversity: A review. *Journal of Traumatic Stress, 17,* 11–21.

Lipowski, Z. J. (1970). Physical illness, the individual, and the coping process. *Psychiatry in Medicine, 1,* 91–102.

Lipton, J. A., & Marbach, J. J. (1984). Ethnicity and the pain experience. *Social Science and Medicine, 19,* 1279–1298.

Lithgow, G. J., White, T. M., Hinerfeld, D. A., & Johnson, T. E. (1994). Thermotolerance of a long-lived mutant of Caenorhabditis elegans. *Journals of Gerontology: Biological Sciences, 49,* B270–B276.

Lithgow, G. J., White, T. M., Melov, A., & Johnson, T. E. (1995). Thermotolerance and extended life span conferred by single-gene mutations and induced by thermal stress. *Proceedings of the National Academy of Sciences, 92,* 7540–7544.

Liu, I-Ming. *Awakening to the Tao* (T. Cleary, Trans.). (1988). Boston: Shambala.

Locke, S. E., Kraus, L., Leserman, J., Hurst, M. W., Heisel, J. S., & Williams, R. M. (1984). Life change stress, psychiatric symptoms, and natural killer cell activity. *Psychosomatic Medicine, 46,* 441–453.

Loevinger, J. (1977). *Ego development: Conceptions and theories.* San Francisco: Jossey-Bass.

Lomranz, J. (1990). Long-term adaptation to traumatic stress in light of adult development and aging perspectives. In M. A. P. Stephens, J. H. Crowther, S. E. Hobfall, & D. L. Tennenbaum (Eds.), *Stress and coping in later-life families* (pp. 99–124). New York: Hemisphere.

Long, B. C., & Sangster, J. I. (1993). Dispositional optimism/pessimism and coping strategies: Predictors of psychosocial adjustment of rheumatoid and osteoarthritis patients. *Journal of Applied Social Psychology, 23,* 1069–1091.

Long, J. V. F., & Vaillant, G. E. (1984). Natural history of male psychological health: XI. Escape from the underclass. *American Journal of Psychiatry, 141,* 341–346.

Losoya, S., Eisenberg, N., & Fabes, R. A. (1998). Developmental issues in the study of coping. *International Journal of Behavioral Development, 22,* 287–313.

Loukissa, D., Farran, C., & Graham, K. (1999). Caring for a relative with Alzheimer's disease: The experience of African American and Caucasian caregivers. *American Journal of Alzheimer's Disease, 14*(4), 207–216.

Lowenthal, M. F., Thurnher, M., & Chiriboga, D. (1975). *Four stages of life.* San Francisco: Jossey-Bass.

Lumley, M. A., Abeles, L. A., Melamed, B. G., Pistone, L. M., & Johnson, J. H. (1990). Coping outcomes in children undergoing stressful medical procedures: The role of child–environment variables. *Behavioral Assessment, 12,* 223–238.

Luthar, S. (1991). Vulnerability and resilience: A study of high risk adolescence. *Child Development, 62,* 600–616.

Luthar, S. S., & Zelazo, L. B. (2003). Research on resilience: An integrative review. In S. S. Luthar (Ed.), *Resilience and vulnerability: Adaptation in the context of childhood adversities* (pp. 510–550). Cambridge, UK: Cambridge University Press.

Lynch, J. (1979). *The broken heart: The medical consequences of loneliness.* New York: Basic Books.

Lyons, J. A. (1991). Strategies for assessing the potential for positive adjustment following trauma. *Journal of Traumatic Stress, 4,* 93–111.

Macrodimitris, S. D., & Endler, N. S. (2001). Coping, control, and adjustment in Type 2 diabetes. *Health Psychology, 20,* 208–216.

Maddi, S. R., Bartone, P. T., & Pucetti, M. C. (1987). Stressful events are indeed a factor in physical illness: Reply to Schroeder and Costa. *Journal of Personality and Social Psychology, 33,* 833–843.

Maduro, R. (1975). Voodoo possession in San Francisco: Notes on therapeutic regression. *Ethos, 3,* 425–447.

Maercker, A., & Zoellner, T. (2004). The Janus Face of self-perceived growth: Toward a two-component model of posttraumatic growth. *Psychological Inquiry, 15,* 41–48.

Magnusson, D., & Toerestad, B. (1992). The individual as an interactive agent in the environment. In W. B. Walsh, & K. H. Craik (Eds.), *Person–environment psychology: Models and perspectives* (pp. 89–126). Hillsdale, NJ: Erlbaum.

Manji, H. K., Quiroz, J. A., Sporn, J., Payne, J. L., Denicoff, K. A., Gray N., et al. (2003). Enhancing neuronal plasticity and cellular resilience to develop novel, improved therapeutics for difficult-to-treat depression. *Biological Psychiatry. 53,* 707–742.

Manne, S., Ostroff, J., Winkel, G., Goldstein, L., Fox, K., & Grana, G. (2004). Posttraumatic growth after breast cancer: Patient, partner, and couple perspectives. *Psychosomatic Medicine, 66*(3), 442–454.

Markus, H. R., & Kitayama, S. (1994). The cultural construction of self and emotion: Implications for social behavior. In S. Kitayama & H. R. Markus (Eds.), *Emotion and culture: Empirical studies of mutual influence* (pp. 89–130). Washington, DC: American Psychological Association.

Marmot, M. G. (2003). Understanding social inequalities in health. *Perspectives in Biological Medicine, 46*(3 Suppl.), S9–S23.

Marrero, D. (1982). *Adjustment to misfortune: The process of coping with diabetes mellitus in children and their parents.* Unpublished doctoral dissertation, University of California, Irvine.

Marshall, G. D., & Zimbardo, P. G. (1979). Affective consequences of inadequately explained physiological arousal. *Journal of Personality and Social Psychology, 37,* 970–988.

Marucha, P. T., Kiecolt-Glaser, J. K., & Favagehi, M. (1998). Mucosal wound healing is impaired by examination stress. *Psychosomatic Medicine, 60*, 362–365.

Mascaro, J. (Trans.). (1986). *The Bhagavad Gita*. Middlesex, UK: Penguin.

Mason, J. W. (1971). A re-evaluation of the concept of "non-specificity" in stress theory. *Journal of Psychiatric Research, 8*, 323–333.

Mason, J. W. (1975). A historical view of the stress field. *Journal of Human Stress, 1*, 6–27.

Mason, J. W., Giller, E. L., Jr., Kosten, T. R., & Wahby, V. S. (1990). Serum testosterone levels in poasttraumatic stress disorder patients. *Journal of Traumatic Stress, 3*, 449–457.

Massey, S., Cameron, A., Ouellette, S., & Fine, M. (1998). Qualitative approaches to the study of thriving: What can be learned? Journal of Social Issues. [Special issue]. *Thriving: Broadening the Paradigm Beyond Illness to Health, 54*(2), 337–355.

Masten, A., & Powell, J. (2003). A resilience framework for research, policy, and practice. In S. Luthar (Ed.), *Resilience and vulnerability: Adaptation in the context of childhood adversities* (pp. 1–25). Cambridge University Press.

Matthews, A. M., & Rosenthal, C. J. (1993). Balancing work and family in an aging society: The Canadian experience. In G. L. Maddox & M. P. Lawton (Eds.), *Focus on kinship, aging, and social change. Annual Review of Gerontology and Geriatrics* (Vol. 13, pp. 96–119). New York: Springer.

Mattlin, J., Wethington, E., & Kessler, R. C. (1990). Situational determinants of coping and coping effectiveness. *Journal of Health and Social Behavior, 31*, 103–122.

Mazur, E., Wolchik, S. A., & Sandler, I. N. (1992). Social support in chumships and adjustment in children of divorce. *American Journal of Community Psychology, 20*, 393–399.

McArdle, J. J., & Bell, R. (2000). An introduction to latent growth models for developmental data analysis. In T. D. Little, K. U. Schnabel, & Q. Mahwah (Eds.), *Modeling longitudinal and multilevel data: Practical issues, applied approaches, and specific examples* (pp. 69–107, 269–281). Mahwah, NJ: Erlbaum.

McCabe, P. M., Schneiderman, N., Field, T. M., & Skyler, J. S. (Eds). (1991). *Stress, coping and disease*. Hillsdale, NJ: Erlbaum.

McCarty, C. A., Weisz, J. R., Wanitromanee, K, Eastman, K. L., Suwanlert, S., Chaiyasit, W., et al. (1999). Culture, coping, and context: Primary and secondary control among Thai and American youth. *Journal of Child Psychology and Psychiatry and Allied Disciplines, 40*, 809–818.

McClelland, G., & Judd, C. (1993). Statistical difficulties of detecting interactions and moderator effects. *Psychological Bulletin, 114*, 376–390.

McCrae, R. R. (1982). Age differences in the use of coping mechanisms. *Journal of Gerontology, 37*, 454–460.

McCrae, R. R. (1984). Situational determinants of coping responses: Loss, threat, and challenge. *Journal of Personality and Social Psychology, 46*, 919–928.

McCrae, R. R. (1989). Age differences and changes in the use of coping mechanisms. *Journals of Gerontology: Psychological Sciences, 44*, 161–169.

McCrae, R. R., & Costa, P. T. (1986). Personality, coping, and coping effectiveness in an adult sample. *Journal of Personality, 54*, 385–405.

McCrae, R. R., & Costa, P. T. J. (1990). *Personality in adulthood*. New York: Guilford Press.

McCrae, R. R., Costa, P. T. J., de Lima, M. P., Simões, A., Ostendorf, F., Angleitner, A., et al. (1999). Age differences in personality across the adult life span: Parallels in five cultures. *Developmental Psychology, 35*(2), 466–477.

McCubbin, H. I., & Figley, C. R. (1983). Bridging normative and catastrophic family stress. In H. I. McCubbin & C. R. Figley (Eds.), *Stress and the family: Vol. I. Coping with normative transitions* (pp. 218–228). New York: Brunner/Mazel.

McCubbin, H. I., Needle, R. H., & Wilson, M. (1985). Adolescent health risk behaviors: Family stress and adolescent coping as critical factors. *Family Relations: Journal of Applied Family and Child Studies, 34,* 51–62.

McCubbin, H. I., Olson, D. H., & Larsen, A. S. (1982). Family Crisis Oriented Personal Scales. In D. Olson, H. I. McCubbin, H. Banes, A. Larsen, M. Muxen, & M. Wilson (Eds.), *Family inventories* (pp. 101–120). St. Paul, MN: University of Minnesota, Family Social Science.

McCubbin, H. I., & Patterson, M. (1983). Family transitions: Adaptation to stress. In H. I. McCubbin & C. R. Figley (Eds.), *Stress and the family: Vol. I. Coping with normative transitions* (pp. 5–25). New York: Brunner/Mazel.

McFarland, C., & Alvaro, C. (2000). The impact of motivation on temporal comparisons: Coping with traumatic events by perceiving personal growth. *Journal of Personality and Social Psychology, 79,* 327–343.

McGaugh, J. L. (2002). Memory consolidation and the amygdala: a systems perspective. *Trends in Neuroscience, 25,* 456.

McIntyre, T. M., & Ventura, M. (2003). Children of war: Psychosocial sequelae of war trauma in Angolan adolescents. In S. Krippner & T. M. McIntyre (Eds.), *The psychological impact of war trauma on civilians: An international perspective* (pp. 39–53). Westport, CT: Praeger.

McKee, P., & Barber, C. (1999). On defining wisdom. *International Journal of Aging and Human Development, 49,* 149–164.

McKenna, M. C., Zevon, M. A., Corn, B., & Rounds, J. (1999). Psychosocial factors and the development of breast cancer: A meta-analysis. *Health Psychology, 18,* 520–531.

McKinnon, W., Weisse, C. S., Reynolds, C. P., Bowles, C. A., & Baum, A. (1989). Chronic stress, leukocyte subpopulations, and humoral response to latent viruses. *Health Psychology, 8,* 389–402.

McMillen, J. C., Smith, E. M., & Fisher, R H. (1997). Perceived benefit and mental health after three types of disaster. *Journal of Consulting and Clinical Psychology, 65,* 733–739.

Mead, M. (1928). *Coming of age in Samoa.* New York: Mentor Books.

Mechanic, D. (1974). Social structure and personal adaptation: Some neglected dimensions. In G. V. Coelho, D. Hamburg, & J. E. Adams (Eds.), *Coping and adaptation* (pp. 32–44). New York: Basic Books.

Mechanic, D. (1978). *Students under stress: A study in the social psychology of adaptation.*

Meegan, S. B., & Berg, C. A. (2002). Contexts, functions, forms, and processes of collaborative everyday problem solving in older adulthood. *International Journal of Behavioral Development, 26,* 6–15.

Meichenbaum, D. (1985). *Stress inoculation training.* New York: Pergamon Press.

Meichenbaum, D., & Cameron, R. (1983). Stress inoculation training: Toward a general paradigm for training coping skills. In D. Meichenbaum & M. E. Jaremko (Eds.), *Stress reduction and prevention* (pp. 115–145). New York: Plenum Press.

Mellin, A. E., Neumark-Sztainer, D., & Patterson, J. M. (2004). Parenting adolescent girls with type 1 diabetes: Parents' perspectives. *Journal of Pediatric Psychology, 29,* 221–230.

Mikulincer, M., & Florian, V. (1996). Coping and adaptation to trauma and loss. In M. Zeidner & N. S. Endler (Eds.), *Handbook of coping: Theory, research, applications* (pp. 554–572). New York: Wiley.

Milam, J., Ritt-Olson, A., & Unger, J. (2004). Posttraumatic Growth Among Adolescents. *Journal of Adolescent Research, 19*(2), 192–204.

Miller, N. E. (1980). A perspective on the effects of stress and coping on disease and health. In S. Levine & H. Ursin (Eds.), *Coping and health* (pp. 323–354). New York: Plenum Press.

Miller, P., & Sperry, L. (1987). The socialization of anger and aggression. *Merrill-Palmer Quarterly, 33*(1), 1–31.

Miller, S. (1980). When is a little information a dangerous thing? Coping with stressful events by monitoring vs. blunting. In S. Levine & H. Ursin (Eds.), *Coping and health* (pp. 145–170). New York: Plenum Press.

Miller, S. M., Leinbach, A., & Brody, D. S. (1989). Coping style in hypertensive patients: Nature and consequences. *Journal of Consulting and Clinical Psychology, 57,* 333–337.

Miller, S., & Mangan, C. E. (1983). Interacting effects of information and coping style in adapting to gynecological stress: When should the doctor tell all? *Journal of Personality and Social Psychology, 45,* 223–236.

Miller, T. W. (1997). Current measures in the assessment of stressful life events. In T. W. Miller (Ed.), *Theory and assessment of stressful life events* (pp. 209–234). Madison, CT: International Universities Press.

Miller, W. R., & Thoresen, C. E. (2003). Spirituality, religion, and health: An emerging research field. *American Psychologist, 58,* 24–35.

Millon, T. (1982). On the nature of clinical health psychology. In T. Millon, C. Green, & R. Meagher (Eds.), *Handbook of clinical health psychology* (pp. 1–28). New York: Plenum Press.

Minuchin, S. (1974). *Families and family therapy.* Cambridge, MA: Harvard University Press.

Mirmiran, M., & Lunshof, S. (1996). Perinatal development of human circadian rhythms. *Progress in Brain Research, 111,* 217–226.

Mischel, W., & Mendoza-Denton, R. (2003). Harnessing willpower and socioemotional intelligence to enhance human agency and potential. In L. G. Aspinwall & U. M. Staudinger (Eds.), *A psychology of human strengths: Fundamental questions and future directions for a positive psychology* (pp. 245–256). Washington, DC: American Psychological Association.

Mitchell, E. R., Cronkite, R. C., & Moos, R. H. (1983). Stress, coping and depression among married couples. *Journal of Abnormal Psychology, 92,* 433–448.

Mitchell, E. R., & Hodson, C. A. (1983). Coping with domestic violence: Social support and psychological health among battered women. *American Journal of Community Psychology, 11,* 629–654.

Modan, M., Peles, E., Halkin, H., Nitzan, H., Azaria, M., Gitel, S., et al. (1998). Increased cardiovascular disease mortality rates in traumatic lower limb amputees. *American Journal of Cardiology, 82*, 1242–1247.

Mohr, C. D., Armeli, S., Ohannessian, C. M., Tennen, H., Carney, A., Affleck, G., et al. (2003). Daily interpersonal experiences and distress: Are women more vulnerable? *Journal of Social and Clinical Psychology, 22*, 393–423.

Mohr, D. C., & Goodkin, D. E. (1999). Treatment of depression in multiple sclerosis: Review and meta-analysis. *Clinical Psychology: Science and Practice, 6*, 1–9.

Moisander, P. A., & Edston, E. (2003). Torture and its sequel: A comparison of victims from six countries. *Forensic Science International, 137*, 133–140.

Monjan, A. A. (1981). Stress and immunological competence: Studies in animals. In R. Ader (Ed.), *Psychoneuroimmunology* (pp. 185–228). New York: Academic Press.

Monjan, A. A., & Collector, M. T. (1977). Stress-induced modulation of the immune response. *Science, 196*, 307–308.

Monroe, S. M., & Steiner, S. C. (1986). Social support and psychopathology: Interrelations with preexisting disorder, stress, and personality. *Journal of Abnormal Psychology, 95*, 29–39.

Moore, R. (1990). Ethnographic assessment of pain coping perceptions. *Psychosomatic Medicine, 52*, 171–181.

Moos, R. H., Brennan, P. L., Fondacaro, M. R., & Moos, B. S. (1990). Approach and avoidance coping responses among older problem and non-problem drinkers. *Psychology and Aging, 5*, 31–40.

Moos, R. H., & Moos, B. S. (1983). Adaptation and the quality of life in work and family settings. *Journal of Community Psychology, 11*, 158–170.

Moos, R. H., & Schaefer, J. A. (1984). The crisis of physical illness. In R. Moos (Ed.), *Coping with physical illness* (pp. 3–26). New York: Plenum Press.

Moos, R. H., Schutte, K., Brennan, P., & Moos, B. S. (2004). Ten-year patterns of alcohol consumption and drinking problems among older women and men. *Addiction, 99*(7), 829–838.

Morris, T., Greer, S., Pettingale, K. W., & Watson, M. (1981). Patterns of expression of anger and their psychological correlates in women with breast cancer. *Journal of Psychosomatic Research, 25*, 111–117.

Mroczek, D. K., & Almeida, D. M. (2004). The effect of daily stress, personality, and age on daily negative affect. *Journal of Personality, 72*, 356–376.

Mroczek, D. K., & Kolarz, C. M. (1998). The effect of age on positive and negative affect: A developmental perspective on happiness. *Journal of Personality and Social Psychology, 75*(5), 1333–1349.

Mroczek, D. K., Spiro, A., Almeida, D. M., & Pafford, C. (2006). Intraindividual change in personality. In D. K. Mroczek & T. D. Little (Eds.), *Handbook of personality development* (pp. 163–180). Mahwah, NJ: Erlbaum.

Mulder, C. L., Antoni, M. H., Duivenvoorden, H. J., & Kauffmann, R. H. (1995). Active confrontational coping predicts decreased clinical progression over a one-year period in HIV-infected homosexual men. *Journal of Psychosomatic Research, 39*, 957–965.

Mulder, C. L., de Vroome, E. M. M., van Griensven, G. J. P., Antoni, M. H., & Sandfort, T. G. M. (1999). Avoidance as a predictor of the biological course of HIV infection over a 7-year period in gay men. *Health Psychology, 18*, 107–113.

Mullen, B., & Suls, J. (1982). The effectiveness of attention and rejection as coping styles: A meta-analysis of temporal differences. *Journal of Psychosomatic Research, 26,* 43–49.

Murasko, D. M., & Bernstein, E. D. (1999). Immunology of aging. In W. R. Hazzard, J. P. Blass, W. H. Ettinger, Jr., J. B. Halter, & J. G. Ouslander (Eds.), *Principles of geriatric medicine and gerontology* (4th ed., pp. 97–116). New York: McGraw-Hill.

Murphy, L. B., & Moriarty, A. E. (1976). *Vulnerability, coping, and growth from infancy to adolescence.* New Haven, CT: Yale University Press.

Murrell, S., & Norris, F. H. (1984). Resources, life events, and changes in positive affect and depression in older adults. *American Journal of Community Psychology, 12,* 445–464.

Murrell, S., Norris, F. H., & Hutchins, G. L. (1984). Distribution and desirability of life events in older adults: Population and policy implications. *Journal of Community Psychology, 12,* 301–311.

Muthén, B., & Muthén, L. K. (2000). Integrating person-centered and variable-centered analyses: Growth mixture modeling with latent trajectory classes. *Alcoholism: Clinical and Experimental Research, 24,* 882–892.

Nader, L. (1985). A user theory of legal change as applied to gender. *Nebraska Symposium on Motivation, 33,* 1–33.

National Advisory Mental Health Council, Basic Behavioral Science Task Force. (1996). Basic behavioral science research for mental health: Sociocultural and environmental processes. *American Psychologist, 51,* 722–731.

Neighbors, H. W., Jackson, J. S., Bowman, P. J., & Gurin, G. (1983). Stress, coping and Black mental health: Preliminary findings from a national survey. In R. Hess & J. Hermalin (Eds.), *Innovations in prevention* (pp. 5–29). New York: Haworth.

Nolen-Hoeksema, S. (2000). The role of rumination in depressive disorders and mixed anxiety/depressive symptoms. *Journal of Abnormal Psychology, 109*(3), 504–511.

Nolen-Hoeksema, S., & Morrow, J. (1991). A prospective study of depression and posttraumatic stress symptoms after a natural disaster: The 1989 Loma Prieta earthquake. *Journal of personality and social psychology, 61*(1), 115–121.

Norris, F. H. (1992). Epidemiology of trauma: Frequency and impact of different potentially traumatic events on different demographic groups. *Journal of Consulting and Clinical Psychology, 60,* 409–418.

Norris, F. H., Friedman, M. J., Watson, P. J., Byrne, C. M., Diaz, E., & Kaniasty, K. (2002). 60,000 disaster victims speak: Part I. An empirical review of the empirical literature, 1981–2001. *Psychiatry: Interpersonal and Biological Processes, 65*(3), 207–239.

Norris, F. H., & Murrell, S. A. (1987). Transitory impact of life-event stress on psychological symptoms in older adults. *Journal of Health and Social Behavior, 28,* 197–211.

Norton, D. L. (1974). *Personal destinies: A philosophy of ethical individualism.* Princeton, NJ: Princeton University Press.

Nott, K. H., & Vedhara, K. (1999). Nature and consequences of stressful life events in homosexual HIV-positive men: A review. *AIDS Care, 11,* 235–243.

Obeyesekere, G. (1977). Psychocultural exegesis of a case of spirit possession in Sri Lanka. In V. Crapanzano & V. Garrison (Eds.), *Case studies in spirit possession* (pp. 235–294). New York: Wiley.

O'Brien, T. B., & DeLongis, A. (1997). Coping with chronic stress: An interpersonal perspective. In B. Gottlieb (Eds.), *Coping with chronic stress* (pp. 161–190). New York: Plenum Press.

O'Leary, V. E., Alday, C. S., & Ickovics, J. R. (1996). Models of life change and traumatic growth. In R. G. Tedeschi, C. L. Park, & L. G. Calhoun (Eds.), *Posttraumatic growth: Positive changes in the aftermath of crisis* (pp. 127–152). Mahwah, NJ: Erlbaum.

O'Leary, V. E., & Ickovics, J. R. (1995). Resilience and thriving in response to challenge: An opportunity for a paradigm shift in women's health. *Women's Health: Research on Gender, Behavior, and Policy, 1,* 121–142.

Offer, D., Ostrov, E., & Howard, K. (1981). *The adolescent: A psychological self-portrait.* New York: Basic Books.

Ogrocki, P. K., Stephens, M. A. P., & Kinney, J. (1990, November). Assessing caregiver coping: State vs. trait approaches. *The Gerontologist, 30,* 135 A.

Ornstein, R., & Thompson, R. F. (1984). *The amazing brain.* Boston: Houghton Mifflin.

Ozer, E. J., Best, S. R., Lipsey, T. L. (2003). Predictors of posttraumatic stress disorder and symptoms in adults: A meta-analysis. *Psychological Bulletin, 129,* 52–73.

Page, W. F., Engdahl, B. F., & Eberly, R. E. (1991). Prevalence and correlates of depressive symptoms among former prisoners of war. *Journal of Nervous and Mental Disease, 179,* 670–677.

Pargament, K. I., Koenig, H. G., & Perez, L. M. (2000). The many methods of religious coping: Development and initial validation of the RCOPE. *Journal of Clinical Psychology, 56,* 519–543.

Pargament, K. I., Koenig, H. G., Tarakeshwar, N., & Hahn, J. (2001). Religious struggle as a predictor of mortality among medically ill elderly patients. *Archives of Internal Medicine, 161,* 1881–1885.

Pargament, K. I., Magyar, G. M., Benore, E., Mahoney, A. (2005). Sacrilege: A study of sacred loss and desecration and their implications for health and well-being in a community sample. *Journal for the Scientific Study of Religion, 44,* 59–78.

Park, C. L. (2007). Religious and spiritual issues in health and aging. In C. M. Aldwin, C. L. Park, & A. Spiro III (Eds.), *Handbook of Health Psychology & Aging* (pp. 313–337). New York: Guilford Press.

Park, C. L., & Ai, A. L. (2006). Meaning-making and growth: New directions for research on survivors trauma. *Journal of Loss and Trauma, 11,* 389–407.

Park, C. L., & Blumberg, C. J. (2002). Disclosing trauma through writing: Testing the meaning-making hypothesis. *Cognitive Therapy and Research, 26(5),* 597–616.

Park, C. L., Cohen, L., & Murch, R. (1996). Assessment and prediction of stress-related growth. *Journal of Personality, 64,* 71–105.

Park, C. L., & Fenster, J. R. (2004). Stress-related growth: Predictors of occurrence and correlates with psychological adjustment. *Journal of Social and Clinical Psychology, 23(2),* 195–215.

Park, C. L., Folkman, S., & Bostrom, A. (2001). Appraisals of controllability and coping in caregivers and HIV+ men: Testing the goodness-of-fit hypothesis. *Journal of Consulting and Clinical Psychology, 69,* 481–488.

Parker, R. A., & Aldwin, C. M. (1994). Desiring careers but loving families: Period, cohort, and gender effects in career and family orientations. In G. P. Keita & J. J. J.

Hurrell (Eds.), *Job stress in a changing workforce: Investigating gender, diversity, and family issues* (pp. 23–38). Washington, DC: American Psychological Association.

Parkes, C. M., & Weiss, R. S. (1983). *Recovery from bereavement.* New York: Basic Books.

Parkes, K. R. (2002). Age, smoking, and negative affectivity as predictors of sleep patterns among shift workers in two environments. *Journal of Occupational Health Psychology, 7,* 156–173.

Paykel, E. S. (1983). Methodological aspects of life events research. *Journal of Psychosomatic Research, 27,* 341–352.

Pearlin, L. I. (1989). The sociological study of stress. *Journal of Health and Social Behavior, 30,* 241–256.

Pearlin, L. I., Aneshensel, C. S., Mullan, J. T., & Whitlatch, C. J. (1996). Caregiving and its social support. In R. H. Binstock and L. K. George (Eds.), *Handbook of Aging and the Social Science* (4th ed., pp. 283–302). San Diego, CA: Academic Press.

Pearlin, L. I., Lieberman, M. A., Menaghan, E. G., & Mullan, J. T. (1981). The stress process. *Journal of Health and Social Behavior, 22,* 337–356.

Pearlin, L., & Schooler, C. (1978). The structure of coping. *Journal of Health and Social Behavior, 19,* 2–21.

Penley, J. A., Tomaka, J., & Wiebe, J. S. (2002). The association of coping to physical and psychological health outcomes: A meta-analytic review. *Journal of Behavioral Medicine, 25,* 551–603.

Pennebaker, J. W., Barger, S. D., & Tiebout, J. (1989). Disclosure of traumas and health among Holocaust survivors. *Psychosomatic Medicine, 51,* 577–589.

Pennebaker, J. W., Colder, M., & Sharp, L. K. (1990). Accelerating the coping process. *Journal of Personality and Social Psychology, 58,* 528–527.

Pennebaker, J. W., & O'Heeron, R. C. (1984). Confiding in others and illness rate among spouses of suicide and accidental-death victims. *Journal of Abnormal Psychology, 93,* 473–476.

Pennisi, E. (2003). Tracing life's circuitry. *Science, 302,* 1646–1649.

Perosa, S. L., & Perosa, L. M. (1993). Relationships among Minuchin's Structural Family Model, identity achievement, and coping style. *Journal of Consulting Psychology, 40,* 479–489.

Peterson, A. C., Compas, B. E., Brooks-Gunn, J., Stemmler, M., Ey, S., & Grant, K. E. (1993). Depression in adolescence. *American Psychologist, 48,* 155–168.

Peterson, C., & Seligman, M. E. P. (2004). *Character strengths and virtues: A handbook and classification.* New York: Oxford University Press.

Peterson, L. (1989). Coping by children undergoing stressful medical procedures: Some conceptual, methodological, and therapeutic issues. *Journal of Consulting and Clinical Psychology, 57,* 380–387.

Peterson, L., Oliver, K. K., & Saldana, L. (1997). Children's coping with stressful medical procedures. In S. A. Wolchik & I. N. Sandler (Eds.), *Handbook of children's coping: Linking theory and intervention* (pp. 333–360). New York: Plenum Press.

Petrie, A. (1978). *Individuality in pain and suffering.* Chicago: University of Chicago Press.

Petticrew, M., Bell, R., & Hunter, D. (2002). Influence of psychological coping on survival and recurrence in people with cancer: Systematic review. *British Medical Journal, 325,* 1066–1075.

Physicians for Human Rights. (1998). Afghanistan campaign. The Taliban's war on women: A health and human rights crisis in Afghanistan. Available at *www.phrusa. org/research/health_effects/exec.html*.

Piaget, J. (1952). *Origins of intelligence in children.* New York: International Universities Press.

Piaget, J. (1952). Autobiography. In E. Boring, H. Langfeld, H. Werner, & R. Yerkes (Eds.), *A history of psychology in autobiography* (Vol. 4, pp. 237–256). Worcester, MA: Clark University Press.

Plancherel, B., & Bolognini, M. (1995). Coping and mental health in early adolescence. [Special issue. Adolescent research: A European perspective]. *Journal of Adolescence, 18,* 459–474.

Pockley, A. G. (2003). Heat shock proteins as regulators of the immune response. *Lancet, 362,* 469–476.

Popper, K. R., & Eccles, J. C. (1977). *The self and its brain.* New York: Springer.

Porter, L. S., & Stone, A. A. (1995). Are there really gender differences in coping? A reconsideration of previous data and results from a daily study. *Journal of Social and Clinical Psychology, 14,* 184–202.

Porter, L. S., Marco, C. A., Schwartz, J. E., Neale, J. M., Shiffman, S., & Stone, A. A. (2000). Gender differences in coping: A comparison of trait and momentary assessments. *Journal of Social and Clinical Psychology, 19,* 480–498.

Powers, B. J. (1992). The Cardiac Denial of Impact Scale: A brief, self-report research measure. *Journal of Psychosomatic Research, 36,* 469–475.

Preece, M., & DeLongis, A. (2005). A contextual examination of stress and coping processes in stepfamilies. In T. A. R. Revenson, K. Kayser, & G. Bodenmann (Eds.), *Couples coping with stress: Emerging perspectives on dyadic coping: Decade of behavior* (pp. 51–69). Washington, DC: American Psychological Association.

Ptacek, J. T., Smith, R. E., Espe, K., & Raffety, B. (1994). Limited correspondence between daily coping reports and retrospective coping recall. *Psychological Assessment, 6,* 41–49.

Ptacek, J. T., Smith, R. E., & Zanas, J. (1992). Gender, appraisal, and coping: A longitudinal analysis. *Journal of Personality, 60,* 747–770.

Quarantelli, E. L. (1985). An assessment of conflicting views on mental health: The consequences of traumatic events. In C. R. Figley (Ed.), *Trauma and its wake* (pp. 173–215). New York: Brunner/Mazel.

Quinn, J. F., & Burkhauser, R. V. (1990). Work and retirement. In J. E. Birren & K. W. Schaie (Eds.), *Handbook of the psychology of aging* (3rd ed., pp. 300–327). New York: Van Nostrand Reinhold.

Rabin, B. S. (1999). *Stress, immune function, and health: The connection.* New York: Wiley–Liss and Sons.

Rabkin, J., & Streuning, E. (1976). Life events, stress, and illness. *Science, 194,* 1013–1020.

Raphael, K. G., Cloitre, M., & Dohrenend, B. P. (1991). Problems of recall and misclassification with checklist methods of measuring stressful life events. *Health Psychology, 10,* 62–74.

Rashkis, H. A. (1952). Systemic stress as an inhibitor of experimental tumors in Swiss mice. *Science, 116,* 169–171.

Rasmussen, A. M., & Friedman, M. J. (2002). The neurobiology of PTSD in women. In R. Kimerling, P. C. Oimette, & J. Wolf (Eds.), *Gender and PTSD* (pp. 43–75). New York: Guilford Press.

Reich, J. W., & Zautra, A. (1981). Life events and personal causation: Some relationships with satisfaction and distress. *Journal of Personality and Social Psychology, 41,* 1002–1112.

Reich, J. W., & Zautra, A. J. (1995). Other-reliance encouragement effects in female rhematoid arthritis patients. *Journal of Social and Clinical Psychology, 14,* 119–133.

Reich, J. W., Zautrra, A. J., & Guarnaccia, C. A. (1989). Effects of disability and bereavement on the mental health and recovery of older adults. *Psychology and Aging, 4,* 57–65.

Reichard, S., Livson, F., & Peterson, P. G. (1962). *Aging and personality.* New York: Wiley.

Reis, S. D., & Heppner, P. P. (1993). Examination of coping resources and family adaptation in mothers and daughters of incestuous versus non-clinical families. *Journal of Consulting Psychology, 40,* 100–108.

Repetti, R. L., Taylor, S. E., & Seeman, T. E. (2002). Risky families: Family social environments and the mental and physical health of offspring. *Psychological Bulletin, 128,* 330–366.

Repetti, R. L., & Wood, J. (1996). Families accommodating to chronic stress: Unintended and unnoticed processes. In B. Gottlieb (Ed.), *Coping with chronic stress* (pp. 191–220). New York: Plenum Press.

Resnick, H. S., Kilpatrick, D. G., Dansky, B. S., Saunders, B. E., & Best, C. L. (1993). Prevalence of civilian trauma and posttraumatic stress disorder in a representative national sample of women. *Journal of Consulting and Clinical Psychology, 61,* 984–991.

Revenson, T. A., & Felton, B. J. (1989). Disability and coping as predictors of psychological adjustment to rheumatoid arthritis. *Journal of Consulting and Clinical Psychology, 57,* 344–348.

Reynolds, D. K. (1976). Monte *psychotherapy.* Berkeley: University of California Press.

Riesman, D. (1961). *The lonely crowd: A study of the changing American character.* New Haven: Yale University Press.

Rind, B., Tromovitch, P., & Bauserman, R. (1998). A meta-analytic examination of assumed properties of child sexual abuse using college samples. *Psychological Bulletin, 124*(1), 22–53.

Ritchie, J. A., Caty, S., & Elleron, M. L. (1988). Coping behaviors of hospitalized preschool children. *Maternal-Child Nursing Journal, 17,* 153–171.

Roberts, B. W., Caspi, A., & Moffitt, T. E. (2001). The kids are alright: Growth and stability in personality development from adolescence to adulthood. *Journal of Personality and Social Psychology, 81*(4), 670–683.

Roesch, S. C., & Weiner, B. (2001). A meta-analytic review of coping with illness: Do causal attributions matter? *Journal of Psychosomatic Research, 50*(4), 205–219.

Rogentine, G., Van Kammen, D., Fox, B., Docherty, J., Rosenblatt, J., Boyhd, S., et al. (1979). Psychological factors in the prognosis of malignant melanoma: A prospective study. *Psychosomatic Medicine, 41,* 647–655.

Rogosa, D. (1988). Myths about longitudinal research. In K. W. Schaie & R. T. Campbell (Eds.), *Methodological issues in aging research* (pp. 171–209). New York: Springer.

Rogosa, D., Brandt, D., & Zimowski, M. (1982). A growth curve approach to the measurement of change. *Psychological Bulletin, 92*, 726–748.

Rollin, B. (1986). *First, you cry.* Philadelphia: Lippincott.

Rook, K. S. (2003). Exposure and reactivity to negative social exchanges: A preliminary investigation using daily diary data. *Journals of Gerontology: Series B: Psychological Sciences and Social Sciences, 58*, P100–P111.

Rook, K. S., Mavandadi, S., Sorkin, D. H., & Zettel, L. A. (2007). Optimizing social relationships as a resource for health and well-being in later life. In C. M. Aldwin, C. L. Park, & A. Spiro, III (Eds.), *Handbook of Health Psychology and Aging* (pp. 267–285). New York: Guilford Press.

Rosario, M., Shinn, M., Morch, H., & Huckabee, C. (1988). Gender differences in coping and social supports: Testing socialization and role constraints theories. *Journal of Community Psychology, 16*, 55–69.

Rose, R. M. (1978). *Air traffic contoller health change study: A prospective investigation of physical, psychological and work-related changes.* Springfield, VA: National Technical Information Service.

Rosow, I. (1974). *Socialization to old age.* Berkeley: University of California Press.

Roth, D. L., & Holmes, D. S. (1985). Influence of physical fitness in determining the impact of stressful life events on physical and psychologic health. *Psychosomatic Medicine, 47*(2), 164–173.

Roth, S., & Cohen, L. J. (1986). Approach, avoidance, and coping with stress. *American Psychologist, 41*, 813–819.

Roth, S., & Lebowitz, L. (1988). The experience of sexual trauma. *Journal of Traumatic Stress, 1*, 79–107.

Roth, S., & Newman, E. (1991). The process of coping with sexual trauma. *Journal of Traumatic Stress, 4*, 279–297.

Rothbart, M. K. (2004). Temperament and the pursuit of an integrated developmental psychology. *Merrill–Palmer Quarterly, 50*(4), 492–505.

Rothermund, K., & Brandstädter, J. (2003). Coping with deficits and losses in later life: From compensatory action to accommodation. *Psychology and Aging, 18*, 896–905.

Rotter, J. B. (1966). Generalized expectancies for internal versus external control of reinforcement. *Psychological Monographs, 80* (Whole No. 609).

Rowe, D., & Rodgers, J. (2005). Under the skin: On the impartial treatment of genetic and environmental hypotheses of racial differences. *American Psychologist, 60*(1), 60–70.

Rowlison, R., & Felner, R. (1989). Major life events, hassles, and adaptation in adolescence: Confounding in the conceptualization and measurement of life events revisited. *Journal of Personality and Social Psychology, 55*, 432–444.

Rubel, A. J. (1969). Concepts of disease in Mexican-American culture. In L. R. Lynch (Ed.), *The cross-cultural approach to health behavior* (pp. 174–205). Rutherford, NJ: Fairleigh Dickinson University Press.

Ruch, L. O., Chandler, S. M., & Harter, R. A. (1980). Life change and rape impact. *Journal of Health and Social Behavior, 21*, 248–260.

Rumi, J. (1973). *The Mathnawi* (E. H. Whinfield, Trans.). London: Octagon Press.

Runyan, W. M. (1978). The life course as a theoretical orientation: Sequences of person–situation interactions. *Journal of Personality, 46, 552–558.*

Russell, D. W., & Cutrona, C. E. (1991). Social support, stress, and depressive symptoms among the elderly: Test of a process model. *Psychology and Aging, 6,* 190–201.

Rutter, M. (1981). Stress, coping, and development: Some issues and questions. *Journal of Child Psychology, Psychiatry, and Allied Disciplines, 22,* 323–356.

Rutter, M. (1987). Psychosocial resilience and protective mechanisms. *American Journal of Orthopsychiatry, 57,* 316–331.

Rutter, M. (2003). Genetic influences on risk and protection: Implications for understanding resilience. In S. S. Luthar (Ed.), *Resilience and vulnerability: Adaptation in the context of childhood adversities* (pp. 489–509). Cambridge, UK: Cambridge University Press.

Ryff, C., & Singer, B. (1998). The role of purpose in life and personal growth in positive human health. In P. T. P. Wong & P. S. Fry (Eds.), *The human quest for meaning: A handbook of psychological research and clinical applications* (pp. 213–235). Mahwah, NJ: Erlbaum.

Salter, E., & Stallard, P. (2004). Posttraumatic growth in child survivors of a road traffic accident. *Journal of Traumatic Stress, 17*(4), 335–340.

Sandler, I. N., Tein, J., & West, S. G. (1994). Coping, stress, and the psychological symptoms of children of divorce: A cross-sectional and longitudinal study. *Child Development, 65,* 1744–1763.

Sandler, I., Wolchik, S., Davis, C., Haine, R., & Ayers, T. (2003). Correlational and experimental study of resilience in children of divorce and parentally-bereaved children. In S. S. Luthar (Ed.), *Resilience and vulnerability: Adaptation in the context of childhood adversities* (pp. 213–242). Cambridge, UK: Cambridge University Press.

Saper, B. (1990). The therapeutic use of humor for psychiatric disturbances of adolescents and adults. *Psychiatric Quarterly, 61*(4), 261–272.

Sapolsky, R. M. (1992). *Stress, the aging brain, and the mechanisms of neuron death.* Cambridge, MA: MIT Press.

Sapolsky, R. M. (1993). Endocrinology alfresco: Psychoendocrine studies of wild baboons. *Recent Progress in Hormone Research, 48,* 437–468.

Sapolsky, R. M. (1998). *Why zebras don't get ulcers: An updated guide to stress, stress-related diseases, and coping.* New York: Freeman.

Sapolsky, R. M. (1999). Glucocorticoids, stress, and their adverse neurological effects: Relevance to aging. *Experimental Gerontology, 34,* 721–732.

Sappington, A. A. (1990). Recent psychological approaches to the free will versus determinism issue. *Psychological Bulletin, 108,* 19–29.

Sarason, I., Johnson, J. H., & Siegel, J. M. (1978). Assessing the impact of life changes: Development of the Life Experiences Survey. *Journal of Consulting and Clinical Psychology, 46,* 932–946.

Sartori, C., & Scherrer, U. (2003). Turning up the heat in the lungs. A key mechanism to preserve their function. *Advances in Experimental Medical Biology, 543,* 263–275.

Saunders, L. W. (1977). Variants in zar experience in an Egyptian village. In V.

Crapanzano & V. Garrison (Eds.), *Case studies in spirit possession* (pp. 177–191). New York: Wiley.

Schachter, S., & Singer, J. (1962). Cognitive, social, and physiological determinants of emotional state. *Psychological Review, 69,* 379–399.

Schaefer, J. A., & Moos, R. H. (1996). The context for posttraumatic growth: Life crises, individual and social resources, and coping. In R. G. Tedeschi, C. L. Park, & L. G. Calhoun (Eds.), *Posttraumatic growth: Positive changes in the aftermath of crisis* (pp. 99–126). Mahwah, NJ: Erlbaum.

Scherg, H., & Blohmke, M. (1988). Associations between selected life events and cancer. *Behavioral Medicine, 14,* 119–124.

Schlenger, W. E., Kulka, R. A., Fairbank, J. A., & Hough, R. L. (1992). The prevalence of post-traumatic stress disorder in the Vietnam generation: A multimethod, multisource assessment of psychiatric disorder. *Journal of Traumatic Stress, 5*(3) 333–363.

Schlundt, D. G., Rea, M., Hodge, M., & Flannery, M. E. (1996). Assessing and overcoming situational obstacles to dietary adherence in adolescents with IDDM. *Journal of Adolescent Health, 19*(4), 282–288.

Schnurr, P. P., & Green, B. L. (2004a). A context for understanding the physical health consequences of exposure to extreme stress. In P. P. Schurr & B. L. Green (Eds.), *Trauma and health: Physical health consequences of exposure to extreme stress* (pp. 3–10). Washington, DC: American Psychological Association Press.

Schnurr, P. P., & Green. B. L. (2004b). Understanding relationships among trauma, posttraumatic stress disorder, and health outcomes. In In P. P. Schurr & B. L. Green (Eds.), *Trauma and health: Physical health consequences of exposure to extreme stress* (pp. 247–275). Washington, DC: American Psychological Association Press

Schnurr, P., Rosenberg, S., & Friedman, M. (1993). Change in MMPI scores from college to adulthood as a function of military service. *Journal of Abnormal Psychology, 102,* 288–296.

Schnurr, P., Spiro, A., III, Aldwin, C. M., & Stukel, T. A. (1998). Symptom trajectories following trauma exposure: Longitudinal findings from the Normative Aging Study. *Journal of Nervous and Mental Disorders, 186,* 522–528.

Schonpflug, W. (1985). Goal directed behavior as a source of stress: Psychological origins and consequences of inefficiency. In M. Frese & J. Sabini (Eds.), *The concept of action in psychology* (pp. 172–188). Hillsdale, NJ: Erlbaum.

Schreier, A., & Evans, G. W.(2003). Adrenal cortical response of young children to modern and ancient stressors. [Special issue. Divergences and commonalities within taxonomic and political orders]. *Current Anthropology, 44,* 306–309.

Schroeder, F. H., & Costa, P. (1984). Influence of life event stress on physical illness: Substantive effects or methodological flaws. *Journal of Personality and Social Psychology, 46,* 853–863.

Schulz, R., & Heckhausen, J. (1998). Emotion and control: A life-span perspective. In K. W. Schaie and M. P. Lawton (Eds.). *Annual review of gerontology and geriatrics: Vol. 17. Focus on emotion and adult development* (pp. 185–205). New York: Springer.

Schwarzer, R. (2001). Stress, resources, and proactive coping. *Applied Psychology: An International Review, 50,* 400–407.

Schwarzer, R., & Knoll, N. (2003). Positive coping: Mastering demands and searching for meaning. In S. J. Lopez & C. R. Snyder (Eds.), *Positive psychological assessment: A handbook of models and measures* (pp. 393–409). Washington, DC: American Psychological Association.

Schwarzer, R., & Schwarzer, C. (1996). *A critical survey of coping instruments*. Oxford, UK: Wiley.

Scudder, T., & Colson, E. (1982). From welfare to development: A conceptual framework for the analysis of dislocated people. In A. Hansen & A. Oiler-Smith (Eds.), *Involuntary migration and resettlement: The problems and responses of dislocated people* (pp. 267–287). Boulder, CO: Westview Press.

Sears, S. R., Stanton, A. L., & Danoff-Burg, S. (2003). The yellow brick road and the emerald city: Benefit finding, positive reappraisal, and posttraumatic growth in women with early stage breast cancer. *Health Psychology, 22,* 487–497.

Seeman, T. (1991). Personal control and coronary artery disease: How generalized expectancies about control may influence disease risk. *Journal of Psychosomatic Medicine, 35,* 661–669.

Segerstrom, S. C. (2000). Personality and the immune system: Models, methods, and mechanisms. *Annals of Behavioral Medicine, 22,* 180–190.

Seiffge-Krenke, I. (2004). The long-term impact of functional and dysfunctional coping styles for predicting attachment representation. *Zeitschrift für Medizinische Psychologie, 13,* 37–45.

Seligman, M. (1975). *Helplessness: On depression, development and death*. San Francisco: Freeman.

Seligman, M. E. P., & Csikszentmihalyi, M. (2000). Positive psychology: An introduction. *American Psychologist, 55,* 5–14.

Sellers, R. M., & Peterson, C. (1993). Explanatory style and coping with controllable events by student-athletes. *Cognition and Emotion, 7,* 431–441.

Selye, H. (1956). *The stress of life*. New York: McGraw-Hill.

Serido, J., Almeida, D., M., & Wethington, E. (2004). Chronic stressors and daily hassles: Unique and interactive relationships with psychological distress. *Journal of Health and Social Behavior, 45,* 17–33.

Shapiro, D. (1965). *Neurotic styles*. New York: Basic Books.

Shapiro, D. E., Boggs, S. R., Rodrigue, J. R., Urrya, H. L, Algina, J. J., Hellman, R. et al. (1997). Stage II breast cancer: Differences between four coping patterns in side effects during chemotherapy. *Journal of Psychosomatic Research,* 143–157.

Sharansky, N. (1988). *Fear no evil*. New York: Random House.

Shaw, A., Joseph, S., & Linley, P. A. (2005). Religion, spirituality, and posttraumatic growth: A systematic review. *Mental Health, Religion, and Culture, 8*(1), 1–11.

Sheikh, Alia I (2004). Posttraumatic growth in the context of heart disease. *Journal of Clinical Psychology in Medical Settings, 11,* 265–273.

Shek, D. T. L., & Cheung, C. K. (1990). Locus of coping in a sample of Chinese working parents: Reliance on self or seeking help from others. *Social Behavior and Personality, 18,* 327–346.

Shiraishi, R. W., & Aldwin, C. M. (2004, August). *The development of coping from young adulthood to midlife*. Paper presented at the Annual Meeting of the American Psychological Association, Honolulu.

Shonkoff, J. P., & Phillips, D. A. (2000). *From neurons to neighborhoods: The science of early childhood development*. Washington, DC: National Academy Press.

Siegler, I. C. (1997). Promoting health and minimizing stress in midlife. In M. Lachman & J. James (Eds.), *Multiple paths of mid-life development* (pp. 241–256). Chicago: University of Chicago Press.

Sigmon, S. T., Stanton, A. L., & Snyder, C. R. (1995). Gender differences in coping: A further test of socialzation and role constraint theories. *Sex Roles, 33, 565–587.*

Silver, R. C., Holman, E. A., & Gil-Rivas, V. (2000, December). *Social responses to discussion of traumatic life events.* Paper presented at the University of California Intercampus Health Psychology Conference, Lake Arrowhead, CA.

Silver, R. L., Boon, C., & Stones, M. H. (1983). Searching for meaning in misfortune: Making sense of incest. *Journal of Social Issues, 39, 81–102.*

Simonton, D. K. (1984). *Genius, creativity, and leadership: Histriometric inquiries.* Cambridge, MA: Harvard University Press.

Skaff, M. (2007). Control and aging. In C. M. Aldwin, A. Spiro, III, & C. Park, *Handbook of health psychology and aging* (pp. 186–209). New York: Guilford Press.

Skinner, B. F. (1971). *Beyond freedom and dignity.* New York: Knopf.

Skinner, E. A. (1995). *Perceived control, motivation, and coping.* Thousand Oaks, CA: Sage.

Skinner, E., & Edge, K. (2002). Parenting, motivation, and the development of children's coping. *Nebraska Symposium on Motivation, 48, 77–143.*

Skinner, E. A., Edge, K., Altman, J., & Sherwood, H. (2003). Searching for the structure of coping: A review and critique of category systems for classifying ways of coping. *Psychological Bulletin, 129*(2), 216–269.

Skinner, E. A., & Wellborn, J. G. (1994). Coping during childhood and adolescence: A motivational perspective. In R. Lerner, D. Featherman, & M. Perlmuter (Eds.), *Life-span development and behavior* (Vol. 12, pp. 91–123). Hillsdale, NJ: Erlbaum.

Smith, C. A., & Lazarus, R. S. (1993). Appraisal components, core relational themes, and the emotions. [Special issue. Appraisal and beyond: The issue of cognitive determinants of emotion]. *Cognition and Emotion, 7, 233–269.*

Smith, R. S. (1991). The immune system is a key factor in the etiology of psychosocial disease. *Medical Hypotheses, 34, 49–57.*

Smith, S. M. (1983). Disaster: Family disruption in the wake of natural disasters. In C. R. Figley & H. I. McCubbin (Eds.), *Stress and the family: Vol. II. Coping with catastrophe* (pp. 120–147). New York: Brunner/Mazel.

Snyder, C. R. (2000). Hypothesis: There is hope. In C. R. Snyder (Ed.), *Handbook of hope: Theory, measures, and applications* (pp. 3–21). San Diego: Academic Press.

Solomon, G. F. (1969). Stress and antibody in rats. *International Archives of Allergy and Applied Immunology, 35, 97–104.*

Solomon, G. F., & Amkraut, A. A. (1981). Psychoneuroendocrinological effects on the immune response. *Annual Review of Microbiology, 35, 155–184.*

Solomon, G. F., & Benton, D. (2000). Immune functions, their psychological correlates, and health. In S. B. Manuck, R. Jennings, B. S. Rabin, & A. Baum (Eds.), *Behavior, health, and aging* (pp. 109–117). Mahwah, NJ: Erlbaum.

Solomon, G. F., Segerstrom, S. C., Grohr, P., Kemeny, M., & Fahey, J. (1997). Shaking up immunity: Psychological and immunologic changes after a natural disaster. *Psychosomatic Medicine, 59, 114–127.*

Solomon, R. L. (1980). The opponent-process theory of acquired motivation: The costs of pleasure and the benefits of pain. *American Psychologist, 35,* 691–712.

Solomon, Z. (1993). *Combat stress reaction: The enduring toll of war.* New York: Plenum Press.

Solomon, Z., Mikulincer, M., & Avitzur, E. (1988). Coping, locus of control, social support, and combat-related posttraumatic stress disorder: A prospective study. *Journal of Personality and Social Psychology, 55,* 279–285.

Solomon, Z., Mikulincer, M., & Benbenishty, R. (1989). Combat stress reaction: Clinical manifestations and correlates. *Military Psychology, 1,* 35–47.

Somerfield, M. R. (1997). The utility of systems models of stress and coping for applied research: The case of cancer adaptation. *Journal of Health Psychology, 2,* 133–151.

Somerfield, M. R., & McCrae, R. R. (2000). Stress and coping research: Methodological challenges, theoretical advances, and clinical applications. *American Psychologist, 55,* 620–625.

Sperry, R. W. (1988). Psychology's mentalist paradigm and the religion/science tension. *American Psychologist, 43,* 607–613.

Spiegel, D., & Giese-Davis, J. (2003). Depression and cancer: Mechanisms and disease progression. *Biological Psychiatry, 54,* 269–282.

Spirito, A., Overholswer, J., & Stark, L. J. (1989). Common problems and coping strategies: II. Findings with adolescent suicide attempters. *Journal of Abnormal Child Psychology, 17,* 213–221.

Spirito, A., Stark, L. J., Grace, N., & Stamoulis, D. (1991). Common problems and coping strategies reported in childhood and early adolescence. *Journal of Youth and Adolescence, 20,* 531–544.

Spiro, A., Schnurr, P., & Aldwin, C. M. (1994). Combat related PTSD in older men. *Psychology and Aging, 9,* 17–26.

Spiro, M. E. (1978). Supernaturally caused illness in traditional Burmese medicine. In A. Kleinman, P. Kunstadter, E. R. Alexander, & J. L. Gale (Eds.), *Culture and healing in Asian societies* (pp. 219–234). Cambridge, MA: Schenkman.

Spurell, M., & McFarlane, A. (1993). Post-traumatic stress disorder and coping after a natural disaster. *Social Psychiatry and Psychiatric Epidemiology, 28,* 194–200.

Stanton, A., Bower, J. E., & Low, C.A. (2006). Post-traumatic growth after cancer In L. G. Calhoun & R. G. Tedeschi, *Handbook of posttraumatic growth: Research and practice* (pp. 138–175). Mahwah, NJ: Erlbaum.

Stanton, A. L., Collins, C. A., & Sworowski, L. (2001). Adjustment to chronic illness: Theory and research. In A. Baum, T. A. Revenson, & J. Singer (Eds.), *Handbook of health psychology* (pp. 387–404). Mahwah, NJ: Erlbaum.

Stanton, A. L., Danoff-Burg, S., Cameron, C. L., & Ellis, A. P. (1994). Coping through emotional approach: Problems of conceptualizaton and confounding. *Journal of Personality and Social Psychology, 66,* 350–362.

Stanton, A. L., & Franz, R. (1999). Focusing on emotion: An adaptive coping strategy? In C. R. Snyder (Ed.), *Coping: The psychology of what works* (pp. 90–118). New York: Oxford University Press.

Stanton, A. L., Kirk, S. B., Cameron, C. L., & Danoff-Burg, S. (2000). Coping through emotional approach: Scale construction and validation. *Journal of Personality and Social Psychology, 78,* 1150–1169.

Steiger, H., Gauvin, L., Jabalpurwala, S., Séguin, J. R., & Stotland, S. (1999). Hypersensitivity to social interactions in bulimic syndromes: Relationship to binge eating. *Journal of Consulting and Clinical Psychology, 67*(5), 765–775.

Stephens, C., & Long, N. (2000). Communication with police supervisors and peers as a buffer of work-related traumatic stress. *Journal of Organizational Behavior, 21,* 407–424.

Steward, M. S. (1993). Understanding children's memories of medical procedures: "He didn't touch me and it didn't hurt!" In C. A. Nelson (Ed.), *Minnesota Symposium on Child Psychology: Memory and affect in development* (Vol. 26, pp. 171–225). Hillsdale, NJ: Erlbaum.

Stone, A. A., Greenberg, M. A., Kennedy-Moore, E., & Newman, M. G. (1991). Self-report, situation-specific coping questionnaires: What are they measuring? *Journal of Personality and Social Psychology, 61,* 648–658.

Stone, A. A., Greenberg, M. A., Kennedy-Moore, E., and Newman, M. G. (1991). Self-report, situation-specific coping questionnaires: What are they measuring? *Journal of Personality and Social Psychology, 61,* 648–658.

Stone, A. A., & Neale, J. M. (1984). New measure of daily coping: Development and preliminary results. *Journal of Personality and Social Psychology, 46*(4), 892–906.

Stone, A. A., Schwartz, J. E., Neale, J. M., Shiffman, S., Marco, C. A., Hickcox, M., Paty, J., Porter, L. S., & Cruise, L. J. (1998). A comparison of coping assessed by ecological momentary assessment and retrospective recall. *Journal of Personality and Social Psychology, 74,* 1670–1680.

Stouffer, S. A. (1949). *The American soldier.* Princeton, NJ: Princeton University Press.

Stroebe, M., & Schut, H. (1999). The dual process model of coping with bereavement: Rationale and description. *Death Studies, 23,* 197–224.

Stroebe, M. S., & Schut, H. (2001). Meaning making in the dual process model of coping with bereavement. In R. A. Neimeyer (Ed.), *Meaning reconstruction and the experience of loss* (pp. 55–73). Washington, DC: American Psychological Association.

Suls, J., & Wan, C. K. (1989). Effects of sensory and procedural information on coping with stressful medical procedures and pain: A meta-analysis. *Journal of Consulting and Clinical Psychology, 57,* 372–379.

Surtees, P. G. (1989). Adversity and psychiatric disorder: A decay model. In G. W. Brown & T. O. Harris (Eds.), *Life events and illness* (pp. 161–198). New York: Guilford Press.

Swartz, L., Elk, R., & Teggin, A. F. (1983). Life events in Xhosas in Cape Town. *Journal of Psychosomatic Research, 27,* 223–232.

Syrjala, K. L., & Abrams, J. (1999). Cancer pain. In R. J. Gatchel & D. C. Turk (Eds.), *Psychosocial factors in pain: Critical perspectives* (pp. 301–314). New York: Guilford Press.

Szasz, T. (1961). *The myth of mental illness: Foundations of a theory of personal conduct.* New York: Hoeber-Harper.

Tageson, C. S. (1982). *Humanistic psychology: A synthesis.* Homewood, IL: Dorsey Press.

Takahashi, K., Ohara, N., Antonucci, T. C., & Akiyama, H. (2002). Commonalities and differences in close relationships among the Americans and Japanese: A comparison by the individualism/collectivism concept. *International Journal of Behavioral Development, 26,* 453–465.

Tamres, L. K., Janicki, D., & Helgeson, V. E. (2002). Sex differences in coping behavior: A meta-analytic review and an examination of relative coping. *Personality and Social Psychology Review, 6*, 2–30.

Taylor, S. E. (1983). Adjustment to threatening events: A theory of cognitive adaptation. *American Psychologist, 39*, 1161–1173.

Taylor, S. E. (2006). Bridges from social psychology to health. In P. A. M. Van Lange (Ed.), *Bridging social psychology: Benefits of transdisciplinary approaches* (pp. 313–317). Mahwah, NJ: Erlbaum.

Taylor, S. E. (2007). Social support. In H. S. Friedman & R. S. Silver (Eds.), *Oxford handbook of health psychology* (pp. 145–171). New York: Oxford University Press.

Taylor, S. E., Kemeny, M. E., Reed, B. M., Bower, J. E., & Gruenewald, T. L. (2000). Psychological resources, positive illusions, and health. *American Psychologist, 55*, 99–109.

Taylor, S. E., Klein, L. C., Lewis, B. P., Gruenewald, T. L., Gurung, R. A., & Updegraff, J. A. (2000). Biobehavioral responses to stress in females: Tend-and-befriend, not fight-or-flight. *Psychological Review, 107*, 411–429.

Taylor, S. E., Lichtman, R. R., & Wood, J. V. (1984). Attributions, beliefs about control, and adjustment to breast cancer. *Journal of Personality and Social Psychology, 46*, 489–502.

Tedeschi, R. G., & Calhoun, L. G. (1995). *Trauma and transformation: Growing in the aftermath of suffering.* Thousand Oaks, CA: Sage.

Tedeschi, R. G., & Calhoun, L. G. (2004). Posttraumatic growth: Conceptual foundations and empirical evidences. *Psychological Inquiry, 15*, 1–18.

Tedeschi, R. G., Park, C. L., & Calhoun, L. G. 1998). Post-traumatic growth: Conceptual issues. In R. G. Tedeschi, C. L. Park, & L. G. Calhoun (Eds.), *Post-traumatic growth: Positive changes in the aftermath of crisis* (pp. 1–23). Mahwah, NJ: Erlbaum.

Temoshok, L., Heller, B., Sagebiel, R., Blois, M., Sweet, D., Diclemete, R., et al. (1985). The relationship of psychosocial factors to prognostic indicators in cutaneous melanoma. *Journal of Psychosomatic Research, 29*, 137–155.

Tennen, H., & Affleck, G. (1996). Daily processes in coping with chronic pain: Methods and analytic strategies. In M. Zeidner & N. S. Endler (Eds.), *Handbook of coping: Theory, research, and applications* (pp. 151–177). New York: Wiley.

Tennen, H., & Affleck, G. (2002). Benefit-finding and benefit-reminding. In C. R. Synder & S. J. Lopes (Eds.), *The handbook of positive psychology* (pp. 584–597). New York: Oxford University Press.

Tennen, H., Affleck, G., Armeli, S., & Carney, M. A. (2000). A daily process approach to coping: Linking theory, research, and practice. *American Psychologist, 55*, 626–636.

Terry, D. J., & Hynes, G. J. (1998). Adjustment to a low-control situation: Reexamining the role of coping responses. *Journal of Personality and Social Psychology, 74*(4), 1078–1092.

Thoits, P. (1983). Dimensions of life events that influence psychological distress: An evaluation and synthesis of the literature. In B. Kaplan (Ed.), *Psychosocial stress: Trends in theory and research* (pp. 33–103). New York: Academic Press.

Thoits, P. (1986). Social support as coping assistance. *Journal of Consulting and Clinical Psychology, 54*, 416–423.

Thompson, A., & Bolger, N. (1999). Emotional transmission in couples under stress. *Journal of Marriage and the Family, 61*, 38–48.

Thompson, P. S., Dengerink, H. A., & George, M. (1987). Noise-induced temporary threshold shifts: The effects of anticipatory stress and coping strategies. *Journal of Human Stress, 13*, 32–38.

Thompson, R. A. (1990). Emotions and self-regulation. In R. A. Thompson (Ed.), *Socioemotional development: Nebraska Symposium on Motivation, 36*, 383–483.

Todd, M., Tennen, H., Carney, M. A., Armeli, S., & Affleck, G. (2004). Do we know how we cope?: Relating daily coping reports to global and time-limited retrospective assessments. *Journal of Personality and Social Psychology, 86*, 310–319.

Tolan, P. H., Guerro, N. G., & Montaini-Klovdahl, L. R. (1997). Staying out of harm's way: Coping and the development of inner-city children. In S. A. Wolchik & I. N. Sandler (Eds.), *Handbook of children's coping: Linking theory and intervention* (pp. 453–479). New York: Plenum Press.

Tomich, P. L., & Helgeson, V. S. (2004). Is finding something good in the bad always good? Benefit finding among women with breast cancer. *Health Psychology, 23*, 16–23.

Tornstam, L. (1994). Gero-transcendence: A theoretical and empirical exploration. In L. E. Thomas & S. A. Eisenhandler (Eds.), *Aging and the Religious Dimension* (pp. 208–226). London: Auburn House.

Townsend, A. L., Noelker, L., Deimling, G., & Bass, D. (1989). Longitudinal impact of interhousehold caregiving on adult children's mental health. *Psychology and Aging, 4*, 393–401.

Triandis, H. C. (1996). The psychological measurement of cultural syndromes. *American Psychologist, 51*(4), 407–415.

Troll, L. (1973). *Early and middle adulthood*. Monterey, CA: Brooks/Cole.

Tseng, W. (1978). Traditional and modern psychiatric care in Taiwan. In A. Kleinman, P. Kunstadter, E. R. Alexander, & J. L. Gale (Eds.), *Culture and healing in Asian societies* (pp. 311–328). Cambridge, MA: Schenkman.

Turk, D. C. (2001). Physiological and psychological bases of pain. In A. Baum, T. A. Revenson, & J. Singer (Eds.), *Handbook of health psychology* (pp. 117–138). Mahwah, NJ: Erlbaum.

Turner, R. J. (2003). The pursuit of socially modifiable contingencies in mental health. *Journal of Health and Social Behavior, 44*, 1–17.

Turner, R. J., & Wheaton, B. (1995). Checklist measurement of stressful life events. In S. Cohen, R. C. Kessler, & L. U. Gordon (Eds.), *Measuring stress: A guide for health and social scientists* (pp. 29–58). New York: Oxford University Press.

Turner, V. S. (1969). *The ritual process: Structure and anti-structure*. Chicago: Aldine.

Twenge, J. M. (2000). The age of anxiety? The birth cohort change in anxiety and neuroticism, 1952–1993. *Journal of Personality and Social Psychology, 79*, 1007–1021.

Uchino, B. N., Cacioppo, J. T., & Kiecolt-Glaser, J. K. (1996). The relationship between social support and physiological processes: A review with emphasis on underlying mechanisms. *Psychological Bulletin, 119*, 488–531.

Underhill, E. (1961). *Mysticism*. New York: Dutton.

Updegraff, J. A., & Marshall, G. N. (2005). Predictors of perceived growth following direct exposure to community violence. *Journal of Social and Clinical Psychology, 24*, 538–560.

Ursano, R. J., Wheatly, R., Sledge, W., Rahe, A., & Carlson, E. (1986). Coping and recovery styles in the Vietnam era prisoner of war. *Journal of Nervous and Mental Disease, 175*, 273–275.

Vaillant, G. (1977). *Adaptation to life: How the best and the brightest came of age*. Boston: Little Brown.

Vaillant, G. E. (1993). *The wisdom of the ego*. Cambridge, MA: Harvard University Press.

Vaillant, G. (2002). *Aging well: Surprising guideposts to a happier life from the landmark Harvard Study of Adult Development*. Boston: Little, Brown.

Vaillant, G. E., Bond, M., & Vaillant, C. O. (1986). An empirically validated hierarchy of defense mechanisms. *Archives of General Psychiatry, 43*, 786–794.

Vaillant, G. E., & Mukamal, K. (2001). Successful aging. *American Journal of Psychiatry, 158*(6), 839–847.

Valiente, C., Fabes, R. A., Eisenberg, N., & Spinrad, T. L. (2004). The relations of parental expressivity and support to children's coping with daily stress. *Journal of Family Psychology, 18*, 97–106.

Vargas-Reighley, R. (2005). *Bi-cultural competence and academic resilience among immigrants*. New York: LFP Scholarly Publishing.

Vargas-Reighley, R. V. (2002). *The relationship between bicultural competence and academic resilience in a cross-cultural sample*. (Doctoral dissertation, University Microfilms International). *Dissertation Abstracts International: Section B: The Sciences and Engineering, 62*(7), 3405. (UMI Dissertation Order Number AAI3019058; Print)

Vassend, O., Eskile, A., & Halvorsen, R. (1997). Negative affectivity, coping, immune status, and disease progression in HIV infected individuals. *Psychology and Health, 12*, 375–388.

Vaughn, S., Ridley, C., & Bullock, D. (1984). Interpersonal problem-solving skills training with aggressive young children. *Journal of Applied Developmental Psychology, 5*(3), 213–223.

Veroff, J., Julka, R. A., & Douvan, E. (1981). *Mental health in America: Patterns of help-seeking from 1957 to 1976*. New York: Basic Books.

Villarino, M. E., Geiter, L. J., & Simone, P. M. (1992). The multidrug-resistant tuberculosis challenge to public health efforts to control tuberculosis. *Public Health Reports, 107*, 616–625.

Vingerhoets, A. J., & Marcelissen, F. G. (1988). Stress research: Its present status and issues for future developments. *Social Science and Medicine, 36*, 279–291.

Virchow, R. L. K. (1863). *Cellular pathology as based upon physiological and pathological histology*. Philadelphia: Lippincott.

Visintainer, M., & Casey, R. (1984, August). *Adjustment and outcome in melanoma patients*. Paper presented at the annual meeting of the American Psychological Association, Toronto, Ontario, Canada.

Vitaliano P. P., Zhang, J., & Scanlan, J. M. (2003). Is caregiving hazardous to one's physical health? A meta-analysis. *Psychology Bulletin, 129*, 946–972.

Vitaliano, P. P., DeWolfe, D. J., Maiuro, R. D., Russo, J., & Katon, W. (1990). Appraisal changeability of a stressor as a modifier of the relationship between coping and depression: A test of the hypothesis of fit. *Journal of Personality and Social Psychology, 59*, 582–592.

Vitaliano, P., Russo, J., Carr, J., Maiuro, R., & Becker, J. (1985). The Ways of Coping checklist: Revision and psychometric properties. *Multivariate Behavioral Research, 20*, 3–26.

Vitaliano, P. P., Russo, J., & Maiuro, R. D. (1987). Locus of control, type of stressor, and appraisal within a cognitive–phenomenological model of stress. *Journal of Research in Personality, 21*, 224–237.

Vogele, C., & Steptoe, A. (1992). Emotional coping and tonic blood pressure as determinants of cardiovascular responses to mental stress. *Journal of Hypertension, 10*, 1079–1087.

von Bertalanffy, L. (1969). *General systems theory: Foundations, development, applications.* New York: Brazilier.

von Eye, A., & Schuster, C. (1998). *Regression analysis for social sciences.* San Diego: Academic Press.

Wagner, B. M., Compas, B. E., & Howell, D. C. (1988). Daily and major life events: A test of an integrative model of psychosocial stress. *American Journal of Community Psychology, 16*, 189–205.

Walker, E. H. (1970). The nature of consciousness. *Mathematical Biosciences, 7*, 131–178.

Walker, E., Newman, E., & Koss, M. (2004). Costs and health care utilization associated with traumatic experiences. In P. P. Schnurr & B. L. Green (Eds.), *Trauma and health: Physical health consequences of exposure to extreme stress* (pp. 43–69). Washington, DC: American Psychological Association.

Wallace, A. F. C. (1956). *Tornado in Worcester: An exploratory study of individual and community behavior in an extreme situation* (Disaster Study No. 3). Washington, DC: National Academy of Sciences—National Research Council.

Wallace, A. F. C. (1966). *Religion: An anthropological view.* New York: Random House.

Wallerstein, J. S., & Blakeslee, S. (1989). *Second chances: Men, women, and children a decade after divorce.* New York: Ticknor & Fields.

Wallerstein, J. S., & Kelly, J. B. (1980). *Surviving the breakup: How children and parents cope with divorce.* New York: Basic Books.

Ward, C. (1988). Stress, coping, and adjustment in victims of sexual assault: The role of psychological defense mechanisms. *Counselling Psychology Quarterly, 1*, 165–178.

Watson, D., & Clark, L. A. (1984). Negative affectivity: The disposition to experience aversive emotional states. *Psychological Bulletin, 96*, 465–490.

Watson, D., David, J. P., & Suls, J. (1999). Personality, affectivity, and coping. In C. R. Snyder (Ed.), *Coping: The psychology of what works* (pp. 90–118). New York: Oxford University Press.

Watts-Jones, D. (1990). Toward a stress scale for African-American women. *Psychology of Women Quarterly, 14*, 271–275.

Weidman, H. H. (1979). Falling out: A diagnostic and treatment problem viewed from a transcultural perspective. *Social Science and Medicine, 13B*, 95–112.

Weihs, K. L., Enright, T. M., Simmens, S. J., & Reiss, D. (2000). Negative affectivity, restriction of emotions, and site of metastases predict mortality in recurrent breast cancer. *Journal of Psychosomatic Research, 49, 59–68.*

Weinberger, M., Hiner, S. L., & Tierney, W. M. (1987). In support of hassles as a measure of stress in predicting health outcomes. *Journal of Behavioral Medicine, 10,* 19–31.

Weisman, A. (1979). *Coping with cancer.* New York: McGraw-Hill.

Weiss, T. (2002). Posttraumatic growth in women with breast cancer and their husbands: An intersubjective validation study. *Journal of Psychosocial Oncology, 20*(2), 65–80.

Weiss, T. (2004). Correlates of posttraumatic growth in married breast cancer survivors. *Journal of Social and Clinical Psychology, 23*(5), 733–746.

Weisz, J. R. (1986). Understanding the developing understanding of control. In M. Perlmutter (Ed.), *Minnesota Symposium in Child Psychology: Vol. 18. Cognitive perspectives on children's social and behavioral development* (pp. 219–275). Hillsdale, NJ: Erlbaum.

Weisz, J. R., Suwanlert, S., Chaiyasit, W., Weiss, B., Achenbach, T. M., & Walter, B. R. (1987). Epidemiology of behavioral and emotional problems among Thai and American children: Parent reports for ages 6 to 11. *Journal of the American Academy of Child and Adolescent Psychology, 26,* 890–897.

Weitz, R. (1989). Uncertainty and the lives of persons with AIDS. *Journal of Health and Social Behavior, 30,* 270–281.

Weksler, M. E., & Szabo, P. (2000). The effect of age on the B-cell repertoire. *Journal of Clinical Immunology, 20,* 240–249.

Wells, R. D., & Schwebel, A. I. (1987). Chronically ill children and their mothers: Predictors of resilience and vulnerability to hospitalization and surgical stress. *Developmental and Behavioral Pediatrics, 8,* 83–89.

Welsh, M. C., Pennington, B. F., & Groisser, D. B. (1991). A normative–developmental study of executive function: A window on prefontal function in children. *Developmental Neuropsychology, 7,* 131–149.

Werner, E. E., & Smith, R. S. (1982). *Vulnerable but invincible: A longitudinal study of resilient children and youth.* New York: McGraw-Hill.

Werner, E. E., & Smith, R. S. (1992). *Overcoming the odds.* Ithaca, NY: Cornell University Press.

Werner, E. E., & Smith, R. S. (2001). *Journeys from childhood to midlife: Risk, resilience, and recovery.* Ithaca, NY: Cornell University Press.

Wertlieb, D., Weigel, C., & Feldstein, M. (1987). Measuring children's coping. *Journal of Orthopsychiatry, 57,* 548–560.

Wethington, E., Brown, G. W., & Kessler, R. C. (1995). Interview measurement of stressful life events. In Cohen, S., Kessler, R., C., & Gordon, L. U. (Eds.). *Measuring stress: A guide for health and social scientists* (pp. 59–79). New York: Oxford University Press.

Weyer, M., & Sandler, I. N. (1998). Stress and coping as predictors of children's divorce-related rumination. *Journal of Clinical Child Psychology, 27,* 78–86.

Wheaton, B. (1996). The nature of chronic stress. In B. H. Gottlieb (Ed.), *Coping with chronic stress* (pp. 343–374). New York: Plenum Press.

Whitbeck, L. B., McMorris, B. J., Hoyt, D. R., Stubben, J. D., & LaFromboise, T.

(2002). Perceived discrimination, traditional practices, and depressive symptoms among American Indians in the Upper Midwest. *Journal of Health and Social Behavior, 43,* 400–418.

Whitbourne, S. K. (1986). Openness to experience, identity flexibility, and life change in adults. *Journal of Personality and Social Psychology, 50,* 163–168.

White, R. W. (1961). *Lives in progress: A study of the natural growth of personality.* New York: Holt, Rinehart & Winston.

White, T., Townsend, A., & Parris-Stephens, M. (2000). Comparisons of African American and White women in the parent care role. *Gerontologist, 40*(6), 718–728.

Whiteside, T. L., Bryant, J., Day, R., & Herberman, R. B. (1990). Natural killer cytoxicity in the diagnosis of immune dysfunction: Criteria for a reproducible assay. *Journal of Clinical Laboratory Analysis, 4,* 102–114.

Whiteside, T. L., Bryant, J., Day, R., Herberman, R. B., Havens, D. M., & Zink, R. (1993). Tuberculosis: A reemerging and alarming public health problem. *Journal of Pediatric Health Care, 7,* 93–95.

Whitty, M. T. (2003). Coping and defending: Age differences in maturity of defense mechanisms and coping strategies. *Aging and Mental Health, 7,* 123–132.

Wiener, H. (1977). *Psychobiology and human disease.* New York: Elsevier.

Wilder, H. B., & Chiriboga, D. A. (1991). Who leaves whom? The importance of control. In D. A. Chiriboga & L. S. Catron (Eds.), *Divorce: Crisis, challenge, or relief?* (pp. 224–247). New York: New York University Press.

Wilson, J., Harel, Z., & Kahana, B. (1989). The day of infamy: The legacy of Pearl Harbor. In J. Wilson (Ed.), *Trauma, transformation, and healing* (pp. 129–156). New York: Brunner/Mazel.

Wolchik, S. A., & Sandler, I. N. (1997). *Handbook of children's coping: Linking theory and intervention.* New York: Plenum Press Press.

Wolfe, H. G., Keane, T. M., Kaloupek, D. G., Mora, C. A., & Winde, P. (1993). Patterns of positive readjustment in Vietnam combat veterans. *Journal of Traumatic Stress, 6,* 179–191.

Wolfe, J., Erickson, D., Sharkansky, E., King, D., & King, L. (1999). Course and predictors of posttraumatic stress disorder among Gulf War veterans: A prospective analysis. *Journal of Consulting and Clinical Psychology, 67*(4), 520–528.

Wolff, H. G. (1950). Life stress and cardiovascular disorders. *Circulation, 1,* 187–203.

Wolfinger, N. H. (2005). *Understanding the divorce cycle: The children of divorce in their own marriages.* Cambridge, UK: Cambridge University Press.

Wolfradt, U., Hempel, S., & Miles, J. N. V. (2003). Perceived parenting styles, depersonalisation, anxiety and coping behavior in adolescents. *Personality and Individual Differences, 34,* 521–532.

Wolin, S. J., & Wolin, S. (1993). *The resilient self: How survivors of troubled families rise above adversity.* New York: Ullard Books.

Women's Action Program (1976). *An exploratory study of women in the health professions schools: Vol. 2. Medicine* (Contract No. HEW OS-74–291). Washington, DC: Department of Health, Education and Welfare.

Wortman, C. B., Battle, E. S., & Lemkau, J. P. (1997). Coming to terms with the sudden, traumatic death of a spouse or child. In R. C. Davis, A. J. Lurigio, & W. G. Skogan (Eds.), *Victims of crime* (2nd ed., pp. 108–133). Thousand Oaks, CA: Sage.

Wortman, C. B., & Silver, R. C. (1989). The myths of coping with loss. *Journal of Consulting and Clinical Psychology, 57*, 349–357.

Wren-Lewis, J. (2004). The implications of near-death experiences for understanding posttraumatic growth. *Psychological Inquiry, 15*, 90–92.

Wu, A., Folkman, S., McPhee, S., & Lo, B. (1993). Do house officers learn from their mistakes? *Journal of the American Medical Association, 265*, 2089–2094.

Wyman, P. A., Cowen, E. L., Work, W. C., & Parker, G. R. (1991). Developmental and family milieu correlates of resilience in urban children who have experienced major life stress. *American Journal of Community Psychology, 19*, 405–426.

Yancura, L. A., Aldwin, C. M., Levenson, M. R., & Spiro, A. III. (2006). Coping, affect, and the metabolic syndrome in older men: How does coping get under the skin? *Journals of Gerontology: Series B. Psychological Sciences and Social Sciences, 61*(5), 295–303.

Yancura, L. A., Aldwin, C. M., & Spiro, A. III. (August, 2002). Age, Appraisal and coping strategies in later life. Paper presented at the annual meeting of the American Psychological Association, Chicago.

Yeager, C., & Janos, L. (1985). *Yeager: An autobiography.* New York: Bantam Books.

Yehuda, R. (1997). Sensitization of the hypothalamic–pituitary–adrenal axis in posttraumatic stress disorder. In R. Yehuda & A. C. McFarlane (Eds.), *Psychobiology of posttraumatic stress disorder* (pp. 57–75). New York: New York Academy of Sciences.

Yehuda, R. (2000). Cortisol alterations in PTSD. In A. Y. Shalev, R. Yehuda, & A. C. McFarlane (Eds.), *International handbook of human response to trauma* (pp. 265–283). New York: Kluwer/Plenum.

Youn, G., Knight, B. G., Jeong, H.-S., & Benton, D. (1999). Differences in familism values and caregiving outcomes among Korean, Korean American, and White American Dementia caregivers. *Psychology and Aging, 14*, 355–364.

Zahn-Waxler, C., Friedman, R J., Cole, P. M., Mizuta, I., & Hiruma, N. (1996). Japanese and United States preschoold children's responses to conflict and distress. *Child Development, 67*, 2462–2477.

Zahn-Waxler, C., Mayfield, A., Radke-Yarrow, M., McKnew, D., Cytryn, L., & Davenport, Y. (1988). A follow-up investigation of offspring of bipolar parents. *American Journal of Psychiatry, 145*, 506–509.

Zahn-Waxler, C. Radke-Yarrow, M., Wagner, E., & Chapman, M. (1992). Development of concern for others. *Developmental Psychology, 28*, 126–136.

Zajonc, R. B. (1984). On the primacy of affect. *American Psychologist, 39*, 117–123.

Zalaquett, C. P., & Wood, R. J. (1997). *Evaluating stress: A book of resources.* Lanham, MD: Scarecrow Press.

Zarit, S. H., Todd, P. A., & Zarit, J. M. (1986). Subjective burden of husbands and wives as caregivers: A longitudinal study. *The Gerontologist, 26*, 260–266.

Zatzick, D. F., & Dimsdale, J. E. (1990). Cultural variations in response to painful stimuli. *Psychosomatic Medicine, 52*, 544–557.

Zautra, A. J. (2003). Emotions, stress, and health. Oxford, UK, and New York: Oxford University Press.

Zautra, A. J., & Manne, S. L. (1992). Coping with rheumatoid arthritis: A review of a decade of research. *Annals of Behavioral Medicine, 14*, 31–39.

Zautra, A. J., Hoffman, J. M., Matt, K., Yokum, D., Potter, P. T., Castro, W. L., et al.

(1998). An examination of individual differences in the relationship between stress and disease activity in women with rheumatoid arthritis. *Arthritis Care and Research, 11,* 271–279.

Zautra, A. J., Hoffman, J. M., & Reich, J. W. (1996). The role of two kinds of efficacy beliefs in maintaining the well-being of chronically stressed older adults. In B. H. Gottlieb (Ed.), *Coping with Chronic Stress* (pp. 269–290). New York: Plenum Press.

Zautra, A. J., Okun, M. A., Robinson, S. E., Lee, D., Roth, S. H., & Emmanual, J. (1989). Life stress and lymphocyte alterations among rheumatoid arthritis patients. *Health Psychology, 8,* 1–14.

Zautra, A. J., Reich, J. W., & Guarnaccia, C. (1990). Some everyday life consequences of disability and bereavement for older adults. *Journal of Personality and Social Psychology, 59,* 350–361.

Zautra, A. J., & Wrabetz, A. (1991). Coping success and its relationship to psychological distress for older adults. *Journal of Personality and Social Psychology, 61,* 801–810.

Zborowski, M. (1952). Cultural components in responses to pain. *Journal of Social Issues, 8,* 16–30.

Zeidner, M., & Hammer, A. L. (1992). Coping with missile attack: Resources, strategies, and outcomes. *Journal of Personality, 6,* 709–746.

Zhang, F., & Labouvie-Vief, G. (2004). Stability and fluctuation in adult attachment style over a 6-year period. [Special issue. Attachment and aging. Guest Editors: C. Magai & N. S. Consedine.] *Attachment and Human Development, 6,* 419–437.

Zhu, J. (2004). Understanding volition. *Philosophical Psychology, 17*(2), 247–273.

Zola, I. K. (1966). Culture and symptoms: An analysis of patients' presenting problems. *American Sociological Review, 31,* 615–630.

Zucker, R. A., Wong, M. M., Puttler, L. I., & Fitzgerald, H. E. (2003). Resilience and vaulnerability among sons of alcoholics: Relationship to developmental outcomes between early childhood to adulthood. In S. S. Luthar (Ed.), *Resilience and vulnerability: Adaptation in the context of childhood adversities* (pp. 76–103). Cambridge, UK: Cambridge University Press.

Zuckerman, M. (1979). Atttribution of success and failure revisited; or, the motivational bias is alive and well in attribution theory. *Journal of Personality, 47,* 245.

찾아보기

| 저자 약력 |

Carolyn M. Aldwin

Aldwin 박사는 미국 오리건 주의 코발리스 시에 위치한 오리건주립대학교 인간발달 및 가족학과의 교수로 재직 중이다. Aldwin 박사는 1982년 샌프란시스코에 위치한 캘리포니아 주립대학교에서 박사학위를 수여받았으며, 정신건강 국가기관(National Institute of Mental Health) 내 인간발달, 환경적 요구, 그리고 건강분야(Human Development, Environment Demands, and Health)에서 박사후 과정을 밟았다. 초기 경력 가운데 노화의 건강에 영향을 미치는 심리사회적 요인에 대한 연구로 노화 국가기관(National Institute of Aging)으로부터 처음으로 상을 수여받았다. 또한 노년학 분야에서 90개 이상의 논문과 책의 장을 출판하였으며, Health, Illness, and Optimal Aging의 저자이자, *Handbook of Health Psychology and Aging*을 공동 편집하였다. 미국 심리학회의 제20분과(성인기발달 및 노화)와 제38분과(건강심리학) 및 미국 노년학회(Gerontology Society of America)의 선임위원으로 활동 중이다.

| 역자 약력 |

강성록

육군사관학교 심리학과 조교수
육군사관학교 리더십센터 생활지도연구실장
육군사관학교 심리학과 학사
연세대학교 심리학과 석사
오리건주립대학교 인간발달가족학과 박사

양재원

연세대학교 학부대학 조교수
연세대학교 심리학과 학사/석사/박사
임상심리전문가, 정신보건임상심리사 1급
삼성서울병원 정신과 임상심리 레지던트 역임

유현경

훔볼트주립대학교 아동발달학과 조교수
오리건주립대학교 심리학과 학사
오리건주립대학교 인간발달가족학과 석사/박사
오리건주립대학교 인간발달가족학과 강사 역임
센트럴미시건대학교 인간발달가족학과 조교수 역임

정유진

전북대학교 아동학과 조교수
연세대학교 아동가족학과 학사/석사
오리건주립대학교 인간발달가족학과 박사
숙명여자대학교 사이버 교육원 아동교육전문가 과정 연구원 역임
맥길대학교 사회학과 박사후 과정 연구원 역임
오리건주립대학교 인간발달가족학과 박사후 과정 연구원 역임